Uhlirz, Karl

Jahrbücher des deutschen Reiches unter Otto II.

(973-983)

Uhlirz, Karl

Jahrbücher des deutschen Reiches unter Otto II.

(973-983)

MV-History ist ein Imprint der
Verlagsgruppe MusketierVerlag GmbH, Bremen,
Copyright © by MusketierVerlag, Bremen,
Konsul-Smidt- Straße 92
28217 Bremen
www.musketierverlag.de
Alle Rechte vorbehalten

ISBN/EAN: 9783968723822

Jahrbücher
des
Deutschen Reiches
unter
Otto II. und Otto III.

Von

Karl Uhlirz.

Erster Band: Otto II. 973—983.

Auf Veranlassung

Seiner Majestät des Königs von Bayern

herausgegeben

durch die historische Commission

bei der

Königl. Akademie der Wissenschaften.

Leipzig,
Verlag von Duncker & Humblot.
1902.

Vorwort.

Im Herbste des Jahres 1888 übertrug mir die historische Commission bei der k. bayr. Akademie der Wissenschaften die Bearbeitung der Jahrbücher des Deutschen Reiches unter den Kaisern Otto II. und III., welche in der älteren von Ranke herausgegebenen Sammlung von W. Giesebrecht und R. Wilmans besorgt worden war. Mit vollem Rechte durfte ich in dem Auftrage, von dem mir noch W. v. Giesebrecht als damaliger Secretär der Commission Mittheilung machte, eine überaus ehrenvolle Anerkennung erblicken, und um so freudiger erklärte ich mich zur Annahme bereit, als bis dahin kein Oesterreicher an dem in nationaler Beziehung so wichtigen Unternehmen betheiligt war. Meine amtliche Stellung, die trotz derselben nicht aufgegebene Theilnahme an den Arbeiten der mit der Herausgabe der Ottonischen Urkunden beschäftigten Diplomata-Abtheilung der Monumenta Germaniae gestatteten mir aber erst im October 1889 mit der Durchforschung der Quellenwerke zu beginnen. Mitten aus dieser Arbeit wurde ich am 5. November 1891 durch eine schwere Erkrankung gerissen, die mich bis in den Juli des folgenden Jahres an das Lager fesselte; erst im December 1892 konnte ich, und zwar zunächst nur in sehr beschränktem Maße, die Arbeit wieder aufnehmen. Diese Unterbrechung hatte für mich die empfindlichsten Folgen. Die vollständige Erschöpfung der Kräfte in einem Monate langen Ringen mit dem Tode hatte auch den Verlust jener ersten lebendigen Eindrücke im Gefolge, welche sich als werthvollstes Ergebniß der Sammelarbeit darstellen; die während meiner Krankheit begonnene lebhaftere Thätigkeit auf dem Gebiete der Wiener Stadtgeschichte stellte dann an mich als den Leiter des städtischen Archives neue, vermehrte Anforderungen, so war es schwer, die durch die Krankheit verursachte Verzögerung wett zu machen. Trotz aller Hemmnisse hielt ich aber an der einmal übernommenen Aufgabe sowie an dem gewählten Arbeitsplane, an meinem Vorhaben, die Quellenzeugnisse für den ganzen zu behandelnden Zeitraum zu sammeln,

327201

Vorwort.

fest. Mochte sich dadurch auch der Beginn der Ausarbeitung hinausschieben, so schien mir allein dieses Verfahren die Gewähr für die nach Kräften anzustrebende Vollständigkeit zu bieten, den in's Einzelne gehenden Ueberblick über die ganze Periode zu ermöglichen. Dies zur Rechtfertigung der von mir selbst schmerzlich empfundenen Thatsache, daß dreizehn Jahre seit der Uebernahme der Arbeit vergingen, bis ich in der Lage war, wenigstens die erste Hälfte, die Jahrbücher Kaisers Otto II., abzuschließen. Ich darf der Hoffnung Ausdruck verleihen, daß nunmehr die Jahrbücher Ottos III. in kurzer Zeit vollendet sein werden.

Die erste Frage, die an mich herantrat, mußte die Stellungnahme zu der Arbeit meines Vorgängers betreffen. Auch heute noch nehmen Giesebrechts Jahrbücher durch die Sicherheit der Kritik, die Lebhaftigkeit der Darstellung gefangen. Aber in den zweiundsechzig Jahren, die seit ihrem Erscheinen verflossen sind, haben die Veröffentlichungen in den Scriptores und Leges, die Bearbeitung der Urkunden in den Diplomata der Monumenta Germaniae, die zahlreichen Urkundenbücher deutscher und italienischer Herkunft, die fast zu beängstigender Fülle angeschwollenen Einzeluntersuchungen, Giesebrechts Geschichte der deutschen Kaiserzeit, die an sie sich anschließenden Darstellungen der deutschen Geschichte, Haucks Kirchengeschichte Deutschlands, die nach dem Muster der Jahrbücher bei Giry eingeleiteten Annales de l'Histoire de France, die lebhafter betriebene Erforschung der byzantinischen Geschichte eine so erhebliche Erweiterung unserer Kenntnisse gebracht, daß es mir unmöglich erschien, all dem im Rahmen einer bloß ergänzenden und berichtigenden Arbeit gerecht zu werden. So entschloß ich mich zu einer neuen selbständigen Ausarbeitung, wobei mir jede Ueberhebung über die Leistung Giesebrechts ferne lag, ich vielmehr von der Ueberzeugung geleitet wurde, daß seine Jahrbücher als die Hervorbringung einer schriftstellerischen und wissenschaftlichen Persönlichkeit von höchstem Werth weder ersetzt noch verdrängt werden können.

Im Hinblick auf den Zweck der Jahrbücher habe ich mich strenge an die zeitliche Folge gehalten. So große Schwierigkeiten sie auch der Darstellung bereitet, Niemand kann sie schwerer empfinden als der Bearbeiter selbst, so ist der Nutzen, den sie zu bringen vermag, doch nicht so gering anzuschlagen, wie dies gerade in letzter Zeit gerne geschehen ist. Gewiß müssen bei dem für die Jahrbücher vorgezeichneten Verfahren Dinge berührt werden, welche für den Fortgang allgemeiner geschichtlicher Entwickelung von geringem oder gar keinem Belange sind, die verwirrende Wirklichkeit kann bei dem Leser um so leichter Mißbehagen hervorrufen, als in Folge der kargen, zerbrochenen Ueberlieferung das gewonnene Bild trotz aller Einzelheiten unvollständig und schattenhaft bleibt, aber diesen unvermeidlichen Mängeln steht doch auch einiger Vortheil gegenüber. Die eingehende Betrachtung kleinerer Zeiträume gestattet, das Werden der Dinge, die Entwickelung der geschichtlichen Persönlichkeiten genauer in's Auge zu fassen und darzustellen, die schärfere Beobachtung, die Feststellung dessen, was wir gegenwärtig wissen können, gewährt größere Sicherheit und Ruhe des Urtheils, behütet uns davor, die geschichtliche Vergangenheit als eine todte Masse zu behandeln, welche nach parteimäßigem Belieben oder in selbstherrlicher Willkür umgeknetet werden darf. Wer geneigt ist, sich solchen Erwägungen nicht zu verschließen, wird vielleicht auch einer Darstellung, welche nichts beschönigt und nichts verschweigt, Ereignisse und Personen in dem Zusammenhange beläßt, der ihnen in dem geschichtlichen Verlaufe angewiesen ist, nicht allen Werth absprechen.

Die achtundzwanzig Jahre, welche von den Regierungen Ottos II. und III. ausgefüllt werden, liebt man als eine Zeit des Verfalles, der Auflösung zu betrachten, eine Auffassung, deren Haltlosigkeit und Einseitigkeit schon die Darstellung in Rankes Weltgeschichte, noch mehr aber die in Haucks Kirchengeschichte erkennen ließ. Gerechter wird man diesem Zeitraume werden, wenn man ihn als eine Zeit des Uebergangs, des sich vorbereitenden Wechsels, als die Exposition zu der erschütternden Tragödie des elften Jahrhunderts zu würdigen versucht. Aus diesem Charakter erwächst aber für die Darstellung eine ganz besondere Schwierigkeit. Es ist ja selbstverständlich, daß die allgemeine Theilnahme für Zeitabschnitte solcher Art nicht leicht zu gewinnen ist, nur zu gerne eilt man mit flüchtigem Blicke darüber hinweg, hastet von Karl dem Großen zu Otto dem Großen, von diesem zum Investiturstreit. Für die tiefer greifende Erkenntniß des geschichtlichen Verlaufes sind aber gerade diese Uebergangszeiten von besonderem Werthe, da in ihnen sich das Ausleben alter, das Erwachen neuer Richtungen verfolgen läßt. Freilich scheitert der Wille des Bearbeiters nur zu oft an der völlig unzureichenden Art des überlieferten Quellenstoffes. Die Eigenart des zu behandelnden Zeitabschnittes veranlaßte mich, von einer zusammenhängenden Darstellung der inneren und kulturellen Verhältnisse, wie sie in andern Bänden der Jahrbücherreihe geboten wurde, abzusehen, sie nur an jenen Stellen, an denen ihr Einfluß deutlich und wirksam an den Tag tritt, zu berücksichtigen; ich glaube, auf diese Weise ihre Verbindung mit den politischen Vorgängen besser zum Ausdruck gebracht zu haben.

Gegenüber den andern Bearbeitern der Jahrbücher genoß ich des großen Vortheiles, die Ausgabe der Diplome benützen zu können; sie gestattete eine sichere Verwerthung der Urkunden für das Itinerar, eine eingehendere Benützung des Inhaltes mit seinen vielfältigen Einzelheiten von orts- und kulturgeschichtlicher Bedeutung und was nicht gering wog, durch die bequemere Art der Anführung eine wesentliche Ersparung in den Anmerkungen. Mit Rücksicht auf diese grundlegende Arbeit und auf die in Aussicht stehende Neubearbeitung der Böhmerschen Regesten bin ich auf kritische Erörterungen über einzelne Diplome nur dann eingegangen, wenn sie sich mir unabweislich aufdrängten, vor allem habe ich die Ergebnisse der Diplomata-Ausgabe in Betreff des Itinerars erneuter Ueberprüfung unterzogen und dabei namentlich die Entfernungen der Aufenthaltsorte des Hofes berücksichtigt. Für die Messungen habe ich die Hauptstraßenzüge zu Grunde gelegt und mich dabei der vom österreichischen militär-geographischen Institute herausgegebenen Generalkarte von Central-Europa im Maßstabe 1 : 300000 bedient.

Bei dem Umstande, daß gerade die zweite Hälfte des zehnten Jahrhunderts gern zum Gegenstande gelehrter Untersuchungen gewählt worden ist, war ein erheblicher Gewinn an neuen, überraschenden Ergebnissen von vornherein nicht zu erwarten. Mein Streben konnte nur auf selbständige Nachprüfung, auf möglichst unbefangene Entscheidung zwischen entgegenstehenden Ansichten, auf Zusammenfassung des als sicher Erkannten gerichtet sein, die entsagungsvolle Bemühung ihren Lohn nur darin finden, daß es vielleicht gelang, ein deutlicheres, in den Einzelheiten wie im Gesammteindruck schärferes Bild der Vorgänge zu liefern, als es die früheren Darstellungen zu bieten vermochten.

Daß die Excurse einen im Verhältnisse bescheidenen Raum einnehmen, hat seinen Grund darin, daß sich mir mehrfach Gelegenheit geboten hat, einzelne Fragen im Verlaufe der Vorarbeiten in besonderen Ausführungen zu behandeln, auf die ich an den entsprechenden Stellen verwiesen habe.

Aufrichtigen Dank zolle ich für stets in bereitwilligstem Entgegenkommen gewährte Unterstützung der k. k. Hofbibliothek, der k. k. Universitätsbibliothek, der Direction des Instituts für österreichische Geschichtsforschung in Wien, der Direction der k. Hof- und Staatsbibliothek in München. Als eine dankenswerthe Förderung und wesentliche Erleichterung der weiteren Arbeit würde ich es begrüßen, wollten mich die Verfasser von Dissertationen, Programm-Abhandlungen u. s. w. durch die Zusendung ihrer oft schwer zu beschaffenden Schriften erfreuen.

In dankbarer Verehrung wende ich mich zum Schlusse an E. L. Dümmler und Th. v. Sickel. Beide haben den manchmal Verzagenden mit freundlichem Zuspruch bei der Arbeit festgehalten, sind mir stets mit Rath und That zur Seite gestanden. Wie viel gerade die Jahrbücher Ottos II. den Untersuchungen v. Sickels, der von ihm geleiteten Diplomata-Ausgabe verdanken, wird fast jede Seite der folgenden Darstellung zum Ausdruck bringen, möge er das Buch als eine nicht unwerthe Ergänzung seiner eigenen Forschungen, als eine der Erinnerung an einstige gemeinsame Arbeit geweihte Gabe annehmen.

Wien, am 17. Juni 1902.

Karl Aßlirz.

Inhaltsverzeichniß.

	Seite
Vorwort	V—VIII
Inhaltsverzeichniß	IX—XIV

Geburt und Jugend Ottos II. 1—4. Krönung Ottos zum Könige 4. Otto II. als König 5—7. Fahrt zur Kaiserkrönung nach Italien 8. Kaiserkrönung 9. Otto II. als Mitkaiser 10. Die Lage Süditaliens 10—22. Die Herzogthümer Spoleto und Benevent 12. 13. Die Herzogthümer Salerno, Neapel, Gaeta, Amalfi 14. 15. Die byzantinischen Themen 15. 16. Die Sarazenen in Sicilien 16. 17. Byzanz und die Fatimiden 18. Ottos des Gr. Eingreifen in die süditalienischen Angelegenheiten. Pandulf von Capua 19. 20. Otto d. Gr. und Nikephorus Phokas 20. Kriegszüge Ottos d. Gr. nach Apulien 21. Gefangennahme Pandulfs 22. Ermordung des Nikephorus, Johannes Tzimiskes als Autokrator 23. Gesandtschaft nach Byzanz 24. Ankunft der Theophanu, Vermählung mit Otto II. 25. Heimkehr des Hofes nach Deutschland 27. 28. Tod Ottos d. Gr. 29. 30.

973 . . . . 31—45

Beisetzung Ottos d. Gr. 31. 32. Reichstag zu Worms 33—35. Tod Bischofs Ulrich von Augsburg 35. Die Bischofswahl in Augsburg 36 37. Aufenthalt in Aachen und Trier 38, in Thüringen und Sachsen. Vorbereitungen zu einem Zuge nach Lothringen. Gesandtschaft an Erzbischof Gero von Köln 39. Tod Herzogs Burkhard von Schwaben, Bestellung seines Nachfolgers Otto 40. Lage Lothringens 41. Reginar I. Langhals, Giselbert, Herzöge von Lothringen 42. Herzog Konrad und die Nachkommen Reginars. Erzbischof Brun von Köln. Die Theilung in zwei Herzogthümer 43. 44. Einfall Reginars IV. und Lantberts in den Hennegau. Gefecht bei Peronne. Der Kaiser in Nimwegen und Utrecht 45.

974 . . . . 46—59

Belagerung und Einnahme von Boussu. Flucht Reginars und Lantberts 46. 47. Heimkehr des Kaisers nach Sachsen. Osterfeier in Queblinburg 47. 48. Tod des Bischofs Rather von Verona 48. Aufenthalt Ottos in Thüringen und Sachsen 49. 50. Die Lage in Bayern 51. Graf Berthold im Nordgau 52. Bischof Abraham von Freising. Die Mitglieder des liutpoldingischen Herzogshauses 53. Anschlag Herzogs Heinrich II. im Einvernehmen mit den Herzögen von Böhmen und Polen. Vorladung und Verhaftung Heinrichs, Abrahams und ihrer Genossen 52. Einfall der Dänen unter Harald Blauzahn. Feldzug des Kaisers 55. Einnahme des Danewirks. Heimkehr nach Sachsen. Verschwörung gegen Herzog Gisulf von Salerno, Pandulfs I. Sohn Pandulf als Mitregent Gisulfs 56. Tod des Papstes Johann XIII. Wahl Benedikts VI. Erhebung des Crescentius de Theodora und Bonifaz VII. Ermordung Benedikts VI. 57. Herstellung der Ordnung in Rom, Wahl Benedikts VII. 58. Weihnachten in Pöhlde 59.

975 . . . . 60—71

Tod des Erzbischofs Robbert von Mainz, Ernennung des Kanzlers Willigis zu seinem Nachfolger, des Folkmar zum Kanzler 60. Urkunden. Reichstag zu Weimar. Aufenthalt in Thüringen und Sachsen 61. 62. Zug nach Böhmen 63. Die Klosterreform 64—70. Cluny und die Cluniacenser 65. 66. Die Reform in Flandern und Niederlothringen 66. Die Reform in Oberlothringen 66, in Deutschland 67. Erzbischof Adalbero von Rheims 68. Erzbischof Dietrich von Trier 69. Gründung des Klosters Nienburg und eines Klosters zu Lieding in Kärnthen 69. Tod des Bischofs Konrad I. von Konstanz. Abtwechsel in St. Gallen 70. Errichtung des Bisthums Prag 71.

976 . . . . 72—84

Aufenthalt des Kaisers im Elsaß und in Franken 72. Tod des Bischofs Brun von Verden, sein Nachfolger Erp 73. Neuerlicher Einfall Reginars und Lantberts in den Hennegau 73. Kampf vor Mons 74. Mainzer Synode 75. Erhebung des Kanzlers Folkmar zum Bischofe von Utrecht, Bestellung Egberts zu seinem Nachfolger. Aufstand in Bayern 76. Urkunde für den Grafen Bernard von Pavia. Zug des kaiserlichen Heeres gegen Regensburg. Tod des Erzbischofs Gero von Köln 77. Der Kaiser vor Regensburg, Verhalten des Bischofs Wolfgang und des Abtes Ramwold 78. Bannung und Flucht Herzogs Heinrich 79. Verleihung des Herzogthums Bayern an Otto von Schwaben, der Ostmark an Liutpald 80, des neugebildeten Herzogthums Kärnthen an Heinrich. Urkunden für die bayrische Geistlichkeit 81. 82. Zug nach Böhmen 82. Rückkehr nach Thüringen, Fahrt an den Rhein 83. Verhalten Königs Lothar 84.

977 . . . . 85—102

Otto in Tiel, Utrecht und Nimwegen. Fahrt nach Mainz 85. Osterfeier in Ingelheim, Aufenthalt in Diedenhofen 86. Ernennung des Prinzen Karl zum Herzoge von Niederlothringen 87. Haltung Lothars. Tod des Bischofs Roriko von Laon, sein Nachfolger Adalbero 88. Erzbischof Seguin von Sens 89. Bischof Ludwig von Noyon. Urkunden für lothringische Klöster. Tod des Erzbischofs Dietrich von Trier, sein Nachfolger der Kanzler Egbert 90. Nichtbesetzung des deutschen Kanzlerpostens. Feldzug nach Böhmen 91. Feindseliges Verhalten des Bischofs Heinrich von Augsburg 92. Herzog Heinrich II. von Bayern und Heinrich von Kärnthen in Passau. Unterwerfung des Herzogs Boleslaw von Böhmen. Ankunft des Kaisers vor Passau 93. Flucht der beiden Heinriche. Urkunden für die bayrische Geistlichkeit 94. Die Bekehrung der Ungarn 95. Die Pläne Bischofs Piligrim von Paſſau 96. Piligrims Fälſchungen 97. 98. Seine Bemühungen am kaiſerlichen Hofe 99. Mißerfolg Piligrims 100. Heimkehr des Kaiſers nach Thüringen und Sachſen. Ernennung Hildibalds zum Kanzler. Geburt der Adelheid 101. 102.

978 . . . . 103—118

Oſterfeier in Quedlinburg. Herzog Boleslaw II. von Böhmen. Verurtheilung der beiden Heinriche und des Biſchofs von Augsburg. Verleihung des Herzogthums Kärnthen an Otto, den Sohn Konrads 103. Aufenthalt in Magdeburg und Allſtedt. Italiener am Hofe 104. Fahrt nach Utrecht und Aachen 105. Einfall des Königs Lothar 106. 107. Ueberfall des deutſchen Hoflagers in Aachen. Flucht des Kaiſers 108. Die Franzoſen in Aachen 108. Reichstag in Dortmund. Entlaſſung Biſchofs Heinrich aus der Haft 109. Kriegsankündigung an Lothar. Entfernung der Kaiſerin Adelheid 110. Geburt der Sophia 111. Aufbruch zum Kriegszuge gegen Lothar 112. Der Kaiſer in Attigny, Rheims, Soiſſons, Compiègne 113. Sein Verhalten auf dem Feldzuge 114. Belagerung von Paris 115. Rückzug, Gefecht an der Aisne 116. 117. Weihnachten in Frankfurt. Tod des Biſchofs Liudolf von Osnabrück 118.

979 . . . . 119—129

Der Kaiſer im Elſaß. Einſetzung Hartwiks zum Abte von Tegernſee 119. Tod des Biſchofs Anno von Worms, Ernennung des Kanzlers Hildibald zu ſeinem Nachfolger. Verlegung des Hoflagers nach Sachſen. Zuſammenkunft mit Biſchof Giſiler von Merſeburg 120. Entſcheidung eines Streites zwiſchen dieſem und dem Markgrafen Thietmar. Fahrt an den Rhein 121. Aufenthalt in Dortmund und Duisburg. Heimkehr nach Thüringen. Gründung des Kloſters Alsleben durch Gero 122. Gründung und Ausſtattung des Kloſters Memleben 122. 123. Tod des Biſchofs Gamenwolf von Konſtanz, Verleihung des Bisthums an Gebhard 124. Gefangennahme des Grafen Gero, Kampf zwiſchen ihm und Waldo, ſeine Hinrichtung 124. 125. Tod des Markgrafen Thietmar. Uebergabe der Prinzeſſin Sophia an die Aebtiſſin Gerberga von Gandersheim 126. Aufenthalt in Thüringen. Verleihung des Bisthums Tortona an den italieniſchen Kanzler Gerbert, Ernennung des Griechen Johannes zu ſeinem Nachfolger. Feldzug gegen Wenden 127. Vorgänge in Cambrai nach dem Tode des Biſchofs Tetdo, Beſtellung Rothards zu ſeinem Nachfolger. Entſcheidung eines Streites zwiſchen Fulda und Hersfeld über die Schiffahrt auf der Hörſel. Tod des Biſchofs Hugo I. von Zeitz 129.

980 . . . . 130—150

Aufenthalt des Kaiſers in Thüringen und Sachſen. Wahl und Krönung Ludwigs V. zum Könige 130. Lothars Freundſchaftsanerbieten an den Kaiſer. Oſterfeier und Synode in Ingelheim 131. Reliquienübertragungen in Flandern und Nordfrankreich 132. Zuſammenkunft Ottos und Lothars in Margut-ſur-Chiers 133. 134. Herzog Hugo Kapet in St. Valéry und St. Riquier 134. Aufenthalt Ottos in Aachen. Geburt Ottos III. 135. Hoflager in Nimwegen. Rückkehr nach Sachſen. Dotirung des Kloſters Memleben 136. Vorbereitungen zum Zuge nach Italien. Fahrt an den Rhein. Aufenthalt in Trebur und Bruchſal. Urkunden für italieniſche und franzöſiſche Stifte 137. Tod des Abtes

XII Inhaltsverzeichniß.

Seite

Momar von Gent, sein Nachfolger Wido. Die Reichsregierung in Abwesenheit des Kaisers. Aufenthalt in Konstanz 138. Zug über die Alpen nach Pavia. Versöhnung mit Kaiserin Adelheid 139. Gerbert von Aurillac 140—145. Aufenthalt des Hofes in Ravenna. Bestellung Sigefreds zum Bischofe von Parma. Urkunden für italienische Geistliche 145. 146. Philosophisches Streitgespräch zwischen Gerbert und Ohtrich 146—149. Erzbischof Adalbero von Rheims im Gefolge des Kaisers. Ernennung Gerberts zum Abte von Bobbio 149. 150.

981 . . . . 151—173

Zug nach Rom. Papst Benedikt VII. und die Klosterreform 151. Das Kloster S. Bonifacio ed Alessio 152. Haltung der Römer. Osterfest in Rom 152. Herzog Hugo Kapet beim Kaiser 153. Synode im Lateran. Urkunden 154. Verlegung des Hoflagers in das spoletinische Bergland. Aufenthalt in Rocca de Cedici 155. 156. Tod des Erzbischofs Adalbert von Magdeburg, sein Wirken und seine Persönlichkeit 156—158. Bischof Gisiler von Merseburg 158. 159. Wahl Ohtrichs zum Erzbischofe, Abordnung einer Wahlgesandtschaft an den Hof 159. Ueberlistung derselben durch Gisiler. Aufhebung des Bisthums Merseburg durch eine römische Synode 160. Wahl Gisilers zum Erzbischofe von Magdeburg 161. Bedeutung dieses Ereignisses 161. 162. Aufbruch des Kaisers nach Süditalien. Erlassung eines Ergänzungs-Aufgebots 162. Die Lage in Gaeta, Neapel und Salerno. Tod Pandulfs I. 163. Die Feldzüge des Johannes Tzimiskes 164. Sein Tod. Kämpfe zwischen Griechen und Sarazenen in Unteritalien 165. Erfolge des Emirs Abu-al-Qâsim in Calabrien und Apulien 166. Anfang der Regierung Kaisers Basilius II. und seines Bruders. Der Parakimumenos Basilius 166. Kampf gegen Bardas Sklerus in Kleinasien 167. 168. Die byzantinische Machtstellung in Süditalien. Das Eingreifen Ottos II. 169. 170. Regelung der Verhältnisse in Benevent. Aufenthalt daselbst. Tod Ohtrichs 171. Der Kaiser in Neapel und Salerno 172. 173.

982 . . . . 174—183

Heerfahrt gegen die Sarazenen 174. Aufenthalt in Matera 175. Einnahme von Tarent 175. 176. Hoflager vor dieser Stadt 176. 177. Aufbruch nach Calabrien gegen Abu-al-Qâsim 177. Schlacht am Capo Colonne 178. Flucht des Kaisers nach Rossano 178. 179. Rückzug der Sarazenen und der Deutschen. Aufenthalt Ottos in Cassano, Capaccio und Salerno 180, in Capua. Bestellung des Eticho zum Bischof von Augsburg und Gozperts zum Abte von Tegernsee 181. Einsetzung Landenulfs zum Fürsten von Capua, Trasemunds zum Herzog von Spoleto und Camerino. Verleihung der Abtei Nonantola an den italienischen Kanzler Johannes, Ernennung Adalberts zum Kanzler 182. Tod des Abtes Werinhar von Fulda und des Herzogs Otto von Bayern und Schwaben 182. 183.

983 . . . . 184—208

Der Kaiser in Rom 184. Aufbruch zum Reichstage in Verona 185. Der Reichstag zu Verona 185—195. Ernennung Heinrichs zum Herzoge von Bayern, Konrads zum Herzoge von Schwaben 186. 187. Bestellung Adalberts zum Bischof von Prag 187. 188. Vorgänge in Venedig 188—195. Doge Peter Candiano IV. 189—191. Peter Orseolo I. 192. 193. Vitalis Candiano 193. 194.

Tribunus Menius 194. 195. Erneuerung der Verträge mit den Venetianern 196. Stefan Caloprini am Hoflager, neuerliche Maßnahmen gegen Venedig. Wahl Ottos III. zum Könige 197. Vorbereitungen zu einem neuen Zuge gegen die Sarazenen 198. Während des Reichstages ausgestellte Urkunden. Weihe Adalberts zum Bischofe. Verabschiedung des Kaisers von seiner Mutter und dem Sohne 199. Aufenthalt in Mantua und Ravenna. Zug nach Apulien. Rückkehr nach Rom 200. Tod des Papstes Benedikt VII., Bischof Petrus von Pavia als Papst Johann XIV. 201. Veränderungen in der deutschen Geistlichkeit 201. 202. Einlangen ungünstiger Nachrichten aus Deutschland. Einfall der Dänen. Erhebung der Abodriten, Heveller und Liutizen 203. 204. Schlacht an der Tanger 205. Erkrankung und Tod des Kaisers 206. Sein Grabmal 207. 208.

Das Aeußere Ottos II. 209. 210. Sein Charakter 210. Die Beurtheilung seiner Person und Regierung 211—214.

Excurs	I.	Zur Kritik der Diplome für das Bisthum Worms	217—225
"	II.	Die Gründung des Bisthums Prag	226. 227
"	III.	Zur Frage nach der Herkunft der Markgrafen Berthold vom Nordgau und Liutpald von der Ostmark	228—231
"	IV.	Die zur Ostmark gehörigen Tres comitatus	232—236
"	V.	Die Sage von der Eroberung Melks durch den Markgrafen Liutpald	237—241
"	VI.	Die Vorgänge in dem Sprengel von Cambrai während der Jahre 978 und 979	242—244
"	VII.	Das Todesjahr des Markgrafen Thietmar	245. 246
"	VIII.	Das Aufgebot des Kaisers vom Jahre 981	247—253
"	IX.	Die Schlacht gegen die Sarazenen	254—261
"	X.	Flucht und Rettung des Kaisers	262—272

Nachträge und Berichtigungen 273
Orts- und Personenverzeichniß. . . . . 274—293

Von einer Uebersicht der benützten Quellenschriften und Bücher sehe ich ab, da sich Zusammenstellungen der einschlägigen Werke in den Bibliographien von Dahlmann-Waitz-Steindorff, Monod und Pirenne, ferner bei Lot, Les derniers Carolingiens (Paris 1891), Parisot, De prima domo, quae Superioris Lotharingiae ducatum tenuit (Nanceii, 1898) und Schlumberger, L'Epopée Byzantine, tome II finden. Ich habe mich bemüht, die Citate so zu gestalten, daß die Auffindung des betreffenden Buches leicht möglich ist. Von stärker gekürzten Titeln führe ich an:

Giesebrecht, Jahrb. = Jahrbücher des Deutschen Reiches unter der Herrschaft Kaiser Ottos II. Von W. Giesebrecht, Berlin 1840, Duncker & Humblot (Jahrbücher des Deutschen Reiches unter dem sächsischen Hause. Herausgegeben von Leopold Ranke. II. Bd. I. Abtheilung).

Giesebrecht, KG. = Geschichte der deutschen Kaiserzeit von W. v. Giesebrecht. I. Bd. 5. Aufl. Leipzig 1881.

Hauck, KG. = Kirchengeschichte Deutschlands von Albert Hauck. III. Theil Leipzig 1896.

Richter, Annalen = Annalen der deutschen Geschichte im Mittelalter. Von G. Richter. III. Bd.: Annalen des Deutschen Reiches im Zeitalter der Ottonen und Salier. Von G. Richter und H. Kohl. Halle a. S. 1890.

XIV   Inhaltsverzeichniß.

v. Sickel, Erläut. — Erläuterungen zu den Diplomen Ottos II. Von
Th. v. Sickel, in den Mitth. des Instituts für öst. Geschichtsf. Ergbb. II
(1886), 77—197. Dazu: L'Itinerario di Ottone II. nell' anno 982. Con-
ferenza inaugurale .... tenuta .... dal Dottore Teodoro von Sickel
(R. Società Romana di storia patria. Corso pratico di metodologia della
storia. Fascicolo II. Roma 1886).
Waitz, Vfgg. = Deutsche Verfassungsgeschichte von Georg Waitz. V. Bd.
2. Aufl. bearb. von K. Zeumer, 1893. VI. Bd. 2. Aufl. bearb. von
G. Seeliger, 1896. VII. Bd., 1876. VIII. Bd., 1878.
    Die einzelnen Abtheilungen der Monumenta Germaniae: Scriptores,
Leges, Diplomata sind in der üblichen Weise als SS., LL., DD. bezeichnet,
die Diplome Ottos II. habe ich als D. mit der entsprechenden Nummer, die
Konrads I., Heinrichs I., II., Ottos I., III. als DK. I., DH. I., II., DO. I., III.
angeführt.
    Folgende Quellenschriften, welche in neuen Hand-(Schul-)Ausgaben der
Monumenta Germaniae erschienen sind, wurden nach diesen benützt: Adami
Gesta Hammaburg. ecclesie pontificum. Editio altera 1876; Annales Altahenses maiores. Editio altera 1891; Annales Hildesheimenses, 1878; Lamperti, monachi Hersfeldensis, Opera. Recogn. Osw. Holder-Egger. Accedunt
Annales Weissenburgenses, 1894; Liudprandi, episcopi Cremonensis, Opera
omnia. Editio altera 1877; Reginonis, abbatis Prumiensis, Chronicon cum
continuatione Treverensi. Recogn. Fridericus Kurze, 1890. Richeri Histo-
riarum libri IIII. Editio altera 1877; Thietmari, Merseburgensis episcopi,
Chronicon. Post editionem Joh. M. Lappenbergii recogn. Fridericus Kurze,
1889; Widukindi Rerum gestarum Saxonicarum libri tres. Editio tertia,
1882. Ekkehardi IV. Casus s. Galli sind nach der Ausgabe von G. Meyer
v. Knonau (Mitth. zur vaterländ. Geschichte. Herausgegeben vom Historischen
Verein in St. Gallen, XV. und XVI. [Neue Folge 5. u. 6.] Heft, St. Gallen
1877), Alpert nach der Ausgabe Dedekinds (Des Alpertus von Metz zwei
Bücher über verschiedene Zeitereignisse nebst zwei Bruchstücken über Metzer
Bischöfe. Herausgegeben von Andreas Dedekind, Münster 1859), Rabulf Glaber
nach der Prou's (Raoul Glaber, Les cinq livres de ses histoires publiés par
Maurice Prou, Paris 1886) angeführt. Für die Chronik des Venetianers
Johannes Diaconus habe ich neben der Ausgabe in den SS. VII. Bd. auch
die Monticolos benützt: Cronache Veneziane antichissime pubblicate a cura
di Giovanni Monticolo. Volume primo. Roma 1890 (Fonti per la Storia
d'Italia pubblicate dall' Istituto Storico Italiano. Scrittori. Secoli X—XII).

Zwischen Blumenbeeten, auf blühendem Hag freuen sich im Königsgarten zu Frose zwei Knaben kindlichen Spieles, der Stolz und die Hoffnung eines hohen Geschlechtes, Heinrich, der des Vaters beraubte junge Bayernherzog, und Otto, Kaisers Otto des Großen um etliche Jahre jüngerer Erbe. Mit jubelndem Ruf eilen sie zur Halle des Hauses, in der die Großmutter Mathilde, Königs Heinrich I. ehrwürdige Witwe, und Kaiserin Adelheid ihrer harren. Schmeichelnd birgt Heinrich sein Haupt in der Großmutter sicherem Schoß, während Otto sich an die Mutter schmiegt; über den ruhenden Knaben spinnt das Gespräch nach rechter Frauenart duftige Heirathspläne für eine ferne Zukunft.

Die anmuthige Scene, welche der jüngere Biograph der Königin Mathilde erzählt[1]), gibt uns ein Bild der hellen, freundlichen Kinderjahre, welche Otto unter der Fürsorge der edlen Frauen des sächsischen Hofes verlebte. Sein Geburtsjahr ist nicht mit aller Sicherheit überliefert, doch darf man am ehesten annehmen, daß er zu Ende des Jahres 955 das Licht der Welt erblickt habe[2]).

---

[1]) c. 20 (SS. IV, 296).
[2]) Cont. Reginonis: 955 Otto filius regi nascitur. Ann. Lob. (SS. XIII, 234): 961 dominus noster Otto, aequivocus patris, consors paterni regni asciscitur et septiformi gratia Spiritus sancti donatur in palatio Aquensi, septem hebdomadibus a pascha transactis, die pentecosten et hora, qua Spiritus sanctus super discipulos venit, VII. kalend. jun., luna VII., anno aetatis suae VII., was uns auf die Zeit vom 26. Mai 954 bis zum 25. Mai 955 bringt. Nun ist aber nach den Ann. Quedlinburg. (SS. III, 58) Mathilde ebenfalls im Jahre 955 geboren und wird in der älteren Lebensbeschreibung der Königin Mathilde (c. 10, SS. X, 578) vor Otto genannt, in der jüngeren Lebensbeschreibung (c. 15, SS. IV, 293) ausdrücklich als die ältere bezeichnet. Dadurch entsteht ein Widerspruch gegen die Ann. Lob. Giesebrecht (Jahrb. S. 2) nimmt einfach die Ann. Lob. an, zieht die Angabe des Cont. Regin. nicht in Zweifel und spricht (S. 3 Anm. 1) davon, daß Otto zu Anfang 955 geboren sei. Dümmler (Jahrb. Ottos I. S. 292) hält sich an die Ann. Lob. sowie an die Nachricht von der Geburt Mathildens und spricht sich für das Jahr 954 aus. v. Ottenthal (Regesten Ottos I., 239b) beruft sich auf die Ann. Lob. und nimmt an, daß Otto spätestens in den ersten Monaten des Jahres 955 geboren sein kann. In der Angabe der jüngeren Lebensbeschreibung vermuthet er eine mißverständliche Wiedergabe ihrer Vorlage. Detmer (Otto II. bis zum Tode seines Vaters. Leipziger Dissert. 1878, S. 4, Anm. 1) sowie

Vorangegangen waren ihm zwei Brüder, Heinrich, nach dem Vater des Königs, Brun, nach dem Bruder, dem Erzbischofe von Köln, benannt, sowie eine Schwester, welche den Namen der Ahne trug und in späteren Jahren eine bedeutsame Thätigkeit entfalten sollte. Da Heinrich schon früh gestorben, auch Brun am 8. September 957 den Eltern entrissen worden war, und zwei Tage vorher Liudolf, des Königs Sohn aus seiner ersten Ehe mit der angelsächsischen Edith, sein unglücklich stolzes Leben beschlossen hatte, war Otto der einzige Erbe und ihm nach menschlicher Voraussicht die Krone des mächtigen Reiches beschieden, das der Vater in mehr als zwanzigjährigen Kämpfen geschaffen und gesichert hatte.

König Otto I., selbst ohne litterarische Kenntnisse aufgewachsen, war doch aufs Innigste von aufrichtiger Werthschätzung höherer Bildung durchdrungen, die an seinem Hofe, namentlich im Kreise der Frauen Schutz und Förderung erfuhr. Er sorgte daher dafür, daß seinem Sohne zu Theil wurde, was ihm versagt geblieben war. Uebereinstimmend berichten die zeitgenössischen Chronisten von der vortrefflichen Erziehung, die der junge Otto genossen hatte, von dem guten Verständnisse für litterarische und wissenschaftliche Fragen, das er jederzeit bekundete. Als sein Lehrer in diesen Dingen wird Volkold genannt, ein Geistlicher, der später Bischof von Meißen wurde[3]), während die Unterweisung in all den ritterlichen Künsten, die ein hochgestellter Jüngling jener Zeit beherrschen mußte, einem Grafen Huodo anvertraut war[4]). Wich-

---

Moltmann (Theophano, Göttinger Dissert. 1878, S. 38, Anm. 2) halten an dem Cont. Regin. fest und setzen die Geburt Ottos an das Ende, die der Mathilde an den Anfang des Jahres 955. Auch nach meinem Dafürhalten ist der Quellenlage nach dies das Sicherste. Das Jahr 955 ist durch den Cont. Regin. verbürgt, dagegen können die Ann. Lob. nicht ins Feld geführt werden, da es sich ihnen offenbar um eine Zahlenspielerei handelt. Also waren Mathilde und Otto in einem Jahre geboren, welches der beiden Kinder aber früher? Widukinds Stelle (III. c. 12): Nati sunt autem regi filii ex serenissima regina primo genitus Heinricus, secundus Brun, tertius paterni nominis maiestate designatus, quem iam post patrem dominum ac imperatorem universus sperat orbis, filiam quoque sanctae matris eius vocabulo insignitam, cum eius claritas precellat omne quod dicere aut scribere valemus, kommt kaum in Betracht, da er die Kinder nach dem Geschlechte scheidet. Die Vita Math. ant. drückt sich allerdings auch nicht ganz bestimmt aus, doch kann sie nur auf die frühere Geburt der Mathilde gedeutet werden, womit übereinstimmen würde, daß der Cont. Regin. die Geburt des Thronfolgers als letztes der zum Jahre 955 berichteten Ereignisse einreiht.

[3]) Vgl. über ihn Allg. d. Biogr. XL, 245.
[4]) D. 14: Huotonis comitis dilectique magistri nostri. Die drei letzten Worte sind der Vorurkunde entnommen, es könnte daher in Frage gestellt werden, ob sie für Otto Geltung haben (v. Sickel, Erläut. S. 84). Da aber auch Ottos III. Erziehung ein Geistlicher und ein Graf besorgten, wird man sie beruhigt annehmen dürfen. Die St. Galler Ueberlieferung weiß davon zu erzählen, daß Ekkehard II. an der Erziehung des jungen Fürsten betheiligt war (Casus s. Galli ed. Meyer v. Knonau p. 353, c. 98 und p. 415, c. 128), nach des Herausgebers Bemerkungen wird man davon billig absehen. Großen Einfluß gewann Ottos älterer Halbbruder Wilhelm,

tiger als der Einfluß, den diese gewiß tüchtigen aber einfachen Lehrer zu üben vermochten, war das Beispiel erlauchter hochbegabter Männer und Frauen, welche den Hof Ottos des Großen in ganz anderem Sinne als dies bei Karl dem Großen der Fall war, zu einer Pflanzstätte edler Sitte und wahrhafter Herzensbildung machten. Mag man immerhin den Ueberschwang, die Gleichförmigkeit und Unselbständigkeit der Lebensbeschreibungen jener Zeit in Abschlag bringen, mag man sich immerhin gegenwärtig halten, daß auch in den höchsten Kreisen des zehnten Jahrhunderts die Umgangsformen von einer Naturwüchsigkeit und Ungeschlachtheit waren, der wir heute kaum mehr in bäuerlicher Umgebung begegnen, so bleibt doch ein höchst achtungswerther Schatz vortrefflicher Eigenschaften des Herzens und des Verstandes übrig, mit denen König Otto, sein Bruder Brun, der Sohn Wilhelm, die Königinnen Mathilde und Adelheid geziert waren, man darf sagen, daß in diesen Kreisen eine gesündere Luft wehte, als an dem trotz alles Glanzes in sittlicher Hinsicht um vieles tiefer stehenden Hofe Karls des Großen.

Nur zu bald sollten die fröhlichen Kinderjahre ein Ende haben, dem Knaben der Ernst und die Pflichten seiner hohen Geburt bemerkbar werden. Otto I. hatte auf deutschem Boden seines Hauses Herrschaft gesichert und dem deutschen Königthume Grundlagen geschaffen, welche längere Dauer versprachen. Hatte er im Kampfe gegen die Stammesherzöge seine Stütze bei den kirchlichen Machthabern gefunden, so war er schon dadurch genöthigt, den kirchlichen Verhältnissen besondere Aufmerksamkeit zu widmen und sich einen entsprechenden Einfluß auf sie zu sichern. Darauf lenkte ihn auch das Bewußtsein, daß seine Macht hauptsächlich der Verbreitung christlichen Glaubens zu dienen habe, worin ihn die erfolgreichen Kämpfe gegen Slaven und Ungarn bestärkten. Sah er sich ferner als Nachfolger Karls des Großen an, glich sein Verhältniß zu Frankreich einer Art Oberherrschaft über dieses Land, führte er seit dem October 951 den Titel eines Königs von Italien, so war für ihn die Sachlage günstig genug, um in die weitergreifenden Bahnen europäischer Politik einzulenken. Diese mit Erfolg zu betreten, dem

---

Erzbischof von Mainz (Allg. d. Biogr. XLIII, 115 ff.); inwieweit Erzbischof Brun von Köln sich um die Erziehung seines Neffen bemüht hat, läßt sich nicht feststellen. Die schwankartige Erzählung des Annalista Saxo (SS. VI, 631), welche die Ann. Palid. (SS. XVI, 64) auf Otto III. übertragen haben, verdient keinen Glauben, sei aber ihrer Seltsamkeit wegen mitgetheilt: Hunc dum patruus suus Bruno, Coloniensis archiepiscopus, a primis infantis annis educans magna disciplina coherceret, ipse puer quiddam non puerile peregit. Nam quadam nocte, presule nocturnas horas celebrante, puerum in urbe defunctum lecto suo inponens et sua veste operiens quasi se exanimem subtraxit et abiit. Reversus presul ad lectum nepotis invento quo cadavere illum credidit emigrasse et pro nimio dolore ciathicam passionem incurrit. Interim quem omnes deflebant, puer vivus superveniens requirenti cur eum illusisset, respondit: De nimia verberum calumpnia ulcisci commodius non poteram.

Machtanspruch auch Geltung und äußere Anerkennung zu verschaffen, dazu war vor allem die Erwerbung der Kaiserkrone nöthig. In dieser Erwägung traf er sich mit jenen Männern, welche von seiner kraftvollen Waltung die Heilung und Gesundung der zerrütteten kirchlichen und politischen Verhältnisse Italiens erhofften, aber auch mit dem Papste Johann XII., Alberichs lasterhaftem Sohne, der, von Adalbert, dem Sohne Berengars, bedrängt, sich an den deutschen König um Hilfe wandte.

Als nun um Weihnachten 960 Gesandte des Papstes und Abgeordnete der lombardischen Großen an seinem Hofe eintrafen, die Einen um gegen Adalberts Angriff, die Andern um gegen Berengars tyrannische Herrschaft Beschwerde zu erheben, war Otto entschlossen, ihnen zu folgen und sich den hohen Preis seines Strebens, die Kaiserkrone, das Symbol der Herrschaft über Rom und das Abendland zu holen. Er war sich der Schwierigkeiten, die aus diesem Vorhaben erwachsen konnten, wohl bewußt und säumte nicht, die nothwendigen Vorbereitungen zu treffen. Unter diesen stand in erster Reihe die Regelung der Reichsregierung während seiner Abwesenheit und diese gab ihm Anlaß zur Ausführung eines bedeutsamen Planes. Für die Verleihung der deutschen Königskrone waren abwechselnd Erbrecht und Wahlrecht maßgebend gewesen, je nach der Zeitlage das Eine oder das Andere mehr in den Vordergrund getreten, damals aber jedenfalls das Wahlrecht völlig anerkannt. Hatten Konrad I. und Ottos Vater Heinrich I. die Krone durch freie Wahl erhalten, so durfte der König nicht daran denken, diese schlankweg zu beseitigen. Doch konnte er darauf ausgehen, sie im Interesse des Reiches wie seines Hauses abzuschwächen, indem er schon bei Lebzeiten für die Nachfolge Sorge trug. Hatte er in diesem Sinne den Erbanspruch seines Sohnes Liudolf im Jahre 946 durch feierlichen Schwur der Fürsten gesichert, ohne ihm aber die selbständige Ausübung der Regierungsgewalt zu gestatten, so ging er jetzt um einen Schritt weiter. Die Erhöhung und Sicherung seiner Machtstellung, die Aussicht auf die Erwerbung der Kaiserkrone gestatteten ihm, seinem nunmehr zum Thronerben berufenen Sohne Otto die Krone zu übertragen, dessen kindliches Alter die Gefahr eines Mißbrauches der Gewalt bei Lebzeiten des Vaters ausschloß. Anfangs Mai 961 hielt Otto einen Reichstag zu Worms und hier wurde auf seinen Wunsch der im sechsten Jahre stehende Sohn zum Könige gewählt, durch den Zuruf des versammelten Umstandes begrüßt. Von Worms begab man sich nach Aachen, wo die Lothringer der Wahl zustimmten und der Knabe am 26. Mai von den Erzbischöfen Bruno von Köln, Wilhelm von Mainz und Heinrich von Trier gesalbt wurde. Wie bei des Vaters Krönung erscholl auch hier der Segen heischende Heilruf des Volkes[5]).

---

[5]) Contin. Reginonis; Ruotgeri Vita Brunonis c. 41; Liudprandi Hist. Ottonis c. 2; Ann. Lobienses (SS. XIII, 234); Ann. Laub. et Leod.

War damit die erbliche Nachfolge des Sohnes gesichert, so mußte auch für die Handhabung und Ausübung der ihm mit der Krone übertragenen Gewalt Sorge getragen werden. Da der Vater für längere Zeit abwesend sein sollte, der Knabe die Stellvertretung nicht selbständig besorgen konnte, so blieb nichts übrig, als eine in gewissem Sinne vormundschaftliche Regierung zu bestellen. Ueber ihre Zusammensetzung sind wir nicht zum Besten unterrichtet. Wir erfahren nur, daß der König sich mit seinem Sohne über Ingelheim nach Sachsen begab, hier gegen Ende Juli die nothwendigen Verfügungen über die Reichsgeschäfte traf und dann die unmittelbare Obsorge über den Knaben dem Erzbischofe Wilhelm von Mainz anvertraute[6]. Es läßt sich kein sicheres Urtheil darüber gewinnen, inwieweit Wilhelm diesen Auftrag mit dem Erzbischofe Brun von Köln theilte, noch inwieweit mit dieser Gerhabschaft die Ausübung der Regierungsgewalt verbunden war. Wir dürfen annehmen, daß sowohl Brun als auch Herzog Hermann von Sachsen innerhalb ihrer Gebiete größere Selbständigkeit genossen und dem Kaiser unmittelbar verantwortlich blieben, aber auch der junge König, beziehungsweise seine Räthe, erledigten selbst nebensächliche Angelegenheiten nur im Auftrage und nach eingeholter Zustimmung des Kaisers[7]. Zu diesem unvollkommenen Wesen des ganzen Regimentes paßt es, daß Otto II. keine eigene Kanzlei besaß und sich bei der Ausfertigung der in seinem Namen ausgestellten Urkunden nicht eines eigenen Siegelstempels bediente, daß für diesen Zweck ein älterer zersprungener Siegelstempel des Vaters hervorgesucht und verwendet wurde[8].

War also für Wilhelm kein weiter Raum für selbständige Bethätigung ausgespart, traten überhaupt die deutschen Angelegenheiten vor den weltgeschichtlichen Vorgängen, die sich in Italien

---

(SS. IV, 17); Ann. Blandin. (SS. V, 25); Ann. Stabul. (SS. XIII, 43); Ann. Tielenses (SS. XXIV, 23); Ann. s. Maximini (SS. IV, 7); Ann. Colon. (SS. I, 98); Ann. Aquenses (SS. XXIV, 36); Ann. s. Bonifacii (SS. III, 118); Ann. Altah.; Lamperti Ann.; Ann. Heremi (SS. III, 142 u. 145); Herimanni Aug. Chron. (SS. V, 115); Ann. s. Benigni Divion. (SS. V, 41); Ann. Colbaz. (SS. XIX, 714). — v. Ottenthal, Reg. O. I. 297a, 299a. — Giesebrecht, Jahrb. S. 2; Usinger in Hirsch Jahrb. H. II. I, 434; Detmer a. a. O. S. 9; Dümmler, Jahrb. D. I. S. 322; Maurenbrecher, Königswahlen S. 65 ff.; Lindner, Königswahlen S. 25; Waitz, Vfgg. VI², 164, 174.

[6]) Contin. Reginonis: dispositis regni negotiis filium Wilhelmo archiepiscopo tuendam et nutriendum commisit. Ruotgeri Vita Brunonis c. 41: Hunc (sc. filium) archiepiscopia patruo fratrique commendatum. Dazu die von Dümmler (Jahrb. O. I. S. 323) angeführte Stelle aus einer Urkunde vom 17. April 963 (Beyer, Mittelrhein. UB. I, 271): Brunonem ..., qui tunc principatum totius regni post ipsum (sc. Ottonem I.) tenebat. — v. Ottenthal. Reg. O. I. 300b, 303a. — Zum 29. Mai 961, Ingelheim gehört die Handlung von DD. 8, 9; am 25. Juli wurde zu Wallhausen D. 1 ausgestellt.

[7]) D. 1: iussu progenitoris nostri.

[8]) Ficker, Beiträge zur Urkundenlehre II, 14. — v. Sickel, Erläut. S. 81 ff.

abspielten, zurück, so dürfen wir uns nicht wundern, wenn wir von Otto II. aus den nächsten Jahren nur spärliche Kunde erhalten. Daß er in Mainz Hof hielt, erfahren wir zufällig dadurch, daß der S. Maximiner Mönch Adalbert, den Wilhelm als Glaubensboten zu den Russen hatte entsenden lassen, sich nach seiner Heimkehr ebenda einfand, und es stimmt zu dem vorher Gesagten, daß Wilhelm seinetwegen an den Kaiser schreibt, von diesem die Weisung eintrifft, Adalbert möge seine Ankunft im Pfalzgefolge abwarten[9]). Die wenigen Urkunden weisen Aufenthalt des jungen Königs in Nordhausen, Sollingen und Dornburg, sowie seine fortwährenden Beziehungen zur Großmutter Mathilde aus[10]).

Nach mehr als dreijähriger Abwesenheit traf Otto I. wieder auf deutschem Boden ein. Am 23. Jänner 965 weilte er im Kloster Reichenau, bald darauf traf er zu Heimsheim, einem Orte an der Straße von Stuttgart nach Pforzheim, mit seinen beiden Söhnen zusammen[11]). Die Fastenzeit verbrachten sie gemeinsam mit dem Erzbischofe Brun in Worms, Ostern (März 26) wurde in Ingelheim gefeiert, die ersten Frühlingstage verlebten sie in Wiesbaden, Frankfurt, Erstein und Ingelheim, dann begaben sie sich zu Schiff nach Köln[12]), wo sich in hehrer Vereinigung sämmtliche Mitglieder des königlichen Hauses zusammenfanden, neben dem Kaiserpaare und seinen Kindern Königin Mathilde, die Erzbischöfe Brun und Wilhelm, Königin Gerberga von Frankreich mit ihren Söhnen Lothar und Karl, von denen der Erstere mit Emma, der Tochter Adelheids aus ihrer ersten Ehe, verlobt wurde, und vielleicht auch der junge Bayernherzog Heinrich[13]). Kamen die Macht und der Glanz des liudolfingischen Hauses, der für die politische Lage Europas ungemein wichtige Zusammenhalt der Familie in dieser Versammlung zu stolzem und rührendem Ausdruck, so riefen bald Sorge und Pflicht den Kaiser nach Sachsen, wo das am 20. Mai erfolgte Hinscheiden des Markgrafen Gero die Neueinrichtung der Grenzlande nöthig machte. Otto I. hielt sich, den Sohn im Gefolge, hier bis gegen das Ende des Jahres auf, um welche Zeit ihn der Tod seines Bruders Brun, der in der Nacht vom 10. zum 11. October in Rheims gestorben war, an die Westgrenze des Reiches rief und dort bis in den März des Jahres 966 festhielt. Ostern dieses Jahres (April 15) wurde in Quedlinburg gefeiert und hier am weißen Sonntage die Kaisertochter Mathilde

---

[9]) Contin. Reginonis zu 962.
[10]) D. 5: Nordhausen, für das Kloster daselbst, welches Königin Mathilde gestiftet hatte. D. 6: 963 Juli 20, Sollingen, für das Kloster Hilmartshausen, dessen Stifterinnen Berthildis und Hemma als Bittstellerinnen erschienen. D. 7 (8, sp. 318): 963 Juli 21, Sollingen, für das Kloster St. Maximin bei Trier, über Bitte des Abtes Wiker. In DD. 6, 7 wird der Rath des Erzbischofs Wilhelm angeführt. D. 10: 964 Juli 27, Dornburg, für die Kanoniker in der Vorstadt Quedlinburg, über Verwendung der Königin Mathilde.
[11]) Contin. Reginonis zu 965. — v. Ottenthal, Reg. O. I. 371 a.
[12]) v. Ottenthal, Reg. O. I., 371 a—393.
[13]) Dümmler, Jahrb. O. I., S. 372.

zur Aebtissin des mächtigen Stiftes geweiht. Darauf verabschiedete sich der Kaiser in Nordhausen von seiner Mutter und begab sich neuerdings an den Rhein, um die letzten Vorbereitungen zu einem Zuge nach Italien zu treffen. Am 15. August hielt er einen Tag zu Worms, auf dem die Reichsverwesung in ähnlicher Weise wie das erste Mal geregelt wurde. Herzog Hermann hatte wieder die Obsorge über Sachsen behalten, während die Vertretung des Kaisers im Reiche und die Hut des Sohnes dem Erzbischofe Wilhelm übertragen wurde. Noch im selben Monate zog der Kaiser rheinaufwärts über Chur nach Italien. Nur zwei Urkunden des Sohnes sind uns aus dem Jahre 967 erhalten, eine davon ist die Neuausfertigung eines verlorenen Diplomes des Vaters (D. 12), wir können daher nicht sagen, ob dem jungen Könige jetzt schon größere Selbständigkeit eingeräumt war. Jedenfalls aber sollte er bald dazu gelangen.

Mit blutiger Strenge hatte der Kaiser den Aufstand der Römer gegen den Papst Johann XIII. gestraft, in raschem Zuge seine Herrschaft über Benevent ausgedehnt und war dann mit dem Papste zur Osterfeier (967 März 31) nach Ravenna gezogen. Auf einer Synode, die sich hier im April unter dem Vorsitze des Papstes und des Kaisers versammelte, waren wichtige Angelegenheiten der deutschen Kirche berathen und gefördert, vor allem die Errichtung des Erzbisthums Magdeburg gesichert worden. Im weitern Verfolge seiner Weltpolitik hatte Otto der Große damals Verbindungen mit Byzanz angeknüpft und nach Empfang einer byzantinischen Abordnung eine Gesandtschaft in die oströmische Kaiserstadt entsendet, welche für den Sohn um eine Prinzessin des makedonischen Hauses werben sollte.

Im Zusammenhange mit dieser Absicht, sowie zur Sicherung der Nachfolge auch in Italien beschloß Otto I., den Sohn zum Kaiser krönen zu lassen, und gewann hierfür die Zustimmung des Papstes. Beide erließen ein Schreiben an den jungen König, in dem sie ihn einluden, zu den nächsten Weihnachten nach Rom zu kommen [14]), der Kaiser ertheilte dem Erzbischofe Wilhelm und den andern Fürsten den Auftrag, für die würdige Fahrt des Sohnes Sorge zu tragen [15]).

Damit beginnt Ottos II. Regierungsthätigkeit auch für uns bemerkbar zu werden. In Worms hielt er seinen ersten Reichstag und gab da, wie der dem kaiserlichen Hause ergebene Chronist her-

---

[14]) Contin. Regin. 967: Interim papa Johannes et imperator regi Ottoni litteras invitatorias miserunt et ut cum ipsis ad Natalem Domini Romae celebrandum festinaret, inseruerunt. — v. Ottenthal, Reg. D. I., 450a.

[15]) Ann. Hildesheim. 967: Hoc anno transmisit imperator legatos suos ad Willihelmum archiepiscopum et ad alios principes eius, ut Ottonem, filium suum aequivocumque eius, cum omni regali dignitate proveherent ad Italiam.

vorhebt, Beweise seiner Klugheit und Milde [16]). Ueber Frankfurt, wo er sich vom 24. bis zum 29. Juni aufhielt, ging er nach Sachsen, wo Herzog Hermann in erfolgreichem Kampfe gegen Volksteile der Redarier sich bethätigte [17]). Eine Erkrankung des Erzbischofs Wilhelm wird dem Könige weiteren Anlaß gegeben haben, selbsthandelnd aufzutreten [18]). Glücklicher Weise wurde durch die baldige Genesung Wilhelms eine Verzögerung in dem Reiseplane des Königs vermieden und Otto konnte nach der Verabschiedung von Großmutter und Schwester zu rechter Zeit die Fahrt nach Italien antreten, für welche der Weg über den Brenner gewählt worden war. Am 29. September war er in Augsburg [19]), am 15. October in Brixen, wo er dem Bischofe Richbert die Schenkung der Regensburger Alten Kapelle verbriefte (D. 14). In seinem Gefolge befanden sich Bischof Dietrich von Metz und der Lehrer Graf Huodo, während Wilhelm als Reichsregent zurückgeblieben war. Im October traf er mit den Eltern und dem Könige Konrad von Burgund, dem Bruder seiner Mutter, zusammen [20]). Schon jetzt tritt er als Mitregent des Vaters auf, stellt Urkunden für Weißenburg und Hamburg aus (DD. 15, 16) und erläßt mit dem Vater die wichtige Verordnung über die Zulassung des Kampfbeweises, durch welche den vielen Meineiden vorgebeugt werden sollte [21]). Noch wurde hier das Allerheiligenfest gefeiert, dann begab sich der Hof über Mantua nach Ravenna, wo man wieder längeren, mindestens bis zum 25. November währenden Aufenthalt nahm. Von hier aus wurde die Fahrt nach Rom angetreten [22]).

---

[16]) Contin. Regin.: Tunc rex pro disponendis regni negotiis ante suum in Italiam iter Wormatiam venit, ibique in primo suo placito, Deo propitio, plurima futurae prudentiae simul et clementiae suae indicia praemonstravit.
[17]) Contin. Regin.: Sicque nativitate Precursoris et apostolorum festivitate Franconofurd celebrata, iter suum acceleraturus in Saxoniam remeavit.
[18]) Contin. Regin.: Tunc etiam dominus archiepiscopus Willihelmus aliquantula infirmitate detentus in brevi, Deo miserante, convaluit.
[19]) Contin. Regin.: Eodem anno intrante septembri mense Otto rex Romam iturus decenti se comitatu egressus memoriam sancti Michaelis in Augusta civitate celebravit.
[20]) v. Ottenthal, Reg. D. I., 454 a.
[21]) LL. Sectio IV, I, 27. — v. Ottenthal, Reg. D. I., 455.
[22]) Am 7. December urkundet Otto I. zu Hostia für den Grafen Gausfred über dessen Besitzungen in den Grafschaften Arezzo und Chiusi (DO. I., 352, v. Ottenthal, Reg. D. I., 461). In den M. G. und auch von Ottenthal ist als Ausstellungsort ein im Nuovo Dizionario dei communi e frazioni nicht verzeichnetes Ostina angenommen, das der Karte nach s. von Florenz zwischen Regello und Figline-Valdarno gelegen ist. Es bleibt dabei nur das Bedenken, was der Hof mitten im Winter in dem abseits der Straße gelegenen Oertchen gesucht hat. Sollte nicht doch Ostia, zu dem auch die Namensform der Urkunde besser paßte, beibehalten werden? 340 Kilometer von Ravenna nach Ostia konnte der Hof in zehn Tagen immerhin zurücklegen und es wäre nicht unmöglich, daß vor dem Einzuge in Rom zu Ostia Aufenthalt genommen wurde, um die etwa noch nöthigen Vorverhandlungen über die Krönung zum Abschlusse zu bringen. Graf Gausfred kann allerdings seine Bitte schon früher an den Kaiser gebracht haben.

Am 21. December, einem Sonnabend, sah der von den Eltern geleitete Jüngling zum ersten Male die Thürme und Mauern der ewigen Stadt. Mit dem vollen Prunke päpstlicher Macht empfing Johann XIII. am 24. December die hohen Gäste an den Schwellen der Apostelfürsten und am Weihnachtstage wurde mit glänzendem Gepränge unter freudiger Zustimmung der anwesenden Fürsten und des versammelten Volkes die Krönung vollzogen[32]). Das Ereigniß hatte keinen Vorgang und sollte sich nicht mehr wiederholen, es war der sichtbare Ausdruck vollster Uebereinstimmung der beiden höchsten christlichen Gewalten des Abendlandes und einer Abhängigkeit des Papstthumes von der kaiserlichen Macht, die allerdings damals nicht als drückend empfunden wurde, weil sie den Papst gegen gefährlichere Gewalten schützte und weil Otto I. dessen oberste Autorität in den kirchlichen Fragen anerkannte und kräftigte.

Obwohl durch die Kaiserkrönung dem jungen Manne die höchste weltliche Würde des christlichen Abendlandes verliehen worden war und dadurch seine Selbständigkeit insoferne zugenommen hatte, als ihm von jetzt an kein vormundschaftlicher Regent zur Seite stand, so kam er doch nicht zur Ausübung einer nennenswerthen Regierungsthätigkeit im eigenen Wirkungskreise. Blieb er fortan in der unmittelbaren Umgebung des Vaters und wurde ihm da gewiß Gelegenheit geboten, sich mit den Regierungsgeschäften vertraut zu machen, so war neben der machtvollen Persönlichkeit des alten Kaisers kein Raum für eine selbständige Amtswaltung des Sohnes von erheblicher Bedeutung. Er mußte es sich genügen lassen, daß die Form der Mitregierung durch häufige Nennung

---

[32]) D. O. I., 355: Filius noster in Nativitate Domini coronam a beato apostolico in imperii dignitatem suscepit. Hrotsuithae Gesta Ottonis, v. 1503—1506 (SS. IV, 335):

    Istius prolem post illum iam venientem,
    Scilicet Oddonem nutricis ab ubere regem
    Ad fasces augustalis provexit honoris
    Exemploque sui digne fecit benedici.

Thietmari Chron. II, c. 15. Aequivocus imperatoris, iunior inquam Otto, ... in Nativitate Domini Romae imperator effectus est, patre iubente. Ann. Lob. (SS. XIII, 234): Otto rex Italiam a patre evocatur atque ab eo Romae consors imperii sollemniter asciscitur. Romoaldi Ann. (SS. XIX, 400): Iste quoque papa Johannes coronam posuit imperii Ottoni imperatori. Ann. Hildesheim.: illicque ipse Otto senior suscepit eum et secum deduxit Romam, commendavitque illum apostolico Johanni posteriore, ut ab eo augustalem benedictionem recepisset, ut imperator augustus foret appellatus a cunctis, qui eum agnovissent, veluti pater eius. Lamberti Ann. Ann. Aquenses (SS. XXIV, 36). Ann. Colon. (SS. I, 98). Ann. s. Maximini (SS. IV, 7). Ann. Lob. et Leod. (SS. IV, 17). Ann. Blandin. (SS. V, 25). Ann. Ottenburani (SS. V, 2). Ann. s. Bonifacii (SS. III, 118). Benedicti Chron. c. 38 (SS. III, 718). Hugonis Opuscula (SS. XI, 538). Ann. Saxo (SS. VI, 631). Sigeberti Vita Deoderici c. 13 (SS. IV, 470). Mariani Scotti Chron. (SS. V, 554). Actus fund. Brunvil. c. 5 (SS. XIV, 127). Ottonis Frising. Chron. VI, c. 24. — Dümmler, Jahrb. O. I., S. 429. — v. Ottenthal, Reg. O. I., 463 a. b.

in den Interventionsformeln, durch Anführung seiner Regierungs=
jahre in einzelnen Diplomen des Vaters, sowie in den italienischen
Gerichts= und Privaturkunden zum Ausdrucke gebracht[24]), diese oder
jene Angelegenheit ihm zur ersten Verhandlung zugewiesen wurde.
Daher unterscheiden sich die ersten Diplome des Kaisers Otto II.
nicht von denen des Königs. Auch jetzt wurde für ihn keine eigene
Kanzlei eingerichtet und von den auf seinen Namen ausgestellten
Urkunden sind die einen Doppelausfertigungen nach Diplomen des
Vaters (DD. 17—20, 27), andere nach Vorurkunden angefertigt
(DD. 15, 23), in andern wird der Rath oder Wille des Vaters
ausdrücklich erwähnt (DD. 16, 21, 24, 26), so daß nur drei Stücke
der letzten Zeit übrig bleiben[25]), welche sich als selbständige Willens=
kundgebungen des jungen Kaisers darstellen, doch auch bei diesen
dürfte es sich um Delegation durch den Vater handeln, der an der
in den Urkunden für St. Paul zu Verdun beurkundeten Handlung
sicher Theil genommen hat und dem wahrscheinlich auch die in
der dritten Urkunde bewilligte Bitte der Einsiedler Mönche vor=
getragen worden ist. Man wird also sagen dürfen, daß die
Aeußerung, welche Ekkehard von St. Gallen dem Thronfolger in
den Mund legt, mag ihre Fassung auch durchaus nicht verbürgt
sein, das Richtige getroffen hat. Als Otto der Große bei seinem
Besuche in St. Gallen seinen Stab fallen ließ, um die Disciplin
der Mönche zu erproben, die sich dadurch nicht in ihrer Andacht
stören lassen durften, scherzte der Sohn: „Es ist zu wundern, daß
er den Stab fallen ließ, da er die Herrschaft so fest in Händen
hält. Wie ein Löwe hält er die Königreiche, die er gewonnen hat,
zusammen und hat selbst mir, dem Sohne, nicht ein Theilchen
davon abgegeben"[26]).

Ungleich bedeutender als diese nebensächlichen und vorüber=
gehenden Angelegenheiten war aber der geschichtliche Zusammen=
hang, in den Otto II. durch die Kaiserkrönung gebracht wurde.
Ihn sich zu vergegenwärtigen, mag ein Blick auf die Verhältnisse
in der südlichen Hälfte Italiens helfen, welche, wie wir später
sehen werden, sein Schicksal entscheidend bestimmt haben[27]). Die

---

[24]) v. Sickel, Beitr. VIII, 164 ff., Erläut. S. 81 ff. — DO. I, 84.
[25]) DD. 22a, 22b für das von Bischof Wigfried neu errichtete St. Pauls=
kloster zu Verdun. D. 25 (Reichenau, 972 August 17) für das Kloster Ein=
siedeln.
[26]) Ekkeharti IV. Casus s. Galli ed. Meyer v. Knonau, p. 449.
[27]) Dümmler, Geschichte des Ostfränk. Reiches, 2. Aufl. Dümmler, Jahrb.
O. I., Pabst in den Forsch. zur deutschen Gesch. II, 467. Pabst in Hirsch,
Jahrb. H. II., II, 355 ff. Hamel, Untersuchungen zur älteren Geschichte des
Kirchenstaates (Göttinger Dissert. 1899). — Regestum Farfense. Chron. Volturnense bei Muratori SS. I, 2, 415 ff. Fatteschi, Memorie istorico-diplomatiche
riguardanti la serie dei duchi di Spoleto (1801). Peregrinius, Historia principum Langobardorum in Muratori SS. II, 1, 223 ff. Cod. dipl. Cajetanus
(Tabularium Casinense I [1887]). Federici, Degli antichi duchi e consoli o
ipati della città di Gaeta (1791). Capasso im Archivio storico per le provincie Napolitane I (1876), 1 ff. und V (1880), 437 ff. Capasso, Monumenta

Herrschaft über Rom, über Benevent und Capua hatte dem Machtbereiche Ottos des Großen in Italien jene Ausdehnung gegeben, welche mit der Kaiserkrone schon in karolingischer Zeit verbunden war. Aber ebensowenig wie seine Vorgänger konnte der Sachse sich dem Einflusse verschließen, den die Verhältnisse jenseits der erreichten Grenzen auf die nördlicher gelegenen Landschaften übten. Was er in Händen hielt, war nicht das Ende, sondern der Anfang einer neuen Richtung, die ihn nach der einen Seite gegen den Islam, nach der andern gegen das byzantinische Kaiserreich führen mußte [28]).

---

ad Neapolitani ducatus historiam pertinentia I (1881), 127 ff. Schipa, Il ducato di Napoli (Archivio storico per le provincie Nap. XVII (1892), 358 ff., XVIII). Matteo Camera, Memorie storico-diplomatiche dell' antica città e ducato di Amalfi I (1876). Cod. dipl. Cavensis II, praef. p. IX ff. Schipa, Storia del principato Langobardo di Salerno (Archivio storico per le provincie Nap. XII [1887], 81 ff.). Finlay-Tozer, A history of Greece II (1877). Gfrörer, Byzantinische Geschichte, 3 Bde. (im 1. Bande Geschichte Venedigs). Hertzberg, Gesch. der Byzantiner (1883). Mystakidis, Byzantinisch-deutsche Beziehungen zur Zeit der Ottonen (1891). C. Neumann, Die Weltstellung des byzantinischen Reiches (1894). Schlumberger, Un empereur Byzantin au dixième siècle, Nicéphore Phokas, Paris 1890. Schlumberger, L'épopée Byzantine à la fin du Xème siècle I (1896), II (1900). Cozza-Luzzi, La cronaca Siculo-Saracenica (1890). Orestes, $Bίος\ καὶ\ πολιτεία\ τοῦ\ ὁσίου\ πατρὸς\ ἡμῶν\ Σάβα\ τοῦ\ νέου$, ed. Cozza-Luzzi (Studi e documenti di storia e diritto XII [1891]). Amari, Biblioteca Arabo-Sicula 2 Bde. Wenrich, Rerum ab Arabibus in Italia insulisque adiacentibus gestarum commentarii (1845). Amari, Storia dei Musulmani di Sicilia, vol. II (1885). Lane-Poole, A History of Egypt in the Middle Ages (1901), p. 92 ff. Nicht zugänglich waren mir: Achille Sansi, I duchi di Spoleto. Beltrami, Documenti per la storia dell' Italia meridionale (1877). Brun, Die Byzantiner in Süditalien (russisch, Odessa 1881). Zampelios $Ἰταλοελληνικά$. Achille Dina, L'ultimo periodo del principato Langobardo e l'origin del periodo pontificio in Benevento (1899).

[28]) Die Beurtheilung der Kaiserpolitik Ottos des Großen steht auch heute vielfach noch im Banne jener Anschauungen, welche einst H. v. Sybel mit so hoher Kunst und Lebhaftigkeit vorgetragen hat. (Die deutsche Nation und das Kaiserreich, 2. Abdruck, 1862. Dagegen Julius Ficker, Das deutsche Kaiserreich in seinen universalen und nationalen Beziehungen, 2. Aufl. 1862. Derselbe, Deutsches Königthum und Kaiserthum, 1862.) Die Ansicht, daß Otto, als er sich nach Italien begab und Adelheid freite, einen Schritt von geradezu verhängnißvoller Bedeutung für das deutsche Volk und Reich gethan hat, wird auch jetzt noch mit allem Eifer und größter Bestimmtheit als etwas Selbstverständliches vorgetragen, obwohl in engerem Kreise eine etwas unbefangenere Auffassung sich Bahn zu brechen beginnt. Schon Ottokar Lorenz hat mit Recht die Verquickung dieser rein wissenschaftlichen mit einer politischen Tagesfrage beklagt (Deutsche Geschichte I, 5). Haben hinsichtlich der Letzteren die Ereignisse Herrn v. Sybel Recht gegeben und sind die von seinem Gegner befürchteten Folgen nicht eingetreten, so schließt das nicht aus, daß Sybels Geschichtsauffassung ernsten Bedenken unterliegt. Sein größter Fehler war, wie schon Lorenz ausführte, daß er den allgemein geschichtlichen Zusammenhang, die Wirksamkeit religiös-politischer Ideale, von denen das frühere Mittelalter beherrscht war, das Verhältniß zwischen Rom und Byzanz ganz außer Acht ließ. Verschlossen er und seine Nachfolger sich jedem Verständnisse für die Auffassung, von der Karl der Große und Otto sich leiten ließen, so ist es ein Verdienst W. Sickels (Historische Zeitschrift LXXXIV, 385 ff.) und A. Schwemers (Papstthum und Kaiserthum, 1899), diese wieder schärfer heraus-

Ein betrübendes und beschämendes Bild gewährt für den ersten Anblick die Geschichte der süditalienischen Landschaften, wir sehen nichts als eine trostlose Folge von kleinlichen Thronstreitigkeiten, Grenzfehden, Raubzügen, von treuloser List und feiger Gewaltthat! Fast scheint es, als ob in diesen Gegenden und Zeiten alles auf Willkür gestellt sei, und rathlos möchte man den Versuch aufgeben, in dem kläglichen Gewirre unbedeutender Personen und Handlungen Spuren der für die italienische Gemeinschaft und die allgemeine Geschichte belangreichen Absichten und Kräfte zu entdecken. Und doch sind solche auch hier vorhanden gewesen, ja sie haben gerade in der zweiten Hälfte des zehnten Jahrhunderts sich als für alle Zukunft wirksam erwiesen. Als erste und bedeutsamste Thatsache erscheint der unter den verschiedensten Verhältnissen immer wieder erneute Versuch zur Bildung einer größeren Herrschaft, das immer wieder, sei es aus dynastischen Beweggründen, sei es zur Abwehr äußerer Feinde begonnene Streben, die einzelnen Theile zu vereinigen.

Schon unter der langobardischen Herrschaft hatten die Herzogthümer von Spoleto und Benevent größere Selbständigkeit gewonnen, sich unabhängig von dem pavesischen Königthume entwickelt. König Liutprand, der es als seine Aufgabe betrachtete, ganz Italien seinem Machtgebote unterzuordnen, durch Vertreibung der Griechen seiner nationalen Herrschaft die geographische Einheit zu sichern, hatte auch begonnen, die beiden Herzogthümer in engere Abhängigkeit zu bringen. Aber über einen rein äußerlichen, vorübergehenden Erfolg kam er ebensowenig hinaus wie seine Nachfolger, dauernde und befriedigende Verhältnisse sind von ihnen nicht geschaffen worden. Und wenn Karl der Große seinen Einfluß auch auf diese Gebiete ausgedehnt hatte, so brach alsbald nach dem Tode seines Nachfolgers

---

gearbeitet zu haben. Ueberhaupt wird eine Abschätzung historischer Ereignisse auf dem von Sybel und Böhmer eingeschlagenen Wege kaum möglich sein, da die Konstruction eines mit verlockenden Farben ausgestatteten Gegenbildes, deutscher Einheitsstaat mit einem starken Königthum an der Spitze, durchaus unhistorisch wäre (vgl. Hintze in der Hist. Zeitschr. LXXXVIII, 13 ff.). Stellt die Kontroverse Sybel-Ficker ein lehrreiches, wenn auch unerfreuliches Beispiel ungünstiger Beeinflussung der wissenschaftlichen durch die politische Auffassung dar, so ist vielleicht zu hoffen, daß heute die Politik der Historie zu Hilfe komme, man jetzt eher geneigt sein dürfte, warum die bedeutschen Herrscher des zehnten Jahrhunderts für sich und das Reich einen „Platz an der Sonne" suchten, die Verbindung mit Rom als dem Mittelpunkte religiöser und geistiger Bestrebungen, die Herrschaft über Italien, dem damals eine ungemeine wirthschaftliche Bedeutung zukam, sichern wollten. Ganz ohne Vortheile sind doch diese Bestrebungen nicht gewesen und ganz umsonst ist das edle Blut vieler Deutschen nicht vergossen worden. Dem Kaiserthume kam doch die größte Bedeutung in dem weltgeschichtlichen Kampfe für Geistes- und Gewissensfreiheit, in dem die Deutschen in vorderster Reihe standen, zu, es war eines der Mittel für die Bildung eines europäischen Kulturkreises und damit auch für die geistige Einigung der deutschen Stämme. Wäre ein Tadel auszusprechen, so nur in dem Falle, als die kaiserliche Idee zur Erhebung undurchführbarer, innerlich unberechtigter Ansprüche gesteigert worden wäre, das trifft aber weder für Otto den Großen noch seinen Sohn zu.

die mühsam zurückgehaltene Selbständigkeit an allen Orten durch, begann der äußerliche Zusammenhang sich völlig zu lösen. Schon zu Karls Zeiten begegnen wir besonderen Grafen von Camerino, die auch mit dem Herzogstitel ausgezeichnet wurden, doch blieb die Grafschaft mit dem Herzogthume Spoleto vereinigt und wurde dessen Bedeutung, die auf der günstigen Lage zu beiden Seiten des Apennins und in der Nähe Roms beruhte, nicht verringert. Schon in früher Zeit war von hier aus versucht worden, die süditalischen Stadtherrschaften zu unterwerfen. Feroald II. (703—724) hatte Eroberungszüge gegen die Griechen veranstaltet, Guido IV. kurze Zeit über Benevent geherrscht und noch im Jahre 959 war Herzog Theobald im Bunde mit dem Papste Johann XII. gegen die Grafen von Capua zu Felde gezogen. Der gewünschte Erfolg wurde aber diesem Unternehmen nicht zu Theil, sollte vielmehr dem angegriffenen Gegner zufallen.

Blieb das Herzogthum Spoleto in seinem äußeren Bestande unversehrt, so ist dagegen der zweite langobardische Dukat von Benevent voller Auflösung unterlegen. Kraftvoll hatte hier Grimoalds Geschlecht geherrscht; waren die Herzöge von den letzten langobardischen Königen in größere Abhängigkeit gebracht worden, so nahm nach dem Sturze des Desiderius Arechis II. eine ganz selbständige Stellung ein, schuf sich, mit scharfer Voraussicht die Bedeutung des Meeres erkennend, in Salerno eine zweite Residenz, in die er sich zurückzog, als ihn Karl der Große im Jahre 787 bedrängte. Was unzweifelhaft richtige Erkenntniß der allgemeinen Lage und der späteren Entwickelung war, schlug aber seinem Dukate zum Schlechten aus. Die Verrückung des Schwerpunktes nach Salerno hatte den Rückgang Benevents und den Zerfall des alten Herzogthums zur Folge. Noch konnte Sikard (832—839) versuchen, seine Herrschaft auszudehnen, aber nach seinem Tode machten Thronstreitigkeiten der alten Macht ein Ende, im Jahre 847 kam es zu einem Theilungsvertrage zwischen seinem Bruder Sikenolf und dem Radelchis, durch welchen der Erstere Salerno, der Letztere Benevent erhielt. Inzwischen hatte der seit dem Jahre 815 im Amte stehende Gastalde Landulf von Capua sich im Jahre 840 der Oberhoheit Benevents entzogen und damit stoßen wir auf jene Familie, welche, seit langem an dem Orte ihrer Macht ansässig, eine dynastische Kraft erworben hatte, die ihr trotz des verhältnißmäßig geringen Herrschaftsbereiches die Zukunft sicherte. Im Jahre 900 bekam Athenulf I. Benevent in seine Gewalt und damit war wenigstens die eine Hälfte des alten Herzogthums wieder vereinigt. Sein Urenkel war Pandulf I., zubenannt der Eisenkopf, der seit dem Jahre 944 als Genosse seines Vaters Landulf, seit 960 allein regierte und von diesem Augenblicke an die führende Rolle in den süditalienischen Angelegenheiten übernahm. Mit klarer Entschiedenheit suchte er seinen Platz an der Seite der Deutschen, im Jänner 967 erhielt er von dem Kaiser das Herzogthum Spoleto mit Camerino. So war das alte Samniterland bis auf Salerno wieder einer Herrschaft unterworfen und wir werden später zu erzählen haben, wie auch dieser Dukat an Pandulf kam.

Den vollsten Gegensatz gegen diese folgerichtige Sicherheit bildet das Verhalten des seit dem Jahre 943 regierenden Herzogs Gisulf I. von Salerno. Ein durchaus langobardisches Fürstenthum ruhte es auf altem Stammesrecht und hatte in dem sacratissimum palatium die Formen des pavesischen Königthumes erhalten. Aber von einer der glorreichen Ueberlieferung entsprechenden Politik ist nichts zu bemerken. In dem Gegensatze täglich wechselnder Sonderinteressen hatte Gisulf die Führung vollständig verloren. Bald stellt er sich gegen die Capuaner, dann tritt er für sie gegen den Papst Johann XII. auf, endlich verbindet er sich mit diesem gegen den Kaiser. Man erkennt also nur das Bestreben, das Aufkommen einer seine Selbständigkeit bedrohenden Vormacht zu verhindern.

Eine ungleich günstigere Entwickelung nehmen wir in den drei am tyrrhenischen Meere gelegenen Staaten wahr, die aus dem seit dem Jahre 661 bestehenden Dukat von Neapel entstanden waren. Dieses Herzogthum war in der altgriechischen Stadt als Stützpunkt der byzantinischen Herrschaft gegen die Langobarden errichtet worden, doch hatte sich trotz der Bewahrung griechischer Sprache und Sitte die politische Beziehung zu Ostrom immer mehr gelockert. Der unabläßige Kampf gegen die nationalen Feinde hatte der kriegerischen Bethätigung den Vorrang vor jeder andern verschafft und eine militärische Selbständigkeit begünstigt, welche Vorläuferin der politischen Unabhängigkeit wurde. Diese konnte aber nicht dauernd aufrecht erhalten werden, im Wechsel der Zeiten machte sich der byzantinische Einfluß wiederholt geltend. Ebensowenig gelang es, den alten Bestand des Herzogthumes festzuhalten. Unter der schwachen Regierung Herzogs Johann III. (928—968) nahmen die Fürsten von Gaeta und Amalfi den Herzogtitel an, um damit die im Laufe der Zeiten erlangte Selbständigkeit auch nach außen zu bezeichnen.

Gaeta, die alte Stadt der Aurunker, stand seit dem Jahre 875 unter der Führung einer Familie, die dem Namen nach sich an griechische Mode hielt und deren regierende Mitglieder byzantinische Ehrentitel trugen. Trotzdem unterließ man, seitdem Docibilis II. den Titel eines dux angenommen hatte, die bis dahin übliche Nennung der Autokratoren in den Urkunden. Sie kommen in diesen zum letzten Male im Jahre 934 vor.

Etwa vierundzwanzig Jahre später begann auch Sergius, der judex von Amalfi, den Dogentitel zu führen; obwohl auch er als byzantinischer patricius genannt wird, war hier die Nennung der byzantinischen Kaiser in den Urkunden nicht üblich geworden. Die Unabhängigkeit und Blüthe beider Staaten war durch eine ausgebreitete Gewerbethätigkeit und den weitreichenden Seehandel Amalfis verbürgt, an beiden Orten begegnen wir den ersten Anzeichen bürgerlicher Selbständigkeit, die sich in dem Verbau der

Almende, der Erwähnung städtischer Rechtsgewohnheiten, der Prägung städtischer Münzen und der Bildung eines eigenen Seehandelsrechtes äußert. Fürst von Gaeta war zur Zeit, da Otto I. diesen Verhältnissen nahetrat, Johannes III., von Amalfi Manso III.

Ungeachtet des Gegensatzes, in dem diese staatlichen Sonderbildungen, die sich im wesentlichen an die alten italischen Stammlandschaften anschließen, gegen einander standen, weisen sie in ihrer Entwickelung viele gemeinsamen Züge auf. Vor allem haben wir die rein dynastische Art der Herrschaft hervorzuheben, die bis zur Vereinigung der obersten geistlichen und weltlichen Gewalt in einer Familie, ja manchmal in einer Hand gesteigert wurde, ein Verfahren, das sogar auf die höchste geistliche Würde, das Papstthum, in schmachvoller Weise angewendet worden ist. Da aber dieses dynastische Interesse keineswegs mit jener technischen Vollendung, wie etwa in den landesherrlichen Häusern von Flandern und Brabant gehandhabt wurde, vielfach dem Walten natürlicher Instincte allzuweiter Raum gegönnt wurde, ging der Vortheil, den diese Regierungsform durch die kraftvolle Zusammenfassung der wirthschaftlichen und militärischen Kräfte des beherrschten Gebietes gewährt, leicht verloren und es machten sich die höchst verderblichen Folgen, welche in dem Vorwiegen dynastischer Interessen begründet sind, rasch bemerkbar: die Versorgung neu entstehender Linien mit besonderen Grafschaften und Herzogthümern, daraus sich ergebend die Zersplitterung größerer Gebiete, Streitigkeiten im regierenden Hause, treulose Gewaltthat, Unterordnung der allgemeinen unter die örtlichen und persönlichen Interessen, wie sie sich namentlich in der seit der Mitte des IX. Jahrhunderts üblich gewordenen Aufnahme saracenischer Bandenführer und Söldnerschaaren äußert. Das Alles war um so gefährlicher, als nicht einmal die kirchliche Gewalt im Stande war, die Beziehungen zu einer übergeordneten Gemeinschaft aufrecht zu halten.

Man begreift, daß von diesen örtlichen Bildungen der Aufbau einer neuen dauernden Ordnung zunächst nicht zu erwarten war. Konnte etwa von den südlicher gelegenen Landschaften der Magna Graecia solche Erneuerung ins Werk gesetzt werden? Hier stoßen wir auf Zustände äußersten Elendes und hoffnungslosen Niederganges. Man wird kaum andere Landschaften auf europäischem Boden finden, welche nach einer Zeit kurzer Blüthe so schweren Schlägen ausgesetzt gewesen sind, wie die beiden südlichen Halbinseln Italiens. Ihr Gedeihen war von der völlig friedlichen Besiedelung der Mittelmeerküsten abhängig. Wie schwer mußten sie es daher empfinden, als das Mittelmeer der Schauplatz erbitterter Kämpfe, der bequeme Weg für feindlich sich begegnende Kräfte wurde, der Autokrator von Byzanz sich als unfähig erwies, die von ihm beanspruchte ϑαλασσοκρατία in der That zu handhaben. Wie das brüchige Gestein die Denkmale griechisch-römischer Kultur frühzeitig verderben ließ, so wurde die illyrisch-griechische Bevölkerung

Süditaliens durch die Latifundienwirthschaft und die Sklaveneinfuhr innerlich verdorben; von außen durch germanische Schaaren, die Einfälle der Sarazenen bedrängt, wurde sie in ruhigeren Zeiten durch das drückende Steuer- und Verwaltungssystem der Byzantiner ausgesaugt.

Am längsten hat hier Ostrom seine Herrschaft über italienisches Gebiet aufrecht gehalten. Noch unter des ersten makedonischen Kaisers Basilius I. Regierung (867—886) hat Nikephorus Phokas, der Großvater des späteren Basileus, die byzantinische Macht in geschickt geführten Kriegszügen ausgedehnt und man hatte die wiedergewonnenen Gebiete zu dem thema Langobardiae vereinigt. Aber damit war nicht viel gewonnen. Die weite Entfernung verringerte die unmittelbare Einflußnahme der Centralregierung, man überließ das Land nur zu leicht der Habsucht und Willkür der Oberbefehlshaber, welche nach alter Gewohnheit darin einen Gegenstand der Ausbeutung sahen. Nahm von Zeit zu Zeit einer der byzantinischen Kaiser einen Anlauf, schickte er Truppen und neue Befehlshaber, so hatten Land und Leute zunächst nur die üblen Folgen zu spüren, Bedrückung durch eine neue, noch nicht gesättigte Verwaltung, Plünderung durch neue Kriegerschaaren. Da die Aufmerksamkeit der Herrscher allzu oft von andern drängenden Angelegenheiten in Anspruch genommen wurde, kamen die süditalischen Themen niemals zum Genusse des Segens und der Früchte des Friedens, und dieser Zustand war um so beklagenswerther, als ihnen seit der Mitte des IX. Jahrhunderts ein furchtbarer Feind in den Sarazenen erstanden war.

Diese hatten im Jahre 828 mit der Eroberung Siciliens begonnen und, noch bevor sie vollendet war, den heiligen Krieg auf das Festland übertragen, im Jahre 864 die Peterskirche zu Rom und ihren Bezirk geplündert. Die fortwährenden Fehden der langobardischen Fürsten, der Patrizier und Konsuln von Gaeta, Neapel und Amalfi boten ihnen erwünschte Gelegenheit zu Raubzügen und kecker Gewaltthat. Mitten im christlichen Lande, im Gebiete von Traetto, hatte sich eine Schaar islamitischer Freibeuter angesiedelt und von da aus die Umgebung in weitem Kreise bis zu ihrer Vertreibung im Jahre 916 unsicher gemacht. Stärkeren Rückhalt sollten diese von Sicilien ausgehenden Unternehmungen gewinnen, als im Jahre 909 die Herrschaft der Fatimiden und des schiitischen Mahdismus in Tunis begründet, damit der Anfang eines afrikanischen Kalifats gegeben war. Zunächst allerdings trat eine Zeit der Ruhe für Süditalien ein. Die Politik des byzantinischen Hofes war durch die bulgarischen Angelegenheiten und die Kämpfe im Osten des Reiches so sehr in Anspruch genommen, daß es räthlich schien, sich mit dem Emir von Sicilien abzufinden, und so schloß gegen Ende des Jahres 915 der Stratege von Calabrien, Eustathus, im Auftrage der Kaiserin Zoe als Vormünderin ihres Sohnes, des purpurgeborenen Konstantin VII., mit Ibn-Korhob einen Vertrag, in dem sich Byzanz zur Zahlung eines jährlichen

Tributs verpflichtete, der in einem neuen, von Romanus I. Lekapenus im Jahre 925 mit dem Mahdi vereinbarten Uebereinkommen auf die Hälfte herabgesetzt wurde. Wie aber solche Verträge sich auf die Dauer immer unwirksam erweisen, da sich das freie Spiel geschichtlicher Kräfte durch eine Geldzahlung nicht einschränken läßt, so geschah es auch diesmal. Der Vertrag hinderte die Moslims nicht an neuen Einfällen, ja er gab ihnen noch Anlaß dazu, weil die Tributzahlung nicht pünktlich stattfand, manche Strategen es für nützlich hielten, das gute christliche Geld nicht den Ungläubigen auszufolgen, sondern es lieber in die eigene Tasche fließen zu lassen. Anderseits wurde der Tribut von thatkräftigen, auf das Ansehen der Kaiserkrone bedachten Herrschern als unziemliche Last empfunden, so daß der Vertrag für beide Theile eine Quelle neuer Streitigkeiten wurde.

Im Jahre 948 war Hasan aus dem Stamme der Kelb (Hunde) zum Emir (Wali) von Sicilien bestellt worden und damit das Amt an eine Familie gelangt, die es durch mehrere Jahrzehnte inne haben sollte. Der Wali vereinigte, wie dies in den Marken üblich war, bürgerliche und militärische Gewalt in seiner Hand, auch neigte das Amt zur Erblichkeit, obwohl die Bestellung durch den Kalifen stets üblich blieb. Unruhen, welche nach dem Tode des Mahdi El-Obeid in Sicilien ausgebrochen waren, hatten den Byzantinern Anlaß zur Einstellung der Tributzahlung gegeben. Als nun Hasan darauf zurückkam, war Konstantin VII. entschlossen, sie nicht mehr aufzunehmen, und schickte Truppen nach Italien. Darauf überschritt im Jahre 950 Hasan die Meerenge und eroberte Reggio, während die Griechen nach Bari und Otranto flohen. Reich mit Beute beladen kehrte das Heer des Kriegsfürsten nach Palermo zurück, zwei Jahre später wurde der Zug erneuert, ein Sieg unter den Mauern von Gerace erfochten. Nunmehr wurde ein Waffenstillstand geschlossen, in dem man sich zu religiösen Zugeständnissen an die Muselmannen bequemen mußte. Von dem Minaret der neu erbauten Moschee schallte über die Dächer des alten Regium der Gebetsruf des Mueddin.

Nach dem Tode des Kalifen Mansur wurde im Jahre 954 eine neue Waffenruhe vereinbart, nach deren Ablauf im Jahre 956 Konstantin wiederum seine Streitkräfte nach Italien entsandte. Diesmal waren die Sarazenen im Nachtheile. Hasans Bruder Ammar kam in eine üble Lage, die Moschee von Reggio wurde zerstört, die griechische Flotte nahm sogar mehrere sicilische Küstenplätze ein und als im Jahre 958 Hasan selbst sich nach Italien begab, erlitt seine Flotte Schiffbruch. Der Seekrieg zog sich bis zum Jahre 961 hin, in welchem wiederum ein Waffenstillstand geschlossen wurde. Nikephorus Phokas war, als er am 16. August 963 die Herrschaft übernahm, entschlossen, in den Bahnen seines Großvaters zu wandeln, Sicilien zu befreien und die Tributzahlung zu verweigern. Seine Truppen hatten Anfangs Erfolge an der Küste, am 24. October 964 erlagen sie aber ebenso wie achtzehn

Jahre später die Deutschen der arabischen Taktik und auch die byzantinische Flotte wurde vernichtet. Der Eunuch-Admiral wurde als Gefangener nach Mehdija gebracht, als Mitglied des vornehmsten Kulturvolkes seiner Zeit beschäftigte er sich damit, die Homilien des h. Basilius abzuschreiben, und noch ist uns die Frucht der unfreiwilligen Muße des hochgestellten Byzantiners erhalten. Nicht viel später, im Jahre 967, kam es zu einem Friedensvertrage zwischen dem Fatimiden und dem Autokrator, der durch die veränderte Weltlage längeren Bestand erhalten sollte. Kalif Moezz und Nikephorus Phokas sahen sich gemeinsamen Feinden gegenüber, in Italien trat die deutsche Macht auf den Kampfplatz, in Syrien und Aegypten bedrohten die Ikſiden die byzantinische Herrschaft, erwiesen sich den Absichten der Fatimiden auf das Letztere als hinderlich. Daraus ergab sich eine Gemeinsamkeit fatimidisch-byzantinischer Interessen, welche die Fortdauer des Kampfes als zwecklos, als jedem der beiden alten Gegner schädlich erkennen ließ. Der Kalif und der Autokrator richteten ihre Machtbestrebungen zunächst gegen Osten. Der Basileus unternahm im Jahre 968 seinen berühmten Kriegszug nach Cilicien, auf dem er Antiochia eroberte, und des Kalifen Feldherr Giaufer nahm im Jahre 969 Aegypten in Besitz. War dadurch die Verlegung des Kalifats in dieses Land vorbereitet, so wollte Moezz vorher noch die Herrschaft über Sicilien selbst in die Hand nehmen. Im Jahre 969 berief er Hasans Söhne, Ahmed und Mohammed, an seinen Hof, auf dreißig Schiffen fuhren der Wali, sein Geschlecht und sein Gefolge, diesem Befehle gehorchend, nach Mehdija. Dieser Auszug der Kelbiten erschütterte aber das lockere Gefüge der sicilianischen Gesellschaftsordnung aufs bedenklichste, alsbald entspann sich ein Kampf der Sarazenen mit den untern Schichten der Bevölkerung, Berbern und Negern, Slaven und Christen. Der Kalif sah seine Absicht vereitelt und schickte zunächst als Stellvertreter des früheren Emirs Ahmed dessen Bruder Abu-al-Qâsim Ali-ibn-Hasan, der am 22. Juni 970 auf der Insel anlangte.

Dies die wunderlich verworrenen Machtverhältnisse, deren Ausläufer im Süden Italiens endeten, sich hier verschlangen und bei jeder Bewegung den durchwühlten Boden bis ins Innerste erzittern machten. Man wird erkennen, welche Wirkung das Auftreten eines mit Macht und Begabung ausgestatteten abendländischen Kaisers in diesen Gegenden üben konnte. Otto der Große ist an diese Verhältnisse nicht mit einem auf genauer Kenntniß beruhenden festen Plane herangetreten, man erhält von seiner Handlungsweise nicht den Eindruck sicherer Ueberlegung oder klaren Einblicks in die weltgeschichtliche Bedeutung der politischen Verwickelung, in die er mit rascher Hand einzugreifen bereit war. Er handelte hier nicht viel anders als an der Ostgrenze seines deutschen Reiches.

Während nach der Kaiserkrönung (962 Februar 2) das Verhältniß zum Papste, der Kampf gegen Berengar und Adalbert ihn ganz in Anspruch genommen und verhindert hatten, den süditalienischen Angelegenheiten besondere Aufmerksamkeit zu widmen, sollte er bei seinem nächsten Aufenthalte in Rom einen mühelos erzielten Gewinn seiner Politik ernten. Hatten die Griechen seit dem Jahre 955 begonnen, ihre Herrschaft auch über die langobardischen Fürstenthümer, die sie als Theile ihres Reiches ansahen, auszudehnen, so waren die um ihre Selbständigkeit besorgten, von ererbter nationaler Abneigung gegen ihre Bedränger erfüllten Herzöge darauf angewiesen, sich der neuen, weniger gefährlichen kaiserlichen Macht anzuschließen, allen voran Pandulf, der Eisenkopf von Capua. Diesen mochte zu seiner Haltung auch die enge Verbindung zwischen Kaiser und Papst bewogen haben. Der zu Anfang des Jahres 966 aus Rom vertriebene Johann XIII. hatte Pandulfs Unterstützung gefunden und zum Danke dafür Capua zum Sitze eines Erzbisthums erhoben, welches dem Bruder des Fürsten, Johannes, verliehen wurde. Pandulf fand sich Anfangs 967 in Rom ein und erhielt Spoleto mit Camerino; noch im Februar konnte der Kaiser nach Benevent ziehen, dessen Fürst Landulf, ein Bruder des Capuaners, sich ihm willig unterordnete. Blieb auch die Haltung der Herzöge von Salerno und Neapel unsicher, so konnte der Kaiser doch vorläufig zufrieden sein, da es ihm gelungen war, eine politisch wie militärisch wichtige, zum Angriff wie zur Verteidigung geeignete Operationsbasis zu gewinnen. Wie aber sollten sich die Dinge weiter gestalten? Das hing nicht so sehr von dem Kaiser wie von den beiden weltgeschichtlichen Mächten, denen er jetzt unmittelbar gegenüberstand, dem Islam und dem byzantinischen Kaiserthume, ab. Den Kampf gegen den ersteren dürfte Otto nicht ernsthaft erwogen haben, er scheint sich mit dem Plane, die Sarazenen von Garde-Frainet, welche sich als überaus lästig und dem freien Verkehr zwischen Frankreich und Italien hinderlich erwiesen hatten, zu vertreiben, begnügt zu haben. Anders faßte man die Sachlage in Byzanz auf. Selbst aus dem gehässigen Berichte Liudprands leuchtet die Thatsache hervor, daß man hier eine gemeinsame Bethätigung fränkischer und griechischer Streitkräfte zur Verdrängung der Sarazenen aus Sicilien ernstlich erwog[29]). Da man jedoch in altem Hochmuth der deutschen Macht nur eine geringe Rolle zudachte und in nicht weniger alter Selbstsucht den thatsächlichen Erfolg allein zu behalten wünschte, so erwies sich der ideelle Beweggrund religiöser und kultureller Gemeinschaft nicht stark genug, um kühlere Erwägung zu überwinden. Es blieb also zunächst die Nebenbuhlerschaft beider Kaisermächte bestehen. In Byzanz stellte man die Behauptung der Herrschaft über Apulien und Calabrien, die Rückgewinnung Capuas und Benevents in den Vordergrund, verlangte

---

[29]) Liudprandi Legatio c. 40—43. Es ist nicht außer Acht zu lassen, daß auch bei Liudprand die Absicht eines gemeinsamen Zuges gegen die Sarazenen nur in Byzanz besteht, der Gesandte des Kaisers sich für einen Krieg der Deutschen gegen die Griechen ereifert.

die Freiheit Roms und die Beseitigung des abendländischen Kaiserthums[30]). Hatten die Autokratoren sich auch stets als unfähig erwiesen, ihre vermeintlichen Rechte über die Stadt der Apostelfürsten zum Nutzen der kirchlichen und politischen Freiheit des Papstthums zu verwenden, betrachteten sie Rom als seit den Tagen Konstantins des Großen in die zweite Linie zurückgestellt, so waren sie doch nicht geneigt, ein zweites Kaiserthum anzuerkennen und ihm die Herrschaft über die ewige Stadt zu überlassen. In Allem hatte sich nun Kaiser Otto gegen die grundsätzlichen Ansprüche byzantinischer Politik vergangen. Die schwache Regierung Romanus II. hatte die Erwerbung der Kaiserkrone durch den deutschen König nicht zu hindern vermocht, der Mißerfolg gegen die Sarazenen im Jahre 964 ein unmittelbares Eingreifen in die Verhältnisse Italiens unmöglich gemacht. Als aber Otto Capua und Benevent gewann, war der kraftvolle Nikephorus Phokas entschlossen, dem weiteren Umsichgreifen deutscher Macht zu steuern. Als er von Ottos Erfolgen Nachricht erhielt, schob er den geplanten Feldzug nach Mesopotamien auf und verglich sich mit den Fatimiden. Eine von ihm nach Ravenna abgeordnete Gesandtschaft dürfte den Auftrag gehabt haben, zunächst Vorstellungen in Güte zu machen, unter einem hatte er aber Vorbereitungen zu einem Kriegszuge nach Italien getroffen. Otto I. regelte sein Verhalten zunächst nach der von seinen Vorgängern in der kaiserlichen Würde überkommenen Tradition, indem er zur Erzielung eines friedlichen Ausgleichs den seit jeher beliebten Plan einer Familienverbindung in Vorschlag brachte und für seinen Sohn die Hand einer griechischen Prinzessin verlangte. Unter Führung des Venetianers Dominikus wurde eine Gesandtschaft an den Basileus geschickt, sie traf ihn auf dem Marsche, bewog ihn aber durch das Versprechen, daß Otto niemals daran denken werde, griechisches Gebiet zu besetzen, zur Umkehr[31]). Damit hatte sie aber um so weniger im Sinne ihres Auftraggebers gehandelt, als Nikephorus Capua und Benevent für Byzanz in Anspruch nahm. Der Kaiser war von dem Erfolge seines Entgegenkommens nicht sehr erbaut und entschloß sich, durch einen Kriegszug zu erzwingen, was ihm auf friedlichem Wege versagt blieb. Nachdem er zu Ende des Jahres 967 die Verträge mit den Venetianern erneuert und sich zu dem Dogen Peter in ein gutes Verhältniß gesetzt hatte, begab er sich zu Anfang des nächsten Jahres nach Capua. Von hier aus richtete er an die sächsischen Fürsten jenes vielberufene Schreiben, in dem er sich über seine Ansichten und Pläne ausspricht. Er betrachtet kriegerischen Angriff von Seite der Griechen als ausgeschlossen und erwartet, daß sie ihm entweder die gewünschte Braut senden oder aber Calabrien und

---

[30]) Liudprandi Legatio c. 4, 11, 15, 25, 27, 31, 36. Vgl. auch v. Ottenthal, Reg. O. I., 485b.

[31]) Liudprandi Legatio c. 31.

Apulien abtreten werden[32]). Man sieht, daß er über die Forderungen des Autokrators wegen Capuas und Benevents mit Stillschweigen hinweggeht, dagegen Anspruch auf die Landschaften von Calabrien und Apulien erhebt, als dem italischen Königreiche von den Griechen widerrechtlich entzogen, wobei man sich an seinem Hofe nicht auf geschichtliche Vorgänge, sondern auf die nationale und sprachliche Zugehörigkeit berief[33]). Der Erfolg entsprach diesen hochgemuthen Forderungen in keiner Weise. Vergeblich war Bari belagert worden. In Gegenwart der Gemahlin und des Sohnes mit einem aus allen Stämmen seines Reiches gebildeten Heere habe der Frankenkönig die Stadt einzunehmen versucht, höhnte Nikephorus bei einem jener seltsamen Gastmähler, die er zum Spotte des kaiserlichen Gesandten veranstaltete[34]). Der Mißerfolg und die Gefahren, welche seinen Truppen von dem heißen Sommer drohten, veranlaßten den Kaiser, neuerdings den Weg friedlicher Verhandlung einzuschlagen. Er entsandte den Bischof Liudprand von Cremona nach Byzanz mit bestimmten Aufträgen und der wichtigsten Aufgabe, die Braut für den Sohn zu gewinnen. Dann verließ er mit seinen Truppen Apulien. Auf dem Rückzuge traf ihn die Nachricht von dem Tode des Erzbischofs Wilhelm (März 2) und der Königin Mathilde (März 14).

Da aus Byzanz keine oder vielleicht nur ungünstige Nachrichten einlangten, so eröffnete der Kaiser, nachdem er im October 968 zu Ravenna die Errichtung des Erzbisthums Magdeburg durchgesetzt hatte, neuerdings die Feindseligkeiten. Wiederum durchzogen die deutschen Heerschaaren nach der Kriegssitte jener Zeit die unglücklichen Landschaften und der Kaiser konnte verkünden, daß er auf dem Felde bei Cassano den Apuliern wie anderen Völkern seiner Reiche Gesetze gegeben und Recht gesprochen habe[35]). Von einer Begründung deutscher Herrschaft in diesen Gegenden kann aber trotzdem nicht die Rede sein. Während die Deutschen das offene Land verwüsteten und sich dadurch selbst der Möglichkeit längerer Kriegführung beraubten, hielten sich die Griechen ruhig in den festen Plätzen und, als Otto nach vergeblicher Belagerung Bovinos im Mai 969 nördlichere Gegenden aufsuchen mußte, machten sie unverzüglich ihre Herrscherrechte wieder geltend. Von beiden Seiten wurde nun auch den kirchlichen Einrichtungen besondere Aufmerksamkeit geschenkt. Während am 26. Mai 969 Benevent zum Erzbisthum erhoben worden war, beide Stammsitze der Familie Pandulfs den hierarchischen Vorrang vor Neapel und Salerno erlangt hatten, ordnete Nikephorus an, daß in ganz Apulien und Calabrien

---

[32]) DO. I., 355. v. Ottenthal, Reg. O. I., 467.
[33]) DO. I., 367: dum in Apuliam expeditionem ageremus, ut ipsam sublatam a Grecis nostro Italico regno redintegrare laboraremus. Liudprandi Legatio c. 7: Terram, quam imperii tui esse narras, gens incola et lingua Italici regni esse declarat.
[34]) Liudprandi Legatio c. 11.
[35]) DO. I., 371.

der Gottesdienst nicht lateinisch, sondern griechisch gehalten werde, und ließ dem Erzbischofe von Otranto das Recht zusprechen, die Bischöfe von Acerica, Tursi, Gravina, Matera und Tricarico zu weihen, womit er in die Befugnisse des päpstlichen Stuhles eingriff[36]).

Den schwersten Verlust sollte aber die kaiserliche Politik durch die Gefangennahme ihres thatkräftigsten Verfechters erleiden. Um den Schein zu wahren und zur Unterstützung seiner Anhänger hatte der Kaiser eine kleine Heeresabtheilung unter dem Befehle Pandulfs zurückgelassen. Unvorsichtig genug wagte dieser mit geringer Streitkraft einen Vorstoß und gerieth vor Bovino in die Hände des Patrizius Eugenius, der den Gefangenen nach Byzanz schickte. Waren die Gegner der Griechen ihres kraftvollsten Führers beraubt, so nützte der byzantinische Feldherr die Verwirrung im feindlichen Lager mit aller Raschheit aus. Capua wurde belagert, Marinus von Neapel eilte zu dem Verwüstungszuge herbei und selbst Gisulf von Salerno, der durch sein Zögern die Schlappe Pandulfs verschuldet hatte, stellte sich auf die Seite der Byzantiner, begrüßte den Patrizius mit allem Gepränge und hoher Ehrung in seiner Stadt[37]). Unter solchen Umständen mußte auch Liudprands Sendung als gescheitert gelten und es machte zunächst wenig aus, daß Eugenius abberufen, sein Nachfolger Abbila im Herbste 969 von einem unter Führung der Grafen Siko und Kono stehenden deutschen Heere bei Ascoli geschlagen wurde. Denn Nikephorus selbst, von seinem glorreichen mesopotamischen Feldzuge heimgekehrt, drohte mit ausreichender Heeresmacht nach Italien zu kommen. Wir stehen vor einer Verwickelung, deren Ausgang sich damals nicht übersehen ließ, die in ihren Folgen nicht allein die Stellung des deutschen Kaiserthums, sondern auch die des Papstthums erschüttern konnte, und es kann nicht gerade als eine Politik weiser Voraussicht gepriesen werden, wenn der Erfolg von einem zufälligen Ereignisse abhing. Denn in diesem Zusammenhange gewann die in der Nacht vom 10. zum

---

[36]) Liudprandi Legatio c. 62.
[37]) Dümmler, Jahrb. D. I, S. 463. — v. Ottenthal, Reg. D. I, 501a. — Ueber die Haltung Gaetas sind wir nicht unterrichtet. Schipa a. a. O. XVIII, 465 will das Verhalten der Fürsten von Neapel, Amalfi, Salerno aus dem Gegensatze der Römer gegen die Barbaren, aus der Verachtung, mit welcher Letztere auf Erstere nach Liudprands bekannter Rede herabsahen, erklären. Aber Liudprands bissige Worte (Legatio c. 12) sind kaum ernst zu nehmen und jedenfalls nicht der Ausdruck der Stimmung am Hofe. Es ist auch gar kein Grund vorhanden, den Bewohnern jener Seestädte höhere Kultur zuzuschreiben, als denen von Capua, Benevent und Rom, und um den Gegensatz dieser Gruppen handelt es sich vor allem. Vom Standpunkte der italienischen Einheitsbestrebungen wird man die Capuaner und Beneventaner des X. Jahrhunderts eher zu den Italienern rechnen dürfen als die gräcisirenden Neapolitaner und Amalfitaner. Ferner ist sehr zu beachten, daß gerade das Streben der deutschen Herrscher, das regnum Italicum in seinem idealen Umfange herzustellen, der nationalen Einigung den meisten Vorschub geleistet, die byzantinische Verwaltung sich dieser überall feindlich gezeigt hat, da sie die Angliederung des Südens an das andere Italien zu verhindern suchte.

11. December erfolgte Ermordung des kriegsgewaltigen Nikephorus entscheidende Bedeutung. Durch sie ging die höchste Gewalt an seinen Nebenbuhler, den Armenier Johannes Tzimiskes über, der sich unmittelbar nach der grauenvollen That zwischen 3 und 4 Uhr Morgens im Saale des Chrysotriklinion zum Basileus krönen ließ. Der Wechsel der Herrschaft wurde zunächst von dem Patriarchen Polyeuktes benützt, um die Rücknahme jener Verfügungen des Ermordeten, durch welche die Kirche auch in rein geistlichen Angelegenheiten der kaiserlichen Gewalt unterstellt war, zu erwirken und sich dadurch eine unabhängigere Stellung zu sichern, als sie zur selben Zeit der Papst besaß[88]). Darauf wurde am Weihnachtstage die feierliche Krönung und Salbung vollzogen, wobei der Basileus in einer denkwürdigen Ansprache die Trennung der weltlichen und geistlichen Gewalt verkündete.

Johannes fand eine schwierige Lage vor. Im Innern waren die Verwandten und Anhänger des Nikephorus wohl befähigt, ihm trotz der umsichtigen Maßnahmen des Parakimumenos Basilius ernstlichen Widerstand zu leisten, nach außen hatte er vor Allem den Russen zu wehren, welche (970) unter Führung des Swetoslaw den Balkan überschritten. Zum ersten Male trafen griechische und russische Heerschaaren im offenen Felde auf einander, die Griechen errangen unter Führung des Bardas Sklerus den Sieg und Swetoslaw, der am Kampfe übrigens nicht betheiligt war, mußte über den Balkan zurück. Unter solchen Verhältnissen war es von größerem Erfolge begleitet, daß der Kaiser seine frühere Taktik aufnahm und einen neuen Vorstoß nach Süditalien wagte. Gegen Ende Mai finden wir ihn in Capua, von wo aus er einen Zug gegen Neapel unternahm, der nach der üblichen Weise mit erfolgloser Verwüstung des offenen Landes endete. Bei dieser Gelegenheit empfing er auch die Gemahlin Pandulfs, Aloara, die ihm das Schicksal des gefangenen Gatten ans Herz legte. Von Neapel begab er sich nach Bovino, um auch Apulien heimzusuchen. War Tzimiskes außer Stande, die Absicht seines Vorgängers auszuführen, nahm er gegenüber den legitimen Sprossen des makedonischen Kaiserhauses eine andere Haltung als dieser ein, so war es an ihm, einzulenken und die Themen durch gütliches Entgegenkommen von harter Bedrängniß zu befreien. Er entließ den Pandulf seiner Haft und sandte ihn als Friedensboten nach Italien, indem er stillschweigend die Ansprüche auf Capua und Benevent aufgab. Dürfte Pandulf auch die Bereitwilligkeit des Basileus, auf den Wunsch des Kaisers nach Verheirathung des Sohnes mit einer griechischen Prinzessin einzugehen, erklärt haben, so verließ Otto I. nunmehr Apulien und kehrte nach Rom zurück, wo er Weihnachten feierte.

Mit der Rückkehr Pandulfs und durch die versöhnliche Gesinnung der Herrscher waren die politischen Beziehungen beider Kaisermächte in eine bessere Bahn gelenkt worden, doch dauerte es

---

[88]) Von Gelzer (Hist. Ztschr. LXXXVI, 241) nicht beachtet.

noch geraume Weile, bis auch die dynastische Angelegenheit zum erwünschten Abschluß kam. Die beiden Kaiser, Vater und Sohn, hatten sich während des Jahres 971 vornehmlich in Rom und Ravenna aufgehalten, vollauf durch die Erledigung der Regierungsgeschäfte in Anspruch genommen und angeregt durch den lebhaften Verkehr mit zahlreichen bedeutenden Persönlichkeiten, die sich damals in Italien einfanden. Zu Weihnachten 970 begegnete dem jungen Kaiser ein Geistlicher, der später die Schicksale seines Hauses entscheidend beeinflussen sollte, Gerbert von Aurillac, und etwa zur selben Zeit wurde der vornehme und begabte, in Magdeburg erzogene Gisiler zum Bischof von Merseburg erhoben. Sind dies Männer der Zukunft, die uns noch oft beschäftigen werden, so stellte sich zu Ostern 971 in Ravenna der ehrwürdigste Vertreter einer ruhmreichen Vergangenheit, der greise Bischof Ulrich von Augsburg, ein, von dem Kaiser mit ungewöhnlich herzlicher Ehrung empfangen[39]).

Tzimiskes aber hatte inzwischen den Erfolg gegen die Russen durch die Niederwerfung eines Aufstandes, den Bardas Phokas, des Nikephorus Neffe, in Kappadokien, dem Stammlande seiner Familie, erregt hatte, ergänzt und sich im November 971 mit Theodora, der Tochter des purpurgeborenen Konstantin, vermählt. Wenig später ordnete Otto I. eine glänzende Gesandtschaft unter Führung des Erzbischofs Gero von Köln ab, um die versprochene Braut in würdiger Weise heimzuholen. Die Vertreter des Sachsenkaisers fanden diesmal in Byzanz freundliche, ehrenvolle Aufnahme, ohne Anstand wurde ihnen Theophanu, die wir am ehesten für eine Tochter Romanus II. und der Theophano, eine Schwester der beiden jungen Kaiser Basilius II. und Konstantin VIII., halten dürfen, anvertraut[40]). Leider fehlt es an einem Berichte über die weitere Thätigkeit dieser Gesandtschaft, der uns nicht minder erwünscht wäre als das Pamphlet, mit dem Liudprand sich für den Mißerfolg seiner Legation schadlos gehalten hat; wir wissen daher nicht, ob Erzbischof Gero auch über politische Angelegenheiten mit dem Basileus verhandelt hat. Nur aus dem Verhalten des Kaisers läßt sich schließen, daß er sein Recht auf Capua und Benevent behauptet, den seinerzeit erhobenen Anspruch auf Apulien und Calabrien nicht weiter betont hat.

Damit war ein für beide Theile befriedigender Ausgleich ge-

---

[39]) v. Ottenthal, Reg. O. I., 538a. — Allg. deutsche Biogr. XXXIX, 219.
[40]) Ich glaube an dieser von mir (Byzant. Zeitschr. IV, 467 ff.) ausführlich begründeten Ansicht festhalten zu dürfen. Allerdings könnte man, worauf mich Herr Prof. H. Breßlau aufmerksam gemacht hat, zu Gunsten der Annahme, Theophanu sei eine Nichte des Tzimiskes gewesen, anführen, daß im Jahre 1028 Romanus Argyrus versucht hat, eine seiner Verwandten den Gesandten Kaisers Konrad II. statt der von ihnen als ungeeignet befundenen Kaisertochter anzuhängen. Aber es besteht doch einiger Unterschied. Erstens war Romanus wirklicher Kaiser und gehörte zu einer Seitenlinie des makedonischen Hauses, zweitens ist Konrad auf sein Angebot nicht eingegangen. Vgl. Breßlau, Jahrb. Konrads II., I, 275.

troffen, der den thatsächlichen Verhältnissen am Besten entsprach und zu seiner Festsetzung keines besonderen Vertrags bedurfte[41]). Als holde Trägerin des Friedens erschien das kaum dem Kindesalter entwachsene Mädchen auf italienischem Boden, den sie zuerst im Bereiche der durch sie vor feindlichem Angriff geschützten heimathlichen Herrschaft betrat[42]). Eine griechische Garde wird sie bis an die Grenze der Provinz geleitet haben, in Benevent erwartete sie der vornehme, einflußreiche und weltgewandte Bischof Dietrich von Metz, der ihr von da an besonders vertraut blieb. Er führte die Braut in die ewige Stadt, wo sie am Sonntage nach Ostern (972 April 14) von dem Papste dem sechzehnjährigen Kaiser angetraut und selbst mit der Krone geschmückt wurde. Drei Tage später fand das Beilager statt[43]). Am Tage der Vermählung

---

[41]) Schlumberger, L'Epopée I, 201 nimmt Abschluß eines eigenen Staatsvertrages an. Abgesehen davon, daß wir weder aus byzantinischen, noch aus abendländischen Berichten davon erfahren, lag auch keine Nöthigung dazu vor, ja man wird den Weiterungen und der Verzögerung, die mit einem solchen Geschäfte verbunden waren, eher aus dem Wege gegangen sein. Desgleichen wird man sich am deutschen Hofe mit der durch die Entsendung der Braut, welche ja selbst die abendländische Kaiserkrone empfangen sollte, erfolgten thatsächlichen Anerkennung der kaiserlichen Würde begnügt haben (Ranke, Weltgeschichte VI, 263). In vollstem Widerspruche gegen die geschichtliche Lage befinden sich die Aufstellungen Gfrörers (Byzantinische Gesch. II, 551), der annimmt, Otto habe an die Nachfolge der Theophanu und seines Sohnes in Byzanz gedacht, weil „es nach der Welt Lauf wahrscheinlich war, daß die legitimen Knaben den Händen der illegitimen Vormünder kaum entrinnen dürften."

[42]) Schlumberger a. a. O. S. 195, 201 sucht den Entschluß der Theophanu als recht schwer darzustellen. Er hebt den klimatischen Unterschied, den Gegensatz des heitern Himmels von Konstantinopel gegen das deutsche Nebelland, die konfessionelle Ungleichheit hervor, wobei er sich mit Rücksicht auf die Klatschereien, denen die Kaiserin später ausgesetzt war, einen Seitenhieb auf die hypocrisie allemande nicht ersparen kann, und glaubt, zum Troste seien ihr die Reliquien des h. Pantaleon mitgegeben worden. Es ist nicht möglich, über die Seelenstimmung des Mädchens zu sprechen, da sie uns ebensowenig wie ihre Begleiter Aufzeichnungen darüber hinterlassen hat, man kann daher jene Meinung nicht widerlegen und es genüge zu bemerken, daß sie jedes sicheren Grundes entbehrt, in dem späteren Verhalten der Kaiserin keinerlei Bestätigung findet. Wie jede Braut wird auch Theophanu ihrem neuen Leben mit banger keuscher Sorge entgegengesehen haben, aber die Tage ihrer Kindheit waren nicht so freudig, daß sie ihre Vermählung nicht als eine Befreiung empfunden haben könnte. Die Reliquien ferner wurden nicht ihr, sondern dem Kölner Erzbischofe mitgegeben. Ueber die geringe Bedeutung des konfessionellen Unterschiedes hat Moltmann (S. 32) sich zutreffend geäußert.

[43]) Dümmler, Jahrb. D. I., S. 481. — v. Ottenthal, Reg. D. I., 536 b. — Ranke, Weltgesch. VI, 263 ff. — Sigeberti, Vita Deoderici c. 14, 16 (SS. IV, 175): domino presule Beneventum veniente, dum nurui imperatoriae a Graecia venienti obviam missus esset. Benedicti Chron. c. 38 (SS. III, 718). Ann. Casinates (SS. III, 172). Ann. Beneventani (SS. III, 176). Widukind III, c. 73. Ann. Hildesheim.: XVIII kal. mai, octaba pasche. Ann. Weissenburg. Ann. Ottenburani (SS. V, 2). Vita Math. antiquior c. 16 (SS. X, 581): cum innumeris thesaurorum divitiis. Thietmari Chron. II, c. 15. Ann. Altah. XVIII. kal. mai, die dominica prima post Resurrectionem Domini .... ac post tercia nocte cum divino timore naturaliter illi coniuncta. Ann. Lob.

übergab ihr der jugendliche Gemahl die kostbar ausgestattete Urkunde über ihre Morgengabe, eine Schenkung wahrhaft kaiserlicher Art, in welcher der Stolz des liudolfingischen Hauses, die Freude über die Verbindung mit Byzanz zum Ausdruck kommt[44]). Die junge Frau erhielt in Italien die Provinz Istrien mit der Grafschaft Pescara, jenseits der Alpen Walcheren, Wichelen, die Abtei Nivelles mit 14000 Hufen, endlich aus dem Hausbesitze fünf Königshöfe, Boppard, Tiel, Herford, Tilleda und Nordhausen, welch' Letzteren einst Königin Mathilde innegehabt hatte, eine besonders feinfühlige Gabe, da durch sie die Fremde recht eigentlich in die Familie aufgenommen, in zarte Beziehung zu der hochverehrten Stammutter des Hauses gebracht wurde.

Mit dem Hochzeitsfeste war des alten Kaisers italienische Politik glanzvoll abgeschlossen. War deren Erfolg auch in Manchem hinter der Erwartung zurückgeblieben und vermögen wir, rückschauend und den weiteren Verlauf überblickend, zu erkennen, daß keineswegs, wie der Kaiser und seine Zeitgenossen anzunehmen geneigt und von ihrem Standpunkte aus berechtigt sein konnten, sichere und allseits befriedigende Verhältnisse geschaffen waren, so wird man doch gestehen müssen, daß Großes erreicht war. Gleichberechtigt stand das neue Kaiserthum neben der alten byzantinischen Macht, die hauptsächliche, im Laufe der Zeiten an erste Stelle gerückte Aufgabe der kaiserlichen Gewalt, das Papstthum zu schützen und ihm zur Ausübung seiner kirchlichen Rechte und Pflichten zu verhelfen, war gelöst worden. Nicht minder bedeutsam war, daß Otto für das in der Cultur zurückgebliebene ostfränkische Reich leistete, was die Karolinger für das westfränkische gethan hatten. Die von Karl dem Großen begonnene Uebertragung altüberlieferter und weiter entwickelter Bildung auf die germanischen Stämme wurde in Beschränkung auf das deutsche Volk kraftvoll aufgenommen und fortgeführt. Auf diesem Gebiete vereinigte sich der Einfluß der Kirche mit von Byzanz ausgehenden Richtungen und in diesem Zusammenhange, der sich zunächst allerdings nur im Kleinen und in Aeußerlichkeiten bemerkbar machte[45]), gewinnt die Vermählung des Thronerben mit der oströmischen Prinzessin mehr als symbolische Bedeutung.

Noch genossen die Fürstlichkeiten nach den anstrengenden Festtagen etliche Wochen hindurch die Wonne römischen Frühsommers, daneben mit der Erledigung verschiedener Angelegenheiten beschäftigt, aus denen wir die Sicherung des Klosters Breme-Novalese gegen die Willkür und Habsucht des Markgrafen Arduin von

---

(SS. XIII, 234). Ann. Magdeburg. (SS. XVI, 152). Annalista Saxo (SS. VI, 624): in octava pasche. Actus fund. Brunvilar. c. 5 (SS. XIV, 127). Ottonis Frising., Chron. VI, c. 24. Chron. Novaliciense, app. c. 15 (SS. VII, 127) unter Verwechslung mit Otto III.

[44]) D. 21. — Dobenecker, Regesta hist. Thuringiae I, Reg. 449. Ein verkleinertes Facsimile auch bei Schlumberger, L'Épopée zu I, 202.

[45]) Schmoller, Straßburger Tucherzunft, S. 357.

Turin[46]) und die päpstliche Bestätigung für das von der Kaiserin Adelheid gestiftete Salvatorkloster zu Pavia, dessen Leitung dem Abte Majolus von Cluny anvertraut war[47]), hervorzuheben haben. Zu Anfang des Sommers begab sich der Hof nach Ravenna, von da über Brescia und Pavia nach Mailand, wo man bis zum 30. Juli verweilte. Von hier wurde die Rückreise in der für die Herrlichkeit der Alpenlandschaft, die sie in froher Fahrt durchzogen, günstigsten Jahreszeit angetreten. Ueber einen der Bündner-Pässe stiegen sie in das Thal des Rheines nieder[48]), dessen rauschende Fluthen zum ersten Male die junge Frau grüßten, die an seinem Ufer einst zur ewigen Ruhe gebettet werden sollte. Am Tage vor Mariä Himmelfahrt wurde der Hof in dem Kloster des h. Gallus mit all' der kirchlichen und weltlichen Pracht empfangen, mit welcher Abt und Mönche des ehrwürdigen Stiftes ihre Herrscher zu beherbergen pflegten. Lange erhielt sich die Kunde von dem leutseligen Gehaben des Kaisers, von der dem Bücherschatze des Klosters gefährlichen Wißbegierde des Sohnes[49]). Hier hatten sich auch Konventualen des damals durch strenge Zucht zu hohem Ansehen gelangten Klosters Einsiedeln eingefunden, um eine Bestätigung ihres Besitzstandes und der Immunität, sowie über Vermittelung des Schwabenherzogs Burkhard die Befreiung von dem Züricher Zoll zu erwirken (DD. 24, 25). Das gastliche Stift selbst wurde mit einer Bestätigung seiner Rechte bedacht (D. 26), in welcher Theophanu als Fürbitterin erwähnt wird. Am Sonnabend nach dem Feste (August 17) traf man auf der Reichenau ein, wo der wirthschaftliche Verfall des Klosters eingreifende Maßregeln, die Absetzung des Abtes Egghard und die Bestellung des Propstes Ruodman, der einst gegen die Mönche von St. Gallen mit so unliebenswürdigem Eifer eingeschritten war, zu seinem Nachfolger nöthig machte. Die nächste Woche wurde in Konstanz verbracht, in dessen Bischof Konrad I. der alte Kaiser einen der jetzt schon auf eine geringe Zahl beschränkten Genossen seiner ersten Kämpfe, neben Ulrich von Augsburg den erfolgreichsten und treuesten Vertreter seiner Kirchen- und Staatspolitik im Süden Deutschlands, begrüßen konnte. Die kirchlichen Angelegenheiten, welchen Otto I. nach fünfjähriger Abwesenheit vom Reiche in Gemeinschaft mit dem Sohne besondere Aufmerksamkeit schenkte, sollten die beiden Fürsten noch durch das ganze Jahr in Anspruch nehmen und gaben dem jungen Kaiser Gelegenheit, sich an mehreren Entscheidungen zu betheiligen, welche für seine Regierung von nachhaltiger Bedeutung waren. Mitte September wurde die schon von Italien aus anberaumte Synode zu Ingelheim abgehalten, eine glänzende Versammlung,

---

[46]) DO. I, 409.
[47]) Jaffé-Löwenfeld, Reg. 3764.
[48]) Dehlmann im Jahrb. für Schweizergesch. IV (1879), 195 ff. — Schulte, Gesch. des ma. Handels I, 62.
[49]) Ekkeharti Casus s. Galli c. 146, p. 448 ff.

welche vornehmlich dazu gedient haben wird, das junge Herrscherpaar in persönliche Berührung mit den erlauchtesten Kirchenfürsten des Reiches zu bringen. Von den Verhandlungsgegenständen kennen wir nur den zwischen dem Bischofe von Osnabrück und den Abteien Corvei-Hersfeld schwebenden Zehentstreit (DO. I. 421), sowie das mit den kirchlichen Gesetzen nicht zu vereinbarende Verlangen des Bischofs Ulrich von Augsburg, die bischöfliche Gewalt auf seinen Neffen Adalbert zu übertragen.

Nach dem Schlusse der Synode nahm der Hof in Trebur Aufenthalt, wo sächsische und bald darauf auch bayrische Angelegenheiten an die Kaiser herantraten. Schon hier hatte sich Aebtissin Gerberga von Gandersheim, die Schwester des Bayernherzogs, in Nierstein (October 18) dieser selbst und der neue Bischof von Passau, Piligrim, der Nachfolger des am 15. Juni 971 verstorbenen Adalbert, eingefunden (D. 27). Zu Frankfurt, wo der December verbracht und das erste Weihnachtsfest gefeiert wurde, welches Theophanu mit den Freuden des deutschen Winters beging, wurde an Stelle des am 23. September verstorbenen Bischofs Michael von Regensburg der Schwabe Wolfgang mit den Insignien des Amtes, das ihm vornehmlich durch die Vermittelung Ottos II. zugefallen war, bekleidet[80]. Auch das Bisthum Cambrai, von besonderer Wichtigkeit in einem unruhigen, unzuverlässigen Lande, mußte neu besetzt werden. Gegen den Wahlvorschlag der Kanoniker wurde der Sachse Tetdo, Propst von St. Severin zu Cöln, auf diesen Posten, dem der fromme, einfache Mann in keiner Weise gewachsen war, berufen.

Von Frankfurt ging der Hof nach Sachsen, noch vor dem Palmsonntage (973 März 16) traf er in Magdeburg ein. Nachdem eine leichte Verstimmung gegen den Erzbischof Adalbert beseitigt worden war, konnte sich Otto I. mit Freude von dem Baufortschritte des Domes und der verheißungsvollen Entwickelung seiner Stiftung überzeugen. Ostern (März 23) wurde zu Quedlinburg in treuer Erinnerung an die hier beerdigte Mutter Mathilde und in überaus glänzender Versammlung gefeiert, in der sich auch die Herzöge Boleslav II. von Böhmen und Mesko von Polen befanden. Möglicher Weise ist schon damals eine für die politische und culturelle Entwickelung des czechischen Volkes entscheidende Angelegenheit, die Errichtung eines Bisthums zu Prag, besprochen worden. Die weltgeschichtliche Stellung des neuen Kaiserthums fand ihre Anerkennung durch die Anwesenheit ungarischer, bulgarischer, griechischer und dänischer Gesandtschaften, welche einerseits die Sicherheit der Reichsgrenzen verbürgten, anderseits bezeugten, daß dem deutschen Herrscher auch in Gegenden, die seinem Machtgebote nicht unterworfen waren, wichtiger Einfluß zugemessen wurde.

Hatte Otto I. auf seiner letzten Reichsfahrt nicht allein mit den noch lebenden Zeugen seiner schweren Anfänge vertrauten Ver-

---

[80] Allg. Deutsche Biogr. XLIV, 118 ff.

sehr gepflogen, sondern auch alle Stätten besucht, an denen die vor
ihm dahingeschiedenen Mitglieder seines Hauses ruhten, in Mainz
an dem Grabe des Sohnes, in Magdeburg an dem der unvergessenen
ersten Gemahlin, in Quedlinburg an dem der Mutter seine Andacht
verrichtet, waren seine Gedanken zurückgelenkt worden zu den
Schatten der Theuren, die nicht mehr auf dieser Erde weilten, so
sollte ihm mitten in der Osterfreude der unerwartete Tod eines
treuen Genossen jähen Schmerz bereiten. Am 27. März starb zu
Quedlinburg nach kurzer Krankheit Herzog Hermann von Sachsen,
ihm folgte in dem verantwortungsvollen Reichsamte sein Sohn
Bernhard.

Ueber Walbeck zog der Kaiser nach Merseburg, um das zu
Ehren des h. Laurentius in Erinnerung an die Ungarnschlacht des
Jahres 955 errichtete Bisthum in Augenschein zu nehmen. Hier,
auf dem Stammgute der bayrischen Linie, hatte sich Judith, die
Wittwe des ersten liudolfingischen Bayernherzogs, eingefunden, um
den Schwager und den Neffen zu begrüßen und gleichzeitig werthvolle Vergabungen für das von ihr neueingerichtete Regensburger
Frauenkloster Niedermünster zu erwirken. In der alten, damals
durch lebhaften Verkehr hervorragenden Stadt traf auch eine Gesandtschaft des fatimidischen Kalifen aus Afrika ein. Zur Pfingst-
feier begab sich der Hof nach Memleben, aber noch bevor das Fest
begonnen hatte, ereilte den alten Kaiser an dem Orte, der durch
das Hinscheiden seines Vaters geheiligt war, am 7. Mai der Tod.
Nicht sollte es ihm, der das dreiundsechzigste Lebensjahr erreicht
hatte, vergönnt sein, die Früchte seiner Thaten reifen zu sehen und
den Erfolg seiner Kämpfe in ruhigen Jahren des Friedens, zu
denen die glanzvolle Reichsfahrt, auf der wir ihn begleitet haben,
die Einleitung bilden konnte, zu genießen. Wir wissen nicht, welche
Pläne die Seele des an der Schwelle des Greisenalters stehenden
Herrn erfüllten, aber nichts deutet darauf hin, daß er seine Aufgabe als beendet ansah, und auch wir dürfen sagen, daß sie keineswegs in vollem Umfange gelöst war, als ihn des Schicksals un-
erforschliche Macht aus diesem Leben abrief. Trotzdem hat dies
Hinscheiden auf der Höhe des Ruhmes, mitten in der ersten vollen
Wirkung ungemeiner äußerer Erfolge einen außerordentlichen Eindruck gemacht und viel zu der sagenhaften Verklärung des Fürsten
beigetragen, dessen heldenhaft einfache Gestalt als ein Glück ver-
heißender Hüter am Eingange der Geschichte des deutschen Kaiserthums steht!

Ein stolzes Erbe hat Otto I. dem Sohne hinterlassen, einen
ruhmvollen Namen, ein leuchtendes Beispiel, ein Reich, das nicht
mehr allein dynastischen Absichten, sondern dem Einungsbedürfnisse
eines großen Volkes, darüber hinaus dem allgemeinen culturellen
Fortschritte der Menschheit dienen sollte. Mit aller Kraft hat der
Kaiser die familienhafte Auffassung der Herrschaft, als deren Vertreter
im eigenen Hause wir die Mutter Mathilde, den Bruder Heinrich,
den Sohn Liudolf kennen, bekämpft, darin vielleicht nicht so sehr

planvoller Einsicht als vielmehr jenem politischen Instincte folgend, der als seine glücklichste Eigenschaft ihn so oft zum Guten geleitet hat. War er zu seiner Auffassung, welche einer weiter fortgeschrittenen Entwickelung und klareren Erkenntniß der Staatsidee entspricht, vornehmlich auch deshalb gelangt, weil die entgegengesetzte ältere seine eigenen Rechte bedroht hatte, so wurde er in ihr festgehalten, weil er nur einen Sohn hinterließ. Versprach seine Thätigkeit Erfolge von größerer Dauer und Sicherheit, so dürfen wir nicht vergessen, daß er am Beginne einer noch unklaren, damals hauptsächlich nur in kirchlichen Kreisen besser gewürdigten Entwickelung stand, sie nicht so sehr festgelegt hat, als vielmehr ihren ersten Wirkungen gefolgt ist. Hier lag die wichtigste Aufgabe, aber zugleich auch eine ernste Gefahr für seine Nachfolger.

Wir haben die Grundlagen umrissen, auf denen sich die Macht des jungen Kaisers erhob, das Gebiet beschrieben, auf dem er sie bethätigen, erweitern, aber auch verlieren konnte! War er befähigt, von den ererbten Machtmitteln den rechten Gebrauch zu machen? Wir wollen seine Thaten sprechen lassen, bevor wir uns eine Antwort auf diese für die geschichtliche Beurtheilung Ottos II. entscheidende Frage gestatten.

973.

In aller Ordnung vollzog sich die Uebernahme der obersten Gewalt durch den neuen Herrscher. Am Abende des 7. Mai wurde der Tod des Kaisers verkündet, noch in der Nacht fand die Beisetzungsfeier statt, darauf wurde der Leichnam nach der Sitte jener Zeit einbalsamirt[1]). Am nächsten Tage brachten die eben anwesenden Hofgenossen dem jungen Kaiser ihre Huldigung dar, die Waffentragenden erneuten mit kriegerischem Schwur und Handschlag das Gelöbniß ihrer Treue[2]). Die erste Pflicht, welche der neue

---

[1]) Thietmari Chron. II, c. 43: aromatibus conditum. Vgl. v. Ottenthal, Reg. D. I., 574c.

[2]) Widukind III, c. 76: Mane autem iam facto, licet iam olim unctus esset in regem et a beato apostolico designatus in imperatorem, spei unicae totius ecclesiae, imperatoris filio, ut in initio certatim manus dabant, fidem pollicentes et operam suam contra omnes adversarios sacramentis militaribus confirmantes. Igitur ab integro ab omni populo electus in principem transtulit corpus patris in civitatem, quam ipse magnifice construxit, vocabulo Magathaburg. Thietmari Chron. II, c. 44: Aequivocus autem eius, iunior scilicet Otto, patre adhuc vivente electus et unctus, iterum conlaudatur a cunctis in dominum et regem. Richer III, c. 67 a Germanis Belgisque rex creatur, was natürlich ganz unrichtig ist. Vita Math. antiquior c. 16 (SS. X, 582): Igitur post eius exitum Otto iunior, filius eius excellentissimus, regnum Latinorum possedit et Saxonum. Wenn Widukind von einer neuerlichen Wahl spricht, so ist das rhetorische Ausschmückung eines höfisch-militärischen, selbstverständlichen Vorganges, dem ebensowenig wie einem ähnlichen bei dem Regierungsantritte Heinrichs III. (vgl. Steindorff, Jahrb. I, 47) verfassungsgeschichtliche Bedeutung zukommt. Rodenberg (Ueber wiederholte deutsche Königswahlen S. 2) ist daher im Unrecht, wenn er sich auf den Wortlaut der Stelle steift. Es fehlten durchaus Persönlichkeiten, welche als Vertreter eines oder mehrer Stämme, geschweige denn des deutschen Volkes in seiner Gesammtheit gelten konnten. Vgl. Usinger in Hirsch, Jahrb. H. II. I, 435; Maurenbrecher, Königswahlen, S. 67; Seeliger in den Mitth. des Inst. für öst. Geschichtsf. XVI, 68 und in der Hist. Vierteljahrsschrift III, 511 ff.; Waitz, Vfgsgesch. VI², 180, 208. — Die Nachfolge Ottos II. wird oft, zumeist im Zusammenhange mit dem Tode des Vaters erwähnt (vgl. v. Ottenthal, Reg. D. I., 574c): filium reliquit, Ann. s. Bonifacii (SS. III, 118); filium relinquens: Ann. Einsidl. (SS. III, 145), Ann. Lob. (SS. XIII, 234); cui (et huic) successit: Ann. Hildesheim. Lamperti Ann., Ann. Heremi (SS. III, 143), Ann.

Herr zu erfüllen hatte, war die Abhaltung einer würdigen Trauerfeier für den Vater, der seinem Wunsche gemäß in Magdeburg bestattet werden sollte. Leider fehlt es an einem ausführlichen Berichte über des großen Kaisers Todtenfahrt. Die Leiche dürfte noch längere Zeit in Memleben geblieben sein, da die Vorbereitungen für den Leichenzug, sowie für die Aufbahrung in Magdeburg, die Herstellung des Sarkophags gewiß mehrere Wochen in Anspruch nahmen. Aus den erhaltenen Urkunden könnte man schließen, daß Otto II. mit den irdischen Ueberresten seines Vaters am 31. Mai in Dornburg a. d. Elbe eingetroffen sei; da er hier am 2. Juni dem Grafen Thiemo, einem Bruder des Kölner Erzbischofs Gero, zur Belohnung treu geleisteter Dienste umfangreichen Landbesitz zwischen Saale und Mulde schenkte, dürfte die Vermuthung nicht ungerechtfertigt sein, daß der Graf den Kaiser bei der Führung des Zuges unterstützt habe³). Etwa am 3. oder 4. Juni könnte dann die Leichenfeier zu Magdeburg unter Leitung der Erzbischöfe Adalbert und Gero abgehalten worden sein. Otto der Große fand die letzte Stätte an der Seite seiner ersten Gemahlin Edith in dem Dome, der ihm als Grabdenkmal errichtet worden war, an einer Stelle, von der aus die Kraft seines Lebenswerkes ihre wichtigste, erst in unseren Tagen vollendete Wirkung üben sollte. Die ersten Regierungshandlungen des Sohnes waren der Sorge für des Vaters große Stiftung, das Erzbisthum Magdeburg, gewidmet, welches am 4. und 5. Juni Bestätigungen seiner Rechte und Besitzungen erhielt, in denen die Kaiserinwittwe Adelheid als Fürbitterin erscheint (DD. 29—32). Am 6. Juni wurde dem von dem Bischof Bruno von Verden gegründeten Kloster Olbenstadt ein Privileg zu Theil (D. 33).

Konnte mit Rücksicht auf die nicht bestrittene Thronfolge nach dem Umzuge des Jahres 972 eine Reichsfahrt zum Zwecke allseitiger

---

Lindisfarn. (SS. XIX, 507), Ann. Mosomag. (SS. III, 161), Ann. Augustani (SS. III, 124), Chron. Novaliciense app. c. 15 (SS. VII, 127), Hugonis Chron. (SS. VIII, 367), Chron. Lauresham. (SS. XXI, 395), Gesta ep. Virdun. (SS. IV, 45), Gesta ep. Halberstad. (SS. XXIII, 85); succedit: Ann. Blandin. (SS. V, 25), Ann. Laub. et Leod. (SS. IV, 17), Ann. Aquenses (SS. XXIV, 36); succedens: Adami Gesta II, c. 49; sedens: Ann. Magdeb. (SS. XVI, 153); regnum suscepit: Ann. Corbeienses (SS. III, 5); regni iura suscepit: Herim. Aug. Chron. (SS. V, 116); regnare coepit: Ann. s. Bonifacii brev. (SS. III, 118). Nur Angabe des Namens mit oder ohne Zählung der Regierungsjahre: Catalogus regum (SS. III, 216), Catal. Stabul. (SS. XIII, 265), Catal. Altah. (SS. XIII, 269), Catal. codd. Pruss. (SS. XIII, 270), Ademari Hist. III, c. 22 (SS. IV, 124), Ann. Mett. s. Vinc. (SS. III, 157), Ann. Virdun. (SS. IV, 8), Ann. Wirciburg. (SS. II, 242), Ann. Spirenses (SS. XVII, 80). Als secundus wird er bezeichnet: Lamperti Ann., Herim. Aug. Chron., Chron. Magdeb., Ann. Mett. s. Vinc., Ann. Mosomag., Ann. Virdun., Gesta ep. Virdun., Ann. Spir., Chron. Lauresham., Ann. Wirziburg., Chron. Novalic.; als alius: Ann. Laub. et Leod., Ann. Blandin.; als medianus: Adami Gesta; als Rufus: Hugonis Chron., Gesta ep. Halberstad., Catal. codd. Pruss.; als Pallida mors Sarracenorum: Ann. Spir., Chron. Lauresham.

³) D. 28. Vgl. Hist. Vierteljahrsschrift II (1899), 364.

Anerkennung unterbleiben, so war es doch nothwendig und in der Natur der Sache gelegen, daß Otto II. sich beim Antritte seiner selbständigen Regierung mit den Großen des Reiches auf einem feierlichen Tage zusammenfand. Dieser war nach Worms einberufen worden. Vielleicht noch am 6. Juni, einem Freitage, brach der Kaiser von Magdeburg auf und traf am folgenden Tage in der Pfalz zu Werla ein. Hier erwartete ihn Bischof Hildiward von Halberstadt, der für sein Bisthum die beim Regierungswechsel übliche Bestätigung des Besitzstandes, des Wahlrechtes und der Immunität erlangte[4]). Weiter ging die Fahrt, auf der sich

[4]) D. 34. — Die Angaben der auf der Reise zum Wormser Tage erlassenen Diplome sind hinsichtlich des Tages und Ortes der Ausstellung sehr verworren und unzuverlässig. Wir erhalten:

```
     D. 29   für Magdeburg,  Magdeburg  Juni  4.
     DD. 30—32   „      „          „       „    5.
     D. 33       „   Oldenstadt,    „       „    6.
     D. 34       „   Halberstadt,  Werla    „    7.
     D. 35       „   Gandersheim,  Grone    „    7.
     D. 36       „      „            „      „    7.
     D. 37       „   Dietrat,      Fritzlar „   16.
     D. 38       „   Lorsch,       Worms    „   17.
```

Daß der Hof in günstiger Jahreszeit die 400 Kilometer von Magdeburg nach Worms in zehn Tagen zurückgelegt habe, ist wohl möglich, dagegen ist der Ansatz Magdeburg 5. und 6. Juni, Grone 7. Juni (147 Kilometer), Fritzlar 16. Juni, Worms 17. Juni (186 Kilometer), wie auch Kehr (Urk. Otto III. S. 234) hervorgehoben hat, ausgeschlossen. Dem unvermeidlichen Bedenken suchte die Diplomata-Ausgabe durch Annahme nichteinheitlicher Datirung bei DD. 33, 34, endlich (II, 893) auch bei D. 37 abzuhelfen, es wurden aber Grone und Juni 7 als zusammengehörig beibehalten und dieser Ansatz von Sickel (Mitth. des Inst. für öst. Geschichtsf. XII, 372) gegen Kehrs Vorschlag, in DD. 35, 36 nichteinheitliche, in D. 34 einheitliche Datirung anzunehmen, verfochten. Er hat zu diesem Zwecke angenommen, daß Otto schon am 3. Juni von Magdeburg aufgebrochen sei, die Diplome für das Erzstift nach seiner Abreise von den Magdeburger Notaren ausgefertigt wurden, und gewann dadurch Raum für ein Aufenthalt zu Grone am 7. Juni, der ihm deshalb annehmbar schien, weil Aebtissin Gerberga sich eher hier als in dem entfernteren Werla dem Kaiser vorgestellt haben dürfte. Dagegen ist jedoch einzuwenden, daß die Magdeburger Diplome mit Monogramma firmatum ausgestattet und in Anbetracht des feierlichen Anlasses wohl sofort ausgefertigt worden sind. Ich glaube daher allerdings mich mit Kehr für einen Aufenthalt Ottos zu Werla am 7. Juni entscheiden zu müssen, doch bin ich nicht der Ansicht, daß deshalb in DD. 35, 36 der Ort auf die Beurkundung, der Tag auf die Handlung bezogen werden müsse. Ich nehme an, daß am 7. Juni zu Werla, an uns unbekannten Tagen zu Grone und zu Fritzlar Entschließungen des Kaisers gefaßt und einstweilen aufgezeichnet wurden, daß aber die Beurkundung erst in Worms stattfand. Möglicher Weise ist eine Kanzleiabtheilung mit WB. dem Kaiser vorangeeilt und hat sofort nach seinem Eintreffen am 16. Juni mit der Arbeit begonnen. Dabei verfuhr der mit Geschäften überhäufte Notar je nach den ihm vorliegenden Aufzeichnungen in verschiedener Weise. Für die Halberstädter Sache waren Tag und Ort der kaiserlichen Handlung vermerkt worden, er setzte beide in die Originalausfertigung ein, für die Gandersheimer Angelegenheit und die Frau Dietrat kannte er nur den Ort, nicht aber den Tag. Da half er sich nun bei ersterer einfach dadurch, daß er den 7. Juni auch für das von ihm ausgefertigte Diplom verwendete, ein Verfahren, welches bei seiner hervorragenden Flüchtigkeit in allen Datirungsfragen recht wohl denkbar ist,

Aebtiffin Gerberga von Gandersheim dem Hofe angeschlossen hatte, nach Grone. Geleitet durch die von den Eltern überkommene, der bayrischen Linie des liudolfingischen Hauses in besonderem Maße eigene Sorge für die Hebung klösterlichen Lebens hatte die hohe Frau nicht allein das ihr unterstehende Stift aus tiefem Verfalle erhoben, sie war auch in der Lage, in der Oberstadt Gandersheim ein neues der h. Maria gewidmetes Kloster zu errichten, dem sie reichlichen Besitz am Ostabhange des Harzes widmete. Der Kaiser bestätigte die Stiftung seiner Muhme, verlieh den Nonnen das Recht, im Einvernehmen mit der Vorsteherin des Mutterklosters die Aebtissin zu wählen und fügte seinen Besitz in Brunshausen hinzu (D. 35). Ferner schenkte er bei diesem Anlasse dem alten Kloster sein Eigengut Seesen mit der zugehörigen Sehusaburg (D. 36). Von Grone begab sich der Hof nach Fritzlar, wo der Kaiser über Vermittelung seiner Mutter einer edlen Frau Dietrat die ihm von dem freigelassenen Warmunt übergebenen Güter Marzhausen und Nieder-Elsungen verlieh (D. 37). Am 16. Juni, einem Montage, war man schon in Worms angelangt. Eine glänzende Versammlung hatte sich vereinigt, den Kaiser zu begrüßen. Die Erzbischöfe Dietrich von Trier, Adalbert von Magdeburg, Friedrich von Salzburg, die Bischöfe Dietrich von Metz, Wolfgang von Regensburg, Abraham von Freising und Piligrim von Passau werden als anwesend genannt, als Vertreter des Bischofs Ulrich von Augsburg war sein Neffe Graf Richwin von Dillingen erschienen[5], die bayrischen und schwäbischen Verwandten des Reiches waren gekommen, Herzog Heinrich, seine Mutter Judith und seine Schwester Hadwig mit ihrem Gemahle, dem Schwabenherzoge Burkhard. Was auf dem Tage verhandelt und beschlossen wurde, wissen wir nicht. Daß Graf Richwin seinem Auftraggeber eine von diesem sehnlichst erwartete Botschaft des Kaisers überbringen konnte, läßt im Zusammenhange mit dem weiteren Verlaufe vermuthen, daß die Bestimmung eines Nachfolgers für den dem Tode nahen Bischof im

---

während er bei der Urkunde für Dietrat in der auch sonst üblichen Weise den Ort der Handlung und den Tag der wohl erst in Worms erfolgten Beurkundung eintrug. Da einerseits gegen Magdeburg Juni 6, Worms Juni 16, anderseits gegen Magdeburg Juni 6, Werla Juni 7 (69 Kilometer) ein Einwand nicht zu erheben ist, erscheint die Annahme nicht einheitlicher Datirung für D. 33 überflüssig.

[5] Gerhardi Vita Udalrici c. 26 (SS. IV, 411): Ulrich klagt, daß Bischof Konrad von Konstanz durch Krankheit verhindert sei, nach Augsburg zu kommen. Episcopi vero Bawariorum ad regale colloquium ad Franciam sunt congregati. Abt Werinhar von Fulda weilt in Augsburg. Am 4. Juli kehrt Graf Richwin de regali locutione (de palatio) zurück (c. 27 p. 414). Die Augsburger Boten suchen den auf der Heimreise de praedicto colloquio befindlichen Erzbischof Friedrich von Salzburg und den Bischof Wolfgang von Regensburg mit der Bitte auf, die Leichenfeier für den Verstorbenen zu halten. Der erstere lehnt wegen seiner Erkrankung ab. Wolfgang kommt am 6. Juli in Augsburg an. Die letzte in Worms ausgestellte Urkunde ist vom 28. Juni datirt.

Vereine mit dem Herzoge von Schwaben berathen worden war. Im Uebrigen kennen wir nur die durch die Urkunden bezeugten Regierungshandlungen des Kaisers. Sie betreffen zumeist Bestätigung und Wiederholung früherer Urkunden, so erhielten die Klöster Lorsch und Rheinau eine Bestätigung des Wahlrechtes und der Immunität (DD. 38, 45), das Kloster St. Maximin bei Trier, dessen im Jahre 967 eingesetzter Abt Thietfried sich dem Kaiser vorgestellt hatte, eine Bestätigung seiner Privilegien mit der Zusicherung des kaiserlichen Schutzes (D. 42), Weißenburg eine Neuverbriefung des Wahlrechts (D. 43) und Bischof Anno von Worms, an den der Reichstag ganz besondere Anforderungen gestellt hatte, auf Grund gefälschter Urkunden Ludwigs des Deutschen und Arnulfs, wie eines Diploms Ottos des Großen eine Bestätigung des von den Kaufleuten, Handwerkern und Friesen entrichteten Marktzolles und aller anderen Fiskalhebungen[6].

Diesen durch den Regierungswechsel veranlaßten Diplomen reihen sich die Vergabungen an, mit denen Erzbischof Dietrich von Trier, Herzog Heinrich und Bischof Abraham von Freising bedacht wurden, deren jede ein Gebiet von besonderem Umfange und Werth betraf (DD. 39, 44, 47). Herzog Heinrich erhielt damals die Burg Bamberg und den Ort Stegaurach, einen Besitz, den nachmals sein Sohn zur Stiftung des Bisthums Bamberg verwendete. Seine Mutter erwirkte zur selben Zeit eine Erneuerung der schon von dem großen Kaiser verbrieften Schenkungen an das Kloster Niedermünster zu Regensburg (DD. 40, 41).

Am 28. Juni wird die Versammlung geschlossen worden sein, noch dürfte aber der Hof den nächsten Tag, das Fest der Apostelfürsten, in Worms verbracht haben, am 30. Juni finden wir den Kaiser in Trebur (D. 47), von wo er sich nach Aachen begab. Herzog Burkhard, der erkrankt war, verblieb in Worms, die bayrischen Kirchenfürsten eilten ihrer Heimath zu. Auf dem Wege traf sie eine Botschaft aus Augsburg, welche ihnen das am 4. Juli erfolgte Ableben Bischofs Ulrich meldete und um die Abhaltung der Exequien ansuchte[7]. Da Erzbischof Friedrich an einem Fieberanfalle zu leiden hatte, übernahm es Bischof Wolfgang von Regensburg, dem Verstorbenen, der ihn durch sein Beispiel und seine Lehre gefördert hatte, die letzten Ehren zu erweisen. Von Nördlingen, wo ihn die Gesandten getroffen hatten, eilte er nach Augsburg und kam gerade noch zu rechter Zeit, um am 7. Juli die Leichenfeier abzuhalten.

Mit Ulrich war nicht allein ein wegen seiner Haltung, seines Alters, seiner Erlebnisse allgemein verehrter Kirchenfürst, sondern auch einer der zuverlässigsten Träger des Reichsgedankens in einem Gebiete dahingegangen, welches seit jeher ein fruchtbarer Boden für Sonderbestrebungen volksthümlicher und dynastischer Art gewesen

---

[6] Vgl. Excurs I.
[7] Gerhardi Vita Udalrici c. 27 (SS. IV, 414).

war⁸). Die dynastischen Verhältnisse schienen damals allerdings in einer für die Reichspolitik und das Herrscherhaus befriedigenden Weise geordnet. Die Secundogenitur der Liudolfinger hatte in Bayern festen Fuß gefaßt, durch die Vermählung Hadwigs mit dem Herzoge Burkhard ihren Einfluß auch auf Schwaben ausgedehnt, so daß eine Familie den ganzen Süden des deutschen Reiches beherrschte. Ueberragte am kaiserlichen Hofe zunächst der Einfluß Adelheids, die sich seit jeher der bayrischen Linie günstig erwiesen hatte, so schien auch in diesem Betracht das gute Einvernehmen gesichert. An dessen Dauer aber scheint man vorerst nicht gezweifelt zu haben. Mit reicher Schenkung waren Herzog Heinrich und der seinem Hause, insbesondere aber der Herzogin-Mutter Judith, nahestehende Bischof von Freising geehrt worden und nicht weniger geneigt zeigte sich der Kaiser den Verwandten bei der Neubesetzung des Augsburger Bisthums. Eine der wichtigsten und folgenreichsten Fragen machte sich hier bemerkbar. Hatten Bisthümer und Abteien im Laufe der Zeit weltlichen Besitz von großem Umfange und dadurch Machtmittel von großem Gewichte gewonnen, war die hohe Geistlichkeit durch Otto I. als selbständiges politisches Element erhalten und gefördert worden, so war dadurch den weltlichen Fürsten und dem Adel die Versuchung nahegerückt, sich einen Antheil an dieser Macht zu erwerben. Auf einem Umwege schlich so jene Gefahr wieder herein, welche der Kaiser einst beseitigt hatte. Bischof Ulrich hatte sie erkannt, obwohl er ihr selbst Anfangs durch sein Bestreben, das Bisthum einem seiner adeligen Verwandten zuzuwenden, die Thür geöffnet hatte. In seinen letzten Tagen hatte er den Abt Werinhar von Fulda zu seinem Nachfolger ausersehen und darauf den Bisthum Attelin, sowie den Kämmerer Hiltin durch ein Gelöbniß verpflichtet. Dem feierlich kundgegebenen Wunsche des Kirchenfürsten zu willfahren, war aber die bayrisch-schwäbische Familie nicht geneigt. Sie ersah zur Nachfolge einen der Ihren, den Sohn eines Grafen Burkhard und der Schwester Judiths, Heinrich. Diese dynastische Absicht fand Unterstützung von Seite jener Dienstmannen des Hochstifts, welche auf Vermehrung ihrer Lehen bedacht waren. Es wirkten also schon hier jene Richtungen zusammen, welche durch ihre Selbstsucht die Machtstellung wie das kirchliche Wesen der Hochstifte und Klöster auf's Schwerste schädigen sollten. Die Geistlichkeit Augsburgs entbehrte zielbewußter Führung, waren die Gegensätze auch mehr gefühlt und geahnt als in ihrer Bedeutung und ihren Folgen erkannt, so mußte der Kampf ungleich sein und die Sache der Kirche unterliegen, wenn sie nicht die Unterstützung des Kaisers gewann. Das aber wurde durch traurigen Betrug verhindert. Ganz ohne jeden Versuch des

---

⁸) Ueber Ulrich vgl. Allg. deutsche Biogr. XXXIX, 219 ff.; zu der dort angeführten Litteratur kommt noch: A. Schmid, Sanct Ulrich. Augsburg, 1901. Schröder, Der h. Ulrich und die Reklusin Wiborada (Hist. Jahrb. der Görresgesellsch. XXII, 276 ff.).

Widerstandes wollten sich die Augsburger dem gewaltthätigen Eingriffe in ihre Rechte nicht fügen; eine Abordnung von Geistlichen und zuverlässigen Dienstmannen begab sich mit dem Bischofsstabe an den Hof, um die Entscheidung des Kaisers einzuholen. In Worms trafen sie aber nicht mehr den Herrscher, sondern nur den Herzog Burkhard, der ihnen mit listigen Worten die weite Entfernung des Kaisers, die Beschwerden der Reise vorstellte, sie auf einen für die nächste Zeit nach Erstein angesagten Reichstag vertröstete und ihnen alsdann seine thatkräftige Unterstützung zusagte. Beruhigt kehrten sie zurück. Als aber gegen Ende August ein Bote mit der Nachricht von der Rückkehr des Kaisers in Augsburg eintraf, machten sie sich sofort neuerdings auf den Weg. In Baden wird ihnen jedoch kundgemacht, daß Heinrich von Kaiser und Herzog zum Bischofe bestellt sei und mit ihnen zusammentreffen werde, eine Botschaft, die, wie sich später herausstellte, soweit sie Otto II. betraf, erfunden war. Nun wird das Lügenspiel weitergeführt. Die im Gefolge Heinrichs angelangten Dienstmannen verlangen von den Geistlichen Wahl an Ort und Stelle, dessen weigern sich diese und heischen Aufschub bis zur ordnungsgemäßen Wahl im Capitel, daraufhin nehmen die Dienstmannen und etliche Kleriker von schwächlicher Gesinnung die Wahl vor. Nach Augsburg kommt ein Graf Wolverad, giebt sich ohne Scheu für einen Gesandten des Kaisers aus und verkündet als dessen angeblichen Wunsch, daß Heinrich gewählt werde. Solchem Gehaben gegenüber war man allerdings machtlos, doch versäumte man nicht, wenigstens grundsätzlich das kirchliche Recht zu wahren. Heinrich wurde in das Capitel berufen, wo man ihm die kanonischen Bestimmungen vorlas, und so stark war auch in ihm die Ehrfurcht vor der Macht des Rechtes, daß er sich ihm unterwarf und um seine Wahl bat, die daraufhin auch erfolgte. Nunmehr begab sich der Erwählte mit mehreren Kanonikern zum Kaiser, der sich damals in Bothfeld aufhielt, und bat ihn am 17. September um die Verleihung des Bisthums. Otto scheint von der Sache nicht sehr erbaut gewesen zu sein, doch war er kaum im Stande, dem Wunsche seiner mächtigen Verwandten, der durch die Augsburger Wahl eine gewisse Berechtigung erlangt hatte, zu widersprechen. Er verschob zunächst die Entscheidung, ließ sich erst nach fünf Tagen zur Investitur herbei, jetzt erst wurde Heinrich in Mainz von dem Erzbischof Ruotbert geweiht[*)].

[*)] Ich bin bei meiner Darstellung dem eingehenden und zuverlässigen Berichte gefolgt, den uns der Augsburger Dompropst Gerhard in seiner Vita Udalrici c. 28 (SS. IV, 415) hinterlassen hat. Die Zeitbestimmung der einzelnen Ereignisse wird durch die Angabe ermöglicht, daß der Kaiser, als die Gesandtschaft in Worms eintraf, in der Ferne weilte, also auf seiner Fahrt nach Aachen (Juli 21—25) begriffen war und daß er nach fünftägiger Bedenkzeit am 22. September die Bestätigung ertheilte. Damit sind die Entfernungen, welche die Gesandtschaft auf ihren beiden Reisen und Bischof Heinrich auf seiner Fahrt an den Hof zurückzulegen hatten, zu vereinigen: Augsburg-Worms 290 Kilometer, Augsburg-Baden 245 Kilometer, Augsburg-Bothfeld 550 Kilometer.

Eine trübe Einleitung der neuen Regierung, das erste Anzeichen bevorstehender Kämpfe! Deutlich liegt vor unseren Augen das schmachvolle Spiel, das die Vetterschaft des Herrscherhauses mit dem Willen des achtzehnjährigen Kaisers trieb. Merkwürdig genug, daß diese gegen die Selbständigkeit der Kirche und die Macht der Krone gerichteten Strebungen von Personen ausgingen, welche mit der neuen strengen mönchischen Richtung in engstem Zusammenhange standen, sich als deren eifrigste Förderer erwiesen. Wie erschreckend gering ist das Maß innerer Sittlichkeit, das mit der nach außen so eifrig zur Schau getragenen Frömmigkeit verbunden war!

Wir sind mit dieser Augsburger Sache den Ereignissen des Jahres etwas vorangeeilt und kehren wieder zum Kaiser zurück, den wir in Aachen verließen. Hier erhielten während der Tage vom 21. bis zum 25. Juli Bischof Milo von Minden, das Kloster Essen, die Erzbischöfe Gero von Köln und Dietrich von Trier sowie Bischof Gerhard von Toul Bestätigungen früherer Privilegien und Vergabungen (DD. 48—50, 52, 62). Zum ersten Male begegnen wir jetzt in der Umgebung des Kaisers seinem Stiefneffen Otto, dem um ein Jahr älteren Sohne Liudolfs, und als ein von dem Kaiser und seiner Mutter hochgeehrter Gast hatte sich Abt Majolus von Cluny eingefunden, der für sein Kloster Peterlingen am 25. Juli eine Bestätigung etlicher Besitzungen im Elsaß erwirkte [10]). Ueber Verwendung des Bischofs Notker von Lüttich bestätigte der Kaiser während des Aachener Aufenthaltes auch die Privilegien des Klosters Lobbes, an dessen Spitze Abt Folkuin, der ausgezeichnete Geschichtschreiber, stand [11]). Einer Einladung des Erzbischofs Dietrich folgend nahm Otto dann in Trier Aufenthalt, wo er am 22. August dem Kloster Gorze, dessen berühmter Abt Johannes die betreffende Bitte selbst dem Kaiser vorgebracht hatte, zur Abrundung eines von dem Grafen Giselbert gewidmeten Besitzes zwei Hufen schenkte (D. 54) und das Kloster Oeren zu Trier eine Bestätigung seiner Rechte und seines Besitzes erhielt (D. 55). Während dieses Aufenthaltes löste der Kaiser auch eine Zusage seines Vaters an den Abt Thietfried von St. Maximin ein, indem er am 27. August dem Kloster die zu ungerechten Lehen ausgethanen Besitzungen im Nahe-, Worms- und Speyergau zurückzustellen befahl, und verlieh der erzbischöflichen Kirche von Trier zum Danke für die gastliche Aufnahme das Münzrecht in Ivoy und Longuion [12]). Von Trier kehrte der Hof über Frankfurt, wo er am 26. und

---

[10]) D. 51. — Sackur, Cluniacenser I, 232, 233.

[11]) D. 53. Ann. Laubienses zu 972 (SS. IV, 17): Immunitas ecclesiae nostrae ab Ottone II. renovatur et anno sequenti a Johanne, papa, confirmatur. Papst Johann XIII. war aber schon am 6. September 972 gestorben.

[12]) DD. 57, 58, beide erst zu Frankfurt am 27. August ausgestellt, die erstere merkwürdiger Weise von einem Klosterschreiber geschrieben, der sich also dem Hofe, beziehungsweise der kaiserlichen Kanzlei angeschlossen hat.

27. August nachzuweisen ist, und Thüringen nach Sachsen zurück[13]). In Erfurt hatte sich Bischof Piligrim von Passau eingefunden, dem am 11. September eine durch ein Tauschgeschäft seines Vorgängers Adalbert mit dem Herzoge Heinrich I. erworbene Hofstatt in Regensburg bestätigt wurde (D. 29). Vielleicht wird man hier am besten jenen Aufenthalt zu Heiligenstadt einreihen, während dessen Bischof Abraham von Freising eine erst am 23. November beurkundete Schenkung ausgedehnten Besitzes in Krain erhielt (D. 66). Von da ging es über Pöhlde[14]) nach Bothfeld. Hier wurde zunächst die Augsburger Angelegenheit durch Bestätigung des gewählten Bischofs Heinrich erledigt[15]), dann erhielt das Nonnenkloster Hilwartshausen am 18. September Weingärten in Schierstein und Braubach, den bekannten Weinorten am Rheine, und den Besitz des Reginzo zu Karben im Nahegau, eine Schenkung, durch welche dem Keller der Nonnen Weine der edelsten Gewächses gesichert wurden (D. 60).

In Magdeburg wurde am 27. September dem Erzbischofe Adaldag von Bremen für seine Kirche und die ihr unterstellten Klöster eine Bestätigung des Schutzes, der Immunität und des dem Domcapitel eingeräumten Wahlrechtes zu Theil (D. 61). Hier werden die Nachrichten aus Lothringen, welche den Kaiser nöthigten, sich neuerdings nach dem Westen des Reiches zu begeben, eingetroffen, die Verfügungen über die Vorbereitungen zu diesem Zuge erlassen und eine Gesandtschaft an den Erzbischof Gero von Köln abgeordnet worden sein, welche ihn während der herbstlichen Jagdzeit in Leichlingen a. d. Wipper antraf. Wie sich diese Königsboten vor dem Erzbischofe betrugen, schildert die Chronik des Klosters Gladbach durch ein Geschichtchen, welches das tölpische Benehmen selbst in den höheren Kreisen jener Zeit zu deutlicher Anschauung bringt. Bei der Tafel, während welcher die beiden Boten, ein Geistlicher und ein Laie, einander gegenübersaßen, wurde auch eine vortrefflich zubereitete Hirschleber aufgetragen, von der sich der Laie tüchtige Schnitten vorlegte. Der Kleriker nahm sie ihm aber jedes Mal weg, bis ihn Jener im Scherze mit dem Messer in das Knie stach. Obwohl die Verwundung anscheinend leicht war, trat doch eine heftige Blutung ein, in Folge deren der Geistliche zum Entsetzen der Anwesenden bald starb. Das Ereigniß

---

[13]) In Frankfurt erhielt Megingaud am 26. August die einem gewissen Heribert durch Gerichtsspruch aberkannten Besitzungen in Saulheim und Niederolm, zwei Orten des Nahegaus (D. 56). Ob von Frankfurt aus ein Abstecher nach Erstein zu dem nach Herzogs Burkhard Behauptung dahin angesagten Tage (vgl. vorher S. 37) gemacht worden ist, wie Giesebrecht, Jahrb. S. 8 annimmt, erscheint mir sehr fraglich, da die Zeit vom 28. August bis zum 11. September, an welchem Tage der Kaiser in Erfurt nachzuweisen ist, kaum hierfür ausreichen würde. Es kann sich sehr wohl um eine falsche Angabe des Herzogs, der die Augsburger irreführen wollte, handeln.

[14]) Hierher ist am besten die Schenkung von Vogelsberg (Ag. Großrudestedt) an das Kloster Nordhausen zu setzen, welche erst am 17. Juni 974 beurkundet wurde. D. 83. Dobenecker, Reg. hist. Thuringiae I, Reg. 464.

[15]) Vgl. vorher S. 37.

hatte zur Folge, daß der Erzbischof den in Leichlingen begonnenen Klosterbau aufgab und den des Münsters zu Gladbach begann [16]).

Nach kurzem Aufenthalte in Dornburg a. d. Saale, wo am 13. October die Bestellung des Reichenauer Mönches Alawich zum Abte von Pfävers genehmigt, dem Kloster das Wahlrecht und die Immunität bestätigt wurde (D. 63), und über Allstedt, wo der Kaiser am 22. October ein noch in Gegenwart des Vaters zu Trebur zwischen dem Erzbischofe Adalbert von Magdeburg und dem Abte Werinhar von Fulda abgeschlossenes Tauschgeschäft bestätigte [17]), wurde die Fahrt an den Rhein angetreten. Zuerst am 22. November können wir den Hof in Duisburg nachweisen.

Angelegenheiten von hoher Bedeutung harrten der Entscheidung durch den Kaiser. Am 11. oder 12. November war Herzog Burkhard von Schwaben gestorben [18]). Wir haben seine Beziehungen zum bayrischen Herzogshause, sein Verhalten in der Augsburger Sache kennen gelernt. Hatte er da in einer so hohen Unterthanen geläufigen Weise das Ansehen des Kaisers für seine Zwecke mißbraucht und dieser sich im Augenblicke fügen müssen, so dürfte der Vorgang den Herrscher doch verstimmt und ihm die Gefahr enthüllt haben, die dem Reiche von dieser Seite drohte. Der Tod des Herzogs bot ihm Gelegenheit, ihr vorzubeugen und die Richtung, welche die Entwickelung in Süddeutschland zu nehmen schien, abzulenken. Hätte er das Herzogthum der jungen Wittwe Hadwig belassen, so wäre die Secundogenitur zur unmittelbaren Herrschaft über den ganzen Süden des Reiches gelangt, ihr Uebergewicht hätte die Bischöfe erdrückt und sich bald auch der kaiserlichen Gewalt gefährlich erwiesen. Da sich ganz gewiß zu Gunsten Hadwigs mächtiger Einfluß am Hofe geltend gemacht hat, so wird man annehmen dürfen, daß der Entschluß des Kaisers, sie zu übergehen, vor Allem durch politische Erwägungen veranlaßt war. Daneben mag man auch daran Anstoß genommen haben, die Herrschaft über ein weites Gebiet einer kinderlosen Wittwe zu überlassen [19]), und sehr schwer mag auch in's Gewicht gefallen sein, daß sich in des Kaisers nächster Umgebung, ihm in treuer Freundschaft verbunden ein für das hohe Amt völlig geeigneter Hofgenosse befand, Otto, der Sohn Liudolfs und der Ida, der Enkel des großen Kaisers und des Schwabenherzogs Hermann. Ihm verlieh der Kaiser das Herzogthum Schwaben, während Burkhards Wittwe nur die Güter ihres Mannes und die Klostervogteien behielt.

---

[16]) Chron. Gladbac. c. 4 (SS. IV, 75).
[17]) D. 64. Dobenecker, Reg. hist. Thuringiae I, Reg. 455, 456.
[18]) Ohne Tag: Ann. necrol. Fuld. (SS. XIII, 202). Ann. Sangall. (SS. I, 80). Fragm. libri anniv. Einsidl. (MG. Necrol. I, 363): November. Burkardus, dux junior, obiit, qui, ut supra patet, cum matre sua Reginlinda dedit Stevegeia. III. id. nov.: Necrol. Augiae Div. (ib. p. 281), Notae necrol. Einsidl. (ib. p. 361). II. id. nov.: Lib. anniv. s. Galli (ib. p. 484). Necrol. Merseburg. Vgl. Stälin, Wirtemb. Gesch. I, 459.
[19]) Waitz, Vfgg. VI², 89.

War damit im Geiste der väterlichen Politik ein wichtiges Herzogthum, das die Verbindung mit Italien beherrschte, in die Hand eines durchaus zuverlässigen Mitgliedes der kaiserlichen Familie gelegt, so rief zur selben Zeit die Unbotmäßigkeit lothringischer Adelsherren den Kaiser zu seinem ersten Waffengange diesseits der Alpen.

Schon nach seiner Entstehung sondert sich das lothringische von den anderen Herzogthümern des Reiches[30]). Eine jener Randlandschaften, welche den Kern des Reiches umgeben, war es nicht als eine organische Bildung emporgekommen, sondern als ein Rest des regnum Lotharii, welches aus mehreren Gebieten gleicher Art zusammengesetzt war, übrig geblieben. Das hat auch die weitere Entwickelung beeinflußt. Stets geneigt, sich selbständig zu machen, blieb Lothringen doch durchaus von der politischen Gestaltung in den beiden großen nationalen Reichen, zwischen denen es in politischer und geistiger Beziehung vermitteln sollte, abhängig. Halten wir uns diese Eigenart der staatlichen Bildung vor Augen, so werden wir der Gefahr entgehen, die Stellung und Geschichte des Landes nach einem einseitigen nationalen Ansprüche zu beurtheilen[31]). Davon konnte nicht die Rede sein. Dieselben Großen, welche sich heute dem westfränkischen Könige commendirten, huldigten morgen dem deutschen Herrscher, die Grafen von Flandern hatten französische und deutsche Lehen, und mit gleicher Unbefangenheit ließen sich die Klöster ihre Privilegien von Kaiser und König bestätigen. Das entscheidende Moment bildeten die innere Entwickelung, der Wechsel der Machtentfaltung und der dadurch bedingten Anziehungskraft der obersten Gewalten in Frankreich und Deutschland. In ersterer Beziehung bietet Lothringen das merkwürdige Schauspiel einer parallel laufenden Entwickelung feudalen und städtischen Wesens, welch' letzteres durch die geographische Lage und den lebhaften Handelsverkehr begünstigt wurde. Deutlicher als die Anfänge bürgerlicher Selbständigkeit vermögen wir das Wirken der feudalen Gewalten zu erkennen. Im 10. Jahrhundert erhoben sich die Grafengeschlechter von Valenciennes, Löwen, Namur, Looz, Luxemburg und viele andere, legten die Familien von Flandern und

---

[30]) Huhn, Gesch. Lothringens, I. Bd. Derichsweiler, Gesch. Lothringens I. Bd. Blok, Geschiedenis van het Nederlandsche volk, I. Bd. Pirenne, Gesch. Belgiens, I. Bd. Jeantin, Les chroniques de l'Ardenne. Jeantin, Histoire du comté de Chiny, tome I. Bonvalot, Histoire du droit et des institutions de la Lorraine, Paris 1895. Waitz, Vfgg. V², 168. Witte, Lothringen in der zweiten Hälfte des X. Jahrh. Göttingen 1869. Wittich, Die Entstehung des Herzogthums Lothringen, Göttingen 1862. F. Wenning, Ueber die Bestrebungen der französischen Könige des X. Jahrh., Lothringen zu gewinnen. Hanauer Gymnasialprogramm 1884. Paul Alberdingk Thijm, Les ducs de Lotharingie (Mémoires couronnés par l'Académie Royale de Belgique 4°, tome LIII). Parisot, De prima domo, quae superioris Lotharingiae ducatum tenuit, Nanceii 1898.

[31]) Davon hat sich auch Bonvalot nicht freigehalten, der die Handlungen der deutschen Herrscher nach dem Anspruche der Franzosen auf die Rheingrenze beurtheilt.

Kennemerland (Holland) den Grund ihrer späteren Landesherrlichkeit. Früher als in anderen Landschaften begann hier der planmäßige Burgenbau, von diesen Burgen zog eine verheerende Folge von Fehden und Raubzügen über das Land, Habgier und Eigennutz der hohen Herren machten auch vor der Kirche nicht Halt, deren Güter und Würden als willkommene Beute der einzelnen Geschlechter galten.

So schien das Herzogthum schutzlos dem Ansturm der Normannen preisgegeben, wie das größere Reich, dessen Namen es übernommen hatte, dem Zerfalle geweiht zu sein. Doch machte sich auch hier ein Einungsstreben geltend, zuerst von dem ostfränkischen Könige Arnulf begünstigt, der das Herzogthum seinem unehelichen Sohne Zwentibold verlieh. Auf dieser territorialen Grundlage erhob sich dann die Macht eines Geschlechtes, das durch mehr als ein Jahrhundert die Geschicke Lothringens beeinflussen sollte. Die Zeit war günstig für das Emporsteigen eines Mannes, der seine Landes- und Standesgenossen an Thatkraft und Gewandtheit um ein Beträchtliches überragte. Er fand sich in Reginar Langhals, dem Grafen des Haspengaues²²). Im Kampfe gegen die Normannen hatte er sich seine ersten Lorbeeren geholt, sich zuerst an Karl den Einfältigen, dann aber an Zwentibold angeschlossen, dessen Gunst zum Erwerbe reichen Besitzes benützt. Ein Streit mit dem Erzbischofe Ratpod von Trier brachte seinen Gönner gegen ihn auf, doch vermochte sich Reginar gegen einen zweimaligen Angriff Zwentibolds zu halten. Nach Königs Arnulf Tod wahrte er dessen Sohn, Ludwig IV., die Treue, trat aber im rechten Augenblicke wieder zu dem westfränkischen Karl über, mit größtem Erfolge bemüht, seine vorwaltende Stellung in Lothringen zu behaupten. Was er erstrebt und zum größten Theile erreicht hatte, vermochte aber sein Sohn Giselbert nicht festzuhalten. Nach den unheilvollen Zeiten Ludwigs des Kindes und der Uebergangsregierung Konrads I. war mit Heinrich I. kraftvolle Waltung auf dem deutschen Throne eingekehrt, die sich alsbald auch in den lothringischen Verhältnissen geltend machte. König Heinrich stellte im Jahre 925 seine Herrschaft über Lothringen fest und wenn er auch mit kluger Mäßigung Giselbert an der Macht beließ, ihm sogar die eigene Tochter, Gerberga, zur Frau gab, so bereitete sich der Herzog selbst ein ruhmloses Ende, als er im Jahre 939 von den Mannen Ottos des Großen geschlagen seinen Tod in den Fluthen des Rheines fand. War der Vorkämpfer der erstrebten Selbständigkeit gefallen, so kam es doch zu keiner ruhigen Entwicklung, da die Ursachen der Unsicherheit fortbestanden: der trotz aller Niederlagen und Verträge niemals aufgegebene Anspruch der westfränkischen Herrscher auf das im eigentlichen Sinne karolingische Land und die Anwartschaft der Nachkommen Reginars I. an die Führung desselben, beziehungsweise an den Genuß ererbten Besitzes. Zwar die Forderung der

---

²²) Allg. deutsche Biogr. XXVII, 553 ff.

Karolinger ruhte, so lange Otto der Große das deutsche Szepter in seiner Hand hielt, aber um so schwerer ertrugen es Reginars I. Enkel, die Söhne Reginars II., Reginar III. und Rudolf, von denen der erstere den Hennegau, der zweite die Grafschaft im Maasland erhalten hatte, daß über ihnen ein Fremder, Konrad, des deutschen Königs Eidam, seit dem Jahre 944 die herzogliche Gewalt inne hatte. Im Jahre 951 begannen sie die Fehde gegen ihn. Dadurch, daß Herzog Konrad sich gegen den König erhoben hatte, begünstigt, verdrängten sie ihn, der im Jahre 954 die räuberischen Schaaren der Ungarn nach Lothringen geleitet hatte. Der Erfolg verhalf Reginar III. zu ansehnlicher Stellung, die er aber nicht mit Maaß und Ueberlegung, sondern mit blind auf die Beute losstürzender Eigensucht ausnützte. Das brachte ihn in Gegensatz gegen die Kirche, gegen seine Tante Gerberga, die Gemahlin Königs Ludwig von Frankreich, und ihren Bruder, den Erzbischof Brun von Köln, dem Otto I. im Jahre 953 das Herzogthum Lothringen übergeben hatte. In diesem Kampfe gegen mächtigere Gewalten unterlag er und wurde im Jahre 958 nach Böhmen verbannt. Die Grafschaft im Hennegau kam an den Grafen Gottfried von Eenham, während seine Erbgüter einem gewissen Richarius überantwortet wurden [23]). Dieser Ausgang gab dem Erzbischofe Gelegenheit zu einer wichtigen Entscheidung. Vielleicht schon bei Uebernahme des Herzogthums hatte er für die Leitung der kriegerischen Angelegenheiten einen Stellvertreter eingesetzt, der den Herzogstitel zu führen berechtigt war. Es war dies Gottfried, den man gerne mit dem vorgenannten Grafen von Eenham (später auch von Verdun) verwechselt hat [24]); mehrere Nachrichten, die man anderenfalls kaum erklären und vereinigen könnte, legen die Annahme nahe, daß dieser Herzog Gottfried bald nach dem Jahre 953, in dem er erwähnt wird, gestorben und ihm sein Sohn gleiches Namens, den Ruotger als besonderen Liebling des Erzbischofs zu rühmen weiß, in dem Amte gefolgt ist. Dieser war in der Umgebung von Mons begütert, hatte aber auch Beziehungen zur niederrheinischen Landschaft, wo seine Schwester Gerberga mit dem edlen Megingoz, dem Stifter des Klosters Vilich, vermählt war [25]). Wir wissen nicht, wie der Machtbereich dieser Herzöge abgegrenzt war; mochte er sich Anfangs vielleicht auf das ganze Herzogthum erstreckt haben, so erlitt er im Jahre 959 eine bedeutende Einschränkung, da Brun auf die alte Theilung des Landes in Mosellanien und Ripuarien zurückgriff und zum Herzoge des ersteren den Grafen Friedrich von Bar erhob. Dieser war ein Sohn des Pfalzgrafen Wigerich und der Kunigund [26]). Da seine Brüder Bischof Adalbero von Metz und

---

[23]) Gesta pontif. Camerac. I, c. 95 (SS. VII, 439). DO. I., 195.
[24]) Vgl. auch Hirsch, Jahrb. H. II. I, 394.
[25]) DO. III. 32; Jaffé-Löwenfeld, Reg. 3836. Berthae Vita Adelheidis, SS. XV, 755.
[26]) Die genealogische Frage, welcher eine ganz besondere politische Bedeutung zukommt, ist vielfach verwirrt worden, namentlich durch die Annahme,

Graf Siegfried von Luxemburg, seine Neffen der obengenannte Graf Gottfried von Eenham und Erzbischof Adalbero von Rheims waren, hatte die Familie Oberlothringen, sowie die angrenzenden Theile Niederlothringens inne und erstreckte ihren Einfluß auch auf die französischen Angelegenheiten. Für die Rolle der politischen Vermittelung zwischen Deutschland und Frankreich, welche den Mitgliedern dieses Geschlechtes in den nächsten Jahrzehnten zufiel, war es von entscheidender Bedeutung, daß verwandschaftliche Beziehungen sie nicht mit der karolingischen Dynastie, sondern mit den Kapetingern verknüpften. Friedrich war mit Beatrix, der Tochter Herzogs Hugo des Großen und Schwester Hugos Kapet, vermählt.

Die von Erzbischof Brun vorgenommene Trennung erwies sich als durchaus in den Verhältnissen begründet, so daß sie auch in der Folge aufrecht blieb, und selbst Gozelo die Herzogthümer, welche er noch einmal in seiner Hand vereinigte, bei seinem Tode (1043) an seine Söhne vertheilte, worauf Kaiser Heinrich III. die Scheidung durch Neuverleihung an den Grafen Friedrich von Luxemburg und die Elsäßer Grafen zu einer endgültigen gestaltete. Von Anfang an gingen auch die Schicksale der Herzogthümer auseinander. Während in Oberlothringen Friedrich seines Amtes mit Umsicht waltete, die Herrschaft dann an seinen Sohn überging, sollte Niederlothringen nicht zur Ruhe kommen. Im Jahre 964 starb Herzog Gottfried an der Pest in Italien, wohin er das lothringische Aufgebot geführt hatte. Allem Anscheine nach wurde ihm zunächst kein Nachfolger gegeben[27]), dann hat der Tod Bruns dem Kaiser

---

daß der comes palatinus Wigericus eine Person mit Rikwin sei, welche Bertholet aufgebracht, Jeantin mit seltsamer Methode verfochten und neuestens noch Thijm verwerthet hat. Der zweite Fehler war, daß man den Rikwin-Wigerich zu einem Sohne Reginars I. machte, von dem also alle für die folgende Zeit in Betracht kommenden lothringischen Familien abstammen sollten. Ordnung in dieses Wirrsal hat dann erst Schötter gebracht (Einige kritische Erörterungen über die frühere Geschichte der Grafschaft Luxemburg, 1859). Seine Ergebnisse wurden in der Hauptsache von H. Witte bestätigt (Jahrb. d. Gesellschaft für lothring. Gesch. Vb (1893), 40—50). Doch ist dieser geneigt, Judith als Tochter Wigerichs auszuscheiden und läßt es in Schwebe, ob deffen Sohn Siegfried eine Person mit dem gleichnamigen Grafen von Luxemburg sei. Wir erhalten also folgende Stammtafel (vgl. auch Lot, Les derniers Carolingiens, p. 64; Parisot a. a. O. p. 1):

Pfalzgraf Wigerich (899—916).
Gem. Eva? und Kunigunde.

| Bertha, | Gozilin, | Eiselbert. | Siegfried. | Adalbero, | Friedrich | Heinrich? | Liutgard. |
| verm. mit Edwin. | Gem. Uda. | | | B. v. Metz. | | v. Bar. | |

Eilbert,	Heinrich,	Reginar,	Gottfried	Adalbero
Stifter von			v. Eenham.	v. Rheims.
Maulfort.				

[27]) Wenn Blok (a. a. O. I, 123) und Thijm (S. 15) annehmen, Gottfried von Eenham habe die herzogliche Würde erhalten, im Jahre 976 wieder aufgegeben, so fehlt es dafür an jedem Beweise. Man kann doch nicht mit Thijm glauben, daß die Chronisten, welche davon nichts erwähnen, ein Staats-

selbst die unmittelbare Sorge für das Land zur Pflicht gemacht. An sie sollte Otto II. gleich zu allererst gemahnt werden. Die persönlichen Verhältnisse hatten sich seit etlichen Jahren zu Ungunsten des guten Einvernehmens zwischen Deutschland und Frankreich verschoben. Am 5. Jänner 969 war Königin Gerberga gestorben, ihr Sohn Lothar erwies sich als Gegner ihrer versöhnlichen Politik, als Erbe des karolingischen Anspruches auf Lothringen. Mit dem Tode Ottos des Großen schnellten die von dem Drucke seiner machtvollen Persönlichkeit befreiten Strebungen mit einem Male empor. Von mißvergnügten Adeligen in's Land gerufen, nützten Reginar und Lantbert, die Söhne Reginars III., die Gelegenheit aus, um sich wieder in den Besitz der ihnen vorenthaltenen Güter zu setzen. Die Brüder Warner (Werinzo) und Reginald (Reginzo), welche nach Richars Tod die Besitzungen der Hennegauer erhalten hatten, mußten den ersten Kampf bestehen und verloren in einem Scharmützel bei Peronne Sieg und Leben[28]). Dadurch war der Streit aus einer Grenzfehde zu einer Reichsangelegenheit geworden und der Kaiser zu persönlichem Eingreifen genöthigt, um die Gefahr in ihrem Anfange zu beseitigen. Wie ernst er die Sache nahm, beweist, daß er sich den ungewöhnlichen Mühen eines Winterfeldzuges unterzog. Von Duisburg, wo die Nonnen von Meschede am 22. November eine Bestätigung des Wahlrechtes und der Immunität erhielten (D. 65) und die schon früher dem Bisthume Freising bewilligte Schenkung ausgefertigt wurde (D. 66), begab er sich über Nimwegen, wo sich der mächtige Graf Wichmann mit seiner Tochter Lutgard, der Aebtissin von Elten, eingefunden hatte, um am 14. December für dieses Stift eine Verbriefung des kaiserlichen Schutzes, der Immunität und des Wahlrechtes zu erwirken (D. 67), nach Utrecht. Hier mußten zur Weihnachtsfeier Gesandte des Patriarchen Vitalis von Grado eingetroffen[29]), ferner wurde dem Kloster Kornelimünster, zu dessen Abt der Kaiser den Erwich bestellt hatte, ein Privileg zu Theil (D. 68).

---

geheimniß verschweigen wollten. Daß Gottfried in Berichten und Genealogien des XII. Jahrhunderts dux genannt wird, erklärt sich dadurch, daß seine Söhne die herzogliche Würde bekleideten. In Wipos Vita Chuonradi c. 1a, 35 wird doch nur sein Sohn Gozelo als Herzog genannt.

[28]) Ann. Leodienses (SS. IV, 17): Et bellum fuit in Peronna inter Raginarium et Warnerium = Ann. s. Jacobi Leod. (SS. XVI, 637: Raginerum et Warnerum). Ann. Altah.: Occisus Werinzo, frater eius Reginzo de Lotheringea cum aliis multis a Reginherio et Lantperto. Ann. Laubienses (SS. IV, 17): et bellum in Peronna. Ann. Blandin. (SS. V, 25) zu 974: et bellum fuit in Perona.

[29]) Ann. Lobienses (SS. XIII, 234): Hoc anno imperator Natale Domini publica villa Traiecto celebravit. — D. 71: Vitalis, patriarcha Gradensis, ... ad locum Traiectum nomine mandans honorifice invisere nostram presentiam .... nuncium suum, nomine Audoenum.

974.

Bald nach Neujahr brach der Kaiser mit seinen Schaaren von Utrecht auf; vor der Burg Boussu an der Hayne¹), in die sich

---

¹) Das Kastell wird genannt: Buschuth (Thietmar), Bosuth (Ann. Weissenburg.), Buxudis (Ann. Leod.), Boscuht (Ann. Altah.), Bosgut (D. 69), Bussud (Gesta pontif. Camerac). Ueber die topographische Bestimmung ist eine Einigung bis jetzt nicht erzielt worden. Mit dem Namen werden verschiedene Oertlichkeiten bezeichnet, an denen vornehmlich die Klöster S. Ghislain und Blanbigny begütert waren. Van de Putte (Ann. S. Petri p. 180) hat keine Scheidung vorgenommen, sich auch nicht für einen bestimmten Ort entschieden und ebenso führt Lokeren (Chartes et documents de l'abbaye de S. Pierre à Gand I, 466) verschiedene Orte an, ohne eine Aufteilung der Belegstellen zu versuchen. Wir haben in den Urkunden des Genter Klosters mindestens drei Orte gleiches Namens zu unterscheiden: 1. Boussu an der Hayne: 945 in villa Buxut super fluvium Haina ... inter confinia s. Petri de cella beati Gislani et sancte Waletrudis (Van de Putte 101, Lokeren no. 19). 2. Bussuth in pago Bragbantinse (1040, Van de Putte 123, Lokeren no. 123) mit einer Mühle an der Zwalm, das mit dem altare de Boshut cum appendicio de Rosbecca in Cameracensi diocesi (Lokeren no. 179, 235, 247, 295, 355, 584), sowie dem Bussuth ad fossatum Hunekini (Lokeren no. 100) zusammengehören dürfte. 3. Bossut in diocesi Tornacensi, in pago Curtracensi (Lokeren no. 119, 184, 287, 295, 355, 384, 853), das man in Bossuit an der Schelde s. von Audenarde erkennen dürfte. Die beiden letztgenannten Orte können für das an der Hayne gelegene Kastell ebensowenig in Betracht kommen, wie Bossus-lez-Walcourt bei Beaumont. Wir haben nur die Wahl zwischen Boussu bei Mons und Boussoit-lez-Binche. Für Letzteres, das in der Nähe von Peronne gelegen ist, haben sich Reiffenberg, Histoire de Hainaut I, 116, Giesebrecht (Jahrb. S. 10), der aber später (K.G. I, 570) nur von einem Bossut an der Hayne spricht, und Lot (Les derniers Carolingiens, p. 79) entschieden, während Richter (Annalen S. 122), die Diplomata-Ausgabe und ich selbst (Allg. d. Biogr. XXVII, 556) die Wahl zwischen beiden Orten frei lassen. Für Boussu haben sich aber Calmet (Hist. de Lorraine II, 24) und vor allem Dom Pierre Baudry (Reiffenberg, Monuments VIII, 298) ausgesprochen, dem Davivier (Recherches sur le Hainaut ancien, p. 91, 159, 220) gefolgt ist. Bei der geringen Entfernung beider Orte kann aus der Lage kein genügender Schluß gezogen werden. Wichtiger ist, daß nach Dom Baudry in einer Bulle des Papstes Gelasius II. vom Jahre 1118 (Jaffé-Löwenfeld, Reg. 6641) Boussoit mit der Namensform Bossoit, daneben Boussu als Bussud vorkommt. Da in der vorerwähnten Urkunde vom Jahre 945 für Boussu die Form Buxut verbürgt ist, mit diesen Formen aber auch das Kastell in den Chroniken

Reginar und Lantbert zurückgezogen hatten, stieß Bischof Tietdo von Cambrai mit seinen Mannen zu ihm. Nach kurzer Belagerung wurde die Feste gewonnen, durch die Winternacht leuchteten die Flammen der in Brand gesteckten Burg über das Thal, ein dräuendes Wahrzeichen der wiederhergestellten Ordnung. Die Besatzung, welche sich ergeben hatte, wurde nach Sachsen gebracht, die Führer aber waren entkommen und nach Frankreich geflüchtet. Den frei gewordenen Besitz gab Otto den Grafen Gottfried und Arnulf, dieser, der in Valenciennes seinen Sitz hatte, wahrscheinlich ein Sohn des Grafen Isaak von Cambrai[2]). Am 21. Jänner verfügte der Kaiser in dem Feldlager vor der eroberten Feste, ein Versprechen seines Vaters einlösend, daß den Mönchen von St. Bavo in Gent die ihnen seit langem widerrechtlich entzogenen Besitzungen in Norderwyck, Zellik und Bouchout zurückgestellt werden sollen und verbriefte ihnen zugleich den Schutz sowie die Immunität[3]).

Von Lothringen begab sich Otto über Werl und Erwitte nach Quedlinburg zum Besuche seiner Schwester, der Aebtissin Mathilde. Hier hatten sich zur Osterfeier (April 12)[4]) unter Führung des Erzbischofs Adalbert von Magdeburg mehrere Kirchenfürsten eingefunden, welche vom Kaiser mit allerlei Vergabungen bedacht wurden. So wurde am 1. April dem Bischof Hildiward von Halberstadt die Errichtung eines Marktes in Seligenstadt, sowie die Nutzung der Münze und des Zolles gestattet (D. 70), am 10. April dem Bischofe Erkanbald von Straßburg die Münze ba-

---

und Annalen bezeichnet wird, so glaube ich mich ebenfalls für Boussu entscheiden zu müssen, ohne jedoch den anderen Aussführungen Dom Baudrys, der das im Jahre 974 erwähnte Peronna in die Picardie verlegen will, beizupflichten.

²) Thietmari Chron. III, c. 6: Imperator prima expeditione Buscbuth, civitatem, cepit. Ann. Leod. (SS. IV, 17), Ann. s. Jacobi Leod. (SS. XVI, 637): Obsidium Buxudis. Ann. Weissenburg.: Domnus Otto, iunior imperator, perrexit ad castellum, quod dicitur Bosuth, et concremavit illud atque custodes apprehendit secumque duxit. Ann. Altah.: Coeperunt filii Reginherii munire castellum Boscuht. Interim audivit imperator noster discordiam et periculum regni sui, adunavit suum exercitum pergitque ad Lutheringeam ipsumque castellum concremavit et custodes aprehendit in Saxoniamque secum duxit, ipsi tamen domini Reginherius et Lantpertus evaserunt. Gesta pontif. Camerac. I, c. 95 (SS. VII, 439): Audita igitur longe lateque morte imperatoris, Rainerus atque Lantbertus, filii videlicet Rainerii, ... revocantibus quidem quibusdam scelerosis pacem odio habentibus, filii videlicet Belial, patrios fines regressi, terram patris violenter volentes repetere, super Haynam fluvium castrum Bussud munierunt, ibique satis et super dum licuit, servierunt. Hoc autem iuvenis imperator audiens collecto exercitu castellum obsidione clausit, diruit captosque rebelles in exilium misit. Ad hanc etiam obsidionem Tietdo, episcopus, interfuit. Vgl. Duvivier, Recherches sur le Hainaut ancien, p. 91, 159. — Lot, Les derniers Carolingiens, p. 80.

³) D. 69. — Am 18. Jänner wurde auch eine jetzt verlorene Urkunde für das Bistum Paderborn ausgestellt, vgl. DD. II, 82.

⁴) Ann. Lob. (SS. XIII, 234).

selbst und eine Bestätigung der seinen Kaufleuten eingeräumten Zollfreiheit verliehen (D. 72, 73), am 19. April ein zwischen dem Bischof Folkmar von Paderborn und der Aebtissin Emma von Schildesche abgeschlossenes Tauschgeschäft genehmigt und den Nonnen dieses Klosters das Recht, ihre Vorsteherin zu wählen, bestätigt (DD. 74, 75). Weisen Personen und Gegenstand dieser Urkunde auf eine schon während der Herreise gestellte Bitte hin, so wurde während des Queblinburger Aufenthaltes auch erst die für den Patriarchen von Grado bestimmte Urkunde, über die man nochmals in Werl verhandelt hatte, ausgefertigt (D. 71). Das Kloster Queblinburg selbst erhielt den Königshof Ditfurth, ferner die Ortschaften Brockenstedt, Schmon und Duderstadt als Geschenk des hohen Gastes [5]).

Während der Kaiser in froher Frühlingsfahrt durch die Thäler des Harzes zog, schloß am 25. April zu Namur, wo er zum Besuche des Grafen weilte, ein streitbarer Kämpfer aus des Vaters Zeit die milden Augen, Bischof Rather von Verona [6]). Ihm hatte seine Liebe zur Wahrheit den Haß geboren, nirgends war seines Bleibens, nirgends fand er eine Stätte, seine glänzende Begabung, sein reiches Wissen in Ruhe zu verwerthen. Besaß er Fähigkeit und Neigung, über sich selbst nachzudenken, war er im Stande, zu sagen, was er fühlte und litt, was er in sich und bei Andern sah, so wurden seine Schriften zu Zeugnissen, die uns tief in die Denkweise und das Innenleben der Menschen jener Zeit blicken lassen. Wir sehen nichts Erfreuliches. Mit leidenschaftlicher Anklage bäumt er sich gegen die Art seiner Zeit auf, selbstquälerisch reißt er die Gegensätze empor, die sein Inneres durchwühlen, deren Ursache und Wesen er aber nicht zu erkennen vermag. So erscheint er uns in seiner Zerrissenheit und Ruhelosigkeit, erfüllt von Ahnungen späterer weltbewegender Kämpfe als eine jener unglücklichen Naturen, wie sie in Uebergangszeiten entstehen, und es entspricht dieser Anlage, daß er bestrebt war, sich einen eigenen, persönlichen Stil zu schaffen, ein Ringen, das ihm allerdings zumeist nur zu einer seltsamen, dunkeln Ausdrucksweise gedieh.

In Mühlhausen war am 19. April der Besitz der jungen Kaiserin durch eine ansehnliche Schenkung, welche die Burgen und

---

[5]) D. 78, erst nachträglich am 13. Mai ausgefertigt. Dobenecker, Reg. hist. Thuring. I, Reg. 460. — In den Queblinburger Osteraufenthalt könnte auch am füglichsten das nicht vollzogene und nicht batirte D. 94 für das Bisthum Speyer eingereiht werden.

[6]) Vogel, Ratherius von Verona (2 Bde., Jena 1854), der die Bedeutung Rathers wohl etwas zu gering veranschlagt. — Ebert, Gesch. der Litteratur des Mittelalters im Abendlande III, 373 ff. Allg. d. Biogr. XXVII, 350. — Folcnini, Gesta abb. Lobiensium (SS. IV, 70): Ratherius Alnam revertitur ubi uterque, ipse videlicet et abbas, sibi reconciliatus de reliquo deguit. Qui postea apud Namurcum, cum ibi forte cum comite aliquantulum moraretur, vita decessit. Cuius corpus ad nos delatum, pontificalibus exequiis solemniter celebratis, honorifice est tumulatum in ecclesia s. Ursmari ad partem aquilonarem.

Höfe zu Eschwege, Frieba, Mühlhausen, Tutinsoda (wüst bei Mühlhausen) und Schlotheim umfaßte, erweitert[7]) und am 10. Mai zu Tilleba, bessen Königshof zum Wittbum der Theophanu gehörte, der Aebtissin Mathilde der Hof Barby im Nordthüringgau, sowie die im Wendenlande gelegenen Orte Zit und Nienburg geschenkt worden (D. 77), beide Verleihungen ein Zeichen der stetig wachsenden Zuneigung, deren sich Gemahlin und Schwester zu erfreuen hatten.

Von Tilleda wurde die Reise nach Merseburg fortgesetzt, wo der Kaiser am 24. Mai der erzbischöflichen Kirche von Magdeburg auf Bitten ihres Vorstehers einen Hörigen (D. 79), dem Kloster Erstein das Gut Ebersheim unter Vorbehalt des Nutzgenusses für seine Mutter schenkte (D. 79a). Darauf wandte sich der Hof wieder nach Westen und nahm in Allstedt längeren Aufenthalt, der mindestens vom 28. Mai bis zum 17. Juni währte. Am ersteren Tage erhielt Bischof Abraham von Freising auf Bitte der Kaiserin Adelheid und des Herzogs Heinrich von Bayern die Rückgabe der Besitzungen seines Hochstifts im obern Drauthale und in der Landschaft von Cadore, woburch die rechtliche Grundlage für die neu zu eröffnende Colonisation dieser Gebiete geschaffen wurde (D. 80). Da aus andern Diplomen hervorgeht, daß in den ersten Jahren der selbständigen Regierung Ottos öfters ein längerer Zeitraum zwischen der kaiserlichen Entschließung und der Beurkundung lag, so können wir nicht mit Gewißheit annehmen, bei dieser Schenkung sei beides zusammengefallen. Es läßt sich also aus ihr nicht nothwendig schließen, daß Herzog und Bischof damals in Allstedt weilten und mit bösem Sinne dem Kaiser eine so weitgehende Gunstbezeigung entlockten, obwohl Beide, wie wir sehen werden, über ein an Heuchelei streifendes Selbstbewußtsein verfügten. Es ließe sich wohl vermuthen, daß wir es mit der kanzleimäßigen Erledigung einer schon früher bewilligten Bitte zu thun haben, aus der höchstens abzuleiten wäre, daß man zu jener Zeit am Hofe über die Pläne Heinrichs und seines Beraths nicht unterrichtet war. Die andern Diplome des Allstedter Aufenthaltes sind durchweg für Personen von anerkannter Treue und Zuverlässigkeit ausgestellt. Dem Kloster Corvey, dessen Abt Liudolf sich am Hoflager eingefunden hatte, wurde die übliche Bestätigung des Wahlrechtes, des Zehntbezuges von den Stiftsgütern und der Immunität bewilligt (D. 81), der Magdeburger Kirche die schon von Otto I. geschenkten Höfe zu Calbe und Rosenburg bestätigt[8]),

---

[7]) D. 76. Dobenecker, Reg. hist. Thuring. I, Reg. 458.
[8]) D. 82. — In den Ann. Magdeb. (SS. XVI, 154) wird zum Jahre 974 berichtet: Unde et inter cetera velut dote memorabili sibi subarrans ecclesiam Magdeburgensem perpetuo illi liberam preficiendi sibi antistitis concessit electionem, offerens eum cum eiusdem concessionis privilegio librum ex auro et gemmis, imaginem ipsius et Theophanu, coniugis eius, continentem, qui ob memoriam ibi cum veneratione habetur usque in hodiernum diem. Dazu fügen die Gesta archiep. Magdeb. (SS. XIV, 383)

dem Kloster Nordhausen eine schon im Vorjahre zu Pöhlde gemachte Schenkung verbrieft (D. 83), endlich dem Bischofe Gisiler von Merseburg eine Vergabung zu Theil, deren Inhalt sich nicht näher bestimmen läßt (D. 90).

Von Allstedt begab sich der Kaiser höchst wahrscheinlich nach Erfurt. Hier traf er mit dem Bischofe Notker von Lüttich zusammen, der für seine Kirche das Marktrecht mit den zugehörigen Nutzungen in Fosses erhielt (D. 85). In Kirchberg bei Jena erwirkte der Schwabenherzog Otto am 20. Juni für die von ihm besonders begünstigte Peterskirche zu Aschaffenburg die Schenkung zweier Kirchen (D. 84). Am 28. Juni finden wir den Kaiser in Magdeburg, wo er die Rechte des dem Erzbischof unterstellten Klosters Borghorst verbriefte (D. 86).

Haben wir den Kaiser während des Frühlings bei ruhiger Thätigkeit, im Verkehre mit ihm treu ergebenen Fürsten und Geistlichen begleitet, so beginnt nunmehr eine Zeit schwerer Kämpfe, die sich leider auch durch die Unterbrechung der Kanzleiarbeit bemerkbar machen. Es ist uns daher nicht möglich, die Bewegung des Hoflagers mit der erforderlichen Genauigkeit festzustellen, ja in Folge der kärglichen und unbestimmten chronikalischen Berichte sind wir nicht einmal in der Lage, für die wichtigsten Vorgänge einen unzweifelhaft sichern Zeitansatz zu ermitteln.

Allem Anschein nach hat sich Otto auch nach dem 28. Juni in Sachsen aufgehalten, um diese Zeit mag ihm schlimme Kunde aus Bayern zugegangen sein. Hier hatte sich der alte Gegensatz zwischen der herzoglichen und der Reichsgewalt bald nach dem Tode des großen Kaisers erneuert, erweitert und belebt durch persönliche

---

die Notiz: cum quo etiam Roseburg, Calve et Unsburg burchwardia cum suis attinentiis et utilitate donavit. Archipresul quoque, cum eodem quo hec facta sunt, die infra missarum sollempnia de thesauro scientie sue nova proferens et vetera populo obscuriora divine legis ex more enuclearet eloquia, idem privilegium astante imperatore recitatum sermone luculento astantibus exposuit et banno sue auctoritatis ac regum succedentium violencia munivit. Die Unvereinbarkeit dieser Stellen mit den urkundlichen Nachrichten, welche weder van Hout (De Chronico Magdeb. p. 20) noch Günther (Die Chronik der Magdeb. Erzbischöfe, S. 25) beachtet haben, liegt zu Tage. Wir besitzen kein Wahlprivileg für Magdeburg aus dem Jahre 974, das Wahlrecht wurde dem Erzstifte erst am 19. November 979 verbrieft (D. 207) und jene von den Gesta nach Thietmar erzählte feierliche Handlung hat, wie wir später sehen werden, wahrscheinlich erst im August 980 stattgefunden, aus diesen Jahren aber kennen wir keine auf Calbe und die anderen Burgwarde bezügliche Urkunde. Der Irrthum der Annalen ist offenbar durch die Benutzung der Chronik Thietmars von Merseburg entstanden. Dieser berichtet zu Anfang der Regierung Ottos II. (III, c. 1) die Dotirung Memlebens, die im Jahre 979 begann, die Verleihung des Wahlrechts an Magdeburg, die in dasselbe Jahr gehört, darnach erst die Verleihungen an sein eigenes Hochstift. Der Merseburger Bischof hat offenbar ohne Rücksicht auf die zeitliche Folge die nach seiner Ansicht bedeutsamsten Handlungen des Kaisers zu Gunsten der Kirche an dem Anfange des der Regierung Ottos II. gewidmeten Buches zusammengestellt, was dem Verfasser der Annales ebenso wie dem der Gesta verborgen blieb. Beide mußten daher, als sie Thietmars Nachrichten zu einem bestimmten Jahre einreihten, fehlgreifen.

wie politische Einflüsse. Herzog Heinrich, dem am 6. Mai des Vorjahres ein Sohn geboren worden war⁹), mochte die Verdrängung seiner Schwester von der herzoglichen Amtswaltung in Schwaben schmerzlich empfunden haben, scheelen Auges auf den kaiserlicher Gunst und Freundschaft sich erfreuenden Nachbar blicken und nicht weniger unzufrieden mit manchen Verhältnissen im eigenen Lande sein. War er in jugendlicher Thatkraft und hoher Veranlagung ohne Schwanken bestrebt, seine Gewalt in seinem Herzogthume zu voller, allseitiger Geltung zu bringen, so war ihm dabei Manches im Wege. Vor allem die Bisthümer, deren Leitung Männern anvertraut war, von denen nur Abraham von Freising dem herzoglichen Hause unbedingt ergeben war, während Erzbischof Friedrich von Salzburg und Bischof Piligrim von Passau entschieden reichstreue Gesinnung hegten, Wolfgang von Regensburg ihnen darin nahe stand, wenn auch die enge persönliche Beziehung zur herzoglichen Familie ihm gewisse Rücksichten auferlegte. Eben das Verhältniß zu den geistlichen Gewalten erhielt durch die nach dem Jahre 955 in Angriff genommene Neubesiedelung der den Ungarn entrissenen Donaulandschaft und der durch die engere Verbindung mit Italien wieder näher gerückten Alpenthäler, an welchem Unternehmen sich in erster Linie die bayrischen Bisthümer betheiligten, erneute Bedeutung und verstärkten Inhalt. Das Herzogthum stand vor einer folgenschweren Frage an die Zukunft. Konnte es diese Gebiete, die mit ihm staatsrechtlich vereinigt waren, in der Unterordnung unter sein Machtgebot erhalten oder stiegen die Anfänge neuer staatlicher Bildungen auf, die seiner Ausdehnung hemmend entgegentreten sollten? Entscheidend für die Lösung dieser Frage mußte die Haltung der kaiserlichen Gewalt werden. Sollte die Politik Ottos des Großen, dem Herzogthume durch die Begünstigung unter- und nebengeordneter Mächte Schranken aufzurichten, fortgesetzt und auf die neuen Gebiete ausgedehnt werden, dann war der Kampf, dessen Ausgang unsicher genug erscheinen mochte, unvermeidlich. Deutlich mochte der junge Herzog die Wirkungen jenes seit langem geübten Verfahrens empfinden, wenn er von seinem Regensburger Palas den Blick nordwärts richtete. Unmittelbar vor dem Burgfrieden der Stadt begann die Grafschaft im Nordgau, der ausgedehnten von der Donau, dem Regen, dem zwischen beiden Flüssen sich erhebenden Höhenzuge im Süden, dem Böhmerwalde im Osten begrenzten Landschaft, die sich gegen Norden in das Gebiet der Mainwenden bis zur Waldnab und zum Speinshart vorschob, im Westen an den Rangau und das Sualafeld stieß¹⁰). Hier war, von Otto I. begünstigt, eine Familie emporgekommen, welche seit Ottos von Freising oft berufener

---

⁹) Thietmar im Necrol. Merseburg.: II. non. mai. Natalis dies Heinrici, imperatoris. Vgl. Hirsch, Jahrb. H. II., I, 88.
¹⁰) Giesebrecht, Jahrb. S. 131 ff. Döberl, Die Markgrafschaft auf dem bayrischen Nordgau, S. 45.

Nachricht in genealogischen Zusammenhang mit dem im Jahre 906 gestürzten, nach der Burg zu Bamberg benannten Geschlechte gebracht worden ist[11]). Ohne daß wir nähere Kunde über seine Herkunft ermitteln können, erscheint im Jahre 941 ein Graf Berthold als Vertrauensmann Königs Otto I., der ihm einen jener sächsischen Großen, die sich mit Herzog Heinrich zu einem Mordanschlage gegen ihn verschworen hatten, den Grafen Liuthar von Walbeck, in Gewahrsam gibt. Die dadurch bezeugte Anhänglichkeit Bertholds an das königliche Haus bleibt auch fürderhin die Richtlinie, auf der sich sein Verhalten und die Machtentfaltung seiner Familie bewegt. Nach Jahresfrist konnte er seinen Gefangenen, der die Gnade des Königs wieder erwarb und seine Güter zurückerhielt, der Haft entlassen, doch blieb die freundschaftliche Verbindung, welche beide Männer während dieser Zeit geschlossen hatten, fortbestehen und wurde durch die Vermählung Bertholds mit Heilikswinda (Eila), der Tochter Liuthars, bekräftigt. Neben Berthold wuchs in der Burg zu Schweinfurt, dem Stammsitze des Geschlechtes, ein jüngerer Bruder Liutpald heran. Berthold wird im Jahre 961 als Graf im Radenz- und Nordgau, im Jahre 973 auch als Graf im Volkfeld genannt[12]), seine Macht ruhte also zum Theile auf Gebieten, welche nicht zum bayrischen Herzogthume gehörten. So lange Judith mit kluger Festigkeit das gute Verhältniß zu dem Kaiser aufrecht hielt, mochte es auch an jedem Anlasse zu einem Gegensatze zwischen Berthold und der herzoglichen Regierung fehlen. Das mußte sich ändern, sobald die herzogliche Politik in andere Bahnen einzulenken begann. Alsdann mochte Berthold, der die Verbindung Bayerns mit Thüringen und Sachsen beherrschte, als ein unbequemer Unterthan erscheinen und Herzog Heinrich es übel empfinden, daß der mächtige Graf, wie sein Schwiegerneffe Thietmar sich ausdrückt, „dem Herzoge oft nicht wie ein Lehensmann entgegen kam, sondern wie ein Feind widerstand und die Partei der Kaiser nach seinem eigenen Zeugnisse wegen eines durch Eidschwur bekräftigten Treueverhältnisses unterstützte"[13]). Wir sehen, daß Graf, Herzog und König hier vor der geschichtlichen Frage des Feudalismus standen, ob durch das Lehenswesen die Bande der Reichsordnung gelöst, die unmittelbare Beziehung zur obersten Reichsgewalt unterbrochen werden mußte. Graf Berthold hat sie mit vollem Bewußtsein verneint, der Herzog aber war außer Stande, eine Entscheidung in seinem Sinne durchzusetzen.

---

[11]) Vgl. Mitth. des Inst. f. öst. Geschichtsf. Ergbd. VI, 57 ff. u. Excurs III. Zu S. 68 Anm. 3 trage ich einen Beleg für die lex Alemannorum nach. Gloria CD. Padovano 1, 188 no. 151: 1048, Epo et Gisla jugalibus, que professa sum supraascripta Gisla ex nacionem mea leie vivere Romana, se nunc pro viro meo leie vivere Alemannorum . . . . Artuino et Cono et Eringo viventes leie Almannorum, testes.
[12]) DDO. I. 217, 219; DO. II. 44.
[13]) Chron. V, c. 33.

Trotz der seiner Machtentfaltung gesteckten Grenzen war aber die Lage des bayrischen Herzogs nicht ungünstig. Eine hohe Aufgabe zeigte sich dem Fürsten in der Sorge für die Donau- und Alpenländer; sich ihr im Einverständnisse mit dem Kaiser zu widmen hätte den gerechten Zielpunkt seines Strebens abgeben sollen und ihm reiche Entschädigung für die vermeintliche Einbuße im Westen und Norden gebracht. Doch ließ sich Heinrich den Blick durch persönliche und dynastische Rücksichten verwirren, in seinem Irrthume geführt und bestärkt von dem Freisinger Bischofe Abraham. Wir sind über diesen und die Beweggründe seines Handelns zu wenig unterrichtet, als daß wir sein Verhalten mit einiger Sicherheit beurtheilen könnten. Nicht ohne Grund dürfte man ihn als einen Fortsetzer der Politik des Erzbischofs Friedrich von Mainz betrachten, mit dessen Schicksalen die seinen manche Aehnlichkeit aufweisen. Was wir aber deutlich erkennen, ist eine lebhafte persönliche Anhänglichkeit an Herzogin Judith, ihre Kinder und Enkel, die noch Kaiser Heinrich II. mit dankbaren Worten rühmte, die aber zu übler Nachrede so ernsthafter Art Anlaß gab, daß der Bischof zu einem der stärksten Mittel greifen mußte, um das Andenken der theuren Fürstin von diesem Makel zu befreien. Als er am Tage ihres Leichenbegängnisses die Messe las, wandte er sich vor der Kommunion an das versammelte Volk mit einer die Verdienste der hohen Frau preisenden Ansprache, an deren Schluß er erklärte, wenn an jener Beschuldigung auch nur ein wahres Wort gewesen sei, sollte ihm Leib und Blut des Herrn zu ewiger Verdammniß gereichen[14]). Wenn der Bischof später als Wahrer geistlicher Zucht gerühmt wird und während seiner Regierung auch die wissenschaftliche Thätigkeit in Freising nicht ruhte, so nehmen wir in diesen früheren Jahren vor allem seine Theilnahme an politischen Händeln und eine weitblickende Fürsorge für die Erweiterung des hochstiftlichen Besitzes wahr.

Unsicher ist auch, was wir von der Haltung der Mitglieder des alten, liutpoldingischen Herzogshauses wissen. Außer Judith lebten damals vielleicht noch ihre Brüder Hermann und Ludwig, dann Bischof Heinrich von Augsburg, der Sohn ihrer mit einem Burkhard vermählten Schwester, ihr Neffe Berthold, der Sohn des im Jahre 954 gefallenen Pfalzgrafen Arnulf, und Biletrud, die Wittwe Herzogs Berthold, mit ihrem Sohne Heinrich, der schon früh in ganz unrichtiger Auffassung als der Jüngere (minor) bezeichnet wird. Dem ersten Aufstandsversuche des Herzogs scheinen sie bis auf jenen Berthold, dessen Schicksale allerdings so räthselhaft verhüllt sind, daß es schwer gelingt, das Rechte zu sehen, ferngeblieben zu sein. Aller Wahrscheinlichkeit nach hat dieser unruhige Sproß der alten Herzogsfamilie sich neben dem Bischofe von Freising eifrig an dem Anschlage betheiligt, der dadurch, daß die Herzöge von Böhmen und Polen, Boleslaw II. und

---

[14]) Thietmari Chron. II, c. 41.

Mesko, ihm beitraten, eine über die Provinz hinausreichende Bedeutung gewann. Trotz dieser gefahrdrohenden Verbindung wurde aber das Aeußerste vermieden, das Reichsrecht erwies sich als wirksam genug, um wenigstens für den Augenblick die Ruhe wieder herzustellen[15]). Der Kaiser entsandte, nachdem er von dem Anschlage erfahren und sich mit seiner Umgebung berathen hatte, den Bischof Poppo von Würzburg und den Grafen Gebhard[16]) an den Herzog und lud ihn mit seinen Helfern vor sich. Den Vorstellungen der Gesandten dürfte es gelungen sein, Heinrich, der die Vereinigung mit seinen Freunden aus Böhmen und Polen noch nicht hatte durchführen können, zur Fahrt an den Hof zu bewegen. Der Kaiser ließ Milde walten, sah von einem gerichtlichen Verfahren ab, gab den Herzog nach Ingelheim, den Bischof nach Corvey, die geringeren Theilhaber an verschiedenen Orten in Haft[17]).

---

[15]) Vgl. Mitth. des Inst. für öst. Geschichtsf. Ergbb. VI, 54 ff.
[16]) Vermuthlich derselbe, der am 15. Juli 982 im Kampfe gegen die Sarazenen gefallen ist.
[17]) Ann. Hildesheim.: Heinricus, dux Baioariorum, est captus et ad Engilenheim missus. Randnote zu Thietmars Chronik (III, c. 4): Anno medii Ottonis II. Heinricus, Baioariorum dux, captus est et ad Gilheim deductus caute custoditur. Annales Lamperti (nach den älteren Altaicher Jahrbüchern): Heinricus, dux Baioariorum, et Abraham, episcopus, cum Bolisclaione et Misicbone inierunt consilium contra imperatorem pravum consilium. At imperator, tali nefando comperto consilio, congregavit omnes principes suos, et quid inde faceret, consilium petiit. Qui dederunt ei consilium, ut mitteret ad ducem Heinricum (Heinricus et L.) Bobbonem, episcopum, et Gebehardum, comitem, eumque (eosque L.) ad placitum invitaret per edictum. Qui sine dilatione, Deo donante, dedit se in potestatem imperatoris. Erweitert durch spätere Zuthat, aber auch zwei gute Nachrichten in den jüngeren Altaicher Annalen: Eodem anno Heinricus, dux Baioariorum, et Abram, episcopus, inierunt consilium cum Bolislavone et Misigone, quomodo imperatori suum regnum disperderent; et hoc quidem tam infaeliciter fuit disputatum, ut, si divina miseratio non provideret et ingenium Berahtoldi non disperderet, pene tota Europa destituta atque deleta esset. Igitur imperator, tali nefando comperto consilio, congregavit omnes principes suos et interrogavit eos, quid inde facturus esset. Illique invenerunt, ut Bobbonem, episcopum, et Gebehardum, comitem, transmitterent ad praedictum ducem et eum vocarent ad suum placitum per edictum et omnes qui cum eo erant in eadem conspiratione, et si minime venire vellent ac in tali pertinacia voluissent perdurare, tunc demum procul dubio sciant se esse spiritali gladio peremptos. Enimvero Heinricus dux illico, ut audivit legationem eorum, Domino opitulante, sine ulla dilatione se praesentavit domino imperatori cum eis omnibus, qui erant in eo consilio, ut ille ex eis fecisset, quicquid sibi placuisset. Continuo transmisit ducem Ingelenheim atque Abrahamum, episcopum, Corobiae, alios quoque huc et illuc. Gesta pontif. Camerac. I, c. 94 (SS. VII, 439): Sed quia iunior erat, Henricus dux Baioariorum cum totis sed presumptis renisibus contra se cervicem erexit, dedignatus scilicet eius imperio subiugari. Unde aliquanto temporis intervallo inter se contentio usque ad bellum processit; sed nec longo post ut posterius dicam, illo ad deditionis iugum reflexo, facta pace concordia intercessit. c. 95 Erhebung der Reginarsöhne. His ita gestis presatum ducem Baiuvariorum, illi ut diximus resistentem, cum suis adiens invasit, sed Domino volente citissime victum et ad deditionem paratum imperio subiugavit. — Das Verhalten der Verschwörer wird durch diese Berichte nicht

Otto mochte froh sein, die Gefahr so rasch abgewendet zu haben, denn noch bevor die Angelegenheit ganz ausgetragen war, hatten sich Boten mit der schlimmen Nachricht eingefunden, der Dänenkönig Harald habe einen Einfall gewagt und das Grenzland jenseits der Elbe mit Brand und Verwüstung heimgesucht.

Harald Blauzahn, der Sohn des im Jahre 937 gestorbenen Gorm, hatte während der Regierung Ottos des Großen Ruhe gehalten, im Jahre 963 die Aufforderung des Rebellen Wichmann zu einem Bündnisse gegen den Sachsenherzog Hermann abgelehnt und im Jahre 965 mit seiner Gemahlin Gunhild das Christenthum angenommen. Noch zu Ostern 973 waren seine Gesandten vor dem alten Kaiser in Quedlinburg erschienen, hatten die Versicherung der Treue erneuert und den vereinbarten Tribut überbracht. Da aber der mächtige Hüter des Deutschen Reiches zu Grabe gestiegen war, schien dem kriegslustigen Dänenkönige die Gelegenheit gekommen, um die volle Unabhängigkeit zu gewinnen und sein Reich für alle Zukunft von deutschem Einflusse zu befreien. Er rief den Jarl Hakon, dem er gegen die Leistung eines jährlichen Tributes die Herrschaft in Norwegen verschafft hatte, zu Hilfe und wagte, als dieser mit seinen Schiffen und Mannen angelangt war, einen Einfall in das Markland. Der Kaiser erhielt die Nachricht davon wahrscheinlich in Memleben, wo er am 13. August urkundete (D. 87). Er begab sich dann nach Frohse, wo am 30. August zwei Schenkungen für das Bisthum Merseburg verbrieft wurden (D. 89, 90) und brach von hier zur Kriegsfahrt auf. Als er mit seinem Heere, das durch Zuzug von Friesen und Wenden verstärkt worden war, anrückte, zog sich Harald hinter das Danewirk zurück. Die Lage der Deutschen war schwierig, da es in dem von den Feinden verwüsteten Vorlande an Lebensmitteln für die Mannschaft und an Futter für die Pferde fehlte. Ein erstes Gefecht nahm einen unglücklichen Ausgang. Jarl Hakon hatte mit seinen Norwegern einen Ausfall gewagt. Schildklang und Schwertschlag dröhnten über die Haide, die Männer des Nordens konnten sich des Sieges rühmen, in hochtrabenden Worten besang Hakons Skalde Einar Skalaglam seines Herrn kühne Waffenthat. Für

---

genügend aufgeklärt, da wir doch nicht mit den Chronisten unmittelbare Einwirkung Gottes und auch nicht mit Giesebrecht (Jahrb. S. 17) Ueberlistung durch den Kaiser annehmen können. Am ehesten dürfte man vermuthen, daß der Plan zu früh entdeckt wurde, dem Herzoge, der nicht im Stande war, in den offenen Kampf einzutreten, nur Nachgiebigkeit übrig blieb. Ob seine Mutter Judith sich vor oder nach dem Mißlingen des von ihr kaum gebilligten Anschlages in das Kloster Niedermünster zurückgezogen hat, läßt sich nicht feststellen. — Die von Giesebrecht (a. a. O.) herangezogene Erzählung Eberhards (Reimchronik von Gandersheim, V. 1704 ff., herausgeg. von Weiland in den Mon. Germ. Deutsche Chroniken II, 424) von dem Verdachte, den der Kaiser gegen Heinrichs Schwester, die Aebtissin Gerberga, hegte, ist zu wenig verbürgt, als daß man sie verwerthen könnte, und jedenfalls besteht kein Anlaß, sie auf das Jahr 974 zu beziehen. Auch die Enthebung des Markgrafen Günther von Merseburg dürfte erst später vollzogen worden sein.

den Ausgang des Kampfes aber blieb dies Scharmützel ohne Bedeutung. Der deutsche Kaiser sollte durch die Zwietracht der Gegner zum Siege geführt werden. Jarl Hakon mochte die Aussichtslosigkeit des Widerstandes und zugleich erkannt haben, wie geeignet der Augenblick war, um sich von der dänischen Oberhoheit zu befreien. War für seinen Waffenruhm genug gethan, so lag ihm wenig daran, dem Dänenkönig zu vollem Erfolge zu verhelfen. Er schiffte sich mit seinen Mannen ein, wendete seine Kriegsboote der Heimath zu und löste sich mit der gewaltthätigen Verschlagenheit des Wikingers von der übernommenen Verpflichtung. Harald allein war außer Stande, das Danewirk zu halten, nach den Rathschlägen des Sachsenherzogs Bernhard und des mit der nordischen Kriegführung wohl vertrauten Grafen Heinrich von Stade wurde der Grenzwall von den Deutschen genommen. Nunmehr stand ihnen der Weg nach Schleswig offen, der Dänenkönig wurde zum Frieden und zur Tributleistung gezwungen. Nachdem sich die Kriegsleute in dem wohlversorgten Lande erholt hatten, vor dem Danewirk eine Burg erbaut und mit einer deutschen Besatzung versehen worden war, kehrte Otto nach Sachsen zurück, wo wir ihn schon Anfangs November nachweisen können [18]).

Während der Kaiser mit der Entscheidung über seinen bayrischen Vetter und mit den Vorbereitungen zum Dänenzuge beschäftigt war, hatten ihn auch die Angelegenheiten Italiens in Anspruch genommen. Auch hier hatte der Tod des Vaters seine Wirkung geübt und es waren Kräfte lebendig geworden, welche, wenn ihnen auch nicht unmittelbare Unterstützung durch die byzantinische Reichsregierung zu Theil wurde, doch ihren Anschluß in dieser Richtung suchten. Zuerst machten sie sich im Süden bemerkbar. Von Anfang an erkennen wir die schon früher hervorgehobene Vermengung allgemeiner und dynastischer Tendenzen. Der deutschfeindliche Gisulf von Salerno wurde im Jahre 973 das Opfer einer Verschwörung, welche der aus Conza eingewanderte Landulf, Atenolfs III. von Calinulu Sohn, in Gemeinschaft mit Nisus, dem Sohne des Maraldus, und Romuald, dem Sohne des Teurikus, angezettelt hatte. Der Fürst wurde in der Nacht überfallen, Landulf nahm die Herrschaft an sich und ließ den Entthronten mit seiner Gemahlin Gemma nach Amalfi bringen. Trotzdem Marinus von Neapel und Manso von Amalfi ihm ihre Unterstützung liehen, vermochte Landulf sich nicht zu behaupten. Zuerst erhoben sich gegen ihn seine Söhne, Indulf und Landulf. Der Erstere wurde gefangen genommen und ebenfalls nach Amalfi gebracht, den Anderen nahm der Vater Anfangs 974 zum Mitregenten an. Da kehrte Indulf zurück und rief Pandulf den Eisenkopf herbei. Dieser nahm Salerno ein und übergab die Gewalt wieder dem rechtmäßigen Herzoge Gisulf, der sich

---

[18]) Vgl. Mitth. des Inst. für öst. Geschichtsf. Ergbd. VI, 41 ff., wo eine eingehende Würdigung der deutschen und nordischen Berichte über diese Vorgänge versucht ist. Auf S. 52 ist Herford in Hersfeld zu verbessern.

aber den Sohn seines Befreiers, Pandulf, als Mitregenten gefallen lassen mußte. Der ältere Landulf floh nach Byzanz, sein gleichnamiger Sohn wurde später Mönch in Monte Cassino [19]).

Wurde hier durch Pandulfs Eingreifen der Machtbereich des Kaiserthums ungeschmälert erhalten, ja dessen Einfluß in Salerno nach Möglichkeit besser gesichert, so nahm eine mit diesen Vorgängen vielleicht in Zusammenhang stehende Bewegung in Rom selbst einen weniger günstigen Verlauf. Die kraftvolle Waltung Ottos des Großen und die Ergebenheit des Papstes Johann XIII. hatten die Strebungen des römischen Adels zurückgehalten, aber nicht aufzuheben vermocht. Als der Papst am 6. September 972 gestorben war, hatte eine Partei den Sohn des Ferrucius, Franko, auf den päpstlichen Stuhl zu erheben versucht, war aber unterlegen. Gegen Ende des Jahres wurde der Sohn eines Hildebrand gewählt und am 19. Jänner 973 als Benedikt VI. geweiht [20]). Der Tod des Kaisers verlieh seinen Gegnern Muth zu verbrecherischem Anschlag. An ihrer Spitze stand Crescentius de Theobora, der Sprosse eines alten römischen Geschlechtes [21]). Im Juni 974 wurde der Papst gefangen genommen und in der Engelsburg festgehalten. Der kaiserliche Missus, Graf Sikko, vermochte seine Freilassung nicht zu erzwingen. Nun riß Franko als Bonifaz VII. die päpstliche Würde an sich, in schnöder Mißachtung der kaiserlichen Rechte wurde Benedikt auf sein Geheiß von dem Priester Stephan erdrosselt. Nicht lange sollte Bonifaz sich des grauenhaften Erfolges erfreuen. Graf Sikko, der seine Mannschaft gesammelt hatte, vertrieb den Eindringling im Juli und zwang ihn zur Flucht nach Byzanz, wo also beide Gegner der kaiserlichen Gewalt zusammentrafen [22]).

---

[19]) Chron. Salernit. SS. III, 556 ff. — Schipa a. a. O.
[20]) Jaffé-Löwenfeld, Reg. I, 477.
[21]) Gregorovius, Gesch. der Stadt Rom⁴ III, 364 ff.
[22]) Watterich, Vitae pontificum, p. 66. Jaffé-Löwenfeld, Reg. I, 479, 485; II, 707. Die besten Aufschlüsse über diese Vorgänge gewährt das Bruchstück eines gleichzeitigen Berichtes, welches Bethmann (Archiv IX, 623) und Weiland (Göttinger gelehrte Nachrichten 1885, S. 70) mitgetheilt haben: Interim imperialis maiestatis legatum Sicconem, comitem, advenisse contigit. Qui ut iussus fuerat, cum sublatum pontificem Romanis maioribus et minoribus ab his, quibus custodia tenebatur, reposceret nihilque proficeret, iussu atque consilio Franconis, quem supra diximus Romanam ecclesiam inva(si)sse, ut postmodum comprobatum, Stephanus quidam presbiter cum fratre (ipsius cum) corrigie cuiusdam strangulatione necavit. Unde omnes, tam imperialis missus quam civitas Romana magno merore defix(a) longa obsidione, longa impugnatione devictum Franconem pervasorem necat eumque qui nunc est Benedictum communi omnium Romanorum electione, presentis imperatorii nuntii auctoritate munita, priori mortuo substituit. Quod ille alter graviter ferens, insti(tu)tum pontificem summopere persecutus est nec passus est eum regimen sibi commissum tractare pacifice. Von devictum Franconem an muß ein größeres Verderbnis vorliegen, durch welches der Schluß unverständlich geworden ist. Auf das Ende Bonifaz' VII. im Jahre 985 kann die Stelle mit Rücksicht auf eumque qui nunc est, Benedictum nicht bezogen werden. Weiland will den Schluß auf das Jahr 980 beziehen, in dem

An den deutschen Hof trat nunmehr die Frage der Besetzung des päpstlichen Stuhles heran, doppelt schwierig in Folge der schweren Erschütterung, welche das mühsam erhaltene Ansehen des Papstes und des Kaisers erlitten hatte, und weil der Kaiser durch die Lage Deutschlands verhindert war, persönlich die gestörte Ordnung wiederherzustellen. Wir dürfen annehmen, daß die Frage auf's Ernstlichste erwogen wurde, und auch das scheint sicher, daß jetzt zum ersten Male die von Cluny ausgegangene Reformbewegung bei diesen Verhandlungen in Rechnung gezogen wurde. Die Nachricht allerdings, daß Otto und Theophanu die höchste kirchliche Würde dem Abte Majolus von Cluny angeboten haben, ist nicht zum Besten verbürgt[23], aber sie dürfte wenigstens in ihrer Tendenz den Verhältnissen entsprechen, da auch der Bischof von Sutri, der endlich im October als Benedikt VII. die Tiara erhielt[24], der Reform völlig ergeben war und diese sich als der neutrale Boden erwies, auf dem man mit den römischen Adelsfamilien ein Abkommen treffen konnte. Crescentius selbst war ein überzeugter Anhänger der Reformidee, er trat als Mönch in das römische Kloster San Alessio ein, wo er am 7. Juli 984 starb[25]. Wir machen hier dieselbe Wahrnehmung wie bei den lothringischen Großen, welche sich trotz oder vielleicht in Folge ihres Gegensatzes gegen die kaiserliche Gewalt und die dieser anhänglichen Bischöfe als eifrige Förderer der Klosterreform erwiesen. Trafen in diesem Gedanken der Kaiser und der römische Adel zusammen, so konnte der Bischof von Sutri,

---

Benedikt VII. allem Anschein nach durch Unruhen genöthigt war, Rom zu verlassen, und nimmt an, Bonifaz habe Italien nicht verlassen. Aber die bestimmte Angabe, er sei nach Konstantinopel geflohen, kann man doch nicht dahin einschränken, daß er sich nur zu den Griechen Süditaliens begeben habe. — Graf Sikko ist, wie schon Weiland festgestellt hat, derselbe, der im Jahre 969 als Graf von Spoleto sich an dem Kriegszuge gegen die Griechen betheiligt hat (Dümmler, Jahrb. O. I. S. 468). Er ist wohl eine Person mit dem von Wibukind (III, c. 72) genannten Grafen Siegfrid und dem in DO. I, 398 erwähnten Sico, marchio sacri palatii, vgl. DO. I, 400: Siefredus, qui et Sicco vocatur, missus domni imperatoris. — Neben jenem Bruchstücke kommen noch in Betracht: Ann. Beneventani (SS. III, 176): 975. Papa Benedictus a Cincio occisus. Chron. Suev. (SS. XIII, 69): 986. Benedictus VI. papa 136tus post unum annum a Crescentio relegatur et strangulatus est. Martini Oppav. Chron. (SS. XXII, 431): Bonifacius VII. sedit mense I, diebus XII et cessavit episcopatus diebus XX. Hunc Romani suffocato Benedicto VI. papam fecerunt. Qui post non valens in Urbe subsistere depredata ecclesia sancti Petri omnibus preciosis fugit in Constantinopolim. Albericus Trium Fontium Chron. (SS. XXIII, 772): 977. Rome Bonefacius VII. sedit anno I, mense I; cum quo fuit electus quidam Petrus; sed idem Bonefacius a Constantinopoli reversus .... Ann. Mett. s. Vincentii, SS. III, 157. Herimanni Aug. Chron. SS. V, 116. — Vgl. Gregorovius a. a. O. III, 366 ff. Baxmann, Politik der Päpste II, 126. — Ueber den angeblichen Papst Donnus oder Bonus vgl. Jaffé-Löwenfeld, Reg. I, 479.

[23]) Gegen sie spricht sich aus Walther Schultze in Forsch. XXIV, 153 und Neues Archiv XIV, 554; dafür ist eingetreten E. Sackur ebenda XII, 503 und Cluniacenser I, 233.

[24]) Matterich a. a. O. Jaffé-Löwenfeld, Reg. I, 480; II, 707.

[25]) Gregorovius a. a. O. III, 372.

übrigens den Crescentiern verwandt, als der geeignetste für die päpstliche Würde erscheinen, in der That hat während der ersten Jahre seiner Regierung Ruhe geherrscht und konnte er eine für die Verbreitung der Reform sowie für die Hebung seines Ansehens sehr ersprießliche Thätigkeit entfalten[26]).

So waren auch die italienischen Angelegenheiten zu einem befriedigenden Abschlusse gebracht worden, es war dem Kaiser gelungen, die nach dem Tode des Vaters im Innern und an den Grenzen des Reiches auftauchenden Bewegungen niederzuhalten, er hatte Umsicht und Thatkraft bewiesen, die Würde seiner neuen Herrschaft gewahrt. Nur wenige Nachrichten erhalten wir noch aus dem Schlusse des Jahres, dessen Winter sich durch besonders strenge Kälte auszeichnete, die bis in den nächsten Mai dauerte[27]). Nach dem Dänenzuge erhielt der kaiserliche Schenk Livo, dem wir noch einmal begegnen werden, den Ort Bienborf (D. 91), Weihnachten feierte der Hof in Pöhlde[28]). Am 5. November hatte Bischof Hildiward die Krypta des Halberstädter Domes und das über ihr erbaute Oratorium geweiht[29]).

---

[26]) Bazmann, Politik der Päpste II, 127.
[27]) Ann. Hildesheim. und Altah. Ann. Stabul. (SS. XIII, 43). Ann. Magdeb. (SS. XVI, 154).
[28]) Ann. Lob. (SS. XIII, 235).
[29]) Gesta ep. Halberstad. (SS. XXIII, 85).

975.

Ueber die politischen Vorgänge des Jahres sind wir fast gar nicht unterrichtet, wir nehmen nur wahr, daß sich der Hof in steter Bewegung befand, ohne daß wir die Ursachen derselben ermitteln können. So dienen uns die Urkunden nur dazu, die persönlichen Beziehungen des Herrschers und seine regelmäßige Thätigkeit kennen zu lernen. Am 6. Jänner wurde zu Werla dem Erzbisthum Magdeburg der Besitz der Abtei Weißenburg im Speyergau, die Adalbert noch vor seiner Erhebung erhalten hatte, bestätigt (DD. 92, 93). Dann trat Otto die Fahrt an den Rhein an. Auf der Reise mußte eine für Reich und Kirche bedeutsame Angelegenheit erledigt werden. Am 13. Jänner war Erzbischof Robbert von Mainz gestorben. Mit auffallender Eile wurde die Neubesetzung vorgenommen. Die höchste geistliche Würde des Reiches kam an den Kanzler Willigis, den Sohn eines sächsischen Landmannes, dem Kaiser und seiner Gemahlin seit mehreren Jahren durch nahen Verkehr vertraut[1]). Schon am 25. Jänner erhielt er zu Dortmund eine Bestätigung der Privilegien seines Hochstifts (D. 95) und im März verlieh ihm der Papst das Pallium[2]). Zum Kanzler wurde Folkmar bestellt, der wahrscheinlich einer niederrheinischen Landschaft entstammte[3]). Zu Nimwegen verlieh der Kaiser am 16. Februar dem Bisthum Minden den ihm von dem Priester Nandrad aufgelassenen Besitz im Libbekegau (D. 96). Ebenda hatte sich auch Abt Werinfred von Stablo eingefunden, der am 3. März die Rückgabe des in der Grafschaft Folkwins im Haspengau gelegenen Klostergutes Tourinne-la-Chaussée erwirkte (D. 97). Auf Bitten des Herzogs Otto schenkte der Kaiser am 11. März der Kirche zu

---

[1]) Allg. Deutsche Biogr. XLIII, 282 ff. Will, Regesten der Erzbischöfe von Mainz I, 117 ff. Ann. necrol. Fuld. SS. XIII, 202. Thietmari Chron. III, c. 5. Ann. Hildesheim. Ann. s. Disibodi, SS. XVII, 6. Ann. Wirziburg. SS. II, 242. Ann. Corbeienses, SS. III, 5. Ann. Magdeburg. SS. XVI, 154. Mariani Scotti Chron. SS. V, 555.
[2]) Jaffé-Löwenfeld, Reg. 3784.
[3]) v. Sickel, Erläut. S. 89, 92.

Aschaffenburg eine Kirche und einen Hof zu Rohr im Grapfeld (D. 98). Eindringlich schilderten zu Bonn Eppo und Jettao, Bischofs Gerhard Gesandte, die Nothlage des Bisthums Toul und bewogen, von dem Erzieher des Kaisers, Grafen Hodo, und dem Sachsenherzoge Bernhard unterstützt, den Kaiser, am 18. März die Rückstellung der Abtei S. Dié, welche einst Bischof Jakob von Pippin erhalten hatte, die aber dem Hochstifte von habgierigen Kirchenfeinden entzogen worden war, zu verfügen (D. 99). Zur Osterfeier (April 4) begab sich der Hof nach Aachen⁴), von da wandte man sich wieder dem Rhein zu. In Boppard erlangte Bischof Liudolf von Osnabrück, der frühere Kanzler, ein Verwandter des Kaiserhauses, am 25. April über Verwendung der Kaiserin Theophanu die Rückgabe mehrerer Ortschaften (D. 100). Zur Erinnerung an seinen Aufenthalt wies dann der Kaiser der Peterskirche in der Burg von Boppard drei Königshufen in Kratzenburg zu, welche Schenkung aber erst am 15. Mai zu Trebur beurkundet wurde (D. 101). Pfingsten (Mai 23) feierte der Hof in Frankfurt, wo der Kaiser am 24. Mai über Fürbitte des Grafen Hildebin dem Otbrecht das Gut Reiskirchen im Lahngau verlieh, das dem Fiscus aus dem Besitze eines Gerrich gerichtlich zugesprochen war (D. 102). Am nächsten Tage dürfte er Frankfurt verlassen haben, schon am Donnerstag (Mai 27) wurden zu Fulda für dieses Kloster eine Bestätigung der Privilegien und eine Schenkung königlichen Gutes zu Schlotheim ausgefertigt (DD. 103, 104). Während dieses Aufenthaltes bestätigte Otto auch die Schenkung einer Frau Wentilgart, welche dem Stifte ihr Eigengut in Mellingen und Brüheim zuwandte, an welchen Orten Fulda schon im Jahre 972 den Magdeburger Besitz durch Tausch erworben hatte, doch wurde die kaiserliche Genehmigung erst am 3. Juni zu Weimar verbrieft⁵). Hier hielt der Kaiser einen Reichstag, dessen Verhandlungen wir nicht kennen und von dessen Theilnehmern wir nur die Erzbischöfe Willigis und Gero, sowie den Bischof Piligrim von Passau nachzuweisen vermögen⁶). Wahrscheinlich waren hierher auch Abgeordnete des Bischofs Balderich von Utrecht gekommen, welche die auf den Besitz von Muiden und das Münzrecht bezüglichen Urkunden des Hochstifts mitgebracht hatten, die ihnen dann am 6. Juni zu Erfurt bestätigt wurden (DD. 106—108). Zu Dornburg a. d. Saale bestätigte der Kaiser am 8. Juni seiner Mutter die ihr von dem Gemahle verschriebenen Besitzungen im Elsaß, in Franken, Thüringen, Sachsen und im Wendenlande⁷). Drei Tage später hielt sich Otto

---

⁴) Ann. Lobienses, SS. XIII, 235.
⁵) D. 105. Dobenecker, Reg. hist. Thuring. I, Reg. 473. Vgl. D. 64.
⁶) Ann. Weissenburg.: Domnus Otto imperator habuit magnum conventum in Welmare. Ann. Altah.: Weihmari. Lamperti Ann.: Wehmare. — Richter (Annalen III, 124) und Böhmer (Willigis, S. 19) vermuthen, daß hier die Heerfahrt nach Böhmen angesagt wurde.
⁷) D. 109. Herr Dr. W. Erben hatte die Freundlichkeit, mich von seiner Vermuthung, daß D. 109 Neuausfertigung einer schon im Juni 973 aus-

in Memleben auf, wo Frau Imma über Verwendung des Erzbischofs Gero und des Grafen Dietrich für das von ihr zu Liebing im Gurkthal in der Grafschaft Ratolts gegründete Kloster das Marktrecht mit dem Zolle erhielt (D. 110). In Allstedt wurde am 21. Juni dem Passauer Bischof der Besitz der Abtei Kremsmünster verbrieft, nachdem ein Entwurf, den er schon in Erfurt und dann nochmals im Memleben vorgelegt hatte, verworfen worden war[8]). Von Allstedt wandte sich der Hof nach Magdeburg. Hier hatten sich die Erzbischöfe Adalbert, Willigis und Gero, die Bischöfe Anno von Worms, Brun von Verden, Hildiward von Halberstadt, Milo von Minden, Hugo von Zeitz und Volkold von Meißen eingefunden. Am 26. Juni verbriefte der Kaiser den Magdeburger Kaufleuten das ihnen von dem Vater zugestandene Verkehrsrecht und die Zollfreiheit (D. 112) und bestätigte dem Bisthum Verden die Immunität (D. 113). Am 28. Juni, dem Vorabende des Apostelfestes, genehmigte er die Verlegung des von Erzbischof Gero und seinem Bruder Thietmar in Dammersfeld gegründeten Klosters nach Nienburg[9]).

---

gestellten Urkunde sei, in Kenntniß zu setzen. Er führt an, daß in der Signumzeile das im Jahre 975 sonst nicht vorkommende Beiwort invictissimi gebraucht werde, in der Bekräftigungsformel ebenso wie in DD. 34—36 das Wort iussimus fehle, und man könnte noch auf das zu 973 passende Kaiserjahr VI hinweisen. Da dann auch actum Dornburg auf dieses Jahr zu beziehen wäre, so müßte man Handlung etwa am 2. Juni 973 zu Dornburg an der Elbe annehmen. Wie aber soll man es erklären, daß die Kaiserin-Mutter, wenn sie schon im Jahre 973 eine Bestätigung ihres Witthums erhalten hatte, zwei Jahre später eine neue brauchte? Daß es damals nicht zur Ausfertigung der Urkunde gekommen sein, der Act zwei Jahre lang liegen geblieben sein sollte, ist bei der Stellung Adelheids wenig wahrscheinlich. Da nun die Recognition, das Incarnationsjahr, und das Jahr der königlichen Regierung zu 975 stimmen, Dornburg an der Saale und der 8. Juni sich gut in das Itinerar dieses Jahres einfügen, invictissimi dann in DD. 125, 126 vorkommt, glaube ich auf das Fehlen des Wortes iussimus kein so großes Gewicht legen zu dürfen, man kann in solchen Dingen doch auch dem Zufall einigen Spielraum lassen.

[8]) D. 111. Aus der Datirung von D. 111a ergibt sich, daß die Vorlage dieses Entwurfes zuerst in Erfurt beabsichtigt, dann aber erst am 11. Juni, also zu Memleben erfolgt ist.

[9]) D. 114. Schon in der Vorbemerkung der Diplomata-Ausgabe ist Verzögerung der Beurkundung angenommen und sind hierfür die Nachtragungen in der Datirungszeile sowie die Benutzung von DO. I. 382, das der Kanzlei möglicher Weise anläßlich des am 15. Juli ausgestellten D. 115 eingereicht worden war, geltend gemacht worden. Dagegen könnte man einwenden, daß das Diplom Ottos des Großen für das Magdeburger Johanneskloster am ehesten der Kanzlei doch in Magdeburg selbst vorgelegen hat, diese also in der Lage war, auch vor der Ausstellung von D. 115 davon für D. 114 Gebrauch zu machen. Während es sich nach der Diplomata-Ausgabe nur um einen Aufschub von etwa 20 Tagen handeln könnte, hat Erben angenommen, daß D. 114 erst nach dem Jahre 977, aber noch vor dem am 17. April 978 ausgestellten D. 174 für Nienburg ausgefertigt worden sei. Erben geht von der auch von Ottenthal (Reg. I. no. 507) gebilligten Annahme aus, daß DO. I. 382 von dem erst seit 977 in der Kanzlei nachweisbaren IIA. verfaßt sei (Mitth. des Inst. für öst. Geschichtsf. XIII, 546 ff.). Da aber die Bekräftigungsformel von DO. I. 382 der von LH. in DO. I. 383, 386—388 verwendeten und auch das Eschatokoll dem jener Zeit entspricht, so muß Erben annehmen, daß dem

Urkunden Juli—September. Zug nach Böhmen 975. 63

Von Magdeburg begab sich der Kaiser in die Landschaft an der Unstrut. Am 15. Juli schenkte er zu Sömmern dem Kloster St. Johann in Magdeburg den im Gau Morzani, in Geros Grafschaft gelegenen Ort Lübs (D. 115), am 9. August wies er zu Balgstädt dem Bisthum Merseburg eine seiner Schwester Mathilde, auf deren Verwendung auch die vorerwähnte Vergabung erfolgt war, geschenkte Hufe zu Geusa im Hessengau zu (D. 116). Gegen Ende des Monats finden wir den Kaiser, dem der Schwabenherzog Otto Gesellschaft leistete, in Bothfeld. Am 29. August verlieh er auf dessen Bitten der Aschaffenburger Kirche den Dienst von den Orten Klein-Ostheim und Dettingen im Maingau (D. 117). Zu Allstedt bestätigte er dann am 9. September dem Magdeburger Erzbisthume den diesem schon von dem Vater verliehenen Silberzins der Wendenstämme [10]).

Die Herbstmonate, in denen Meteore und ein Komet die Gemüther erregten [11]), benutzte der Kaiser zu einem Verwüstungszuge nach Böhmen, der eine Strafe für Herzogs Boleslaw verrätherische Haltung sein sollte, über dessen Verlauf wir aber keine nähere Nachricht besitzen [12]). Im Zusammenhange damit dürfte der Einfall einer böhmischen Schaar in das bayrische Grenzland stehen, durch

---

HA. eine jetzt verlorene Urkunde vorgelegen habe, der er diese Bestandtheile entnahm. Diese war aber kaum eine Verleihung des Wahlrechtes, dessen die Mönche von St. Johann also im Anfange entbehrten. Wenn sie nun im Jahre 978 dieses Recht erlangten, warum hat man nicht einfach eine Urkunde des regierenden Herrschers ausgestellt? Daß Otto II. ihnen im Jahre 978 das Wahlrecht verlieh, dann aber nicht eine Urkunde auf seinen Namen ausgestellt wurde, sondern HA. eine Urkunde ihres Archivs auswählte, dieser das Protokoll und die Bekräftigungsformel entnahm, den übrigen Context aber neu ausarbeitete, ist ein so künstlicher und unwahrscheinlicher Vorgang, daß ich mich zu seiner Annahme nicht entschließen kann. Dazu kommt, daß D. 114 von demselben Schreiber, der auch D. 115 ausfertigte, geschrieben ist (WDα), was um so mehr für gleichzeitige Ausfertigung beider Urkunden im Jahre 975 spricht, als WDα später nur noch an D. 198 betheiligt erscheint. In der Erwägung, daß eine theoretisch richtige Beweisführung nicht zu praktisch unerklärlichen Annahmen führen darf, halte ich es für wahrscheinlicher, daß HA. sich etliche Wendungen aus dem Formular, dessen sich früher auch I.H. bedient hatte, angeeignet hat, und sehe von längerer Verzögerung in der Ausfertigung der Nienburger Urkunde, auf die ja Erzbischof Gero und Thietmar großes Gewicht gelegt haben werden, ab.

[10]) D. 118. v. Sickel, Erläut. S. 147 will hier und bei den vorhergehenden Urkunden nichteinheitliche Datirung annehmen, wozu aber bei der Nähe der Ausstellungsorte ein zwingender Anlaß zu fehlen scheint.

[11]) Ann. Sangall. SS. I, 80: Stella comitis tempore autumni visa est. Ann. Corbeienses (SS. III, 5; Jaffé, Bibliotheca I, 36): Ignis visus est ferri in aere, grossitudinem habens ex anteriori parte quasi unius trabis; in quibusdam locis in terram, in quibusdam in silvam, in quibusdam vero in aquam visus est cecidisse. Et cometa apparuit multis noctibus ab oriente et aquilone juxta signum Gemini.

[12]) Ann. Weissenburg.: Eodem anno imperator Beheimos vastavit et concremavit (bis hierher auch Lamperti Ann.) et revertendo venit in Herisfelt. Ann. Altah.: Eodem anno Otdo imperator Boemos concremavit atque vastavit. Postea venit Otdo imperator ad Heroldesvelde. Ann. Ottenburani (SS. V, 2): Imperator Beheimos vastat.

ben namentlich Holben bes Klosters Niederaltaich hart getroffen wurden[13]). Der Kaiser kehrte von seiner Heerfahrt nach Hersfeld zurück, bestätigte am 3. November zu Pöhlbe bem Kloster Ganders= heim ben Besitzstand und die Privilegien (D.119) und begab sich bann nach Memleben, wo er am 24. November dem Bisthum Lobi auf die burch den Würzburger Bischof Poppo vermittelte Bitte seines Vor= stehers Andreas seine Rechte verbriefte (D. 120). Ein ungewöhnlich harter Winter mit strengem, von Allerheiligen bis zur Frühlings= gleiche des nächsten Jahres währendem Froste übte seine Herrschaft im Westen des Reiches[14]). Otto hatte sich im December nach dem Elsaß begeben und feierte Weihnachten zu Erstein[15]). Vorwiegend geistliche Angelegenheiten haben ihn hier beschäftigt. Einsiedeln er= hielt über Verwendung des Herzogs Otto die Bestätigung mehrerer Orte, welche einst Otto der Gr. für basselbe von dem Kloster Sädingen eingetauscht hatte, ferner wie Schuttern, bessen Abt Folkern seine Bitte selbst vorgebracht hatte, eine Bestätigung der Immunität und bes Wahlrechtes[16]).

Die geistlichen Angelegenheiten nehmen überhaupt um diese Zeit ben Vorrang vor ben politischen in Anspruch und verleihen dem Jahre größere Bedeutung für die Geschichte der Kirche im Reiche und seinen Randgebieten. Es entspricht dem Wesen der zeitgenössischen Be= richterstattung, daß sie uns vornehmlich Nachrichten über einzelne Personen und Handlungen, etwa den Wechsel in hohen Kirchen= ämtern, die Anwesenheit kirchlicher Würbenträger am Hofe, die Weihe einer Klosterkirche, die Erhebung kostbarer Reliquien liefert, welche ihre rechte Würdigung erst dann erfahren können, wenn wir sie in Zusammenhang mit jener Thätigkeit bringen, die seit mehr als sechzig Jahren auf kirchlichem Gebiete herrschte. An erster Stelle tritt uns die Klosterreform entgegen[17]). Deutlich vermögen wir in ihr brei Richtungen zu erkennen, welche nicht allein terri= torial, sondern auch der Art ihrer Entstehung und ihrem Inhalte nach verschieden sind, wenn sie auch, einem und bemselben großen Ziele, der Hebung geistlichen Lebens, zustrebend, sich vielfach kreuzen und berühren. Eingeleitet wurde die Reform burch die im Jahre 910 erfolgte Gründung des Klosters Cluny im Sprengel von Macon. Man konnte dabei an ältere Einrichtungen anknüpfen, die sich als Fortsetzung der Ueberlieferung aus karolingischer Zeit barstellen.

---

[13]) Ann. Altah.: Boemanni familiam sancti Mauricii occiderunt. Auct. Altah. (SS. XVII, 363): Familia s. Mauricii a Boemis occiditur. — Darauf könnte sich auch die in D. 167b erwähnte pernitiosa Sclavorum invasio be= ziehen, von der das Hochstift Passau so hart getroffen worden war.
[14]) Ann. Remenses (SS. XVI, 731): Gelu magnum a kalendis novembris usque ad equinoctium vernale. Ann. Laub. et Leod. (SS. IV, 17): ... usque ad medium martium.
[15]) Ann. Lob. (SS. XIII, 235). Ann. Magdeburg. (SS. XVI, 154).
[16]) DD. 121—123. D. 122b ist von Bloch (Ztschr. für Gesch. des Ober= rheins, N. F. XII, 460 ff.) als Fälschung Grandidiers erwiesen worden.
[17]) Sackur, Die Cluniacenser, 2 Bde. 1892, 1894. Hauck, Kirchengesch. Deutschlands III, 342 ff. W. Pückert, Aniane und Gellone, 1899.

Durch die Normanneneinfälle waren die Mönche von Glanfeuil in das Kloster St. Savin bei Poitiers gedrängt worden, wo sie mitten im allgemeinen Zusammenbruche gute Ordnung hielten. Sie besiedelten dann das Kloster St. Martin in Autun und hier hat aller Wahrscheinlichkeit nach der aus vornehmem burgundischen Geschlecht entsprossene Berno die Gelübde abgelegt, bevor er die Leitung der von ihm gegründeten Abtei zu Gigny in der Diöcese Macon übernahm, für welche er im Jahre 894 eine Bulle des Papstes Formosus erwirkte. Mit dem neuen Kloster war das von Baume verbunden, dem dann Berno seine besondere Sorgfalt zuwandte. Der gefeierte Abt erhielt auch die Leitung des von Herzog Wilhelm von Aquitanien, der die Grafschaft Macon besaß, errichteten Klosters Cluny, dann die von Déols und Massay. Indem er seine Hauptaufgabe in der Einführung guter Zucht, in strenger Handhabung der im Sinne Benedikts von Aniane erneuten und ergänzten Regel des h. Benedikt erblickte, hat er die wichtigste Vorarbeit für seinen Nachfolger Odo geleistet. Dieser, ein Kriegsmann aus dem Gefolge des frommen Herzogs, war in Baume Mönch geworden und übernahm nach Bernos Rücktritt die Abtwürde, ohne sich gegen die schon unter dem alten Abte entstandene Opposition und das Familieninteresse behaupten zu können. Das hatte zur Folge, daß er sich vor Allem dem Ausbau von Cluny, der durch des Gründers Tod in's Stocken gerathen war, widmete und dieses Stift zum Ausgangspunkte einer großartigen Entwickelung von weltgeschichtlicher Bedeutung machte. Der nächste Zweck, den Berno und Odo verfolgten, war, wie bemerkt, die Herstellung der kirchlichen Disciplin, in diesem Falle also die strengere Handhabung der Klosterregel. Während aber Berno sich in engeren Grenzen hielt, griff Odo über diese hinaus mit der Absicht, seinem Streben in möglichst weiten Kreisen Geltung zu verschaffen. Das konnte nur durch Ausdehnung seines persönlichen Einflusses, durch straffe Zusammenfassung aller der neuen Ordnung unterworfenen Klöster erreicht werden. Daraus ergab sich die Forderung unbedingten Gehorsams von Seite der Brüder einerseits, der Befreiung von den ordentlichen Diöcesangewalten anderseits, Forderungen, welche auch heute noch als die Vorbedingung gedeihlicher Entfaltung mönchischen Wesens hochgehalten werden. Universale Ausdehnung und unbedingte Unterordnung der Einzelpersönlichkeit bilden den Grundzug dieser von Cluny ausgehenden Bewegung, in dem sich ohne Frage eine Besonderheit romanisch-französischen Wesens äußert. War damit eine feste Ueberlieferung verbunden, welche eine möglichst gleichmäßig und ununterbrochen fortschreitende Entwickelung sicherte, so wurde diese doch auch durch die Art der Führer beeinflußt. Als eine werbende Natur von tiefstem sittlichen Gehalte tritt uns Odo entgegen, so recht geeignet, die ethische Grundlage zu sichern, den idealen Antrieb zu gewähren. Ihm folgte, als er am 10. November 942 starb, Aimard, dem im Jahre 949 der Avignoner Majolus als Coadjutor zur Seite trat, um fünf Jahre später die selbständige

Leitung zu übernehmen, die er durch 40 Jahre innehaben sollte. Von glänzender äußerer Erscheinung, weltgewandt und maßvoll, dabei auf strenge Ordnung bedacht, von hohem Eifer in allen geistlichen Dingen beseelt, hat er die von Odo in Burgund und Aquitanien, im Norden Frankreichs und Italien begonnene Propaganda mit größtem Erfolge fortgesetzt. Ihm gelang es auch, durch seine Beziehungen zu den verschwägerten Dynastien Burgunds und Deutschlands der Reform ein Ausfallsthor nach letzterem Reiche zu öffnen. Das im Jahre 902 von Bertha, der Mutter Adelheids, gegründete Kloster Peterlingen wurde der Leitung von Cluny unterstellt, dieses selbst erhielt im Elsaß ansehnlichen Besitz.

Zur selben Zeit wie in der Franche-Comté fand der Reformgedanke auch in der Grafschaft Namur eine sichere Stätte. Ein junger Mann aus einem vornehmen Geschlechte des Lommatzschgaues, Gerhard, entschloß sich, während er noch in Diensten des Grafen Berengar von Namur stand, auf seinem Gute Brogne ein Kloster strenger Regel zu erbauen [18]). Ganz unvermittelt erscheint dieser Entschluß, für den wir keine Anknüpfung zu finden vermögen, ein sicheres Zeichen für die allgemeine Wirksamkeit jener Ideen. Erst nachdem er die Ausführung seines Planes begonnen hatte, suchte Gerhard sich die nothwendige allgemeine und theologische Bildung zu erwerben. Wenn wir recht berichtet sind, fand er sie in St. Denis, wohin ihn ein Zufall geführt hatte. In Paris erhielt er dann auch die priesterlichen Weihen. Gerhard gewann die Unterstützung zweier mächtigen Herren, des Herzogs Giselbert von Lothringen, der ihm St. Ghislain übertrug, und des Markgrafen Arnulf von Flandern, der ihn mit der Reform der Genter Klöster Blandigny und St. Bavo, sowie der Abteien St. Bertin und St. Amand betraute. Wenn diese Reform sich auch in ihrem Zwecke mit der Cluniacensischen auf's Nächste berührt, so unterscheidet sie sich doch wesentlich von derselben. Das Werk eines Mannes und unter stetem Einflusse der weltlichen Gewalt zu Stande gebracht und gefördert, kam sie zu schnellem Gedeihen und rascher Verbreitung, durchaus aber fehlte ihr die innere Haltbarkeit. Daher löste sich bald nach dem Tode Gerhards der Zusammenhang und damit war auch die Kraft des Reformgedankens gebrochen. Die niederlothringische Reform übte keine bedeutende Wirkung nach außen, behielt ihren landschaftlichen Charakter, erlosch allmählich, bis erst im 11. Jahrhundert von außen her ihre Erneuerung erfolgt ist.

Ganz anders die Reform in Oberlothringen! Schon in ihren Anfängen bietet sie ein eigenartiges Bild. Wir gewahren einen Kreis religiös begeisterter Männer, neben ihnen Asketen von volksthümlichem Einflusse, und vor Allem eine sehr merkwürdige Einwirkung italienischer Anschauungen, die so stark war, daß sie dem bedeutendsten Vertreter der neuen Richtung die Auswanderung nach

---

[18]) Walther Schultze in den Forsch. XXV, 221 ff. Sackur a. a. O. I, 366 ff. und II, 121 ff. Hauck a. a. O. III, 345 ff.

Benevent nahelegte. Daß es dazu nicht kam, verdankte man dem Eingreifen des Episkopats, der die Reformleute in der Heimath zurückhielt, zugleich aber die Oberleitung in die Hand nahm. In diesem Momente und der aus Italien übernommenen Askese erblicken wir die Eigenthümlichkeit der oberlothringischen Reform, welche die allergrößte Bedeutung dadurch gewann, daß sie nicht allein in der engeren Heimath zu schönster Blüthe gedieh, sondern auch nach außen weitreichende Wirkung zu üben begann. Vornehmlich Gorze und St. Evre in Toul sind als ihre Ausgangspunkte zu betrachten. An ersteres knüpft dann unmittelbar die Erneuerung des Klosters St. Maximin bei Trier an, von hier aus fand die Reform Eingang in anderen Theilen des deutschen Reiches. In weitem Sprunge faßte sie zuerst an der Ostgrenze Fuß, das von Otto dem Großen errichtete Kloster zu Magdeburg wurde mit Mönchen des Trierer Stiftes besiedelt, diesem dürfte auch Erzbischof Brun die Anregung und das Muster für die Reform von Lorsch, St. Martin und St. Pantaleon in Köln entnommen haben, aus St. Maximin kam Sandrat, den Erzbischof Gero zum ersten Abt des neuen Klosters zu München-Gladbach bestellte. Auch Erzbischof Friedrich von Mainz stand in Verbindung mit St. Maximin. Läßt sich hier der Zusammenhang deutlich erkennen, so wird er auch bei der für Süddeutschland wirksamen Richtung anzunehmen sein. Schon um die Mitte des 9. Jahrhunderts hatte sich in der großartigen Alpenlandschaft, die lange Zeit als Wüste erschien, der Einsiedler Meinrad niedergelassen, ihm folgte der Straßburger Benno und eben von Straßburg, das der oberlothringischen Reform nahe genug gelegen war, kam im Jahre 934 Eberhard, der die Einsiedelei zum Kloster umwandelte. In kurzer Zeit wurde Maria-Einsiedeln eine der fruchtbarsten Pflanzstätten geistlichen Lebens, deren Ansehen namentlich durch Eberhards zweiten Nachfolger, den Angelsachsen Gregor (964—996), in fast romantischer Weise vermehrt wurde. Von hier drang die Reform nach Schwaben und Bayern vor, von Anfang an in enger Verbindung mit St. Maximin. Aus Trier kam der Schwabe Wolfgang nach Einsiedeln, er erhielt dann die bischöfliche Würde von Regensburg [19]. Fest entschlossen, da die äußere Mission versagt hatte, in engeren Kreisen für die Belebung und Festigung kirchlichen Lebens zu wirken, führte er als erstes Erforderniß die Trennung des alten Klosters St. Emmeram von dem Domkapitel durch und berief zur Leitung des selbständig gewordenen Stiftes im Jahre 975 einen Mönch von St. Maximin, Ramwold, dessen Eifer und Fähigkeiten er in persönlichem Verkehr kennen gelernt hatte [20].

---

[19] Allg. Deutsche Biogr. XLIV, 118 ff.
[20] Ann. s. Emmerami min. (SS. XIII, 47): Ramuoldus a s. Wolfkango ordinatur abbas. Ann. s. Emmerami brevissimi, SS. XVII, 571. Auct. Garstense, SS. IX, 566. — Allg. Deutsche Biogr. XXVII, 222 ff. Hauck a. a. O. III, 977, der vor allem darauf aufmerksam gemacht hat, daß die von Ringholz an das Ende des X. Jahrhunderts gesetzten Consuetudines höchst wahrscheinlich erst in der Zeit der Hirschauer aufgezeichnet worden sind.

Wie in Bayern, so machte sich während des Jahres 975 auch in anderen Theilen des Reiches eine lebhafte Thätigkeit im Geiste der Reform bemerkbar. Zunächst haben wir ein Ereigniß zu erwähnen, das sich zwar jenseits der Reichsgrenze abspielte, später aber auch für die deutsche Reform Bedeutung gewinnen sollte. Erzbischof Adalbero von Rheims hatte schon im Jahre 971 die Wiederherstellung des auf einer Anhöhe bei der Stadt gelegenen Klosters St. Thierry, in dem während des 9. Jahrhunderts die Mönche Kanonikern hatten weichen müssen und das bei dem Ungarneinfalle des Jahres 953 ganz verwüstet worden war, in Angriff genommen. Vor Allem war er auf die Rückforderung der Klostergüter bedacht gewesen, die dem Stifte am 26. Mai 974 vom Könige bestätigt wurden. Am 19. April 975 fand endlich in Gegenwart des Königspaares die Erhebung der heiligen Reliquien statt und damit wurde die Thätigkeit des neuen Conventes in feierlichster Weise eingeleitet[21]). In diesem Kloster wurde nun der im Jahre 978 geborene Bläme Poppo Novize, dem die Reform später so thatkräftige und umfassende Förderung verdanken sollte. Nicht geringere Aufmerksamkeit wandte der Erzbischof dem Kloster Mouzon zu, wohin er am 24. Juli 971 die glücklich aufgefundenen Reliquien eines Lothringers Arnulf, der auf der Pilgerfahrt zum heiligen Grabe ermordet worden war, gebracht hatte. Durch seinen Gesandten erwirkte er am 24. April 972 von Papst Johann XIII. die Erlaubniß, die Mönche des Klösterchens Thin-le-Moutier, an deren Spitze Letald, ein Schüler Gerhards von Brogne, stand, nach Mouzon zu versetzen[22]). Macht sich hier wenigstens ein persönlicher Zusammenhang mit der niederlothringischen Reform bemerkbar, so ließ anderseits der Rheimser Erzbischof dem Genter Kloster Blanbigny seine Fürsorge angedeihen. Die eben vollendete Kirche des Stiftes erhielt im Jahre 975 durch die von Adalbero geleitete Erhebung und Beisetzung der Gebeine des heiligen Florbert ihre Weihe[23]).

Außerordentlichen Eifer bewies auch des Rheimsers Nachbar, Erzbischof Dietrich von Trier, zu dessen Erzsprengel die Hauptsitze der oberlothringischen Reform gehörten und in dessen Machtbereich das klösterliche Leben durch die Normanneneinfälle, die Gewalt-

---

[21]) Ann. s. Dion. Rem. (SS. XIII, 82): 976, s. Theodericus levatus. Alberici Trium Fontium Chron. (SS. XXIII, 771): 975, archiepiscopus Remensis Adalbero abbatiam s. Theoderici restituit et corpus eius de terra levavit post annos CCCCXLII ab eius obitu. — Marlot, Hist. Rem. II, 17 ff. Sackur a. a. O. I, 194. Lot, Les derniers Carolingiens, p. 64.

[22]) Marlot a. a. O. II, 5 ff.

[23]) Ann. Blandin. (SS. V, 25): Dedicatio ecclesie Blandiniensis ab Adalberone, Remensi praesule. Lantberti Libellus (SS. XV, 642): der Leib des h. Florbert ruht in Blanbigny, donec eodem coenobio in maiori elegantiorique aedificio reparato, ab Adalberone, Remorum archipraesule, eius sancti corporis pignora transferrentur et in secretiori parte absidae eiusdem basilicae ponerentur.

thaten der Herzöge und Adelsherrn furchtbar gelitten hatte. Dietrich erfreute sich besonderen Ansehens in Rom und ausdrücklich wurden in den Bullen, welche Papst Benedikt VII. dem Erzstifte und den wieder hergestellten Klöstern verlieh, die Verdienste hervorgehoben, welche sich der Erzbischof durch seine Sorge für die verlassenen Stifter und durch seine oftmaligen Besuche an den Schwellen der Apostelfürsten, von denen ihn die Gefahren und Mühen der weiten Reise nicht abzuhalten vermochten, erworben habe[24]. Diese päpstlichen Urkunden beweisen, daß auch hier mit dem Jahre 975 ein befriedigender Abschluß erreicht worden war.

Eine neue Stätte klösterlichen Lebens wurde in Sachsen eröffnet. Schon im Jahre 970 hatten Erzbischof Gero von Köln und sein Bruder Thietmar, die Neffen des alten Markgrafen Gero, in Thankmarsfelde (Dammersfeld, sö. von Gernrode) ein Kloster zu Ehren der h. Jungfrau gegründet, ihm am 29. August einen Theil des Erbgutes übertragen und am 25. December 971 für ihre Stiftung ein Privileg des Papstes Johann XIII. erhalten[25]. Zum Abte war Hagano bestellt worden. Mochte bei der Wahl des abgelegenen Ortes vielleicht die Rücksicht auf die Ruhe und Abgeschiedenheit der Mönche mitgewirkt haben, so erwies sich die Lage einer ausgedehnteren Thätigkeit des Conventes als hinderlich und die Brüder faßten den Entschluß, das Kloster nach der an dem Zusammenfluß von Bode und Saale gelegenen Nienburg zu versetzen. Diese Verlegung wurde am 28. Juni zu Magdeburg in einer feierlichen Versammlung zahlreicher Bischöfe vom Kaiser genehmigt (D. 114). Abt Hagano und etliche Mönche, welche sich zur Wanderung nicht entschließen konnten, erhielten noch tiefer im Gebirge vom Kaiser ein Grundstück, auf dem sich das Klösterchen Hagenrode erhob. Die Leitung des Nienburger Conventes übernahm Abaldag, Propst der Magdeburger Kirche[26].

Wie die beiden sächsischen Fürsten dachte in dem entlegenen Südosten die einem alten, kärthnerischen Geschlechte angehörige Imma, welche zu Ehren der h. Jungfrau, sowie der h. Martin und Gregor auf ihrem Gute Liebing im Gurkthal ein Kloster erbaut hatte. Man erkennt in der Wahl der Heiligen, sowie in dem Umstande, daß Erzbischof Gero die kaiserliche Verleihung des Marktrechtes für dieses

---

[24] Jaffé-Löwenfeld, Reg. 3779—3783. Beyer, Mittelrhein. U.B. I, 716 no. 2. Vgl. Armin Tille, Die Benedictinerabtei St. Martin bei Trier (Trierisches Archiv, hrsgeg. von M. Keuffer IV [1900]) S. 15 und Beil. no. 1 und 2.

[25] Jaffé-Löwenfeld, Reg. 3754.

[26] Annalista Saxo (SS. VI, 626): Isto anno (975) translata est religio monastici ordinis de Thancmarsfeld in quoddam castellum Nigenburch dictum, in ripa fluminis Salae in pago Northuringa situm; nam ipsis ac compluribus Christi fidelibus loci ipsius asperitas ac omnigena incommoditas inibi Christo militantibus obstare videbatur. Chron. Montis Sereni, SS. XXIII, 153. — Vgl. Siebert, Untersuch. über die Nienburger Annalistik (Rostocker Dissert. 1896) und vorher S. 62.

Stift erwirkte, den Zusammenhang, in den sich auch diese vereinzelte und entlegene Gründung einfügt²⁷).

Aeußert sich in alledem der Erfolg einer eifervollen und planmäßigen Arbeit, erscheint das Jahr 975 auf diesem Gebiete als eine Zeit der Ernte und neuer Aussaat, so ist es erklärlich, daß auch die älteren Sitze der Reform vom Kaiser mit manchen Gnadenbeweisen bedacht wurden, es sind in diesem Betracht namentlich die vorher aufgezählten Rückgaben an Toul und Stablo, die Urkunden für Einsiedeln hervorzuheben.

Wenden wir uns zu den höheren Stufen der Hierarchie, so haben wir die Neubesetzung des Mainzer erzbischöflichen Stuhles bereits erwähnt. Am 26. November starb dann Bischof Konrad von Konstanz. Dieser Welfe hatte das wichtige Bisthum seit dem Jahre 934 geleitet, sich als eine feste Stütze der Politik Ottos des Großen und in seiner Fürsorge für die geistlichen Angelegenheiten als ein treuer Genosse des ihm innig befreundeten Ulrich von Augsburg erwiesen²⁸). Sein Nachfolger Gamenolf, über dessen Herkunft wir nicht unterrichtet sind, wurde zur Weihnachtszeit von dem Erzbischofe Willigis und dem Bischofe Erkenbald von Straßburg in Erstein geweiht²⁹). Auch in der Abtwürde von St. Gallen war ein Wechsel eingetreten. Am 9. August war Abt Burkhard I., der im Jahre 971 auf sein Amt verzichtet hatte, am 15. December sein Nachfolger Notker, der Neffe des Abtes Kraloh und des Arztes Notker Pfefferkorn, gestorben, zur Leitung des Klosters wurde Immo berufen³⁰). Nicht zu vergessen ist neben diesen Todesfällen, daß in dem Jahre 975 zwei Männer geboren wurden, welche in späterer Zeit schwerwiegende Bedeutung gewinnen sollten, Stephan, der heilige König der Ungarn, und Thietmar, der spätere Bischof von Merseburg.

Aller Wahrscheinlichkeit nach fällt in dieses Jahr auch die Errichtung des Bisthums Prag, welche schon vor dem Juni 974 von

---

²⁷) Vgl. auch Kämmels Ausführung in den Hist. Untersuchungen, Ernst Förstemann gewidmet, S. 61.
²⁸) Regesten zur Gesch. der Bischöfe von Konstanz I, 48 no. 381. Mayer, Der h. Konrad, 1898. Krüger, Der Ursprung des Welfenhauses S. 137 setzt seinen Tod in das folgende Jahr.
²⁹) Regesten I, 48 no. 382. SS XIII, 323.
³⁰) Ann. Sangall. (SS. I, 80): mox secuta est mors abbatis Notkeri et eius quondam antecessoris Purchardi et Notkeri, medici. Lib. anniv. s. Galli (M. G. Necrol. I, 478): V. id. aug. Et est ob. Purchardi venerandi abbatis. Necrol. Tschud. (ib. p. 662): V. id. aug. Burckardus, abbas s. Galli cius nominis secundus. Rheinauer Verbrüderungsbuch (Piper, Libri confrat. p. 168): Purkbart abbas. Lib. anniv. s. Galli (a. a. O. p. 484): Et est obitus Notkeri, abbatis venerandi, XVIII. kal. jan. — Vgl. Ekkehardi Casus s. Galli, herausgeg. von Meyer v. Knonau 396 Anm. 1405, 397 Anm. 1411, 398 Anm. 1415. — Ann. Sangall. (SS. I, 80): 976, Ymmo, abbas, ordinatus est. Chron. Suev. (SS. XIII, 68): 976, Ymmo abbas efficitur ad S. Gallum. Vgl. die im Jahre 976 von Immo mit Wolfram abgeschlossene Prekarie, St. Galler UB. III, 30 no. 815.

dem Bayernherzog beantragt, dann im Einvernehmen mit Wolfgang von Regensburg so weit gefördert worden war, daß der Kaiser im Anschlusse an den Feldzug nach Böhmen die Bestellung des Sachsen Dethmar zum ersten Bischofe vornehmen konnte. Dethmar wurde in den ersten Tagen des folgenden Jahres zu Brumpt von dem Mainzer Erzbischofe und Erkenbald geweiht, verblieb aber, da die politischen Verhältnisse den Antritt seines Amtes unmöglich machten, vorerst im Gefolge seines Metropoliten (vgl. Excurs II).

976.

Dieses Jahr steht in merkwürdiger Beziehung zu dem Jahre 974, wesentlich die gleichen Angelegenheiten wie damals nehmen jetzt den Kaiser in Anspruch, was damals mit Erfolg zurückgedrängt worden war, macht sich neuerdings geltend, wiederum werden Lothringen und Bayern die Schauplätze von Kämpfen höchst gefährlicher Art.

Noch am 3. Jänner hielt sich Otto in Erstein auf und erneuerte hier über Bitte des Bischofs Hildibald ein von dem Vater mit dem Bisthum Chur abgeschlossenes Tauschgeschäft (D. 124). Ueber Straßburg und Brumpt begab sich dann der Hof nach Bruchsal, wo am 18. und 19. Jänner dem Kloster St. Bavo in Gent der Besitzstand und die Immunität bestätigt wurden (DD. 125, 126). Abt Womar, der Schüler und Nachfolger Gerhards von Brogne[1], wird hier den Kaiser, den er in die Gebetsbrüderschaft des Stiftes aufgenommen hatte, verlassen haben. Am 21. Jänner finden wir den Hof in Trebur (D. 127), am 28. Februar in Geldersheim bei Schweinfurt. An diesem Tage verbriefte der Kaiser über Bitte Herzogs Otto der Aschaffenburger Kirche Besitz in Werthheim, Kassel und Höchst (D. 128). Man wird nicht fehlgreifen, wenn man annimmt, daß hier in Gemeinschaft mit dem Grafen Berthold die Lage Bayerns berathen wurde, welche dadurch, daß Herzog Heinrich der Haft in Ingelheim entkommen und sich wieder in seinem Lande eingefunden hatte, gefahrdrohend geworden war. Zunächst allerdings schritt der Kaiser nicht persönlich ein, sondern begab sich nach Sachsen. In Allstedt feierte er Ostern (April 23)[2].

---

[1] Vgl. über ihn Sackur, Cluniacenser I, 129 ff. und Vanderkindere im Compte-rendu des séances de la commission roy. d'histoire de Belgique Vème Série, tome VIIIème, 290 ff.

[2] Ann. Lob. SS. XIII, 235. Ann. Magdeburg. SS. XVI, 154. v. Sickel, Erläut. S. 71 nimmt auf Grund der Ann. Altah. einen zweimaligen Zug nach Bayern an, den ersten im Anschlusse an den Aufenthalt in Geldersheim. Dem Annalisten dürfte aber derselbe Irrthum wie bei seinem Berichte über den Dänenzug von 974 zugestoßen sein. — Giesebrecht, Jahrb. S. 28 Anm. 3

Um diese Zeit mußte für die Neubesetzung des bischöflichen Stuhles von Verden gesorgt werden. Am 14. Februar war Bischof Brun, den wir als Gründer des Klosters Olbenstadt bei Uelzen kennen und der wahrscheinlich eine Person mit dem von Otto dem Großen zu den Ungarn entsandten Bischofe gleiches Namens sein dürfte, gestorben³). Zu seinem Nachfolger wurde über Empfehlung Erzbischofs Adaldag der Bremer Propst Erp bestellt, der sich in dem Streite zwischen Hamburg und Köln über die Bremer Kirche als getreuer Gehilfe seines Herrn erwiesen hatte⁴). Er wurde von dem Mainzer Erzbischofe unter Assistenz Erkenbalds von Straßburg in Verden geweiht⁵).

Noch während der Osterwoche mochte dem Kaiser die Nachricht von einem Kampfe, der vor den Mauern von Mons stattgefunden hatte, zugegangen sein. Die Brüder Reginar und Lantbert hatten nach dem mißglückten Putsche des Jahres 974 ihre Fehdefahrten noch eine Weile fortgesetzt, dann aber sich um Bundesgenossen umgesehen, die sie zuerst in den Grafen von Vermandois fanden, welche seit Langem feindliche Absichten gegen das Bisthum Cambrai hegten. Ihnen gesellte sich Karl, der Bruder des Königs Lothar, zu, der zur Königin Emma in einem schlechten Verhältnisse stand und hoffen mochte, durch eine kühne Kriegsthat sich aus der unwürdigen Abhängigkeit, als welche er seine Stellung am Hofe empfand, zu befreien. Ob das wenig Glück verheißende, vierblättrige Kleeblatt, Reginar, Lantbert, Prinz Karl und Otto, der Sohn des Grafen Albert von Vermandois, bei seinem Vorhaben die unmittelbare Unterstützung Lothars und Herzogs Hugo gefunden hat, ist allerdings fraglich, jedenfalls legten Beide den Unruhstiftern kein Hinderniß in den Weg⁶). An kriegstüchtigem Gefolge konnte

---

erwähnt nach Tritheim einen angeblichen Reichstag zu Mainz, für den es aber an jedem andern Zeugnisse gebricht. — Die Datirung einer falschen Urkunde für die Aschaffenburger Kirche (D. sp. 321) ist für das Itinerar nicht zu verwerthen, vgl. v. Sickel, Erläut. S. 143.

³) Thietmari Chron. III, c. 6. Thietmar hat sich aber sowohl im Jahre (975) als auch darin geirrt, daß er als Todestag den uns anderweitig verbürgten Tag angibt, an dem Brun von Querfurt das Martyrium erlitten hat, während er dieses (VII, c. 34) zu XVI. kal. martii ansetzt, worin wir, wie Kurze richtig festgestellt hat, den Todestag Bruns von Verden vor uns haben. Wedekind, Noten I, 108 bemerkt allerdings, daß in dem Verdener Todtenbuch der 26. April angegeben sei.

⁴) Thietmari Chron. III, c. 6; Adami Brem. Chron. II, c. 5.
⁵) SS. XIII, 323.
⁶) Seit Giesebrecht (Jahrb. S. 27) ist es üblich geworden, schon für das Jahr 976 einen offenen Gegensatz zwischen Lothar und dem Kaiser anzunehmen, der namentlich durch die Entfremdung zwischen Adelheid und ihrem Sohne hervorgerufen und erweitert worden sein soll. (Witte, Lothringen S. 27; Matthäi, Die Händel Ottos II. mit Lothar S. 41; Kalckstein, Gesch. des französischen Königthums, S. 330; Steffanibes, Kaiserin Adelheid [Jahresber. der Staatsrealschule in Böhmisch-Leipa 1893], S. 60; Wimmer, Kaiserin Adelheid, S. 85.) Daß dies kaum zu begründen sei, hat Lot (Les derniers Carolingiens, p. 85, Anm. 1) hervorgehoben, obwohl auch er die irrige Angabe, Adelheid habe sich schon im Jahre 975 zu ihrem Bruder nach Burgund begeben, wieder-

es diesen bei der Fehdeluft der nordfranzösischen Ritter nicht fehlen, so nützten sie die günstige Gelegenheit und brachen, während der Kaiser ferne in Thüringen weilte, in der Charwoche los. Ihr erster Angriff galt Mons, jener Burgstadt, welche die Reginarsöhne als den eigentlichen Mittelpunkt des ihnen vorenthaltenen Besitzes betrachteten. Am 19. April, dem Mittwoch der Charwoche, hatten sie mit ihren Schaaren die Burg eingeschlossen. Die Grafen Gottfried und Arnulf wagten einen Ausfall, es entspann sich alsbald ein heftiger Kampf, der beiden Parteien schwere Verluste brachte. Auf französischer Seite werden Emmo de Longia, ein Vasall Herzogs Hugo, und Hetdo als Gefallene genannt, auch die Deutschen hatten den Tod vieler Tapferen zu beklagen, Graf Gottfried selbst war durch einen Lanzenstich verwundet worden. Er wurde zwar von den Seinen gerettet, mußte aber Zeit seines Lebens an den Folgen der Wunde leiden. War der blutige Kampf auch unentschieden geblieben, soll Graf Arnulf sich in größter Eile nach Valenciennes geflüchtet haben, so blieb der Erfolg doch auf deutscher Seite. Weder die Reginarsöhne noch Karl konnten den Kampf weiterführen, sie mußten sich zur Umkehr entschließen⁷). Nur Otto von Vermandois ließ von

holt. Aber weder für dieses noch die beiden folgenden Jahre besitzen wir einen Beleg für einen offenen Zwiespalt zwischen Mutter und Sohn. In D. 131 vom 4. Juli 976 wird sie als Intervenientin genannt, tritt sie als solche allerdings auch schon in den Vorurkunden auf, so erhält sie doch in D. 131 das Beiwort amabillima. Gegen Ende des Jahres 976 weilte sie in Italien und handelte hier in Stellvertretung des Kaisers, im Jahre 977 wurde die erste Tochter des Kaiserpaares nach ihr genannt und noch am 8. März 978 ist sie am Hofe nachweisbar. Schlechte Behandlung seiner Schwiegermutter könnte also dem Karolinger nicht als Vorwand zu Feindseligkeiten gegen den Kaiser gedient haben, andererseits stand er um jene Zeit zu den Robertinern in gutem Verhältnisse, so daß man nicht sagen kann, die Unsicherheit seiner eigenen Lage habe ihn von einer Unterstützung der Reginarsöhne und Ausnützung der von ihnen hervorgerufenen Unruhen abgehalten. Da wir aber von einer kriegerischen That des Königs nichts vernehmen, so ist es am wahrscheinlichsten, daß er zunächst beobachtend gewartet hat und in diesem Zusammenhange mag sein Aufenthalt an der Nordgrenze nicht bloß zufällig gewesen sein.

⁷) Flodoardi Additam. (SS. III, 407): Et in ipso tempore Quadragesimae, maioris ebdomadae feria quarta, XIII. kal. maii, indictio IV., circa mediam diem bellum agitur inter Karolum, regis fratrem, et Godefridum atque Arnulfum, Lotharienses comites. In quo bello ceciderunt ex parte Karoli de proceribus Emmo de Longia, qui erat miles Hugonis ducis, et Hetdo, fidelis Karoli, et alii, ex parte vero Godefridi multo plures et ipse Godefridus lancea perfossus ad terram cecidit; tandem a suis post solis occasum utcumque sublatus deportatusque est. Qui postea per spatia temporum vixit, sed numquam pristinae sanitati plenissime restitutus fuit. Arnulfus quippe, ut ferunt nonnulli, fugam tam diu remeans tenuit, quousque in propria veniens quiescere quivit. Dieser Bericht ist also erst nach dem Tode des Grafen Gottfried (nach 991) niedergeschrieben. Ann. S. Albini (SS. III, 168): Praelium inter Karolum, fratrem Hlotharii et Hlotharienses. Gesta pontif. Camerac. I, c. 96 (SS. VII, 440): Denique in partes Karlensium concedentes (sc. Reginarius et Lantbertus) Karolum, regis Lotharii fratrem, pravis moribus deditum pariterque Ottonem, Alberti, Vermandensium comitis, filium, cum aliis quoque multis raptoribus suo auxilio adsciverunt, suam

seinem Vorhaben nicht ab, er entriß dem Grafen Arnulf, der diesmal ganz versagte, den Ort Gouy, befestigte ihn und belästigte von
da aus Stadt und Bisthum Cambrai[8]). Da zunächst weder der
französische König noch der Kaiser sich einmengten, behielt die Fehde
den Charakter eines Kampfes örtlicher, feudaler Gewalten und übte
für's Erste keinen unmittelbaren Einfluß auf die Beziehungen der
beiden Reiche.

Mit der Nachricht von dem Osterfeste zu Allstedt verlieren wir
auf Wochen jede Spur des deutschen Hofes. Daß Erzbischof
Willigis damals nicht in der Umgebung des Herrschers weilte, er-
fahren wir aus dem Protokolle einer von ihm am 28. April zu
Mainz abgehaltenen Synode, an der die Bischöfe von Speyer,
Worms, Prag und Mähren theilnahmen und welche über eine
Klage des kaiserlichen Notars und Leiters der Aschaffenburger
Schule, Herward, gegen den Cantor der Mainzer Domkirche,
Gozmann, zu entscheiden hatte. Die Angelegenheit wurde so ernst
genommen, daß man sie vor Kaiser und Papst gebracht hatte. In
deren Auftrag beschloß die Synode entsprechende Maßnahmen, durch
welche die Uebelstände in dem Kanonikat und der Schule zu Aschaffenburg, die durch jenen Streit an den Tag gekommen waren, abgestellt,
für die Zukunft eine bessere Ordnung verbürgt werden sollte[9]).

---

quippe callide deplorantes erumnam ..... His ergo fulcientibus atque
comitantibus, reformatis quidem bellicis usibus, ad Montem castrum pro-
perato contendunt, ibique anno dom. inc. DCCCLXXVI super fideles imperatoris, comites videlicet Godefridum et Arnulfum, facto impetu irruerunt.
Illi tamen non minore spiritu freti, suis quos presentes habebant coactis,
extra munitionem emergunt perruptoque periculo sese offerentes, inexpectato
omni nisi Dei tantum auxilio, manus conserunt, diuque utrimque certato,
tamen fructu victoriae potiuntur. Ann. Stabul. (SS. XIII, 43): Bellum apud
Castrolocum inter Rainerum et Lambertum et Godifridum et Arnulphum.
Ann. Laub. et Leod. (SS. IV, 17): Bellum apud Montem Castrilocum. Diese
Berichte zweien insoferne, als die einen (Flodoardi Addit., Ann. S. Albini)
Karl, die andern die Reginarsöhne als Anstifter nennen. Die letztere Auffassung wird dadurch gestützt, daß der erste Angriff gegen Mons gerichtet war,
also der Nutzen der Brüder in erster Linie berücksichtigt wurde. Auch darin
besteht ein Unterschied, daß die Gesta pontif. Camerac. den Sieg für die
Lothringer in Anspruch nehmen, während der Zusatz zu Flodoards Annalen
eine den Franzosen günstigere Auffassung bekundet, das Hauptgewicht auf den
blutigen Verlauf des Scharmützels und die Verluste der Lothringer legt. Die
Hauptsache war aber doch, daß Mons gehalten und die Fortsetzung des Kampfes
den Feinden unmöglich gemacht wurde.

[8]) Gesta pontif. Camerac. a. a. O.: His ad sua receptis, nec longum,
Otto predium illud Gogicum quia sibi esset contiguum, Arnulfo presumpta
vendicatione eripuit ibique castello munito, urbem hanc, quia non longe
distat, frequenti incursione concitavit. Ueber die Bedrängniß, welche Bischof
Tetbo von dem mit den Vermandois verwandten Kastellan Johannes zu erdulden hatte, vgl. Diedmeyer, Die Stadt Cambrai, S. 19; Reinecke, Gesch.
der Stadt Cambrai, S. 37.

[9]) Liber primus registri litterarum eccl. Mogunt. saec. XIV. (Kreisarchiv
Würzburg, Mainzer Copialb. Nr. 17). Daraus gedruckt bei Gudenus, CD.
Mogunt. I, 352 no. 129 = Boczek, CD. Moraviae I, 96 no. 113 = Erben,
Reg. Bohemiae I, 31 no. 72 Regest. Vgl. Specht, Gesch. des Unterrichts-
wesens, S. 185 ff.

76 Ernennung Foltmars z. Bischof v. Utrecht. Ausbruch d. bayr. Aufstandes.

Mochten aus Lothringen inzwischen beruhigende Nachrichten gekommen sein, so hielt es der Kaiser doch für nöthig, selbst nach dem Rechten zu sehen und begab sich neuerdings an den Rhein, am 8. Juni schenkte er zu Ingelheim der Straßburger Kirche ein Gut (D. 129). Wahrscheinlich noch hier wurde der Kanzler Foltmar aus dem Hofdienste entlassen, um den durch Bischofs Balderich am 27. December 975 erfolgten Tod verwaisten bischöflichen Stuhl von Utrecht einzunehmen. Zu seinem Nachfolger wurde Egbert, der Sohn des Grafen Dietrich II. von Holland, bestellt, der damit seine glänzende Laufbahn eröffnete[10]. Beide Maßnahmen dienten in geschickter Weise dazu, jene ferne Landschaft dem Reiche enger zu verbinden.

Daß die Ruhe im Hennegau zunächst wiederhergestellt worden war, konnte dem Kaiser um so werthvoller sein, als die Nachrichten aus Bayern ihn nach dieser Seite riefen. Bald nach Herzogs Heinrich Flucht loderte die Flamme des Krieges an mehreren Stellen auf, an den Ufern der Donau und der Isar war es zu bedrohlichen Kämpfen gekommen. Um so gefährlicher war die Lage, als der Bayernherzog diesmal auch die Unterstützung sächsischer Großen gefunden zu haben scheint. Markgraf Günther von Merseburg dürfte sich ihm angeschlossen haben und auch Ekbert, der Einäugige, der Sohn Wichmanns I. und Neffe Herzogs Hermann von Sachsen, der unter Otto dem Großen keine Ruhe gehalten hatte[11], seit vierzehn Jahren aber aus der Geschichte verschwunden war, taucht mit einem Male wieder auf. Otto begab sich zunächst in das Grapfeld, wo er einerseits den thüringisch-sächsischen Heerbann an sich ziehen, anderseits sich mit dem Grafen Berthold und dem Bischofe Poppo von Würzburg vereinigen konnte. Am 30. Juni finden wir ihn zu Kraisdorf an der Baunach, in seinem Gefolge neben den beiden Kaiserinnen den Abt Victor von Dissentis und den Grafen Bernard von Pavia, die sich ihm wahrscheinlich schon in Ingelheim angeschlossen hatten. Für den Letzteren war an dem bezeichneten Tage eine Urkunde ausgestellt worden, die ihres Inhaltes wegen nähere Betrachtung verdient. Graf Bernard, durch seine Gemahlin Rodlind mit Adalbert, dem Sohne Berengars II., verwandt, hatte

---

[10] Das Todesjahr 976 geben für Balderich Jan: Ann. necrol. Fuld. (SS. XIII, 203), Ann. s. Mariae Ultraiect. (SS. XV, 1301), Ann. Egmund. (SS. XVI, 445). Als Todestag hat v. Sickel, Erläut. S. 90 ff. den 8. Jänner angenommen, indem er sich an Bekas Angabe: VI. idus ianuarii hielt, die bei Matthaeus, Analecta (III, 64 und V, 323) überlieferte Angabe VII. kal. ian. für fehlerhaft erklärte. Dabei hat er aber übersehen, daß im Necrol. Merseburg. und im Necrol. Gladbac. das Ableben eines Bischofs Balderich, den wir nur für den Utrechter halten können, zu VI. kal. ian. eingetragen ist. Ich glaube also, daß eher bei Beka ein Fehler anzunehmen ist. Da der 27. December 975, wenn man den damals üblichen Jahresanfang Weihnachten beibehält, schon zum Jahre 976 gehört, würde es sich erklären, daß die Ann. necrol. Fuld. den Tod des Bischofs sowohl zu Ende 975 als auch zu Anfang 976 melden. — Ueber die Zeit der Nachfolge Foltmars und der Bestellung Egberts zum Kanzler vgl. v. Sickel, Erläut. S. 89, 91.

[11] Dümmler, Jahrb. O. I., S. 384.

sich wahrscheinlich im Jahre 965 an einem Aufstande zu bessen Gunsten betheiligt und war von Otto dem Großen mit Verbannung und Beschlagnahme seines Besitzes bestraft worden[12]. Davon waren auch die von der Gräfin in die Ehe eingebrachten Güter betroffen worden, der dagegen erhobene Einspruch war vergeblich gewesen. Erst jetzt wurde dem Grafen Verzeihung und eine günstige Entscheidung hinsichtlich des Besitzes seiner Frau zu Theil. Was dieser besondere Bedeutung verleiht, ist der Umstand, daß sie auf Grund eingehender Prüfung der Rechtslage, wie man annehmen darf, unter Heranziehung eines römischen Rechtsbuches erfolgte[13]. Darin liegt aber ein bedeutsamer Fortschritt gegenüber den Zeiten Ottos des Großen, in denen für die Erledigung privatrechtlicher Streitigkeiten der Ausgang eines Zweikampfes als maßgebend festgesetzt worden war[14].

Das Heer setzte unter Führung des Kaisers den Marsch fort, als dessen Ziel Regensburg, die Hauptstadt des bayrischen Reiches, in der sich der aufrührerische Herzog eingeschlossen hatte, galt. Am 4. Juli urkundete Otto in Bamberg zu Gunsten des Klosters Dissentis (D. 131), am nächsten Tage schenkte er in Forchheim die Martinskirche daselbst dem Bisthum Würzburg (D. 132). Noch auf der Heerfahrt wird er die Kunde von dem Tode des Kölner Erzbischofs Gero erhalten haben, der am 29. Juni aus dem Leben geschieden war[15]. Nur sieben Jahre lang hatte Gero seine hohe Würde innegehabt, sich aber in dieser kurzen Spanne Zeit als rechter Nachfolger Bruns, als treue Stütze der kaiserlichen Gewalt in den Rheinlanden und als umsichtiger Förderer der reformatorischen Bestrebungen auf kirchlichem Gebiete bewährt. Außer dem sächsischen Nienburg verehrte ihn auch das Kloster Gladbach als seinen Stifter. Zu seinem Nachfolger wurde auf das Geheiß des Kaisers Warin gewählt.

Um die Mitte Juli werden die Schaaren des Kaisers in Stadtamhof, der alten Sciristat, die noch zum Nordgau gehörte, gegenüber Regensburg eingetroffen sein. War Regensburg der einzige Ort, an dem der Herzog ernsthaften Widerstand leisten konnte, so

---

[12] Vgl. v. Ottenthal in den Mitth. des Inst. für öst. Geschichtsf. XVII, 44, der die nachträglich aufgefundene Urkunde veröffentlicht, durch welche Otto der Große den dem Grafen Bernard entzogenen Besitz im Jahre 970 dem Grafen Giselbert von Bergamo verlieh.

[13] D. 130. Vgl. Tamassia im Archivio giuridico LXIII (1899), 146 ff.

[14] Dümmler, Jahrb. D. L. S. 425.

[15] Als Todesjahr geben an: 975 Ann. Colon. (SS. I, 98); 976 Ann. necrol. Fuld. (SS. XIII, 203), Ann. S. Bonifacii (SS. III, 118), Chron. regia Colon. p. 31. Ohne Jahresangabe, jedoch vor dem Tode Rotberts von Mainz erzählt Thietmar ausführlich die Geschichten über Geros Hinscheiden (Chron. III, c. 3, 4). Der Todestag III. kal. julii ebenda, ferner Necrol. Magdeb. und Merseb. Necrol. Tschud. (Mon. Germ. Necrol. I, 662). Necrol. Gladbac. (Ztschr. des Aachener Geschichtsvereins II [1880] 233): III. kal. jul. Depositio domini Geronis, Coloniensis archiepiscopi, fundatoris huius ecclesie, späterer Zusatz: obiit anno Christi 976, sedit annos 7.

scheint doch auch hier seine Macht nicht auf sicherster Grundlage geruht zu haben. Die Inhaber der geistlichen Gewalt waren ihm zwar sehr nahe verbunden, aber doch nicht zu unbedingter Gefolgschaft gegen den Kaiser geneigt. Abt Ramwold von St. Emmeram entzog sich der peinlichen Entscheidung, indem er sich vor den Wirren des Krieges in seine rheinische Heimath flüchtete[16]), während Bischof Wolfgang sich, wie es scheint, dem Kaiser angeschlossen, wenn er aber in der Stadt verblieben ist, dem Herzoge jedenfalls keine Unterstützung gewährt hat. Ueber die Haltung des politisch-militärischen Machthabers, des Burggrafen, sind wir nicht unterrichtet, wir wissen nicht einmal, in wessen Händen das Amt damals ruhte, oder ob es überhaupt besetzt war[17]).

Was dem Herzoge im Jahre 974 angedroht worden war, kam jetzt zur Ausführung. Die Kirche stellte sich mit ihrem ganzen An-

---

[16]) Arnoldus, De s. Emmerammo II, c. 40 (SS. IV, 568): Nam quod beatissimus abbas Ramuoldus ad tempus compulsus est, Ratisbonense monasterium deserere et Treverense repetere, causa extitit civile bellum, quod erat inter Heinricum ducem et Perchtolfum marchicomitem atque inter ceteros optimates principis Ottonis tum civitatem Ratisponensem obsidentis. Quo sedato et quasi innuente beato Emmerammo per loci sui provisorem repedatum iri, senior venerandus a Treverica civitate Hiatospolim est reversus, inde secum transferens multas sanctorum reliquias. Für diese wird dann eine Krypta gebaut.

[17]) Wenn Hirsch (Jahrb. H. II. I, 27) und Riezler (Gesch. Bayerns I, 367) meinen, Otto II. habe es dem Bestande des Burggrafenamtes verdankt, daß er im Jahre 976 so rasch in den Besitz Regensburgs gelangte, so ist dagegen einzuwenden, daß es dabei nicht so sehr auf den Bestand des Amtes, sondern darauf ankam, ob es in den Händen eines reichstreuen oder eines dem Herzog ergebenen Mannes lag. Beide nehmen offenbar das Erstere an, ohne aber sagen zu können, wer eigentlich im Jahre 976 Burggraf war. Als erster und einziger Burggraf vor diesem Jahre wird Burkhard, der Markgraf der Ostmark, erwähnt (Arnoldus, De sancto Emmerammo I, c. 16 bei Canisius, Antiquae lectionis II, 62). Wittmann (Die Burggrafen von Regensburg, Abh. der hist. Klasse der Münchener Akademie VII [1855], 370) meint, er könne dieses Amt erst nach dem Jahre 972, in dem er noch als Markgraf vorkommt, erhalten haben. Doch konnten beide Würden ganz gut vereinigt sein und waren es auch nach Arnold. Der Wechsel vom Markgrafen zum Burggrafen hätte eine Minderung seiner Stellung bedeutet, für die kein Anlaß vorhanden war. Ferner setzt Wittmann voraus, daß Burkhard sich an dem Aufstande des Jahres 976 betheiligt habe, welcher Vermuthung auch Huber (Gesch. Oesterreichs I, 139) und Juritsch (Gesch. der Babenberger, S. 12) zuneigen. Das schlösse Hirsch' und Riezlers Auffassung aus, ist aber kaum aufrecht zu erhalten, da wir gar nicht wissen, ob Burkhard damals noch am Leben war. Auch wird in keinem Berichte Burkhard unter Heinrichs Genossen genannt und war er wirklich der Vater des Bischofs Heinrich von Augsburg, so würde dieser in solchem Falle kaum mit dem Markgrafen Liutpald, dem Amtsnachfolger seines alsdann geächteten Vaters, als Fürbitter in der ersten zu Regensburg ausgestellten Urkunde genannt worden sein. Burkhards Nachfolger im Burggrafenamte, Babo, wird zuerst 983 als Graf im Donaugau (D. 293) und 990 als Burggraf erwähnt (Gfrörer, Verfassungsgesch. von Regensburg, S. 32). Am wahrscheinlichsten ist also, daß Burkhard schon vor dem Jahre 976 gestorben ist, sein Amt zunächst nicht besetzt wurde. Gerade dadurch mochte es dem Herzoge erleichtert worden sein, den unmittelbaren Befehl über Regensburg ohne Widerstand an sich zu nehmen.

sehen auf die Seite der muthwillig gefährdeten Rechtsordnung. In höchst feierlicher Weise schleuderten die im kaiserlichen Lager versammelten Bischöfe den Bannstrahl gegen den Herzog und seine Genossen; Heinrich, der sich frevelhaft gegen die Regensburger Kirche und das Reich vergangen hatte, und die namentlich angeführten Theilhaber seines Verbrechens wurden von der kirchlichen Gemeinschaft ausgeschlossen[18]). Die Wirkung blieb nicht aus, die Widerstandskraft der Aufrührer war gelähmt, eine Belagerung von wenigen Tagen zwang den Herzog, die Stadt zu verlassen und sich nach Böhmen zu flüchten[19]). Am 21. Juli erscheint der Kaiser als Herr von Regensburg und da an diesem Tage die staatsrechtlichen Folgen seines Sieges als vollzogen gelten können, muß die Einnahme der Stadt schon einige Tage vorher stattgefunden haben.

Recht dürftigen Aufschluß besitzen wir über die Maßnahmen, durch welche der Kaiser die Verwaltung des nunmehr endgültig erledigten Herzogthums regelte. Kaum daß die eine oder andere Quelle uns die Verleihung desselben an Otto von Schwaben meldet, für alles Andere sind wir auf gelegentliche Erwähnung der neuen Würdenträger in den Urkunden angewiesen. Und doch sind aller Wahrscheinlichkeit nach gerade damals Verfügungen getroffen worden,

---

[18]) LL. III, 485: Haec excommunicatio acta est ante Ratisponam. Canonicam et apostolicam auctoritatem secuti Heinricum, sanctae huius Ratesponensis ecclesiae sedque regni domini nostri imperatoris invasorem, et hos sui sceleris complices et fautores: Guntharium, Egkehardum, Hildepertum, Folcmarum, Hartwicum, Chadalhohum, Aaron, Piligrimum, Helmbertum, Ottonem, Ratponem, Hagenonem, Asb..., Thanmarum, Altmannum, Oudalricum, Waltilonem, Roudgarium, Babonem, Engilmarum, Hedmaricum, Altu..., Walchoun, Ratolfum, Ernustum, Arnolfum, ...th..., a sancta catholica et apostolica Dei ecclesia separamus et iudicio sancti Spiritus excommunicavimus...

[19]) Ann. Juvavenses maiores (SS. I, 88): 975 (Lücke) et iterum ad orientem iuxta ripam Danubii, itemque iuxta fluvium Isara et perierunt plurimi in aquis et interfecti sunt. Tunc venit rex Otto ad Radasponam et expulsus est Henricus dux a regno et factus est Otto dux Baioariorum, filius fratris. Ann. Sangall. (SS. I, 80): Orta est hoc anno gravis de regno contentio inter Ottonem, imperatorem, et nepotem eius Heinricum, ducem Baioariae, filium Heinrici. Ann. Ottenburani (SS. V, 2): Imperator Heinricum, ducem Bawariorum, expulit. Ann. Augustani (SS. III, 124): 975 Inter principes discordia facta est. Chron. Suev. (SS. XIII, 68): Dissensio inter Ottonem, imperatorem, et Heinricum, ducem Baioariae, oritur. Ann. Altah.: Otdo, imperator, adunavit suum exercitum adiensque ad Baioariam Heinricum, ducem, consecutus est, eo quod iniuste vindicavit dominium domini sibi imperatoris. Cumque imperator venisset illuc, episcopi ac comites Bawarii venere cito ad suam praesentiam, ipse dux evasit. Altera vice perrexit Otdo, imperator, ad Bawariam, Heinricum, ducem, expulit patriamque Otdoni, duci Suevorum, commendavit. Lamperti Annales: Otto imperator perrexit ad Baioariam atque Heinricum, ducem, expulit Ottonique, duci, Baioariam commendavit. Ann. Hildesheim.: Heinricus, dux Baiowariorum, sua potestate depositus est excommunicatus degit cum Sclavis. Thietmari Chron. III, c. 7: Anno vero dominicae incarnationis DCCCCLXXVI Heinricus, dux Bawariorum, honore et communione privatus Boemiam fugit. Ann. Magdeburg. (SS. XVI, 154): Heinricus, dux Bawariorum, sua potestate privatus et excommunicatus cum Sclavis degebat vagus et profugus.

80 Otto v. Schwaben als Herzog v. Bayern. Liutpald, Graf d. Ostmark 976.

welche die Bildung der österreichischen Monarchie eingeleitet und so ihre Wirkung bis in die Gegenwart geübt haben. Das Herzogthum wurde, wie bemerkt, an den Schwabenherzog Otto verliehen[20]), die Ostmark, welche vielleicht durch ein paar Jahre selbständiger Leitung entbehrt hatte, erhielt in Liutpald, dem Bruder Bertholds von Schweinfurt, einen neuen Herrn, den Begründer der ersten österreichischen Dynastie[21]). Gegenüber seinem Vorgänger Burkhard nahm Liutpald insofern eine etwas andere Stellung ein, als er die Regensburger Burggrafschaft und die mit ihr verbundene Grafschaft im Donaugau nicht beibehielt[22]). Da jedoch der größte Theil des altkolonisirten und unmittelbar ertragsfähigen Gebietes in seiner Mark Kirchengut war, neues zur Verfügung stehendes Land erst im weiteren Verlaufe gewonnen wurde, so erhielt Liutpald in dem bayrischen Hinterlande eine Grafschaft im Donaugau um Straubing, sowie jene Gebiete nicht ganz sicherer Lage, welche als die „drei Grafschaften" bezeichnet werden[23]).

Blieb die Ostmark auch fernerhin in der bisherigen Unterordnung unter das bayrische Herzogthum[24]), so erfuhr dieses eine um so

---

[20]) Vgl. vorher Ann. Juvav. Ann. Hersfeld. deperd. (in den Ann. Altah. et Lamperti). Gerhardi Vita Udalrici c. 28 (SS. IV, 416). Ueber den Zeitpunkt der Verleihung vgl. v. Sickel, Erläut. S. 138.

[21]) Giesebrecht (Jahrb. S. 15 und K3. I, 573), Manitius (Deutsche Gesch. unter den sächs. Kaisern, S. 178), W. Schultze (Gebhardt, Handbuch der deutschen Gesch.² I, 279), Lamprecht (Deutsche Gesch. II, 158) und Döberl (Die Markgrafschaft auf dem bayr. Nordgau, S. 11) nehmen an, daß Liutpald schon vor dem Jahre 976, sei es 973 oder 974, die Ostmark, welche bis dahin ein Verwandter des herzoglichen Hauses (Burkhard) innegehabt hatte, erhalten und dies sowie die Verdrängung Hadwigs den Unwillen Herzogs Heinrich II. erregt habe. Das läßt sich ebensowenig beweisen wie widerlegen. Wir besitzen zwischen dem 18. October 972 (D. 27), an dem Burkhard zum letzten Male, und D. 133 vom 21. Juli 976, in dem Liutpald zum ersten Male als Markgraf erwähnt wird, keine Urkunde, welche den Grafen der Ostmark nennt oder nennen müßte. Das Wahrscheinlichste bleibt doch, daß die Verleihung an den Babenberger eine Folge der zweiten Empörung Heinrichs und die Belohnung für die großen Verdienste Bertholds war, der sich an der Bekämpfung des Herzogs so eifrig betheiligt hat, daß seinem Nachkommen Arnold von Regensburg die ganze Angelegenheit als ein Streit Bertholds und Heinrichs gelten konnte. — Daß Berthold nicht erst im Jahre 976, wie Giesebrecht (Jahrb. S. 32) annahm, die Markgrafschaft im Nordgau erhielt, hier schon seit dem Jahre 941 die gräfliche Gewalt besaß, hat Döberl (a. a. O. S. 8) nachgewiesen. — Zur Melker Ueberlieferung vgl. Excurs V.

[22]) Burkhards Nachfolger in dieser Beziehung wurde Pabo, aus einem vornehmen Geschlechte der Umgebung Regensburgs und aufs engste mit den kirchlichen Bestrebungen Ramwolds und Wolfgangs verbunden; vgl. Wittmann a. a. O.

[23]) Vgl. Excurs IV.

[24]) Die Lehensrührigkeit der Mark von Bayern wird bestritten von Waitz, Vfgg. VII, 149 ff.; Bachmann, Oest. Reichsgesch. S. 83; Werunsky, Oest. Reichs- und Rechtsgesch. S. 47, in Frage gelassen in Hubers Oest. Reichsgesch.², S. 33. Vgl. auch Huber, Oest. Gesch. I, 176; Luschin, Gerichtswesen S. 12 ff. Der ganzen Sachlage nach ist die Verleihung an den ersten Babenberger durch den Kaiser erfolgt. Daß aber dem Herzoge von Bayern jedenfalls die Oberhoheit über die Ostmark zustand, ist nicht zu leugnen.

beträchtlichere Minderung durch die Abtrennung der Mark Kärnthen und der an diese sich südwärts anschließenden deutschen und italienischen Grenzgebiete. In diesen Landschaften, welche zum Theile in altem Zusammenhang mit dem Herzogthum Bayern standen, während die italienischen Marken mit diesem erst im Jahre 952 vereinigt worden waren, hatte man nach der Lechfeldschlacht eine Anzahl Marken eingerichtet, deren Bestand zum Theile schon in den siebziger Jahren bezeugt wird²⁵). Aus ihnen und der Kärnthner Mark wurde nunmehr ein neues Herzogthum Kärnthen gebildet, das der Kaiser dem Sohne Herzogs Berthold und der Biletrud, Heinrich, verlieh. Damit verhalf er zunächst dem alten bayrischen Herzogshause zu neuer Würde und Bethätigung. Außer dieser persönlichen Rücksichtnahme, welche allerdings nicht die erhofften guten Folgen hatte, kam der neuen Einrichtung eine nicht geringe politische Bedeutung für die Zukunft zu. Durch sie wurden die dem bayrischen Herzogthume nur lose angegliederten Landschaften enger mit einander verbunden, die Grenze gegen Ungarn, eine der wichtigsten Verbindungen mit Italien besser gesichert und die damals vornehmlich von Salzburg und Freising ausgehende Neubesiedelung geschützt²⁶).

Ueber diesen politischen Maßnahmen von weittragender Bedeutung vergaß der Kaiser nicht, die treu gebliebene bayrische Geistlichkeit für ihre Haltung zu belohnen. Am 21. Juli verbriefte er dem Kloster Metten den diesem seiner Zeit von Berthold, dem Sohne des Pfalzgrafen Arnulf, geschenkten Besitz in Wischelburg (D. 133) und schenkte dem Erzbischof Friedrich von Salzburg eine Hofstatt in Regensburg an der Ostseite der Peterskirche zwischen dem Hofe des Nordgaugrafen Berthold und der vor der Kirche hinziehenden Straße (D. 134). Daran schlossen sich am folgenden Tage wichtige Vergabungen an das Bisthum Passau. Auf Bitten des Bischofs Piligrim bestätigte Otto dem Hochstifte die Immunität, sowie den Besitz der Klöster Kremsmünster, St. Florian und St. Pölten, welche bei dem Aufblühen der Ostmark sich aus ihrem Verfalle erheben und große Bedeutung gewinnen sollten (D. 135). Dazu kam die Marienabtei in Passau mit dem Gute Walahunesdorf²⁷),

---

²⁵) Hasenöhrl, Deutschlands südöstliche Marken (Archiv für öst. Gesch. LXXXII, 482 ff.).
²⁶) Wahnschaffe, Das Herzogthum Kärnthen, S. 3 ff. — Zu weit geht Giesebrecht (Jahrb. S. 32), wenn er die Ereignisse in Venedig als einen der Anlässe zur Errichtung des neuen Herzogthums anführt, diese konnten, da sie erst im Juli stattfanden, noch nicht in die politische Berechnung einbezogen werden.
²⁷) Walahunesdorf wird von Lang für Wolfersdorf, sö. von Straubing erklärt, Förstemann (Ortsnamen Sp. 1535) möchte Waltersdorf bei Bogen, östl. von Straubing vorziehen. Dieser Ort heißt aber Waltersdorf. In Eisenmanns Topographischem Lexikon des Königreichs Bayern (1820) findet sich ein Walkersdorf im Ldg. Vilshofen, ein anderes im Ldg. Vilsbiburg. Ersteres, an das am ehesten gedacht werden könnte, ist wohl ein Ort mit dem heutigen

Urkunden 976 Juli. Zug nach Böhmen.

eine Schenkung, welche vielleicht schon vor Herzogs Heinrich Flucht bewilligt worden war und uns beweist, daß man ebenso wie in Regensburg auch in Passau bestrebt war, die Nonnenklöster in unmittelbare Obhut des Bischofs zu nehmen[28]). Ferner verlieh der Kaiser der bischöflichen Kirche jenen Theil des in der Stadt einzuhebenden Zolles, den Bischof Abalbert als Lehen auf Lebenszeit und nach dessen Tode ein Verwandter des Kaisers Namens Bruno innegehabt hatten[29]). Nicht so gut verbürgt wie diese Vergabungen, aber immerhin mit den damaligen Verhältnissen wohl vereinbar ist eine Urkunde, in welcher der Kaiser den angesessenen Bürgern Passaus den Wasserzoll, der für die vornehmlich donauabwärts Handeltreibenden große Bedeutung hatte, erließ, die Leute des Marienklosters vor jeder ungerechten Bedrückung schützte, dem Bischofe aber die Hebung des Grundbienstes in der Stadt neuerdings zusicherte. Außer Salzburg und Passau wurden damals auch die Bischöfe Wolfgang von Regensburg und Albuin von Brixen mit Schenkungen bedacht[30]), welche aber erst nach drei Jahren beurkundet werden sollten.

Der Kaiser, dem auch diesmal ein rascher Erfolg ohne große Opfer zugefallen war, wollte die bayrische Angelegenheit zu vollem Ende bringen und dem entflohenen Herzoge die Unterstützung von Seite des Böhmenfürsten entziehen, diesen zugleich für seine Haltung bestrafen. Darin aber scheiterte er. Allerdings gelang es ihm, mit seinem Heere in Böhmen einzubringen, aber eine bayrische Hilfsschaar wurde, als sie sich bei der Sonnenhitze sorglos und ohne Wachtposten ausgestellt zu haben, das Vergnügen eines Bades gönnte, in der Nähe Pilsens von den Czechen überfallen und wehrlos auf dem Rasen des Usergeländes und in den Zelten niedergemetzelt. Dem Kaiser blieb, als er von dem Unglücksfalle

---

Wallersdorf im BA. Landau a. d. Isar. Hierher versetzt auch Spruner-Mentes Gaukarte jenes Wolfheresdorf im Donaugau, wo Engilfrid im Jahre 888 von König Arnulf eine Hufe mit dem Vorbehalte des Anfalles an die Marienabtei erhielt (Mühlbacher, Reg. 1730). Daß Wolfheresdorf aber ein Ort mit Walahunesdorf sei, ergibt sich aus dem Index zum Codex Lonsdorfianus (Mon. Boica XXVIIIb, 535 no. 28), in dem es als praedium Walkersdorf bezeichnet wird. Walahunesdorf hat also nichts mit Walchen (Wälschen) zu thun, sondern ist aus dem bayrischen Personennamen Walchun gebildet, der Ort muß zwischen 888 und 976 den Namen gewechselt haben, aus einem Dorfe des Wolfhere zu einem des Walchun geworden sein.

[28]) D. 136, vgl. v. Sickel, Erläut. S. 138.

[29]) D. 138. Die Persönlichkeit dieses Brun, nepos (imperatoris), entzieht sich näherer Bestimmung. Die Annahme, er sei ein Sohn Liudolfs gewesen, lehnt Hirsch, Jahrb. H. II. I, 461 ab. Bei der Mehrdeutigkeit des Wortes nepos läßt sich auch das Verwandtschaftsverhältniß, in dem er zum Kaiser stand, nicht genauer feststellen. Daß er einen Zoll in Passau zu Lehen hatte, ließe allerdings am ehesten darauf schließen, daß er zur bayrischen Linie gehört habe.

[30]) DD. 204, 205. — Am 1. August hielt Erzbischof Friedrich in Regensburg eine Synode, vgl. Hauthaler, Salzburger UB. I, 183 no. 19.

erfuhr, nichts übrig, als sich gerades Weges nach Cham zurückzuziehen[81]).

Von da begab er sich nach Thüringen, wo wir ihn am 16. September auf dem Kirchberge bei Jena nachweisen können[82]), und dann nach Frohse. Hier war er zunächst noch mit einer bayrischen Angelegenheit beschäftigt. Er gab der Wittwe Herzogs Berthold, Biletrud, den ihr einst entzogenen Besitz in Sualafeld, Nordgau und Solenzgau zurück (D. 141) und die hohe Frau, welche auch „die Fromme" genannt wurde, benützte den vermehrten Wohlstand zur Gründung des Nonnenklosters Bergen[83]). Um diese Zeit wird der Kaiser auch die Nachricht von der am 11. August erfolgten Ermordung des Dogen Peter Candiano IV. und der Erhebung des Peter Orseolo I. erhalten haben, Vorgänge, die wir später im Zusammenhange der Geschichte Venedigs zu würdigen haben. Obwohl die Kaiserin-Mutter um diese Zeit in Oberitalien Hof hielt, Erzbischof Warin von Köln und Bischof Dietrich von Metz in Rom weilten, wo sie von Papst Benedikt VII. Privilegien und Besitzbestätigungen für die von ihnen begünstigten Reformklöster St. Pantaleon in Köln und Waulsort erwirkten[84]), sollte die Mordthat, welche den lebhaften Unwillen des Kaisers erregt hatte, zunächst ungestraft bleiben, da erst die Regelung der Verhältnisse in Lothringen als bringender und näher gelegen durchgeführt werden mußte. Anfangs November fuhr Otto über Lingen und Erwitte, wo er am 7. November den Nonnen von Herzebroock die Immunität und die freie Wahl der Aebtissin verbriefte (D. 142), an den Rhein. Zu Duisburg schenkte er dem Bisthum Worms in Anerkennung der Verdienste des Bischofs Anno die Abtei Mosbach[85]), dann ging die Fahrt nach Nimwegen, wo Bischof Petrus von Pavia am 22. November die Bestätigung des Besitzstandes und der Immunität für sein Hochstift erwirkte (D. 144). Zur Weihnachtsfeier kehrte der Hof nach Köln zurück[86]).

Selbstverständlich wird sich der Kaiser in diesen Wintermonaten mit den Angelegenheiten Niederlothringens, denen ja seine Reise gegolten hat, beschäftigt haben, zu abschließenden Verfügungen dürfte es aber damals noch nicht gekommen sein. Ihnen mußten jedenfalls längere Verhandlungen vorangehen, durch welche der Kaiser auch

---

[81]) Thietmar III, c. 7. — Vgl. meine Ausführung in der Festschrift des Vereins für Gesch. d. Deutschen in Böhmen (1902).
[82]) D. 140 für das Erzbisthum Magdeburg.
[83]) Ann. s. Rudberti Salisb. (SS. IX, 772): Baergense monasterium constituitur. Ann. Admunt. (SS. IX, 574): Bargense coenobium sanctimonialium cepit. Auct. Garstense (SS. IX, 566): Bergense coenobium sanctimonialium a domina Pia et ducissa, quae et Pildrut, est constructum. Anon. Haser. c. 14 (SS. VII, 258). Jaffé-Löwenfeld, Reg. 3856.
[84]) Jaffé-Löwenfeld, Reg. 3788, 3789.
[85]) D. 143. Vgl. Excurs I.
[86]) Ann. Lob. SS. XIII, 235.

während der ersten Monate des nächsten Jahres in diesen Gegenden festgehalten wurde. Immerhin brachte seine Anwesenheit Beruhigung und dürfte den westfränkischen König, der während des Jahres 976 an der Nordgrenze seines Reiches hin- und hergezogen war, von einem Einfalle in das Reich abgehalten haben. Es läßt sich wohl denken, daß Lothar seine Hoffnung auf einen schlimmen Ausgang der bayrischen Sache gesetzt hatte. Als aber der in dieser erfolgreiche Kaiser am Niederrhein erschien, gab der Karolinger seine Absichten vorläufig auf und wohnte am 11. December mit seiner Gemahlin und zahlreichen Großen in Rheims der Uebertragung der Gebeine des h. Theoberich bei [87]).

---

[87]) Lot, Les derniers Carolingiens, p. 86.

977.

Für die beiden ersten Monate dieses Jahres fehlt jede Kunde von dem Aufenthalt des Hofes. Am 1. März bestätigte der Kaiser zu Tiel dem Bischof Tetdo von Cambrai, der nicht allein in seiner Stadt, sondern auch von den Grafen von Vermandois und von König Lothar bedrängt wurde, Immunität, Zoll und Münze, wodurch vornehmlich seine Stellung als Stadtherr gekräftigt werden sollte[1]. Von Tiel begab sich Otto nach Utrecht, wo er seinen ehemaligen Kanzler Folkmar als Bischof begrüßen konnte und der erzbischöflichen Kirche von Mainz den Besitz des Hofes Oberlahnstein, den einst Uta, Königs Arnulf Gemahlin, dahin geschenkt hatte, bestätigte (D. 150). Auf der Rückkehr wurde wiederum in Nimwegen Rast gehalten. Hier erhielt am 23. März Abt Womar für seine beiden Genter Klöster eine Verbriefung der Zollfreiheit als werthvolle Anerkennung seiner reformatorischen Thätigkeit[2]. Dann wurde die Fahrt rheinaufwärts fortgesetzt, zunächst in Mainz, wo Herzog Heinrich von

---

[1] D. 146. Wahrscheinlich wurde das der Ortsangabe entbehrende D. 145 für das Genter Kloster Blandigny am 28. Jänner schon in Tiel ausgestellt. Leider weist auch eine andere für das Itinerar des Hofes belangreiche Urkunde eine durch die Ueberlieferung verderbte Ortsangabe auf. In D. 147 für das Bisthum Minden (März 19) lautet der Ausstellungsort Thieke, was ebenso gut in Thiele wie in Threke (Utrecht) verbessert werden kann. D. 150 endlich, in dem der Aufenthalt zu Utrecht erwähnt wird, entbehrt der Datirungszeile, so daß wir für den in mehr als einer Beziehung wichtigen Zeitabschnitt bestimmte Angaben vermissen. Da die Entfernung zwischen Utrecht und Nimwegen über Tiel nur 54 Kilometer beträgt, ist es ebenso gut möglich, daß der Kaiser am 19. März noch in Utrecht verweilte, wie daß er auf der Rückreise in Tiel Halt gemacht hat.

[2] DD. 148, 149. Einer unechten Urkunde für das Kloster Bobbio (D. spur. 322) zufolge wäre der Kaiser noch am 2. April in Nimwegen gewesen. Das ist aber mit Rücksicht auf das am 6. April zu Mainz ausgestellte D. 151 nicht gut möglich. Zwischen Nimwegen und Mainz liegen etwa 270 Kilometer Weges, welche der Kaiser und seine Gemahlin, die damals in den ersten Monaten der Schwangerschaft war, in drei Tagen nicht zurücklegen konnten. Man müßte also für die Vorlage von D. 322 nichteinheitliche Datirung, Handlung in Nimwegen, Beurkundung während der Fahrt nach Mainz annehmen.

Kärnthen den Hof erwartet hatte, kurzer Aufenthalt genommen. Der Kaiser war wohl schon am Gründonnerstage (April 5) eingetroffen, am Charfreitage verbriefte er die Freilassung eines Hörigen des Herzogs, des Klerikers Reginboto (D. 151), am Charsamstag begab er sich nach Ingelheim zur Osterfeier[a]), an der außer dem Herzoge auch die Erzbischöfe Willigis von Mainz und Warin von Köln theilnahmen. Der Mainzer Metropolit erwirkte für die Salvatorkapelle zu Frankfurt a. Main die Bestätigung der ihr von Ludwig dem Frommen und Karl III. verliehenen Nutzungen und Hebungen (D. 152), Warin den Nonnen von Gerresheim den Bezug des Zolles daselbst[b]). Daneben wurden auch italienische Angelegenheiten verhandelt. Ueber Verwendung Herzogs Heinrich bestätigte der Kaiser am 16. April dem Patriarchen Robald von Aquileja den Ort Isola, den einst Otto der Große dem Vitalis Candianus zugewiesen, dieser an Aquileja verkauft hatte, und den Bezug des Zinses, den die in Capo d'Istria ansässigen Isolaner von ihren Häusern und ihrem Besitze dem Fiskus zu entrichten hatten (D. 154).

Von Ingelheim wandte sich Otto der Westgrenze seines Reiches zu. Am 27. April bestätigte er in Brumpt über Fürbitte seiner Gemahlin und des Straßburger Bischofs dem Kloster Murbach, dessen Abt Berehger sich am Hofe eingefunden hatte, den Besitzstand, die Immunität und die von den Vorgängern verliehenen Zollrechte (D. 155), dann setzte er die Reise nach Diedenhofen fort. Hier finden wir in seiner Umgebung den Bischof Dietrich von Metz, einen seiner vertrautesten Berather, und den Herzog Friedrich von Oberlothringen. Man wird annehmen dürfen, daß während dieses Aufenthaltes die während des Winters und Frühjahrs vorberathenen Verfügungen zur Regelung der Verhältnisse Niederlothringens getroffen wurden, und es ist wahrscheinlich, daß außer den Genannten auch die von diesen Maßnahmen unmittelbar Betroffenen, Prinz Karl, Graf Gottfried, die Brüder Reginar und Lantbert, anwesend waren.

Der Kaiser war, da die bayrisch=böhmische Irrung noch nicht gelöst war, genöthigt, einen kriegerischen Zusammenstoß mit dem westfränkischen Könige, dessen Ausgang und Folgen nicht leicht abzusehen waren, womöglich zu vermeiden. Er mußte also Maßnahmen treffen, welche dem lothringischen Lande Ruhe und Sicherheit bringen, dessen Anfall an Frankreich verhindern konnten, den Gelüsten Lothars einen Riegel vorschieben. Oberlothringen war, wie wir wissen, in guten Händen, Herzog Friedrich dem sächsischen Hause treu ergeben. Gegen seinen Neffen, den Bruder des Erzbischofs Adalbero von Rheims, Graf Gottfried, war der letzte Angriff der Reginarsöhne zunächst gerichtet gewesen, diese aber standen anderseits in gutem

---

[a]) April 8. Ann. Lob. SS. XIII, 255.
[b]) D. 153, ausgefertigt von einem zum Gefolge des Erzbischofs gehörigen Kölner Schreiber.

Verhältnisse zu Friedrichs Schwager, Herzog Hugo Kapet, dessen Tochter Hathwid Reginar später als Gemahlin heimführen sollte. Unterhielten Reginar und Lantbert außerdem nahe Beziehungen zu den angesehensten Geschlechtern Nordfrankreichs, genossen sie ererbter Beliebtheit in ihrer väterlichen Heimath, so schien es gerathen, sie mit Milde zu behandeln, ihren Ansprüchen nach Möglichkeit entgegenzukommen. Das konnte ohne Schädigung des kaiserlichen Ansehens geschehen, da ihr Einfall ohne Erfolg geblieben, was sie erhielten, ein Gnadengeschenk des Kaisers war. So wurden sie wieder in den väterlichen Besitz eingewiesen, doch wurde das wichtige Mons ausgeschieden und in des Grafen Gottfried treuer Hand belassen. Dieser wurde für seinen Verzicht anderweit entschädigt, erhielt vielleicht damals die Grafschaft Verdun. War damit diese private Angelegenheit unter Wahrung der militärischen Sicherheit und des Reichsinteresses geordnet, so blieb noch Wichtigeres zu thun. Die steten Unruhen hatten den Mangel einer übergeordneten Gewalt in Niederlothringen als sehr bedenklich erwiesen, man griff daher auf das von Erzbischof Brun ins Leben gerufene System zurück und besetzte aufs Neue den seit dem Jahre 964 erledigten Herzogsstuhl von Niederlothringen.

Ganz besondere Bedeutung gewann dieser Entschluß durch die Wahl der Persönlichkeit, welche auf den wichtigen Posten berufen wurde, denn der Kaiser ernannte zum Herzoge Karl, den Bruder Königs Lothar. Schon an dieser Stelle dürfen wir das Außerordentliche dieser Ernennung, das den Zeitgenossen erst später, als die staatsrechtlichen Folgen zu Tage traten, bemerkbar wurde, hervorheben. Der Sprosse des erlauchtesten Geschlechtes, der den Namen seines größten Vorfahren trug und möglicher Weise zur Thronfolge in Frankreich berufen war, stellte sich in den Aemterverband des deutschen Reiches, er, der Karling, sollte gegebenenfalls dem karolingischen Anspruche auf das Stammland seines Hauses entgegentreten! Nichts kann deutlicher den Wandel veranschaulichen, der sich in den 163 Jahren vom Tode des großen Karl vollzogen hatte⁵).

---

⁵) Was Kalckstein, Geschichte des franz. Königthums, S. 338 Anm. 1 über einen von Karl in Villers geleisteten Lehenseid bemerkt, dürfte auf einem Mißverständnisse beruhen. Bischof Dietrich von Metz wirft dem Herzoge vor, eine vor dem Altare des h. Johannes in Gegenwart des Bischofs Notker und anderer Großen beschworene fides verletzt zu haben (Lettres de Gerbert ed. Havet 25 no. 31). Wäre dieser Eid dem Kaiser geleistet worden, Dietrich hätte es als erschwerend hervorgehoben, somit dürfte es sich um eine Vereinbarung des Herzogs mit den beiden Bischöfen gehandelt haben, welche mit Rücksicht auf Karls Antwort (ib. 30 no. 32): An cum Lotharium, regem, ... cum regno pellebas meque regnare cogebas, fidemne eis vel michi promissam servabas? michi promissam dico ante aram, quam impudenter nominas, wohl erst im Jahre 978 vor dem Zuge des Kaisers nach Frankreich und der Besetzung Laons durch Karl beschworen worden war. Warum Kalckstein die ara beati Johannis nach Villers versetzt, ist mir unersindlich, Havet denkt am ehesten an Chevremont. — Lot (Les derniers Carolingiens, p. 91

König Lothar und seine Gemahlin, welcher Karl besonders feindlich gesinnt war, da er ihr die Schuld an der Abneigung des Bruders zuschrieb, empfanden gewiß den Schlag, der ihnen durch diese Ernennung versetzt wurde, auf's Tiefste. Mußte Lothar ihn zunächst ruhig hinnehmen, da ihm die Unterstützung Herzogs Hugo in diesem Falle entzogen blieb, so verstärkte der verhaltene Groll jedenfalls seine feindliche Gesinnung gegen den Kaiser. Karls Ernennung mußte aber auch die Kaiserin-Mutter schwer verletzen, da sie die von Haß und Eifersucht erzeugte üble Nachrede, mit der Karl ihre Tochter Emma verfolgte, gewiß nicht ruhig hingenommen hat. Da, wie wir sehen werden, Karl seiner Aufgabe nicht gerecht wurde, der Erfolg also die unleugbar vorhandenen Nachtheile nicht wettgemacht hat, so kann man die von dem Kaiser getroffene Wahl nicht als eine glückliche rühmen. Höfisches Ränkespiel, kleinliche Familienpolitik waren an die Stelle unbefangener Erwägung getreten, den eigentlichen Nutzen trug zunächst nur das von Herzog Friedrich und Erzbischof Adalbero vertretene Geschlecht der Ardennergrafen davon⁶).

König Lothar hatte bald nach den Rheimser Festtagen einen schweren Verlust durch das am 20. December 976 erfolgte Hinscheiden des Bischofs Rorico von Laon erlitten⁷). Dieser natürliche Sohn Karl des Einfältigen war nach der Art fürstlicher Bastarde der treueste Anhänger des Herrscherhauses, ein geschickter und thatkräftiger Vorkämpfer seiner Interessen gewesen. Der Ersatz, den der König wählte, sollte seinem Geschlechte verhängnißvoll werden. Am 16. Jänner verlieh er das erledigte Bisthum seinem Kanzler Adalbero (Aszelin), einem jungen Manne aus einer vornehmen

---

Anm. 4) setzt die Verleihung des Herzogthums an Karl in den Juni. Er geht aber von der irrigen Annahme aus, daß Otto Lothringen erst im Juli verlassen habe, und will die Synode von St. Macre (s. unten) im Jahre 977 unterbringen.

⁶) Die von dem Kaiser befolgte Politik ist in recht verschiedener Weise beurtheilt worden. Vgl. Giesebrecht, KG. I, 578. Matthäi, Die Händel Otto II. mit Lothar, S. 41. Witte, Lothringen, S. 29. Kalckstein a. a. O. S. 339. Lot (a. a. O. S. 91) nennt Ottos Verfahren einen coup de maître, eine Seite später läßt er aber offen, ob der Kaiser nicht doch aus Schwäche so gehandelt habe, gibt jedoch zu, daß auch dieser Zufall dem Reiche günstig gewesen sei. Dem gegenüber ist wohl daran festzuhalten, daß die friedliche Beilegung der Streitigkeiten notwendig war und in zweckentsprechender Weise durchgeführt wurde, die Erhebung Karls zum Herzog aber gleiches Lob nicht verdient. — Die bei Sigbert von Gembloux überlieferte und gerne wiederholte Nachricht, daß schon damals Reginar die Tochter Hugos, Hathwid, Lantbert jene Karls, Gerberga, geheirathet habe, hat Lot a. a. O. S. 82 Anm. 2 neuerdings als unmöglich erwiesen. Sigbert hat die erst später vollzogene Verbindung in falschen Zusammenhang mit der Wiedereinsetzung der beiden Brüder gebracht. Vgl. auch Matthäi a. a. O. S. 42 Anm. 2.

⁷) Flodoardi Additam. (SS. III, 407): Ipso in anno XIII. kal. ianuarii praesul Rorico sanctae Laudunensis aecclesiae, qui erat languore paralisi correptus, post multas ac debitas Deo pro ipsa infirmitate redditas gratias, vita decessit, videlicet vigilia sancti Thomae apostoli, post laudes Dei matutinales. Ann. s. Quintini (SS. XVI, 508): Rorico presul moritur.

lothringischen Familie. Am 24. März wurde Adalbero von dem Rheimser Erzbischofe zum Priester geweiht und am Ostersonntage (April 8) nahm er von seinem Bisthume Besitz⁸). Noch zweier Veränderungen in der französischen Kirche, die gleichfalls für die spätere Zeit nicht geringe Bedeutung gewinnen sollten, haben wir zu gedenken. Am 7. Jänner 977 war Erzbischof Anastasius von Sens gestorben, sein Nachfolger Seguin wurde zwar schon am 10. Juni zu Saint-Etienne d'Auxerre geweiht, konnte aber in Folge des Widerstandes, den ihm sein Oheim mütterlicher Seite, Graf Raimund von Sens, entgegensetzte, erst am 17. Februar des folgenden Jahres in seine Metropole einziehen⁹). An die Stelle

---

⁸) Flodoardi Additam. (SS. III, 408): Anno DCCCCLXXVII Adalbero iuvenis, qui erat ex Lotharii natus regno, Roriconi episcopo successit tali modo. XVII. kalendas februarii in natale s. Marcelli pape donum episcopii Laudunensis aecclesiae in ipsa accepit aecclesia Lotharii regis largitione. Deinde IX. kal. aprilis, vigilia videlicet annuntiationis dominicae, presbiter est ordinatus in praescripta sanctae Mariae aecclesia ab archiepiscopo Adelberone Remis. Exinde Laudunum rediens sacrum chrisma sacravit ecclesiastico more; die vero paschae primum in propria resedit sede. — Lot (a. a. O. S. 88, 89 Anm. 1, S. 91 Anm. 4) nimmt an, daß schon damals Gerüchte über ein unerlaubtes Verhältniß des jungen Bischofs zur Königin Emma im Schwange waren und zu ihrer Entkräftung jene Synode von St. Macre (Fismes) abgehalten wurde, von der uns Richer (III, c. 66) berichtet. Er will sie in den Mai 977 setzen, läßt ihr die Verweisung Karls, der die üble Nachrede in besonders gehässiger Form verbreitet haben soll, sowie die Verleihung des Herzogthums Nieder-Lothringen an ihn folgen. Da diese aber aller Wahrscheinlichkeit nach vor dem 11. Mai (D. 159) vollzogen worden ist, Adalbero aber erst am 8. April seine Würde antrat, bleibt für die Synode kein Platz. Nun nöthigt nichts dazu, sie in das Jahr 977 zu setzen. Wir wissen nicht, wann Karl von seinem Bruder verbannt worden ist (Richer IV, c. 9, 16), kaum im Jahre 976, da sein Zug nach dem Hennegau dem Könige nicht mißfallen haben dürfte. Ebenso gut könnte die Verweisung eine Folge der Uebernahme des Herzogthums gewesen sein. Jene Gerüchte werden aber zum ersten Male in der Controversia Deoderici episcopi (Lettres de Gerbert ed. Havet 26 no. 31 zu Frühjahr 984): imperatoriam sororem regnique sui (sc. Lotharii) consortem infamares tuisque mendatiis commaculares, nichil umquam pensi habuisti, dann in einem Briefe der Königin an ihre Mutter Adelheid (a. a. O. S. 89 no. 97 zu Ende 986) erwähnt: Ad ignominiam meam et totius generis mei nefandissima in Laudunensem confinxerunt episcopum (vgl. auch das folgende Schreiben Adalberos). Um diese Zeit müssen sie eine Form angenommen und eine Verbreitung gefunden haben, welche alle Betheiligten auch schmerzlichste berührte, und hierher wird man auch die Synode zu setzen haben. Dem entspräche, daß Richer sie an das Gespräch zwischen Gerbert und Ohtrich anschließt, welches zu Ende des Jahres 980 stattgefunden hat. Man muthet den französischen Könige doch allzu Arges zu, wenn man annimmt, die Nachrede gegen seine Frau sei schon so verbreitet gewesen, daß zu ihrer Widerlegung eine feierliche Synode einberufen werden mußte, er habe aber trotzdem seinen Nebenbuhler zum Bischofe ernannt. Bezeichnet Bischof Dietrich die Gerüchte als Lügen, so ist die Synode wohl schon vor 984 gehalten worden, man wird sie also am besten in den Jahren 981—83 unterbringen können.

⁹) Ann. Senonenses (SS. I, 105): Hoc anno VI. idus januarii Anastasius, archipresul Senonensis, viam universae carnis ingressus est. Eodemque anno mense januarii (!), videlicet IV. idus praedicti mensis, ordinatus est in eadem sede Seguinus ad episcopum. — Vgl. Lot a. a. O. S. 89, 337.

des am 24. Juni verstorbenen Bischofs Hadulf von Noyon brachte König Lothar den Sohn seiner Schwester Gerberga und des Grafen Albert von Vermandois, Ludwig[10]).

Wie der westfränkische Herrscher war auch der Kaiser neben den weltlichen Angelegenheiten mit der Sorge für die Kirche beschäftigt. Aebte und Aebtissinnen der lothringischen Klöster hatten sich am Hoflager zu Diedenhofen eingefunden und nicht allein durch ihre Anwesenheit den Glanz dieser Tage erhöht, sondern auch die gute Gelegenheit benützt, um ihren Klöstern allerlei Vergünstigungen zu verschaffen, wobei ihnen die Fürsprache der Kaiserin, Herzogs Friedrich und Bischofs Dietrich gerne gewährt wurde. Das Kloster St. Paul in Verdun, dem sich Otto noch als Mitregent des Vaters gnädig erwiesen hatte, erhielt eine Bestätigung des damals ausgestellten Privilegs (D. 156); den Nonnen von Bourières, deren Aebtissin Ermengard gekommen war, wurden zwei Güter, die ihnen ein Ritter Richard entzogen hatte, zurückgestellt (D. 157); Abt Johann von St. Arnulf zu Metz erwirkte die Bestätigung einer Prekarie (D. 158) und den Nonnen von St. Peter in Metz wurde eine Erneuerung des einst von Otto dem Großen ertheilten, jetzt von der Aebtissin Helwidis vorgelegten Privilegs zu Theil (D. 159).

Nachdem so große und geringe Angelegenheiten geordnet waren, wandte sich der Kaiser zur Rückkehr in die Heimath. Am 21. Mai stellte er in Fulda eine Urkunde aus, deren Inhalt uns nicht überliefert ist[11]). Wo er dann nächsten Aufenthalt nahm, wissen wir nicht. Um die Mitte des Monats Juni wird ihn die Nachricht von dem am 5. zu Mainz erfolgten Ableben des Erzbischofs Dietrich von Trier erreicht haben[12]). Dieser, früher Diakon zu Trier und Dompropst in Mainz, war im Jahre 965 zur erzbischöflichen Würde gelangt und hatte sich namentlich große Verdienste um die Wiederherstellung verfallener Klöster seines Sprengels, durch seine vortreffliche Haltung hohe Anerkennung von Papst und Kaiser erworben. Zum Nachfolger des würdigen Mannes wurde der Kanzler Egbert berufen, der sein neues Amt im Laufe des August angetreten haben dürfte. Dadurch war nach kurzer Zeit neuerdings

---

[10]) Flodoardi Additam. (SS. III, 408): Hadulfus, Noviomensis episcopus, qui erat tempore prolixo paralisi pessime percussus, nativitate s. Johannis baptiste, quae tunc temporis dominica accidit die, spiritum exhalavit. Ann. s. Quintini (SS. XVI, 508): Hadulfus episcopus obiit. — Vgl. Lot a. a. O. S. 90.

[11]) D. 160 für die Propstei Rasdorf, als deren Vorsteher der Kanzler Egbert bezeichnet wird. Die Urkunde ist in einer Ausfertigung des XI. Jahrhunderts erhalten, welche sich als Nachbildung einer echten Urkunde des Kaisers darstellt, deren Protokoll in die Fälschung übernommen wurde, während der Text späteres Erzeugniß ist. Kehr (Urk. Ottos III. S. 285 Anm. 3) hat die Datirung wegen der zu großen Entfernung zwischen Diedenhofen und Fulda beanstandet, aber die Entfernung von 300 Kilometern konnte in 10 Tagen bequem bewältigt werden.

[12]) Görz, Mittelrhein. Regesten I, 303 no. 1060. Ann. necrol. Fuld. (SS. XIII, 204): non. iun. Thietrih archiepiscopus. Necrol. Merseburg.: II. id. iun. Thiedricus archiepiscopus.

der Kanzlerposten erledigt. Fiel dieser Wechsel mit einem Kriegszuge des Kaisers zusammen, so ist es erklärlich, daß die Stelle des deutschen Kanzlers zunächst nicht besetzt wurde, ja selbst das Kanzleipersonale in Sachsen zurückblieb, man die Leitung der Kanzleigeschäfte dem gerade anwesenden italienischen Kanzler Gerbert überließ und im Bedarfsfalle die Notare der italienischen Kanzlei, welche eben zur Hand waren, zur Hilfsarbeit heranzog[13]).

Wenn wir eine von Thietmar überlieferte Nachricht auf dieses Jahr beziehen dürfen, so war der Kaiser schon während des Aufenthaltes in Lothringen oder unmittelbar nach seiner Rückkehr daran gemahnt worden, daß die Böhmen noch immer in feindseliger Haltung verharrten. Der Merseburger Chronist erzählt uns nämlich, daß die Kirche zu Zeitz von einer Czechenschaar unter Führung des Dedi, eines Ahnherrn der Wettiner, eingenommen und geplündert, Bischof Hugo vertrieben worden sei[14]). Solche Gewaltthat mochte den Kaiser veranlaßt haben, den schon beschlossenen und vorbereiteten Feldzug gegen Böhmen sofort zu beginnen. Am 30. Juli verweilte er noch in Magdeburg und schenkte hier über Verwendung der Kaiserin dem Bisthume Merseburg drei Ortschaften[15]), unmittelbar darauf muß er an der Spitze seiner Krieger abgezogen sein[16]). Da es diesmal auf eine ernsthafte Niederwerfung des Czechenherzogs abgesehen war, so sollte dem Eindringen des Kaisers von Norden der Einmarsch einer bayrisch-schwäbischen Hilfsschaar unter Führung Herzogs Otto von Westen her entsprechen. Die wohl erwogene und glücklich eingeleitete Action wurde aber durch die unvermuthete Erhebung Herzogs Heinrich von Bayern gestört.

Man preist es gerne als ein großes Verdienst der Germanen, daß sie in eine sittlich verfallene, bis in ihr Innerstes von der Lüge zerfressene Welt die Treue eingeführt und sie zur Grundfeste der ihnen eigenthümlichen Staatsformen gemacht haben und wer wollte leichtes Herzens auf diesen Ruhm verzichten oder ihn schmälern? Und doch wird man sich der betrübenden Erkenntniß nicht verschließen können, daß der kostbare Schatz schlecht gehütet, sinnlos vergeudet wurde; gerade auf den Höhen der germanischen Gesell-

---

[13]) v. Sickel, Erläut. S. 93.
[14]) Thietmari Chron. III, c. 18: Temporibus hiis ecclesia Citicensis a Boemiorum exercitu Dedi duce capta est et depredata, Hugone, primo tunc episcopo, hinc effugato. VI, c. 50: (Daedi) ut predixi, Boemios adversum nos insurgentes ad Citicensem perduxit aecclesiam. Der Chronist schiebt seinen Bericht allerdings unter Ereignisse des Jahres 983 ein, aber, wie schon Giesebrecht (Jahrb. S. 159) hervorgehoben hat, ist Bischof Hugo im Jahre 979 gestorben und da im Jahre 978 Friede mit Böhmen geschlossen wurde, kann der Einfall nur in die Jahre 976 oder 977 gehören. Vgl. auch Uhlirz, Gesch. des Erzb. Magdeburg, S. 75 Anm. 2.
[15]) DD. 161, 162. Dobenecker, Reg. hist. Thuring. I, Reg. 488, 489.
[16]) Ann. Weissenburg. (Ann. Lamperti): Domnus Otto imperator cum magno exercitu perrexit ad Beheim et maximam partem terrae illius concremavit. Ann. Altah.: Otdo, imperator iunior, in Bohemia duxit exercitum et maximam partem terrae illius incendio vastavit.

schaft, unter den Führern der deutschen Stämme war von dem altererbten Gute wenig zu merken, eine rächende Macht hatte den glänzenden Hort in die Tiefen des Volkes geschleudert, wo man wenigstens seine Trümmer bewahrte.

Daß Heinrich der Zänker, längst auf abschüssige Bahn gerathen, in dem verzweifelten Kampfe um Macht, Freiheit und Leben nach jedem Mittel griff, läßt sich begreifen, daß aber der Kärnthnerherzog, der mit seiner Mutter des Kaisers volle Gunst erfahren, noch vor wenigen Wochen am Hofe verkehrt und hier vielleicht Kenntniß von des Herrschers Plan erhalten hatte, sich den Aufrührern anschloß, gibt ein beschämendes Bild kurzsichtiger Untreue. Den beiden Herzögen gesellte sich als dritter Heinrich, der Bischof von Augsburg, zu. Dieser hatte sich von Anfang an mehr auf Seite Herzogs Heinrich gehalten und in kein rechtes Verhältniß zu dessen Nachfolger kommen können. Verschärft wurden die Feindseligkeiten noch dadurch, daß der Bischof sich vornahm, den Neffen seines Vorgängers, Hupald und Manegold, die vom Bisthum rührenden Lehen, welche sie der Gunst ihres Oheims verdankten, zu entziehen. Da diese, gestützt auf das dem Reiche geleisteten Dienste und die Fürsprache der ihnen verwandten Kaiserin-Mutter, trotz der Rückforderung durch den Bischof die Lehen behielten, war die Lage im östlichen Schwaben recht gespannt. Als nun Herzog Otto die Vorbereitungen zu dem Zuge nach Böhmen traf, erachtete der Bischof die Zeit für gekommen, um seinen lehensherrlichen Rechten Geltung zu verschaffen. Dem Herzoge versprach er Unterstützung bei der Heerfahrt, was ihm gestattete, ohne Aufsehen und Widerspruch seine Mannschaft zu sammeln; als Alles bereit war, ließ er sie aber nicht zu den Schaaren Ottos stoßen, sondern wartete, bis dieser gegen Böhmen abgezogen war. Da warf er die Maske ab, besetzte mit seinen Kriegern eine Anzahl fester Plätze und nahm in Neuburg an der Donau Aufenthalt. Von hier aus beherrschte er die Stammburgen seiner Gegner in Dillingen, Wittislingen, Sulmetingen und konnte dem etwa über Cham-Regensburg heimkehrenden Herzoge den Eintritt in das Schwabenland verwehren [17]).

---

[17]) Gerhardi Vita Udalrici c. 28 (SS. IV, 416): Pro hac vero re Otto dux contra eum iratus coepit cum suis fidelibus consiliari, ut ei in quibuscumque potuisset, adversaretur, quod et fecit. Insuper episcopus quibusdam de militibus nepotibus sancti episcopi Oudalrici, Manegoldo et Hupaldo, voluit beneficia abstrahere propter quorundam consilia sine illorum reatu. Ipsi autem quia, episcopo sancto Oudalrico adhuc vivente, ab eo missi saepe in auxilio imperatoris cum herili multitudine militum venerunt et in eius servitio voluntatem eius strenue in omnibus adimplentes tamdiu permanserunt, usque cum illius gratia muneribus honorati redire dimissi sunt. Regina etiam profitebatur, se eorum esse propinquam, ideo beneficia accepta episcopo contradixerunt et in eorum potestate eo nolente tenuerunt. Episcopus itaque his et aliis multis adversis fatigatus tristis effectus est. Quodam tempore cum imperator Otto gentem Sclavorum cum exercitu invadere voluisset et Otto, qui tunc dux erat Alamannorum et Bawariorum, Henrico

Gleichzeitig hatten die beiden Herzöge sich der Stadt Passau bemächtigt, von wo aus sich am leichtesten die Verbindung mit dem Czechenfürsten herstellen, dem Herzoge Otto der Rückzug abschneiden, dem vorrückenden Kaiser der Weg verlegen ließ. Was nach dem Anschlage des Kärnthnerherzogs geplant war, glückte aber nur zum Theile. Herzog Otto erhielt rechtzeitig Kunde von der Besetzung Passaus, kehrte rasch entschlossen um und hielt die beiden Gegner in der Donaustadt fest. Dadurch war ihre Vereinigung mit dem Böhmenherzoge und mit dem Augsburger Bischofe verhindert, um so größere Gefahr drohte aber mitten im feindlichen Lande dem Kaiser. Doch müssen dessen Streitkräfte ausgereicht haben, um den Verwüstungszug durch Böhmen auch ohne die bayrisch-schwäbische Hilfe durchzuführen [18]). Herzog Boleslaw wagte keinen offenen Widerstand, mit geringem Gefolge kam er zum Kaiser, bat ihn heimzukehren, versprach ihm bald zu folgen und gelobte seine wie seines Volkes Unterwerfung [19]). Mochte Otto Anfangs die Rückkehr nach Sachsen beabsichtigt haben, so wurde er durch die bayrische Erhebung veranlaßt, seinen Zug nach dem Süden fortzusetzen. Glücklich kam er an die Donau, die er auf einer Schiffbrücke überschritt, und vereinigte seine Schaaren mit denen Herzogs Otto [20]). Am 8. und 20. September ist er in dem Lager

deposito, in adiutorium eius venire cum Alamannis et Noricis ad Bawariam paratus esset Henricusque episcopus ire se cum illo promitteret, expectavit cum suis militibus, donec recederet exercitus, et sicut antea conciliati sunt, occupavit cum militibus suis civitates quas potuit, et ipse in Nuvunburc intravit.

[18]) Gerhardi Vita Udalrici (a. a. O. p. 417): Henricus autem qui antea dux fuit, Pazowam civitatem introivit, ea ratione ut, Ottone cum exercitu recedente, provinciam sibi cum adiutorio nepotis sui subiugaret. Hoc itaque consilium cum Ottoni duci notum factum fuisset, reversus est cum exercitu ambarum provinciarum et obsedit eum in praefata civitate Pazowa. Imperator autem Otto cum Dei clementia liberatus a Sclavis venit post eum ad eandem civitatem in obsidionem eius. Ann. Hildesheim.: Idem Heinricus cum consilio minoris Henrici Pataviam civitatem invasit ibique ab imperatore obsessus et coactus sese subdidit imperatori. Thietmari Chron. III, c. 7: in proximo anno prefatum ducem ad Pataviam confugientem subegit. Ann. Altah.: Commorante imperatore in illis regionibus Heinricus et alter eiusdem nominis, nepos eius, invaserant Bazzowa. Lamperti Annales: Ipse quoque Heinricus cum altero Heinrico invaserant Bazowam. — Vgl. meine Ausführung in der Festschrift des Vereins f. Gesch. d. Deutschen in Böhmen (1902).

[19]) Ann. Altah.: Venit ergo ad imperatorem Bolizlawo cum paucis pacifice, per amicos suos et per semet ipsum supplicans, ut domum rediret, fideliter promittens se cito secuturum cum muneribus et donis sibi congruis et sui deditionem et totius gentis suae deditionem et subiectionem, quod et impetratum.

[20]) Ann. Altah.: Quod ut audivit (sc. imperator), festinato exercitum movit atque urbem obsedit, naviculari ponte facto et longa obsidione atque amicorum suorum invitatione ad deditionem coegit et in gratiam suam recepit et sic militem solvit ipseque ad Saxoniam perrexit. Lamperti Ann.: Quod imperator ut audivit, festinato exercitum illo movit urbemque obsedit et Heinricum ducem ad suam gratiam recepit atque in Franciam perrexit. Lampert hat seine Vorlage falsch aufgefaßt, nicht der Herzog, sondern die Stadt

vor Passau, am 1. October in der Stadt selbst nachweisbar, in der letzten Septemberwoche müssen also die beiden Heinriche, die Erfolglosigkeit weiteren Widerstandes einsehend, Passau verlassen haben[21]). In dem Lager hatten sich auch Erzbischof Friedrich von Salzburg, die Bischöfe Albuin von Säben-Brixen und Piligrim von Passau, Markgraf Liutpald, der italienische Kanzler Gerbert und Bischof Abelgis von Como eingefunden. Noch während der Belagerung war das Gerichtsverfahren gegen einzelne Anhänger der Empörer eingeleitet, einem gewissen Askuin, dessen Untreue mit starken Worten getadelt wird, das Warterecht auf den Hof Reifnitz in Kärnthen, den seine Mutter inne hatte, abgesprochen, der Hof nach deren Tod der bischöflichen Kirche von Brixen zugewiesen (D. 163). Nicht minder geneigt erwies sich der Kaiser den Mönchen des Michaelklosters zu Beuern, denen er am 20. September das königliche Gut und Recht an diesem in der Grafschaft des Pfalzgrafen Hartwik gelegenen Orte schenkte (D. 164). Auf Verhandlungen von weittragender Bedeutung, welche mitten in der Unruhe des Lagerlebens geführt worden waren, läßt eine Besitzbestätigung schließen, welche am 1. October dem Erzbisthum Salzburg verbrieft wurde.

Sie lenken unsere Aufmerksamkeit auf die kirchlichen Verhältnisse Ungarns und der Ostmark. Die Ungarn, denen seit der Lechfeldschlacht der Ausfall nach Westen verschlossen war, hatten ihre unruhige, ungezähmte Kraft zunächst in den wirren Kämpfen bethätigt, welche um jene Zeit den Norden der Balkanhalbinsel erfüllten[22]). Durch den Sieg des Johannes Tzimiskes über die Russen und die darauf folgende Wiedereinrichtung der byzantinischen Militärgrenze an der Donau war ihnen auch hier eine Schranke gesetzt worden. Hatte früher die Neigung bestanden, sich an Byzanz anzuschließen, von wo die ersten ungarischen Fürsten, welche sich zur Taufe entschlossen, ihr Christenthum und ihre Priester genommen hatten, so reifte in dieser Zeit nothgedrungener Selbstbesinnung der Gedanke, durch den Anschluß an die westeuropäische Kultur Schutz gegen die nunmehr bedrohlich gewordene Gewalt der Griechen zu gewinnen und durch straffere Zusammenfassung der neben dem verfallenden Arpadenhause emporgekommenen Theilherrschaften die Grundlagen eines einheitlichen nationalen Staatswesens zu schaffen. Damit waren die Richtlinien erkannt und angegeben, auf denen fortan bis zur Gegenwart die Politik des ungarischen Volkes und Reiches sich bewegen sollte. Ob Autokrator, türkischer

---

wurde vom Kaiser zu Gnaden aufgenommen. Giesebrecht (KZ. I, 579) erklärt die amici als die Bürger Passaus.

[21]) John, Das lateinische Nibelungenlied (Jahresbericht des großh. Gymn. zu Wertheim 1898/9, S. 14) weist nach, daß Herzog Heinrich II. als Markgraf Gelpfrat (der Zänker) von Beyerland im Nibelungenliede (XXVI. Aventiure) vorkommt.

[22]) Dümmler, Piligrim S. 83 ff.; Büdinger, Oest. Gesch. 384 ff.; Huber, Gesch. Oesterreichs I, 141 ff.; Hauck, KG. Deutschlands III, 174 ff.

Großherr oder Zar aller Reußen, jeder Beherrscher Konstantinopels, welcher zur Ausdehnung seiner Macht befähigt und entschlossen ist, bedeutet für die Donautiefebene eine weit größere Gefahr, als das gerade an dieser Stelle sehr abgeschwächte Ausdehnungsvermögen des deutschen Volkes. Es ist sicher kein Zufall, daß der einzige von Westen her unternommene Versuch, die Herrschaft über Ungarn zu gewinnen, welcher längere Dauer versprechen konnte, die Festsetzung des habsburgischen Absolutismus, sich unmittelbar an die Befreiung des Landes von der Türkenherrschaft anschloß. Es war ein für Ungarns selbständige Entwickelung höchst bedeutungsvoller Zufall, daß jene politische Erkenntniß ihren Träger in einem Mitgliede des großherrlichen Geschlechtes fand, welches nach jahrzehntelangem Niedergange im rechten Augenblicke neue Schöße voll unverbrauchter Kraft zu treiben begann. Der in Gran residirende Geisa faßte den folgenreichen Entschluß, nicht allein die fast erloschenen Rechte des Großherrn über die neben ihm bestehenden Theilfürsten geltend zu machen, sondern sich auch ernstlicher, als es bisher geschehen war, dem Christenthume anzuschließen und für dessen Verbreitung unter dem Volke Sorge zu tragen. Es bezeichnet den Wandel der Dinge, daß zum Osterfeste 973 sich auch Gesandte der Ungarn am Hofe Ottos des Großen einfanden, der Kaiser eine Gesandtschaft unter Führung des Bischofs Brun von Verden an den Ungarnfürsten abordnete. Schon vor dieser amtlichen Anknüpfung hatte aber die Geistlichkeit Schwabens und Bayerns sich der nunmehr besseren Erfolg verheißenden Bekehrung des in friedlichere Bahnen einlenkenden Ungarnvolkes zugewendet. Aus St. Gallen kam Bischof Prunwart, der sich eines erheblichen Erfolges rühmen konnte, von dem Augsburger Bischof Ulrich angeregt, verließ der Schwabe Wolfgang das Kloster Einsiedeln, um mit hoher Begeisterung für die Verbreitung des christlichen Glaubens unter dem fremden Volke zu wirken. Mitten in seiner eifervollen, aber wie es scheint wenig planmäßig betriebenen Arbeit wurde er von dem Passauer Bischofe Piligrim zurückberufen, einem Manne von weitem Blicke und fast dichterischer Gestaltungskraft, der das Bekehrungsgeschäft als eigenste und vornehmste Aufgabe seines Hirtenamtes zu betrachten geneigt und entschlossen war. Wie weit Piligrims Erfolge seinen Absichten entsprachen, wissen wir nicht. Was er in einem für den Papst Benedikt VI. bestimmten Schreiben darüber berichtet, wird zum guten Theile auf Rechnung ruhmredigerUebertreibung zu setzen sein. Ungefähr 5000 Heiden sollen die Geistlichen, welche er über eine an ihn ergangene Einladung nach Ungarn gesandt hatte [23]), getauft haben, und noch

---

[23]) Daß er selbst nach Ungarn gegangen sei, wie Hauck (a. a. O. S. 176 Anm. 3) annimmt, läßt sich aus dem Schreiben nicht folgern. Die Stelle: ad quas (provincias) nihilominus opportunitas temporis ire me vocavit ist nicht in diesem, sondern nur in übertragenem Sinne zu verstehen. Denn wenig später heißt es: A qua ergo praefata Ungarorum gente multis precibus

allererst ging er darauf aus, den Papst für seine Absichten zu gewinnen und die Rechtstitel für die kühne Aufstellung zu beschaffen, daß das Bisthum Passau die Fortsetzung des zur Zeit des heiligen Severin bestandenen Bisthums Lorch sei, mehrere seiner Vorgänger die erzbischöfliche Würde bekleidet hätten. Für diesen Zweck ließ er, bald nachdem er den Bischofsstuhl bestiegen hatte, auf den Namen der Päpste Symmachus (498—514), Eugen II. (824—827), Leo VII. (936—939) und Agapet II. (946—955) lautende Bullen anfertigen[27], für die er sich guter Vorlagen und zuverlässiger Nachrichten bediente und in denen sich auch ein sorgsames Studium karolingischer Gesetzessammlungen verräth[28]). Die in Betracht kommenden Passauer Bischöfe erscheinen durchwegs als Erzbischöfe von Lorch, als die Hauptförderer der Heidenbekehrung, Lorch gilt als die rechtmäßige Metropole der östlichen Slavenländer und Pannoniens. Mit kühner Geschicklichkeit ist in die Bulle Agapets ein Bericht über einen Streit zwischen dem Erzbischofe Herold von Salzburg, dem unglücklichen Vorgänger Friedrichs, und dem Lorcher Erzbischofe Gerhard eingeschaltet und dazu benützt, den Ausgleich

---

Beweis für ihre Entstehung unter der Regierung dieses Bischofs nicht erbringen. Doch sprechen dafür sehr gewichtige Gründe, die Beziehung auf Piligrim, der, wie wir aus den Diplomen ersehen, sich aufs eifrigste mit der Frage Lorch-Passau befaßt hat, der Umstand, daß sie der Zeitlage unter dessen bischöflicher Waltung entsprechen, eine genaue Kenntniß der Personen und Verhältnisse dieser Zeit und der nächst vorhergegangenen Jahrzehnte voraussetzen, daß sie auf Vorlagen beruhen, die man eher im ausgehenden X. als im XII. Jahrhunderte benutzen konnte und an keiner Stelle eine Beziehung auf eine spätere Zeit verrathen. Daß sie nicht als unverfängliche Stilübungen eines Geistlichen gelten können, geht daraus hervor, daß man ihnen noch zu Anfang des XII. Jahrhunderts sachliche Bedeutung zuschrieb. Denn nur unter dieser Voraussetzung erklärt es sich, daß man sie in der ehemals Passauer, jetzt Wiener Handschrift mit dem Schreiben des Mainzer Erzbischofs Hatto über die Zugehörigkeit Mährens und Pannoniens zur bayrischen Provinz und der Beschwerdeschrift des Salzburger Episkopats verband. In Reichersberg brachte man dann diese Actensammlung in bessere Ordnung, schrieb sie ab und ergänzte sie durch das Synodalrescript über die Absetzung des Salzburger Erzbischofs Herold, die Bulle Benedikts VI. oder VII. für Erzbischof Friedrich, welche die Machenschaften Piligrims zurückwies, und die Protokolle der von diesem in der Ostmark abgehaltenen Diöcesansynoden. Vgl. Hauthaler in den Mitth. des Inst. für öst. Geschichtsf. VIII, 604 ff.

[27]) Jaffé-Löwenfeld, Reg. 767, 2566, 3602, 3614, 3644. Sämmtliche falschen Passauer Bullen und Piligrims Schreiben sind abgedruckt im UB. des Landes o. der Enns II, 699 ff., die Eugens, Leos und Benedikts auf Grund der Wiener Handschriften auch bei Dümmler, Piligrim S. 115 ff. Doch verfügte Dümmler nur über eine wenig zuverlässige Abschrift, vgl. Hauthaler a. a. D. S. 608.

[28]) Ich verweise namentlich auf das Capitulare Karlmanni (Mon. Germ. Legum Sectio II, I, 25 § 5), die Statuta Rhispacensia, Frisingensia, Salisburgensia (ib. p. 228, § 15), das Capitulare Pippini (ib. p. 31, § 1), die Admonitio generalis (ib. p. 54 ff., §§ 4, 43, 70). Es kommt weniger auf die Uebereinstimmung in der Entscheidung als darauf an, daß der Kreis der in der Bulle Leos VII. aufgeworfenen und behandelten Fragen sich wesentlich mit dem der Kasuistik in den Capitularien und Statuten der karolingischen Zeit deckt.

zwischen Salzburg und Lorch-Passau, wie ihn Piligrim sich dachte, anzudeuten. Dem Salzburger Erzsprengel sollte der südlich von der Donau gelegene, an Steiermark angrenzende Theil Pannoniens, dem Lorch-Passauer alles übrige und außerdem Mähren mit dem anstoßenden nordungarischen Berglande zufallen. In einem wohlüberlegten, mit rednerischem Schwunge abgefaßten Schreiben schilderte Piligrim dem Papste den Stand des Christenthums in Ungarn unter starker Hervorhebung seiner Verdienste, forderte die Wiederherstellung von sieben Bisthümern, welche nach seiner Behauptung ehemals unter dem Erzbisthum Lorch bestanden hatten, und fügte sein Glaubensbekenntniß bei[29]). Um der päpstlichen Kanzlei die Arbeit möglichst zu erleichtern und die rascheste Erledigung seines Gesuches zu erreichen, dürfte er auch den Entwurf jener auf den Namen Benedikts VI. lautenden Bulle ausgearbeitet haben, welche ihm die Erfüllung seiner Wünsche verbriefen sollte.

Ob dies Schreiben mit seinen Beilagen in der That an den Papst geleitet wurde, läßt sich mit Sicherheit nicht feststellen. Wäre die Bulle eines Papstes Benedikt für Erzbischof Friedrich in ihrer Gänze als echt zu erweisen, dann läge ein entscheidender Beweis dafür vor, daß die Angelegenheit in Rom verhandelt und zu Gunsten Salzburgs entschieden worden sei, denn sie enthält eine deutliche Ablehnung der Passauer Ansprüche und einen scharfen Tadel der Machenschaften Piligrims[30]). Mit solcher Abweisung würde dessen späteres Verhalten übereinstimmen. Da aber auch Erzbischof Friedrich sich nicht der Verwendung von Fälschungen enthalten hat, so haftet an jener Bulle der Verdacht, daß sie von ihm, dem das Vorhaben seines Neffen leicht bekannt sein konnte, als Gegenmittel gegen dessen Pläne angefertigt oder wenigstens in wünschenswerther Weise ergänzt worden ist. Man müßte dann allerdings annehmen, daß Piligrim, noch bevor er sich an den Papst wandte, durch diese Fälschung abgeschreckt wurde und sich gescheut hat, von seinen Machwerken den beabsichtigten Gebrauch zu machen.

Wie immer auch die Entscheidung über diese Frage lauten wird, sicher ist, daß Piligrim auf die volle Verwirklichung seines hierarchischen Traumes verzichtet und sich darauf beschränkt hat, nunmehr den Kaiser zur Anerkennung seiner festgewurzelten Ueberzeugung von dem Zusammenhange des Passauer Bisthums mit dem alten Lorcher, sowie von der ehemals erzbischöflichen Würde dieses

---

[29]) Das Glaubensbekenntniß ist eine gekürzte Wiederholung des vom 11. Concil zu Toledo (675) beschlossenen Symbols, vgl. Hahn, Bibliothek der Symbole³, S. 342 no. 28. — Ueber die Bedeutung, welche dem Glaubensbekenntnisse bei der Bekehrung, der Avarenmission insbesondere zukam, vgl. Wiegand, Die Stellung des apostolischen Symbols im kirchlichen Leben des Mittelalters, S. 282 (Bonwetsch-Seeberg, Studien zur Geschichte der Theologie IV, 2).

[30]) So wurde sie auch in der Folgezeit in Salzburg aufgefaßt. Ein Reichersberger Mönch hat sie in der ersten Hälfte des XII. Jahrhunderts dem Passauer Materiale vorgestellt.

Sitzes zu bewegen. Damit verband er das Bestreben, für seine Ansprüche auf die aus langem Verfalle zu erhebenden Klöster des Landes ob und unter der Enns, die er nach der Anschauung des bayrischen Episkopats in seiner Hand behalten wollte, sowie für die Sicherung des so wichtigen Besitzes um Zeiselmauer und die Erweiterung seiner stadtherrlichen Gewalt die erforderlichen Beweisurkunden zu beschaffen. Als gleich gesinnten und gefügigen Helfers bediente er sich eines Notars der kaiserlichen Kanzlei[81]). Von diesem ließ er Urkunden Karls des Großen, Ludwigs des Frommen und Arnulfs, sowie Vorlagen für jene Diplome anfertigen, welche ihm durch die Gunst Ottos des Großen und seines Sohnes bewilligt wurden. Gewitzigt durch den Mißerfolg bei der Kurie ging er jetzt mit vorsichtiger Klugheit zu Werke. Vorerst beschränkte er sich darauf, den Titel eines Lorcher Bischofs, dessen sich schon sein Vorgänger hie und da bedient hatte, und die Erwähnung des heiligen Laurentius, dem das Lorcher Kirchlein, der karge Rest einstiger Größe, geweiht war, in die Urkunden gleiten zu lassen[82]). Als er aber nach der Belagerung und Zerstörung Passaus auf besondere Berücksichtigung seiner Wünsche, auf ausgiebige Belohnung seiner in schwerster Zeit bewiesenen, nie erschütterten Treue rechnen durfte, glaubte er den rechten Zeitpunkt gekommen, um die ihm am Herzen liegende Bestätigung der ehemaligen erzbischöflichen Stellung Lorchs und des Erbanspruches seines Hochstifts wenigstens in mittelbarer Weise zu erlangen und damit eine Handhabe für weitere Zugeständnisse zu gewinnen. Die an sich werthvolle Zuwendung der Ennsburg, welche Herzog Heinrich I. einst von dem Bischofe Adalbert gegen den Ort Aufhausen eingetauscht hatte, bot ihm Anlaß, in eine von jenem Notar darüber angefertigte Urkunde die Behauptung einzuschieben, daß die Burg einst zum Gute der Lorcher Kirche, welche in alter Zeit der Vorort eines Erzbisthums gewesen sei, gehört habe[88]). Obgleich er sich dabei recht vorsichtiger Wendung

---

[81]) Vgl. meine Abhandlung über die Urkundenfälschung zu Passau im X. Jahrhundert (Mitth. des Inst. für öst. Geschichtsf. III, 177 ff.).

[82]) DO. I, 423, DD. 27, 59, 138. In DD. 111, 135—137 ist nur von von der Passauer Kirche die Rede.

[83]) D. 167a: eidem s. Lauriacensi ecclesie, que in honore s. Stephani sanctique Laurentii, martyrum, foris murum constructa est, quam primo sedis antiquitus presulatum fore novimus .... Presertim sicut priscis temporibus sancta Lauriacensis ecclesia, que foris murum in honore sancti Stephani sanctique Laurentii, martyrum, constructa et dedicata est, ante discidium et desolationem regni Bauvariorum mater ecclesia et episcopalis cathedra fuit, ita deinceps pristino honore ac dignitate canonica auctoritate perfruatur. Quam etiam presenti precepto nostro renovamus atque roboramus et iam sepe dicte sancte Lauriacensi sedi venerabilem Piligrimum reintronizamus antistitem, quatinus amodo tam ipse quam omnes sui successores Lauriacenses fiant et nominentur pontifices. Ungefähr zur selben Zeit hat Piligrim auch mit Benutzung von D. 135 (976 Juli 28) eine Urkunde Arnulfs anfertigen lassen, in der er zum Theile mit denselben Worten erzählt, daß der Lorcher Erzbischof Vivulo nach der Verwüstung seiner Kirche durch die Barbaren seinen Sitz mit Unterstützung des Herzogs Otilo nach Passau

bediente, sollte er doch auch diesmal nicht durchdringen. Weilte zur selben Zeit Erzbischof Friedrich von Salzburg in der Umgebung des Kaisers, so werden wir vermuthen dürfen, daß er auch diese nur so nebenher in der Form geschichtlicher Erinnerung in eine Urkunde eingeschmuggelte Anerkennung des ehemals erzbischöflichen Ranges der Lorch-Passauer Bischöfe zu verhindern gewußt hat. Piligrims Vorlage wurde von der Kanzlei zurückgewiesen, er mußte sich mit einer viel einfacheren, ganz unverfänglichen Urkunde zufrieden geben (D. 167b), während sein Gegner schon vorher eine umfassende Besitzbestätigung erhalten hatte (D. 165).

War damit für den Passauer jede Aussicht geschwunden, den Lohn, den er sich für die Belehrungsthätigkeit erhofft hatte, zu gewinnen, stellten sich dieser bei den unsichern politischen Verhältnissen der nächsten Zeit Hindernisse im fremden Lande, das Mißtrauen des Großherrn, die nationale Abneigung des Volkes, die mit dieser im Bunde stehende Anhänglichkeit an die ererbten heidnischen Gebräuche entgegen, so ist es um so erklärlicher, daß Piligrim auf seine ersten weitreichenden Absichten verzichtete und sich fortan der weniger großartigen, für die nächsten Bedürfnisse seines Hochstifts aber um so reicheren Ertrag verheißenden Aufgabe der Kolonisirung der Ostmark widmete. Wir werden im weitern Verlaufe den Spuren seiner ersprießlichen, segensreichen Thätigkeit auf diesem Gebiete nachzugehen haben.

Wenden wir unsere Aufmerksamkeit wieder den Kriegsereignissen des Jahres 977 zu, so tritt uns die Frage nach dem Schicksale der beiden aufrührerischen Herzöge nahe. Darüber werden wir jedoch ganz im Unklaren gelassen. Da der Kaiser sich genöthigt sah, um den Empörern jeden Halt für einen neuen Versuch zu nehmen, die hauptsächlichen Befestigungen der Stadt Passau schleifen zu lassen[84]), so ist es wahrscheinlich, daß beide landeinwärts entkommen waren.

---

verlegt habe (Mon. Boica XXVIIIa, 119 no. 86). Man sieht, wie sehr er damals von den Gebilden seiner historisirenden Phantasie erfüllt war. — Hauck (a. a. O. S. 183 Anm. 3) hat mit Recht darauf hingewiesen, daß primae sedis episcopus soviel wie Metropolitan bedeute (Hinschius, Kirchenrecht II, 8) und daß dem die Wendung primae sedis presulatus in D. 167a entspreche. Aber er irrt mit der Annahme, daß diese Anerkennung der erzbischöflichen Würde auch in die genehmigte Ausfertigung (D. 167b) übergegangen sei. In dieser ist nur von prima sedes episcopalis die Rede und der Schluß von Presertim an ganz weggelassen. In D. 167b sollte mit prima sedes nicht der hierarchische, sondern nur der zeitliche Vorrang des Lorcher Bisthums hervorgehoben werden, es fand also nur der ehemalige Bestand desselben und der Zusammenhang mit Passau, nicht aber die erzbischöfliche Würde Anerkennung.

[84]) So fasse ich die Stelle in D. 167a auf: Piligrimi pontificis, cuius sancte Pataviensis ecclesie urbem et barrochiam, exorta regni perturbatione, incursu hostili invasam et non solum ab inimicis omnino devastatam, verum etiam, Deo propitio de illis nobis victoriam concedente, recidivo consulentes periculo civitatem prefatam condolemus funditus nostra iussione

Heimkehr Ottos II. nach Sachsen. Kanzler Hildibald 977. 101

Das hart mitgenommene Passau war keine Stätte längeren Aufenthaltes, unverzüglich begab sich Otto mit den Fürsten und dem Heere nach Regensburg, hielt aber auch hier nur kurze Rast. Nachdem die nothwendigsten Geschäfte erledigt waren, der Bischof von Como für sein Hochstift die erbetene Privilegienbestätigung erhalten hatte (D. 166), verabschiedete sich der Kaiser von dem Bayernherzog Otto sowie dem Markgrafen Liutpald und trat am 5. October die Heimreise an. Auf dem Wege, zu Etterzhausen, erhielt Bischof Piligrim von Passau noch eine Urkunde, für die er einen Entwurf, der aber nicht genehmigt worden war, schon in Regensburg vorgelegt hatte und durch die der Kaiser der Passauer Kirche als Ersatz für den erlittenen Schaden sein Gut Ennsburg im Traungau schenkte[35]).

Am 20. October finden wir den Kaiser in Allstedt, wo er über Bitte seiner Mutter dem St. Johanneskloster zu Magdeburg seinen Besitz in Dodendorf schenkte (D. 168). Noch während dieses Aufenthaltes zu Allstedt vor dem 29. October wurde der Posten des deutschen Kanzlers besetzt, das verantwortungsvolle Amt einem Geistlichen Namens Hildibald verliehen[36]), über dessen Herkunft und Bildungsgang wir nicht im geringsten unterrichtet werden, der aber bald zu ansehnlicher Stellung, großem Einflusse gelangen und eine hervorragende Thätigkeit entfalten sollte.

Die große Eile, mit welcher der Kaiser Bayern verließ, um die heimathlichen Pfalzen aufzusuchen, mag ihren Grund darin gehabt haben, daß hier seiner eine große Freude harrte. Während er sich rauher Kriegsnoth entgegengeworfen hatte, war ihm daheim das erste Kind geboren worden, ein Töchterchen, das den Namen der Großmutter Adelheid erhielt[37]). So werden die letzten Monate

---

destructam. Darin liegt einige Uebertreibung, in der Kanzleiausfertigung (D. 167b) ist der Ueberschwang etwas gemäßigt: quia nos barroechiae suae, licet necessitate impulsi, tum in destructione urbis Pataviae tum etiam in exercitus nostri morosa sustentatione gravem intulimus iacturam. Kann man daher keineswegs, wie z. B. Richter (Annalen III, 128) eine Zerstörung Passaus von Grund auf annehmen, eine Maßregel, die ganz zwecklos nur den treuen Anhängern des Kaisers geschadet hätte, so verdient die in D. 167a gegebene Begründung doch Beachtung. — Ranke, Weltgesch. VII, 12: „Die Belagerung von Passau bildet den Knotenpunkt in dieser Verwickelung; der Platz wurde nicht erobert, aber die beiden Heinriche genöthigt, sich vor dem Kaiser zu bemüthigen. Wahrscheinlich haben sie sich anheischig gemacht, sich vor einer Versammlung zu stellen, die nun in Magdeburg stattfand." Das erste ist unrichtig, das letztere unwahrscheinlich. Kaum hätte der Kaiser die beiden Herzöge freigelassen, wenn er sie in seiner Gewalt gehabt hätte.

[35]) D. 167, vgl. v. Sickel, Erläut. S. 171.
[36]) v. Sickel, Erläut. S. 95. — Boos, Gesch. von Worms I, 225. Ob Hildibald aus der Wormser Schule hervorgegangen ist, muß in Frage bleiben, da wir Richtung und Leistungen dieser Schule aus jener Zeit nicht kennen.
[37]) Ann. Magdeburg. (SS. XVI, 154): Ottoni secundo imperatori ex Theophanu augusta nata est filiola, quam egregio nomine genetricis suae, imperatricis augustae, insignivit, quo et eius vocabuli decore niteret et meritis iuvaretur. Annalista Saxo (SS. VI, 627): Ottoni imperatori et Theo-

des Jahres, für die uns wiederum jede Kunde verläßt, der Erholung von den Anstrengungen der langen Heerfahrt und der Sorge für die Gemahlin gewidmet worden sein. Weihnachten wurde zu Dornburg gefeiert[38]).

---

phanu auguste filia nata est, quam nomine matris sue imperatricis insignivit. Da die Kaiserin Ende Juni des nächsten Jahres wieder guter Hoffnung war, dürfte Adelheid im Hochsommer oder Frühherbst geboren sein.

[38]) Ann. Lobienses (SS. XIII, 235). Fraglich ist, ob Dornburg an der Saale oder die gleichnamige Pfalz an der Elbe gemeint ist.

978.

Die ersten Monate dieses Jahres hat der Kaiser in Thüringen oder Sachsen verbracht. Die erste Kunde, die wir nach längerer Zeit wieder erhalten, weist ihn zu Sömmeringen nach, in seiner Gesellschaft Mutter, Gemahlin und Schwester. Am 8. März schenkte er auf der Ersteren Bitte dem Himmo ein Gut in Salbke (D. 170), am 17. der Gemahlin den Hof Pöhlde (D. 171). Zur Osterfeier (März 31) begab er sich nach Quedlinburg[1]). Dem gegebenen Versprechen gemäß hatte sich hier der Böhmenherzog eingefunden, von den Großen des Reiches empfangen wurde er in jeder Weise geehrt und kehrte nach Erneuerung des Treugelöbnisses in Frieden nach seinem Lande zurück[2]). Wohl schon in der Charwoche war die Verhandlung gegen seinen unglücklichen Verbündeten, den Bayernherzog Heinrich und dessen Genossen, die der Kaiser vor das Fürstengericht geladen hatte, durchgeführt worden. Das Urtheil lautete auf Verbannung und ritterliche Haft für die beiden Herzöge und den Grafen Ekbert; auch Bischof Heinrich von Augsburg war zur Verantwortung erschienen, es gelang ihm nicht, sich rein zu waschen und, wie er hoffte, des Herrschers Gnade wieder zu erwerben. Herzog Heinrich und mit ihm vielleicht Ekbert wurde nach Utrecht in den Gewahrsam des Bischofs Folkmar verwiesen, der Bischof dem Abte Liudolf von Werden überantwortet. Wo der Kärnthnerherzog seine Strafe abbüßen sollte, wissen wir nicht, sein Herzogthum kam an Otto, den Sohn Konrads des Rothen und der Liutgard[3]). Damit war auch der zweite Enkel des großen Kaisers

---

[1]) Ann. Lobienses (SS. XIII, 235).
[2]) Ann. Altah.: Venit Bolizlavo ad imperatorem in sancto pascha, ut promisit, et honorifice per primates regni susceptus et cum honore habitus et magnifice regalibus muneribus honoratus, fide facta, cum pace dimissus, domum rediit. Lamperti Ann.: Ad imperatorem Ottonem venit in pascha Bolislawo, qui honorifice susceptus magnisque muneribus ab imperatore oneratus rediit domum.
[3]) Ann. Altah. (Lamperti Ann.): Aderat et Heinricus et ille alius eiusdem nominis et comprehensi sunt atque in exilium missi. Ann. Hildesheim.: Heinricus, quondam dux, cum Heinrico minore et Ekbertus comes iussu imperatoris comprehensi sunt et exilio deputati. Thietmari Chron. III,

und seiner ersten Gemahlin mit einem hohen Reichsamte versehen, die Söhne der einst verbündeten Gegner Herzogs Heinrich I. standen nunmehr an der Stelle seines Sohnes, die unbestrittene Ausübung der königlichen Gewalt war für das gesammte Reich gesichert.

Nach Ostern nahm der Kaiser in Magdeburg Aufenthalt, wo sich neuerdings Italiener eingefunden hatten, Abt Johannes des Klosters Cielo d'oro in Pavia, die Bischöfe Benedikt von Acqui und Udalrich von Cremona. Daß sie sich der Vermittelung der Kaiserin Theophanu bedienten, beweist, daß dieser nunmehr maßgebender Einfluß auf die Erledigung der italienischen Angelegenheiten eingeräumt worden war. Am 11. April erhielt Abt Johannes eine Bestätigung des Besitzes und der Vorrechte seines hochberühmten Stiftes (D. 173). Noch zu Magdeburg schenkte der Kaiser gleichfalls über Verwendung seiner Gemahlin den Nonnen von Meschede den Hof Böllinghausen (D. 172).

Bald darauf trat er einen Zug nach dem Westen an. Am 17. und 18. April wurde der erste Halt in Allstedt von der Kanzlei benützt, um mehrere schon in Magdeburg vorbereitete Verfügungen zu verbriefen, eine Schenkung von 30 Hufen im Grimschleebener Bezirke an das Kloster Nienburg (D. 174), die Besitzbestätigungen für Acqui (D. 175) und Cremona (D. 176). Dann wurde die

---

c. 7: In consequenti anno H. dux et Ekbertus comes et Heinricus presul apud imperatorem accusati Magadaburg capti sunt et exilio deputati longo. Ann. Magdeb. (SS. XVI, 154): Heinricus dux cum Heinrico minore, filio Bertoldi, apud imperatorem accusati eius iussu Magdeburch capti sunt una cum Ekberto comite ac exilio deputati. Chron. Suev. (SS. XIII, 68): Heinricus et aequivocus eius, duces, et Heinricus, Augustae episcopus, capti sunt et in exilium missi. Ann. Ratispon. (SS. XVII, 584): Duo Heinrici capti. Gerhardi Vita Udalrici c. 28 (SS. IV, 417): Cumque obsidione finita et carmula mitigata imperator ad Saxoniam reverteretur, postea statuto tempore Heinricus, filius Heinrici, et aequivocus eius, filius Pertolfi, ad colloquium imperatoris vocati sunt, cum quibus etiam Heinricus episcopus ad imperatorem se ad excusandum de praedicto reatu venit, ut restitutus gratiae eius ad propria redire mereretur. Peracto pro certo colloquio Heinricus et aequivocus eius in exilium missi sunt, Heinricus autem episcopus ad Wirdinam, ubi sanctus requiescit Liutgerus. Cumque ibi de pascha usque post nativitatem sancti Johannis baptistae cum magna cautela custodiretur etc. Die von Thietmar und den Magdeburger Annalen überlieferte Nachricht, daß die Verurtheilung der Empörer in Magdeburg stattgefunden habe, ist auch in die neueren Darstellungen übergegangen. Giesebrecht (Jahrb. S. 43) nahm, da er DD. 172, 173 nicht kannte, einen Aufenthalt zu Magdeburg zwischen dem 17. und 31. März an, so auch K3. I, 580 und Riezler, Gesch. Bayerns I, 369. Richter, Annalen III, 128 setzt die Osterfeier nach Magdeburg, ohne das Zeugniß der Ann. Lobienses zu beachten, während v. Sickel, Erläut. S. 99 die Verurtheilung in den urkundlich nachweisbaren Magdeburger Aufenthalt verlegt. Da aber die Ann. Altah. die Verhandlung gegen die Herzöge zu Ostern ansetzen und nach Gerhard auch die Haft des Bischofs an diesem Feste begonnen hat, so glaube ich einen Irrthum Thietmars annehmen zu müssen, der sich vielleicht dadurch erklären ließe, daß die Herzöge und Ekbert zunächst im Gefolge des Kaisers blieben, mit ihm von Magdeburg aus die Fahrt an ihre Haftorte antraten. — Otto kommt als Herzog von Kärnthen zuerst in D. 203 vom 9. October 979 vor.

Fahrt nach Grone, wo am 10. Mai ein zwischen dem Erzbischof Adalbert und dem Schenken Livo, der, wie wir sehen werden, dem Kaiser besonders nahe stand, abgeschlossenes Tauschgeschäft genehmigt wurde⁴), und nach Sohlingen (bei Uslar) fortgesetzt. Hier erhielt am 17. Mai Bischof Albuin von Brixen eine Immunitätsbestätigung für sein Bisthum (D. 178) und wahrscheinlich wurde hier auch das Pfingstfest (Mai 19, 20) begangen. Von da an verlieren wir für einen vollen Monat jede sichere Spur des Kaisers, doch ist nicht ausgeschlossen, daß er sich zunächst, um den verurtheilten Bayernherzog seinem Hüter zu überantworten, nach Utrecht, von da erst nach Aachen begeben habe⁵). Hier war ein längerer Aufenthalt geplant, der aber unerwartete Störung erleiden sollte.

König Lothar hatte den Erfolg, der dem Kaiser im Vorjahre zugefallen war, die Hemmung seiner versteckten Absichten nur schwer ertragen und sann darauf, durch eine entscheidende That gegen Deutschland sein geschädigtes Ansehen wieder herzustellen. In Oberlothringen einzubringen, verbot ihm die Rücksicht auf den mit Hugo Kapet verschwägerten Herzog Friedrich, so blieb ihm nur der Weg nach Niederlothringen offen, der ihn bei gutem Ausgang auch zur Bestrafung des verhaßten Bruders führen konnte⁶). In einer

---

⁴) D. 177. Dobenecker, Reg. hist. Thuring. I, Reg. 494.
⁵) Eine dem Nonnenkloster Nivelles verliehene Urkunde bietet in der Datirung: quinto kal. iulii … actum Trieht (D. 179). Mit Rücksicht auf den Empfänger und den zum Johannestage bezeugten Aufenthalt Ottos in Aachen hat v. Sickel dies auf Maastricht gedeutet und da Otto sich von Aachen nach Köln flüchtete, nichteinheitliche Datirung angenommen, den Ort auf die Verleihung, den Tag auf die spätere Beurkundung bezogen, eine Erklärung, deren Zulässigkeit nicht zu bestreiten ist. Immerhin wäre noch ein Zweites denkbar. Wir finden keine Angabe über die Ursache, welche den Kaiser zu einem Zuge nach dem Westen, den er erst vor einem Jahre besucht hatte, veranlaßt hat, es wäre nun gewiß nicht unwahrscheinlich, daß Otto selbst die Ausführung des Quedlinburger Urtheiles überwacht und sich zu diesem Zwecke nach Utrecht begeben hat. Zeit genug bleibt für diese Fahrt. Von Bodenfeld (Sohlingen) bis zum Rhein über Paderborn, Soest, Dortmund, Essen, Duisburg sind etwa 200 Kilometer, von Duisburg nach Utrecht 108 Kilometer zu rechnen. Brach der Hof etwa am 21. Mai von Sohlingen auf, so konnte er in aller Bequemlichkeit am 3. Juni in Duisburg sein, von da leicht in fünf Tagen Utrecht auf dem Landwege erreichen. Hielt er sich hier etwa 4 Tage auf, so war er am 17. Juni in Maastricht, am nächsten Tage in Aachen. Da Richers Erzählung von einem längeren Aufenthalte des Kaisers in Aachen, wie wir sehen werden, jedes Haltes entbehrt, so könnte Trieht auch auf Utrecht bezogen werden, das unter dieser Namensform schon im IX. Jahrhundert vorkommt. Will man aber an Maastricht festhalten, was vorhergehenden Aufenthalt in Utrecht nicht ausschlösse, so wäre zu vermuthen, daß der Abschreiber von D. 179 im Tagesdatum eine X weggelassen hat, wir erhielten dann einheitliche Datirung: Maastricht Juni 17.
⁶) Ann. Sangall. (SS. I, 80): Lotharius, rex Francorum, contentiose agens adversus Ottonem imperatorem de finibus regni, Aquisgrani tamquam sedem regni patrum suorum invasit, terram quoque inter Mosellam et Renum, quae erat in Ottonis imperio, affectare coepit. Thietmari Chron. III, c. 8: … Lutharium, regem Karelingorum, qui in Aquisgrani palacium et sedem regiam, nostrum semper respicientem dominium, valido exercitu presumsit

Versammlung zu Laon legte er dem Herzoge Hugo und den andern
Großen des Reiches seinen Plan dar, welcher ihre Billigung fand⁷),

invadere sibique verso aquila designare. Ann. Altah.: Hoc etiam anno
Lotharius rex hortatu et consilio filiorum Reginharii, qui fuit princeps et
dux in regno Lotharii, cum electo numero militum repente invasit Aquisgrani palatium seditque tribus diebus ibi, ordinans atque constituens, quae
sibi congrua videbantur. Lamperti Ann.: Eodem anno Liutheri, rex, cum
electo numero militum repente invasit Aquisgrani palacium seditque ibi tribus
diebus. Ann. Laub. et Leod. (SS. IV, 17): Lotharius rex Aquense palatium
videre tantum venit. Gesta pontif. Camerac. I, c. 97 (SS. VII, 440): geben
den Aufenthalt des Kaisers circa festivitatem s. Johannis und als Absicht
Lothars an, illum volens privare imperio. Alperti Fragm. de episcopis Mett.
(ed. Dederich p. 62): Huius (sc. Deoderici episcopi) temporibus Lotharius,
rex Francorum, in partem Belgarum regni, quod sub imperio Ottonis caesaris
erat, animum intendit, ut suae ditioni Rhenum usque sibi subiugaret. Nam
dum forte Aquis Otto caesar ad conventus agendos tutus et omni timore
sublato consisteret et id per exploratores Lothario regi enuntiatum esset,
magnis itineribus ad eum contendit et de improviso prope castra accessit,
ut imperatori vix facultas sui recipiendi relinqueretur atque in fuga accele-
randa emolumenta essent multa relicta, quae omnia praedae hostibus fuerant.
Richer III, c. 68: Igitur in Aquensi palatio Ottone commorante cum coniuge
Theophanu gravida Lotharius illum propius accessisse acerrime motus in-
dignabatur. Radulfi Glabri Histor. I c. 3 (ed. Prou p. 9): Ipsum denique
Ottonem, scilicet secundum, ... conatus est quondam capere positum in
palatio Aquisgranis. Sed quoniam eidem Ottoni clam prenuntiatum a
quibusdam est, noctuque cum uxore vix fuge presidium petens obtinuit.
Die Beweggründe, welche den französischen König zu seinem Einfalle veranlaßten, werden, wie man sieht, verschieden angegeben. Wie schon Lot (Les
derniers Carolingiens p. 93 Anm. 1) ausgeführt hat, ist Richers Annahme,
Lothar sei durch Ottos Anwesenheit in Aachen gereizt worden, ganz unbrauch-
bar, damit fällt auch die von ihm erfundene Rede des Königs weg. Daß die
Söhne Reginars den König zu seiner That beredet haben, wird auf einen
falschen Pragmatismus des Altaicher Annalisten zurückzuführen sein, vgl.
Matthäi (Händel Ottos S. 15), dem gegenüber die Begründungsversuche von
Kalckstein (Gesch. des franz. Königthums, S. 340) und Lot (a. a. O.) nicht in
Betracht kommen. Höchstens mögen sie eine abwartende und daher dem Karolinger günstige Haltung eingenommen, den Kaiser nicht zu rechter Zeit gewarnt
haben. Daß Lothar die Sache des Bayernherzogs unterstützen wollte, wie
Giesebrecht (Jahrb. S. 47) andeutet, oder mit ihm in Verbindung getreten sei,
was Kalckstein (a. a. O. S. 339) vermuthet, ist unwahrscheinlich, da Heinrich
damals aller Macht entkleidet war und höchstens bei einem günstigen Ausgange
des Krieges in die Berechnung einbezogen werden konnte, vgl. Matthäi a. a. O.
S. 13. Am meisten wird man die eigentliche Veranlassung in den persönlichen
Gefühlen des Königs zu suchen haben, welchen Erfolg und Gewinn er sich vor-
spiegelte, kann man nicht wissen, das nächste war jedenfalls die Erwerbung
Niederlothringens.

⁷) Richer III, c. 68, 69. — Lot (a. a. O. p. 93) setzt diese Versammlung
in die Mitte Juni, was viel zu spät wäre. Denn Lothar entbehrt damals
noch der Truppen (si ad id agendum copia militum non defecerit), deren Einberufung und Sammlung nahm jedenfalls längere Zeit in Anspruch; traf
Lothar um den 24. Juni in Aachen ein, so mußte er um die Mitte des
Monates schon auf dem Marsche sein. Da der König im März zu Dijon war
(Lot a. a. O. S. 92 Anm. 2), so wird man die Sprache von Laon in den April
oder Anfang Mai verlegen müssen, also in eine Zeit, in der Otto noch in
Sachsen weilte. — Die Vermuthung Giesebrechts (Jahrb. S. 47), Lothar habe
den Herzog Hugo durch das Versprechen, seinen jüngern Brüdern, Otto und
Heinrich, die beiden lothringischen Herzogthümer zu verleihen, gewonnen,

und schritt dann sofort zur Ausführung. Die Vorbereitungen wurden so geheim betrieben, daß der Kaiser keine Ahnung von dem beabsichtigten Handstreich hatte, ohne Kenntniß der drohenden Gefahr mit seiner schwangeren Gemahlin und geringem Gefolge nach Aachen zog und hier sich in aller Ruhe den Regierungsgeschäften zu widmen gedachte. Inzwischen hatte aber Lothar mit seinem Aufmarsche begonnen. Aller Wahrscheinlichkeit nach hatte er sein Heer, dessen Stärke auf 20000 Mann angegeben wird, von Laon aus zuerst gegen Norden geführt, die für einen größeren Truppenkörper unwegsamen Ardennen umgehend, etwa bei Maubeuge die Sambre überschritten und dann den Marsch am linken Ufer dieses Flusses bis zur Maas fortgesetzt, die er bei Lüttich oder Maastricht oder zwischen beiden Orten, etwa bei Visé, übersetzte[8]). Hier dürfte ihm die Kunde von der Anwesenheit des deutschen Hofes in Aachen zugekommen und jetzt erst in ihm der Gedanke aufgetaucht sein, sich des Kaisers zu bemächtigen[9]). Die Ausführung scheiterte aber an dem Ungeschicke Lothars. Statt mit einer auserlesenen Schaar eiligst nach dem nur 30 Kilometer entfernten Aachen vorzustürmen und das deutsche Hoflager aufzuheben, vertrödelte er die Zeit damit, daß er am rechten Maasufer seine Mannschaften sorgfältig ordnete, dann mit dem ganzen Heere und Trosse aufbrach[10]). Inzwischen waren aber Boten zum Kaiser gekommen und hatten ihm das Anrücken des Feindes gemeldet. Mit übermüthiger Sorglosigkeit wollte der hohe Herr nicht glauben, daß sein französischer Vetter sich zu so kühner That aufgerafft habe, erst ein rasch unternommener Aufklärungsritt belehrte ihn eines Besseren[11]). Konnte er der in nächster Nähe stehenden Uebermacht keinen Widerstand leisten, so lag alles Heil in der Flucht, die allein ihn und die Seinen der Gefangenschaft entziehen konnte. In größter Eile verließen der Kaiser und sein Gefolge Aachen, glücklich erreichten sie Köln[12]) und Lothar fand, als er in der Stadt Karls des Großen einzog, den Palast leer, seine Hoffnung, in der Person des Kaisers ein kostbares Pfand, unerhörten Triumph und einen Frieden, der ihm Lothringen als Siegespreis brachte, zu gewinnen, getäuscht. Nun galt es erst recht zu beweisen, was er wollte und konnte. War die mit so großen Mitteln unternommene Heerfahrt der Anfang eines

---

vermag ich nicht beizupflichten, da der Herzog kaum einer Schädigung seiner Schwester Beatrix zugestimmt haben dürfte.

[8]) Lot a. a. O. S. 93 Anm. 2. — Ueber den Zusammenhang, in welchen Lot diesen Zug mit der Flucht des Bischofs von Cambrai gebracht hat, vgl. Excurs VI.

[9]) Dies ergiebt sich aus dem über das Itinerar des Kaisers Ermittelten. Giesebrecht (Jahrb. S. 47) und Lot (a. a. O. S. 95) erblicken allerdings mit Richer in der Gefangennahme Ottos das eigentliche Ziel des ganzen Zuges, das der König von Anfang an im Sinne hat.

[10]) Richer III, c. 69—71.
[11]) Richer III, c. 70.
[12]) Gesta pontif. Camerac. a. a. O.

108 Tod Herzogs Friedr. v. Oberlothringen. Die Franzosen in Aachen 978.

ernsthaften, weit ausgreifenden Unternehmens oder nur die Eingebung des Augenblickes, das Blendwerk eitler Ruhm- und Rachsucht? Im ersteren Falle war ihm der Weg gewiesen, er mußte die Besetzung Lothringens rasch durchführen, sie zu einer dauernden Besitznahme gestalten, und man kann sagen, daß die Zeit solchem Beginnen günstig genug war, da der Kaiser jedenfalls längere Zeit brauchte, um ein Heer zusammenzubringen, mit dem er dem Vorhaben hätte wehren können, und da eben in diesen Tagen Herzog Friedrich von Oberlothringen gestorben war, die Herrschaft über das wichtige Herzogthum, da sein ältester Sohn Heinrich vor ihm aus dem Leben geschieden, der zweite, Adalbero, für den geistlichen Stand bestimmt war, auf den dritten, den noch unmündigen Dietrich, übergegangen war, für den die Mutter Beatrix die vormundschaftliche Regierung führte [13]). Solchem Wagniß aber war der im kleinlichen Kampfe um die Macht aufgewachsene Karolinger trotz seines persönlichen Muthes abgeneigt und überdies wird sich an diesem entscheidenden Punkte die Unbrauchbarkeit des feudalen Heeres für eine länger dauernde Unternehmung von ungewissem Ausgange geltend gemacht haben. So endete die Kriegsfahrt in kläglich-spaßhafter Weise. In der Stadt und auf dem Lande wurde geraubt und geschwelgt, die Troßknechte thaten sich an den vom deutschen Hofe zurückgelassenen Vorräthen gütlich, die kaiserlichen Gewänder wurden aus den Gemächern und Truhen hervorgeholt, zum Schlusse der den First des Kaiserpalastes krönende Adler gewendet [14]). War der Beutegier und Eitelkeit genug gethan,

---

[13]) Parisot, De prima domo sup. Loth. p. 9 und 83. — Ann. necrol. Fuld. (SS. XIII, 204): Fridurih dux. In der von Gerbert verfaßten Grabschrift (Lettres ed. Havet 71 no. 76) wird angegeben: sopor ultimus hausit Mercurii cum celsa domus tibi, Phaebe, pateret. Havet hat das auf den 17. Juni, an welchem nach dem mittelalterlichen Kalender die Sonne in das Zeichen des Krebses tritt, bezogen, doch wird es sich nur um eine ungefähre Zeitangabe handeln. Als Vormünderin wird Beatrix genannt von Bischof Dietrich (Lettres de Gerbert 28 no. 31). Chron. s. Michaelis c. 9 (SS. IV, 82): Isto Friderico rebus humanis exempto cum filius eius Theodoricus in principatu ei successisset.
[14]) Richer III, c. 71: Regiae mensae evertuntur. Ciborum apparatus per calones diripitur. Regia quoque insignia a penetralibus erepta asportantur. — Gesta pontif. Camerac. a. a. O.: bacchantes et latrocinantes. Im französischen Sinne ausgeschmückt in der Hist. Francorum Senon. (SS. IX, 367) und von Guido de Bazoches (bei Albericus Trium Fontium Chron. SS. XXIII, 772). Unter den regalia insignia sind kaum die eigentlichen Reichskleinode zu verstehen, vgl. Matthöi, Händel Ottos S. 17, Waitz, Vigg. VI², 287. Ueber die Drehung des Adlers: Richer a. a. O. Aeream aquilam, quae in vertice palatii a Karolo Magno acsi volans fixa erat, in vulturnum (Südosten) converterunt. Nam Germani eam in favonium (Westen) converterant, subtiliter significantes, Gallos suo equitatu quandoque posse devinci. Thietmari Chron. III, c. 8: sibique verso aquila designare. Haec stat in orientali parte domus morisque fuit omnium hunc locum possidentium ad sua eam vertere regna. Beide widersprechen sich also hinsichtlich der Richtung des Adlers. Richers Auffassung wird wiederholt von Bonitho (Liber IV. ad amicum, Mon. Germ. Libelli de lite I, 581), der von Otto dem Großen erzählt: Inde Aquisgrani veniens aquilam, Romanorum signum, quod contra

so war für Lothar kein Anlaß zu längerem Verweilen, mit der Hoffnung, zu gelegener Zeit wieder nach Aachen zu kommen, trat er den Heimweg an. Auf dem Rückzuge versuchte er noch einen Handstreich gegen Metz, der aber mißglückte und nur einen so gefährlichen Gegner, wie Bischof Dietrich es sein konnte, zu gesteigerter Thätigkeit reizte[15]).

Der Kaiser hatte, wenn er auch auf der Flucht die nur von Richer bezeugten Thränen nicht vergossen haben dürfte, die ihm angethane Schmach aufs tiefste empfunden und war fest entschlossen, sie zu rächen. Von Köln ging er zu der schon früher nach Dortmund angesagten Reichssprache und hier wurde um die Mitte Juli von den anwesenden Großen in einmüthigem Eifer die Einberufung eines großen Heeres beschlossen[16]). So wenig man eine bestimmte, selbständige Wirksamkeit des nationalen Gedankens in jenen Zeiten nachweisen kann, im Gegensatze gegen benachbarte Völker machte er sich doch geltend, und das war auch auf dem Dortmunder Tage der Fall.

In Dortmund schenkte Otto am 14. Juli der Frau Gerbirin und ihrer Tochter Liutgard über Verwendung des Markgrafen Thietmar ein in dessen Grafschaft gelegenes Gut, das ihm nach dem Tode eines andern Thietmar zugefallen war[17]). Hier hatten sich auch der Propst Gerhard und der Priester Anamod eingefunden, um als Abgesandte der Augsburger Geistlichkeit die Freilassung ihres Oberhirten zu erbitten. Ueber Fürsprache Herzogs Otto schenkte ihnen der Kaiser williges Gehör und nach Erneuerung seines Treueschwurs konnte Bischof Heinrich nach Augsburg zurückkehren[18]).

Germanos multis temporibus alis extensis stabat, Francigenis usque hodie prominere precepit. Vgl. über den Adler: Waitz, Vfgg. VI³, 304. Anthony-Siegenfeld, Landeswappen der Steiermark, S. 384. Gritzner, Symbole und Wappen d. alten Deutschen Reichs, S. 19.

[15]) Alperti Fragm. (a. a. O.): Hac felicitate rex sublevatus, spem suis augere et audacius crebras incursiones agere Mettinque usque proficiscitur, sed nulla re navefacta probrosus rediit. Et sicut ex felicitate obrepit insolentia, sic item ex eadem aliquando desidia mentis oriri solet. Praesul itaque Deodericus, quamvis inanes incursus regis forent, tamen eius ineptiae ut reprimerentur, statuit. Unde litteris cum legatis ad Ottonem cesarem missis, de his rebus eum certiorem facit dicitque, in tanto suo imperio non debere eum hanc contumeliam diutius pati sibi populisque eius fieri. — Lot a. a. O. S. 97 Anm. 1.

[16]) Vgl. Alperti Fragm. de ep. Mett. p. 63: Convocatis itaque cunctis principibus de illatis sibi iniuriis a rege conquestus est. Hi omnes consilio dato armis illi obviandum esse dicebant. Quorum omnium consensu suscepit negotium. — Daß der Dortmunder Tag schon früher angesagt war, ergiebt sich aus der Anwesenheit der Augsburger Geistlichen. Bei der Entfernung von 390 Kilometern zwischen Köln und Augsburg, konnte die Ausschreibung und die Reise von Augsburg nach Dortmund nicht in 19 Tagen stattfinden. — Was Richer (c. 72) von den Bemühungen des Kaisers, die Fürsten durch Gunstbeweise aller Art zu gewinnen, erzählt, ist aus französischer Auffassung heraus gedacht und geschrieben. Die Rede des Kaisers (c. 73) ist, wenn auch in ganz würdigem Tone gehalten, Erfindung Richers.

[17]) D. 180, vgl. Excurs VII.

[18]) Gerhardi Vita Udalrici c. 28 (SS. IV, 417): Cumque ibi de pascha

110 Botschaft an Lothar. Abreise d. Kais. Adelheid nach Burgund 978.

Die straffere Zusammenfassung der staatlichen Kräfte, welche von Otto dem Großen als vornehmstes Ziel seiner inneren Politik betrachtet, mit fester Hand gefördert, von dem Sohn mit Umsicht gewahrt worden war, hatte sich auch auf dem Dortmunder Tage bewährt und wohl schon von hier aus konnte der Kaiser dem Karolinger stolze Botschaft zugehen lassen. Um die arge Treulosigkeit zu strafen, werde er keinerlei Hinterlist, keinen lichtscheuen Anschlag brauchen, noch sich hinterlistig in des Gegners Land stehlen, offen und ohne Tücke mache er ihm kund, daß er am ersten October sein Heer gegen ihn führen, seine Herrschaft vernichten werde[19]).

Von Dortmund wird sich Otto nach Sachsen gewendet haben, um die Vorbereitungen für den Rachezug zu treffen. Um diese Zeit oder vielleicht etwas früher trat ein Ereigniß ein, das die Hofgesellschaft lebhaft erregt haben wird, die Entfernung der Kaiserin-Mutter. Mochte Adelheid auch in früheren Jahren Anlaß zur Unzufriedenheit gehabt, die wachsende Selbständigkeit des Sohnes, den zunehmenden Einfluß der Schwiegertochter mißmuthig ertragen haben, so war doch erst durch die lothringische Politik des Kaisers, durch das Verhalten Lothars ihre Stellung auf's äußerste erschwert worden. Jetzt war sie gezwungen, zwischen Sohn und Tochter zu wählen, der für ihr Mutterherz wie für das starke Gefühl ihrer kaiserlichen Würde gleich peinlichen Entscheidung entzog sie sich dadurch, daß sie den Hof verließ, sich mit der Lieblingstochter Mathilde zu ihrem Bruder nach Burgund begab[20]).

usque post nativitatem s. Johannis baptiste cum magna cautela custodiretur, factum est imperiale colloquium in oppido quod dicitur Trutmanna. Illuc venerunt duo presbyteri Gerhardus et Anamotus de Augusta et cum interventu Ottonis ducis et episcoporum ibi inventorum supplicaverunt non solum de semet ipsis, sed de omnibus clericis in eodem episcopatu habitantibus, ne diu episcopali custodia privarentur. Imperator autem petitioni Ottonis ducis et aliorum suorum fidelium praefatorumque clericorum satisfaciens, episcopum de exilio reduci praecepit in praesentia sua, iterato fidelitatis suae sacramento, cum gratia sua ad episcopatum suum redire concessit.

[19]) Gesta pontif. Camerac. I, c. 97 (SS. VII, 440). Lot (a. a. O. S. 100 Anm. 2) meint, daß die Botschaft den französischen König nur sehr spät erreicht haben könne, da er sonst seine Mannschaft beisammen behalten hätte. Diese Begründung entspricht nicht der Sachlage. Lothar war mit und ohne Botschaft außer Stande, sein Heer unter den Fahnen zu halten oder ein neues zusammenzubringen, er hätte es sonst thun müssen, da er sich bewußt sein konnte, daß der Kaiser den Aachener Handstreich nicht leicht nehmen werde, und da er von den Rüstungen in Deutschland gewiß Kenntniß hatte.

[20]) Odilonis Epitaphium Adalh. c. 6 (SS. IV, 640): Si commendaremus litteris, quanta et qualia passa fuerit tunc temporis, derogare videremur speciem tanti generis. Non enim debemus perstringere stilo, quod cito sedavit humilis satisfactio. Filium diligens, auctores discordiae ferre non valens, secundum apostoli praeceptum dans ad modicum irae locum, paternum decrevit expetere regnum. Ubi a fratre, rege scilicet Chuonrado, et nobilissima Mathilde, eius coniuge, benigne et honorabiliter est suscepta. Tristabatur de absentia eius Germania, laetabatur in adventu eius tota Burgundia, exultabat Lugdunus, philosophiae quondam mater et nutrix, urbs inclita, nec non et Vienna, nobilis sedes regia. — Ann. Magdeb. (SS. XVI, 154) im Anschlusse an Herzogs Heinrich Verurtheilung: Adelheida,

Wahrscheinlich um diese Zeit wurde dem Kaiser eine zweite Tochter geboren, welche in Erinnerung an die Heimath der Mutter den Namen Sophia erhielt[21]).

---

imperatrix illustrissima, cum filia sua serenissima Machtilde abbatissa, nimii doloris acerbitate viscerotenus sauciata, quorundam delatorum indebitas inter se et filium discordias seminantium culpa, in Langobardiam est profecta. Annalista Saxo (SS. VI, 627): Adelheidis imperatrix cum filia Athelheidhe abbatissa in Italiam profecta est propter quaedam discordias inter se et filium factas. Die gerne nachgeschriebene rhetorische Schilderung Odilos unterrichtet uns nicht über die eigentlichen Beweggründe, welche den Abgang Adelheids veranlaßten. Wenig wahrscheinlich ist, daß derselbe eine Folge der Verurtheilung des Bayernherzogs war, wie die Ann. Magdeb. durchblicken lassen, welche übrigens die hohe Frau irrthümlicher Weise nach Italien reisen lassen. Das hat auch der sächsische Annalist wiederholt, die Tochter aber Adelheid genannt. Giesebrecht (Jahrb. S. 27) trennt allerdings die Nachricht der Ann. Magdeb. von der Odilos und meint, Adelheid sei 978 nach Italien gegangen, dann wieder an den deutschen Hof zurückgekehrt und habe sich erst nach dem 17. Februar 980 zu ihrem Bruder nach Burgund begeben. Aber Adelheid ist im Jahre 979 nicht in Italien nachweisbar und im Jahre 980 fehlte es an jedem erkennbaren Anlasse zu einem neuen Zerwürfnisse. Außerdem läßt Odilos Bericht trotz aller Uebertreibung auf eine tiefer gehende und länger dauernde Entfremdung schließen. Da andererseits Mathilde in den Urkunden des Jahres 979 niemals genannt wird, so möchte ich aus dem Umstande, daß Adelheid als Fürsprecherin für Bischof Gisler in D. 213 vom 17. Februar 980 erscheint, nicht schließen, sie sei damals am Hofe gewesen. Möglicher Weise kann es sich da um Erfüllung einer schon früher auf ihre Verwendung erfolgten Zusage handeln, oder es könnte der Fürbitte eine andere Bedeutung innewohnen. Nach Odilo hat der Kaiser Gesandte an den König von Burgund und den Abt Majolus von Cluny mit der Bitte geschickt, sie möchten sich um die Aussöhnung mit seiner Mutter bemühen. Sollte etwa Gisler einer dieser Gesandten gewesen sein? In diesem durchaus nicht unwahrscheinlichen Falle, man denke an seine Entsendung nach Italien, wäre es sehr gut möglich, daß er bei gutem Erfolge eine schriftliche Fürbitte der Kaiserin-Mutter mitgebracht und als Lohn seiner vertraulichen Thätigkeit eine Schenkung erhalten hat. Ich glaube also annehmen zu dürfen, daß erst nach Lothars Ueberfall ein ernstlicher, dauernder Zwiespalt zwischen dem Kaiser und seiner Mutter eingetreten ist, diese sich nicht nach Italien, sondern sofort nach Burgund, von dort nach Pavia begeben hat. (So schon Leibnitz, Ann. imp. III, 382.) Mit dieser zeitlichen Festsetzung des Ereignisses läßt sich die bei neueren Schriftstellern (vgl. vorher S. 73 Anm. 6) beliebte Annahme, die Entfremdung zwischen Otto und seiner Mutter habe das Verhältniß zu Frankreich ungünstig beeinflußt, nicht in Einklang bringen. Richtiger wäre wohl das Umgekehrte. Zu schroff fassen Mystakidis (Byzantinisch-deutsche Beziehungen, S. 48) und Müller-Mann (Die äußere Politik Ottos II. S. 68) die Sache an, wenn sie meinen, der Kaiser hätte „gerechte Strenge als Monarch walten lassen" und Adelheid anläßlich des Strafgerichtes über die Heinriche „in den Bann thun oder in ein Kloster verweisen können". Zu solcher Scharfmacherei war kein Grund vorhanden.

[21]) Sophia wird zum ersten Male in D. 201 vom 27. September 979 erwähnt. Da Theophanu im Jahre 977 eine Tochter geboren hatte, im Juni 978 wieder gesegneten Leibes war, im Jahre 980 einen Sohn gebar, ist kaum anzunehmen, daß das im Jahre 978 geborene Kind die dritte Tochter Mathilde gewesen sei, Sophie erst im folgenden Jahre das Licht der Welt erblickt habe. Hirsch, Jahrb. H. II. I, 448 läßt allerdings unentschieden, welche von beiden, Sophie oder Mathilde, älter war, aber nach dem Vorbemerkten wird man Mathilde für die jüngere halten müssen. Diese Auffassung wird auch durch die sonst unhaltbare, unmögliche Angabe, daß Mathilde der Sophie zur Er-

Im September brach Otto zum Zuge nach Frankreich auf. Wo er seine Mannschaft gesammelt hat, auf welcher Linie sich der Einmarsch in des Feindes Land vollzog, wissen wir nicht²²). Un-

ziehung übergeben worden sei, bestätigt. Actus fund. Brunwil. c. 5 (SS. XIV, 127): a qua (sc. Theophanu) iam filium nomine suo (sc. Otto) insignem clarissimique sui sanguinis normam propemodum exprimentem filiamque vocabulo Mathilt procreaverat, quam etiam sorori suae (!), venerabili abbatissae Sophiae in Asnide monasterio nutriendam commendaverat. Liegt da auch eine Verwechslung mit der jüngeren Mathilde, einer Tochter jener und des Pfalzgrafen Ezzo vor, denn Sophie erhielt Essen erst im Jahre 1011, so galt doch in dem ihrer Familie nahestehenden Kloster Mathilde als nach Otto III. geboren.

²²) Richer III, c. 72—77. Ann. Sangall. (SS. I, 80): Contra quem statim Otto triginta milia equitum (so auch Richer) in Franciam duxit et ostiliter eam devastans famosissimam fecit expeditionem. Brunonis Vita Adalb. c. 10 (SS. IV, 598): Alia hora congregatus est optimus populus et exercitus grandis nimis valde congrediuntur cum Karolinis Francis; cedunt hostes non durantes virorum fortium impetum fortissimum. Set dum vino ventrique colla flectunt, regnante Ottonis infortunio victores in turpem fugam desinunt. Thietmari Chron. III, c. 8: Quem celeriter abeuntem cesar insequitur depopulatis omnibus et incendio consumptis usque ad Parisiam sedem. Alperti Fragm. de ep. Mett. (ed. Dederich p. 63): ex omni parte imperii sui, etiam ex Italia, innumerabilis multitudinis cogit exercitum, usque Parisios perrexit et vastata regione sine ullius congressione rediit. Gesta pontif. Camerac. I, c. 97 (SS. VII, 440): tantae copiae exercitum movit, ut nemo tantam postea vel ante vidisse se meminisse potuerat .... prescripta die in regnum eius pervenit, prosperisque usus successibus, primo Remensium, deinde Laudunensium, sed et Suessionensium, novissime vero partes Parisiorum diversa peste vastavit. Ann. Altah.: Quod imperatorem, ut audivit, multum movit, et cum festinatione omnes vires regni sui coadunavit et insecutus est eum usque ad fluvium Ligera et usque ad monasterium sancti Dionysii et eum non apprehendit, quia fugiendo evasit. Ebenso Lamperti Ann., wo aber richtig statt Ligera gesetzt ist: usque in Sigonem fluvium. Ann. Hildesheim.: Eodem anno imperator cum magno exercitu Galliam invasit ac devastavit. Ann. Ottenbur. (SS. V, 2): Imperator Lotharium, regem Franciae, usque ad Sequanam insecutus est. Ann. s. Bonifacii (SS. III, 118): Otto secundus cum exercitu Galliam intravit. Ann. Augustani (SS. III, 124): Imperator cum suis versus est in fugam in expeditione Galliae. Chron. Suev. (SS. XIII, 68): Otto imperator contra Lotharium regem Gallias invasit. Ann. Colon. (SS. I, 98): Otto imperator exercitum duxit super Carlenses. Ann. Magdeb.(SS. XVI, 154): Eodem anno Otto imperator cum magno exercitu Galliam, quae dicitur Karlingia, invasit ac devastavit. Ann. Mett. brev. (SS. III, 155): Dissensio inter Ottonem cesarem et Lotharium. Ann. s. Dionysii (SS. XII, 720): Ottho, filius Otthonis, rex Saxonum, ... Ann. s. Germani (SS. IV, 4): Otto, filius Ottonis, Parisius venit. Ann. s. Medardi Suession. (SS. XXVI, 520): Saxones Franciam vastaverunt et a Francis cum imperatore suo Othone fugati sunt. Ann. s. Albini Andegav. (SS. III, 168): Otto imperator Parisius venit cum ingenti exercitu. Vgl. auch Lot a. a. D. S. 100 Anm. 1. Radulf Glaber I, c. 3 (ed. Prou p. 9): Tunc denique Otto, congregato exercitu sexaginta milia et eo amplius militum, Franciam ingressus venit usque Parisius. Adami Gesta ep. Hammab. II, c. 21: Is (sc. Otto II.) statim Lothario et Karolo, Francorum regibus, subactis. Actus fund. Brunwil. c. 5 (SS. XIV, 127): Suscepti itaque imperii strenuissime disponens moderamina Lotharium mox regem secedere cogit a Gallia. Hist. Franc. Senon. (SS. IX, 367): Post haec Otto imperator congregans exercitum suum venit Parisius. Guido de Bazoches bei Albericus Trium fontium Chron. (SS. XXIII, 772): Qui (sc. imperator) tamen viribus reparatis Franciam cum multis milibus armatorum Teutonico furore pro-

Einmarsch der Deutschen in Frankreich 978 October.

gewöhnlich groß erschien den Zeitgenossen das Heer, dessen Stärke sie auf 30000 Ritter angeben. Nicht allein die deutschen Fürsten, Prälaten und Herren hatten ihre Mannen gestellt, auch aus Italien waren Truppen gekommen³³). Zuerst finden wir den Kaiser in Attigny, der alten Karolingerpfalz, welche der Zerstörung anheimfiel, dann überschritt er die Aisne und besuchte Rheims, wo er dem heiligen Remigius seine Verehrung bewies und wohl auch mit Erzbischof Adalbero Berathungen pflog³⁴). Darauf wandte er sich wieder zur Aisne, um in Soissons am Grabe des heiligen Medardus zu beten, dann ging die Fahrt nach Compiègne, das als königliche Pfalz gleichfalls zerstört wurde, von hier aus zog das Heer südwärts gegen Paris³⁵). Zu gleicher Zeit war Laon von Bischof Dietrich und Herzog Karl, der sich zur Rolle eines Kronansprechers gebrauchen ließ, besetzt worden³⁶).

Grauenhaft mag die Bedrängniß des Landes gewesen sein, das unter den Hufen der deutschen Reiterschaaren erdröhnte, dessen Wohlstand der grausam verheerenden Art damaliger Kriegsführung zum Opfer fiel. Deutlich lassen die zeitgenössischen Berichte von deutscher wie französischer Seite die Eigenschaft des Verwüstungs-

---

rumpit, depopulatur, incendit, sed quesita quia non acquisita, metu refugiens citius quam venerat ad Franciam, in patriam est regressus. — Die Angabe Richers (III, c. 74): Galliam Celticam exercitu implevit steht, da er unter Gallia Celtica den Landstrich zwischen Garonne und Marne begreift (I, c. 2), in Widerspruch damit, daß er Attigny als erste Haltstelle nennt. Das ergäbe den Einmarsch über Namur-Givet-Charleville von Köln her oder von Koblenz und Mainz über Diedenhofen. Vielleicht sind die süd- und norddeutschen Fähnlein getrennt eingerückt und haben sich erst in der Gegend von Mezières vereinigt.

³³) Vgl. die vorangeführten Belegstellen. Die Angabe Rabulfs ist offenbar übertrieben.

³⁴) Zu weit geht Richer (VI, c. 2), wenn er den jungen König Ludwig den Vorwurf gegen Adalbero aussprechen läßt, daß mit seiner Beihülfe Otto sein Heer nach Frankreich geführt habe. Eine thätige Parteinahme des Erzbischofs ist kaum anzunehmen, da er im folgenden Jahre in gutem Einvernehmen mit Lothar steht.

³⁵) Diese Stationen giebt Richer (III, c. 74) an, während die Gesta pontif. Camerac. nur die von dem deutschen Heere durchzogenen Landschaften aufzählen. Gegen die Anführung des Laonnais hat Matthäi (a. a. O. S. 25) eingewendet, daß der Kaiser sich von Attigny an auf dem linken Ufer der Aisne hielt. Aber von Soissons aus konnte doch leicht ein Streifkorps gegen Laon entsendet werden. Schon die Verpflegung des Heeres nöthigte zu weiter ausgreifender Abordnung einzelner Abtheilungen, deren Fouragirung nach dem Kriegsbrauch jener Zeit einer Verwüstung gleichsam. Vgl. auch Ann. s. Quintini (SS. XVI, 508): Otto imperator Laudunensem pagum vastat.

³⁶) Dies läßt sich aus etlichen, allerdings in leidenschaftlich übertriebenen Ausdrücken abgefaßten Sätzen der controversia zwischen Bischof Dietrich und Karl entnehmen. Der Bischof (Lettres de Gerbert ed. Havet 26 no. 31): dum fratri tuo, nobili Francorum regi, Laudunum civitatem, suam, inquam suam, nunquam utique tuam, dolo malo subriperes eumque regno fraudares. Der Herzog (ebenda 30 no. 32): hanc (sc. Lotharium), inquam, cum regno pellebas meque regnare cogebas. Vgl. Giesebrecht, Jahrb. S. 51 Anm. 1; Matthäi, S. 25—27; Lot S. 99, Anm. 1, der aber Matthäis Ausführung mißverstanden hat.

zuges erkennen und noch lange ist die Erinnerung an den furor Teutonicus geblieben, mit dem der schwer gekränkte Fürst und seine Schaaren in Frankreich einbrachen²⁷), schon früh hat sich um das außerordentliche Ereigniß ein Kreis von Sagen gesponnen. Sein besonderes Gepräge erhielt aber der Kriegszug durch das Verhalten des Kaisers. Wir nehmen in seiner Führung ein, wie man es billig nennen darf, geschichtliches Interesse wahr, er sucht alle auf dem Wege erreichbaren Stätten karolingischer Macht auf, als deren Erben sich der Träger der Kaiserkrone betrachten konnte. So weit allerdings, daß er sie in ehrfürchtiger Erinnerung verschont hätte, reicht aber sein historisches Empfinden nicht, wichtiger dünkt ihn, gerade an ihnen den Besitz der Gewalt deutlich zu machen, sie werden der Zerstörung preisgegeben. Ganz anders verhält er sich gegen die kirchliche Macht. In steter Sorge für sein und der Seinen Seelenheil und wohl auch in natürlicher Rücksichtnahme auf die öffentliche Meinung, als deren wirksamste Werkzeuge für die Mitwelt und den Nachruhm sie zu gelten hatten, beweist er Klöstern und Kapiteln große Gunst. In Rheims und Soissons verrichtet er seine Andacht, die auf dem Wege liegenden Klöster werden nicht allein vor den schwersten Folgen des Krieges gesichert, sondern auch mit reichen Geschenken bedacht²⁸). Als von einer auf Requisition ausgeschickten Truppe das Nonnenkloster der heiligen Bathildis zu Chelles niedergebrannt wurde, bedauerte er das von Herzen und spendete reichen Beitrag zur Wiederherstellung²⁹).

Ohne Widerstand zu finden rückte das deutsche Heer vor die Mauern von Paris. Lothar war in der traurigsten Lage, ein König ohne Kriegsmacht war er vor dem Kaiser zu Herzog Hugo nach Estampes geflohen. Der benahm sich mit altgewohnter Bedächtigkeit. Davon daß er und seine Brüder rechtzeitig gegen den drohenden Einfall gerüstet, sich mit ihrer Macht dem Könige zu Diensten gestellt hätten, war nicht die Rede. Herzog Hugo beschränkte sich auf den Schutz seiner nächsten Interessen, auf die Vertheidigung von Paris³⁰), eine ziemlich ungefährliche Sache, da der Kaiser das linke

---

²⁷) Guido de Bazoches a. a. O. Daß dies nicht, wie Lot a. a. O. S. 100 Anm. 1 annimmt, die erste Erwähnung des furor Teutonicus ist, hat Dümmler nachgewiesen (SB. der Berliner Akademie, Phil.-hist. Kl. 1897, 116).

²⁸) Gesta pontif. Camerac. I, c. 97 (SS. VII, 441): Paternis tamen moribus instructus aecclesias observavit, immo etiam opulentis muneribus ditare potius aestimavit.

²⁹) Richer III, c. 74.

³⁰) In den Gesta pontif. Camerac. wird ebenso wie bei Richer (c. 76) Hugo als Befehlshaber der Stadt genannt. — Wenn Kalckstein (a. a. O. S. 342, 344) vermuthet, daß der Kaiser sich auf „eine Verständigung mit den Robertinern" Hoffnung gemacht habe, so geht er nur von einer falschen Voraussetzung aus. Man darf in Hugo nicht immer den spätern König sehen, daran konnte er, da Lothars Sohn noch am Leben war, kaum denken, wie er auch im folgenden Jahre in die Krönung des jungen Ludwig einwilligte und sich beiden Königen ergeben zeigte. Man wird die Erklärung für sein Verhalten in seiner trockenen, auf das Nächste bedachten Art, in dem Mangel jedes höheren Gemein-

Seineufer nicht gewinnen, Paris nicht vollständig einschließen, die Zufuhr nicht absperren konnte und auch nicht die zu regelrechter Belagerung der großen, wohlbefestigten und ausreichend besetzten Stadt nöthigen Geräthe zur Verfügung hatte. In aller Ruhe konnte der Herzog warten, bis der Mangel an Lebensmitteln und die beginnende Kälte die Deutschen zum Rückzuge zwingen mußten.

Die nur durch Requisitionen unterbrochene Einförmigkeit des Lagerlebens mag den streitlustigen Kämpen des deutschen Heeres schwer genug gefallen sein. Es klingt daher nicht unwahrscheinlich, daß die Langeweile einen derben Sachsen bis zum Brückenthore trieb, wo er, des Versteckenspiels müde, die Wälschen zum Zweikampf forderte, mit prahlerischen Worten drohte, daß das ganze deutsche Heer durch das eingeschlagene Thor rücken werde. Die Franzosen hielten gute Ordnung und meldeten den Vorgang dem Herzoge. Dieser ließ Freiwillige vortreten und wählte aus ihnen einen seiner Mannen, Namens Ivo, der durch das geöffnete Thor dem Sachsen zu ritterlichem Streite entgegenschritt. Ein Speerwurf durchbohrte den Schild des Wälschen, im Schwertkampf verlor der Deutsche Sieg und Leben[81]).

Da ein Erfolg der Belagerung nicht zu erwarten war, der Winter nahte, die Verpflegung der großen Reitermassen wachsende Schwierigkeiten bereiten mußte, und im Lager Krankheiten ausbrachen, denen unter anderen Graf Brun von Arneburg zum Opfer fiel[82]), ordnete der Kaiser, der seiner und des Reiches Ehre genug gethan zu haben meinte, Ende November den Rückzug an[83]). Hatte

---

sinnes suchen müssen. Ihm kam es, wie seinem Vater, vor allem darauf an, den König stets am Bande seiner Macht zu halten, suchte sich dieser zu befreien, so wandte er sich von ihm ab, um sich wieder mit ihm zu vertragen, sobald Lothar von seiner Unentbehrlichkeit überzeugt war. Vgl. auch Luchaire, Les premiers Capétiens, p. 145 (Lavisse, Histoire de France II, 2).

[81]) Richer III, c. 76. Da Ivo durch eine Urkunde (Lot a. a. O. 403 no. 4) als Gefolgsmann Hugos nachgewiesen ist, wird man das Geschichtchen annehmen dürfen. Doch hat es sehr früh Anlaß zu sagenhafter Erweiterung gegeben, indem man es in die Zeiten Ottos des Großen verlegte. In dieser Form findet es sich schon bei Dudo von St. Quentin, wo aus dem Sachsen ein nepos Ottonis geworden ist. Vgl. Dümmler in den Forsch. VI, 387. In der Hist. Franc. Senon. (SS. XI, 367) wird dann dieser nepos Ottonis wieder zum Jahre 978 verwendet. Die Hist. com. Andegav. (Chroniques d'Anjou p. 325) weiß von einem Zweikampfe zwischen Gaufridus Grisa Tunica und Bertholdus, frater ducis Saxoniae, zu erzählen. — Vgl. Kalckstein S. 343, Matthäi S. 23, Lot S. 101.

[82]) Necrol. Merseb.: III. kal. dec. Brun comes. Necrol. Luneb. zu V. kal. dec. Thietmari Chron. III, c. 8: In illo itinere, multis infirmitate nimia compressis, Brun, comes Harneburggiensis, miles per cuncta laudabilis, obiit II. kal. dec. — Vgl. Matthäi S. 22 Anm. 2; Hirsch, Jahrb. H. II. I, 456.

[83]) Gesta pontif. Camerac. I, c. 98 (SS. VII, 441): Qui (sc. Otto II.) cum satis exhausta ultione congruam vicissitudinem se rependisse putaret, ad hiberna oportere se concedere ratus, inde simul revocato equitatu, circa festivitatem s. Andree, iam hieme subeunte, reditum disposuit. Diese Auffassung ist jedenfalls die richtige, wie auch Thietmar (Chron. III, c. 8) mit

er Paris nicht erobern können, so suchte er auf seine etwas geräuschvolle Art den Franzosen seine Macht wenigstens zu Gehör zu bringen. Auf dem Montmartre versammelte er alle Geistlichen seines Heeres und ließ sie ein Halleluja singen, dessen Klänge über der Ebene und der staunenden Stadt verhallten[84]).

Ueber die Richtung des Rückzuges erfahren wir nichts Bestimmtes, wir wissen nur, daß er zur Aisne geführt hat[85]), welcher Fluß seines jäh wachsenden Wasserstandes wegen gefürchtet war. Eben als die Deutschen anlangten, war er in Folge der Winterregen stark gestiegen, so daß bei längerem Zuwarten der Uebergang ganz unmöglich zu werden drohte. Dem Rathe des erfahrenen Grafen Gottfried folgend führte der Kaiser die Truppen ohne Verzug über die Aisne. Trotzdem Viele die Gefahr scheuten, Manche den Tod in den Wellen fanden, glückte das Unternehmen und namentlich Bischof Wolfgang von Regensburg hatte durch seinen glaubensvollen Muth das beste Beispiel gegeben[86]). Sofort zeigte sich, wie wohl berathen der Kaiser gehandelt hatte. Die Franzosen hatten auf der Aufhebung der Belagerung den Muth zur Verfolgung gefunden, erwarteten von der Bedrängung des auf dem Marsche befindlichen Heeres größeren Erfolg als von offener Feldschlacht. Eiligst hatten sich daher die von Herzog Hugo gesammelten und die aus Burgund eingelangten Mannschaften auf den Weg gemacht und trafen gerade an der Aisne ein, als das deutsche Heer glücklich das rechte Ufer erreicht hatte. Sie räumten unter den Troßknechten auf und bemächtigten sich des zurückgelassenen Gepäckes[87]). Zu einer großen Niederlage der Deutschen

---

Recht den politischen und moralischen Erfolg des Zuges hervorhebt. Wenn dieser aber bemerkt: reversus inde imperator cum triumphali gloria, so ist das ebenso übertrieben, wie wenn die späteren französischen Berichte im Anschluß an Richer von einer Flucht der Deutschen erzählen, eine Auffassung, von der noch Lot beherrscht wird (p. 102 toujours fuyant). Daß die Stelle bei Richer (III, c. 75): ad hoc triduum non sufficiebat, nicht, wie schon Radulf Glaber es gethan hat, auf einen nur dreitägigen Aufenthalt Ottos vor Paris zu deuten ist, hat Lot (S. 102 Anm. 1) dargelegt, damit entfallen die Ausführungen Matthäis (a. a. O. S. 22). Da der Kaiser am 1. October in Frankreich eingerückt ist, gegen den 30. November den Befehl zum Rückzuge gegeben hat, können wir eine etwa fünfwöchentliche Dauer der Belagerung annehmen.

[84]) Gesta pontif. Camerac. I, c. 97 (SS. VII, 441).

[85]) Wenn nach Richer (IV, c. 2) König Ludwig dem Erzbischof Adalbero vorwirft, daß er durch Beistellung von Führern den raschen Rückzug Ottos ermöglicht habe, was Lot (S. 102 Anm. 3) als sicher annimmt, so ist dies nach dem früher Bemerkten wenig wahrscheinlich. Mit Recht hat Kalckstein (a. a. O. S. 342) hervorgehoben, daß solche Führer den Deutschen auch ohne Adalberos Vermittelung nicht fehlen konnten. Uebrigens mußte der Kaiser sich mit seinem großen Heere auf den Hauptstraßen halten, die ihm schon von dem Einmarsche her bekannt waren und deren Verfolgung bei dem einfacheren Straßennetze jener Zeit keine Schwierigkeiten bereiten konnte.

[86]) Gesta pontif. Camerac. I, c. 98 (SS. VII, 441). Othloni Vita Wolfkangi c. 32 (SS. IV, 539). Ann. Altah.

[87]) So nach den Gesta pontif. Camerac., mit denen in der Hauptsache auch Richer (III, c. 77) übereinstimmt. Ann. Altah.: et multos ex custodibus occiderunt.

aufgebauscht, hat dieser geringfügige Zwischenfall dem Nationalstolze der Franzosen ungemein geschmeichelt, schon damals einen bescheidenen Urkundenschreiber veranlaßt, das Jahr des von ihm ausgestellten Diploms als jenes zu bezeichnen, in dem König Lothar gegen die Sachsen vorgedrungen war und den Kaiser in die Flucht gejagt hatte[88]), und ist nach kurzer Zeit mit einem Sagenkranze geschmückt worden, der namentlich mit der Person des Grafen Gottfried Grisagonella von Anjou verknüpft wurde[89]).

---

[88]) Lot a. a. O. S. 107.
[89]) Die vier zeitlich am nächsten stehenden Berichte Richers, der Ann. Altah., der Vita Wolfkangi und der Gesta pontif. Camerac. weichen in wichtigen Einzelheiten von einander ab. Den kürzesten und zuverlässigsten liefert Richer, daraus geht hervor, daß die französische Heerschaar nicht von dem Könige selbst geführt war und daß sie nur mit einer unbedeutenden deutschen Abtheilung zu thun hatte. Das Letztere wird auch durch die Ann. Altah. und die Gesta pontif. Camerac. verbürgt. Was aber die Führung der verfolgenden Truppe betrifft, so stimmen mit Richer die Ann. Altah. und die Gesta cons. Andegav. (Chroniques d'Anjou p. 76) insofern überein, als auch sie den König ausschließen, die Ann. die Reginarsöhne, die Gesta den Grafen Gottfried Grisagonella als Führer nennen. Wie die Altaicher zu ihrer, wie schon früher bemerkt, wenig glaubwürdigen Nachricht kamen, läßt sich nicht feststellen, die allerdings ganz sagenhafte Erwähnung des Grafen von Anjou dürfte aber, wie wir sehen werden, eher einen geschichtlichen Kern bergen. Man kann also annehmen, daß die Gesta pontif. Camerac. und Radulf Glaber mit Unrecht den König selbst als Befehlshaber anführen. Die Gesta sind jedoch deshalb wichtig, weil sie in manchen Einzelheiten, wie der Zurücklassung des Trosses, dem Rathe des Grafen Gottfried vom Hennegau, zuverlässigen Bericht durch eine sehr merkwürdige Erzählung erweitern: der Kaiser habe den König zu einer Schlacht aufgefordert, als deren Preis für den Sieger die gesammte Herrschaft setzte. Darauf sei Graf Gausfrid (Grisagonella) vorgesprungen und habe ausgerufen: „Wozu sollen so viele Leute auf jeder Seite fallen? Es mögen die Könige sich im Zweikampfe messen und der Andern sich dem Sieger unterwerfen." Ihm habe Graf Gottfried erwidert: „Wir haben immer gehört, daß ihr euren König feil haltet, es aber nicht geglaubt. Jetzt müssen wir es glauben, da ihr es selbst eingesteht. Niemals wird unser Kaiser, obwohl wir überzeugt sind, daß er euren König auch im Einzelkampf besiegen werde, kämpfen, während wir ruhig zusehen, sich in die Gefahr begeben, während wir in Sicherheit bleiben." Dieses Wechselgespräch, das ganz sicher in lebhafter Weise den Gegensatz zwischen alter Treue und der Selbstsucht des entarteten Feudalismus zum Ausdruck bringt, ist seit jeher als ein werthvolles Mittel geschichtlicher Darstellung geschätzt worden. Namentlich Giesebrecht (Jahrb. S. 53) hat sich dahin ausgesprochen, daß die Gesta pontif. Camerac. kein Buch seien, in dem „Fabeln und Sagen zu suchen wären", und hat die Erzählung als „eine glaubwürdige Darstellung des Ereignisses und deshalb für besonders interessant" erklärt, „weil sie einen bedeutenden Augenblick getreu in allen seinen Beziehungen wiedergiebt". Er hat ihr daher auch in der Geschichte der deutschen Kaiserzeit (I, 583) den dieser günstigen Beurtheilung entsprechenden Platz zugemessen. Ihm ist Matthäi (a. a. O. S. 27) gefolgt und Kalckstein (S. 344) hat wenigstens die Thatsachen angenommen, während er die „Form des Gespräches" dem Chronisten zuwies. Dagegen hat Ranke (Weltgesch. VII, 14 Anm. 1) die „einer lothringischen Sage" angehörige Erzählung aus seiner Darstellung ausgeschlossen und auch Lot (S. 103) sie verworfen, ohne sich jedoch eingehender damit zu beschäftigen. Er hebt aber mit Fug und Recht hervor, daß des Kaisers Verhalten ganz unbegründet wäre, da er ja schon früher Gelegenheit zu einem Kampfe gehabt hätte, und daß es höchst unwahrscheinlich (Ranke: unglaublich) sei, daß er sein Kaiserthum zum Preise einer Schlacht

118 Weihnachten 978. Tod Bischofs Liudolf von Osnabrück.

Der Kaiser löste, auf Reichsboden angelangt, sein Heer auf [40]). War auch weder der König von Frankreich noch seine Hauptstadt in die Gewalt der Deutschen gelangt, machte sich die politische Wirkung des Zuges erst in den nächsten Jahren bemerkbar, so war doch der moralische Erfolg nicht gering, vor allem das Ansehen des Kaisers, die Ehre der deutschen Waffen gerettet und erhöht worden [41]). In Ruhe feierte Otto das Weihnachtsfest zu Frankfurt am Main [42]).

Der Tod hatte in diesem Jahre einen treuen Anhänger des kaiserlichen Hauses dahingerafft, den Bischof Liudolf von Osnabrück, der mit dem Kaiser, vielleicht durch seine Zugehörigkeit zur Familie der Königin Mathilde, verwandt und einst als Kanzler im Dienste Ottos des Großen gestanden war [43]).

---

gesetzt habe. Da ferner die Franzosen ebensowenig über die angeschwollene Aisne kommen konnten, wie die Deutschen zurück, so wäre eine Schlacht an Ort und Stelle überhaupt nicht möglich gewesen. Man darf dem hinzufügen, daß aller Wahrscheinlichkeit nach Lothar nicht an der Spitze der an die Aisne gelangten Truppen stand, also auch in diesem Punkte die nothwendige Voraussetzung für die Erzählung der Gesta fehlt. Wir werden demnach in ihr nur eine in Cambrai verbreitete hübsche Geschichte erblicken und ihr entnehmen dürfen, daß schon zu Anfang des 11. Jahrhunderts die Sagenbildung um Gottfried Grisagonella begonnen hatte. Höchst wahrscheinlich war also dieser an dem Verfolgungszuge betheiligt. Weiter ausgebildet und selbstverständlich in einer ihm weitaus günstigeren Fassung erscheint die Sage in der Erzählung der Gesta cons. Andegav. (Chroniques d'Anjou p. 76) und in Hugonis de Celeriis Scriptum de senescalcia (ebenda p. 387 und SS. XXVI, 90), auf den Normannenkrieg übertragen in der Hist. com. Andegav. (Chroniques d'Anjou p. 324). Vgl. Mabille (Chroniques d'Anjou, p. LXVII ff.) und Lot in der Romania 1890, 377 ff. — Von einer Verfolgung der Deutschen bis zur Maas, welche Radulf Glaber und die Hist. Franc. Senon. berichten, kann nicht die Rede sein, vgl. Lot S. 106.

[40]) Richer III, c. 77: Otto interea cum exercitu digressus, Belgicam petiit ibique procinctum solvit; tanto favore et benivolentia apud suos usus, ut, sicut imminente periculo, ita quoque et omnibus capita sese obiecturos pollicerentur.

[41]) Thietmari Chron. III., c. 8: tantum hostibus incussit terrorem, ut numquam post talia incipere auderent; recompensatusque est hiis, quicquid dedecoris prius intulere nostris. Richer III, c. 78: Lotharius considerans Ottonem neque dolis falli, neque viribus posse devinci. — Lot (a. a. O. S. 107) wägt einzelnen Aeußerungen eines auf durchaus falschen Voraussetzungen beruhenden „Universalismus", wie er bei Alpert und Bruno zu Tage tritt, allzuvielen Werth zu. Es war damals nicht anders als heute, den Deutschen wird jede Bethätigung ihres Nationalgefühles als eine Sünde gegen die allgemeinen Aufgaben der Kirche übel genommen, während man die Haltung der Franzosen mit Stillschweigen übergeht. Bruno vergaß vollständig, daß Lothar den Frieden muthwillig gestört und keineswegs jene reverentia Christianae fraternitatis geübt hat, welche er von seinen eigenen Landsleuten verlangt. Ein Glück, daß im Jahre 978 kein deutscher Bischof oder Abt Gedanken hegte, welche dreißig Jahre später der aus edlem sächsischen Geschlechte hervorgegangene Asket auszusprechen wagte.

[42]) Ann. Lob. SS. XIII, 235.

[43]) Ann. necrol. Fuld. SS. XIII, 204. Diekamp (Suppl. zum Westfäl. UB. 80 no. 508) nimmt als Todestag den 31. März an. — Liudolf wird in D. 100 als consanguineus, in D. 228 als amicus bezeichnet, vgl. Wilmans, K U. Westfalens I, 396.

979.

Von Frankfurt hatte sich der Kaiser nach Erstein begeben, wo ihn zunächst kirchliche Angelegenheiten beschäftigten. Unter Führung des Abtes Gregor war eine Abordnung aus Einsiedeln erschienen, auf deren Bitte er am 15. Jänner dem Kloster den schon von dem Vater geschenkten Ort Grabs unter Verleihung des davon zu erhebenden Reichszolles (D. 181) und ein Tauschgeschäft bestätigte, durch welches das Stift gegen den entfernten Besitz in der Mortenau, im Breisgau und Elsaß von einem Eberhard bequemer gelegenen im Zürichgau bei Winterthur erwarb (D. 182). Vielleicht schon in Erstein hatten sich auch Mönche des Klosters Tegernsee eingefunden, dessen Wiederherstellung nach langem Verfalle im Jahre 978 begonnen worden war. Am 4. März dieses Jahres waren aus St. Maximin Mönche unter Führung des Hartwik zur Besiedelung des verlassenen Konventes gekommen und alsbald hatte der heilige Quirin seinen Dank für die ihm von neuem gewidmete Verehrung bewiesen, indem er einem Manne durch seine Wunderkraft wieder zum Gebrauche der verkrüppelten Hände verhalf[1]). In Brumpt, wo er sich auf der Rückkehr von Erstein aufhielt, verlieh nun der Kaiser dem Hartwik Würde und Insignien eines Abtes, nahm über Verwendung des Bayernherzogs das Kloster unter Bewidmung mit der Immunität in seinen Schutz und sicherte den Mönchen das Wahlrecht[2]). Damit hatte die neue Ordnung feierliche Anerkennung gefunden und waren die Anfänge einer segensreichen Entwickelung festgelegt worden.

Etwa um dieselbe Zeit, da Mönche aus St. Maximin für ihre Absicht, dem Reformgedanken in der Einsamkeit der bayrischen Voralpen eine neue Heimstätte zu schaffen, die Zustimmung des Kaisers einholten, war ein anderer Vorkämpfer der Reform, der vor mehr als

---

[1]) Notae Tegernseenses, SS. XV, 1067.
[2]) Ebenda: ab imperatore Ottone secundo idem Hartwicus baculum et privilegium recepit et a venerando episcopo Abraham benedicitur et monachi regulam professi sunt. D. 192 mit actum Brumpt, das aber erst am 10. Juni ausgefertigt wurde.

vierzig Jahren dieselben Ideen nach Sachsen verpflanzt hatte, Bischof Anno von Worms gestorben³). Von Otto dem Großen im Jahre 936 mit der Leitung des neu errichteten Moritzklosters zu Magdeburg betraut, hatte er sich in diesem Amte auf's Beste bewährt⁴) und war im Jahre 950 zum Bischof von Worms ernannt worden. Sein vertrautes Verhältniß zum Hofe, die geachtete Stellung, die er unter den deutschen Bischöfen einnahm, gaben ihm Gelegenheit, über die Grenzen seines Sprengels hinaus Einfluß auf wichtige Angelegenheiten der deutschen Kirche, namentlich auf die Errichtung des Erzbisthums Magdeburg zu nehmen. Mit allem Eifer und großer Umsicht war er auch bemüht, die Rechte und den Besitz seines Hochstiftes zu wahren und zu mehren, er scheute bei diesem Beginnen auch nicht vor der Verwerthung gefälschter Urkunden zurück, für die er die Bestätigung durch Otto den Großen zu erlangen wußte⁵). Zu seinem Nachfolger bestellte der Kaiser den Kanzler Hildibald, der sich in der kurzen Zeit seiner Amtswaltung volles Vertrauen erworben hatte. Während bisher die Erhebung zur bischöflichen Würde den Verzicht auf den Kanzlerposten zur Folge gehabt hatte, gestattete Otto nunmehr die Vereinigung beider Aemter, Hildibald blieb auch als Bischof von Worms des Kaisers Kanzler. Eben dieser höheren Stellung entsprach es, wenn ihm Otto am 8. Februar in Frankfurt eine an seinen Palast anstoßende Säulenhalle mit der zugehörigen Hofstatt schenkte, damit der Bischof-Kanzler bei längerem Aufenthalte des Hofes eine in dessen nächster Nähe gelegene standesgemäße Wohnung zur Verfügung habe⁶). Die Vergabung veranschaulicht die Stellung des Kanzlers als vertrauten Ministers und deckt eine der ersten Spuren für den Wiederbeginn geordneter amtsgemäßer Behandlung der Reichsgeschäfte auf. In Frankfurt verblieb der Kaiser während des ganzen Februar, am 27. erhielt das Bisthum Meißen einen Ort im Burgwarde Boritz, den Zehnten dieses Burgwards und den Elbezoll von Belgern bis Meißen (D. 184). Im März wurde das Hoflager nach Sachsen verlegt. In Treben⁷) traf der Kaiser mit dem Merseburger Bischofe Gisiler zusammen, der ihm über den Erfolg einer Gesandtschaftsreise nach Italien, von der er eben heimgekehrt war, Bericht erstattete. Der Kaiser war mit der Thätigkeit seines Vertreters, über die wir leider Näheres nicht er-

---

³) Ann. necrol. Fuld. SS. XIII, 204: Anno episcopus. Als Todestag giebt das Chron. Wormat. s. XV. (Boos, Mon. Worm. p. 31) an: non. kal. ian. = (978) December 24.

⁴) Uhlirz, Gesch. des Erzb. Magdeburg, S. 14.

⁵) DO. I. 392, in dem die auf die Forstrechte im Odenwald bezüglichen gefälschten Karolinger Diplome schon verwerthet sind und das sicher zum Jahre 970 gehört. Vgl. Excurs I.

⁶) D. 183, an dem Lechner (Mitth. des Inst. für öst. Geschichtsf. XXII, 544) keinen Anstoß genommen hat. — Hildibald wurde am 5. Jänner geweiht, Chron. Wormat. a. a. O.

⁷) Nach Schmidt (Giselher S. 14 Anm. 21) jetzt wüst an der Mündung der Rippach in die Saale unterhalb Weißenfels.

fahren, zufrieden und schenkte ihm am 19. März zur besseren Ausstattung des von ihm neu besiedelten Mackenrode königlichen Besitz im Altgau⁸). Zur selben Zeit wurden auch Verhandlungen zur Beilegung eines Streites zwischen dem Bischofe und dem Markgrafen Thietmar gepflogen. Dieser hatte dem Bisthume den im Gau Chutizi der Merseburger Mark gelegenen, von Otto dem Großen dem heiligen Laurentius gewidmeten Ort Eythra entzogen. Nunmehr verfügte der Kaiser die Rückgabe und schützte durch Verleihung der Immunität den Besitz vor fernerer Behelligung durch den Markgrafen oder andere Beamte. Doch dürfte Thietmar Einsprache erhoben haben, so daß es zunächst nicht zur Vollziehung der kaiserlichen Entscheidung kam, diese erst nach des Markgrafen Tod durch Ausfertigung der entsprechenden Urkunde am 17. August erfolgte⁹). Wie wir dieser entnehmen, waren am Hoflager zu Treben auch Wigger, Graf der Mark Zeitz, und Gunzelin, der Sohn des Markgrafen Günther, anwesend. Man wird annehmen dürfen, daß ihr Rath nicht allein für die Entscheidung örtlicher Zwistigkeiten verlangt wurde, sondern daß überhaupt die Verhältnisse an der Ostgrenze besprochen wurden. Das war um so nothwendiger, als der Kaiser sich neuerdings an den Rhein begab. Einen unmittelbaren Anlaß zu dieser Fahrt nach dem Westen kennen wir nicht, aber die politische Lage war so wenig geklärt, das Verhalten Lothars so zweideutig, daß der Entschluß des Kaisers wohl zu erklären wäre. Allem Anschein nach war die Reise schon vorher angesagt, da die Mönche von Gembloux dem Kaiser nach Westfalen entgegenkamen, wo sie am 3. April eine Urkunde erhielten¹⁰).

---

⁸) D. 186, Dobenecker, Reg. hist. Thuring. I, Reg. 497. Kehr, UB. des Hochstifts Merseburg 15 no. 16. Makanroth wird durch D. 162 als das im Helmegau gelegene Mackenrode (AG. Ellrich) verbürgt. Die villa Beisingon in comitatu Siberti weist auf eines der im Altgau gelegenen Bessingen zwischen Großenehrig und Schlotheim; Eibert ist also eine Person mit dem in D. 201 genannten comes Siggo. Die Schenkung sollte demnach nicht zur Abrundung von Mackenrode, sondern zum Ersatz der für dessen Neubesiedelung aufgelaufenen Kosten dienen. Der Ausdruck, quem a fundamento silvas eruendo construxerat, ist wohl etwas übertrieben, es dürfte sich um eine in früherer Zeit von einem Makko gegründete, später in Verfall gerathene Ortschaft handeln.
⁹) D. 200. Kehr a. a. O. 16 no. 17. Vgl. Excurs VII.
¹⁰) D. 187. Vgl. v. Sickel, Erläut. S. 173. Die Urkunde ist ebenso wie das als Vorlage benützte DO. I. 82 eine Fälschung, in der aber das Eschatokoll eines echten Diploms erhalten ist. Der Ausstellungsort lautet in den Abschriften Loneam, Loueam oder Long.... Die Deutung ist nicht gelungen, weshalb v. Sickel nichteinheitliche Datirung annahm, sei es, daß die Handlung schon im Jahre 978 zu Löwen stattgefunden hatte, oder Handlung und Beurkundung in das Jahr 979 fallen, der unbekannte Ort zwischen Treben und Dortmund oder Duisburg lag. Ich glaube, daß man diesen Annahmen auszuweichen vermag, wenn man unter Loneam das heutige Lünen n. von Dortmund versteht. Ist Otto etwa am 20. März von Treben aufgebrochen, so konnte er über Mühlhausen-Kassel-Brilon-Belecke-Söst-Werl in vierzehn Tagen leicht nach Lünen gelangen, das auf diesem Wege von Treben etwa 340 Kilometer entfernt ist. Daß er diese Reiserichtung gewählt hat, halte ich aber deshalb für wahrscheinlich, weil er im Herbste über Belecke zu Gunsten seiner Gemahlin verfügte.

Ostern (April 20) wurde zu Dortmund gefeiert[11]). Am 27. April befreite Otto zu Duisburg über Verwendung des Bischofs Milo von Minden und des Herzogs Bernhard von Sachsen die Leute des Nonnenklosters Möllenbeck von der Hebung des Königszinses durch den Grafen und von dessen Gerichtsbarkeit (D. 189). Da die Lage im Westen zu keinen schwereren Bedenken Anlaß gab, namentlich Lothar durch die Vorbereitungen für die Krönung seines Sohnes Ludwig vollauf beschäftigt war, kehrte der Kaiser wieder heim. In Allstedt, wo er längeren Aufenthalt nahm, wurden kirchliche Angelegenheiten von nicht geringer Bedeutung erledigt.

Auf seinem Gute Alsleben hatte Gero, Graf im Morzani'Gau, im Vereine mit seiner Gemahlin Athela und seiner Schwester Tetta zu Ehren Johannes des Täufers ein Nonnenkloster errichtet, für welches er am 20. Mai die kaiserliche Bestätigung und die Immunität erhielt. Die Einrichtung und Leitung wurde in der für solche Familienstiftungen üblichen Weise geregelt, den Nonnen das Wahlrecht für Aebtissin und Vogt zugesichert, beide sollten aber aus den Nachkommen der Gründer genommen werden[12]).

In viel großartigerer Anlage wurde von dem Kaiser selbst eine Klostergründung durchgeführt, deren erster Plan vielleicht noch im Einvernehmen mit der Mutter, welche gewiß an einer dem Andenken an den Tod ihres Gemahles geweihten Stiftung warmen Antheil genommen hat, entworfen worden war. An der Nordseite der mit der liudolfingischen Pfalz zu Memleben, in der König Heinrich und Otto der Große den Tod erwartet hatten, verbundenen Marienkirche gegen die Unstrut zu war ein Klostergebäude errichtet worden, in dem schon mehrere Mönche unter Leitung eines Abtes untergebracht waren. Nunmehr sorgte der Kaiser für die Ausstattung des Stiftes. Nach zwei Richtungen beschaffte er die Mittel dazu in ungewöhnlich reichem Ausmaße, indem er dem Vorgange des Vaters bei der Begabung des Magdeburger Moritzklosters folgte. Wie dieser im Jahre 948 von Hersfeld die nördliche Hälfte der diesem Kloster einst von Karl dem Großen verliehenen Zehnten zwischen Harz und Saale erworben hatte, um sie an das Magdeburger Stift zu geben, von dem sie im Jahre 968 an das Halberstädter Bisthum gekommen waren[13]), so bewog der Sohn den Abt Gozbert von Hersfeld zur Abtretung der zwischen der bösen Sieben, der Saale, Unstrut und dem Grenzgraben zwischen Thüringen und

---

[11]) Ann. Lobienses, SS. XIII, 235. Hierher versetzt v. Sickel, Erläut. S. 166 die Handlung für eine im Jahre 982 ausgefertigte Urkunde, durch welche der Kaiser dem Herzoge Otto von Bayern gestattete, dem Petersstifte zu Aschaffenburg den Nießbrauch eines im Hessengau, in Thietmars Grafschaft gelegenen Ortes zu übertragen, den dessen Vater zu Lehen gehabt, der Kaiser aber ihm zu Eigen gegeben hatte, D. 188. Vgl. auch Excurs VII.

[12]) D. 190. Thietmari Chron. III, c. 10, der aber darin irrt, daß er die Gründung erst nach Geros Tod geschehen läßt, vgl. Giesebrecht, Jahrb. S. 56. Ann. Magdeb. SS. XVI, 154. Annalista Saxo (SS. VI, 627).

[13]) Uhlirz, Gesch. des Erzb. Magdeburg, S. 21, 54, 147.

Sachsen eingeschlossenen südlichen Hälfte, welche zu den Kirchen von Allstedt, Riestedt und Osterhausen gehörte. Hersfeld erhielt dagegen den Hof Muffendorf (AG. Bonn), sowie fünfzig Hufen in den östlich von der Saale gelegenen Ortschaften Klobikau, Benkendorf, Müllendorf und Salzmünde[14]). War damit dem neuen Kloster sicherer und reicher Ertrag aus fruchtbarer, wohlbesiedelter und bequem erreichbarer Landschaft geboten, so wurde es durch die weiteren Vergabungen auf die kolonisatorischen Aufgaben gewiesen, die den sächsischen Bisthümern und Abteien des Ottonischen Zeitalters gestellt waren. Indem der Kaiser seiner Gründung Ortschaften in dem Gau Nizizi und der Nordmark verlieh, befähigte er sie, sich neben Magdeburg und Merseburg an dem Anbau und der Christianisirung des Wendenlandes zu betheiligen[15]). Merkwürdiger Weise erfahren wir nicht den Namen des Mannes, dem Otto die Leitung des so reich ausgestatteten, zu hoher Aufgabe berufenen Klosters anvertraute[16]).

---

[14]) D. 191 vom 20. Mai. Thietmari Chron. III, c. 1: Piae genitricis suae instinctu, cuius gubernaculo vigebat, Miminlevo, ubi pater suus obiit, justo acquisivit concanbio decimasque, quae ad Heresveld pertinebant; et congregatis ibi monachis, liberam fecit abbaciam, datisque sibi rebus necessariis, apostolico confirmavit privilegio. Vgl. Wilhelm in den Mitth. aus dem Gebiete hist.-antiqu. Forsch., hrsgeg. von dem Thüringisch-Sächsischen Verein zur Erforschung der vaterländ. Gesch. V (1827), 55. Dobenecker, Reg. hist. Thuring. I, Reg. 499. Der auf den Formen der Ortsnamen ruhenden Vermuthung Edward Schröders, daß von D. 191 ein zweites Exemplar ausgefertigt wurde, welches in dem Hersfelder Chartular erhalten sei (Mitth. des Inst. für öst. Geschichtsf. XVIII, 19 und XX, 381), vermag ich nicht beizutreten. Die Urkunde ist jedenfalls auch in der Fassung des Chartulars für Memleben ausgestellt und im Jahre 1015 nach Hersfeld gekommen. Die Aenderungen, welche der Abschreiber an den Ortsnamen vorgenommen hat, ließen sich nur auf Grund genauer Untersuchung des Chartulars richtig bewerthen. — Daraus, daß die Ann. Magdeb. (SS. XVI, 154) obige Nachricht Thietmars, welche dieser ohne bestimmte Jahresangabe an den Anfang der Regierung Ottos II. gestellt hatte, zum Jahre 975 einreihen, kann man nicht auf die Ausstellung einer jetzt verlorenen Gründungsurkunde des Kaisers aus diesem Jahre schließen, wie das Wilhelm (a. a. O. S. 22) und Kurze thun. Thietmar bezieht sich deutlich auf D. 191, spricht von keiner andern Urkunde des Kaisers. Wenn Wilhelm meint, Otto II. habe auch Memleben durch Tausch von Hersfeld erworben, so legt er einer ungenauen Ausdrucksweise Thietmars, der übrigens auch D. 227 im Sinne gehabt haben kann, zu großes Gewicht bei. Hersfeld war kaum Ortsherr von Memleben, das Kloster selbst lag auf Pfalzboden. Der Ansatz der Ann. Magdeb. ist also ebenso willkürlich wie die früher besprochene (S. 50) Einreihung des erst im Jahre 979 ertheilten Wahlprivilegs für Magdeburg zum Jahre 974. Der Annalist hat bei dem Versuche, die Notizen Thietmars in bestimmten Jahren unterzubringen, zweimal fehlgegriffen. Also nicht ein kaiserliches, wohl aber das von Thietmar erwähnte päpstliche Privileg ist zu Grunde gegangen.

[15]) DD. 194—196. Wilhelm a. a. O. S. 61—64. Dobenecker, Reg. hist. Thuring. I, 517—519. Die Vergabung fand am 21. Juli zu Wallhausen statt, die Beurkundung erfolgte aber erst im Jahre 981, während der Kaiser in Italien weilte, durch denselben Memlebener Mönch, der auch D. 191 ausgefertigt hatte.

[16]) Erst in DO. III. 75 vom 4. October 991 wird als Abt Vannigerus, episcopus, genannt, in DO. III. 106 vom 28. September 992 erscheint schon

Nachdem diese Angelegenheit zu vorläufigem Abschlusse gebracht war, begab sich der Kaiser nach Sömmerda, wo er am 8. Juli dem Magdeburger Dompropst Aballeich zehn Königshufen in Zuchau, welche dieser bisher von dem Grafen Huobo zu Lehen gehabt hatte, in's Eigen übertrug (D. 193), und nach Wallhausen, wo er am 21. Juli die Vergabung der wendischen Ortschaften an Memleben genehmigte (DD. 194—196). Um diese Zeit dürfte der Kaiser für die Neubesetzung des bischöflichen Stuhles von Konstanz, der durch den am 22. Mai erfolgten Tod Gamenolfs erledigt worden war, gesorgt haben. Er verlieh das Bisthum dem Gebehard aus dem Geschlechte der Grafen von Bregenz, einem Schüler Bischofs Konrad, der schon nach seines Lehrers Tod sich um die Nachfolge beworben hatte. Gebehard wurde dann in Mainz von dem Metropoliten geweiht [17]).

In den nächsten Tagen vollzog sich ein Ereigniß, das im Sachsenlande größtes Aufsehen erregte [18]). Jener Graf Gero, der sich noch vor wenigen Wochen der Gunst des Herrschers zu erfreuen hatte, wurde von einem gewissen Waldo der Untreue beschuldigt, daraufhin über Geheiß des Erzbischofs Adalbert von Magdeburg und des Grafen Dietrich von der Nordmark zu Sömmeringen, einem jetzt eingegangenen Orte zwischen Debeleben

---

Reginold. Wo lag der Sitz jenes Abt-Bischofs? Man könnte versucht sein, an den Bischof Unger (Vunger) von Posen zu denken, der allerdings Ende 991 oder Anfangs 992 auf die Abtei verzichtet haben müßte, da er erst am 9. Juni 1012 gestorben ist (Thietmari Chron. VII, c. 5).

[17]) Regesten zur Gesch. der Bischöfe von Konstanz I, 49 no. 383, 384. Vita Gebhardi c. 4 (SS. X, 585).

[18]) Thietmari Chron. III, c. 9, darnach Annalista Saxo, SS. VI, 627 und Ann. Magdeb. SS. XVI, 154. Ann. Hildesheim.: Infidelitas Geronis comitis per Waldonem publicata est; unde et ipsi extra civitatem Magadaburg in campo iuxta Albiam dimicantes, ab invicem interfecti sunt; et ad ultimum infidelitatis reus Gero comes decollatus est. Ann. Altah.: Infidelitas Geronis comitis per Waldonem publicatur, unde ipsi Magadaburc, grave duellum interserentes, ambo procumbunt. Lamperti Ann.: Gero comes a Waldone quodam accusatus, dum eum in singulari certamine occidisset, ipse tamen ab imperatore decollatus est. Annales Corb. (SS. III, 5; Jaffé, Bibl. I, 37): Gero comes decollatus est. Necrol. Magdeb.: III. id. aug. Gero et Waldo. Den besten Bericht hat uns Thietmar geliefert, dessen Vater und Onkel Gero zur Haft übergeben worden war. Ueber die Ursachen der beklagenswerthen That sind wir im Unklaren. Thietmar gleitet darüber vorsichtig hinweg, indem er nur von einer vilis causa spricht. Der Hildesheimer Annalist liefert das Muster einer höfischen Vertuschung; wenn er auch die Untreue Geros als ausgemachte Thatsache hinstellt, klärt er uns über sie nicht auf und setzt sich in Widerspruch gegen Thietmars vilis causa, sowie gegen das Verhalten Herzogs Otto und des Grafen Berthold. Man wird daher mit Fug und Recht nach Thietmars Andeutung in dem Vorgange die Folge blinder Gehässigkeit des Erzbischofs Adalbert sehen dürfen, der in dem auch sonst zweideutigen Markgrafen Dietrich einen Bundesgenossen, in Waldo ein unglückliches Werkzeug seiner Pläne fand. Dazu stimmt der grauenhaft häßliche Zug, den uns der sächsische Annalist bewahrt hat: Geros Tochter Athela, welche Siegfried, den Sohn des Grafen Heinrich von Stade, heirathete, mußte das Haupt ihres Vaters von der Magdeburger Kirche durch Widmung reichlichen Gutes zurückkaufen.

und Pabstdorf, gefangen genommen[19]), dann den Söhnen des Grafen Liuthar von Walbeck, Siegfried und Liuthar, in Gewahrsam übergeben. Das von dem Kaiser nach Magdeburg einberufene Fürstengericht entschied auf das Gottesurtheil des Zweikampfes. Auf einem Elbwerd treten die Gegner zum Kampfe an. Grauses Ringen erhebt sich, zweimal im Nacken verwundet bringt Waldo mit jäher Wuth auf den Beklagten ein und streckt ihn mit wuchtigem Schwertschlag zu Boden. Gero muß seine Kampfunfähigkeit bekennen, in diesem Augenblicke stürzt der Sieger, der seiner Rüstung entledigt und gelabt worden war, jählings tod zur Erde. Nun wird Gero vom Gerichte zum Tode verurtheilt und am Abende des 11. August über Geheiß des Kaisers von einem Henker schmachvoll enthauptet. Noch am selben Tage waren Herzog Otto von Bayern und Graf Berthold vom Nordgau, gewiß des Kaisers treueste Anhänger, eingetroffen und hielten mit ihrem Tadel darüber, daß ein tapferer, verdienter Mann von hohem Range in solcher Weise des Lebens beraubt worden war, nicht zurück. Sie standen mit ihrem mannhaften Urtheile nicht allein. Schwester und Gemahlin bewahrten dem elend Hingeschlachteten treue Liebe, die sie in unermüdlicher Sorge für das Gedeihen seiner Stiftung bethätigten, aber auch nicht zur Familie Gehörige, das ganze Volk waren auf's schmerzlichste berührt. In Corvey sah Abt Liudolf, als er am Tage des Kampfes die Frühmesse las, das blutige Haupt des Grafen über dem Altare schweben, tief ergriffen hielt er für Gero das Todtengebet und kündigte den Brüdern seinen Hingang an. In der Heimath aber verehrte man den Todten wie einen Heiligen, als später Athela an der Seite des Gemahls in Alsleben beigesetzt wurde, fand man seinen Leichnam mit den Gewändern unversehrt vor[20]).

Der Kaiser verschloß sich hartnäckig dem Rathe seiner Getreuen, dem mißbilligenden Urtheile des eigenen Stammes und überhäufte den Magdeburger Erzbischof mit Gunstbeweisen. Am Tage, da er über Gero zu Gerichte saß, schenkte er dem heiligen Moriz einen Hörigen mit seiner Hufe (D. 197), dann übertrug er dem Erzbischofe den Bann über Kirche und Stadt Magdeburg unter Ausschluß jeder öffentlichen Gewalt (D. 198), daran schloß sich zu Walbeck die Verleihung des Wahlrechtes an das Domcapitel[21]).

---

[19]) Das Sumeringe von D. 198 und jenes, in dem Gero verhaftet wurde, sind keineswegs auf einen Ort zu beziehen. Das erstere ist nach dem Itinerar des Hofes entweder Sömmerda oder eines der in dessen Nähe gelegenen Sömmern. Da nach Thietmars Darstellung der Kaiser bei der Verhaftung nicht zugegen war, Gero aber zuerst den Walbeckern übergeben wurde, ist die von Kurze vorgeschlagene Deutung des zweiten Sumeringe auf den oben angegebenen Ort sehr annehmbar.

[20]) Thietmari Chron. III, c. 9, 10.

[21]) D. 207, mit XIII. kal. dec. und actum Walbechi. Wie v. Sickel, Erläut. S. 176 ausgeführt hat, ist nichteinheitliche Datirung, Handlung zu Walbeck und Beurkundung am 19. November anzunehmen. Die Handlung wird man in der That am besten im Anschlusse an den Magdeburger Aufent-

126 Tod des Markgrafen Thietmar. Urkunden 979 August, September.

Um diese Zeit, vielleicht am 3. August, war Markgraf Thietmar verschieden[22]). Ein Sohn des Grafen Christian und der Schwester des Markgrafen Gero, Hidda, hatte er zu den vom Vater ererbten Grafschaften im Schwaben- und Serimuntgau den Gau Nizizi, nach Günthers Absetzung die Mark Merseburg, nach Wigberts Tod die Mark Meißen erhalten, war also für die Mißgunst, die ihm einst Otto der Große bewiesen hatte, reichlich entschädigt worden. Mit Swanehild, der Schwester Herzogs Bernhard von Sachsen, vermählt, genoß er durch Macht und Verwandtschaft höchsten Ansehens. Wie er in Gemeinschaft mit seinem Bruder, dem Erzbischof Gero von Köln, sich durch die Gründung des Klosters Thankmarsfeld-Nienburg dauerndes Andenken gesichert hat, haben wir früher gesehen. Trotz alledem mußte bei seinem Ableben das Familieninteresse hinter dem des Reiches zurücktreten. Sein noch in zartem Alter stehender Sohn Gero erhielt nur die Grafschaften des Vaters, nicht aber die Marken, in denen auf Thietmar möglicher Weise Günther folgte, mit dessen Sohn Ekkehard sich später Swanehild vermählte[23]).

Der Kaiser verbrachte die nächsten Herbstwochen auf verschiedenen Pfalzen Thüringens und Sachsens. In Saalfeld beurkundete er nach Thietmars Tod am 17. August die früher zu Gunsten Merseburgs getroffene Entscheidung (D. 200), dann begab er sich nach Gandersheim, um seine Tochter Sophia der Aebtissin Gerberga zur Erziehung anzuvertrauen, in Bothfeld verbriefte er dem Kloster am 27. September als Entgelt für die hohe Aufgabe eine reiche Schenkung (D. 201) und eröffnete ihm die Anwartschaft auf den seiner Gemahlin zu Leibgeding verliehenen Ort Beleke[24]).

halt in die Mitte August verlegen; doch bleibt auch bei dieser Annahme ein Widerspruch gegen die Erzählung Thietmars bestehen, daß der Kaiser mit dem Privileg dem Erzbischofe ein kostbar ausgestattetes mit seinem und seiner Gemahlin Bild geschmücktes Buch übergeben, Adalbert das Privileg bei dem Hochamte nach dem Evangelium in Gegenwart des Kaisers verlesen und durch eine schreckliche Bannandrohung gesichert habe (III, c. 1). Diesen Vorgang kann man nur im Jahre 980, in dem sich Otto am 25. August zu Magdeburg aufhielt, unterbringen. Eine Verzögerung in der Ausfolgung des Privilegs wäre nicht unmöglich, da die Anfertigung jener Prachthandschrift längere Zeit in Anspruch nehmen mußte. Da Otto am 19. November sich auf einem Kriegszuge befand, ist anzunehmen, daß HB. die Urkunde an diesem Tage in Magdeburg ausgefertigt hat, sie aber erst später von dem Kaiser vollzogen wurde. — Unter den von Otte (Handbuch der kirchl. Kunstarchäologie" I, 174—176) zusammengestellten Prachtbuchdeckeln des X. Jahrhunderts findet sich kein zu dem von Otto II. nach Magdeburg gewidmeten Buche passender. Knackfuß (Deutsche Kunstgesch. I, 85) hält es später noch zu besprechende, jetzt im Musée Cluny zu Paris befindliche Tafel für den Vorderdeckel dieses Buches. Aber es fehlt auf ihr jede Beziehung zu dem heiligen Mauritius und es ist wenig wahrscheinlich, daß auf einer von dem Kaiser für einen bestimmten Zweck bestellten Tafel der „Knecht Johannes" seine Bitte um den göttlichen Segen an so auffallender Stelle hätte anbringen können.

[22]) Vgl. Excurs VII.
[23]) Giesebrecht, Jahrb. S. 149; Dümmler, Jahrb. D. I. S. 388; Posse, Markgrafen von Meißen, S. 16.
[24]) D. 202, vgl. N. Archiv XXIII, 143 ff. Rübel, Reichshöfe im Lippegebiete, S. 88 ff.

Dann wandte er sich wiederum südwärts und schenkte am 9. October in der Goldenen Aue dem Ahnherren eines mächtigen bayrischen Geschlechtes, Aribo, über Verwendung des Kärnthnerherzogs Besitz im Glanthale²⁵). Neben Aribo und Otto dürften damals auch andere bayrische Große den Hof besucht haben, denn zu Saalfeld wurden am 15. October zwei Schenkungen beurkundet, welche der Kaiser schon früher, wahrscheinlich im Jahre 976, den Bischöfen von Regensburg und Brixen zugesagt hatte²⁶). Von Saalfeld ging Otto nach Allstedt, wo Bischof Poppo von Würzburg mit ihm einen Tausch abschloß²⁷) und am 5. November der italienische Kanzler Gerbert das Bisthum Tortona unter Verleihung der üblichen Rechte erhielt²⁸). Unmittelbar darauf wird der Kaiser zu einem Zuge gegen Slaven aufgebrochen sein, von dessen Richtung und Erfolg wir nichts erfahren²⁹).

²⁵) D. 203, ausgestellt zu Rieda, einem der verschiedenen Rieth oder zu Ritteburg in der Goldenen Aue, kaum Rieda bei Zörbig. — Vgl. Egger, Das Aribonenhaus (Archiv für öst. Gesch. LXXXIII, 405 ff.).
²⁶) DD. 204, 205. Vgl. vorher S. 82.
²⁷) D. 208 mit actum Altsteti, beurkundet am 6. December, ohne Monogramma firmatum.
²⁸) D. 206. Zum italienischen Kanzler wurde der Calabritaner Johannes bestellt, vgl. v. Sickel, Erläut. S. 100, 102; Mitth. des Inst. für öst. Geschichtsf. XII, 224 ff.
²⁹) Wir erfahren davon nur aus einer beiläufigen Erwähnung in den Gesta pontif. Camerac. I, c. 101 (SS. VII, 442): Siquidem imperator a finibus sui regni procul remotus super Sclavones, quos adversum ierat, expugnandos morabatur. c. 102 (SS. VII, 443): Jam vero brumalis intemperiei pruinis incumbentibus, imperator, revocata manu a bello, ad villam Polidam, propriam videlicet sedem, in Natale Domini est reversus. Da mit Böhmen Frieden herrschte, die Wenden innerhalb der Reichsgrenzen wohnten, hat man allgemein angenommen, der Zug sei gegen Polen gerichtet gewesen (Giesebrecht, Jahrb. S. 59, KG. I, 583; L. Giesebrecht, Wendische Gesch. I, 255; Zeißberg im Archiv für öst. Gesch. XXXVIII, 87; v. Sickel, Erläut. S. 176; Richter, Ann. III, 182) und hat damit eine Stelle in Brunos Leben des heiligen Adalbert (c. 10 SS. V, 598) zusammengebracht: Actum est bellum cum Polanis, dux eorum Mesico arte vicit, humiliata Theutonum magna anima terram lambit, Otto pugnax marchio laceris vexillis terga convertit. Eben diese Niederlage Hodos soll den Kaiser zu seiner Kriegsfahrt veranlaßt haben. Wenn auch, wie Zeißberg (a. a. O. S. 84) hervorgehoben hat, Bruno die Niederlage des Markgrafen ausdrücklich in die Zeit Ottos II. verlegt, so glaube ich doch einen Irrthum Brunos vermuthen und annehmen zu dürfen, daß er die Schlacht bei Cidini (972 Juni 24) gemeint habe. Es ist doch sehr auffallend, daß keine andere Quelle von einer zweiten Niederlage Hodos unter Otto II. weiß. Wenn nun im Jahre 979 auch ein Zug gegen Böhmen ausgeschlossen ist, so könnte immerhin eine Kriegsfahrt gegen die Wenden zwischen Elbe und Oder unternommen worden sein. Der Ausdruck a finibus sui regni procul remotus braucht doch nicht so strenge aufgefaßt zu werden. Der Chronist von Cambrai konnte auch an die Elbe als die Grenze zwischen Saxonia und Sclavonia (Waitz, Vfgg. V², 154) denken, ihm mochte auch eine geringere Entfernung größer erscheinen als etwa einem Magdeburger. Große Bedeutung kann der Zug nicht gehabt haben, da nur wenig Zeit darauf verwendet wurde und kein sächsisches Geschichtswerk seiner erwähnt. Das aber würde besser zu einem Streifzuge gegen Wenden, als zu einem Kriege gegen Mesko von Polen passen. Dieser vermählte sich um diese Zeit, nachdem seine erste Gemahlin Dubravka im Jahre 977 gestorben war, zum zweiten Male mit Oda, einer Tochter des

Zurückgekehrt feierte er Weihnachten in Pöhlde[30]). Hier harrten seiner Bischof Notker von Lüttich und eine Gesandtschaft aus Cambrai, welche den während des Kaisers Abwesenheit erfolgten Tod des Bischofs Tetbo meldete und die jämmerliche Nothlage des Bisthums schilderte. Tetbo hatte, der steten Bedrängniß durch seine unbotmäßigen Vasallen müde, sich nach Köln zurückgezogen, war hier bald gestorben und in der Severinuskirche bestattet worden. Der Tod kam ihm als eine Gnade Gottes, die ihn vor weiteren Schicksalsschlägen bewahren sollte. Die Lothringischen Fürsten waren in arger Verlegenheit. Der Kaiser weilte ferne auf seiner Kriegsfahrt, König Lothar aber hatte schon von den Gütern der Kirche von Arras Besitz ergriffen, konnte sich durch einen Handstreich auch der Stadt Cambrai bemächtigen. Da riefen die Grafen Gottfried und Arnulf den Herzog Karl herbei, damit er die Stadt gegen seinen Bruder vertheidige, die Vasallen einstweilen für den Kaiser in Eid und Pflicht nehme, bis dieser für die Besetzung des bischöflichen Stuhles gesorgt habe. Karl kam der Aufforderung schleunigst nach, aber bald mußten die Grafen mit Schrecken sehen, welch schlimmen Gast sie geladen hatten. Mit großem Gefolge hielt er fröhlichen Einzug und wirthschaftete so gräulich, daß die auf's äußerste erbitterten Grafen die Stadt verließen. Nun war Karl jeder Rücksicht ledig. Sofort ließ er seine Frau kommen, ihr Bett in des Bischofs Schlafgemach aufschlagen, dann ging es an ein lustiges Tafeln, zu dem die reichen Vorräthe des Bischofshofes und die angenehme Lage der Stadt einluden. Der Schatz wurde vergeudet, die Pfründen und selbst die kirchlichen Aemter wurden verkauft. Erst die Heimkehr des Kaisers machte dem frevelhaften Treiben ein Ende[31]). Auf den Rath Notkers verlieh er zu Pöhlde das Bisthum dem aus vornehmer Familie entsprossenen, in dem Kloster Gorze herangebildeten Rothard, von dem man annahm, daß er durch ruhige Thatkraft den wilden Uebermuth seiner Heerde zügeln werde[32]).

Noch vor Ende des Jahres wurde in Pöhlde ein Streit zwischen den Klöstern Hersfeld und Fulda über die Schiffahrt auf der Hörsel entschieden, der uns über die Bedeutung, welche schon damals selbst kleinere Flüsse für den Verkehr hatten, unterrichtet.

Markgrafen Dietrich, welche schon im Kloster Kalbe den Schleier genommen hatte. Obwohl Bischof Hildiward von Halberstadt sich gegen diese Heirath einer Nonne ausgesprochen hatte, zeigten sich bald günstige Folgen derselben auf politischem und kirchlichem Gebiete. Vgl. Zeißberg a. a. O. S. 104 ff. — In der Schweiz und in Lothringen wurde damals ein Nordlicht beobachtet: Ann. Heremi (SS. III, 143) IV. kal. novembr. ante mediam noctem. Ann. Remenses (SS. XVI, 731): Ignee acies vise sunt in celo per totam noctem V. kal. nov.

[30]) Ann. Lob. (SS. XIII, 235) und Gesta pontif. Camerac.
[31]) Gesta pontif. Camerac. I, c. 101 (SS. VII, 443). — Vgl. Excurs VI.
[32]) Gesta pontif. Camerac. I, c. 102 (SS. VII, 443). Er traf zu Anfang der Fastenzeit des nächsten Jahres in Cambrai ein und wurde von seinem Mitschüler, dem Erzbischofe Adalbero, geweiht.

Abt Gozbert von Hersfeld hatte durch einen von einem zum andern Ufer reichenden Einbau den Leuten des Klosters Fulda den Flußweg gesperrt. Abt Werinhar legte beim Kaiser Beschwerde ein und bat, durch eine Untersuchung an Ort und Stelle zu ermitteln, ob des Hersfelders Verhalten dem Rechte entspreche. Eine Kommission, zu der Bischof Dietrich von Metz, Kanzler Hilbibald, drei Grafen und andere angesehene Leute gehörten, nahm die Beschau vor, auf Grund deren der Kaiser entschied, daß der Einbau zu durchbrechen und Raum für die ungehinderte gleichzeitige Durchfahrt zweier Schiffe von je drei Fuß Bodenweite zu lassen sei. Damit war der Zustand, wie ihn schon Otto der Große durch eine Entscheidung zwischen den Aebten Hagano von Hersfeld und Hadamar von Fulda geschaffen hatte, wiederhergestellt (D. 209).

In dieses Jahr fiel auch der Tod des ersten Bischofs von Zeitz, Hug I., an dessen Stelle Friedrich kam[32]).

---

[32]) Ann. necrol. Fuld. SS. XIII, 204: Huung, episcopus et monachus. Lepsius, Gesch. der Bischöfe des Hochstifts Naumburg, S. 7, 134.

980.

Für den Kaiser ein Jahr der Ernte, des Lohnes für die Unruhe der vergangenen! Die ersten Monate verbrachte er in Thüringen und Sachsen, vorwiegend mit kirchlichen Angelegenheiten beschäftigt. Zu Grone bestätigte er am 6. Jänner dem Bisthum Lüttich den Besitzstand unter Verleihung der Immunität (D. 210), zu Helfta schenkte er am 29. Jänner dem Kloster Einsiedeln einen Ort in Churwalchen (D. 211). Zur selben Zeit hatten sich auch italienische Bittsteller am Hofe eingefunden; am 12. Februar erhielt zu Wallhausen die bischöfliche Kirche von Bergamo eine Bestätigung über den Besitz einer Hofstatt mit dem zugehörigen Stücke der Stadtmauer von Pavia (D. 212). In Memleben verbriefte der Kaiser über Verwendung seiner Mutter am 17. Februar dem Bisthum Merseburg den Hof Lengefeld[1]). Zu Anfang des nächsten Monats nahm er in Dornburg (a. d. Elbe) Aufenthalt. Hier erhielt am 3. März das Kloster Nienburg in Ergänzung einer früheren Schenkung die zur Burg Grimschleben gehörigen Ortschaften im Serimuntgau, in der Grafschaft des Knaben Gero (D. 213a) und am 12. Gandersheim über Bitte der Aebtissin Gerberga den Burgbann in Seeburg und Greene, während ihm der schon von Otto dem Großen verliehene Burgbann in Gandersheim selbst bestätigt wurde (D. 214). Der Kaiser kam dabei einem Wunsche seiner Gemahlin nach, welche dem Stifte dadurch einen neuen Beitrag zu den Kosten des Unterhalts ihrer Tochter Sophie verschaffte.

Schon während dieses Aufenthaltes in Sachsen muß eine vertrauliche Gesandtschaft Königs Lothar eingetroffen sein. Dieser hatte das gute Einvernehmen mit den Robertinern und das Ansehen, das ihm die Verfolgung der Deutschen auf ihrem Rückzuge verschafft hatte, benützt, um die Erhebung seines Sohnes Ludwig zum Könige durchzusetzen. Nachdem Herzog Hugo seine Zustimmung gegeben hatte, war der etwa dreizehnjährige Knabe in Compiègne,

---

[1]) D. 213. Vgl. vorher S. 111 Anm. 20. — Am 15. Jänner war Graf Berthold vom Nordgau gestorben. Ann. necrol. Fuld. SS. XIII, 204; Necrol. s. Emmerammi, Mon. Boica XIV, 368; Pez, Thesaurus I^c, 92 no. 20, 99 no. 33. Seine Grafschaften gingen auf den Sohn Heinrich über.

dessen Pfalzbauten wieder hergestellt waren, durch Zuruf der Großen als König anerkannt und am Pfingstsonntage (979 Juni 8) von dem Rheimser Erzbischofe gekrönt worden²). Blieb das Treuverhältniß der Robertiner zunächst bestehen, erschöpfte sich Herzog Hugo in Betheuerungen seiner Ergebenheit, bewiesen die Könige ihm und seinem vertrauten Berather, dem Bischofe Arnulf von Orleans, in jeder Weise ihre Gunst, so fehlte es doch auf beiden Seiten an Aufrichtigkeit. Mit scheelem Mißtrauen blickte der König auf den Herzog, dessen Volksthümlichkeit und Kriegsmacht seine Eifersucht und Besorgniß weckten, und suchte zunächst im eigenen Lande nach anderer Stütze, indem er sich dem Hause Vermandois näherte³). Dann versuchte er neuerdings, sich in Niederlothringen festzusetzen, und legte seine Hand auf die Besitzungen der Kirche von Arras. Doch mußte er von einem weiteren Vorstoß absehen und kam endlich zur Einsicht, daß er dem Kaiser weder durch List noch durch Waffengewalt etwas anhaben könne. Erschien es daher gerathen, mit ihm Frieden zu schließen, so trieb ihn seine hinterhältige Unsicherheit zu raschem Handeln⁴). Wie, wenn Herzog Hugo die gleiche Absicht hegte, ihm zuvorkam und sich unter Vermittelung des Erzbischofs von Rheims oder der Herzogin Beatrix mit dem Kaiser verständigte! Dann war der Sieg der feudalen Gewalt entschieden, jede selbständige Bethätigung des Königthums ausgeschlossen. Dem galt es vorzubeugen. Auf den Rath seiner Hofgenossen sandte er in aller Eile und Heimlichkeit Abgeordnete an den Kaiser, die diesem sein Friedensangebot überbrachten⁵). Sie fanden geneigtes Gehör und es wurde eine Zusammenkunft beider Herrscher vereinbart.

Otto begab sich vorerst zur Osterfeier (April 11) nach Ingelheim⁶), wo von den versammelten Bischöfen, an ihrer Spitze Willigis von Mainz, Dietrich von Metz und der Lütticher Notker, eine Synode abgehalten wurde, von deren Berathungsgegenständen wir nur einen kennen. Die Mönche von Malmédy waren der Vereinigung mit Stablo überdrüssig geworden und hatten sich deshalb an den Kaiser gewendet. Dieser brachte die Angelegenheit vor die Synode, welche entschied, daß die seit den Zeiten des heiligen Remaklus bestehende Vereinigung aufrecht zu halten, dem Konvent von Malmédy aber eine gerechtere Berücksichtigung bei der Abt-

---

²) Richer III, c. 91. — Wenn Lot (a. a. O. S. 109) meint, Lothar sei zu diesem Schritte durch seines Bruders Feindseligkeit veranlaßt worden, so stellt er eine Ursache zu sehr in den Vordergrund. Wie sich aus seinem späteren Verhalten ergibt, hat Lothar gewiß nicht weniger an die seinem Hause von den Robertinern und der Unbotmäßigkeit der andern Vasallen drohende Gefahr gedacht.
³) Lot a. a. O. S. 114.
⁴) Richer III, c. 86.
⁵) Richer III, c. 79, 80. Die mitgetheilten Reden sind schon dadurch als freie Erfindung Richers gekennzeichnet, daß sie für Deutschland die gleich nachtheilige Entwickelung des Feudalismus voraussetzen wie für Frankreich.
⁶) Ann. Lob. SS. XIII, 235.

9*

wahl zu sichern sei[7]). Während des Ingelheimer Aufenthaltes erwirkte ferner der Bayernherzog am 18. April dem Petersstifte zu Aschaffenburg eine Bestätigung der von ihm dahin gewidmeten Orte Klein-Ostheim und Dettingen im Maingau (D. 215).

In diesem Zusammenhange können wir mehrerer Ereignisse gedenken, welche den Fortgang der flandrischen und nordfranzösischen Klosterreform bezeugen. Abt Womar, der den Bau der Klosterkirche von Blandigny so weit gefördert hatte, daß Erzbischof Egbert von Trier im Jahre 979 den Westthurm weihen konnte, hatte am 25. März 980 mit großem Gepränge und dem Erfolge zahlreicher Wunder die Reliquien der heiligen Landoald, Amantius, Adrianus, Vintiana und Landrada von Wintersheim bei Looz, wo sie seit der Mitte des siebenten Jahrhunderts geruht hatten, in sein zweites Genter Kloster St. Bavo gebracht[8]). Wenig später gelang es dem Herzoge Hugo, auf einem Fehdezuge gegen Arnulf den Jüngern von Flandern Montreuil, das dessen Vater Arnulf einst dem Grafen Roger von Amiens entrissen hatte, einzunehmen und bei dieser Gelegenheit die Reliquien der heiligen Richarius und Walarich wieder zu gewinnen. Er brachte die heiligen Leiber wieder an die alten Stätten ihrer Verehrung an der Somme, St. Valéry und St. Riquier, und verband damit eine Reform der beiden Klöster[9]). An diesen Wanderungen von Reliquien sollte auch ein sächsisches Bisthum Theil haben. Bischof Hildiward von Halberstadt erhielt von dem Metzer Bischof Dietrich, der an der Domschule seine Ausbildung erhalten hatte, einen Theil von dem Blute und den Gebeinen des heiligen Stephan[10]).

Der Kaiser war von Ingelheim über den Rhein zurück nach Trebur gegangen und verlieh hier am 28. April dem Kärnthner-

---

[7]) D. 219. — Mansi, Coll. conc. XIX, 71. — Im Jahre 980 starb Abt Werinfrid, an seine Stelle kam Ravenger (Ann. Stabul. SS. XIII, 43), der schon in D. 219 erwähnt wird.

[8]) Ann. s. Bavonis Gand. SS. II, 186 (zu 643, 646), 187 (zu 735), 188. Translatio s. Landoaldi, SS. XV, 601. Die mit wichtiger Umständlichkeit betriebene Angelegenheit wurde erst im Jahre 982 abgeschlossen. Am 19. Juni 980 gab Bischof Notker in einem besonderen Schreiben an Womar seine Zustimmung bekannt (SS. VII, 138). Ueber die Thurmweihe Ann. Blandin. SS. V, 25; Görz, Mittelrhein. Reg. I, 305 no. 1063.

[9]) Lot a. a. O. S. 116 ff. Richer läßt den Herzog bei späterem Anlaß sich darauf berufen: Belgicam quoque insignibus sublatis hostilibus subarraverit (III, c. 82). — Die Historia relationis s. Walarici c. 1 (SS. XV, 694) setzt die Rückbringung nach St. Valéry in das Jahr 981 und ebenso gibt Hariulf im Chron. Centul. (SS. XV, 698) als Datum der relatio Richarii an: 981, ind. IX., III. non. iun. Aber wie Lot (a. a. O. S. 117 Anm. 2) ausgeführt hat, ist das mit Rücksicht auf Jaffé-Löwenfeld, Reg. 3805 für St. Valéry vom 1. April 981 unmöglich. Man könnte noch hinzufügen, daß im Juni 981 Herzog Hugo kaum Zeit zu seiner frommen Handlung gehabt hätte, denn am 1. April weilte er noch in Rom und verblieb dann nach seiner Rückkehr in schlechtem Verhältnisse zu dem Könige.

[10]) Ann. Magdeb. (SS. XVI, 154) und Annalista Saxo (SS. VI, 627) zu VII. idus maii (Mai 9); Gesta ep. Halberstad. (SS. XXIII, 86) zu VI. idus maii (Mai 10).

Zusammenkunft Ottos II. mit Lothar in Margut-sur-Chiers 980 Mai.

herzoge Otto Besitz in seinem neuen Amtsgebiete (D. 216). Dann trat er die Reise an die französische Grenze an. Als Ort der Zusammenkunft war das noch auf deutschem Reichsboden gelegene Margut-sur-Chiers bestimmt worden[11]. In Frieden kam der

---

[11]) Richer III, c. 80: Et quia circa fluvium Mosam regna amborum conlimitabant, in locum qui Margolius dicitur, eis sibi occurrere placuit. Damit stimmt die Angabe in D. 218: actum III. nonas iunii in regno Lotharii in loco, qui dicitur Margoil, super fluvium Cher und die Sigeberts: super Karum überein. Früher wurde dies Margolius, Margoil für Marville gehalten (Giesebrecht, KG. I, 847; Witte, Lothringen S. 38; Kalckstein S. 349; Matthäi, Händel Ottos S. 39) oder ganz unbestimmt gelassen (Giesebrecht, Jahrb. S. 62; Michael, Formen des unmittelbaren Verkehrs S. 22). Guadet in seiner Richer-Ausgabe hat es für La-Marlée erklärt, doch läßt sich ein Ort dieses Namens in der Umgebung der Chiers nicht auffinden, vgl. v. Sickel, Erläut. S. 178. Aus den von Letzterem angeführten Gründen wird man sich am besten für das schon von Clouët vorgeschlagene Margut-sur-Chiers entscheiden (Lot a. a. O. S. 118; Bonvalot, Hist. du droit de la Lorraine I, 10; Parisot, De prima domo, p. 86 Anm. 3; Bloch in dem Jahrb. der Gesellsch. für lothr. Gesch. X [1898], 411). Regnum Lotharii ist, wie schon v. Sickel andeutete, als Lothringen zu nehmen. Die bis zur neuesten Veröffentlichung der Urkunde durch Bloch bekannte Tagesangabe von D. 218: in non. iun. hat man in verschiedener Weise für die Bestimmung des Zeitpunktes der Zusammenkunft verwerthet. Die Einen behielten sie bei, ohne den Widerspruch zu beachten, in dem sie mit den Aachener Diplomen vom 1., 4. und 16. Juni steht (DD. 217, 219, 220). So Witte, der die Zusammenkunft „Anfangs Juni", Matthäi, der sie zum „neunten Juni" setzt. Andere versuchten es mit einer Verbesserung. Stumpf hat zuerst non. kal. iun. (Mai 24) vorgeschlagen, was an sich nicht unmöglich gewesen wäre, da der Kaiser 160 Kilometer von Margut nach Aachen allerdings in sieben Tagen zurücklegen konnte, während der zweite Vorschlag desselben Gelehrten: III. kal. iun. (Mai 30) unzulässig war, wie schon v. Sickel (Erläut. S. 179 Anm. 3) bemerkt hat. Giesebrecht (KG. I, 847) wollte iun. in iul. ändern und ihm hat sich Kalckstein angeschlossen. Für die Diplomata-Ausgabe wurde die Verbesserung von in in III. und mit einheitlicher Datirung, Handlung zu Margut, Beurkundung am 3. Juni in Aachen angenommen. Lot hat v. Sickels Ansicht nicht ganz klar erfaßt, er behielt allerdings die Verbesserung von in in III. bei, setzte aber mit Giesebrecht iul. statt iun., so daß er, wie vor ihm Vanderkindere (Compte-rendu des séances de la comm. roy. d'hist. de Belg. 1898, 291), auf den 5. Juli kam. Es ist aber wenig wahrscheinlich, daß der Kaiser von Trebur nach Aachen, erst von da nach Margut und dann wieder über Aachen nach Nimwegen gezogen sei. Man muß doch den Zustand der Kaiserin, die Geburt des Sohnes zu Kessel in Rechnung ziehen. Somit blieb v. Sickels Erklärungsversuch als der bestbegründete bestehen und hat durch die von Bloch aufgefundene bessere Abschrift, welche im Jahre 1784 Dom Michel Colloz angefertigt hatte (vgl. a. a. O. S. 347, 350), willkommene Bestätigung erfahren. Die Zusammenkunft fand also im Mai statt und zwar wird man mit Rücksicht auf die bestimmten Zeitpunkte (Trebur April 28 und Aachen Juni 1), sowie mit Rücksicht auf die Entfernungen (Trebur - Trier - Luxemburg - Margut 240 Kilometer, Margut - Verviers - Aachen 160 Kilometer) am füglichsten die Mitte des Monats annehmen. — Richer III, c. 81: Convenerunt ergo. Datisque dextri osculum sibi sine aliqua disceptatione benignissime dederunt. Amiciciam altrinsecus sacramento stabilierunt. Belgicae pars, quae in lite fuerat, in ius Ottonis transiit. Ann. Colon. (SS. I, 98): 979. Reconciliatus est imperatori cum occidentali rege. Ann. Hildesheim. (Altah.): Lotharius rex cum magnis muneribus ad imperatorem veniens sese cum filio suo subicit voluntati imperatoris. Thietmari Chron. III, c. 10: Imperante tunc predicto Ottone VI annos, Lutharius rex cum filio suimet ac muneribus magnificis ad eum venit et sibi satisfaciens amiciciam eius

Karling mit seinem Sohne dem Liudolfinger entgegen, die beiden mächtigsten Herrscher des Abendlandes boten sich Rechte und Kuß, bekräftigten durch feierlichen Eid den erneuten Freundschaftsbund. Der Westfranke gab seinen Anspruch an das strittige Niederlothringen auf, konnte dagegen die Stellung seines Hauses gesichert, eine werthvolle Stärkung in dem Kampf gegen den Uebermuth seiner Abelsherren gewonnen zu haben glauben. Herzog Hugo war, als die beiden Herrscher in Margut verhandelten, eifrig mit seiner frommen That beschäftigt. Nachdem Graf Burkhard von Vendôme und Orland, Vicomte von Vimeu, den Leib des heiligen Walarich in wunderbarer Weise durch die steigende Fluth nach St. Valéry gebracht hatten, trug am 3. Juni der Herzog baarfuß die Kiste mit den Gebeinen des heiligen Richarius bis zum Altare der Klosterkirche von St. Riquier[12]). War die Verständigung über seinen Kopf hinweg erfolgt, waren namentlich die Vorverhandlungen seiner Kenntniß entzogen worden, so mußte er doch von der Zusammenkunft selbst Kenntniß haben und es ist kaum anzunehmen, daß er von ihr so vollständig überrascht worden sei, wie Richer glauben machen will[13]). Man wird vielmehr in der besonders feierlichen Art, mit der er jenen Reliquientransport vornahm, eine absichtliche Schaustellung seines Gleichmuthes und das Streben erkennen dürfen, durch auffallende Bethätigung frommen Sinnes seine Volksthümlichkeit zu mehren und damit ein Gegengewicht gegen seines Königs Erfolg in die Wagschale zu werfen.

Die Wirkungen, welche die Sprache von Margut auf die

---

firmiter acquisivit. Gesta pontif. Cameracr. I, c. 104 (SS. VII, 444): Decursis autem temporum spatiis, Otto imperator et rex Lotharius inter se foederati pacantur et utrumque regnum facta tranquillitate quievit. Ann. Laub. et Leod. SS. IV, 17: Lotharius cum imperatore pacem pactus est. Ann. Elnon. min. SS. V, 19: Otto imperator et Hlotharius rex pacificantur. — Wenn Ranke (Weltgesch. VII, 15) daran zweifelt, daß Lothar „seine Ansprüche auf Lothringen feierlich aufgegeben habe", so ist zunächst zu bemerken, daß davon bei Richer nichts steht. Dieser stellt nur die Sicherung der deutschen Herrschaft als eine Folge der Zusammenkunft dar und damit wird er wohl im Rechte gewesen sein.

[12]) Lot a. a. O. S. 117.

[13]) Richer III, c. 82: Non enim vos latet, quanta subtilitate doli Lotharius rex incautum me fefellerit, cum absque me Ottoni reconciliari voluerit seceritque. Lot (a. a. O. S. 120) übertreibt in gleicher Auffassung die Ueberraschung Hugos und sieht in Lothars Handlungsweise einen argen Fehler. Die Heimlichkeit konnte sich aber doch nur auf die Vorverhandlungen, durch welche dem Herzoge der zum Kaiser führende Weg abgeschnitten werden sollte, beziehen; hatte Otto einmal seine Zusage gegeben, dann war Lothars Absicht erreicht. Die Zusammenkunft selbst, schon die Reise beider Monarchen zu derselben konnte nicht geheim bleiben. Daß Lothar aber klug gehandelt hat, ergiebt sich daraus, daß trotz der Zusammenkunft von Margut Herzog Hugo nichts Gescheiteres zu thun wußte, als sich ebenfalls an den Kaiser zu wenden. Wenn nun nach Lots Ansicht Lothar durch den Bund mit Otto das Ansehen, das ihm der Kampf gegen diesen verschafft hatte, Preis gab, warum war gleiches nicht bei Hugo der Fall?

innere Lage Frankreichs übte, werden später zu würdigen sein, sicher war der nächste und größte Vortheil auf Seite des Kaisers. Der Gewinn des Feldzuges von 978 war durch feierliche Anerkennung gesichert, sein Ansehen war gewachsen, die thatsächliche Grundlage seiner universalen Stellung verstärkt und zugleich die Bahn für die Versöhnung mit seiner Mutter frei gemacht worden.

Frohen Sinnes konnte Otto, diesmal sicher vor jeder Anfechtung, nach Aachen ziehen, wo zunächst kirchliche Angelegenheiten an ihn herantraten. Am 1. Juni nahm er gleich dem Vater das Kloster Echternach, dessen Abt Ravanger sich am Hofe eingefunden hatte, in seinen Schutz und bestätigte den Mönchen das Wahlrecht (D. 217), zwei Tage später wurde über Verwendung des Bischofs Wigfried von Verdun, der diese Sache schon in Margut vorgebracht hatte, der Besitz des Klosters St. Vanne bestätigt[14]), am 4. Juni die seiner Zeit auf der Ingelheimer Synode beschlossene Entscheidung über die Verbindung der Klöster Stablo und Malmédy beurkundet (D. 219). Außer den lothringischen Geistlichen war in Aachen auch Bischof Petrus von Pavia anwesend, der am 16. Juni für die Söhne des Grafen Raimbald von Treviso eine Bestätigung ihrer Besitzungen in den Grafschaften Ceneda und Treviso erwirkte (D. 220).

Von Aachen wandte sich der Kaiser an den Niederrhein, auf der Reise gebar ihm Theophanu zu Kessel am Reichswalde bei Kleve einen Knaben, den heiß ersehnten Thronerben[15]). Einige

---

[14]) D. 218. Bloch a. a. O. S. 412 no. 20, vgl. vorher S. 266 ff.
[15]) Ann. Colon. (SS. I, 98): Natus est imperatori filius. Thietmari Chron. III, c. 26: Huius inclita proles, nata sibi in silva quae Ketil vocatur. Ann. Magdeb. (SS. XVI, 155): Otto tercius nominis ac culminis clausula imperatorii flosculi more purpurei ex illustris prati virecto nascendo enituit (das schwulstige Bild ist nicht auf den Geburtsort des Prinzen, sondern auf die Mutter zu beziehen). Annalista Saxo (SS. VI, 627): Otto tercius imperator futurus hoc anno natus est. Die silva Ketil hat verschiedene Deutung erfahren, vgl. die ältere Litteratur bei Wilmans, Jahrb. O. III. S. 2 Anm. 2; Giesebrecht, Jahrb. S. 63 Anm. 5. Von Neueren hat Sloet (OB. van Gelre 104 no. 109) den Wald in das Land von Kessel am linken Maasufer zwischen Venlo und Roermond verlegen wollen und das möchte mit dem Itinerar des Kaisers im Jahre 980 nicht in Widerspruch stehen. Mit Rücksicht auf die Vita Norberti (SS. XII, 671: Genepe iuxta silvam Ketela) und ein in silva Ketela ausgestelltes Diplom Heinrichs IV. (Stumpf, Reg. 2611, vgl. Meyer v. Knonau, Jahrb. H. IV. I, 45) wird man aber an Scheids Erklärung festhalten und darunter den Reichswald zwischen Cleve und Gennep, an dessen Südrand jenseits der Niers der Ort Kessel liegt, verstehen. Dadurch wird auch Kettwig, bei dessen Bahnhof ein epheuumsponnener Thurm als Rest einer Burg gezeigt wird, in der Theophanu ihren Sohn geboren haben soll (Deutsche Rundschau LXXVIII, 398), ausgeschlossen. — Das von den Annalen angegebene Geburtsjahr 980 wird durch die Angabe anno aetatis autem XV. in DO. III. 148, 156 vom 27. September und 23. November 994 als richtig erwiesen. Damit stimmen auch die Ann. Sangall. maiores (SS. I, 80) überein, die Otto III. zur ersten Hälfte des Jahres 984 als vierjährig bezeichnen. Fehlerhaft ist demnach die Angabe der Ann. Einsidl. (SS. V, 143 u. 145), quinquennis zur selben Zeit und die Thietmars (Chron. IV, c. 27), etatis suae XV. zum 21. Mai 996. Die Ersteren haben die erst vom Juli an geltende Zahl auf

Zeit wird die Kaiserin hier der Ruhe gepflegt haben, dann wurde die Fahrt nach dem nahen Nimwegen fortgesetzt. Am 25. Juli verlieh Otto über Bitte des Abtes Werinhar dem Kloster Fulda den Wildbann im Branvirst (D. 221) und zwei Tage später auf Verwendung seiner Gemahlin dem zu ihrem Wittthum gehörigen Nonnenkloster Nivelles den Bann an zwei Orten und die Kirche zu Diele (D. 222). Außerdem wurde während dieses Aufenthaltes eine Schenkung des Grafen Gottfried an das Genter Kloster Blandigny bestätigt (D. 223).

Als die Kaiserin wieder reisetüchtig geworden war, kehrte der Hof nach Sachsen zurück. In Magdeburg erhielt am 25. August die erzbischöfliche Kirche eine Hörige mit ihrer Hufe in Brakel[16]). Den September verbrachte der Kaiser im Harzwald. Zu Bothfeld verbriefte er am 8. dem Nonnenkloster Drübeck Immunität und Wahlrecht (D. 225), schenkte er am 10. seinem Getreuen Mamecho ein Gut in Bodenrod (D. 226). Dann nahm er in Wallhausen Aufenthalt, um sich vor allem mit seiner Memlebener Stiftung zu beschäftigen. Von dem Corveyer Abte Liudolf erwarb er am 15. September die Marken Memleben und Meginrichesdorf, wofür er dem Kloster bequemer gelegene Güter um Corbach, Rhena und Lelbach im heutigen Fürstenthum Waldeck gab[17]), am 22. verlieh er dem neuen Stifte umfangreichen Besitz in Westfalen, den er von

---

das ganze Jahr erstreckt und Thietmar, der die Altersangabe in eine aus den Ann. Quedlinburg. herübergenommene Stelle einfügte, hat schlecht gerechnet. — Der Tag der Geburt ist nicht überliefert und läßt sich nur annähernd bestimmen. Da die Kaiserin zum letzten Male in D. 214 vom 12. März als Fürbitterin genannt wird, wissen wir nicht, ob sie den Gemahl auf seiner Reise zur französischen Grenze und dann nach Aachen begleitet hat. Undenkbar wäre nicht, daß sie sich von ihm in Trebur getrennt hatte und rheinabwärts gefahren ist, um mit ihm später zusammenzutreffen. Wie aber kam sie dann nach Kessel? Wahrscheinlicher ist doch, daß sie in diesem Falle nach Nimwegen gefahren wäre, das ihr größere Bequemlichkeiten als ein abgelegenes Jagdhaus im Reichswalde gewähren konnte. So müssen wir annehmen, daß sie den Kaiser zum mindesten in Aachen erwartet, dann mit ihm die Fahrt nach Nimwegen angetreten hat, auf der Reise von den Wehen überrascht wurde, weshalb man vor dem Ziele in Kessel Halt machen mußte. Dies zugegeben, dürfte, da Otto zum letzten Male am 16. Juni in Aachen nachweisbar ist und die Entfernung von Aachen bis Kessel etwa 110 Kilometer beträgt, die Geburt gegen Ende des Monats oder Anfangs Juli zu setzen sein. — In D. 229 vom 8. October vollzieht der Kaiser eine Schenkung pro anima filie nostre. Wird der Name derselben (Adelheid oder Sophie?) nicht genannt, so könnte man an eine Verstorbene um so eher denken, als der Beisatz beate memorie in dieser Verbindung öfters fehlt. Entweder müßte also an eine ältere Tochter gedacht werden, von der wir sonst nichts erfahren, oder Theophanu hat im Kesselwalde einem Zwillingspaar das Leben geschenkt.

[16]) D. 224. Während dieses Aufenthaltes fand wahrscheinlich die feierliche Verlesung des im Vorjahre ertheilten Wahlprivilegs durch Erzbischof Adalbert statt, vgl. vorher S. 127 Anm. 21.

[17]) D. 227. Ortserklärung bei Wilhelm (a. a. O. S. 57) und Dobenecker, Reg. hist. Thuring. I, Reg. 514. Letzterer hält im Anschluß an Größler Memleben für Klein- oder Wenigen-Memleben, eine Wüstung am linken Unstrutufer.

dem verstorbenen Osnabrücker Bischofe Liudolf eingetauscht hatte, darunter Kloster Wildeshausen an der Hunte, die alte Familienstiftung der Nachkommen Widukinds [18]).

Wird der Kaiser mit den sächsischen Großen, die wir in seiner Umgebung finden, dem Markgrafen Dietrich und dem Grafen Wigger, auch die Angelegenheiten des Landes berathen haben, so waren das Wichtigste doch die Vorbereitungen zu dem Zuge nach Italien, den er beabsichtigte und zu dem in allen deutschen Landen geworben wurde. Wie ernst man die Fahrt nach dem Süden nahm, zeigt eine Urkunde Bischofs Heinrich von Augsburg, in der er am 4. October den Domherren seines Hochstiftes das väterliche Gut Geisenhausen mit Ausnahme von zwanzig Hufen, die er dem heiligen Magnus zu Füßen widmete, übergab, wofür sie den Jahrestag seines Todes durch Gottesdienst und Armenbetheilung feiern sollten [19]). Ungefährdet sollte allerdings der Bischof aus Italien heimkehren, erst als er zum zweiten Male, dem Rufe des Kaisers folgend, seine Mannschaft über die Alpen führte, trat die für den Todesfall gemachte Schenkung in Kraft.

Das Kaiserpaar ließ seine beiden Töchter, Adelheid in der Delsburg [20]), Sophie in Gandersheim, zurück, nahm aber den Sohn und Thronerben mit. Zunächst ging die Fahrt an den Rhein, von hier aus sollte der Aufbruch nach Italien erfolgen. In Trebur schenkte Otto am 8. October der Frankfurter Salvatorkirche die Kapelle der heiligen Marcellinus und Petrus zu Seligenstadt für das Seelenheil seiner Tochter [21]) und drei Tage später den Mönchen von St. Emmeram seinen Besitz in Vogtareut (D. 230). In Bruchsal, wo längere Rast gehalten wurde, hatten sich italienische und französische Geistliche eingefunden. Am 14. October bestätigte der Kaiser dem Bisthum Reggio den Besitzstand und die grundherrlichen Rechte, indem er seinen Entschluß kundgab, der Bedrängniß, welche die italienischen Kirchen von den gewaltthätigen, habgierigen Adelsherren zu erdulden hatten, nach Kräften zu steuern (D. 231), am 15. dem Kloster St. Denis die im Reiche gelegenen Besitzungen unter Verleihung der Immunität (D. 232). Dieser Urkunde werden wir eine andere anschließen dürfen, in der Otto dem Martinskloster zu Tours seinen italienischen Besitz bestätigte (D. 233). Am selben Tage wurden dem Kloster Herford

---

[18]) D. 228. Wilhelm a. a. O. S. 59, Dobenecker, Reg. hist. Thuring. I, Reg. 515. Vgl. Wilmans, Kaiserurk. der Provinz Westfalen I, 396.
[19]) Gerhardi Vita Udalrici c. 28 (SS. IV, 418).
[20]) Thietmari Chron. IV, c. 3.
[21]) D. 229. Böhmer-Lau, UB. der Reichsstadt Frankfurt I, 10 no. 12. Lau hält gleichfalls die in dem Diplome geschenkte capella, que est consecrata in honore sanctorum Marcellini et Petri, für eine Kirche in Seligenstadt; doch vermag ich nicht zu entscheiden, ob darunter das ältere Kirchlein, in dem Einhard zuerst die Reliquien jener Heiligen unterbrachte, oder die des von ihm gegründeten, in Verfall gerathenen Klosters zu verstehen ist. Vgl. Schneider in den Annalen des Vereins für Nassauische Alterthumskunde XII (1873), 305.

die Höfe Arenberg und Leutesdorf, sowie Immunität und Wahlrecht bestätigt (D. 234).

Am 27. August war Abt Womar von St. Bavo und Blandigny in Gent gestorben, zu seinem Nachfolger wurde Wibo, seit 959 als Propst an der Seite des vielverehrten Mannes thätig, berufen[22]). Wenn der Kaiser auch die oberste Leitung der deutschen Angelegenheiten in der Hand behielt und von der förmlichen Bestellung eines oder mehrerer Reichsverweser absah, so mußte doch für die Behütung des Reiches, für eine angemessene Vertretung im Nothfalle gesorgt werden. Er ließ zu diesem Zwecke den Erzkanzler Willigis und den Sachsenherzog Bernhard zurück, betraute trotz der üblen Erfahrungen des Vorjahres den Herzog Karl mit der Obhut über Niederlothringen[23]). Diesseits der Alpen blieben auch die Erzbischöfe von Salzburg, Magdeburg, Hamburg, Köln[24]) und Trier[25]), so daß keiner der deutschen Metropoliten sich an der Romfahrt des Kaisers betheiligte.

Das Schwabenland durchziehend gelangte der Hof nach Konstanz, wo am 24. October Graf Wilhelm ausgedehnten Besitz im Gebiete der Sannthaler-Alpen erhielt[26]). Fünf Tage später wurde zu St. Johann-Höchst dem Kloster St. Gallen, dessen gastliche Räume von den südwärts ziehenden und den heimkehrenden Großen mit ihren Mannschaften gerne aufgesucht wurden, über Verwendung der Kaiserin eine reiche Schenkung zu Theil (D. 236).

Rheinaufwärts über Chur, einen der Bündner Pässe und Chiavenna[27]) ging die Fahrt weiter den Fluren Italiens entgegen,

---

[22]) In den Ann. Blandin. (SS. V, 25) wird Womars Tod allerdings zum Jahre 981 gesetzt. Doch gibt Johannes de Thilrode (SS. XXV, 567) als Todestag VI. kal. septembris an, und da Wibo in zwei Urkunden vom 4. März 981 als Abt erscheint (Van Lokeren, Chartes I, 50 no. 53; Bergh, OB. I, 36 no. 55), so muß das Jahr 980 vorgezogen werden.

[23]) Im Aufgebote von 981: custos patrie domi dimissus, vgl. Excurs VIII.

[24]) Erzbischof Warin weihte am 24. October die Kirche St. Pantaleon (Chron. reg. Colon.). Am 26. November fand unter Theilnahme des Bischofs Liudolf (Dodo) von Münster die Translation der h. Jda statt, Uffingi Vita s. Idae II, c. 6—8 (SS. II, 575).

[25]) Erzbischof Egbert weihte am 27. November eine dem Chorbischofe Herengar unterstehende Kirche, Görz, Mittelrhein. Reg. I, 308 no. 1071.

[26]) D. 235. Stenitz und Wresen bei Weitenstein (GB. Ganobitz, Bezirkshauptmannschaft Cilli).

[27]) Vgl. Schulte, Gesch. des ma. Handels I, 62 und die zweite Karte zum zweiten Bande. — Ann. Hildesheim.: et eodem anno firmata pace imperator Italiam penetravit. Ann. Weissenburg.: Domnus Otto imperator perrexit ad Italiam. Ann. Altah. Lamperti Ann. Richer III, c. 81: Otto, regni sui pace facta, Italiam petiit. Thietmari Chron. III, c. 10: Et in hoc anno cesar noster Italiam pergens nunquam has regiones pro dolor! amplius invisit. Ann. Laub. (SS. IV, 17): et imperator Romam proficiscitur. Sigeberti Vita Deoderici, c. 20 (SS. IV, 480): Otto imperator, sedatis cunctis motibus per Galliam, Italiam versus arripuit viam, nec aberat a latere ipsius conscius omnium consiliorum et particeps omnium negotiorum, episcoporum honor, Deodericus episcopus, quem utriusque dignitatis reverentia maiorem aut aequalem reddebat omnibus.

die Otto vor acht Jahren im Glücke seiner jungen Ehe verlassen hatte, jetzt auf stolzer Höhe seiner Macht wieder betrat, von den Pflichten seiner kaiserlichen Würde auf den Weg geleitet, der ihn zur Niederlage, zum frühen Tode führen sollte! Noch aber lag kein Schatten des kommenden Unglücks auf seiner Bahn! Mit prangendem Gefolge, in dem namentlich sächsische Grafen in stattlicher Zahl vertreten waren, die Gemahlin, den Sohn, die Bischöfe Dietrich von Metz, Hildibald von Worms, Gisiler von Merseburg, den Herzog Otto von Bayern zur Seite, zog er über Monza und Mailand nach Pavia, der alten Königsstadt. Hier schenkte er am 5. December dem Bisthum Chur, dessen Vorsteher Hildibald durch die Verpflegung des Hofes und der durchziehenden Kriegsleute große Auslagen gehabt hatte, den Zoll der Mairabrücke bei Chiavenna, den Brückenwächter Leo und die andern kaiserlichen Dienstleute in dem für den Verkehr mit Italien so wichtigen Städtchen[28]).

Mit einem frohen Feste des Friedens und der Versöhnung begann der Kaiser sein Wirken auf italienischer Erde. Wir haben gesehen, wie ihn die Sorge für die Wahrung der Reichsgewalt im Innern und nach Außen in Gegensatz gegen seine Mutter gebracht hatte, dieser Gegensatz durch persönliche Reibungen verschärft worden, die hohe Frau endlich genöthigt war, sich in unwilliger Verstimmung an den Hof ihres Bruders nach Burgund zurückzuziehen. Nun hatte der Kaiser sein und des Reiches Recht an allen Stellen behauptet, er stand wieder in gutem Verhältnisse zu König Lothar und dessen Gemahlin, seiner Stiefschwester, jetzt konnte er, des politischen Zwanges enthoben, zu einem Ausgleiche mit der Mutter bereit sein. Auch in ihrem Herzen war Raum für ruhigere Ueberlegung, mildere, gerechtere Beurtheilung des Sohnes, so kamen eifrige Vermittler, unter ihnen vor allem König Konrad und Abt Majolus von Cluny, zu gutem Erfolge. Eben in Pavia trafen Mutter und Sohn zusammen, unter den leidenschaftlichen Formen jener Zeit vollzog sich die Versöhnung[29]).

Als willkommener Gast war aus Frankreich Erzbischof Adalbero von Rheims eingetroffen, in seinem Gefolge befand sich Abt Abso von Moutier-en-Der[30]) sowie jener merkwürdige Mönch, der schon

---

[28]) D. 237. — Vgl. Oehlmann im Jahrb. für Schweizergesch. IV (1879), 197 und Berger, ebenda XV (1890), 155 ff.; Schulte a. a. O. S. 63.

[29]) Odilonis Epit. Adalh. c. 7 (SS. IV, 640): Postmodum vero caesar Otto ductus poenitentia direxit legationem regi avunculo et sanctae recordationis patri Maiolo sub celerrima festinatione obnixius deprecans, ut gratiam matris, quam suis exigentibus culpis perdiderat, eorum interventibus promereri posset; orans iterum eos et obsecrans, ut quantocius possent, una cum augusta matre Papiam ei studerent occurrere. Tantorum enim virorum usa consilio apud Papiam tempore statuto occurrit mater filio. Quo cum mutuo se cernerent flendo et lacrimando, toto corpore solo prostrati, humiliter se salutare coeperunt. Affuit in filio humilis poenitudo, erat in matre liberalis remissio, permansit in utrisque de cetero perpetuae pacis indivisa connexio.

[30]) Richer III, c. 57.

vor zehn Jahren dem jungen Kaiser vorgestellt worden war und von nun an in dauernde, folgenreiche Beziehung zu dem deutschen Hofe treten sollte, der Rheimser Domscholaster Gerbert[81]). In der Auvergne um das Jahr 947 als der Sohn eines sonst nicht näher bekannten Angilbert geboren, wurde der Knabe von seiner wenig ansehnlichen Familie dem Kloster zu Aurillac übergeben. Dieses Stift, das im Jahre 894 von dem Grafen Gerald zu Ehren der heiligen Petrus und Clemens gegründet, durch Odo von Cluny in die Reform einbezogen worden war, hatte sich unter der Leitung tüchtiger Aebte in wenigen Jahrzehnten auf's schönste entwickelt[82]). Der Besitzstand hatte sich gemehrt, die Bauanlage war planmäßig ergänzt und erweitert worden, der Kult des als Heiligen verehrten Gründers hatte sich immer mehr erhoben und verbreitet, bald zweigten Tochterstiftungen von dem Mutterhause ab. Vor allem erfreute sich aber die Schule aufmerksamster Pflege und zwar allem Anscheine nach, abweichend von der streng Cluniacensischen Richtung, unter unbefangener, liebevoller Würdigung und Benützung der Schriftsteller des römischen Alterthums. Als Gerbert ihr anvertraut wurde, stand an der Spitze des Klosters Abt Gerald aus dem abligen Geschlechte von Saint Céré, der das Werk seiner Vorgänger mit allem Eifer fortsetzte, ein Mann von vornehmer, milder Gesinnung; als hervorragendster Lehrer wirkte an der Schule Raimund. Unter seiner Leitung erwarb sich der Knabe und Jüngling die ausgezeichnete Kenntniß der lateinischen Sprache, die wir an dem spätern Redner und Schriftsteller zu bewundern haben, die bei aller Frömmigkeit freie Auffassung wissenschaftlicher und kirch-

---

[81]) Die hauptsächlichsten Nachrichten über Gerberts Jugend und Lehrzeit bringt sein Schüler Richer (Hist. III, c. 43—45), einzelnes findet sich in Gerberts Briefen (ed. Havet 1889). — Gerberts Lebensgang ist Gegenstand zahlreicher Darstellungen geworden, von denen ich nur die wichtigsten anführe: K. Werner, Gerbert von Aurillac (1878). Havet in der Einleitung zu seiner Briefausgabe. Bubnov, Sbornik pissem Gerberta II (1889). Schulteß, in der Allg. deutschen Biographie XXXIV (1892), 330 ff. Picavet, Gerbert. un pape philosophe (1897). Gebhart, Moines et papes (IIème éd. Paris 1897), p. 17 ff. Bouange, Histoire de l'abbaye d'Aurillac I (1899), 285 ff. — Gerberts Schriften sind herausgegeben von Olleris, Œuvres de Gerbert (1867), die mathematischen neuerdings von Bubnov: Gerberti postea Silvestri II. papae Opera mathematica. Collegit ... Nicolaus Bubnov. Berolini 1899. Vgl. dazu M. Curtze in der Deutschen Litteraturzeitung 1900, 883—891. — Ueber die pädagogische und wissenschaftliche Thätigkeit Gerberts sind außer den genannten Werken zu vergleichen: Büdinger, Ueber Gerberts wissenschaftliche und politische Stellung (1851). Prantl, Geschichte der Logik im Abendlande I (1861), 53 ff. Günther, Geschichte des mathematischen Unterrichts im deutschen Mittelalter (1887). A. Nagl, Gerbert und die Rechenkunst des 10. Jahrhunderts, SB. der Wiener Akademie, Phil.-hist. Klasse CXVI (1888), 861 ff. Weißenborn, Gerbert. Beiträge zur Kenntniß der Mathematik des Mittelalters (1888). Pfister, Robert le Pieux (1888), p. 15 ff. Schulteß, Papst Silvester II. ((Gerbert) als Lehrer und Staatsmann (Hamburg, 1891). Weißenborn, Zur Geschichte der Einführung der jetzigen Ziffern in Europa durch Gerbert (1892). Cantor, Vorlesungen zur Geschichte der Mathematik² I (1894), 797 ff. Molinier, Les sources de l'histoire de France I, 282.
[82]) Bouange a. a. O.

licher Fragen, den wissenschaftlichen Eifer, der ihn durch sein ganzes Leben beseelte. Im Verkehre mit hochgebildeten Männern vornehmer Herkunft gewann er die persönliche Liebenswürdigkeit, die ihm die treue Anhänglichkeit seiner Schüler und Freunde sicherte, das starke Gefühl für eine sittlich untadelhafte Lebensführung und die Gewandtheit im Verkehr, die ihm später so sehr zu statten kommen sollte. Offenen Blickes konnte er aber auch an Ort und Stelle die schweren Gefahren beobachten, welche dem Kirchengute durch das Lehenwesen drohten.

Nie gedenkt Gerbert seines Aufenthaltes in Aurillac und seiner Lehrer anders als mit herzlicher Gesinnung! Denn bei aller Einfachheit des mönchischen Lebens, aller Strenge kirchlicher Anschauung fehlte die Liebe nicht, milde, kluge Handhabung der Ordensregel scheint in Aurillac den unvermeidlichen Widerspruch zwischen den natürlichen Regungen menschlicher Selbständigkeit und der Unterordnung unter die Gesetze der klösterlichen Gemeinschaft nach Möglichkeit ausgeglichen zu haben. Der ernsten Auffassung, die in dem Konvente herrschte, entspricht es, daß man sich nicht mit der in der Klosterschule gebotenen Bildung begnügte, sondern sie zu ergänzen suchte[33]). Als um das Jahr 967 Graf Borel von der spanischen Mark das Kloster besuchte, wandte sich das Gespräch des Abtes und seines vornehmen Gastes wissenschaftlichen Angelegenheiten zu, auf eine Frage Geralds konnte der Graf die erwünschte Versicherung geben, daß gerade seine Heimath Gelegenheit zu trefflicher Belehrung biete. In diesem nordöstlichsten Winkel der iberischen Halbinsel hatte das geistige und kirchliche Leben der germanisch-christlichen Bevölkerung eine Zufluchtsstätte vor dem Andrang der Araber gefunden und sich in stetem Zusammenhange mit dem Süden Frankreichs wie auch mit Italien erhalten. Insbesondere war zu jener Zeit Bischof Hatto von Vich (Ausona), ein ehrgeiziger, thatkräftiger Prälat, auch auf die Pflege wissenschaftlicher Bestrebungen bedacht[34]). Rasch entschlossen gab Abt Gerald dem Grafen den Bestbegabten seiner jungen Mönche, Gerbert, mit. Vor den Augen des etwa Zwanzigjährigen schloß sich eine neue Welt fremden Lebens und Wissens auf. Mit allem Eifer wandte er sich dem Studium jener Theile des Quadriviums zu, die im Anschlusse an Boethius besonders gepflegt wurden, vor allem der Musik und der Astronomie. Daß er nach Cordova zu den Arabern in die Schule gegangen sei, eine Nachricht, die zuerst

---

[33]) Der wahrscheinlich im Jahre 1035 verstorbene Ademar von S. Cybard d'Angoulême (Chabannes) berichtet in seiner Chronik (Bubnov, Opera math. p. 382): Gerbertus .... causa sophiae primo Franciam, deinde Cordobam lustrans, cognitus ab imperatore archiepiscopatu Ravennae donatus est. Auf Grund dessen hat Bubnov (Sbornil II, 17) Studienreisen Gerberts in Frankreich angenommen, die Nachricht ist an sich wenig verbürgt, bei der Jugend Gerberts auch nicht sehr wahrscheinlich und läßt sich mit dem Stillschweigen Richers nicht gut vereinigen.

[34]) Ueber ihn vgl. Büdinger a. a. O. S. 19.

der Chronist Ademar bringt und die dann Anlaß zu wunderlichen Fabeleien gegeben hat³⁵), ist mit guten Gründen abzulehnen. Zu der äußeren Unmöglichkeit — fehlte es ihm doch an der Kenntniß arabischer Sprache und hielt die strenge Auffassung der Araber jeden Fremdgläubigen von ihren Schulen ferne — kommt der Umstand, daß seine mathematischen Schriften keinerlei Spuren des Einflusses arabischer Wissenschaft verrathen. Sicher hat er aber, wie aus seinen Briefen hervorgeht, der arabischen wie der jüdischen Litteratur über mathematische und astronomische Fragen sein Augenmerk zugewendet³⁶) und nicht unwahrscheinlich ist es, daß er in der von lebhaftem Handelsverkehr durchzogenen Mark jene Art des instrumentalen Rechnens (Abacus) kennen lernte, die er später in Rheims lehrte³⁷). Wie wir aus sehnsüchtigen Aeußerungen späterer Zeit schließen könnten, hat Gerbert sich in der spanischen Bischofsstadt sehr wohl gefühlt, er hat hier vielfältige Beziehungen angeknüpft, unter anderen den Abt Guarin des am Canigou gelegenen Klosters St. Mihiel de Cusa, einer Hauptstätte mönchischer Askese, kennen gelernt und sich jedenfalls auch die Gunst seiner Gönner bewahrt. In ihrem Gefolge kam er im Spätherbste des Jahres 970 nach Rom, wo Graf Borel und Bischof Hatto die Erhebung von Vich zum Erzbisthume betrieben. Papst Johann XIII. war ihnen zu Willen und traf im Jänner 971 die nothwendigen Verfügungen, durch welche Hattos ehrgeizige Absichten, wenn auch nur für die Zeit seines Lebens, verwirklicht wurden³⁸). Bei den Verhandlungen war ihm auch Gerbert vorgestellt worden und alsbald ergab sich eine weitere Beziehung aus der lebhaften Theilnahme, welche die Großen jener Zeit der Förderung des höheren Unterrichtes entgegenbrachten. Kaiser Otto der Große hatte gelegentlich mit dem Papste den Rückgang mathematischer und astronomischer Studien in Italien besprochen. Als nun Johann von Gerberts Kenntnissen in diesen Fächern vernahm, benachrichtigte er sofort den Kaiser davon, daß sich in dem jungen Mönche der geeignete Mann zur Neubelebung jener Wissenszweige gefunden habe. Otto ersuchte den Papst um seine Vermittelung und es gelang diesem, den Grafen und den neuen Erzbischof zu bewegen, daß sie ihre Rückreise ohne Gerbert antraten. Dieser aber weigerte sich, den ihm von höchster Stelle angebotenen Lehrauftrag anzunehmen,

---

³⁵) Vgl. vor allem Büdinger a. a. O. S. 7 ff. Bubnov, Sbornik II, 23. Picavet p. 34 ff. Cantor a. a. O. Weißenborn ist in seiner ersten Schrift (S. 237) geneigt, die Nachricht anzunehmen, läßt aber in seiner zweiten Schrift die Frage in Schwebe.

³⁶) Ep. 17 verlangt Gerbert de multiplicatione et divisione numerorum libellum a Josepho Ispano editum, ebenso in Ep. 25, wo er den Verfasser Josephus sapiens nennt. Ep. 24 ersucht er den Lupito von Barcelona um einen von diesem übersetzten Liber de astrologia. Es ist bisher nicht gelungen, das Dunkel, welches über diesen Werken und ihren Verfassern schwebt, aufzuhellen, vgl. besonders Weißenborn, Zur Geschichte S. 27 ff.

³⁷) Dies vermuthet Weißenborn a. a. O. S. 79 ff.

³⁸) Jaffé-Löwenfeld, Regg. 3746—3750.

mit jener Selbstbescheidung, wie sie wahrhaft großer Begabung entspringt, erklärte er, zwar in der Mathematik ausreichende Kenntnisse zu besitzen, aber vorerst noch weitere Ausbildung in der Logik suchen zu müssen. Wir erkennen das Streben nach gleichmäßiger Bereicherung seines Wissens und jenen Lerneiser, der ihn auf jeder Altersstufe und in jeder Lebensstellung auszeichnete. Auch jetzt sollte ein Zufall seinem Wunsche günstige Erfüllung gewähren. Als Abgesandter Königs Lothar war der Rheimser Archidiakon Gerannus, der sich als Lehrer der Logik großen Rufes erfreute, in Rom anwesend. Gerbert schloß sich ihm an und erbat vom Kaiser die Erlaubniß, mit ihm nach Rheims zu gehen. Hier fand er die rechte Stätte für die Entfaltung seiner erblühenden Kräfte. Vor allem das schöne Verhältniß zu Gerannus! Lehrte ihn dieser die Logik, so bot ihm Gerbert seine Kenntniß des Quadriviums; während aber Gerbert sich rasch in den neuen Gegenstand hineinfand, schreckte der ältere Freund vor dem Studium der Musik zurück. Verständnißvolle Würdigung erfuhren Gerberts Fähigkeiten von Seite des Erzbischofs Adalbero, der ihm die Leitung der Domschule übertrug. Und hier erwies sich der Schüler Raimunds und Hattos als eine schöpferische Kraft ersten Ranges. Wir müssen es uns an dieser Stelle versagen, Gerberts Lehrart, über die uns sein Schüler Richer ausführlich unterrichtet, neuerdings zu schildern, es genüge, hervorzuheben, daß sie durch die Sorge für allseitige Ausbildung der Schüler, die unmittelbare Verwendung klassischer Schriftsteller, einen zweckmäßigen Anschauungsunterricht, durch die als letztes Ziel hingestellte Durchdringung der ganzen Persönlichkeit mit wissenschaftlicher Denkweise größte Bedeutung erhielt. Dazu kam die Anziehung, die von dem Manne selbst ausging, der mit nie ermüdendem Eifer liebenswürdige Formen, vornehmliche Denk- und Ausdrucksweise verband, den Schülern in allem ein leuchtendes Beispiel! Man begreift, daß die Schule von Rheims sich unter seiner Leitung hohen Ruhmes erfreute, daß sie sich in wohlthuendem Gegensatze von jener unseligen Beschränkung des menschlichen Geistes abhebt, welche im Gefolge der Klosterreform auf den Plan trat und sich jedem ernsteren Studium abhold erwies. Nicht groß genug läßt sich Gerberts Verdienst als Lehrer anschlagen. Wie immer man über den Inhalt seines an dem Maßstabe unserer Kenntnisse gemessenen Wissens denken mag, sein geschichtliches Verdienst muß vorbehaltlos anerkannt werden. Er hat Zweige menschlichen Wissens, die nur mehr das kümmerlichste Dasein fristeten, für die Ausbildung des Menschengeistes aber vom höchstem Belange sind, zu neuem Leben erweckt und damit große Wirkung auf die nachfolgende Zeit ausgeübt; er hat der tiefen Ueberzeugung von der Macht des Gedankens und des menschlichen Wortes Ausdruck verliehen und sich für die Verbindung christlicher Denkweise mit der antiken Bildung und damit für die Herstellung einer der Entwickelung menschlichen Geisteslebens unentbehrlichen Continuität bemüht. War es von größtem Werthe, daß die jungen

Herrscher Deutschlands und Frankreichs seinem Einflusse unterstanden, Robert Kapet und Otto III. ihn als ihren Lehrer verehrten, so kann die Erhaltung und Förderung wissenschaftlichen und litterarischen Lebens in Frankreich zu gutem Theile auf seine Rechnung gesetzt werden, ist nicht zu vergessen, daß von ihm eine Linie über Fulbert von Chartres zu Berengar von Tours führt[39]). Wie kein anderer seiner Zeitgenossen hält er die geistigen Kräfte der folgenden Zeit in sich wie in einer Knospe verschlossen, unbewußt tritt er als ein Kämpfer gegen die Hemmungen geistiger Freiheit auf, als Erster hat er der in den Kreuzzügen verwirklichten Idee beredten Ausdruck verliehen[40]).

Zu litterarischer Arbeit scheint Gerbert in diesen Jahren seines ersten Rheimser Aufenthaltes nicht gekommen zu sein[41]). Dagegen

---

[39]) Hermann Reuter, Gesch. der religiösen Aufklärung im MA. I (1875), 78 ff.

[40]) Man hat Gerberts Wirken in falsche Beleuchtung gebracht, indem man sich geringschätzig über seine Kenntnisse äußerte, ohne die geschichtliche Stellung, die er einnahm, zu beachten, allein auf diese aber kommt es bei der Beurtheilung an. Das absolute Maß der Kenntnisse deckt sich keineswegs immer mit ihrer geschichtlichen Wirksamkeit. Wer wollte Winkelmanns Kenntniß der Antike mit dem so sehr erweiterten archäologischen Wissen, über das die Gegenwart verfügt, vergleichen! Von ihm aber ging die Wirkung auf Goethe, Herder und damit auf das geistige Leben des folgenden Jahrhunderts aus, er ermöglichte zuerst wiederum geschichtliche Auffassung in höherem Sinne; um wie viel ungünstiger sieht sich die historische Stellung der modernen Archäologie an, die, allerdings ohne ihr Verschulden, eine wenig ansprechende Richtung in den bildenden Künsten zur Folge gehabt hat und der man sogar Erniedrigung der Geschichtswissenschaft vorzuwerfen geneigt ist. — Ueber die Ep. 28 (Ex persona Jherusalem devastatae universali ecclesiae) vgl. Hist. Ztschr. LXXXVIII, 78.

[41]) Bubnov (Opera mathem.) setzt in den ersten Rheimser Aufenthalt sowohl Gerberts Schrift über den Abakus (S. 12 ff.) als auch die Geometrie (S. 48 ff.). Er kommt zu diesem Schlusse durch folgende Erwägungen. Zunächst setzt er alle Briefe, in deren Adressen Gerbert sich scolasticus nennt (S. 6, 25, 29, 30), in die Jahre 972—982, denn nachher war dieser Abt, Erzbischof und Papst (S. 1 Anm. 1). Da das Einleitungsschreiben des Buches über den Abakus jene Adresse trägt, so muß schon demzufolge die Schrift in jene Jahre gehören. Da Gerbert nun in dem Briefe erwähnt, er habe per aliquot lustra kein Buch über den Gegenstand zur Verfügung gehabt, so schließt Bubnov weiter, daß ein solches Buch vorhanden und von Gerbert vor seiner Rheimser Lehrthätigkeit benützt worden war, er kommt auf diesem Wege zu einem liber incerti autoris ante annum 970 scriptus, den er als Gerberts Vorlage ansetzt (S. 4). Diese Beweisführung ist wenig stichhaltig. Die Bezeichnung als scolasticus konnte Gerbert wohl auch in späteren Jahren verwenden, es widerspräche das ganz dem Manne, der seinen Bullen in Geheimschrift die Worte Silvester qui et Gerbertus zusetzte, und sie wäre ganz am Platze in den Briefen an seinen Lieblingsschüler Constantin von Fleury, den späteren Abt von St. Mesmin, in denen allein sie sich findet. Aber es ist zu beachten, daß die Adressen dieser Briefe nicht zum besten beglaubigt sind. Bei dem Begleitbriefe des Rechenbuches fehlt es an jeder handschriftlichen Ueberlieferung, bei dem Schreiben (S. 25) findet sich die Adresse nur in einer Handschrift des 11., bei den andern (S. 29, 30) nur in einer des 12. Jahrhunderts. Bei Ep. 142 fehlt die Bezeichnung scolaris abbas gerade in der Leydener Handschrift. Ich glaube also, daß man aus dieser Benennung keine so schwerwiegenden Schlüsse ziehen darf. Was aber die berührte Stelle des Begleit-

hat er schon in dieser Zeit eifrig für die Vermehrung seines Bücherschatzes gesorgt und ist wahrscheinlich auch von dem Erzbischofe zur Führung seines Briefwechsels herangezogen, in die politischen Angelegenheiten eingeführt worden. Eben im Gefolge Adalberos war er nun nach Italien gekommen und hier sollte er einen für sein Ansehen als Philosoph entscheidenden Kampf bestehen.

Von Pavia begab sich der Kaiser mit dem Hofe und seinen Gästen zu Schiffe nach Ravenna, wo er Weihnachten feierte[42]) und bis über die Mitte Jänner verweilte. Wie wir den während dieses Aufenthaltes ausgestellten Urkunden entnehmen, hatten sich die angesehensten Vertreter der oberitalienischen Geistlichkeit hier eingefunden. Am 28. December erhielten die Kanoniker von Parma über Verwendung der Kaiserin-Mutter Adelheid die übliche Bestätigung des Besitzstandes und der Immunität (D. 238). Sie hatten sich wohl auch eingefunden, um über die Besetzung des bischöflichen Stuhles, der durch den vor Kurzem erfolgten Tod Huberts verwaist war, zu verhandeln. Zu seinem Nachfolger wurde der einer vornehmen Familie des Sprengels angehörige Sigefred bestellt. Am 31. December erwirkte Bischof Petrus von Pavia eine Immunitätsbestätigung für die bischöfliche Kirche von Lucca (D. 239), am 2. Jänner 981 wurde dem Kloster der heiligen Hilarius und Benedikt zu Venedig die Besitzbestätigung, den Leuten des Klosters der freie Verkehr und die freie Verfügung über ihre

---

schreibens betrifft, so hat Bubnov außer Acht gelassen, daß Gerbert nicht allein den Mangel eines Buches, sondern auch der Uebung beklagt: Itaque cum aliquot lustra jam transierint, ex quo nec librum nec exercitium harum rerum habuerimus, quaedam repetita memoria eisdem verbis proferimus, quaedam eisdem sententiis. So konnte ein Lehrer, der seine Schüler Jahr für Jahr in diesen Dingen unterwies, nicht schreiben. Diese Erwägung schließt auch Picavets Vorschlag (S. 96), die Schrift mit Rücksicht auf Ep. 86, 92 in den zweiten Rheimser Aufenthalt zu 986 oder 987 zu setzen, aus. Wir müssen vielmehr an die Neunziger Jahre denken. — Die Geometrie versetzt Bubnov gleichfalls in die erste Rheimser Periode, weil ihrer in den Briefen keine Erwähnung geschieht, Gerbert die von ihm angeblich im Jahre 983 aufgefundene Uebersetzung der Elemente Euklids durch Boethius nicht benützt hat und ein derartiges Lehrbuch eher von dem Scholasticus als von dem Abte oder Erzbischofe verfaßt werden konnte. Der erste und dritte Punkt werden durch den vorher wegen des Rechenbuches geführten Beweis hinfällig. Der zweite Punkt reicht aber für sich allein nicht aus, da Gerbert in Ep. 8, die übrigens nicht, wie Cantor annimmt, zum Jahre 985, sondern wahrscheinlich in das Jahr 983 gehört, VIII volumina Boetii de astrologia erwähnt, es also gar nicht ausgemacht ist, daß sich darunter die dem Boethius zugeschriebene Geometrie befand, und dies zugegeben würde jenem Ansatze der wichtigere Beweisgrund entgegenstehen, daß Gerbert in seiner Geometrie die Schriften der römischen Feldmesser (codex Arcerianus) benützte, die er zu gleicher Zeit in Bobbio gefunden hat. Man könnte also die Abfassung in seinen Aufenthalt zu Bobbio setzen, da hatte er aber offenbar zu wenig Ruhe, so wird man auch für sie die Zeit, in der er Erzbischof von Ravenna war, bevorzugen. In Rheims waren ihm die Bücher aus Bobbio nicht zur Hand, wie sich aus Ep. 130 ergibt, in der er eine Abschrift des M. Manlius (Boethius) de astrologia verlangt.

[42]) Richer III, c. 57; Ann. Lob. SS. XIII, 235.

Habe verbrieft (D. 240). Abt Petrus hatte als seinen Vertreter den Mönch Petrus aus dem Geschlechte der Morosini an das Hoflager entsendet, man darf annehmen, daß der Kaiser sich von dem vornehmen Geistlichen über die Lage in Venedig unterrichten ließ, der er, wie wir später sehen werden, besondere Aufmerksamkeit widmete. Patriarch Robald von Aquileja erhielt am 12. Jänner über Verwendung der Kaiserin Theophanu für sein Hochstift die Bestätigung der Besitzungen und der Immunität (D. 241), am 15. Jänner bestätigte der Kaiser gleichfalls über Bitte seiner Gemahlin dem Nonnenkloster der heiligen Maria zu Ravenna (Cereseo) die demselben von seinen Vorfahren verliehenen Urkunden und jene Besitzungen, mit denen die Aebtissin Benedikta kurz vorher auf Grund einer Gerichtsverhandlung investirt worden war (D. 242). Am 18. Jänner wurde dem von dem Langobardenkönig Desiderius gestifteten, südlich von Brescia gelegenen Kloster Leno eine Bestätigung seiner bis auf Karl den Großen zurückreichenden, von dem Abte Hermenulf vorgelegten Besitzurkunden zu Theil (D. 243).

Unter diesen Regierungsgeschäften, die sich wie immer bei dem ersten Erscheinen des Kaisers auf italienischem Boden häuften, fand Otto Zeit, sich mit der Lösung wissenschaftlicher Fragen zu beschäftigen, die er mit hohem Ernste behandelte. In seinem Gefolge war Ohtrich nach Italien gekommen, der einst als erster Lehrer der Magdeburger Domschule sich größter Anerkennung erfreut, etwa im Jahre 978 aber diese Stellung aufgegeben hatte und in die kaiserliche Kapelle eingetreten war[43]). Dem sächsischen Pädagogen war der Ruhm seines Rheimser Collegen etwas unbequem geworden, er schickte einen seiner Schüler nach Rheims, um an dem Ort und Stelle sich über den Nebenbuhler zu unterrichten. Dieser achtete, in jener Zeit üblichen formalen, pedantischen Betriebe der Logik entsprechend, vor Allem auf die Art, wie Gerbert die Eintheilung der Gattungen vornahm, und insbesondere auf die Eintheilung der Philosophie. Er brachte seinem Meister eine jener seit Appulejus so sehr beliebten logischen Figuren mit, in welcher die Physik der Mathematik untergeordnet war, obwohl Gerbert beide als gleichwerthig bezeichnet hatte. Ohtrich entdeckte den Fehler, zog nach Gelehrtenart daraus sofort weitgehende Schlüsse auf die Unfähigkeit und Unwissenheit des Gegners, brachte die Figur in den kaiserlichen Palast und machte bort vor dem Hofe damit Staat. Der Kaiser beschloß, der Sache auf den Grund zu gehen und die beiden berühmtesten Lehrer seiner Zeit einander gegenüberzustellen. Nun bot sich ihm die Gelegenheit, diese Absicht auszuführen. Die Sache war ruchbar geworden und von weit und breit kamen die geistlichen Schulmänner zusammen, um an der glänzenden Versammlung, deren Vorsitz der Kaiser selbst übernahm, Theil zu nehmen. Richer hat uns einen Bericht über den Vorgang überliefert, der wohl auf Gerberts Aufzeichnungen zurückgeht und der, wenn auch nicht voll-

---

[43]) Uhlirz, Gesch. des Erzbisthums Magdeburg S. 82.

ständig und nicht in allem zuverlässig, doch ein anschauliches Bild
gewährt. Daß der Kaiser von vornherein zu Gunsten Ohtrichs
Stellung genommen, diesem gerathen hat, sich zurückzuhalten und
den Gegner zu fehlerhaften Behauptungen zu verlocken, dürfte eine
Erfindung Richers sein, der den endlichen Sieg seines Lehrers um
so wunderbarer erscheinen lassen wollte [44]). Mit würdigen Worten
eröffnete Otto die Verhandlung: „Häufiges Nachdenken und stete
Uebung verbessern die menschliche Erkenntniß, die jedes Mal Förderung
erfährt, wenn das Wesen der Dinge in entsprechender Ordnung
durch wohlerwogene Reden gelehrter Männer beleuchtet wird.
Erschlaffen wir nur zu leicht durch unthätige Muße, so werden wir
durch die Fragen Anderer zu nützlichem Nachdenken angeregt, wird
durch Einwendungen auch ein über das gewöhnliche Maß hinausragender
Geist zu größerer Gewißheit der Einsicht geleitet." Daher
stelle er die ihm vorgelegte Figur über die Eintheilung der
Philosophie zur Erörterung und fordere zu freier Aeußerung über
sie auf. Nunmehr brachte Ohtrich die Figur als von Zuhörern
Gerberts aufgezeichnet vor und überreichte sie dem Kaiser, der sie
verlesen ließ und dann an Gerbert weiter gab. Dieser prüfte sie
genau und erklärte sie für unrichtig [45]). Vom Kaiser zur Berichtigung
aufgefordert, erklärte er, nur auf dessen Geheiß zu sprechen,
und gab seinem Unwillen über die Scheelsucht Uebelwollender Ausdruck,
auf deren Anleitung seine ganz richtige Eintheilung der
Philosophie durch die falsche Unterordnung einer Art verunstaltet
worden sei. Hierauf legte er die Grundzüge dieser Eintheilung
dar; im Anschluß an des Marius Victorinus Uebersetzung der
Isagoge des Porphyrius und den gleichfalls von dieser ausgehenden
Boethius bezeichnet er die Philosophie als einen Gattungsbegriff,
dem die Mathematik, Physik und Theologie als gleichwerthige Artbegriffe
untergeordnet sind [46]). Ohtrich fordert nunmehr mit Zustimmung
des Kaisers eine mehr in's Einzelne gehende Eintheilung.
Gerbert liefert dieselbe neuerdings im Anschlusse an jene beiden
Gewährsmänner. Die Philosophie ist die Wissenschaft der göttlichen
und menschlichen Dinge. Sie zerfällt in das praktische und
theoretische Gebiet. Das erstere umfaßt die Ethik (dispensativa),
Wirthschaftslehre (distributiva) und die Politik, das letztere die
Physik, Mathematik und Theologie [47]). Da Gerbert einerseits
nachgewiesen hatte, daß die der Versammlung vorgelegte Figur
nicht seine Lehre wiedergebe, anderseits, daß diese auf so allgemein
anerkannten Autoritäten wie Porphyrius-Victorinus und Boethius
beruhe, so wäre die eigentliche Streitfrage zu seinen Gunsten erledigt
gewesen. Ohtrich aber wendet ein, daß die Eintheilung an
sich falsch sei, da zwischen der Physik und der Mathematik die

---

[44]) Richer III, c. 57.
[45]) Richer III, c. 58.
[46]) Richer III, c. 59.
[47]) Richer III, c. 60.

Physiologie eingeschaltet werden müsse. Gerbert bezeichnet dagegen die Physiologie als einen Theil der Physik, der sich zu ihr so verhalte, wie die Philologie zur Philosophie, ein Beispiel, das allerdings nicht glücklich gewählt war, da er hier Philosophie in einem andern, engern Sinne als in seinem Hauptsatze gebraucht. Die Versammlung war über diese Abschweifung von der eigentlichen Frage nicht sehr erbaut und forderte Rückkehr zu dieser. Ohtrich ließ sich aber von seinem Vorhaben nicht abbringen und bestand darauf, vorher noch die Frage über die Ursache der Philosophie zu stellen [48]. Nun bereitet ihm sein Gegner einige Verlegenheit, indem er seinerseits fragt, ob Ohtrich wissen wolle, zu welchem Zwecke die Philosophie erfunden sei, oder jene Ursache, der wir die Erfindung schulden, und da der Sachse sich für das erstere entscheidet, erklärt er, sie sei erfunden, damit wir das Göttliche und Menschliche erkennen. Jetzt war Ohtrich mit seinen Kenntnissen zu Ende und verlegte, indem er dem Gegner vorwarf, die Ursache eines Dinges mit so vielen Worten zu bezeichnen, wo doch die größte Kürze Hauptforderung sei, den Streit auf das rein formale Gebiet, wohin ihm Gerbert mit allem Eifer in der Ueberzeugung, durch seine Belesenheit in den üblichen Schulbüchern der Logik zu glänzen, folgt [49]. Er führt zunächst aus, daß nicht alle Ursachen mit einem Worte ausgedrückt werden können [50], daß dies eigentlich nur bei den Gattungsbegriffen (Substanz, Quantität, Qualität) möglich sei [51]. Die als Beispiel vorgebrachte Beziehung des rationale ad mortale veranlaßte den Sachsen zu seinem letzten Einwurfe, ob Gerbert etwa das Sterbliche dem Vernünftigen unterordnen wolle, was nach seiner Ansicht unmöglich wäre, da ja das Vernünftige nur Gott, den Engel und den Menschen, das Sterbliche aber die unendliche Gesammtheit des Vergänglichen umfasse. Dieser rein formalen Auffassung, welche, wie Prantl richtig hervorgehoben hat, als Beleg dafür dienen kann, wie einseitig die Schullogik jener Zeit nur den Umfang, nicht aber den Inhalt der Begriffe betonte, wurde sofort von Gerbert unter neuerlicher Anrufung des Porphyrius und des Boethius die verdiente Zurechtweisung zu Theil. Da Gerbert unerschöpflich schien, so unterbrach nach Richer der Kaiser den Fluß seiner Rede und schloß die Erörterung, welche die Zuhörer schon recht ermüdet hatte, wohl auch mit der Absicht, in taktvoller Weise seinem Hofgelehrten die Beschämung einer offenen Niederlage zu ersparen.

Die Disputation zu Ravenna verdient, obwohl sie im Sande verlief, bessere Beurtheilung, als ihr im Allgemeinen zu Theil geworden ist. Nicht allein Prantl, der sich über sie wie über die meisten Erzeugnisse der Schullogik des früheren Mittelalters sehr

---

[48] Richer III, c. 61.
[49] Richer III, c. 62.
[50] Richer III, c. 63.
[51] Richer III, c. 64.

abfällig äußert, auch Havet und Schulteß haben sie als nichtig und ergebnißlos abgethan. Erst Pfister und Picavet sind ihr gerechter geworden und man wird ihnen darin zustimmen dürfen. Man wird nicht auf die kläglichen Einwendungen Ohtrichs, sondern auf Gerberts Gegenreden und hier wiederum nicht alles Gewicht darauf legen dürfen, daß dieser nur Schulmeinungen und Schulbeispiele wiederholte. Wichtiger ist doch, daß er sich diese in einer viel freieren und richtigeren Weise zu Eigen gemacht hatte, als sein Gegner, daß er sich wohl befähigt zeigte, auf das Wesentliche und inhaltlich Bedeutsame zu achten. Was endlich die behandelte Frage betrifft, so ist sie keineswegs so bedeutungslos, wie man auf den ersten Blick annehmen möchte. Sie betrifft erstens das Arbeitsgebiet der Philosophie, einen Gegenstand, der noch für Kant den Mittelpunkt seiner Studien abgibt, und zweitens das Verhältniß der Einzelwissenschaften zu ihr und zu einander, eine Frage, welche namentlich der französischen Geistesart jeder Zeit sehr nahe gelegen war, wie ja auch Condorcet und Comte sie als das Endergebniß ihrer Systeme aufstellen. In Gerberts Erörterung liegen uns eben die ersten, gewiß kümmerlichen und unbeholfenen, aber darum doch recht beachtenswerthen Versuche in dieser Richtung vor, die nach langer Unterbrechung wieder aufgenommen wurden.

Ganz besonders aber erweckt das Gespräch von Ravenna unsere Aufmerksamkeit durch die Persönlichkeiten der Theilnehmer. Wir sehen den Kaiser mit allem Eifer thätig und von jener in guten Sinne praktischen Auffassung des Nutzens, den wissenschaftliche Arbeit zu bieten vermag, beseelt, welche unter den deutschen Fürsten zuerst Friedrich der Große wiederum zum Ausdruck gebracht hat, wir sehen den Sachsen Ohtrich, in manchem ein Vorläufer jener Gelehrtenart, die in seinem Heimathlande später so häufig anzutreffen war, ehrsüchtig und hinterhältig, engherzig, formalistisch und pedantisch, ihm gegenüber den Franzosen, lebhaft und loyal, auf die Sache gerichtet, redegewandt und schmiegsam, erfüllt von dem Bestreben, durch schärfere Sonderung der Wissenschaftsgebiete zu größerer Klarheit und Bestimmtheit vorzudringen, eine zweckmäßigere Einrichtung geistiger Arbeit zu erzielen.

Da Erzbischof Adalbero die Reise nach Italien nicht allein wegen Gerberts Redekampf unternommen haben wird, so läßt sich vermuthen, daß er sie nicht in Ravenna abgebrochen, sondern sich mit seinen Begleitern dem Kaiser angeschlossen hat und nach Rom gezogen ist. Erst von hier aus trat er die Rückreise an, auf der er nach Richers Versicherung Gerbert mit sich nahm. Bald wurde dieser jedoch wieder nach Italien berufen und von dem Kaiser durch die Verleihung der reichen Stiftung des heiligen Columban, des Klosters Bobbio, ausgezeichnet, dessen Abt Petroald sich als zur Bewältigung der mit seiner Stellung verbundenen schweren Aufgabe unfähig erwiesen hatte und zum Rücktritt veranlaßt worden war. Der Kaiser wollte durch diese Verleihung nicht allein den berühmten Gelehrten für seinen Dienst gewinnen, sondern auch die

Leitung des für seine kriegerischen und politischen Absichten wichtigen Stiftes, dessen Besitzstand durch allzufreigebige Verlehnung des Klostergutes in Verfall gerathen und in dem auch die mönchische Zucht bedenklich gelockert worden war, in tüchtige, vertrauenswürdige Hände legen⁵⁹).

---

⁵⁹) Bübinger a. a. O. S. 61 ff. erklärt sich gegen Richers Nachricht von der Heimkehr Gerberts, aber es läßt sich doch kein stichhaltiger Grund gegen sie anführen. Von einem absichtlichen Schweigen Richers über die Verleihung Bobbios und das Verhältniß Gerberts zum kaiserlichen Hause kann nicht wohl die Rede sein, da Richer den Bericht über die Anfänge Gerberts und das Gespräch von Ravenna an zeitlich ganz unrichtiger Stelle vor dem Tode Ottos des Großen eingeschachtelt hat. Er wollte eben seinem Lehrer eine zusammenhängende Darstellung widmen, hat aber dann versäumt, den rechten Uebergang zu finden. Vgl. auch Bubnov, Sbornik II, 52. Ueber den Zeitpunkt, in dem Gerbert die Abtswürde erhielt, gehen die Ansichten auseinander. Havet und Bubnov nehmen den Anfang des Jahres 983 an und der Erstere hat scharfsinnig die tria imperia unius anni, welche nach Gerberts Aeußerung in Ep. 19 die Mönche von Bobbio wechseln sahen, auf die Amtswaltung Petroalds, Gerberts und eines diesem folgenden unbekannten Usurpators gedeutet. Dagegen hat Lair (Études critiques I, 112) im Anschluß an Olleris und Colombier sie auf Gerbert, Petroald und den Usurpator bezogen, so daß aus der Stelle sich nichts für den zeitlichen Ansatz ergäbe. Wichtiger ist sein Hinweis darauf, daß Ep. 5 an Bischof Petrus von Pavia nicht, wie Havet annahm, im Mai oder Juni 983 geschrieben sein kann. Denn damals hielt Otto den Reichstag von Verona und da konnte Gerbert unmöglich schreiben: Dominus noster bellorum certamine occupatur. Nos nec manus paratas eum juvare detinebimus. Die Stelle wäre nicht unmöglich im Herbste 983, zu welcher Zeit, wie wir sehen werden, der Kaiser auf dem Marsche gegen Apulien war, sie paßt aber gut nur zum ersten Halbjahre 982. Dadurch würde allerdings die Annahme der Anordnung der Briefe nach der zeitlichen Folge wenigstens für den Anfang der Briefsammlung Gerberts erschüttert. Die Sache ließe sich übrigens gut erklären. Gerbert hat zu Beginn seiner Sammlung Briefe aus der Zeit seines Bobbieser Aufenthaltes, die für ihn auch deshalb besonders wichtig waren, da er sich, eben als er seine Sammlung abschloß, eifrig mit den Angelegenheiten des Klosters beschäftigte (vgl. DDO. III. 303, 335), zusammengestellt, ohne den Zeitpunkt ihrer Ausfertigung im Einzelnen genau zu kennen oder zu beachten. Man müßte also annehmen, daß Gerbert schon Anfangs 982 Abt von Bobbio war.

981.

In der zweiten Hälfte des Jänner zog der Kaiser über den toskanischen Appennin gegen Rom. Am 3. Februar machte er in Puglia bi Arezzo Halt, wo sich Abt Johannes von Farfa eingefunden hatte, um ihm die Klosterprivilegien zur Bestätigung vorzulegen (D. 244). Bald darauf wird der Hof Rom erreicht haben.

Die nächste Aufgabe war die Wiederherstellung der päpstlichen und kaiserlichen Gewalt in der ewigen Stadt. Papst Benedikt VII. hatte sich während der ersten sechs Jahre seines Pontifikats vornehmlich den kirchlichen Pflichten seines Amtes gewidmet. Die Mehrzahl der von ihm ausgestellten Bullen ist für Klöster bestimmt und namentlich hatte er sich den reformatorischen Bestrebungen deutscher Bischöfe günstig erwiesen. Die Erzbischöfe Dietrich von Trier und Warin von Köln hatten Bestätigungen und Privilegien für die von ihnen wiederhergestellten Klöster erwirkt[1], der Kaiser selbst hatte sich im Jahre 975 durch den Bischof Dietrich von Metz an den Papst um ein Privileg für das Schottenstift Waulsort gewendet[2] und Abt Majolus von Cluny erhielt für sein Kloster im Jahre 978 das St. Stephanskloster zu Arluc und die Insel St. Honoré de Lerins gegen die Verpflichtung, jährlich zum Grabe der Apostelfürsten 9 Silberschillinge zu entrichten[3]. Aber nicht nur nach fremden Ländern ließ er den Strom seiner Gnade fließen, in Rom selbst und der Umgebung war er auf die Hebung kirchlichen Wesens bedacht. Seine bedeutendste und folgenreichste That in dieser Richtung war die Erneuerung der Kirche der heiligen Bonifatius und Alexius auf dem Aventin, welche er im Jahre 977 dem von den Arabern aus seinem Bisthum Damaskus vertriebenen Sergius übergab[4]. Höchst merk-

---

[1] Jaffé-Löwenfeld, Regg. 3780, 3781, 3782, 3788.
[2] Reg. 3789.
[3] Reg. 3796.
[4] Nerini, De templo ss. Bonifacii et Alexii (Rom 1752). Gregorovius, Gesch. der Stadt Rom III, 374 ff.

würdig ist das neue Kloster, das, wie wir sehen werden, bald große Bedeutung für die ganze abendländische Kirche gewann, vor allem dadurch, daß es in gewissem Sinne die Vereinigung der römischen und der griechischen Kirche zum Ausdrucke brachte, indem zwar die Regel des heiligen Benedikt als maßgebend aufgestellt war, neben den lateinischen Mönchen aber auch andere im Konvente lebten, welche den Vorschriften des heiligen Basilius folgten. Daß hier das dem römischen in vielem entgegengesetzte griechische Mönchthum eine Stätte fand, bewirkte, daß Rom auch der Mittelpunkt für die in Folge der Vertreibung aus Paläſtina, Aegypten und Sicilien sich rasch mehrenden griechischen Klöster Süditaliens wurde. Am 4. December 979 hatte der Papst in Subiaco eine der heiligen Scolastica gewidmete Kirche geweiht, auch hier das Andenken des heiligen Benedikt mit frommem Sinne erneuernd [5]).

Vielleicht läßt schon dieser Aufenthalt des Papstes in dem Bergkloster auf die Nothwendigkeit schließen, Rom zu verlassen. Auch im Jahre 980 ist der Papst nicht in Rom, wohl aber am 22. August in Ravenna nachweisbar und es ließe sich denken, daß er hier den Kaiser erwartet hat.

Mochte auch die unruhige Haltung der Römer dem Papste den Aufenthalt in seiner Stadt verleidet haben, so kann man doch keine tiefer gehende und allzu gewaltsame Bewegung annehmen, denn schon die Ankunft des Kaisers in Italien scheint zur Herstellung der Ordnung genügt zu haben. Vielleicht noch vor dem deutschen Hofe konnte der Papst nach Rom zurückkehren [6]).

Eine glänzende Versammlung sah der Kaiser um sich, als er in Rom das Osterfest (März 27) beging. Den beiden Kaiserinnen und der Schwester gesellten sich Adelheids Bruder, König Konrad von Burgund, und seine Gemahlin Mathilde, der Herzog von Bayern, zahlreiche deutsche, französische, spanische und italienische Bischöfe und Aebte zu [7]). Als letzten und schönsten Erfolg des Kriegszuges von 978

---

[5]) Jaffé-Löwenfeld I, 482.

[6]) Gregorovius (a. a. D. S. 377) nimmt an, daß Crescentius de Theodora an der Spitze der Gegner Benedikts gestanden und sich bei der Annäherung des Kaisers in das Kloster S. Bonifazio ed Alessio zurückgezogen habe. Eine quellenmäßige Begründung dieser Annahme besteht nicht. Wir wissen nichts Näheres über die Unruhen, auf die uns nur eine Stelle der Ann. Colon. (SS. I, 98: Apostolicus in sedem receptus est) und die Anwesenheit des Papstes in Ravenna schließen lassen. Richer drückt sich sehr unbestimmt aus: III, c. 81 Otto regni sui pace facta, Italiam petiit Romamque devenit, suos revisurus atque de regni statu quaesiturus; compressurus etiam, si qui forte essent tumultus, et tumultuantes in pacem revocaturus, si qui principum forte dissiderent. Das kann sich auch auf Vorgänge außerhalb Roms beziehen. Es wäre ganz erklärlich, wenn Crescentius sich schon nach den Gräuelthaten und dem Mißerfolge des Jahres 974 von der Politik abgewendet, einer Bestrafung durch den Eintritt in ein Kloster zuvorgekommen wäre.

[7]) Ann. Hildesheim. und Lob. (SS. XIII, 325): Imperator pascha celebravit Rome. Ann. Altah. und Ann. Lamperti: Imperator natale Christi (natalem Domini L.) Rome celebravit. Ann. Magdeburg. (SS. XVI, 155): Celebravit autem eodem anno pascha in urbe Romana cum imperatrice

hatte aber Otto die Anwesenheit des Herzogs Hugo Kapet zu begrüßen. Dieser hatte, wie wir uns erinnern, die Aussöhnung seines Königs mit dem Kaiser auf's schwerste empfunden, aber seiner Art gemäß sich zunächst ruhig verhalten, um zu erwägen, wie der Streich zu pariren sei. Offener Aufstand erschien ausgeschlossen, da es an einem rechten Vorwande fehlte, er und seine Anhänger sich scheuten, als Rebellen gegen den König zu gelten, dessen Ansehen und Beliebtheit beim Volke doch fester stand, als man anzunehmen geneigt sein möchte und der in solchem Falle sicher die Unterstützung des Kaisers gefunden hätte. So blieb als bestes und einziges Mittel nur übrig, sich ebenfalls um Ottos Gunst zu bewerben, ihn von einseitiger Parteinahme zu Gunsten seines Stiefschwagers abzuhalten. War Otto nach Italien gezogen, so empfahl es sich, die Gelegenheit zu nützen und ihn in Rom aufzusuchen. Dabei wurde dem nationalen Gefühle wie dem persönlichen Stolze Hugos am wenigsten vergeben. Rasch entschlossen machte er sich auf den Weg und traf, begleitet von seinem vertrauten Rathgeber, dem Bischofe Arnulf von Orleans, und dem Grafen Burkhard der Vendôme sowie einem stattlichen Gefolge, zur selben Zeit wie Otto in Rom ein. Hier werden auch Erzbischof Adalbero und Gerbert ihm die Wege geebnet haben. Er fand die freundlichste Aufnahme, in vertrautem Gespräche konnte er dem Kaiser seine Klagen vorbringen, die Unterredung endete mit einem Freundschaftsgelöbnisse Ottos und des Herzogs. Dieser genügte seinen Andachtspflichten und ließ auch die kirchlichen Angelegenheiten, die ihm am Herzen lagen, nicht außer Acht, am 1. April genehmigte der Papst auf seine Bitte die unmittelbare Unterordnung des Klosters St. Valéry-sur-Somme unter die päpstliche Gewalt und bestätigte den Besitzstand des von Hugo wiederhergestellten Stiftes²). Zufrieden mit dem Erreichten konnte der Herzog die Heimreise antreten, in ehrenvollster Weise ließ ihn der Kaiser bis an die Grenzen Italiens geleiten³).

Theophanu, presente matre sua Adelheida imperatrice augusta una cum sorore Machtilde, Metropolitanense abbatissa, convenientibus quoque ex Burgundia regibus, Conrado scilicet et Machthildo (die Gemahlin Konrads), rege etiam Karlingorum Hugone aliisque principum et optimatum perpluribus, regio luxu atque tripudio universis exultantibus. Annalista Saxo (SS. VI, 627): Pasca vero Rome peregit, presente matre sua cum Theophanu imperatrice, cum sorore imperatoris, abbatissa Quidelingeburgensi, convenientibus quoque regibus, Conrado ex Burgundia et Hugone ex Gallia, absque principibus et optimatibus perpluribus. Ann. Colon. (SS. I, 98): Ugo rediit in gratiam imperatoris. Richer III, c. 84: Dux igitur quosdam magnae prudentiae et astutiae assumens, Arnulfum videlicet Aurelianensem episcopum atque Burchardum nec non . . . . reliquos quoque admodum necessarios viros, Romam progreditur. — Bischof Miro von Gerona wird in Jaffé-Löwenfeld, Reg. 3804 erwähnt.

²) Jaffé-Löwenfeld, Reg. 3805.
³) Die Romfahrt Hugos hat Richers rhetorische Neigung und Fabulirlunst mächtig angeregt. Wortgetreu berichtet er des Herzogs und seiner Rathgeber Reden (III, c. 82, 83). Sie sind jedenfalls seine eigenen Erzeugnisse, zu denen ihn die Nachahmung Sallusts veranlaßt hat. Richer mag in ihnen

Neben den politischen beschäftigten den Kaiser auch die kirchlichen Angelegenheiten. Auf einer im Lateran abgehaltenen Synode wurde ein Streit zwischen dem Erzbischof Honestus von Ravenna und dem Bischof Leo von Ferrara geschlichtet[10], auf einer andern in der Peterskirche ein feierliches Verbot gegen die Simonie erlassen[11]). Dazu kamen mehrere Urkunden für deutsche und italienische Klöster. Am 30. März erwirkte Herzog Otto von Bayern den Ansiedlern auf dem der Aschaffenburger Kirche gehörigen Gute Ebermannstadt die Freiheit von der öffentlichen Gerichtsbarkeit und die Unterstellung unter die des Propstes und Vogtes (D. 245), am 2. April bestätigte der Kaiser über Verwendung desselben Herzogs, des Bischofs Wolfgang und des Abtes Ramwold den Mönchen von St. Emmeram zu Regensburg ein Gut, das sie von dem Juden

manche Erwägung, von der sich Hugo und seine Genossen leiten ließen, verwerthet haben, sicher aber hat er hinsichtlich der Abordnung von Gesandten nach Rom, welche den Kaiser vorerst ausholen sollten, geirrt, wie schon Lot (Les derniers Carolingiens, p. 122 Anm. 2) festgestellt hat. Auch das Geschichtchen von dem Schwerte, das der Kaiser bei der Audienz absichtlich liegen ließ, damit Hugo es ihm nachtragen müsse, um als sein Gefolgsmann zu erscheinen, und das Bischof Arnulf rasch ergriff, über welche Geistesgegenwart der Kaiser ganz entzückt war, wenn man, so hübsch es ist, mit Mißtrauen betrachten (III, c. 85, vgl. Giesebrecht, Jahrb. S. 177). Vollends aber wird man die Briefe, welche Lothar an den König Konrad von Burgund, Emma an ihre Mutter Adelheid richteten, in denen sie die Gefangennahme des Herzogs auf der Rückreise verlangten, ebenso wie die Nachstellungen, denen dieser in Burgund nur mit List entging (III, c. 86—88), in das Bereich der Erfindung verweisen, wie das schon Giesebrecht (a. a. O. S. 178) gethan hat. Lot (a. a. O. S. 125 Anm. 1) findet allerdings Giesebrechts Gründe wenig überzeugend und verwerthet Richers Bericht für seine Darstellung. Doch mit Unrecht. Machte Giesebrecht darauf aufmerksam, daß es für Adelheid des Stedbriefes, den Emma ihrem Schreiben anhängt, nicht bedurfte, da sie den Herzog doch kannte, so meint Lot, es sei nicht sicher, daß Adelheid den Herzog in Rom gesehen und von seinem Vertrage mit dem Kaiser gewußt habe, da die Unterredung geheim gewesen sei. Daß Hugo den Kaiserinnen in Rom nicht vorgestellt worden sein sollte, diese nicht gewußt haben sollten, daß und was er mit dem Kaiser verhandelt hat, ist aber doch undenkbar. Viel eher ist anzunehmen, daß Richer von dem Zusammensein der Adressaten seiner Briefe mit dem Herzoge in Rom nichts gewußt hat und überhaupt von ganz falschen Voraussetzungen ausgegangen ist. Konrad und Adelheid werden in Rom jedenfalls mit Hugo verkehrt, als verständige Menschen die Annäherung des Herzogs an den Kaiser gebilligt, darin kaum eine Gefahr für Lothar erblickt haben. Auch Otto selbst hat keine Hintergedanken gegen seinen Schwager gehabt, eher sich bemüht, den Frieden herzustellen. Daß König Lothar über Hugos Romfahrt wenig erbaut sein mochte und sich vielleicht schlimmer Dinge versehen hat, mag richtig sein, auch mag er daran gedacht haben, den Gegner in seine Gewalt zu bekommen, aber der Vorgang, den uns Richer erzählt, und bei dem er dem Könige von Burgund ebenso wie der Kaiserin-Mutter die arge Niederträchtigkeit zumuthet, ist doch wohl eine fabulirende Ausschmückung etwaiger Besorgnisse, die man in der Umgebung des Herzogs gehegt hat. Richer hat ja auch die am 8. Juni 979 vollzogene Krönung des jungen Ludwig als eine Folge der nach der Romfahrt erfolgten Aussöhnung Lothars mit Hugo angesehen (III, c. 91).

[10] Mansi, Conc. Coll. XIX, 78.
[11] Ebenda S. 77. — Jaffé-Löwenfeld, Reg. 3804.

Samuel gekauft hatten[12]), am 18. April wurde über Bitte des Bischofs Petrus von Pavia dem Kloster Casaurea zu Pescara (D. 248), am 5. Mai dem Kloster Farfa eine Bestätigung älterer Privilegien zu Theil[13]). Am 2. April hatte das Kloster Corvey, an einem unbestimmten Tage das Kloster St. Vincenz zu Metz von dem Papste ein Privileg erhalten[14]).

Der Kaiser verweilte in Rom bis zum Eintritt der Sommerhitze, dann begab er sich in das kühlere Bergland. Am 7. Juli bestätigte er zu Ticcchiena[15]) dem Kloster S. Vicenzo am Volturno den Besitzstand, das Inquisitionsrecht, die Immunität und den Königsschutz (D. 251), dann ging die Reise in das Thal des Liri und in diesem aufwärts bis Sora, wo der Kaiser in einem heute nicht mehr erhaltenen Kastell, Namens Petronussa, Aufenthalt nahm. Hier erhielt der edle Nithard am 12. Juli die Genehmigung eines mit dem Abte Hilderich von Prüm abgeschlossenen Tauschgeschäftes (D. 252). Immer weiter zog sich der Hof in die höher gelegenen Landschaften des Herzogthums Spoleto zurück. Am 18. Juli finden wir den Kaiser in Cerchio am Nordrande des Fucinersees, wo über Bitte des Bischofs Gottfried von Luni den Leuten seines Hochstifts die Immunität, diesem selbst der Besitzstand bestätigt wurde (D. 253). Für die heißeste Zeit des August war auf einem Hügel an der Straße von Celano nach Aquila, auf der Rocca de Cedici, nördlich von Rocca di Mezzo, alles zu längerem Aufenthalte vorbereitet, ein eigener Sommerpalast errichtet worden[16]), in dem der Kaiser bis gegen Ende des Monats, um welche Zeit er sich wieder nach Rom begab, verweilte. Bald herrschte in der abgelegenen Gegend lebhaftester Verkehr. Eine Gesandtschaft des

---

[12]) Aus der Erwähnung Wolfgangs und Ramwolds ist nicht mit Nothwendigkeit zu schließen, daß Beide in Rom waren.

[13]) D. 249. In den römischen Aufenthalt gehört auch D. 250, eine Bestätigung des Besitzstandes für S. Croce am Chienti. — Dagegen ist die Einreihung von D. 246 für Hornbach an dieser Stelle kaum aufrecht zu erhalten, da der als Vermittler genannte Herzog Otto von Kärnthen kaum mit dem Kaiser nach Rom gegangen ist. Auch D. 250a für den Bischof Amizo von Turin könnte schon früher während des Aufenthaltes in Oberitalien ausgestellt sein.

[14]) Jaffé-Löwenfeld, Reg. 3806, 3807.

[15]) Den Ausstellungsort Ticiniano hat v. Sickel (Erläut. 182) für Ticcchiena „ostwärts von der Via Latina, in dem Dreieck zwischen Ferentino, Alatri und Frosinone" erklärt.

[16]) Chron. Casaur. in Muratori SS. II, 2, 834: Otto imperator ex Romulea urbe egressus et aedificata sibi regali domo in campo, qui vocatur de Cedici, toto ipso aestivo tempore ibi perendinans mansit, igitur eodem ibidem augustaliter permanente, domnus Adam, abbas, in curia, quae in ipso campo ab episcopis, comitibus et fere totius regui principibus atque ipsarum provinciarum judicibus solemniter est celebrata . . . . — Regesto di Farfa III, 99 no. 897: in territorio Marsicano in ipso campo de Cedici intro ipsam casam domni Ottonis imperatoris augusti. Ueber die Lage des campo de Cedici vgl. v. Sickel, Erläut. S. 183.

Abtes Aligernus von Monte-Cassino erwirkte am 6. August eine allgemeine Bestätigung des Besitzstandes und der Rechte des hochberühmten Klosters (D. 254), am selben Tage wurde der Abt Johannes von S. Vicenzo am Volturno in den Besitz der seinem Kloster durch gerichtliches Urtheil zugesprochenen Güter eingewiesen (D. 255). In einer unter Vorsitz des Bischofs Petrus von Pavia, der Grafen Arnolf, Drusico und Ansfred, als Königsboten, abgehaltenen Gerichtssitzung erhob der Abt Johannes von Farfa Klage gegen den Grafen Teubin, der dem Stifte zwei Höfe und eine Mühle vorenthalten hatte, in einer andern ließ der Abt Adam von Casaurea die Besitztitel seines Stiftes über Güter des Klosters in den umliegenden Grafschaften verlesen. Die Bischöfe Andreas von Lodi und Sigefred von Parma, der sich hier zum ersten Male in seiner neuen Würde dem Kaiser vorgestellt hatte, wurden mit Bestätigungen für ihre Hochstifter begnadet (DD. 256, 257 vom 13. August). Als Vermittler werden die Bischöfe Petrus von Pavia, Dietrich von Metz und Gisiler von Merseburg genannt.

Eben dieser sollte in diesen Tagen zu lang ersehnten Ziele gelangen. Am 20. Juni war Erzbischof Adalbert von Magdeburg gestorben[17]). Mit ihm verließ eine der glänzendsten Erscheinungen der deutschen Kirche den Schauplatz rühmlichen Wirkens. Adalbert war als einer der begabtesten und eifrigsten Vertreter der Reform mönchischen Lebens emporgekommen, er veranschaulicht uns jene Vereinigung asketischer, praktischer und wissenschaftlicher Fähigkeiten, welche die Ottonische Zeit von den zu höheren Stellen auserselenen Geistlichen forderte[18]). Er war der Sohn eines abeligen Vasallen Herzogs Reginar von Lothringen, Namens Adalbert, der Remich zu Lehen hatte, und schon als Knabe dem heiligen Maximin, dessen strafende Gewalt der Vater am eigenen Leibe erfahren hatte, übergeben worden[19]). In der Schule dieses Trierer Stiftes, dessen Bedeutung für die Ausbreitung des Reformgedankens wir kennen, erhielt er seine wissenschaftliche Ausbildung. Während der fünfziger Jahre muß er die Aufmerksamkeit des Erzbischofs Wilhelm von Mainz erregt haben, der ihn bei erster Gelegenheit vor eine

---

[17]) Den Todestag XII. kal. julii geben an: Necrol. Merseb. (Adabracht), Necrol. Magdeb. (Aedelberhtus) und Thietmar (III, c. 11). — Ann. Ottenburani (SS. V, 2), Ann. Lamperti: Adalbertus Magdeburgensis primus episcopus (archiepiscopus L.) obiit, cui Gisilharius (Hissilarius L.) successit. Ann. Weissenburg.: Adalbertus archiepiscopus Magadaburgensis et abba Wicenburgensis obiit, cui Sandraldus successit. Ann. Magdeb. (SS. XVI, 155). Gesta archiep. Magdeb. (SS. XIV, 384). Ann. necrol. Fuld. (SS. XIII, 204): Adalbraht archiepiscopus; alle zum Jahre 981.

[18]) Vgl. über ihn Ebert, Allg. Gesch. der Litt. des MA. III, 400; Wattenbach, Geschichtsquellen I, 367; Uhlirz, Gesch. des Erzbisthums Magdeburg S. 55, 70; Hauck, KG. III, 129, 146, 317.

[19]) Ueber Adalberts Vater vgl. die Wundergeschichte in Sigeharbs um das Jahr 962 geschriebenen Miracula s. Maximini, c. 16 (SS. IV, 233). Damit erledigt sich Wattenbachs Vermuthung, Adalbert sei ein Halbbruder Wilhelms, ein Sohn von dessen wendischer Mutter gewesen.

schwere Aufgabe stellte. Großfürstin Olga von Rußland hatte von König Otto Geistliche zur Predigt christlichen Wortes unter ihrem Volke erbeten, ihre Führung wurde dem jungen Mönche aus St Maximin anvertraut. Zum Bischof der Russen geweiht begab er sich im Jahre 961 unsicheren Sinnes, dem Gönner grollend, in das ferne Land. Erfolg war ihm nicht beschieden, bald erkannte er sein Bemühen als vergeblich und war froh, als er nach gefahrvoller Rückreise, auf der Etliche seines Gefolges ermordet worden waren, wieder in Mainz angelangt war. Erzbischof Wilhelm nahm ihn freundlich auf, ohne ihm den Mißerfolg nachzutragen. Er verblieb zunächst am Hofe des jungen Königs und fand da Muße zu einer Fortsetzung von Reginos Chronik, welche sich durch Klarheit und Einfachheit der Darstellung, durch umfassende Anschauung vortheilhaft vor den beschränkten oder formlosen historiographischen Leistungen jener Zeit auszeichnet[20]). Als am 9. Februar 966 Abt Erkanbert von Weißenburg gestorben war, verlieh der Kaiser das reiche, elsäßische Kloster dem Russenbischof, der bis dahin selbständigen Einkommens entbehrt hatte[21]). Im Jahre 967 begleitete Adalbert den jungen König nach Italien und hier sollte er von der ruhigen Arbeit eines Hofhistoriographen zu bedeutsamer Thätigkeit berufen werden. Eben auf ihn, der sich durch Lebenswandel und Kenntnisse auf's Beste empfahl und wahrscheinlich schon an den Vorarbeiten Theil genommen hatte, lenkte Otto der Große seinen Blick, als es galt, dem neu errichteten Magdeburger Erzbisthume den ersten Vorsteher zu geben. Im December 968 traf Adalbert an der Stätte seines neuen Wirkens ein. Als Erzbischof hat sich Adalbert große Verdienste von weittragender Bedeutung erworben. Ihm fiel die Einrichtung der für die Ausbreitung des Deutschthums wie des Christenthums so wichtigen Kirchenprovinz zu, mit strengem Eifer und mustergiltigem Lebenswandel ging er seinen Suffraganen und Klerikern voran. Zu schöner Blüthe gedieh die Schule von St. Moriz, die nach kurzer Zeit in der Lage war, das Mutterkloster von St. Maximin in der Lieferung der Arbeitskräfte für die kaiserliche Kanzlei abzulösen. Tüchtige Lehrer, wie Ohtrich und Ekkehard, versammelten viele vornehmen und begabten Schüler um sich, von denen Einzelne, über das Mittelmaß hinausragend, dem geistlichen Leben und der Litteratur der nächsten Jahrzehnte den Stempel ihrer Eigenart aufprägen sollten. Von bestem Erfolge waren seine Bemühungen um die Verbreitung des Christen-

---

[20]) Von der Vermuthung v. Sickels (Mitth. des Inst. für öst. Geschichtsf. Ergzsbd. I, 361), daß Adalbert eine Person mit dem Notare der kön. Kanzlei Liutulf A. sei, mache ich keinen Gebrauch, da kurze nachgewiesen hat, daß in dem cod. Monac. nicht das Autograph der Continuatio Regionis vorliege (N. Archiv XV, 297). — Dieterich (Geschichtsquellen des Klosters Reichenau, S. 193) will dem Adalbert auch die Abfassung „der zweiten Redaction der Compilatio Fuldensis" zuweisen, die er im Jahre 966 als Vorarbeit zur Continuatio Reginonis angelegt haben könnte.

[21]) Cont. Regin. p. 177.

thums im Wendenlande gekrönt, wobei er allerdings durch die leibliche Sicherheit der politischen Lage, die wachsende Einwanderung und die damit verbundene, rasch fortschreitende Germanisirung unterstützt wurde. Eben in der Ausübung seines Hirtenamtes, auf der Rückkehr von einer Visitationsreise im Merseburger Sprengel ist der Erzbischof, nachdem er noch am 19. Juni in Merseburg die Messe gelesen, die Nacht bei einem gastfreundlichen Laien, Namens Hemuzo, in Klein-Corbetha verbracht hatte, am folgenden Tage in Freckleben bei Sandersleben gestorben. Die Leiche wurde zunächst nach Giebichenstein, von da zu Schiff nach Magdeburg gebracht, hier von dem Halberstädter Bischofe Hildiward unter Assistenz Hardings, des Abtes vom Kloster Berge, eingesegnet und in der Domkirche vor dem Altare der Apostel Philipp und Jacob bestattet[22]). Aufrichtige Trauer erfüllte die Herzen der Bewohner und der Geistlichen Magdeburgs.

Liegt Adalberts Besonderheit in der einheitlichen Ausbildung seiner Persönlichkeit, welche uns manche Schwäche übersehen läßt, und der seiner Stellung entsprechenden stärkeren Betonung der kirchlichen Eigenschaft, so tritt diese bei dem Manne, der sein Nachfolger werden sollte, um vieles weiter zurück. Reichten Adalberts Anfänge bis in die ersten Jahre der Herrschaft Ottos des Großen, war in seinem Gedächtnisse noch die Erinnerung an die lothringischen Wirren zur Zeit Konrads I. erhalten, so ist Gisiler schon zur Zeit der vollen Machtwaltung des großen Kaisers aufgewachsen und hat den Einfluß des kirchlichen Reformgedankens nicht wie jener aus erster Hand erfahren. Aber ganz hat auch er sich ihm nicht entziehen können. In der Schule von St. Moriz, an der eben Mönche von St. Maximin thätig waren, wurde der aus vornehmem Geschlechte entsprossene Knabe erzogen[23]). Vielleicht schon hier hat er sich die Gunst des im Jahre 950 zum Bischofe von Worms erhobenen ersten Abtes Anno erworben, dessen Fürsprache er dann im Jahre 971 die Erhebung zum zweiten Bischofe von Merseburg verdankte. Man wird daraus und aus der Nachricht, daß ihn der Kaiser mit der Leitung der Hofgeistlichkeit betraut habe, schließen dürfen, daß der junge Geistliche, den auch sein Gegner Thietmar als edel an Sitten und Anlage rühmt, sich durch Gewandtheit, Kenntnisse und tadellose Lebensführung auszeichnete. Weit entfernt aber war er davon, gleich seinem Metropoliten die asketische Richtung zu pflegen. Dazu fehlte es ihm eigentlich auch in dem kleinen Bisthum, dem er vorstand, an Gelegenheit, denn andere Aufgaben waren der Geistlichkeit in dem Waldlande, dessen

---

[22]) Thietmari Chron. III, c. 11; nach ihm Ann. Magdeb. und Gesta archiep. Magdeb. a. a. O. — Erstere theilen auch Adalberts Epitaph mit. — Vgl. Hauck a. a. O. S. 146 Anm. 3.

[23]) Vgl. über ihn Ernst Erich Schmidt, Giselher (Halle 1886). Uhlirz a. a. O. S. 86 ff. A. Böhmer, Erzbischof Giselher von Magdeburg (Stettin 1887). Derselbe, in den Magdeburger Geschichtsblättern XXIII (1888), 40 ff. und 185 ff. Hauck, KG. III, 99, 144 u. f. w.

Robung erst sein Vorgänger begonnen hatte, mitten unter einer wendischen Bevölkerung gestellt. Kann man ihm auch nicht vorwerfen, daß er die Pflichten seines Hirtenamtes vernachlässigt habe, so ist doch sicher, daß Begabung und Neigung ihn aus dem engen Kreise hinausführten[24]). Die alten Beziehungen zum Hofe sicherten ihm auch die Gunst des jungen Kaisers, die er nicht allein für die Erlangung reicher Schenkungen an sein Hochstift verwerthete. An dem Hofe nahm er alsbald neben Dietrich von Metz die hervorragendste Stellung ein, Zeugniß dafür jene Sendung nach Italien, die wir vorher zu erwähnen hatten. So war ihm auch bei der Romfahrt des Kaisers eine wichtige Rolle zugesprochen und jetzt bot ihm der Tod Adalberts die rasch erfaßte Gelegenheit, sich einen seiner Bedeutung und seinen Wünschen entsprechenden Wirkungskreis zu schaffen.

Die Frage der Nachfolge war in Magdeburg schon zu Adalberts Lebzeiten besprochen worden, hatte dem Erzbischofe vielen Kummer verursacht und ihn zu einem ernsten Schritte voll leidenschaftlicher Hoheit veranlaßt. Als er an einem Ostersonntage, wahrscheinlich dem des Jahres 978, sich zum Hochamte begab, umfaßte er das Kreuz, das ihm vorangetragen wurde, mit beiden Händen und forderte unter Thränen, daß Ohtrich und ein uns sonst nicht bekannter Iko niemals seine Nachfolger sein sollen. Das wiederholte er nach dem Amte bei der Frühstückstafel und nach seinem Tode erschien er seinem Vertrauten Waltherd noch im Traume, um die gleiche Erklärung abzugeben[25]). Persönliches Uebelwollen gegen die beiden Domherren mag sich mit der richtigen Erkenntniß, daß zu seinem Nachfolger nur ein in jeder Beziehung bedeutender Mann berufen werden sollte, verbunden haben, um den Erzbischof zu einem so außergewöhnlichen Vorgehen zu bewegen. Die erhoffte Wirkung blieb aber aus. Klerus und Umstand wählten in völliger Verkennung der Sachlage nicht etwa den dem Verstorbenen nahestehenden Waltherd, sondern Ohtrich, vielleicht veranlaßt durch die ansehnliche Stellung, welche dieser am Hofe einnahm. Eine Gesandtschaft unter Führung seines Nachfolgers Ekkehard des Rothen begab sich nach Italien, um den Kaiser, den sie in Rocca de Cedici traf, das Wahlergebniß mitzutheilen und die Bestätigung zu erbitten. Wie froh waren die Guten, als sie am Hoflager einen so hochstehenden Landsmann wie den Bischof von

---

[24]) An dieser Auffassung, welche auch von Hauck angenommen wurde, halte ich trotz Böhmers Einwendungen (Geschichtsbl. S. 42 Anm. 1) fest. Daß das unfertige Bisthum Merseburg seinem Vorsteher Arbeit genug gegeben hätte, ist richtig, aber ebenso auch, daß sie Gislers Ansprüchen nicht genügte. Daraus aber kann man ihm um so weniger einen Vorwurf machen, als er sich doch mit gutem Eifer um sie angenommen hat. Das beweisen selbst die wenigen Zeugnisse für seine Thätigkeit. Daß wir dabei vorwiegend von den weltlichen Geschäften erfahren, liegt in der Art der Quellen und in dem Umstande, daß die Erledigung kirchlicher Pflichten als selbstverständlich keine oder nur formelhafte Erwähnung fand.

[25]) Thietmari Chron. III, c. 12.

Merseburg trafen, dem sie ihr Anliegen vertrauensvoll vortragen und den sie um seine Vermittelung angehen konnten.

Der aber handelte mit erstaunlicher Keckheit und List. Fertig war sein Entschluß, sich selbst zum Nachfolger Adalberts aufzuwerfen. Mit aller Raschheit und Umsicht ging er zu Werke. Der Gunst des Kaisers sicher erbat er sich als Lohn seiner Dienste die erzbischöfliche Würde, dann warb er um die Zustimmung der italienischen und deutschen Bischöfe, welche in der Sache zu entscheiden hatten, endlich um die des Papstes, der sich bereit erklärte, einer von der Synode gefällten Entscheidung die Zustimmung nicht zu verweigern. Als thatkräftiger und einflußreicher Helfer stand ihm bei diesen Verhandlungen Bischof Dietrich von Metz zur Seite[26].

Mit großem Geschicke bereitete er die sachliche Begründung seines Wunsches vor. Er benützte vor Allem den Umstand, daß Bischof Hildiward von Halberstadt sich an den Papst mit der Bitte gewendet hatte, die zwischen ihm und dem verstorbenen Erzbischofe wegen der Sprengelgrenzen bestandenen Zwistigkeiten zu schlichten, dazu, um die Aufhebung des Bisthums Merseburg zu erreichen. In einer den Thatsachen keineswegs entsprechenden Weise wurde der Schaden geschildert, den nicht allein die Diöcese Halberstadt, sondern das kirchliche Leben überhaupt, der Frieden der christlichen Bevölkerung durch die Maßregeln Ottos des Großen erlitten haben sollten. Dann wurde hervorgehoben, daß der Halberstädter der Ausscheidung Merseburgs aus seinem Sprengel nicht formell zugestimmt habe[27]. Aus diesen Gründen beschloß die am 10. September unter dem Vorsitze des Papstes im Lateran versammelte Synode die Aufhebung des Bisthums, dessen links der Saale gelegener Theil wieder an Halberstadt fallen, der jenseits des Flusses gelegene unter die Bisthümer Zeitz und Meißen aufgetheilt werden sollte. In Merseburg selbst sollte statt des Domkapitels ein dem heiligen Laurentius geweihtes Kloster errichtet werden[28].

---

[26] Daß Gisiler allerlei Hintertreppen ablaufen mußte, ist ebenso natürlich, wie daß er sich vor der Synode der Zustimmung der maßgebenden Personen versicherte. Wenn aber Thietmar alles auf Bestechung zurückführt, so ist das für die Auffassung, welche ein deutscher Bischof jener Zeit von der Curie hatte, bezeichnend, aber einiges wird man doch als Uebertreibung betrachten, zu der sich der für sein so schnöde behandeltes Bisthum begeisterte Chronist leicht verleiten lassen konnte. Vgl. auch Hauck, KG. III, 148 Anm. 1.

[27] Hauck, KG. III, 127 Anm. 4 nimmt an, daß Hildiward im Jahre 967 eine Verzichturkunde ausgestellt habe, diese aber vor 981 von Gisiler vernichtet worden sei, der Vorwurf, die Synode getäuscht zu haben, aber nur diesen treffen könne, da die Urkunde in seiner Verwahrung war. Hildiward hätte dann aber jedenfalls geschwiegen und wäre also Theilnehmer des Betruges gewesen. Bevor ich mich solcher Beschuldigung anschließe, halte ich an meiner Darlegung (Gesch. des Erzb. Magdeburg S. 54) fest.

[28] Schmidt, UB. des Hochstifts Halberstadt I, 81 no. 47 und 34 no. 48. Kehr, UB. des Hochstifts Merseburg 19 no. 22 und 22 no. 23. Jaffé-Löwenfeld, Reg. 3808. Vgl. Uhlirz, Gesch. des Erzb. Magdeburg, S. 89.

War Gisiler damit seines Bisthums los geworden, so mußte für ihn in anderer Weise gesorgt werden. Nach einem auch sonst üblichen Vorgange hatte die Magdeburger Gesandtschaft ihren Candidaten fallen gelassen und sich bereit erklärt, Gisiler zu wählen. Sie gab ihren Entschluß der Synode bekannt, die Wahl wurde als giltig anerkannt, Gisiler war am Ziele[29]).

Damit hatte sich eines jener Ereignisse vollzogen, die weit über ihre sachliche Bedeutung hinaus die öffentliche Meinung erregen und die sittliche Werthbeurtheilung herausfordern. Auch wir müssen in dieser Richtung Stellung nehmen, nicht allein weil die Wiederherstellung des aufgehobenen Bisthums Gegenstand eifriger Bemühungen wurde, die wir später zu verfolgen haben, sondern mehr noch, weil die Aufhebung von Anfang an für die Beurtheilung Ottos II. und seiner Herrschaft maßgebend gewesen ist. Trotz der schärfsten Hervorhebung der politischen Seite des Vorganges wird man doch immer wieder auf den sittlichen Gehalt geführt und da kann, auch wenn man sich von der Verbitterung des spätern Merseburger Bischofs Thietmar, von der fanatischen Abgunst Brunos fernhält, das Urtheil nimmer zu Gunsten Ottos und Gisilers lauten. Die politischen und kanonischen Gründe, welche der Synode vorgebracht wurden, wird man jedenfalls zu leicht befinden, sie können nur als Vorwand und zur Bemäntelung durchaus selbstsüchtiger Absichten gedient haben[30]). Die Streitigkeiten zwischen Hildiward und Adalbert können nicht so bedeutend gewesen sein, wie man die Synode glauben machte, wir erfahren nichts von ihnen aus andern Berichten. Daß Magdeburg durch die Aufhebung gestärkt werden sollte, ist unrichtig, denn sein Erzsprengel wurde nicht vergrößert, sondern verkleinert und die neun Burgwarde, die unter der Hand zu seinem unmittelbaren Sprengel geschlagen wurden, waren ein zweifelhafter Ersatz für ein ganzes Suffraganbisthum. Wir haben

---

[29]) Uhlirz a. a. O. S. 90, 182.
[30]) In meiner früheren Darstellung habe ich, wie sich aus dem Vergleiche mit Böhmer und Hauck ergibt, alle in Betracht kommenden Momente gewürdigt, es handelt sich jetzt mehr um feinere Abschattungen in der Auffassung und Beurtheilung. Aber auch da habe ich keinen Anlaß, von dem früher Gesagten, das durch Haucks Darstellung erwünschte Bestätigung gefunden hat, abzugehen. Schmidt und Böhmer suchen die politischen und sachlichen Erwägungen, welche dem Ehrgeize Gisilers zu Hilfe kamen, als die Hauptsache hinzustellen. Böhmer spricht sich namentlich gegen die „klerikalen Berichterstatter" aus, denen auch die Neueren gefolgt seien (S. 46), und kommt zu dem Schlusse, daß die Aufhebung kein Act der Pietätlosigkeit, sondern nur geeignet war, die Pläne Ottos des Großen auszuführen (S. 50). Woher dann die Gewissensbedrängniß der Kaiserin Theophanu, die Auffassung, von der sich Otto III., Gregor V. und Heinrich II. leiten ließen? Ihnen wird man doch nicht nachsagen dürfen, daß sie außer Stande waren, den groß angelegten, fein ausgedachten Plan Gisilers und seines Herrschers, den Böhmer entdeckt hat, zu verstehen. Und warum hat man diese Erwägung, wenn sie bestand, nicht klar ausgesprochen? — Ich bemerke übrigens, daß bei der ganzen Sache vielleicht auch des Kaisers Abneigung gegen Herzog Heinrich II. von Bayern mitgewirkt haben kann, da das Merseburger Hausgut an die bayrische Linie übergegangen war.

doch in Rechnung zu stellen, daß Erzbischof Adalbert seiner Aufgabe völlig gerecht geworden ist. Das aufgehobene Bisthum Merseburg aber befand sich nicht in so schlechter Lage, daß sein Bestand unmöglich gewesen wäre, Beweis dafür, daß es sich ja später in ganz gedeihlicher Weise entwickelt hat; mit Recht hat übrigens Thietmar darauf hingewiesen, daß es gerade für Gisiler ein leichtes gewesen wäre, durch seinen Einfluß bei dem Kaiser etwa vorhandene Mängel zu beseitigen.

Welcher Schatz glanzvoller Erinnerung war aber gerade mit diesem Bisthume verknüpft. Merseburg, einer der ältesten Mittelpunkte des liudolfingischen Hausgutes, von dem großen Kaiser dem Gedächtnisse an die Ungarnschlacht gewidmet, jenem Heiligen geweiht, dem man vorzugsweise den großen Sieg zuschrieb! Gleichgiltigkeit gegen eine solche Verbindung und Ueberlieferung mußte Allen, die nicht im Bannkreise Gisilers standen, als eine schwere Versündigung an der Vergangenheit erscheinen und es darf nicht Wunder nehmen, wenn man alsbald die Unfälle, welche in den nächsten Zeiten den Glückslauf des Kaisers hemmten, als gerechte Strafe dafür ansah.

Unmittelbar nach der Synode vom 10. September verließ Otto Rom, um sich einem Unternehmen zuzuwenden, das durchaus in den Bahnen der vom Vater vorgezeichneten Politik lag, die Festsetzung der Herrschaft des weströmischen Kaiserthums in Südidalien, die Sicherung dieses Landes gegen die Araber zum Zwecke hatte. Schon von Rom aus, wo er sich einen Ueberblick über die Lage Apuliens und Calabriens verschafft hatte, war ein Aufgebot nach Deutschland ergangen, durch welches seine Truppen ausreichend verstärkt werden sollten[81], noch bevor der Nachschub einlangte, zog der Kaiser nach Apulien und nahm zuerst in Lucera Aufenthalt. Am 23. September erhielt hier der neue Erzbischof von Magdeburg, der sich sammt seinem unterlegenen Nebenbuhler Ohtrich dem Kaiser angeschlossen hatte, über Verwendung der Kaiserin Theophanu wichtige Verleihungen für sein Hochstift, vor allem die links der Elbe gelegenen Besitzungen, welche sich Otto der Große einst vorbehalten hatte (D. 258), und die als Stiftung der Königin Mathilde bekannte Servatiusabtei zu Pöhlde (D. 259), am 1. October wurde dem Kloster Monte Cassino der Schutz für seine Güter im Gebiete von Lesina verbrieft (D. 260). Gisiler verabschiedete sich von seinem Herrscher und trat, geleitet von dem Metzer Bischofe, die Reise nach Magdeburg an, wo er am 30. November eintraf[82].

---

[81] Vgl. Excurs VIII.
[82] Thietmari Chron. III, c. 16. Ann. Magdeb. SS. XVI, 156. Gesta archiep. Magdeb. SS. XIV, 387. Bischof Dietrich hat aber seinen Freund nicht bis Magdeburg begleitet, wie Thietmar angibt und die andern ihm nachschreiben, da er schon am 13. October als Intervenient in DD. 263, 264 erwähnt wird, am 5. December (Ceso episcopus) an einer Gerichtsverhandlung zu Salerno Teil nahm (D. 266).

Der Kaiser machte sich nunmehr an den ersten Theil seiner Aufgabe, indem er sich zunächst mit der Lage in den süditalischen Fürstenthümern befaßte. Die acht Jahre, während welcher Otto dem italienischen Reiche fern geblieben war, hatten auch in den Machtverhältnissen der südlichen Staaten, die wir an früherer Stelle kennen lernten[33]), manche Veränderung hervorgerufen. In Gaeta und Neapel haben wir allerdings nur einen Wechsel der Dogen zu verzeichnen. Dort war um das Jahr 978 auf Johannes II. (III.) sein Oheim Marinus gefolgt, der seinen ältesten Sohn Johannes III. (IV.) zum Mitregenten annahm, während ein anderer, Bernhard, die bischöfliche Würde, der Dritte, Leo, später den Dukat von Fundi erhielt[34]). In Neapel war um das Jahr 976 Marinus II. gestorben, nach ihm hatte Sergius III., vielleicht sein Sohn, die Herrschaft übernommen[35]). Wichtiger waren die Vorgänge in Salerno. Als im December 977 der schwache Gisulf gestorben war, ernannte sich Pandulf Eisenkopf zum Mitregenten seines Sohnes und erreichte damit das Ziel seines Strebens, die thatsächliche Vereinigung dieses Fürstenthums mit seiner erweiterten Herrschaft über Spoleto, Benevent und Capua. Doch sollte diese Verbindung nur von kurzer Dauer sein, mit seinem im März 981 erfolgten Tode wieder gelöst werden[36]). Im November dieses Jahres wurde Pandulf II. von dem Herzoge Manso von Amalfi vertrieben, der dadurch die ganze Küste des Golfes von Salerno beherrschte und den Spoletinischen Dukat wieder vom Meere abschnitt.

Mochte schon dieses Ereigniß, durch welches auch die kaiserliche Macht, die in der von Pandulf Eisenkopf befolgten Politik ihren besten Vortheil erblicken konnte, geschädigt wurde, ein Einschreiten des Kaisers erheischen, so waren doch das Entscheidende die Fortschritte, welche die Sarazenen Siciliens unter Führung des Emirs Abu-al-Qâsim gemacht hatten. Es handelte sich dabei zunächst um einen Gegensatz zwischen Griechen und Arabern, der auf's stärkste durch die Vorgänge im fernen Osten beeinflußt wurde, denen wir daher auch an dieser Stelle einige Aufmerksamkeit widmen müssen[37]).

Johannes Tzimiskes hatte im Jahre 971 den Aufstand des Bardas Phokas, eines Neffen seines Vorgängers Nikephorus unterdrückt, im nächsten Jahre durch einen siegreichen Feldzug gegen die Russen, in dem sich sein Schwager Bardas Sklerus besonders hervorthat[38]), und durch die Einverleibung Bulgariens die Nord-

---

[33]) Vgl. vorher S. 12 ff.
[34]) Federici a. a. O. p. 43, CD. Cajetanus 133 no. 72; 156 no. 83.
[35]) Schipa a. a. D. S. 472.
[36]) Chron. Benevent. SS. III, 202.
[37]) Die eingehendste Darstellung dieser Verhältnisse findet sich jetzt im ersten Bande von Schlumbergers Épopée Byzantine, p. 222 ff.
[38]) A. Čertkov, Opisanie vojny velikago knjazja Svjatoslava Igoreviča protiv Volgar i Grekov v 967—971 godach. Moskva 1843.

grenze des Reiches gesichert. Sofort wandte er sich den Angelegenheiten des Orients zu. Die große Gefahr lag hier in dem Vordringen der Fatimidenmacht gegen Nordsyrien. Aber nicht ihr trat er sofort entgegen, vielmehr richtete sich sein erster Zug im Jahre 974 gegen das in vollen Verfall gerathene Kalifat von Bagdad, ein Entschluß, dessen weltgeschichtliche Bedeutung gerade in unseren Tagen, in denen man bestrebt ist, das uralte Kulturland zwischen Euphrat und Tigris zu neuem Leben zu erwecken, wieder besser gewürdigt werden kann[89]). Im Bunde mit dem armenischen Bagratidenkönig Aschod III. unternahm er einen Plünderungszug nach Mesopotamien, dessen Vorbereitung schon zur Folge hatte, daß der unfähige Kalif Mothi am 5. August gezwungen wurde, zu Gunsten seines Sohnes Et Tayi abzudanken. Außerordentliche Dürre und die Unmöglichkeit, sein großes Heer zu verpflegen, zwangen den Autokrator zur Umkehr, ohne die märchenhafte Stadt des Kalifen erobert zu haben. Von dem syrischen Antiochia aus, das schon im Jahre 970 einen Anschlag des Fatimidengenerals zurückgewiesen hatte, begann er dann im Jahre 975 einen Kriegszug durch Syrien und Palästina, der eine Reihe glänzender Erfolge bringen sollte. Ueber Emesa, Baalbek, den Antilibanon kam Johannes nach Damaskus, von da zum See Tiberias und nach Nazareth. Tabor wurde eingenommen, nach Jerusalem ein kaiserlicher Statthalter entsendet. Was schon Nikephorus Phokas versucht hatte, schien nunmehr erreicht, die Wiederherstellung christlicher Herrschaft über die geheiligten Stätten des Lebens und Todes Jesu Christi nach fast 340 Jahren muslimischer Knechtung. Doch sollte es zu einem vollen und dauernden Erfolge auch diesmal nicht kommen. Die zersprengten Araber hatten sich in den Küstenstädten gesammelt, bedrohten von hier aus den Rückzug und die Verproviantirung des christlichen Heeres. So mußte Johannes auf den Besuch der heiligen Stadt verzichten und sich von Nazareth zur Küste wenden. Er nahm Caesarea, Beirut, Saida ein, während Tripolis vergebens belagert wurde, und stand im September wieder in Antiochia. Als ruhmgekrönter Sieger hielt er zu Ende des Jahres seinen Einzug in Constantinopel, als kostbarste Beute Reliquien des Herrn und Johannes des Täufers mit sich führend. Während der Festlichkeiten ereilte ihn am 10. Jänner 976 der Tod, nachdem vor ihm am 24. December der Fatimiden-Kalif Al Muizz gestorben war. Mit Johannes Tzimiskes verläßt die glänzendste und gewinnendste Persönlichkeit, welche während des 10. Jahrhunderts die Prachtgewänder und rothen Schuhe des Autokrators getragen hat, den Schauplatz, ein Fürst gleich bedeutend als Feldherr wie als Staatsmann, wohl befähigt, den kirchlichen Angelegenheiten, die in seinem Reiche von so hervorragender Bedeutung waren, ebenso gerecht zu werden wie den wirthschaftlichen,

---

[89]) Vgl. darüber die Reiseskizzen Paul Rohrbachs in den Preußischen Jahrbüchern CIV. und CV. Bd.

hier wie dort bereit, die vorhandenen Mängel zu erkennen und zu beseitigen. Mit bittern Worten hat er die Anhäufung ungeheurer Reichthümer in der Hand des Parakimumenos Basilius verurtheilt, in der nicht aufzuhaltenden Bildung von Latifundien erkannte er die Ursache, welche seine und seines Vorgängers kriegerische Thaten ihrer Wirkung für das allgemeine Beste beraubten. Eben dieser Tadel soll den scrupellosen Würdenträger veranlaßt haben, den siegreichen Basileus, bevor er seinen Worten die That folgen lassen konnte, durch Gift aus dem Wege zu räumen. Wie immer man über die Glaubwürdigkeit dieser Nachricht denken mag, jedenfalls spiegelt sie die Auffassung weiter Kreise wieder, in denen Johannes als das Opfer dieser selbstsüchtigen Großgrundbesitzer galt, deren Last Staat und Bevölkerung auf's Schwerste empfanden.

Zur Zeit, als die Sarazenen von Garde-Frasnet, nachdem sie den Abt Majolus von Cluny zwischen Gap und Embrun gefangen hatten, durch den Grafen Wilhelm vertrieben wurden (975) und Tzimiskes den Kampf gegen den Kalifen von Kairo aufnahm, erfahren wir auch von Feindseligkeiten zwischen Arabern und Griechen in Süditalien. Die oberste Gewalt in diesen Gegenden dürfte noch in den Händen jenes Nikephorus geruht haben, den Nikephorus Phokas unter Verleihung des Titels eines $\mu\alpha\gamma\iota\sigma\tau\varrho\sigma\varsigma$ im Jahre 967 nach den italischen Themen abgeordnet hatte. Er nahm nunmehr die Feindseligkeiten wieder auf. Nur zusammenhanglose Notizen stehen uns zu Gebote, mit deren Hilfe wir die Vorgänge eher errathen als darstellen können. Sicher ist nur die unglückliche Lage, in der sich das hart getroffene Land befand. War es während der wenigen Friedensjahre nur der gewohnten Bedrückung und Aussaugung durch die byzantinischen Militärs und Steuerbeamten ausgesetzt gewesen, so drohten ihm jetzt neuerdings die Schrecknisse arabischer Verheerungszüge. Kein Wunder, daß Nikephorus gleich Anfangs bei den Vorbereitungen auf heftigen Widerstand stieß. Die Kriegsschiffe, welche er im Hafen von Rossano versammelte und ausrüstete, wurden von den Bewohnern verbrannt. In höchstem Zorne drohte der Magistros mit strengem Strafgerichte, das nur durch die Vermittelung des heiligen Nilus abgewendet wurde[40]). Nikephorus ließ sich von seinem Plane nicht abbringen. Nachdem es schon im Jahre 975 zu einem Kampfe gekommen war, in dem der Sarazene Ismael getödtet worden war und der Grieche Zacharias Bitonto eingenommen hatte[41]), erschien er Anfangs 976 mit seiner Flotte an der sicilischen Küste und es gelang ihm, das unbeschützte Messina einzunehmen. Aber der Erfolg war nur von kurzer Dauer. Schon im Mai vertrieb Abu-al-Dâsim die Griechen von der Insel und übertrug den heiligen Krieg auf das Festland. Pizzo, Cosenza,

---

[40]) Vita s. Nili c. 56, Martène Ampl. Coll. VI, 930. Das Buch von Minasi, S. Nilo di Calabria. Napoli 1892, war in keiner Bibliothek zu beschaffen und ist auch im Buchhandel vergriffen.
[41]) Lupus protospat. SS. V, 55.

Cellere fielen in seine Hände, sein Bruder Al Qâsim unternahm einen Streifzug nach Apulien; nachdem viele Bewohner getödtet, an allen wichtigeren Orten arabische Besatzungen zurückgelassen worden waren, kehrten die Brüder beutebeladen nach Sicilien zurück[42]). Hier sicherte Abu vor allem Messina gegen einen neuen Ueberfall, indem er die vernachlässigten Befestigungen von Rametta wieder in Stand setzte[43]), dann begab er sich wiederum nach Calabrien, wo er zunächst St. Agatha bei Reggio gewann[44]). Hierauf nahm er Tarent ein, dessen Bewohner die Stadt verlassen, aber die Thore verschlossen hatten, ordnete ein Streifcorps nach Otranto ab und belagerte selbst Gravina[45]). Nach ausgiebiger Brandschatzung der geängstigten Bevölkerung kehrte er nach Sicilien zurück. Im Herbste des Jahres 977 wurden Giacca, dann Oria[46]), im nächsten Jahre S. Nicone und Bovino erobert[47]). Damit waren die beiden Provinzen mit Ausnahme der Ostküste Apuliens unter die Herrschaft des Emirs von Sicilien gekommen. Von einem Widerstande der Griechen hören wir nichts. Weder der Magistros noch einer seiner Untergebenen wird auch nur mit einem Worte erwähnt. Das Beispiel von Tarent zeigt uns, daß es an jeder Führung fehlte, die Bevölkerung jeden Widerstand als vergeblich betrachtete. Selbst der heilige Nilus hatte sich, das Unheil vorhersagend, in sichere Gegenden zurückgezogen. Erklärlich wird dieses Verhalten der griechischen Behörden durch die Lage in Byzanz.

Hier waren nach dem Tode des Tzimiskes endlich die Söhne Romanus II., welche inzwischen zu ihren Jahren gekommen waren, Basilius II. und Constantin VIII. zu ihrem Rechte gelangt. War der Form nach die Unterdrückung der gesetzlichen Herrscher durch Autokratoren, wie Nikephorus und Johannes, beseitigt, so wurde den jungen Kaisern doch die thatsächliche Ausübung ihrer Herrschergewalt durch den Eunuchen und Parakimumenos Basilius, einen Bastard Romanus I., vorenthalten. Dieser gewandte, thatkräftige Mann riß alle Macht an sich, rief die Kaiserin-Mutter Theophano aus der Verbannung zurück, ohne ihr einen Einfluß auf die Regierung zu gestatten, und suchte die beiden Kaiser, den begabten

---

[42]) Ibn al Atîr in Amari Biblioteca Arabo-Sicula I, 431. Cozza-Luzzi, La cronaca Siculo-Sarazena, p. 80: ἐπέρασαν οἱ σαρακινοὶ εἰς καλαβρίαν καὶ ἐπίασαν τὸ πιτζίνον.

[43]) Ibn al Atîr a. a. O. p. 432; An Nuwayrî, ebenda II, 136, der aber das Ereigniß ein Jahr früher ansetzt.

[44]) Ibn al Atîr a. a. O. Eine andere Geschichte erzählt Abulfeda, ebenda II, 92. Cozza-Luzzi a. a. O. p. 80: παρελήφθη ἐκ δευτέρου ἡ ἁγία ἀγάθη.

[45]) Lupus protospat. SS. V, 55; Sarraceni obsederunt Gravinam.

[46]) Cozza-Luzzi a. a. O. p. 80: παρελήφθη τὸ γιάχην. Lupus protospat. SS. V, 55: incenderunt Agareni civitatem Oriae et cunctum vulgus in Siciliam deduxerunt.

[47]) Cozza-Luzzi a. a. O. p. 80: παρελήφθη ὁ ἅγιος νίκων; p. 116: ἐπαρελήφθη ὁ ἅγιος νίκων. San Nicone läßt sich ebensowenig wie Giacca näher bestimmen.

Basilius, wie den unfähigen Constantin, durch Vergnügungen aller
Art an ernsthafter Bethätigung ihres Willens zu hindern. Gefährliche Nebenbuhlerschaft hatte er nur von dem Schwager des
verstorbenen Autokrators, Bardas Sklerus, einem Kriegsmanne von
hervorragender Thatkraft und Begabung, zu fürchten. Er suchte
ihn zunächst unschädlich zu machen, indem er ihn der höchsten
militärischen Stellung, die ihm Tzimiskes verliehen hatte, des
Generalkommandos über die kleinasiatischen Truppen, enthob und
ihm das Kommando der Grenzlande gegen Mesopotamien, dem
gleichfalls zu den Anhängern des Tzimiskes zählenden Michael
Burtzes das von Antiochia und Syrien übertrug. An Stelle des
Sklerus setzte er einen Neffen des Kaisers Nikephorus, Petrus
Phokas. Bardas beschwerte sich zunächst in Byzanz, da dies nichts
fruchtete, faßte er einen raschen Entschluß, begab sich auf seinen
neuen Posten, ließ durch einen seiner Getreuen den in Byzanz
zurückgebliebenen Sohn Romanus entführen und sich dann von den
Truppen, unter denen er großer Beliebtheit genoß, zum Autokrator
ausrufen. Sarazenische und armenische Hilfstruppen strömten ihm
zu, mit einem gewaltigen Heere konnte er im Sommer 976 den
Marsch nach Constantinopel antreten, wo er die Stelle seines verstorbenen Schwagers einzunehmen hoffte. Recht eigentlich wurde
nun der Parakimumenos, den Bande des Blutes auf's engste mit
der Dynastie verknüpften, der Hort der Legitimität, in dem Bastarde
fanden die jungen Kaiser den Schützer ihrer späteren Selbständigkeit. Der Eunuch, eine Erscheinung von ungewöhnlicher Körperkraft
und geistigen Begabung, erwies sich den Schwierigkeiten gewachsen.
Zunächst beorderte er den Petrus Phokas, seine Truppen zu sammeln
und in Kappadokien den Marsch der Empörer aufzuhalten, das
gelang nicht. Im Herbste 976 erlitt das kaiserliche Heer eine schwere
Niederlage bei Lykandos am Oberlaufe des Saros[48]), was eine
allgemeine Erhebung Anatoliens zur Folge hatte. Nunmehr wurde
der Protovestiar Leo mit unbeschränkten Vollmachten abgeschickt, der
im Jahre 977 glücklich nach Caesarea gelangte, dann aber eine
große Schlacht verlor, in der er gefangen, Petrus Phokas getödtet
wurde. Bardas Sklerus rückte im Jahre 978 gegen Nicaea vor,
wo der Komnene Manuel Erotikus befehligte. Durch Aushungerung
wurde der tapfere Befehlshaber zur Uebergabe gezwungen, durch eine
List gelang es ihm, für sich und seine Truppen freien Abzug zu
erwirken und damit den Kaisern wenigstens einen Rest ihrer Kriegsmacht zu retten. In Byzanz herrschte die größte Bestürzung, der
gefürchtete Gegner stand vor den Thoren, im Norden hatten sich
die Bulgaren erhoben, die Zufuhr von Lebensmitteln war abgeschnitten, eine schwere Hungersnoth ausgebrochen. Mit be-
wundernswerther Thatkraft und Umsicht hielt trotz alledem der
Parakimumenos seine Sache aufrecht. Er hatte eine Flotte aus-

---

[48]) Ramsay, The Historical Geography of Asia Minor, p. 291, Karte
zu S. 266.

gerüstet und griff in seiner verzweifelten Lage zu dem letzten Mittel. Auf Chios lebte in der Verbannung Bardas Phokas, der gewaltige Heerführer, den er einst im Vereine mit Bardas Sklerus niedergerungen hatte. Nunmehr überwand der Eunuch seinen Stolz und seinen alten Haß, rief den Verbannten zurück, übertrug ihm die höchste militärische Gewalt, stattete ihn auf das reichlichste mit Geld aus, sicherte sich aber durch feierliche Eide gegen selbstsüchtige Pläne des alten Gegners. Das Vertrauen des Parakimumenos sollte gerechtfertigt werden, Unglaubliches geschah. Bardas Phokas ging mit kühner, folgerichtiger Entschlossenheit vor. Zunächst mußte der Feldherr eine Armee gewinnen, die er gegen den Feind führen konnte. In Europa war sie nicht zu haben, wohl aber befanden sich in Kleinasien beträchtliche Reste der von Bardas Sklerus geschlagenen Truppen. Mit ihnen mußte die Verbindung hergestellt werden. Nach einem ersten vergeblichen Versuche gelang es dem kühnen Manne, nach Klein-Asien und durch die feindlichen Linien nach Caesarea zu kommen. Bardas Sklerus nahm, als er die unerwünschte Nachricht erhielt, von der Belagerung Constantinopels Abstand und zog dem Bardas Phokas entgegen. Dieser hatte in aller Eile die verfügbaren Truppen gesammelt, in guten Stand gebracht und rückte nun ebenfalls vor. In der Ebene von Pankalia zwischen Sangarios und Halys[49]) kam es am 19. Juni 978 zu einer Schlacht, in der Phokas eine schwere Niederlage erlitt, nur durch ein Wunder dem Tode oder der Gefangenschaft entging. Trotzdem gelang es ihm, seine Mannschaften beisammen zu behalten und Hilfstruppen zu gewinnen, unter benen namentlich 12000 Georgier von höchstem Werthe für ihn waren. Im Frühjahr 979 standen sich die beiden Heere wieder in derselben Ebene gegenüber. Was die Sage zur selben Zeit von einem beabsichtigten Zweikampfe des deutschen und des französischen Herrschers zu erzählen weiß, hier wurde es zur That. Auf den Einzelkampf der beiden Heerführer wurde die Entscheidung über die Beherrschung des größten und ältesten christlichen Reiches gestellt. In den freien Plätze zwischen ihren Heeren ritten am 24. März 979 die beiden Bardas gegen einander. Zuerst trug das Roß des Phokas eine schwere Wunde davon, dann sank Sklerus, von dem Streitkolben des Gegners getroffen, ohnmächtig zu Boden. Sein Pferd stürmte reiterlos zu seinen Truppen, welche das edle Thier wohl erkannten, den Führer getödtet wähnten und sich in wilder Flucht auflösten. Bardas Sklerus, der wieder zu Sinnen kam, konnte mit einer kleinen Schaar nach Mesopotamien entfliehen und wurde von den Moslims zu Bagdad als gutes Mittel ihrer schlauen Politik verwendet. Mit der Kraft seines Armes hatte Bardas Phokas den Sieg der gesetzlichen Gewalt in Byzanz und damit auch die Machtstellung des Parakimumenos gesichert.

Es ist ja natürlich, daß diese schweren, das ganze Reich er-

---

[49]) Ramsay, Karte zu S. 196.

schütternden Kämpfe den Blick der byzantinischen Regierung von den italienischen Provinzen ablenkten, denen man auch in ruhigeren Zeiten nur geringe Aufmerksamkeit schenkte, die Araber also, ohne ernsthaftem Widerstande zu begegnen, sich auf ihren Streifzügen an den meisten Orten Apuliens und Calabriens der Herrschaft bemächtigen konnten. Ihr Verhalten war nun allerdings örtlich verschieden. Ständige Garnisonen scheinen sie nur in Calabrien zurückgelassen zu haben, während sie sich in der Basilicata und in Apulien mit Plünderung und Tributerhebung begnügten. So finden wir auch nach den Ueberfällen der Sarazenen in Oria einen Protospathar Porfyrius, der noch Zeit zu einem Streite mit dem Bischofe fand, in dem dieser sein Leben verlor[50]), und in Tarent, wo im Jahre 975 ein Katapan Michael seines Amtes waltet[51]), wird im April 981 auf Geheiß der Basileis geurkundet[52]). Scheint also die Continuität der byzantinischen Verwaltung nicht unterbrochen, so lag die Gefahr einer weiteren Ausdehnung und Sicherung der arabischen Herrschaft bei der steten Wiederholung der Raubzüge doch sehr nahe, die byzantinische Militärgewalt konnte ihr auf die Dauer nicht widerstehen, die ermattete, ausgesogene Bevölkerung hätte aber den Uebergang von griechischer zu arabischer Herrschaft ohne besondere Kämpfe erduldet.

In dieser unsicheren Lage, welche nach Entscheidung drängte, griff nun eine neue Gewalt, die des römischen Kaisers ein. Allerdings hatte Abu-al-Qâsim nirgends die Grenzen der byzantinischen Themen überschritten, aber er war so nahe an kaiserliches Gebiet gelangt, daß schon der nächste Einfall auch dieses in Mitleidenschaft ziehen konnte. Dem mußte vorgebeugt werden. Machte die Festsetzung arabischer Herrschaft weitere Fortschritte, dann war Rom bedroht, unter keinen Umständen konnte der Kaiser fortdauernde Unruhe und Unsicherheit an der Grenze seines Reiches dulden. Mochte er schon aus diesen naheliegenden, zu den ersten Grundsätzen jeder gesunden Politik gehörigen Gründen den Sarazenen größere Aufmerksamkeit widmen, so traten noch zwei größere Gesichtspunkte hinzu. Als eine vom Vater überkommene Anschauung haben wir es zu betrachten, daß die territoriale Einheit der Herrschaft über ganz Italien gefordert, durch sie der Bestand einer anderen ausgeschlossen wurde, eine Auffassung, die sich ebenso gegen die Byzantiner wie gegen die Araber kehrte, dazu kam die aus der kaiserlichen Würde fließende Verpflichtung zum Kampfe gegen die Ungläubigen[53]). Einzig und allein Thietmar von Merseburg hat

---
[50]) Lupus protospat. SS. V, 55.
[51]) Trinchera, Syllabus 5 no. 7.
[52]) Ebenda 6 no. 8.
[53]) Thietmari, Chron. III, c. 20: Interim caesar Romanorum sic regebat imperium, ut, quod patrem suum prius respiciebat, omne detineret et Sarracenis sua impugnantibus viriliter resisteret et finibus suis longe hos effugaret. Joannis Diaconi Chron. Ven. (p. 145): Romam adire festinavit, ubi didicit Sarracenorum formidolosam gentem Calabritana invasione loca iamque in

170 Das Eingreifen Ottos II. in die süditalienischen Angelegenheiten.

diese großen Ziele kaiserlicher Politik hervorgehoben, die andern Berichterstatter bekunden unter dem Eindrucke des ersten Mißerfolges einen bedauernswerthen Mangel höherer geschichtlicher Auffassung, bieten ein unerfreuliches Bild engherzig moralisirender Tendenzen. Wir haben das zu beklagen, denn es fehlt uns in Folge davon an

---

Apulienses partes vellent tradere gressum, quam aggredi hostiliter conatus est. Ann. Anglosaxonici (SS. XIII, 109), in Uebersetzung: Et eodem anno profectus est Otto, Romanorum imperator, in Graeciam et incidit ibi Sarracenorum magnae expeditioni advenienti de mare. Et profecturi erant ad depraedandum populum Christianorum. Miracula Adalheidis c. 2 (SS. IV, 646): Filius namque illius Romanae rei publicae princeps electus, dum uxorem Graecam in thalami consortium suscepisset, eius pravo ingenio, deteriori consilio deceptus, regnum Graecorum conatus est adipisci. Brunonis Vita s. Adalb. c. 10 (SS. IV, 598): Ultimum et lacrimabile bellum confecit cum nudis Sarracenis. Gesta pontif. Camerac. c. 104 (SS. VII, 444): Interea Otto Romam profectus Sarracenos per terras Apuliae desevire audierat et sicuti iuvenis audax, manu validus animo exaestuat, moras praecipitat. — Die Politik des Kaisers in diesen süditalienischen Angelegenheiten ist insbesondere von Ranke (Weltgesch. VII, 21 ff.) und Müller-Mann (Die auswärtige Politik Kaiser Ottos II. 1898) behandelt worden. Mit Letzteren stimme ich nur in der Annahme, daß Otto seine Herrschaft in Süditalien erweitern und die Araber abwehren wollte, überein, der näheren Ausführung vermag ich aber nicht beizupflichten (vgl. auch Mitth. des Inst. für öst. Geschichtsf. XX, 687). Vor Allem setzt Müller-Mann theoretische Erwägungen und eine Planmäßigkeit voraus, wie sie in solchem Maße wohl niemals in der äußeren Politik vorhanden waren, den Naturpolitikern des 10. Jahrhunderts aber ganz ferne lagen. Will man durchaus einen großzügigen Entwurf erkennen, so wird man anzunehmen haben, daß die Absichten des Kaisers von Anfang an gegen die Araber gerichtet waren, die Abrechnung mit den Byzantinern, welche nur in beschränktem Sinne als Herren des Landes gelten konnten, zunächst nicht das Wichtigste war. Mit Ranke lehne ich auch die Vermuthung, es habe zwischen dem Hofe von Byzanz und dem Emir von Sicilien ein Einvernehmen bestanden, ab. Sie steht mit der geschichtlichen Lage nicht im Einklang, ist nach unserer Kenntniß der Dinge ganz überflüssig und kann daher nur als ein Versuch, die unheimliche Niederlage des Kaisers zu erklären, gelten. Auch die von den St. Galler Jahrzeitbüchern gebrachte Nachricht, daß der Kaiser von Byzanz, es könnte darunter nur der Parakimumenos zu verstehen sein, dem weströmischen Kaiser abgerathen habe, in Apulien vorzubringen, ist wenig wahrscheinlich. Wann soll das geschehen sein? So lange Otto in Rom weilte, konnte man in Byzanz kaum Kenntniß von seinen Plänen haben, später folgten sich die Ereignisse zu rasch, um Zeit für eine freundschaftliche Abmahnung zu lassen. Daß aber der Kaiser vor dem Aufbruche nach Italien zum Kampfe gegen die Sarazenen entschlossen war, ist schon mit Rücksicht auf die Erzählung des Johannes Diaconus und die Gesta pontif. Camerac. nicht anzunehmen. Allerdings kann er auch in Deutschland Kunde von Abu-al-Qāsims Einfällen erhalten haben, aber erst von Rom aus, wahrscheinlich Anfangs September 981 erging das Ergänzungsaufgebot für den Zug gegen die Araber. Jedenfalls hat der Kaiser erst um diese Zeit die entscheidenden Anordnungen getroffen und ist erst von da an in einer Weise vorgegangen, welche man nicht anders als durch die Absicht, Italien vor den Sarazenen zu schützen, erklären kann. Obwohl Müller-Mann dies zugibt, läßt er den Kaiser überrascht sein, als er zum Schlusse auf die Hauptmacht der Ungläubigen stößt. Wegen der von Moltmann und Müller-Mann (S. 27 ff.) vertretenen Ansicht, Otto habe vorzugsweise auf Anstiften seiner Gemahlin gehandelt, genügt es, auf die durchaus zutreffende Darlegung Giesebrechts (KG. I, 854) zu verweisen.

ausreichender Aufklärung über das Verhalten Ottos. Wir vermögen sein Vorgehen nur aus zerstreuten Notizen und zusammenhanglosen Daten abzuleiten; diese lassen sich allerdings in einer Weise vereinigen, welche einen Schluß auf des Kaisers Absichten gestattet.

Zunächst beschäftigte ihn die Regelung der Verhältnisse in den Fürstenthümern, welche unter dem Machtgebote des im März verstorbenen Pandulf gestanden hatten. In Benevent war ebenso wie in Spoleto dem Vater, der ihn schon im Jahre 970 zum Mitregenten ernannt hatte, Landulf IV. gefolgt, aber schon nach sechseinhalb Monaten, also im September oder October, von der aufständischen Bevölkerung vertrieben, durch seinen Vetter Pandulf II., einen Sohn Landulfs III., ersetzt worden [54]). Der Kaiser, welcher in Benevent vom 7. bis zum 18. October nachzuweisen ist, hatte unter dem frischen Eindrucke der Ereignisse offenbar die Anschauung gewonnen, daß diesmal Volkesstimme Gottesstimme gewesen war, und den neugewählten Dogen in seiner Würde belassen. Die ihm vorgebrachten kirchlichen Angelegenheiten brachten die von Griechen und Sarazenen verursachte Schädigung der nahegelegenen Klöster in den Kreis seiner Erwägungen. Am 10. October stellte er dem Kloster S. Vicenzo am Volturno ein diesem von einem Griechen entzogenes Kastell und die von den Arabern besetzten Güter zurück (D. 261, 262), eine Anweisung auf einen künftigen Sieg über diese, am 13. October verlieh er dem ehemals in Cingla vor Capua bestandenen, nach der Zerstörung von dem Propste Johannes wieder erbauten Marienkloster (D. 263), am 18. October dem Kloster der heiligen Sophia zu Benevent (D. 264) die Immunität unter Bestätigung des Besitzstandes. Am 7. war in Benevent Ohtrich gestorben, der die doppelte Niederlage, die er in diesem für ihn so unglücklichen Jahre erlitten hatte, nicht zu überwinden vermochte. Zu spät war ihm die Erkenntniß gekommen, daß er Unrecht gethan hatte, sich seiner friedlichen und erfolgreichen Thätigkeit in Magdeburg zu entziehen, sein sehnlichster Wunsch, wieder dahin zurückzukehren, wurde nicht erfüllt. In Benevent befiel ihn die Todeskrankheit, in fremder Erde fand er seine letzte Ruhestätte [55]).

Der Kaiser begab sich mit der Gemahlin und dem Söhnchen

---

[54]) Chronica s. Benedicti (SS. III, 202): Et post mortem fratris sui regnavit iste Pandolfus (sc. Caputferreus) cum Landolfo filio suo' annos XII, menses VI et mortuus est idem Paldolfus de mense martio et facti sunt omnes anni principatus eius XXXVI et menses VI. Et postea iste Landolfus IV. post mortem Pandulfi, fratris (!) sui, regnavit menses VI et medium et fuit eiectus de Benevento. Et facti sunt omnes anni principatus XII, menses VIII. Et Paldolfus, nepos domini Paldolfi maioris, electus est princeps a Beneventanis et regnavit annos V, menses VIII. — Ann. Beneventani (SS. III, 176): Beneventani expulerunt Landolfum, filium domni Pandolfi, et constituerunt sibi principem Pandolfum, filium Landolfi, fratris Pandolfi.

[55]) Necrol. Merseb. Magdeb. — Thietmari, Chron. III, c. 15. Ann. Magdeb. SS. XVI, 156. Gesta archiep. Magdeb. SS. XIV, 386.

nach Neapel, wo seine Ankunft bereits angekündigt war und er freundliche Aufnahme erwarten durfte, obwohl der Generalkommandirende Johannes, welcher, durch einen Ausbruch des Vesuv und die ihm von einem frommen Einsiedler überbrachte Nachricht, daß die bösen Geister schon für ihn und den verstorbenen Pandulf den Höllenofen heizen, erschreckt, gelobt hatte, nach der Berathung mit dem Kaiser das Mönchsgewand zu nehmen, etwa vierzehn Tage vor des Kaisers Eintreffen gestorben war[56]). Am 4. November verbriefte Otto über Bitte der Kaiserin und seines Sohnes dem Getreuen Rancilinus eine Schenkung (D. 265) und nachdem die Verhandlungen mit dem Herzoge Sergius III. abgeschlossen waren, wandte er sich gegen Salerno. Dessen Thore blieben ihm aber zunächst verschlossen. Herzog Manso von Amalfi, der, wie wir uns erinnern, im November Pandulf II. vertrieben hatte, war vorsichtig genug, sich nicht bedingungslos der Gnade des Kaisers anheimzugeben. Erst nach einer Belagerung und auf Grund von Verhandlungen konnte Otto in die Stadt einziehen, in der er längeren Aufenthalt nahm[57]). Auch hier erkannte er den durch eine Gewaltthat geschaffenen Zustand wohl mit Rücksicht auf das höhere Ziel, dem er zustrebte, an. Damit war aber der von Pandulf eingeleitete Versuch, von Spoleto aus eine zusammenhängende Herrschaft über Süditalien zu begründen, aufgegeben, die unmittelbare Nachkommenschaft Pandulfs auf Capua und Spoleto beschränkt, wo ihre Herrschaft gleichfalls nur mehr von kurzer Dauer sein sollte. Wir stehen hier vor Entschlüssen von weittragender Bedeutung. Jene Bestrebungen Pandulfs hätten, planmäßig und thatkräftig gefördert, nicht allein die territorialen Verhältnisse Italiens anders gestaltet, sondern auch die allgemeine geschichtliche Entwickelung mächtig beeinflußt. Wie

---

[56]) Chron. Suev. (SS. XIII, 68): Otto imperator Neapolim venit. Vgl. auch Schipa a. a. O. S. 471 und die Erzählung des Abtes Desiderius von Monte-Cassino in des Petrus Damianus Schrift De abdicatione episcopatus c. 9 (Migne Patrol. Lat. CXLV, 438): „Praestolamur enim in proximo principem Capuae Pandolphum, qui iam decumbit, et Joannem, magistrum militum Neapolitanae civitatis, qui adhuc incolumis vivit." Illico vir dei praefatum Joannem impiger adiit, quae viderat quaeque audierat, fideliter cuncta narravit. Per idem tempus imperator Otto secundus adversus Sarracenos praeliaturus Calabriam festinabat. His igitur auditis Joannes ait: „Modo nos necesse est imperatori reverenter occurrere et cum eo simul de huius terrae statu provida consideratione tractare. Porro post imperatoris abscessum spondeo, quoniam et saeculum deferam et monachi ordinis habitum sumam. Ut autem probaret, utrum verum esset, quod ille narrabat, nuntium protinus ad moenia Capuana direxit, qui veniens Pandulphum iam mortuum reperit. Ipse quoque magister militum Joannes, antequam illas partes imperator attingeret, vix diebus quindecim supervixit.

[57]) Romualdi Ann. Salernit. (SS. XIX, 400): Otto imperator .... veniens civitatem Salernum obsedit cepitque illam expugnans. — Fraglich ist, ob die von Orestes in der Vita s. Sabae c. 46 (Studi e documenti XII, 317) gebrachte Nachricht, daß der Frankenkönig einen Sohn des Salernitanerfürsten als Geisel nach Deutschland gebracht, dann auf Fürbitte des heiligen Saba, der ihn zu Rom aufsuchte, frei gelassen habe, auf Otto II. und Manso bezogen werden kann.

die Dinge liegen, wurden der Tod des Eisenkopfes und der Umstand, daß unter seinen Nachkommen sich keiner fand, der seine Politik erfaßt und fortgesetzt hätte, daß auch der Kaiser sich dazu nicht entschließen konnte, zur Voraussetzung für die spätere normannische Herrschaft über Süditalien.

Am 5. December fand in Salerno unter dem Vorsitze des Kaisers eine Gerichtsverhandlung über die Streitigkeiten zwischen dem Abte Johannes von S. Vicenzo am Volturno und einem Grafen Landulf statt (D. 266), dann beging der Hof hier das Weihnachtsfest[58]) und blieb noch während der ersten Tage des nächsten Jahres.

---

[58]) Ann. Lob. SS. XIII, 235.

982.

Schon hatten sich in Salerno die ersten deutschen Fürsten, welche, dem Rufe des Kaisers folgend, mit ihren Schaaren nach Italien gezogen waren, eingefunden, unter ihnen Bischof Erchenbald von Straßburg, der am 6. Jänner die Bestätigung der Immunität für sein Hochstift erwirkte (D. 267). Eben von Salerno aus begann nunmehr die sorgfältig vorbereitete Heerfahrt gegen die Sarazenen. Zwei Linien standen dem Kaiser für seinen Vorstoß offen. Die eine an der Küste des Tyrrhenischen Meeres mit dem Endpunkte Reggio führte rascher gegen den Feind, war aber sehr gefährlich. Erstens hätte der Kaiser für die Verproviantirung des Heeres und die Sicherung der rechten Flanke einer großen Kriegs- und Transportflotte bedurft, über die er nicht verfügte, zweitens war die Straße, welche sich an der Meeresküste hinzog, kaum geeignet für den Aufmarsch größerer Truppenmassen, endlich wäre die linke Flanke fortwährender Belästigung durch die in Calabrien zerstreuten arabischen Garnisonen ausgesetzt gewesen. So wurde der Marsch an der Ostküste Calabriens vorgezogen, für den aber das als Hafen und Festung bedeutende Tarent zum Stützpunkte gemacht werden mußte. Otto führte also sein Heer zunächst über Eboli, Potenza, Tricarico nach Matera, wo wir ihn vom 25. bis zum 31. Jänner nachweisen können[1]). Hier hatte sich vor Allem

---

[1]) Vgl. die Schilderung der Basilicata bei Lenormant, A travers l'Apulie I, 236 ff. Ueber Matera vgl. Diehl, L'art Byzantin dans l'Italie méridionale, p. 151 ff. — Daß Otto II. im Jänner 982 Bari belagert und eingenommen haben soll, wie Giesebrecht, Jahrb. S. 74 (KG. I, 595), v. Sickel, Erläut. S. 184 und Richter, Annalen III, 135 annehmen, halte ich für ausgeschlossen. Es ist ja an sich wenig wahrscheinlich, daß das deutsche Heer in 17 Tagen 230 Kilometer von Salerno nach Bari, 80 Kilometer von da nach Matera zurückgelegt und dazwischen noch eine wohlbefestigte Stadt eingenommen habe. Dazu kommt, daß in der Stelle des Chron. Casaur. (Muratori SS. II, 2, 835) weder von einer Belagerung, noch von dem Jahre 982 die Rede ist. Sie lautet: Per idem tempus, anno videlicet ab incarnatione Domini nongentesimo octogesimo tercio, indictione XI, cum domnus Otto secundus imperator in Apuliam profectus, et Ottone, filio suo, in regem coronato, apud Varim civitatem maneret, Johannes Pennensis episcopus .... quasdam

Erzbischof Gisiler eingefunden, der nach kurzem Aufenthalte in Magdeburg wieder nach Italien geeilt war. Am 25. Jänner bestätigte der Kaiser den Kanonikern von Florenz den Besitzstand mit der Immunität (D. 268), am 31. schenkte er einem deutschen, in seinem Gefolge befindlichen Geistlichen, Namens Gundhar, über Bitten Gisilers das königliche Gut zu Sundhausen im Helmegau (D. 269), der Magdeburger Kirche die Burg Corin und den Ort Prießnitz (D. 270, 271). Doch brachte es die in dem kleinen Städtchen herrschende kriegerische Unruhe mit sich, daß der Kanzlei keine Zeit zur Ausfertigung dieser Urkunden blieb, diese erst nach mehr als Jahresfrist erfolgen konnte.

Von Matera zog das deutsche Heer südwärts gegen Tarent. Die Einnahme dieser so wichtigen Handelsstadt, welche trotz ihrer starken Befestigung schon seit den Zeiten Hannibals ihren Bedrängern niemals ernsten Widerstand geleistet hatte, wird keine großen Schwierigkeiten bereitet haben²). Nunmehr hielt zum ersten

---

villas .... invaserat ibique a domno Adam, abbate, superatus atque devictus cum rubore dimisit et tam sibi quam successoribus suis perdidit. Nicht allein das Incarnationsjahr und die Indiktion, sondern auch der Hinweis auf die Krönung Ottos III., worunter wir dessen Wahl auf dem Reichstage von Verona zu verstehen haben, sprechen für das Jahr 983, in dem also der Kaiser doch nach Apulien vorgedrungen und in der Nähe von Bari sein Lager aufgeschlagen haben muß. Ob die Stadt in seine Hände gelangt ist, erscheint mit Rücksicht auf eine von Lupus protospat. (SS. V, 55) zum Jahre 982 gebrachte Nachricht sehr fraglich: tradita est Barus in manu Calochiri patricii, qui et Dalfina, a duobus fratribus Sergio et Theophilacto mense Junii XI. die. Et Otto rex obiit Romae.

²) Ann. Lobienses (SS. XIII, 235): Pascha (April 16) in Tarente celebravit. Leonis Chron. mon. Casin. II, c. 9 (SS. VII, 635): Otto ... venit Capuam et abiit Tarentum ac Metapontum et deinde Calabriam. Sämmtliche Urkunden sind aber iuxta oder foras muros ausgestellt. Da man nicht gut an eine vom 16. März bis zum 18. Mai dauernde Belagerung denken kann, so wird man annehmen müssen, daß der Kaiser aus irgend einem Grunde den Aufenthalt in einem Zeltlager vor der Stadt bevorzugt hat. — Leider sind wir über die Stimmung der Bevölkerung Süditaliens nur ungenügend unterrichtet. Die Erzählung in des Orestes Vita s. Sabae (Studi et documenti XII, 148, 160, 315, 317) ist so unbestimmt und verworren, als daß man sie in befriedigender Weise verwerthen könnte. Mit Deutlichkeit geht aus ihr nur die Furcht vor den Arabern hervor. Unter der Geistlichkeit bestanden jedenfalls Parteiungen, ein Theil neigte sich Rom und dem Kaiser zu, wie aus dem Beispiele jenes Bischofs Leo hervorgeht, der nach der Schlacht von den Griechen unter der Beschuldigung, Calabrien an die Deutschen verrathen zu haben, vertrieben und in Lüttich von Bischof Notker aufgenommen wurde. Reineri Vita Everacli (SS. XX, 564), Ruperti Chron. s. Laurentii Leod. c. 10 (SS. VIII, 266). Sein Schicksal belehrt uns darüber, daß diese Richtung kaum auf allgemeine Zustimmung rechnen konnte. Wie aus den Lebensbeschreibungen des heiligen Nilus und des heiligen Saba hervorgeht, ruhte aber auch die Macht der byzantinischen Befehlshaber nicht auf fester Grundlage, sie mußten sich die Unterstützung jener Heiligen und ihrer Anhänger sichern, ihnen weitgehenden Einfluß auf freie Entschließungen gestatten und betrachteten es als schwere Gefahr, wenn einer der Heiligen die Themen zu verlassen drohte. Es ist ein sicheres Zeichen der Auflösung, wenn die ordentliche Gewalt das Aufkommen einer popularen Nebenregierung nicht zu hindern vermag, gezwungen ist, sich mit ihr abzufinden.

Male ein deutscher Herrscher vor den Mauern der größten Stadt Unteritaliens Hof, Schaaren seiner Kriegsleute durchzogen ihre Straßen; Bayern, Schwaben, Franken, Lothringer, Wenden und Lombarden erfüllten sie mit dem Geklirre ihrer Waffen, dem Lärm ihrer rauhen Rede, deutsche Prälaten besuchten die mit Werken byzantinischer Kunst geschmückten Kirchen, die in der Nähe befindlichen Höhlenklöster. Fremdartig genug erschien Allen das buntbewegte Leben der griechischen Handelsstadt und mit lebhafter Geberde staunten die Bewohner den mächtigen Kaiser, seine Fürsten und Krieger an. Seltsam, daß an der Seite des Herrschers eine Fürstin ihres Stammes stand. Sinnend mochte die hohe Frau ihr Auge auf das blaue Meer richten, über das ihr der Athem ihrer Heimath, die Erinnerung ihrer Kindheit entgegenwehte; dem Knaben aber, den sie als ihr größtes Gut mit sich führte, boten sich zum ersten Male die Eindrücke, denen er sich später so gerne hingab, an sein Ohr klangen die Töne jener schönen Sprache, deren Zauber er sich nimmer zu entziehen vermochte, die Sprosse eines Volkes, das auch nach mehr als neunhundert Jahren gleich ihm das Erbe hellenischen Geistes als kostbaren Besitz zu hüten gewohnt ist.

Der Kaiser war während des mehr als zweimonatlichen Aufenthaltes vor Tarent eifrig mit den unmittelbaren letzten Vorbereitungen zu seinem Zuge beschäftigt. Die aus Deutschland und Italien einberufenen Schaaren trafen allmählich ein[3], die im Hafen vor Anker liegenden griechischen Schiffe wurden zum Kundschaftsdienste und gegebenen Falles zum Kampfe gegen die arabische Flotte angeworben, Streifzüge gegen die arabischen Besatzungen der Umgebung eingeleitet. Daneben wurden auch die laufenden Regierungsgeschäfte erledigt. Sie zeigen uns den glänzenden Kreis, der sich am Hoflager versammelt hatte. Vielleicht war schon hier Fürstin Aloara, die Wittwe Pandulf des Eisenkopfes, mit ihren Söhnen Landulf, Atenulf und Landenulf erschienen, von denen der Letztere neben dem älteren Bruder zum Regenten bestellt wurde, während Landulf und Atenulf sich mit ihren Kriegern dem Kaiser anschlossen[4]. Am 16. März erhielt über Verwendung des italieni-

---

[3] Nach dem Scholion 30 zu Adam II, c. 44 (Helmold I, c. 16) hätte der Abodritenfürst Mistuwoi mit dem Herzoge Bernhard von Sachsen 1000 Reiter nach Italien gesandt, welche sämmtlich umkamen. Herzog Bernhard hat aber an dem Zuge gegen die Sarazenen überhaupt nicht Theil genommen, immerhin konnten wendische Schaaren etwa unter der Führung Erzbischofs Gisiler gekommen sein, die dann Anlaß zu jenem Geschichtchen gaben. Vgl. auch L. Giesebrecht, Wendische Gesch. I, 284, der an Theilnahme an Ottos III. erster Romfahrt denkt. — In Rom weilte um diese Zeit der aus Schwaben stammende, in St. Gallen herangezogene Bischof Eginolf von Lausanne, der auf der Heimkehr vom 8. Mai bis zum 4. Juni sich in St. Gallen aufhielt und mit dem Abte Immo am 27. Mai einen für das Kloster vortheilhaften Gütertausch abschloß; Piper, Lib. confrat. s. Galli, p. 139.

[4] Die Zählung der Regierungsjahre Landenulfs führt auf den Juni 982 als Anfang (Chron. Volturnense, Muratori, SS. I, 2, 475, 479, 481—483); da seine älteren Brüder an dem Kriegszuge gegen die Sarazenen Theil nahmen,

schen Erzkanzlers und Bischofs von Pavia, Petrus, der Bischof Odelrich von Cremona eine Bestätigung des Besitzstandes und der Immunität für sein Hochstift (D. 272), am Osterdienstag (April 18) die erzbischöfliche Kirche von Salerno eine gleichartige Bestätigung (D. 273). Am 18. Mai erfolgte die Belohnung zweier mit ihren Mannschaften eingetroffenen deutschen Kirchenfürsten, des Abtes Werinhar von Fulda, dem der Kaiser den bisher von dem Orte Medenheim entrichteten Jahreszins erließ (D. 274), und des Erzbischofs Friedrich von Salzburg, der für sein Erzbisthum eine Bestätigung des Besitzstandes und der Immunität erwirkte (D. 275). Außer diesen und den früher genannten Fürstlichkeiten hatten sich in Tarent auch Erzbischof Honestus von Ravenna, die Bischöfe Balderich von Speyer, Heinrich von Augsburg, Petrus von Vercelli und Gerbert von Tortona eingefunden.

Gegen Ende Mai wird der Aufbruch des wohlgerüsteten stattlichen Heeres erfolgt sein. Die Kunde von der Heerfahrt des Kaisers war zu dem Emir von Sicilien gelangt, der ihre Bedeutung wohl erfaßte. Er nahm den angebotenen Kampf auf und rüstete zum heiligen Kriege. Noch während der Kaiser vor Tarent verweilte, hatte Abu-al-Qâsim die Meerenge übersetzt und war durch das Bergland Calabriens zur Ostküste gezogen, die er etwa bei Stilo erreichte[5]. Von hier aus wandte er sich nordwärts. Der Kaiser war inzwischen, die saracenischen Besatzungen vor sich her treibend, zu einer Feste gelangt, in der sich diese gesammelt hatten. Ihr Name ist uns nicht sicher überliefert, doch dürfen wir Roseto oder Rossano annehmen. Der Emir eilte zum Entsatze herbei, da er aber rechtzeitig die Einnahme durch die Deutschen erfuhr, so entschied er sich in dem hierauf abgehaltenen Kriegsrathe für den Rückzug. Das deutsche Heer hatte inzwischen zu Rossano Halt gemacht[6]. Hier ließ der Kaiser die Gemahlin und den Sohn unter der Obhut des Bischofs Dietrich von Metz und auserwählter Kriegsleute, sowie den Troß zurück und zog selbst mit seinen Schaaren, in deren Führung er sich mit dem Herzoge Otto von Bayern theilte, dem Feinde in Eilmärschen nach. Der Emir hatte mit einem Theile seiner Mannschaft in der Ebene beim Capo Colonne südlich von Cotrone Stellung genommen, den andern in den Schluchten des sich zum Meere senkenden Berglandes vertheilt. Sollte dieser taktische Kunstgriff für den Ausgang der Schlacht entscheidend werden, so fiel ihm doch der Emir selbst zum Opfer. Denn er hatte nicht mit der ihm unvertrauten Kraft der deutschen Panzerreiter, dem Muthe ihrer erlesenen Führer gerechnet.

In ernster Stimmung ritten am 15. Juli die Deutschen gegen

---

wäre es nicht unwahrscheinlich, daß er sich mit ihnen in Tarent einfand und hier vom Kaiser zum Regenten bestellt wurde.

[5] Die Belege sind in dem neunten und zehnten Excurse zusammengestellt und kritisch gewürdigt.

[6] D. 277.

den Feind. „Konrad, der Sohn des Grafen Rudolf, hat uns an dem Tage der Schlacht, welche zwischen uns und den Sarazenen ausgefochten worden ist, unter unserem Banner, der kaiserlichen Fahne, sein gesammtes Gut, das er im Lothringischen Reiche sein Eigen nannte, übergeben und unsere Herrlichkeit im Angesichte des ganzen Heeres gebeten, dies Kleine um ein Größeres vermehrt dem Kloster des heiligen Gorgonius zu Gorze einzuantworten." So berichtet eine kaiserliche Urkunde. Hüben wie drüben war der Sinn der Kämpfer auf das Jenseits gerichtet. Mit aller Kraft stürmten die Deutschen gegen den Feind, alsbald gab es ein heftiges Ringen; den Kaiserlichen gelang es, das Centrum des Feindes zu durchbrechen, in Verwirrung stoben die Sarazenen, welche den Emir schützen sollten, auseinander, unter dem wuchtigen Hiebe eines deutschen Schwertes brach Abu-al-Qâsim zusammen. Groß war die Bestürzung der Moslim, die Siegesfreude der Deutschen sollte sich aber bald in das Gegentheil wandeln. Aus den Schluchten brachen die feindlichen Reiter hervor, die zersprengten sammelten sich, in Allen wurden die phantastischen Bilder jenes glückseligen Lebens wirksam, welches der Tod im heiligen Kriege verhieß, mit fanatischem Muthe warfen sie sich auf die kaiserlichen Schaaren, welche von der südlichen Hitze ermattet, durch die regellose Verfolgung der Gegner zerstreut, den gut berittenen neuen Feinden nicht zu widerstehen vermochten. Ein grauses Morden begann, in kurzer Zeit war der Sieg auf Seite der Araber. Was nicht durch die Flucht entkam, fiel unter den Hieben erbarmungsloser Moslims. Bischof Heinrich von Augsburg, der rheinfränkische Herzog Udo, der kaiserliche Lanzenträger Richar, Herzog Landulf von Capua und Benevent, sein Bruder Atenulf, die deutschen Grafen Thietmar, Gebehard, Günther, Ezelin, Burkhard, Dedi, Kunimunt, Irmfrid, Arnold, Berchtold, Werinhar, zwei Bezelin und zwei Konrad werden als Gefallene genannt. Bischof Petrus von Vercelli und viele andere wurden in die Gefangenschaft geschleppt.

Der Kaiser selbst befand sich in höchster Gefahr. Als er das Verderben der Seinen und jede Möglichkeit, sie zu sammeln, genommen sah, floh er mit dem Herzoge Otto von Bayern und andern Getreuen zum Strande. Rasch mußte ein Entschluß gefaßt werden, durch den nicht allein das Leben, sondern auch die Freiheit des Kaisers gewahrt wurde. Welches Schauspiel, wenn er in die Hände der Feinde gerathen, als Gefangener zu dem Kalifen von Kairo gebracht worden wäre! Die Flucht zu Lande schloß diese Gefahr nicht aus. Alle Hoffnung wendet sich zwei griechischen Schiffen zu, die in einiger Entfernung vorübersegeln. Ein glücklicher Zufall fügt es, daß an der Stelle, wo der Kaiser das Meer erreicht hat, ein Jude, Namens Kalonymus, sein Pferd anbietet[1]). Auf diesem sprengt Otto in's Meer und gelangt zu dem ersten Schiffe, während

---

[1]) Vgl. über diesen und seine Familie Giesebrecht, KG. I, 849. Breßlau in der Ztschr. für die Gesch. der Juden I (1887), 156 ff.

der Herzog auf flüchtigem Rosse den Ritt um Leben und Freiheit nach Rossano wagt. Schon scheint der Kaiser für's erste gesichert, da verweigert der Führer des Schiffes die Aufnahme und nochmals muß Otto an's Land zurück, wo der Jude angstvoll seiner harrt. Inzwischen waren arabische Reiter in die Nähe gekommen, hatten den Vorgang bemerkt und jetzt war jeder andere Ausweg abgeschnitten. So versucht der Kaiser sein Glück bei dem zweiten Schiffe, auf dem er einen ihm bekannten slavischen Kriegsmann, Heinrich Zolunta, erblickt hatte. Schwimmend erreicht er die Barke und wird von den Schiffsleuten hineingezogen. Zolunta läßt ihn auf dem Lager des Kapitäns ausruhen und bedeckt ihn mit seinem Mantel. War der Kaiser zunächst vor den Sarazenen gesichert, so brohte ihm von anderer Seite neue Gefahr. Den Versuch, sich zu verhehlen, konnte er nicht durchführen, die Griechen aber gedachten, als sie ihn erkannt, die kostbare Beute nicht ohne Weiteres fahren zu lassen, und wollten ihn nach Byzanz bringen. Aus dieser Verlegenheit half ihm eine List. Auf die Habgier der Schiffsleute rechnend, schlug er ihnen vor, ihn zunächst nach Rossano zu bringen, wo er seine Gemahlin und reiche Schätze an Bord nehmen wolle. Sie gingen darauf ein, wohl von Zolunta überredet. Vor Rossano angelangt, entsandte Otto diesen als Boten an die Gemahlin und den Bischof von Metz, welche in angstvoller Noth die Reste des geschlagenen Heeres aufgenommen und den Kaiser schon verloren gewähnt hatten. Sie sollten sich am Ufer einfinden und etliche anscheinend mit Gold und Schätzen beladene Saumthiere mitbringen. Das geschah. Der Kapitän ließ den Bischof mit zwei Kriegsleuten, Liupo und Richinzo, auf das Schiff. Mit Freude und Trauer erblickte Dietrich seinen Herrscher. Rasch entschlossen sprang dieser in's Meer, ein Grieche, der ihn am Kleide faßte, wurde von Liupo niedergeschlagen, bevor die Besatzung sich der kühnen That wehren konnte, war der Kaiser an's Land geschwommen und erwartete hier die Rückkehr des Bischofs und der beiden Krieger, welche mit ihren Schwertern die überraschte Bemannung im Zaume gehalten hatten.

Mit ungeheuchelter Freude wurde der Kaiser von den Seinen aufgenommen, wenn etwas den Schmerz über die Niederlage, die ihn seiner besten Mannschaft beraubt, seinen Siegeslauf hart vor dem höchsten Ziele gehemmt hatte, mildern konnte, war es die Treue, die sich in schwerster Noth ungemindert erwies[3]). Die Mauern Rossanos schützten ihn und die Reste seines Heeres vor weiterer Verfolgung. Die Sarazenen waren übrigens, ihres Führers, den sie fortan als Märtyrer verehrten, beraubt, außer Stande, den

---

[3]) Daß die Erzählung Alperts, Theophanu habe sich mit herbem Spotte über den von ihren Landsleuten (!) geschlagenen Gemahl geäußert, müßiges Gerede sei, hat Giesebrecht, KZ. I, 854 in überzeugender Weise dargethan. Vgl. auch Reuß, Das Leben Bischofs Theoderich von Metz (Eilenburger Osterprogramm 1882) S. 41, der sich jedoch gegen Giesebrechts Vermuthung, Dietrich sei der Urheber dieses Gerüchtes gewesen, ausspricht. Alpert hat aber doch seine auf das Jahr 982 bezüglichen Nachrichten aus Metzer Kreisen erhalten.

12*

Sieg auszunützen. Abus Sohn Gabir, der nach des Vaters Tod die Führung übernahm, ließ sogar die Rüstungen und Waffen der Feinde auf dem Schlachtfelde liegen und kehrte mit dem Heere nach Sicilien zurück. Schon nach einem Jahre wurde er von dem Kalifen Al Aziz abberufen, aber auch seine Nachfolger Gafar, Abballah und Jussuf dachten nicht an eine Fortsetzung des heiligen Krieges. Die süditalischen Landschaften verdankten dem Tode Abu-al-Qâsims die ersehnte Ruhe, in den Augen ihrer Bewohner verwandelte sich die Niederlage von Colonne in einen Sieg. Den größten Vortheil trugen aber die Byzantiner davon, welche nach der Verdrängung und dem Rückzuge der Araber an allen Orten wieder in ihre alten Rechte eintraten.

Denn auch die Deutschen mußten sich mit der Heimkehr beeilen. Nach der unglücklichen Schlacht war ein längeres Verweilen in der fieberschwangeren Luft Rossanos ohne Zweck. Der Kaiser suchte daher mit den Trümmern seines Heeres vor allem eine Verbindung mit dem Norden zu gewinnen. Auf der gegen plötzlichen Ueberfall von Seite der Griechen gesicherten Bergstraße zog er über Cassano, Mormanno, überschritt den Lao und gelangte über Castellucio, Lauria zur Küste, auf der an dieser sich hinziehenden Heerstraße nach Capaccio.

Noch in Rossano hatte ihm Bischof Gerbert von Tortona Anliegen der Kanoniker und des Bischofs Petrus von Fiesole vorgebracht, auf seine Bitte bestätigte Otto dem Bisthume den Besitz der Abtei Alina in der Grafschaft Pistoja, doch wurde die entsprechende Urkunde erst am 31. Juli zu Cassano ausgefertigt (D. 277), wo der Kaiser am 27. Juli den Kanonikern den Besitzstand verbrieft hatte (D. 276). Bei dem Uebergange über den Lao erhielt am 2. August das von den Sarazenen schwer geschädigte Kloster des Erzengels Michael auf dem Monte Volture bei Melfi, dessen Abt Jakob sich wohl schon in Tarent dem Kaiser vorgestellt hatte, über Verwendung des Erzbischofs Honestus von Ravenna eine Bestätigung des Besitzes unter Verleihung der Immunität und des Schutzes (D. 278). In Capaccio wurde der Kaiser von Amatus, dem Erzbischofe von Salerno, begrüßt und dieser erhielt eine so umfassende Vergabung, daß wir in ihr nur das Ergebniß von Verhandlungen erblicken können, deren Gegenstand der ungehinderte Einzug Ottos und seiner Mannschaften in die so wichtige Stadt gewesen sein dürfte. Der Kaiser verlieh dem Erzbischofe sämmtliche Männer- und Frauenklöster seines Sprengels, sowie den Besitz des wegen Hochverraths verurtheilten Landulf[*]). In Salerno konnte Otto am 18. August dem Bischofe Balderich von Speyer über Vermittelung des Herzogs Otto den seinem Hochstifte von dem Grafen Cono geschenkten Besitz im Speyergau (D. 279), der bischöflichen Kirche und den Kanonikern von Lucca

---

*) D. 285, beurkundet am 2. November zu Capua, vgl. v. Sickel, Erläut. S. 185.

auf Fürbitte der Kaiserin Theophanu den Besitzstand und die Immunität bestätigen[10]).

Im September ging die Fahrt nach Capua, wo der Hof längeren Aufenthalt nahm. Hier traf der Kaiser mit seiner Mutter zusammen, welche herbeigeeilt war, um dem Sohne in seiner Betrübniß tröstend zur Seite zu stehen. Zahlreiche Bittsteller hatten sich am Hofe eingefunden. Zuerst wurde Otto am 26. September der feierlichen Willensäußerung des im Kampfe gegen die Sarazenen gefallenen Grafen Konrad gerecht, indem er über Verwendung der Kaiserin Theophanu, auf den Rath des Bayernherzogs und des Metzer Bischofs, dem das Kloster unterstand, den von dem Grafen bestimmten Besitz, sowie den ebenfalls zu seinem Nachlasse gehörigen Hof Ernstweiler im Bliesgau der Gorgonius-Abtei zu Gorze übertrug (D. 280). Am selben Tage bestätigte er die schon von dem Vater gebilligte Einverleibung des Bisthums Alba in die Diöcese Asti (D. 280a). Am 30. September erwirkte Kaiserin Adelheid für das von ihr besonders begünstigte Salvatorkloster zu Pavia die Bestätigung des Besitzstandes unter Verleihung der Immunität und des Wahlrechtes (D. 281), am 1. October Herzog Otto für das Petersstift zu Aschaffenburg die Schenkung des königlichen Besitzes in Meiningen und Walldorf (D. 284). Am 3. November bestätigte der Kaiser dem Kloster der heiligen Sophia zu Benevent einen Hof, den ihm schon der verstorbene Pandulf gerichtlich zugesprochen hatte (D. 286). Zur selben Zeit verlieh er dem Abte Adam von Casauria über Verwendung der Kaiserin Theophanu das Kloster Farfa und ertheilte ihm eine Vollmacht, welche ihn befähigen sollte, die wirthschaftliche Wiedergeburt des Stiftes einzuleiten (D. 287), am 12. November erhielt der Abt von S. Vicenzo am Volturno auf Grund einer früheren gerichtlichen Entscheidung die Bestätigung des Besitzstandes und der Rechte seines Klosters[11]).

Neben diesen alltäglichen Regierungsgeschäften mußte der Kaiser auch in bedeutsameren Angelegenheiten seine Entschlüsse fassen. Durch den Hingang Bischofs Heinrich war das so wichtige Bisthum Augsburg erledigt worden, der Kaiser bot es zuerst dem Abte Werinhar von Fulda an, den einst schon der heilige Ulrich zu seinem Nachfolger ausersehen hatte; der aber lehnte ab und daraufhin wurde Eticho, in dem man einen Angehörigen des welfischen Geschlechtes vermuthen könnte, zum Bischofe ernannt, später von Erzbischof Willigis in Mainz geweiht[12]). Am 8. August war Hartwig, der erste Reformabt von Tegernsee, gestorben, er erhielt einen Schüler

---

[10]) D. 289, ausgefertigt am 21. December, vgl. v. Sickel a. a. O.
[11]) D. 288. DD. 286—288 wurden erst im Jahre 983 ausgefertigt.
[12]) Gerhardi Vita Udalrici, c. 28 (SS. IV, 418). Ann. Augustani (SS. III, 124): Etich episcopus est ordinatus. SS. XIII, 323 über die Weihe. — Krüger, Ursprung des Welfenhauses S. 149 läßt es fraglich, ob Eticho ein Sohn Rudolfs III. gewesen ist.

Ramwolds und Wolfgangs, Gozpert, zum Nachfolger[13]). Wohl um in diesen kirchlichen Fragen Ordnung zu schaffen und auch sonst in den Angelegenheiten seiner für den Verkehr mit Italien so wichtigen Herzogthümer nach dem Rechten zu sehen, begab sich Herzog Otto, dem sich Abt Werinhar anschloß, Anfangs October auf die Heimreise. Von nicht geringer Bedeutung war die endliche Regelung der Nachfolge in den Fürstenthümern Pandulfs des Eisenkopfes. Da zwei seiner Söhne bei Colonne gefallen waren, wurde in Capua der vierte Sohn Landenulf, der, wie wir sahen, schon im Sommer zur Regentschaft berufen worden war, unter Vormundschaft seiner Mutter Aloara bestätigt, während Spoleto und Camerino dem Trasemund übergeben wurden. Damit war die unmittelbare Nachkommenschaft Pandulfs auf Capua beschränkt, die Ablösung Spoletos von den südilalischen Fürstenthümern vollzogen. Höchst wahrscheinlich während des Aufenthaltes zu Capua erhielt der italienische Kanzler Johannes, der Grieche, auf Fürbitte der Kaiserin Theophanu die Abtei Nonantula, indem er unter ganz besonderer Anerkennung seiner Kenntnisse und Verdienste des Kanzleramtes enthoben wurde, in welchem ihm Adalbert nachfolgte[14]).

Bald nach dem 12. November wird der Kaiser Capua verlassen und sich nach Rom begeben haben. Hier traf ihn eine erschütternde Nachricht. Am 30. October war in Lucca Abt Werinhar und am folgenden Tage Herzog Otto gestorben, beide wohl in Folge der überstandenen Aufregung und der bösen Wirkung des südilalischen Klimas. Die Leiche des Herzogs wurde von seinen Getreuen über die Alpen gebracht und in Aschaffenburg mit großen Ehren unter allgemeiner Trauer der Bevölkerung bestattet, während die des Abtes ihre Ruhestätte in Borgo San Donnino fand[15]).

---

[13]) Notae Tegernseenses, SS. XV, 1067: bonae memoriae idem Hartwicus abbas obiit VI. idus aug. Vgl. Lindner im Oberbayrischen Archiv L (1897), 30.

[14]) Vgl. v. Sickel in den Mitth. des Inst. für öst. Geschichtsf. XII, 224.

[15]) Gerhardi Vita Udalrici, c. 28 (SS. IV, 419): Otto autem dux etiam ad Luggam defunctus est et a suis super montana portatus et usque ad Ascafaburg perductus cum magno honore et nimia lamentatione ibi terrae commendatus est. Vorher (p. 418): Post contradictionem episcopatus, ut a ministris eius (sc. Werinharii) comperi, paucis horis interpositis infirmari coepit et ad Luggam vitam finivit et corpus eius portatum est usque ad S. Dominum et ibi honorifice sepultum est. Ann. Hildesheim.: et in ipso anno Otto, dux Baioariorum, obiit. Ann. Heremi (SS. III, 143) zu 983: Eodem anno Otto, dux Baioariorum .... Ann. Altah.: Eodem anno nepos imperatoris et dux Bawariorum et Werinheri, abbas Fuldensium, cum caesaris licentia domum reversi in Italia vitam finierunt. Otdoni successit Heinricus et Werinhario Branthogus. Annal. Saxo (SS. VI, 629): Otto, dux egregius, filius Liudulfi, fratruelis Ottonis secundi, nuper reversus a prelio Sarracenorum, immatura morte obiit. Den Tod des Herzogs erwähnen zu kal. novembr.: Necrol. Merseburg., zu II. kal. novembr.: Lib. anniv. s. Galli (Mon. Germ. Necrol. I, 483) und Notae necrol. Einsidl. (ebenda S. 361), den des Abtes zu III. kal. novembr.: Ann. necrol. Fuld. (SS. XIII, 205). — Lampert (Ann.) rechnet Beide zu den in der Schlacht von Colonne Gefallenen.

So hatte das verhängnißvolle Unternehmen gegen die Sarazenen noch nachträglich das kostbarste Opfer geheischt, den treuesten Genossen von der Seite des Kaisers gerissen. Wir dürfen die Wirkung, welche des Freundes Tod auf den Herrscher übte, daran ermessen, daß er sich in nächster Zeit jeder geordneten Regierungsthätigkeit entzog[16]).

---

[16]) Die lange Pause in der Urkundenreihe ist kaum zufällig, da es an jedem Grunde fehlen würde. In dem am 30. December ausgestellten Schutzprivileg des Papstes für Lorsch wird der Kaiser als Bittsteller genannt (Jaffé-Löwenfeld, Reg. 3811). Daraus folgt die Unhaltbarkeit der noch von Richter (Ann. III, 138), welcher v. Sickels Ausführung (Erläut. S. 186) nicht beachtet hat, beibehaltenen Annahme eines Zuges nach Salerno.

983.

Der Kaiser verbrachte die ersten Monate des Jahres, aus denen wir keine Kunde von ihm haben, in Rom, mit ihm waren die beiden Kaiserinnen, Erzbischof Gisiler, die Bischöfe Dietrich von Metz, Gerbert von Tortona und Petrus von Pavia[1]). Ab und zu fanden sich auch Geistliche aus Lothringen und Sachsen ein, wie wir den vom Papste für die Klöster Gembloux, Arneburg und Nienburg ausgestellten Bullen entnehmen, deren letzte am 26. April auf Bitten des Kaisers als des hochwürdigsten Vogtes der römischen Kirche ausgefertigt wurde[2]). Am selben Tage erwirkte Abt Werembracht von Werden von dem Kaiser das Recht, den Klostervogt zu ernennen (D. 290), am folgenden verbriefte der Papst die Oberherrlichkeit des Magdeburger Erzbischofs über die in Merseburg errichtete Abtei[3]).

In durchaus würdiger Weise hatten die deutschen Fürsten dem Kaiser ihr Verlangen, sich um ihn zur Berathung der Reichsangelegenheiten zu versammeln, bekannt gegeben, und waren damit seinem eigensten Wunsche entgegengekommen. Als Ort des in Folge dessen einberufenen großen Reichstages wurde Verona bestimmt[4]).

---

[1]) Reg. Sublac. 225 no. 185: Verhandlung in Anwesenheit des Papstes und mehrerer Bischöfe über eine Klage des Abtes Benedikt von Subiaco gegen den Abt Leo von S. Cosma e Damiano.
[2]) Jaffé-Löwenfeld, Reg. 3817, 3819, 3818.
[3]) Ebenda Reg. 3820.
[4]) Entscheidend war wohl die Lage Veronas an der Grenze und einer für die Deutschen bequem zu benutzenden Hauptstraße. Hirsch, Jahrb. H. II. I, 9 nimmt das zu Bayern geschlagene italienische Gebiet als „deutschen Boden" an und erklärt daraus „die Möglichkeit des Reichstages von Verona". Aehnlich nimmt auch Waitz, Vfgg. V², 157 Anschluß von Verona und Aquileja an das Deutsche Reich an. Staatsrechtlich hat man im 10. Jahrhundert aber diese Gebiete trotz ihrer Unterstellung unter die Herzöge von Bayern und Kärnthen doch immer zu Italien gerechnet, vgl. v. Sickel, Erläut. S. 101 und Waitz, Vfgg. VI², 370. In D. 21 wird Istrien als provincia Italie bezeichnet. — Thietmari Chron. III, c. 24: Quorum legationem cesar ut audivit, desideranti animo consensit. Ponitur in Berna civitate conventus et omnis huc convocatur principatus, necessaria ut hic tractarentur multa. Ann. Hildesheim.: Imperator Veronae placitum habuit. Joann. Canap. Vita Adal-

Gegen Ende April brach Otto von Rom auf, um sich nach Verona zu begeben. Auf der Reise nahm er in verschiedenen Städten Italiens, darunter auch in Pavia Aufenthalt, wo er höchst wahrscheinlich mit dem Abte Majolus von Cluny, dem für den Prager Bischofssitz bestimmten Adalbert und dem auf einer Pilgerfahrt zu den Apostelgräbern befindlichen Bischofe Gerhard von Toul zusammentraf. Um die Mitte des Mai langte der Hof in Verona an[5]), wo seiner eine glänzende Versammlung geistlicher und weltlicher Großer harrte. Außer den beiden Kaiserinnen und dem kaiserlichen Prinzen werden Patriarch Robald von Aquileja, die Erzbischöfe Willigis von Mainz, Egbert von Trier, Gisiler von

---

berti, c. 8 (SS. IV, 584): Rediens interea de Sarracino bello adiit Veronam imperatorius apex sc. Otto secundus. Ann. Magdeburg. (SS. XVI, 157): Imperator itaque ad placitum Veronae conventus Saxonum, Francorum, Lotharingorum, Bawariorum, Italicorum aliorumque lingua et natione dissimilium occursum gloriosissimum habuit. Cosmae Chron. Bohem. I, c. 26 (SS. IX, 50): Ea tempestate rediens de Sarraceno bello adiit Veronam urbem praecellentissimus imperator Otto secundus.

⁵) Mit Rücksicht auf D. 291 (nonas maii, actum Veronae) wurde der Anfang der Verhandlungen des Reichstags allgemein auf den 7. Mai gesetzt und die Notiz des Johannes Diaconus (S. 148): Romam cum uxore advenit; deinde Papiam ceterasque Italie civitates peragrans Veronam adiit, einfach verworfen, vgl. namentlich v. Sickel, Erläut. S. 189. Mit Recht hat aber Kehr (Urkunden Ottos III. S. 235 Anm. 3) darauf hingewiesen, daß Johannes sein Itinerar nicht erfunden haben könne und sich daher ein Widerspruch gegen D. 290 (VI. kalendas maii, actum Romae) und 291 ergebe. Wir haben daher diesen Widerspruch aufzuklären. Sicher ist, daß gegen die Datirung von D. 290 kein Einwand erhoben werden kann, da Jaffé-Löwenfeld, Reg. 3818 (April 26) für Nienburg auf Bitte des Kaisers, no. 3820 (April 27) für Gisiler von Magdeburg ausgestellt sind, Beide also zu dieser Zeit noch in Rom waren. Könnte der Kaiser aber frühestens am 28. April von Rom aufgebrochen und müßte er spätestens am 6. Mai in Verona eingetroffen sein, so bleiben für die Reise, welche auf der kürzesten Strecke mindestens 440 Kilometer beanspruchte, nur neun Tage übrig. Der Kaiser und sein Gefolge müßten also täglich fast 50 Kilometer ohne jeden Rasttag zurückgelegt haben, was höchst unwahrscheinlich ist, da gar kein Anlaß zu solcher Eile vorhanden war. Erweckt schon dies Mißtrauen gegen die Datirung von D. 291, so kommt dazu noch, daß die Erwähnung Pavias in dem von Johannes Diaconus angegebenen Itinerare wenigstens mittelbare Bestätigung durch den Bericht über die Romreise des Bischofs Gerhard von Toul erfährt. Widrici Vita Gerardi, c. 6 (SS. IV, 495): Papiam ingreditur, ubi viros magnificos, sanctum videlicet abbatem Maiolum necnon beatum Adhelbertum, post martyrem, se repperisse ineffabiliter collaetatur. Da nun Adalbert nach seiner Weihe in Mantua wohl sofort nach Böhmen zurückgekehrt sein wird, so kann diese Zusammenkunft nur vor dem Veroneser Reichstage stattgefunden haben und es ist sehr wahrscheinlich, daß Majolus und Adalbert hier den Kaiser erwartet haben und mit ihm nach Verona gezogen sind. Endlich ist zu beachten, daß D. 291 ganz allein steht, die nächste Urkunde des Veroneser Tages (D. 292) am 1. Juni ausgestellt ist. Somit glaube ich, daß die Tagesangabe des nur in Abschriften des 17. Jahrhunderts erhaltenen Stückes in non. iun. zu verändern ist. Ist diese Urkunde beseitigt, so kann der Anfang der Verhandlungen so weit hinausgeschoben werden, daß auch für den Umweg über Pavia reichlich Zeit gewonnen wird. Da die Beurkundungen des Veroneser Tages dann mit dem 1. Juni beginnen, ihnen aber doch Verhandlungen vorangegangen sind, wird man den Anfang ungefähr um die Mitte des Mai ansetzen dürfen.

Magdeburg, die Bischöfe Notker von Lüttich, Wolfgang von Regensburg, Petrus von Pavia, Adam von Parenzo, Petrus von Como, Dietrich von Metz, Albuin von Brixen, die Aebte Ramwold von Regensburg, Majolus von Cluny, Rudolf von Kempten, der Kapellan Hugo, Herzog Otto von Kärnthen, Herzogin Beatrix von Oberlothringen, der Liutpoldinger Heinrich, die Grafen Otto und Wilhelm, Gesandtschaften aus Venedig und Böhmen, aus Bremen und Corvey als anwesend genannt, ihnen gesellte sich stattliches Gefolge, eine große Anzahl abliger Herren und Geistlicher zu, die sich bei solchem Anlasse aus allen Gegenden zusammenfanden.

Reichliche Arbeit war für den Herrscher vorbereitet, die wichtigsten Angelegenheiten heischten Erledigung. Durchaus steht der Reichstag unter der Nachwirkung der Unglücksschlacht des Vorjahres, welche den nächsten Anlaß zu seiner Einberufung gegeben hatte. Es galt, die Folgen dieses beklagenswerthen Ereignisses zu beseitigen, für die Zukunft vorzubauen. Dazu mögen Todesahnungen des Kaisers, der unter den Aufregungen der letzten Zeit körperlich und seelisch schwer gelitten haben mochte, gekommen sein, eine schwermüthige Stimmung, welche Abt Majolus durch unheimliche Voraussagung noch mehr verdüsterte[6]).

Die erste Sorge galt dem Ersatze für den verstorbenen Herzog von Schwaben und Bayern. Fehlte es an einer Persönlichkeit, welcher man ohne Bedenken die ganze Machtfülle Ottos anvertrauen konnte, so entschloß man sich zur Herstellung des früheren Zustandes, zur Theilung der Herzogthümer. Schwaben und den Elsaß erhielt Konrad, Graf im Rheingau und in der Wingarteiba, ein Neffe Herzogs Hermann I., ein Sohn des im Jahre 949 gestorbenen Grafen Udo von der Wetterau und Bruder des bei Colonne gefallenen Udo[7]). Zum Herzoge von Bayern wurde der im Jahre 978 verurtheilte Heinrich III. ernannt, mit dem wiederum das alte Herzogshaus zur Macht gelangte[8]). Damit schien das Gleich-

---

[6]) Syri Vita Maioli III, c. 10 (SS. IV, 655).
[7]) Stälin, Wirtemberg. Gesch. I, 464 ff.
[8]) Thietmari Chron. III, c. 24: Heinricus minor exilio solutus dux Bawariorum effectus est. Ann. Hildesheim.: ibique Heinricus minor de exilio ductus, dux Baiwariorum constitutus est. Annal. Saxo (SS. VI, 630): Heinricus minor wird aus der Haft entlassen patruele imperatoris Heinrico adhuc in custodia permanente. Ann. Altah.: Otdoni (sc. duci Bawariorum) successit Heinricus. Heinrich wird zuerst in D. 298 vom 7. Juni als Ezulo, dux Baioariorum, angeführt. Fraglich ist, ob Heinrich damals auch Kärnthen erhielt, Herzog Otto schon in Verona zum Verzichte bewogen worden ist. Diese Ansicht vertreten Wilmans (Jahrb. Ottos III. S. 190 ff.), Bübinger (Deft. Gesch. S. 291), Riezler (Gesch. Bayerns I, 371) und Wahnschaffe (a. a. D. S. 8), wobei sie sich vornehmlich darauf stützen, daß Thietmar (IV, c. 3) zum Jahre 984 bemerkt: propter Heinricum ducem, qui tunc Bawariis atque Carentis prefuit munere prefati imperatoris. Bübinger ist außerdem der Meinung, daß Herzog Otto von Kärnthen nur durch persönliche Einwirkung Ottos II. zum Verzicht veranlaßt werden konnte. Die Stelle Thietmars lautet allerdings sehr bestimmt und ist gewiß wohl zu beachten, doch darf man neben ihr die Urkunden nicht außer Acht lassen. Wie bemerkt, wird Heinrich am 7. Juni 983 zuerst als Herzog von Bayern genannt, Otto wird aber in D. 292 vom

gewicht in Süddeutschland hergestellt und die Heinricianische Linie für alle Zeit von der Herrschaft ausgeschlossen. Heinrich der Zänker blieb zunächst in Haft. Standen die neuen Herzöge dem Kaiser nicht so nahe wie der verstorbene Otto, so hatte das zur nächsten Folge, daß sie auf die Angelegenheiten ihrer Länder beschränkt wurden, der Einfluß der Laienfürsten auf die Berathung der Reichsangelegenheiten abnahm, der Machtkreis der beiden Kaiserinnen und der geistlichen Fürsten wesentlich erweitert wurde.

Mit diesen süddeutschen Verhältnissen steht in enger Beziehung die Bestellung eines neuen Bischofs von Prag in der Person des Czechen Adalbert*). Dieser war um das Jahr 956 in Libitz (GB. Poděbrad) als Sohn des Slawnik, eines reich begüterten Mannes, dem der östliche Theil Böhmens unterstand, und der Strzesislawa, welche uns als eine eifrige Bekennerin christlicher Lehre geschildert wird, geboren worden. Anfangs wie seine Brüder zum Kriegerstande bestimmt und mit dem Namen Wojtech geschmückt, wurde der auffallend schöne Knabe zum Danke für die Errettung aus schwerer Krankheit der heiligen Maria geweiht. Im Jahre 961 kehrte Bischof Adalbert auf seiner Missionsreise zu den Russen im Hause des angesehenen Czechenhäuptlings ein und firmte den Knaben, der von den Hauskaplänen seines Vaters unterrichtet worden war. Etwa im Jahre 969 kam Wojtech nach Magdeburg, wo Adalbert inzwischen Erzbischof geworden war. Mit aller Liebe nahm der Metropolit den Knaben auf, gab ihm seinen eigenen Namen und ließ ihn an dem Unterrichte in der Domschule unter Ohtrichs Leitung Theil nehmen. Wahrscheinlich zu Ostern 978 kehrte Adalbert im Gefolge des Herzogs Boleslaw, der den Kaiser in Quedlinburg aufgesucht hatte, nach Böhmen zurück. Drei Jahre später starb sein Vater. Adalbert trat in den Prager Domclerus

---

1. Juni als Herzog von Kärnthen, in D. 304 vom 11. Juni als Herzog und Intervenient für Aquileja, d. h. als Machthaber über Friaul und Verona angeführt. Die Verleihung beider Herzogthümer an Heinrich hat also jedenfalls nicht zu gleicher Zeit stattgefunden; immerhin konnte Otto auch nach dem 11. Juni zur Auflassung seiner Herzogthümer bewogen werden, doch besitzen wir dafür kein urkundliches Zeugniß und es besteht keine innere Nöthigung, einen solchen Vorgang anzunehmen. Es ist an sich nicht sehr wahrscheinlich, daß man im Juni 983 dem erst seiner Haft entlassenen Heinrich das ganze Herzogthum und insbesondere die mit Rücksicht auf die weiteren Absichten des Kaisers so wichtigen italienischen Grenzlande anvertraut, seinetwegen den getreuen Otto beseitigt hätte. Anders im Sommer 985. War man entschlossen, Herzog Heinrich II. wieder in seine Rechte einzusetzen, so mußte für Heinrich III. ein Ersatz gesucht werden, den man eben nur in Kärnthen zur Hand hatte. Otto wurde von den Kaiserinnen zum Verzicht bewogen und hoffte, in seinem heimathlichen Gebiete zu größerer Macht zu gelangen. Thietmar kann sich bei dem oftmaligen Wechsel in der herzoglichen Würde Bayerns um so leichter geirrt haben, da er Heinrich III. als Herzog von Kärnthen kannte. Somit glaube ich, daß der älteren, schon von Frölich vertretenen Ansicht, wonach Herzog Otto erst im Sommer 985 auf Kärnthen verzichtet hätte, die größere Berechtigung zukommt.

*) Vgl. über ihn Voigt, Adalbert von Prag (Berlin 1898) und Hist. Zeitschrift LXXXV, 80 ff.

ein und wurde hier in das lockere Leben hineingerissen, welchem der allzu nachsichtige Bischof Dethmar nicht zu wehren vermochte. Eben des Bischofs Tod bewirkte eine tiefgreifende Wandlung in seinem Wesen. Adalbert erkannte aus den Klagen des bekümmerten Mannes den Gegensatz, in dem sich der Lebenswandel der Czechen gegen die sittlichen Grundforderungen des Christenthums befand, und meinte das Heilmittel in der asketischen Richtung, die er mit aller Schärfe und Strenge zum Ausdrucke brachte, gefunden zu haben. Am 2. Jänner 982 war Bischof Dethmar gestorben, am 19. Februar wurde von einer unter dem Vorsitze des Herzogs abgehaltenen Versammlung Adalbert, den seine vornehme Geburt, sein Reichthum, seine Nationalität als besonders geeignet erscheinen ließen, zu seinem Nachfolger bestimmt, der erste Czeche auf dem bischöflichen Stuhle Prags. Eine Gesandtschaft geleitete ihn nach Italien zum Kaiser. Hier trat er sofort in Beziehungen zu den Häuptern der französischen und lothringischen Klosterreform, Abt Majolus von Cluny und Bischof Gerhard von Toul, mit denen er in Pavia zusammentraf. Von Pavia begab er sich, wahrscheinlich im Gefolge des Kaisers, nach Verona, wo er am 3. Juni von diesem den Bischofsstab erhielt [10]).

Nach dieser böhmischen Kirchensache kamen jene Angelegenheiten an die Reihe, über welche eine von dem Venetianischen Dogen Tribunus Menius abgeordnete Gesandtschaft mit dem Kaiser verhandelt hatte.

Die Geschichte Venedigs während der Sechziger, Siebziger und Achtziger Jahre des Jahrhunderts scheint wenig Bemerkenswerthes zu bieten. Mord und Aufruhr, wüster Kampf der Parteien, Schwäche der Fürsten, all das kann höchstens dazu dienen, um den Hintergrund abzugeben, von dem sich um so glänzender die Regierung Peters Orseolo II. abhebt. Diesen Standpunkt hat schon des großen Dogen Kaplan und Vertrauter, Johannes Diaconus, eingenommen, sehr zu unserm Schaden, da er dadurch verhindert wurde, über die Ereignisse jener Jahrzehnte so genau zu berichten, wie wir es wünschen müssen. Denn das Wenige, was wir aus der Chronik des Johannes und aus etlichen Urkunden erfahren, läßt erkennen, daß Adel und Volk der Lagunenstadt sich in immerwährender Bewegung befanden und der mächtige Handelsstaat auch in den allgemeinen Verhältnissen eine wichtige Rolle spielte [11]).

---

[10]) Joann. Canap. Vita Adalberti, c. 8 (SS. IV, 584): Ad hunc (sc. imperatorem) Sclavonica manus porrexit ferens legationem de parte ducis et obtulit electum episcopum, rogans eius manu popularem confirmari electionem. Non minus imperator eorum dignae petitioni adquiescens, dat ei pastoralem virgam. Cosmae Chron. Bohem. I, c. 26 (SS. IX, 50): Igitur serenissimus imperator condescendens eorum dignae petitioni III. non. junii dat ei annulum et pastoralem virgam.

[11]) Marin, Storia del commercio di Venezia II, 158 ff.; Romanin, Storia documentata di Venezia I, 244 ff. Gfrörer, Gesch. Benedigs, S. 259 ff. (Cipolla), Fonti edite della storia della regione Veneta ... sino alla fine del secolo X. (Mon. storici publicati della r. Deputazione Veneta di storia

Hatte Venedig sich seit der Mitte des neunten Jahrhunderts aus der Unterordnung unter Byzanz befreit[11]), ohne der karolingischen Macht zu verfallen, durch kluge Benutzung günstiger Umstände die Leitung des Handels zwischen Deutschland, Norditalien und dem Oriente an sich gezogen, durch seine Flotte die Vorherrschaft auf dem Meere gewonnen, so stand es doch wichtigen Fragen gegenüber, deren Lösung für seine weitere Entwickelung entscheidend sein mußte. Die innere Ausbildung des Staatswesens vollzog sich nur unter schweren Kämpfen, die äußere Selbständigkeit konnte nicht als vollendet gelten, wenn es nicht gelang, ein größeres Hinterland zu gewinnen, sich gegen die Angriffe der Nachbarn, Italiener wie Slaven, zu schützen und sich aus der kirchlichen Unterstellung unter das Patriarchat von Aquileja zu befreien. Es liegt in der Natur solcher politischen Entwickelung, daß man nicht etwa den ganzen Complex auf einmal mit gleichmäßiger Kraft anfaßte, sondern jeweilig sich mit der einen oder andern Frage beschäftigte. Petrus Candianus IV., der die Dogenwürde seit dem Jahre 959 inne hatte, war ein thatkräftiger, staatsmännisch veranlagter Fürst. Nach außen hin wandte er namentlich der Förderung des venetianischen Handels sein Augenmerk zu. Den Vertrag mit dem abendländischen Kaiserthum hatte er in einer für seinen Staat günstigeren Form erneuert (DO. I. 350), in feierlicher Form war er gegen den trotz früherer Verbote immer wieder betriebenen Sklavenhandel aufgetreten, wobei er gefährlicher geheimer Verbindung mit Byzanz durch Monopolisirung des Postverkehrs vorzubeugen suchte[12]). Wie bei dem Verbote des Sklavenhandels, so ordnete er die nächsten Interessen des Handels den höheren Forderungen des Christenthumes unter, als er im Jahre 971 auf eine ernste Mahnung des Autokrators Johannes eingehende Vorschriften erließ, durch welche es den Sarazenen unmöglich gemacht werden sollte, fernerhin Holz

---

patris, vol. VIII. Serie IV. Miscell. vol. II., 1882). — Marin und Romanin beurtheilen Personen und Ereignisse durchaus von dem für das 10. Jahrhundert unpassenden Standpunkte der aristokratischen Republik aus; Gfrörer hat an vielen Stellen seine zügellose Phantasie walten lassen und einen grundlegenden Fehler durch die Konstruktion einer byzantinisch- und einer deutschgesinnten Partei begangen. — Die wenigen Urkunden sind gedruckt bei Romanin S. 370 ff., sowie bei Tafel-Thomas, Urkunden zur ältern Handels- und Staatsgeschichte der Republik Venedig, I. Bd. (Fontes rer. Austriac. II. Abth. XII. Bd. I. Theil), die Pacta in den Mon. Germ. DD. 298—300 und Legum Sectio IV, 1, 38 ff. Vgl. Fanta, Die Verträge der Kaiser mit Venedig bis zum Jahre 983 (Mitth. des Inst. für öst. Geschichtsf., Ergbd. I, 51 ff.). W. Lenel, Die Entstehung der Vorherrschaft Venedigs an der Adria (Straßburg 1897). Wesentlich erbaulichen Zwecken kann eine von P. Bernhard Schmid verfaßte Lebensbeschreibung des heiligen Petrus Orseolus (I.) dienen (Studien und Mitth. aus dem Benediktiner- und Cistercienserorden XXII [1901] 71 ff.). Eine von ihm erwähnte Biographie desselben Dogen von Tolra (Paris 1897) ist mir nicht zugänglich gewesen. Kohlschütter, Venedig unter dem Herzog Peter II. Orseolo (Göttingen 1868).

[11]) Lenz in der Byzant. Ztschr. III (1894), 64 ff.
[12]) Romanin I, 370 no. 8.

zum Schiffsbau und Waffen aus Venedig zu beziehen[14]). Mag er schon durch diese Verfügungen die Mißgunst der reichen Handelsherren erregt haben, so mußte ihnen noch gefährlicher seine Haltung gegenüber den inneren Verhältnissen erscheinen. Mit richtigem Blicke hatte Petrus erkannt, worin die Schwäche der Dogengewalt lag, und einen für seine Zeit überraschenden Entschluß gefaßt, um sich der Uebermacht der Patrizier und des von ihnen geführten Volkes zu entziehen. Er schickte seine Gemahlin Johanna in ein Kloster und heirathete Waldrada, die Schwester Herzogs Hugo von Tuscien, die ihm nicht allein einen Rückhalt durch die nahe Beziehung zu dem deutschen Hofe verschaffte, sondern auch reiche Mitgift zubrachte. Diese benützte er, um Söldner aufzunehmen, wodurch er sich nicht allein eine Leibgarde, die ihn und seine Familie vor mörderischem Ueberfall schützen konnte, sondern auch ein treffliches Werkzeug schuf, um unabhängig von der Gunst der Großen seine und des Staates Macht nach Außen geltend zu machen. Ferrara und Oderzo wurden mit Glück belagert. Doch sollte dieser Erfolg ihn nicht vor dem gefürchteten Ende bewahren. Die Venetianer übersahen die Vortheile, welche die straffere Herrschaft dem gemeinen Nutzen bringen konnte, sie empfanden den Druck einer geordneten Verwaltung auf's schwerste und folgten willig den Adelsparteien, die sich, in ihren gemeinsamen Interessen bedroht, gegen den Fürsten verbanden. Ein ungeheuerlicher Plan wurde ausgeheckt. Ließ die tapfere Garde dem feigen, blutgierigen Gesindel einen Ueberfall nicht rathsam erscheinen, so beschloß man, den Dogen auszuräuchern. Die dem Palaste gegenüber liegenden Häuser wurden angezündet, die Flammen schlugen über den Kanal und steckten nicht allein den Palast, sondern auch die Kirchen von St. Markus, St. Theodor und St. Maria de Jubiniaco, sowie die angrenzenden Häuser in Brand. Mehr als dreihundert Häuser wurden eingeäschert, die Urkunden des Palastarchives gingen zu Grunde. Der Doge mußte endlich mit den Seinen den Palast verlassen, in's Freie gelangt, traf er auf die Schaar der ihn erwartenden Patrizier, unter denen sich seine nächsten Verwandten befanden. Mit tiefstem Schmerze, aber im vollen Bewußtsein seiner Würde wandte er sich an sie, Aufklärung und bestimmte Anklage heischend, bereit, gerechtem Wunsche nach Kräften zu entsprechen. Vergebens war sein Bemühen, das Aeußerste abzuwenden. Worte wilden Hasses schallten ihm entgegen, unter den Dolchstichen der Verschwörer gab er seinen Geist auf. Das kleine Söhnchen der Waldrada, Petrus, das die Amme gerettet hatte, wurde gleichfalls ermordet und die Kriegsleute mußten ihrem Herrn im Tode folgen. Noch an den Leichen ließen die Mörder ihre Wuth aus, in ärmlicher Gondel zum Hohne auf den Fleischmarkt geführt, blieben sie

---

[14]) a. a. O. 373 no. 9.

liegen, bis der vornehmer gesinnte Johannes Gradenigo ihre Beisetzung im Kloster S. Ilario veranlaßte [15]).

So war am 11. August 976 der für die aristokratische Verfassung höchst gefährliche Versuch zur Begründung einer unabhängigen monarchischen Gewalt in grausamster Weise vernichtet worden [16]). Nachdem den Verschwörern ihr Vorhaben gelungen war, bewiesen sie durch vorsichtiges Verhalten ihre politische Klugheit. In der Peterskirche wurde zum Nachfolger des Ermordeten

---

[15]) Joannis Diaconi Chron. Venet. (ed. Monticolo p. 139, 140). Petri Damiani Vita s. Romualdi (Opp. ed. Cajetanus I, 208), wo Peter Candiano IV. mit Vitalis, Peter Orseolo I. mit seinem Sohne verwechselt ist. Andreae Danduli Chron. c. 14 pars 34 nach Joannes, c. 15 pars 12 nach Petrus Damianus (Muratori SS. XII, 211 und 215). Den Tag gibt das Merseburger Todtenbuch an: III. id. aug. Petrus dux. Catal. patr. Grad. (SS. XIV, 18): in mense augusti. Danbolo setzt die Wahl Peters Orseolo I. zum 12. August (c. 15 para I, ib. p. 212).

[16]) Die Chronologie der Dogen aus der zweiten Hälfte des 10. Jahrhunderts ist etwas in Unordnung gerathen, da die Angaben des Johannes Diaconus, eine seiner Chronik angehängte und eine andere Dogenliste (SS. XIV, 60) weder vollständig noch ganz zuverlässig sind. Monticolo hat überdies den Fehler begangen, bei seiner Berechnung das Anfangsjahr mitzuzählen und die Urkunden in nicht entsprechender Weise zu verwerthen. Daher verdienen die älteren Ansätze Romanins und Kohlschütters im Allgemeinen bessere Geltung. Die Flucht des Peter Orseolo I. wird als zum 1. September 978 gehörig durch eine urkundliche Notiz erwiesen, welche sie zu ind. VII. setzt (Romanin I, 378 no. 11). Daß er nach der Liste 2 Jahre 20 Tage (bei Johannes abgerundet auf 2 Jahre 1 Monat) regiert hat, stimmt zu der am 11. August 976 erfolgten Ermordung seines Vorgängers, Peter Candiano IV., der die Herrschaft im Jahre 959 übernommen, also 18 Jahre lang regiert hatte. Da nun Orseolos I. Nachfolger, Vitalis Candianus, die Herzogswürde nur 1 Jahr 2 Monate lang inne gehabt hat, kommen wir auf den November 979 als den frühesten Zeitpunkt für die Wahl des Tribunus Menius. Die Dauer seiner Regierung wird von Johannes auf 13 Jahre 5 Monate, in der zweiten Liste auf 14 Jahre 4 Monate angegeben, während in der ersten die Zahl der Jahre ausgefallen, die der Monate ebenfalls mit 4 verzeichnet ist. Den Regierungsantritt seines Nachfolgers, Peter Orseolo II., hat Johannes zum Jahre 991, Kohlschütter sogar in die zweite Hälfte dieses Jahres gesetzt. Leider fehlt es an jedem sichern Anhaltspunkte, um die Regierungsjahre des großen Dogen in ein rechtes Verhältniß zu den Jahren der christlichen Aera zu bringen. Der einzige Beleg 1004 = a. d. X., in welchem Peter nach Angabe des Chronisten seinen Sohn Johannes zum Mitherzog erhoben haben soll, ist, wie Kohlschütter (S. 74) ausgeführt hat, unrichtig und läßt sich nur mittelbar verwerthen. Gibt Johannes (S. 170) nämlich an, der Prinz sei an der Pest, welche während der Jahre 1006 und 1007 wüthete, gestorben, nachdem er durch sechs Jahre an der Seite des Vaters regiert hatte, so bringt uns dies auf das Jahr 1000 als das zehnte der Regierung des großen Dogen und damit wieder auf das Jahr 991 als den Anfang seiner Herrschaft. Es muß also jedenfalls in den Jahresangaben für Tribunus ein Fehler stecken, nicht 13 oder 14, sondern nur 11 Jahre hat er regiert, nehmen wir die Monatszahl 5 oder 4 an, so kommen wir für den Regierungsantritt seines Nachfolgers auf den Februar oder März 991. Die den Venetianern im März 991 von den byzantinischen Kaisern ertheilte Goldbulle (Romanin I, 381 no. 13; Tafel und Thomas I, 36 no. 17) kann also nicht von dem Sohne des Petrus Orseolo II., sondern von dem des Tribunus, Mauritius, erwirkt worden sein, den sein Vater im letzten Jahre seiner Herrschaft nach Byzanz geschickt hatte (Joannis Diaconi Chron. p. 148).

Petrus Urseolus I. gewählt, ein Mann von inniger Frömmigkeit
und tadelloser Lebensführung. Er nahm die gefährliche Würde an
in der festen Ueberzeugung, seiner Vaterstadt nützen zu können, geleitet von jener vornehmen vaterländischen Gesinnung, für welche
gerade die Geschichte Venedigs zu allen Zeiten glänzende Beispiele
bietet. Nicht gering waren die Schwierigkeiten, denen er zu begegnen hatte. Das Erste und Nächste war der Ausgleich mit
Walbrada. Der deutsche Hof mußte die Ermordung des Dogen
als eine Niederlage, eine Schwächung des deutschen Einflusses, eine
empfindliche Störung der guten Beziehungen, welche der Verstorbene
aufrecht erhalten hatte, empfinden, Herzog Hugo von Tuscien auf's
Aeußerste über das Schicksal seiner Schwester, die zunächst in
Venedig verblieben war, besorgt sein. Kaiserin Adelheid, welche
gerade in Italien weilte, sandte sofort ihren Kanzler Gottfried nach
Venedig. Konnte er gegen den neuen Dogen nichts einwenden,
fehlte ihm die Macht, strafend einzugreifen, so blieb nichts übrig
als die Anerkennung des Urseolus und die möglichste Sicherung
der gerechtfertigten Ansprüche der Herzogin-Wittwe. In der That
kam im September ein Ausgleich zu Stande. Walbrada erhielt
400 Pfund Silber, welche ihr Mann ihr als Morgengabe ver-
sprochen hatte, und als Mutter eines Sohnes den vierten Theil
des von dem Dogen hinterlassenen Gutes, wogegen sie auf alle
andern Ansprüche verzichtete[17]). Am 25. October wurde dieser
Vergleich in feierlicher, unter dem Vorsitze der Kaiserin Adelheid
zu Piacenza abgehaltener Gerichtssitzung vorgelegt und von dem
Vorsprechen der Walbrada, die sich inzwischen zu ihrem Bruder begeben hatte, in ihrem Namen anerkannt[18]). War auch die unglückliche Frau befriedigt, so war doch keineswegs alle Gefahr beseitigt.
Die Candiani werden mit dem Vergleiche, durch den die Stellung
des von ihnen scheel angesehenen neuen Dogen befestigt wurde, um
so weniger zufrieden gewesen sein, als sie der zweiten Gemahlin
ihres Sippgenossen kaum besonders freundlich gesinnt waren. Der
Sohn des Ermordeten aus seiner ersten Ehe, Patriarch Vitalis
Candiano, begab sich nach Deutschland[19]), und wenn es ihm auch
nicht gelang, den Kaiser zu offener Feindseligkeit gegen die Venetianer zu bewegen, so mußte er doch das Verhalten seiner Lands-
leute in ungünstigem Lichte darzustellen und eine ernsthafte Miß-
stimmung am kaiserlichen Hofe wach zu erhalten. Der Doge suchte
indessen vor Allem die Schäden, welche der große Brand verursacht
hatte, wieder gut zu machen, den Gesetzen Achtung zu verschaffen
und das öffentliche Leben in geordnete Bahnen zu lenken. Schon
am 12. October 976 schloß er mit dem Grafen Sigebert und den
Bewohnern von Capo d'Istria einen neuen Handelsvertrag[20]), da

---

[17]) Ficker, Urkunden zur Reichs- und Rechtsgesch. Italiens, 39 no. 29.
[18]) Ebenda 38 no. 29.
[19]) Joannis Diaconi Chron. p. 141.
[20]) Romanin I, 376 no. 10.

die älteren Urkunden verbrannt waren, und aus dem Jahre 978 ist uns eine Verordnung über die Einhebung des rückständigen Zehnten, den die Venetianer zu entrichten hatten, erhalten[21]). Wenn es auch unter seiner Amtswaltung zu keinem offenen Aufstande kam, so mochte Orseolo doch den geheimen Widerstand jener Faction empfinden, auf deren Anrathen sich der Patriarch nach Deutschland gewendet hatte. So schien ihm über kurz oder lang ein schwerer Kampf gegen den Kaiser oder empfindliche Demüthigung durch den inneren Feind beschieden. Was Wunder, wenn er auf einen Ausweg bedacht war und es als göttliche Sendung betrachtete, daß ein frommer aquitanischer Abt, Guarin aus jenem Kloster Cusa, das auch in Gerberts Leben Bedeutung gewonnen hatte, auf der Rückkehr von Rom in Venedig einkehrte und in vertrautem Gespräche ihn zur Annahme des Mönchskleides beredete. Der Doge willigte ein und bedang sich nur eine angemessene Zeit aus, um die Regierungsgeschäfte zu erledigen und seine eigenen Angelegenheiten zu ordnen. Im August 978 traf der Abt neuerdings in Venedig ein, angeblich auf einer Fahrt zum heiligen Grabe begriffen. Da inzwischen die politische Lage sich nicht gebessert hatte, so gab es für den fünfzigjährigen Dogen keinen Halt mehr. Ohne die Gemahlin Felicia oder den Sohn oder die Getreuen zu verständigen, verließ er, allein von Johann Gradenigo und Johann Morosini, seinem Eidam, gefolgt, in der Nacht vor dem 1. September den Palast. Bei dem Kloster S. Ilario wurden die Pferde bestiegen und in Eilritten entflohen die Frommen der Heimath. Reiche Schätze hatte der Doge für das von ihm gewählte Kloster mitgenommen, das kostbarste Gut aber ließ er in Venedig zurück, die Gemahlin und den Sohn Petrus, der einst den Staat zu machtvollem Gedeihen führen sollte[22]).

Von tiefster Trauer war das Volk erfüllt, das in dem Entflohenen den Schützer der Schwachen und Ernährer der Armen verehrte. Zu seinem Nachfolger wurde unter dem Einflusse der Candiani und vielleicht auch des damals in Italien weilenden Bischofs Gisiler von Merseburg, des Bruders des ermordeten Petrus, Vitalis Candianus, gewählt, ein trefflicher und gütiger Mann. Der Patriarch, der den Verlauf der Dinge in der Nähe von Verona abgewartet hatte, kehrte nach Venedig zurück, begab sich aber im Auftrage seines Oheims wieder nach Deutschland, um hier einen Ausgleich zu Stande zu bringen[23]). Bald nach seiner Heimkehr

---

[21]) Ebenda 378 no. 11.
[22]) Joannis Diaconi Chron. p. 142. Petrus Damianus (Vita Romualdi, cap. 5, Opp. ed. Const. Cajetanus I, 208) berichtet, daß sich auch der venetianische Einsiedler Marinus und Romuald nach dem aquitanischen Kloster begeben haben. Was daraus Gfrörer gemacht hat, mag man bei ihm selbst nachlesen.
[23]) Joannis Diaconi Chron. p. 143. Romanin I, 257 bezieht darauf D. 299 und Fanta S. 71 hat den formellen Abschluß eines verlorenen Vertrages angenommen. Ersteres wird durch die Nennung des Kanzlers Adelbert ausgeschlossen, das zweite ist wenig wahrscheinlich.

wurde der Doge von schwerer Krankheit befallen, welche ihn veranlaßte, in dem Kloster S. Ilario das Mönchskleid zu nehmen, nach vier Tagen ist er hier im November 979 gestorben.

Die Wahl fiel nunmehr auf einen mit den Candiani verschwägerten Patritier von großem Reichthum, Tribunus Menius. Der ihm sichtlich abgeneigte venetianische Chronist hat von ihm ein überaus ungünstiges Bild entworfen. Werden wir es nur mit einiger Vorsicht hinnehmen dürfen, können wir es aus anderer Ueberlieferung nicht verbessern, so scheint vor Allem sicher, daß unter seiner Amtswaltung der Kampf der Adelsparteien auf's Heftigste entbrannte, geschürt durch die zweideutige Haltung des Dogen, der zu schwach, um Halt zu gebieten, sich zwischen den Factionen durchzuwinden versuchte, bald der einen, bald der andern sich zuneigte. Als Führer im Streite standen sich die Caloprini und Mauroceni gegenüber. Daß der Doge, der am 15. Juni 981 endlich einen Vergleich mit den Candiani über den Nachlaß Petrus IV. geschlossen hatte,[24]), sich den Ersteren günstig erwies, gab ihnen Muth zu einem grausamen Anschlag gegen die Mauroceni. Diese entkamen glücklich der Gefahr bis auf einen, Dominicus, der gefangen, gefoltert und halbtodt in das Kloster S. Zaccaria gebracht wurde, wo er unter dem Wehklagen der Sippe starb. Die Mauroceni verschoben ihre Rache auf einen geeigneten Zeitpunkt und vorläufig schien Friede zu herrschen[25]). Am 20. December 982 erscheinen die Gegner als Zeugen der Urkunde, mit welcher der Doge die von dem frommen Johannes Mauroceni, dem aus Cusa zurückgekehrten Schwiegersohn des Petrus Orseolo, durchgeführte Errichtung eines Klosters bei der Georgskirche feierlich bestätigte[26]).

Vielleicht daß zu diesem inneren Frieden auch die äußere Bedrängniß beigetragen hat, in der sich Venedig damals befand. Denn Kaiser Otto hatte bald nach seiner Ankunft in Italien die Feindseligkeiten gegen den Inselstaat eröffnet. Offenbar hatte er

---

[24]) Gloria, CD. Padovano I, 95 no. 66. Die Erzählung der mangelhaft überlieferten Urkunde bietet einen merkwürdigen Beleg für die amtliche Auffassung der Ereignisse: Quocunque tempore, quo dominus Petrus, filius boni domino Petro duci Candianum, cum regnum teneret Venetiarum et multa predia vel possessionibus suis in diebus aquirent .... postmodum *nescimus quibus merentibus peccatis, ut vota ipsius gladio finirent;* et cum post discessum ipsius Petrus Ursiolo .... loco eius succederet, tunc omnis nos insimul allodia ipsius Petri ducis Candianum invasimus et usque nunc ad nostram retinuimus potestatem; et *postquam ipse causa Christi amoris eundem honorem relinquens in monasterium ivit,* Vitalis Candianus ducatum suscepit .... ipsius etiam temporibus iterum de prefatis proprietatibus que et de aliis rebus patris sui reclamare cepistis et ille prelibatus Vitalis dux se .... legem rectum iudicium affirmavit et in cuncta proprietate patri suo se investire fecit per commune consilium .... non .... vita seculi amisit et sic huius modi presens usque ad tempus vestra ex complecta minime esse potuit.

[25]) Joannis Diaconi Chron. p. 144.
[26]) Ughelli, Italia sacra V, 1200.

sich nun einmal ganz auf die Seite der Canbiani gestellt und war nicht geneigt, die schwer empfundene Ermordung Peters nach dem Tode des Dogen Vitalis straflos hingehen zu lassen, und es ist bei dem Charakter des neuen Herzogs nicht unwahrscheinlich, daß sein Verhalten Mißtrauen erregte. Wir kennen die Maßregeln nicht, welche der Kaiser angeordnet hatte, da wir nur aus einer Urkunde erfahren, daß zwischen ihm und den Venetianern Mißhelligkeiten bestanden haben, und Johannes Diaconus erzählt, Venedig habe durch zwei Jahre unter dem Zorne des Kaisers gelitten. Immerhin müssen sie wirksam genug gewesen sein, um den Dogen zur Nachgiebigkeit zu veranlassen[27].

---

[27]) Johannes Diaconus hat die zeitliche Folge der Ereignisse während der Jahre 981—983 in Unordnung gebracht. Er erzählt: Otto sei nach Italien gekommen (November 980) mit der Absicht, die Verträge mit den Venetianern zu lösen, da er noch immer über die Ermordung des Dogen Peter Candiano IV. grollte. Da habe Tribunus Gesandte zu ihm geschickt, welche in Verona die Ausfertigung des Pactums erwirkten. Darauf sei der Kaiser über Ravenna nach Rom und von da zum Kampfe gegen die Saracenen gezogen (S. 144, 145). Nach der Unglücksschlacht sei er nach Rom zurückgekehrt, dann über Pavia nach Verona gekommen, wo sich Stefan Caloprino einfand und die ausführlich geschilderten Maßnahmen gegen Venedig erwirkte. Da der Kaiser sich im Winter 980—981 nicht in Verona aufhielt, hat der Chronist ohne Frage den Veroneser Reichstag vom Juni 983 irrthümlich in diese Zeit versetzt. Soll man aber deswegen mit seinem gesammten Berichte willkürlich umspringen oder ihn ganz verwerfen dürfen? Ich lasse bei Seite, daß Andreas Dandolo, Marin und Romanin von ihm beeinflußt seinen Fehler einfach übernommen haben. Gfrörer (S. 338 ff.) hat die Unvereinbarkeit der Erzählung mit dem Acte vom 7. Juni 983 wohl gemerkt und sich gründlich geholfen, indem er die von den Caloprinis geleitete Handelssperre vor den Veroneser Reichstag setzte, annahm, daß im Winter 980—981 Verhandlungen zwischen dem Kaiser und den Venetianischen Gesandten stattgefunden haben, deren Ergebniß aber von dem großen Rathe, in dem die byzantinische Partei der Mauroceni das Uebergewicht erlangt hatte, verworfen worden sei. Darauf seien die Caloprini zum Kaiser geflohen und nun hätten die Feindseligkeiten begonnen, denen erst der Friede vom 7. Juni 983 ein Ende bereitete. Diese Umstellung widerspricht nicht allein der Zuverlässigkeit, welche der wohl unterrichtete, den Ereignissen nahestehende Chronist beanspruchen darf, sondern vor Allem der auch von Gfrörer angeführten Urkunde vom 20. December 982. Mit Recht hat Kohlschütter (S. 8) hervorgehoben, daß gerade diese Urkunde eine Versetzung der von den Caloprini geleiteten Handelssperre vor das Jahr 983 ausschließt. Wie ich gleich bemerke, ist eine andere von ihm und seinen Vorgängern in das Jahr 983 gesetzte Urkunde der Bewohner von Capobargine auszuscheiden, da sie Otto I. zuzuweisen ist. (Romanin I, 261 zu 982; Valentinelli in den Abh. der k. bayr. Akad. Hist. Cl. IX, 399 no. 75 zu 983. Vgl. aber DO. I. S. 480; Stumpf, Acta ined. 20 no. 13b; Gloria, CD. Padovano I, 86 no. 60.) Kohlschütter geht aber zu weit, wenn er jede Handelssperre vor dem Juni 983 überhaupt ausschließt. Daß vor dieser Zeit Feindseligkeiten bestanden haben und daß man den Verkehr mit Venedig behindert hat, wurde von Fanta (S. 66) nachgewiesen. Dieser hat nun den Bericht des Chronisten als „ganz verwirrt" bezeichnet und in diesem abfälligen Urtheile hat sich ihm v. Sickel angeschlossen (Erläut. S. 189). Es muß aber doch nochmals untersucht werden, ob diese bestimmte Ablehnung vollständig gerechtfertigt ist. — Die Nachricht, daß der Kaiser den Venetianern abhold war, wird durch die Urkunden von 983 bestätigt. Ebenso wissen wir, daß er sich im Winter 980—981 zu Ravenna aufhielt, von hier nach Rom zog. Hier zeigt sich der

13*

Friedensvertrag mit Venedig 983 Juni 7.

Auf dem Reichstage zu Verona fanden sich als seine Gesandten der Mönch Petrus Mauricinus, der edle Badoarius und der Tribun Petrus Andreadi ein. Ihrem Geschicke und der Verwendung der Kaiserin-Mutter, welche, als mit den Verhältnissen besonders vertraut, die Verhandlungen geleitet und gefördert haben wird, gelang es, zu dem erwünschten Ziele zu kommen. In feierlicher Sitzung des Fürstenrathes wurde am 7. Juni beschlossen, dem Gesuche der Venetianer um Bestätigung der früheren Verträge und Sicherung des freien Handelsverkehrs Folge zu geben (D. 298), und am selben Tage die Ausfertigung der Erneuerungsurkunde verfügt (D. 300). In einem besonderen Schreiben (D. 299) verkündete der Kaiser die Herstellung des Friedens und den Abschluß eines Bündnisses mit Venedig.

Trotz des ungewöhnlichen Aufwandes an Pergament und klingenden Worten von der ewigen Dauer des Friedens sollte er nur wenige Tage bestehen. Die Caloprini mochten bei dem Umstande, daß der Doge in enger Beziehung zu den Maurocceni stand und durch den von diesen mit dem Kaiser vermittelten Frieden über eine größere Macht verfügen konnte, das Schlimmste befürchten. In dieser gefahrvollen Lage entschied sich Stefan Caloprini für

---

Venetianer also gut unterrichtet. Welche Maßregeln der Kaiser gegen Venedig verfügt hat, wissen wir nicht im Einzelnen, sicher ist aber, daß die Caloprini und ihre Anhänger daran nicht betheiligt waren, denn in der Urkunde vom 20. December 982 werden Stefan Caloprini, Urso Badoario, Domenico Silvo als Zeugen geführt, welche nach Johannes Diaconus sich in die Leitung der Handelssperre getheilt haben. Daß die Angabe, der Kaiser habe vor dem Veroneser Reichstage Pavia und andere italienische Städte besucht, Glauben verdiene, habe ich vorher nachgewiesen. Ebenso glaubwürdig und in vollem Einklange erscheint nun, was Johannes über die Vorgänge nach dem Veroneser Tage zu berichten weiß. — Somit wäre als einziger Irrthum des Chronisten die falsche Einreihung des Pactums nachzuweisen, beseitigt man diesen Fehler und setzt man den betreffenden Satz an seine richtige Stelle, so haben wir eine vollständig befriedigende Lösung, in der wir als einzigen Mangel die Lücke bedauern müssen, welche durch den Wegfall einer genaueren Darstellung der vor dem Jahre 983 von dem Kaiser getroffenen militärischen und handelspolitischen Verfügungen entstanden ist. Daß Johannes nur von einem biennium spricht, während dessen Venedig unter dem Unwillen des Kaisers zu leiden hatte, ist entweder eine Ungenauigkeit, wenn wir annehmen, daß jene Verfügungen gleich nach der Ankunft Ottos in Italien hinausgegeben wurden, denn dann hatte Venedig mit kurzer Unterbrechung durch drei Jahre eine Hemmung seines Landhandels empfunden, oder es hatten die Feindseligkeiten erst mit dem Jahre 982 eingesetzt. Letzteres ist das Wahrscheinlichere, da, wie wir sahen, Otto am 2. Jänner 981 den Leuten eines venetianischen Stadtklosters Verkehrsfreiheit zugesichert hatte (vgl. vorher S. 145). Demnach würde sich der richtig gestellte Text der Chronik in folgender Weise gestalten: p. 144. Circa haec siquidem tempora secundus Otto imperator ad Italium veniens Veneticorum fedus ob Petri Candiani ducis funus dirumpere conatus est .... dehinc Ravennam pertransiens Romam adire festinavit etc. p. 146. Romam cum uxore advenit. Deinde Papiam ceterasque Italiae civitates peragrans Veronam adiit. [Ad quem Tribunus predictus dux suos internuntios mitens eum placare suis muneribus studuit. Pacti etiam scriptionem tunc Veronae duci suoque populo renovatam perpetualiter ad habendum indulsit.] (His peractis) Stefanus Caloprinus ..... (imperatorem) festinanter adire procuravit.

einen Ausweg, wie ihn ähnlich Hugo Kapet betreten hatte. Er wandte sich gleichfalls an den Kaiser. Kaum waren des Dogen Gesandte von Verona abgereist, so erschien er am Hoflager, nahte dem Kaiser mit trügerischer Klage und dem verrätherischen Angebote, ihm die Herrschaft über Venedig zu verschaffen. Wir wissen nicht, aus welchen Gründen sich Otto in unvermitteltem Wechsel seiner Haltung veranlaßt sah, genug, er traf sofort alle Maßnahmen nach dem Rathschlage des gewissenlosen Venetianers. Als zuverlässigstes Mittel, die Lagunenstadt zu gewinnen, bot sich die Abschließung von der Landseite und die Handelssperre dar. In Padua, Mestri, an der Etsch und in Ravenna wurden Cernirungsposten unter dem Befehle Stefans und seiner Parteigänger aufgestellt. Der Doge rächte sich zunächst, indem er die Häuser seiner Feinde plündern und zerstören ließ, ihre Frauen zu Geiseln nahm. Dann suchte er den Kaiser zu besänftigen. Das gelang ihm nicht, vielmehr erließ Otto ein Mandat, durch welches die Venetianer innerhalb des ganzen Reiches für vogelfrei erklärt wurden. Erst des Kaisers Tod befreite die schwer geprüfte Stadt aus ihrer Nothlage[28]).

Wenden wir uns von diesen Vorgängen wieder den Verhandlungen des Wormser Tages zu. Bei der treuen Ergebenheit, welche die deutschen und italienischen Großen dem Kaiser bewiesen, hatte sein Wunsch, den dreijährigen Sohn mit der Königskrone geschmückt und somit seine Nachfolge in der Herrschaft für alle Fälle gesichert zu sehen, kein ernstes Hinderniß zu befürchten. Ohne Widerspruch erfolgte die Wahl des Knaben zum Könige, welche in Folge der Vereinigung der Deutschen und der Italiener auf einem Reichstage Geltung für beide Reiche haben sollte, aber trotz dem Umstande, daß an der späteren Krönung in Aachen auch der Erzbischof von Ravenna betheiligt war, in Italien formelle Anerkennung nicht fand[29]).

---

[28]) Joannis Diaconi Chron. p. 147.
[29]) Schon Muratori, Ann. d'Italia V, 486 und 501 hat auf die Lücke 984—996 in der Reihe der italienischen Herrscher aufmerksam gemacht, welche dadurch entstanden ist, daß Otto III. zwar zum Könige erwählt, aber nicht in Italien gekrönt war. Ihm sind Tiraboschi (Memorie Modenesi I b, 144 Anm. 1), Giulini (Memorie di Milano II, 406), die Herausgeber des CD. Langob. (1438 Anm. 1) und Riant (La donation de Hugue, p. 26 Anm. 2) gefolgt. Ohne diese Vorgänger zu beachten, hat Kehr (Urkunden Otto III. S. 53, 198; Hist. Zeitschr. LXVI, 435 ff., vgl. jetzt auch Kröner, Wahl und Krönung der deutschen Kaiser und Könige in Italien S. 42) die Thatsache nochmals festgestellt, aber etwas vorschnell aus ihr geschlossen, daß man „das regnum Italicum mit dem imperium verbunden dachte". Man muß hinsichtlich der Zählung der anni regni oder imperii in italienischen Privat- und Gerichtsurkunden die territorialen Verhältnisse wohl beachten, regnum Italicum und imperium auseinander zu halten. Das regnum Italicum galt als erledigt, so lange der Anwärter nicht in Italien gekrönt war, es war insoferne unabhängig von der Kaiserkrönung, als auch die Jahre des nicht mit der kaiserlichen Würde geschmückten Königs gezählt wurden, so unter Arduin und Heinrich II., doch konnte die Kaiserkrönung die königliche ersetzen, wie unter

198 Vorbereitungen zu einem Zuge gegen die Sarazenen 983 Juni.

Einen wichtigen Gegenstand bildeten auch die Berathungen über die Vorbereitungen zu einem neuen Zuge gegen die Sarazenen; wissen wir nicht, welche Maßnahmen beabsichtigt waren, um die Scharte auszuwetzen, so ist doch anzunehmen, daß auch darin die Fürsten dem Kaiser zu Willen waren[80]).

Otto III. und galt letztere später als Vorstufe der ersteren (vgl. Pabst in Hirsch' Jahrb. Heinrichs II. II, 356 Anm. 1 und 2). Im ducatus Romanus, dem Exarchat von Ravenna und wohl auch in den Herzogthümern Spoleto, Capua, Benevent war die Kaiserkrönung Voraussetzung für die Zählung nach Regierungsjahren, ebenso in Venedig und den süditalienischen Staaten, hier kam es aber auf den thatsächlichen Einfluß an, da die Konkurrenz mit der Zählung nach Jahren der einheimischen Herzöge und der byzantinischen Autokratoren bestand. Wie schon Kehr hervorgehoben hat, bedeutet die Nichterwähnung Ottos III. in den Urkunden noch nicht seine thatsächliche Nichtanerkennung, da auch die königlichen Missi und der dem Herrscherhause treu ergebene Hugo von Tuscien die Zählung nach seinen Jahren unterlassen und da in seinem Namen Rechtshandlungen vorgenommen werden. Aber sein persönliches Recht galt als ruhend, weshalb auch die Richter während jener Jahre nicht judices regis oder imperatoris, sondern judices sacri palatii genannt werden. Der Vorgang ist sehr beachtenswerth. Er weist auf eine starke Tradition, politische Begabung und staatsrechtliche Schulung, welche sich gegen höfische Willkürhandlungen, gegen Schaffung eines Präjudizes wehrten und bei der Würdigung des Verhältnisses Italiens zum Deutschen Reiche wohl in Rechnung gestellt werden müssen. Die vormundschaftliche Regierung nach dem Tode Ottos II. hat dies, obwohl später noch Konrad II. und Heinrich III. von derselben Auffassung wie Otto II. ausgingen (vgl. Haase, Die Königskrönungen in Oberitalien S. 31), anerkannt und sich auf die Wahrnehmung der kaiserlichen Rechte durch Theophanu und Adelheid beschränkt. Die Catalogi regum (vgl. über sie Pabst a. a. O. S. 368, 373) fügen sich der nur mit entwickelten Auffassung. Cod. Vindob. (SS. III, 217): Octo, filius Octonis, primo anno sui regni erant ab incarnatione domini anni DCCCCLXXXIII, regnavit annos XII, in Italia V, anni domini DCCCCLXXXIII, permansit vacuum regnum annos XII. Cod. Ambros. (SS. III, 217 und SS. rer. Langobard. p. 520): Defuncto secundo Otto fuit regnum sine regem annos XIII et tunc tercius Oto imperator regnavit annos V et menses VIII. Cod. Vatic. (SS. III, 218 und SS. rer. Langobard. p. 515): .... Otto, filius Ottonis, ... post mortem patris sui regnavit in Saxonia annos XII et postea in Italia annos V. Cod. Ambros. (SS. III, 216 und SS. rer. Langobard. p. 519): Et fuit intervallus post ipsius decessum, antequam tercius Otto fuisset coronatus ad esse imperator, annos XII. Imperavit ipse tercius Otto annos V et menses VIII.

[80]) Joann. Canaparii Vita Adalberti c. 8 (SS. IV, 584): Idem tunc victor et victus pro recolligendo milite huc venerat, volens ultum ire damna victoriae, sed nesciens, quia mors eum proxima pulsat. Leonis Chron. Mon. Cas. II, c. 9 (SS. VII, 635): pro recolligendo milite ac certamine restaurando Romam profectus. Mit gerechten Bedenken (vgl. Ranke, Weltgesch. VII, 28) wird man die von den Ann. Sangall. (SS. I, 80) gebrachte Nachricht aufnehmen: Hoc anno imperator cogitans se vindicare in eos, qui in Sicilia habitant, Saracenos, voluit arte Darii, quondam regis Persarum, ponte navibus iuncto, quemadmodum ille Greciam, ita et ipse Siciliam intrare; sed immatura morte praeventus et Romae sepultus. Man könnte ihr höchstens entnehmen, daß Otto die Absicht gehabt hat, den Feind in Sicilien selbst anzugreifen. Woher aber sollte er die Schiffe nehmen? Selbst die Byzantiner hatten in dieser Hinsicht mit großen Schwierigkeiten zu rechnen, wie wir an dem Beispiele des Magistros Nikephorus sahen. Der Bericht dürfte ebenso in das Reich phantastischer Erfindung verwiesen werden, wie die Ausführung Müller-Manns (a. a. O. S. 53 ff.), daß der Kaiser sich neben der venetianischen auch die Seemacht Amalfis gesichert habe.

Somit waren alle unmittelbar drängenden Fragen in zufriedenstellender Weise erledigt worden, der Kaiser konnte wieder froheren Muthes in die Zukunft blicken[31]).

Auf's Gnädigste hatte sich Otto Allen erwiesen, die ihm während des Reichstages ihre Anliegen vorgebracht hatten. Am 1. Juni erhielt das Kloster des heiligen Lantbert im Glanthale über Verwendung Herzogs Otto Besitzungen in Kärnthen und die Immunität (D. 292), am 5. Juni das Kloster St. Emmeram eine Bestätigung der Besitzungen, welche ihm der reiche Regensburger Kaufmann Wilhelm geschenkt hatte (D. 293—296), das von Reginbrat gegründete Kloster St. Blasien die Immunität (D. 297), am selben Tage verlieh der Kaiser den Bewohnern von Lazise die Fischerei in dem zu ihrem Gebiete gehörigen Theile des Gardasees und das Recht der Zollerhebung (D. 291). Am 7. Juni bestätigte er dem Bisthume Parenzo den Besitzstand mit der Immunität (D. 301), am 9. die Gründung des dem Erzstifte Hamburg unterstellten Klosters Repsholt unter Verleihung der Abgabenfreiheit und Immunität (D. 302), am 10. dem Kloster Kempten das Wahlprivileg und andere Gunstbriefe seiner Vorgänger (D. 303), am 11. der Kirche von Aquileja mehrere Besitzungen (D. 304), am 14. der erzbischöflichen Kirche von Mainz den Besitz in Bingen unter Verleihung des Bannes über das Burggebiet (D. 306). Am 15. Juni erhielt Abt Majolus für sein Kloster Peterlingen die Verleihung des Königsschutzes, der Immunität und des Wahlrechtes (D. 307), das Bisthum Lüttich den Marktzoll zu Visé (D. 308), am 17. das Kloster Corvey die Erneuerung einer älteren Schenkung (D. 309), die Abtei Pöhlde das Gut Bonndorf (D. 310), am 18. der Kaufmann Baribert ein Stück der Stadtmauer von Como (D. 312). In den Veroneser Aufenthalt gehören auch eine Bestätigung von Besitzungen der Kanoniker von Verona (D. 305) und die Schenkung von Scheikbach an das Bisthum Würzburg (D. 311).

Nach Erledigung der Regierungsgeschäfte hatte der Kaiser die Theilnehmer des Reichstages entlassen, sich von dem Sohne, den er nicht mehr sehen sollte, der Mutter, welche sich nach Pavia begab, um in Oberitalien die kaiserlichen Interessen wahrzunehmen[32]), und dem Erzbischofe Willigis, dessen Anwesenheit im Deutschen Reiche wohl schon dringend nöthig war, verabschiedet und sich zunächst nach Mantua begeben. König und Erzkanzler verblieben noch etliche Tage in Verona, wo am 29. Juni Adalbert die bischöfliche Weihe empfing[33]). Dann traten sie die Reise nach

---

[31]) Das von Lampert (Ann.) gefällte Urtheil Otto secundus imperator Romam post male gestas res regressus ist nach unserer besseren Kenntniß sicher nicht begründet.
[32]) Thietmari Chron. III, c. 25.
[33]) Joannis Canaparii Vita Adalberti c. 8 (SS. IV, 584): et cuius suffraganeus erat, Mogontino archipraesuli in episcopum direxit consecrandum. Cosmae Chron. Bohem. I, c. 26 (SS. IX, 50): Consecratus autem III. kal. julii cum suis sequacibus equitat in dulcem patriam. Diese Tagesangabe, an

Deutschland an, wohin ihnen Erzbischof Johann von Ravenna, der als Vertreter Italiens an der für Weihnachten in Aachen festgesetzten Krönung Theil nehmen sollte, später nachfolgte. Der Kaiser nahm am 20. Juni zu Mantua über Bitte des Bischofs Dietrich das Kloster des heiligen Vincenz zu Metz in seinen Schutz und bestätigte ihm den Markt von Epinal (D. 313), dann begab er sich nach Ravenna. Hier, wo er wahrscheinlich auch mit dem Erzbischofe über die Krönung seines Sohnes verhandelt hat, nahm er am 14. Juli das Kloster St. Maria in Palazzuolo über Bitte des Abtes Andreas in seinen Schutz (D. 314) und zwei Tage später fand unter seinem Vorsitze eine feierliche Gerichtsverhandlung statt, an welcher der Erzbischof, die Bischöfe Gerbert von Tortona, Adalbert von Bologna, Gerhard von Fano, Sergius von Forlimpopoli und Markgraf Anselm Theil nahmen und in der über eine Klage des Abtes Justus von St. Maria in Serra entschieden wurde (D. 315). Von Ravenna zog der Kaiser im August südwärts die Meeresküste entlang, am 24. war er an dem Flusse Trigno angelangt und verbriefte dem Kloster S. Vicenzo am Volturno den Schutz für die Besitzungen des heiligen Felix, mit denen Abt Johannes durch den Bischof Petrus von Pavia und den Grafen Oberisius investirt worden war (D. 316). Am 27. nahm Otto zu Larino das Kloster Monte Cassino in seinen Schutz (D. 317) und aller Wahrscheinlichkeit nach ist er noch bis in die Nähe von Bari vorgedrungen, wo eine Verhandlung über einen Streit zwischen dem Bischof Johann von Penne und dem Abte Adam des Klosters Casaurea stattfand[34]). Trifft diese Annahme zu, dann hat der Kaiser neuerdings die Grenze der Themen überschritten und auf griechischem Boden Herrscherrechte ausgeübt. Ein Kriegszug war wohl nicht beabsichtigt, da es an den nothwendigen Streitkräften fehlte, vermuthlich handelte es sich um eine Kundgebung gegen begehrliche Absichten der byzantinischen Befehlshaber, welche etwas allzu voreilig aus der Niederlage der Deutschen Nutzen ziehen wollten[35]). Noch im September dürfte Otto nach Rom zurückgekehrt sein, wo ein wichtiges Ereigniß seine Anwesenheit erheischte.

---

der zu zweifeln kein Anlaß vorliegt. Könnte allerdings auch dahin gedeutet werden, daß der junge König, Willigis und die Böhmen den Kaiser noch nach Mantua begleiteten, erst von hier aus die Rückreise antraten, und man könnte daran denken, daß bei dieser Gelegenheit Bischof Gumpold die Anregung zu seiner Wenzelslegende erhielt. Doch halte ich es für wahrscheinlicher, daß mit Rücksicht auf die Lage in Deutschland jede unnöthige Verzögerung der Heimreise Ottos III. und des Erzkanzlers vermieden wurde. — Daß Gerberts Ep. 8 sich, wie Havet annahm, auf den Aufenthalt des Kaisers in Mantua beziehe, hat Lair (a. a. O. S. 117) bestritten, ohne aber eine befriedigende Erklärung zu bieten.

[34]) Vgl. vorher S. 174 Anm. 1.

[35]) Die Notiz der Ann. Colon. (SS. I, 91): Obiit imperator, plerisque urbibus Apuliae subiugatis, bezieht sich wohl auf den Kriegszug des Vorjahres.

Nach neunjähriger Regierung war Papst Benedikt VII. gestorben[86]). Hatte er jeder Zeit das beste Einvernehmen mit dem deutschen Hofe aufrecht erhalten, sich, wie wir sahen, mit allem Eifer der reformatorischen Richtung gewidmet, sie in Italien, Frankreich und Deutschland gefördert, so mußte dem Kaiser daran gelegen sein, ihm einen würdigen Nachfolger zu geben. Er fand ihn in dem italienischen Erzkanzler, Bischof Petrus von Pavia, der sich bisher in jeder Weise bewährt hatte. Als Johann XIV. bestieg dieser den päpstlichen Thron, der für ihn die Stätte schmerzvoller Erlebnisse und eines grauenhaften Endes werden sollte[87]).

War damit die oberste Leitung der Kirche in vertrauenswürdige Hände gelegt, so mußte auch für mehrere Neubesetzungen in der deutschen Kirche Sorge getragen werden. Abt Werinhar von Fulda erhielt zum Nachfolger den Branthoch[88]). In Paderborn war am 17. Febr. Bischof Folkmar gestorben[89]), an seine Stelle kam Rethar, ein durch Sitten und Gelehrsamkeit ausgezeichneter, thatkräftiger, dem Herrscherhause treu ergebener Geistlicher[40]). Eine sichere Stütze der Reichspolitik in dem lothringischen Grenzlande war durch den am 30. August erfolgten Tod des Bischofs Wigfried von Verdun verloren gegangen. Als Schüler Brunos von Köln, der ihn seines besonderen Vertrauens würdigte, war er stets bemüht gewesen, im Geiste seines Lehrers und Gönners zu wirken und hatte sich vornehmlich um die Reform des Klosterwesens große Verdienste erworben[41]). Dabei scheint allerdings die wirthschaftliche Lage des Bisthums nicht die beste geworden zu sein, denn als nach seinem Tode die Nachfolge einem Geistlichen Hugo angeboten wurde, lehnte dieser, der sich vorsichtiger Weise um den Stand der bischöflichen Einkünfte erkundigt hatte, kurzweg ab und ritt eiligst wieder zum Thore hinaus. Darauf wählten die Verduner den Sohn der Herzogin Beatrix, Adalbero, der annahm, ohne die Zustimmung des Kaisers einzuholen[42]). Als einen nicht geringeren Verlust

---

[86]) Jaffé-Löwenfeld, Reg. I, 484 und II, 707. Der Todestag des Papstes ist nicht bekannt, zu beachten wäre, daß in einer römischen Urkunde vom 7. October (Hartmann, Tabularium 14 no. 11) das Papstjahr fehlt.

[87]) Ann. Heremi (SS. III, 143 zu 984): Petrus, episcopus Papiae, papa effectus est. Chron. Suev. (SS. XIII, 69 zu 988): Johannes XIIII. papa CXXXVIIII., qui et Petrus, Papiae episcopus. Ann. Magdeb. (SS. XVI, 157) Romam reversus apostolicum digno cum honore sanctae Romanae praefecit aecclesiae. Ebenso Annal. Saxo (SS. VI, 630). Martini Oppav. Chron. (SS. XXII, 432).

[88]) Ann. Weissenburg.; Ann. Altah.

[89]) Ann. necrol. Fuld. (SS. XIII, 205); Ann. Corb. (SS. III, 5); Annalista Saxo (SS. VI, 630); Rheinauer Verbrüderungsbuch Piper, Libri confrat. p. 212. Vgl. Tenckhoff, Die Paderborner Bischöfe S. 34 ff. (Beil. zum 76. Jahresber. des k. Gymn. Theodor. zu Paderborn, Ostern 1900).

[40]) Vita Meinwerci, c. 6 (SS. XI, 109).

[41]) Vgl. über ihn Allg. Deutsche Biogr. XLIV, 516.

[42]) Gesta ep. Virdun. (SS. IV, 47): c. 4. (Hugo, clericus), cum ingressus fuisset civitatem, vocatis ad se ministris, unde viveret, exquisivit. Quibus respondentibus, se penitus carere expensis, quae fuerant pontificis, et desi-

mochte der Kaiser den Tod des Bischofs Poppo von Würzburg empfinden, der sein Amt seit dem Jahre 961 inne gehabt und sich stets besonderer Gunst von Seite des großen Kaisers und seines Sohnes erfreut hatte. Ihm folgte Hugo, ein Mitglied der kaiserlichen Kapelle[43]). Durch den am 16. Juli erfolgten Hingang des Abtes Thietfried war auch das Kloster St. Maximin bei Trier seines Leiters beraubt, er wurde durch Ogo (Hugo) ersetzt[44]). Eine empfindliche Lücke riß endlich der Tod des Abtes Liudolf von Corvey. Durch die strenge Zucht, die er in seinem Kloster aufrecht hielt, seine Erfahrenheit in weltlichen Geschäften, seine Fürsorge für die Schule hatte er den alten Ruhm seines Stiftes noch vermehrt, sich selbst großes Ansehen erworben. Fasten und Nachtwachen brachten ihn in jene ekstatische Stimmung, welche ihm unmittelbaren Verkehr mit Gott und den Heiligen zu sichern schien[45]). Als er am 13. August gestorben war, wurde Thietmar zur Nachfolge berufen. Die Bestellung des Udalrich zum Nachfolger des am 30. October gestorbenen Abtes Immo von St. Gallen wird schon nicht mehr dem Kaiser vorgebracht worden sein[46]).

gnantibus exterminationem villarum, quarum reditibus vivere solebat, ascenso mox equo reversus est. c. 5. Quo egresso susceperunt cives nostri sine regio- dono Adalberonem, filium Beatricis, nobilissime ductricis.

[43]) Jahr und Tag seines Todes sind nicht sicher überliefert. Ann. necrol. Fuld. (SS. XIII, 205) und Ann. Altah. setzen ihn zum Jahre 983, Ann. Wirziburg. (SS. II, 242) und der im Liber albus erhaltene gegen Ende des 11. Jahrhunderts angelegte Bischofskatalog (SS. XIII, 833) zu 984. Die Ann. necrol. Fuld. geben als Todestag id. jul., die beiden Würzburger Verzeichnisse, das Necrol. Faucense (MG. Necrol. I, 84), Necrol. Augie Div. (ib. 278) XI. kal. aug., der Liber anniv. s. Galli (ib. p. 477) XII. kal. aug., das Necrol. Merseb. XI. und XII. kal. aug. an. Man wird also der Angabe XI. kal. aug. (Juli 22) den Vorzug einräumen dürfen. Anders steht es aber hinsichtlich des Todesjahres. Schäffler (Der älteste Würzburger Bischofskatalog, Archiv. Ztschr. III, 16 und IV, 14) hat allerdings 984, welches der Würzburger Ueberlieferung und der von dieser gebotenen Pontifikatsbauer a. XXIII, m. IV, d. XXI entspricht, angenommen, jedoch weder die Fuldaer Tobtenannalen, noch die Ann. Altah. beachtet. Diesen kommt aber um so größerer Werth zu, als, wie Schäffler selbst nachweist, die Zahlenangaben des Würzburger Katalogs durchaus nicht zuverlässig sind. So kommen wir auch mit jenen auf den 22. Juli 984, Poppo I. war am 15. Februar 961 gestorben, führenden Zahlen in's Gedränge, da für Poppos II. Nachfolger, der am 29. August 990 gestorben ist, a. VI, m. VII, d. 28 angegeben werden, welche auf den 1. Februar 984 als Regierungsantritt führen. Schäffler nimmt daher an dieser Stelle einen Fehler an. Ebenso gut könnten aber diese Zahlen richtig und jene für Poppo II. falsch sein und zu dieser Annahme nöthigt die übereinstimmende Jahresangabe der Ann. necrol. Fuld. und der Ann. Altah., welche eine Stütze dadurch erhält, daß Hugo im Juni 983 zu Verona beim Kaiser eine Bitte des Bischofs Poppo befürwortet (D. 311).

[44]) Vgl. Görz, Mittelrhein. Reg. I, 309 no. 1077. Todestag in den Ann. necrol. Fuld. (SS. XIII, 205): XVII. kal. aug.

[45]) Vgl. über ihn Thietmari Chron. III, c. 9; IV, c. 70, 71. — Todesjahr und -Tag: Ann. necrol. Fuld., Necrol. Merseb., Catalog. abbatum Corb. (SS. XIII, 276). Ann. Corb. (SS. III, 5). Vgl. Diekamp, Suppl. zum Westfäl. UB. 84 no. 524.

[46]) Ann. Sangall. SS. I, 80; Necrol. Augiae Div. (MG. Necrol. I, 280); Liber anniv. s. Galli (ib. 483). — Die Fuldaer Todtenannalen melden noch

Mochte schon der Verlust so treuer Anhänger den Kaiser bedrücken, so mußten noch tiefer auf ihn die ungünstigen Nachrichten einwirken, welche er über die Unsicherheit der Lage an der Nord- und Ostgrenze Deutschlands erhielt. Aufregende Berichte waren am Hofe eingelangt. Schon im Frühjahr hatten die Dänen eine der Burgen, welche der Kaiser im Jahre 974 errichtet hatte, durch List eingenommen und in Brand gesteckt. Herzog Bernhard hatte, als er davon erfuhr, die Fahrt zum Veroneser Reichstage unterbrochen[47]) und Erzbischof Adalbag war von vorneherein zu Hause geblieben. Wie begründet diese Vorsicht war, sollte sich alsbald zeigen. Zwar jener Ueberfall der Dänen blieb vereinzelt, da König Harald selbst von den Jomswikingern unter Styrbjörn bedrängt wurde, und es bedurfte gegen sie vorläufig keiner besonderen Maßnahmen[48]), doch bald folgte eine Erhebung der gesammten ostelbischen Slaven. Der Abodritenfürst Mistui, von Jugend an ein Gegner der Deutschen und des Christenthums, zerstörte Hamburg[49]). Verhängnißvoller wurde aber der gewaltige Ansturm der Liutizen und Heveller[50]). Am 29. Juni überfielen sie Havelberg, erschlugen die Besatzung und vielleicht auch den Bischof Dubo. Nach drei Tagen erschienen sie in früher Morgenstunde vor Brandenburg, Bischof Wolkmar, der Befehlshaber Dietrich und die Besatzung entflohen, die zurückgebliebenen Geistlichen wurden gefangen, der Leichnam des von den Seinen vor drei Jahren erdrosselten Bischofs Dobilo wurde dem Grabe entrissen, seines Schmuckes beraubt und wieder zurückgeworfen, der Kirchenschatz geplündert, dann wütheten die rohen Schaaren mit Raub und

---

zu II. non. jun. den Tod eines Grafen Huoto, zu XVIII. kal. oct. den des Grafen Adalbraht. Die Persönlichkeit des Ersteren, es ist nicht der Markgraf gleichen Namens, entzieht sich näherer Bestimmung, in dem Zweiten dürften wir den Grafen Adalbert im fränkischen Saalegau (D. 311 vom Juni 983) zu erkennen haben.

[47]) Thietmari Chron. III, c. 24.
[48]) L. Giesebrecht, Wendische Geschichten I, 225.
[49]) Thietmari Chron. III, c. 18: Mistui, Abdritorum dux, Homanburg, ubi sedes episcopalis quondam fuit, incendit atque vastavit. Quid vero ibi mirabilium Christus operaretur e celis, attendat religio tocius Christianitatis. Venit de supernis sedibus aurea dextera, in medium collapsa incendium expansis digitis et plena cunctis videntibus rediit. Hoc admiratur exercitus, hoc stupet Mistuwoi timoratus; et id mihi indicavit Avico, capellanus tunc eius, et spiritualis frater meus postea effectus. Sed ego cum eodem sic tractavi, reliquias sanctorum itinere in caelum divinitus collatas abisse hostesque terruisse atque fugasse. Nach Thietmar Gesta archiep. Magdeb. SS. XIV, 388.
[50]) Ann. Hildesheim und Ann. Magdeb. (SS. XVI, 156): Et eodem anno Sclavi rebelles effecti sunt. Thietmari Chron. III, c. 24: Et in hoc anno Sclavi unanimiter resisterunt cesari et Thiedrico marchioni. Brunonis Vita Adalberti, c. 10 (SS. IV, 598): Ea tempestate effrena gens Lutici pagani iugum Christianitatis deponunt et, cum quo errore adhuc laborant, post deos alienos erecto collo currunt et qui fugientes fugere nequeunt, Christiani multi gladio ceciderunt. Ann. Altab.: Inter Sclavos et Saxones seditio, Sclavis Saxones persequentibus, ecclesias caenobia multasque urbes destruentibus.

Mord gegen die wehrlosen Bewohner[51]). Ein Haufe gelangte sogar bis Calbe an der Milde, wo sie das Nonnenkloster St. Laurenz zerstörten[52]).

Mit schreckhafter Deutlichkeit weisen diese Vorgänge die Schwäche der kriegerischen Einrichtungen an einer stets und schwer bedrohten Grenzlinie auf. Die Zeitgenossen sahen allerdings in Allem eine Strafe für die Versündigung gegen den heiligen Laurentius, der sich für die Aufhebung des Bisthums Merseburg rächte, mit mehr Grund schoben sie aber den größten Theil der Schuld auf den Markgrafen Dietrich von der Nordmark, der, wie es scheint, die Wenden durch Hochmuth reizte und die Gefahr unterschätzte, die von ihnen drohte. Die stolze Sicherheit wich jähem Schrecken; wie jene Besatzung von Brandenburg sich ihrer Pflicht entzog, so konnten die Wenden auf ihrem Verheerungszuge auch weiterhin die Deutschen wie flüchtige Hirsche vor sich herjagen. In wenigen Tagen war der größte Theil der von Otto dem Großen geschaffenen kirchlichen Organisation vernichtet, schon erschien Magdeburg selbst auf's Aeußerste bedroht. Da erst vereinigten sich die Deutschen zur Abwehr. Zu rechter Zeit war Erzbischof Gisiler nach Schluß des

---

[51]) Thietmari Chron. III, c. 17. Ann. Magdeb. (SS. XVI, 156). Gesta archiep. Magdeb. (SS. XVI, 388). — Der Annahme Giesebrechts (Jahrb. S. 157 ff.), die dann Kurze aufgenommen hat, daß in dem Berichte über den Wendenaufstand ein Theil einer alten Magdeburger Chronik erhalten sei, welche sowohl von Thietmar als auch in den Ann. Magdeburg. benützt worden ist, vermag ich nicht beizupflichten. Zwei Voraussetzungen, von denen Giesebrecht ausgegangen ist, treffen nicht zu. Die Stelle über die Einnahme von Zeitz durch die Böhmen ist nicht, wie er annahm, späterer Zusatz, dagegen ist die Nachricht über Mistuis Ende nicht von Thietmar selbst, sondern von einem Interpolator zu Anfang des 12. Jahrhunderts eingefügt worden. Es läßt sich also daraus nicht folgern, daß der Abodritenfürst das Laurentiuskloster zu Calbe zerstört habe, viel eher könnte hier eine selbstständige Erfindung des Interpolators vorliegen, der aus Thietmars verworrener Darstellung eine falsche Moral zog. Daß die Abodriten so weit südwärts vorgedrungen wären, ist sehr unwahrscheinlich, ja natürlicher ist, was ja auch Thietmar sagen wollte, daß die Liutizen und Heveller, welche Havelberg und Brandenburg erobert hatten, auch Calbe zerstörten (ebenso Kurze). Da nun sowohl die Ann. Magdeb. als auch die Gesta letztere Unthat dem Abodritenfürsten zuweisen, so geht daraus hervor, daß sie nicht eine mit Thietmar gemeinsame Quelle, sondern diesen selbst benützten. Der Annalist hat aber die Angaben seiner Vorlage verstellt, wobei er hinsichtlich des Böhmeneinfalls insofern das Rechte traf, als er ihn an erste Stelle rückte, dafür aber bei Calbe fehlgriff. Da Thietmar allerhand Notizen und Erzählungen benützte, war bei seiner Art zu arbeiten ein Irrthum leicht möglich, die Verbindung, in welche er diese Ereignisse mit der Aufhebung des Merseburger Bisthums brachte, veranlaßten den Magdeburger Annalisten, sie zum Jahre 982 einzureihen. Der Verfasser der Gesta hat Thietmars Erzählung rhetorisch erweitert und mit dem entsprechenden Abschnitte der Annales verbunden. — L. Giesebrecht (Wendische Gesch. II, 9) versetzt die Zerstörung Hamburgs in das Jahr 1002, Dehio (Gesch. des Erzbisthums Hamburg I, 131) in die erste Zeit Ottos III. Vgl. Giesebrecht, K.G. I, 850.

[52]) Allerdings hat Mülverstedt (Magdeb. Geschichtsbl. I, 3, 31) auch in Calbe an der Saale eine Laurentiuskirche nachgewiesen, mit Rücksicht auf die Stellung der Slaven an der Tanger und auf Thietmari Chron. IV, c. 57 ist aber doch jenes an der Milde vorzuziehen, vgl. Giesebrecht, Jahrb. S. 160.

Veroneser Tages heimgekehrt, etwa um den Anfang des August mag er in seiner Metropole eingetroffen sein. Die Wenden hatten sich inzwischen am linken Elbufer an der Tanger bei Bellingen südlich von Stendal vereinigt und beabsichtigten von hier aus, ihren Verwüstungszug in die von ihnen noch nicht heimgesuchten Landschaften fortzusetzen. Ihnen zog Erzbischof Gisiler, dem sich Bischof Hildiward von Halberstadt, die Markgrafen Dietrich von der Nordmark, Rikdag von Meißen, Huodo von der Ostmark, die Grafen Binizo von Merseburg, Friedrich vom Nordthüringgau, der Braunschweiger Dudo und Sigfried von Walbeck, Bischofs Thietmar Vater, zugesellt hatten, mit einem stattlichen Heere entgegen. An einem Samstage kam es zur Schlacht. Früh Morgens, nachdem eine feierliche Feldmesse gelesen worden war, begann der Kampf, der mit völliger Niederlage der Wenden schloß. Eine Schaar, die auf einen Hügel zusammengetrieben worden war, entkam im Schutze der Nacht, die Sachsen hatten nur geringen Verlust an Mannschaft [56]). Damit war der Ruhm der deutschen Waffen wieder hergestellt, die Elbgrenze zunächst gesichert, aber die Friedensarbeit langer Jahre blieb zerstört.

Hat die Nachricht von dem Siege ihn noch erreicht, so war sie des Kaisers letzte Freude. Schien zunächst Alles in gutem Gange, so mochte der fast erloschene Funke heitern Glaubens an die Zukunft in seinem Herzen wieder zu hellerer Flamme angefacht worden sein. Da brach in dem Augenblicke, in dem der ruhmreiche Aus-

---

[56]) Thietmari Chron. III, c. 19: Desolatis tunc omnibus preda et incendio urbibus ac villis usque ad aquam, quae Tongera vocatur, convenerunt e Sclavis peditum ac equitum plus quam triginta legiones, quae sine aliqua lesione quaeque suorum auxilio deorum tunc devastare non dubitarent, tubicinis precedentibus. Non latuit hoc nostros. Conveniunt episcopi Gisillerus et Hilliwardus cum marchione Thiedrico ceterisque comitibus, Ricdago, Hodone et Binizone, Fritherico, Dudone ac patre meo Sigifrido aliisque compluribus. Qui ut dies sabbati primo illuxit, missam omnes audiunt, corpus animamque coelesti sacramento muniunt hostesque obvios fiducialiter inrumpentes paucis in unum collem effugientibus prosternunt. . . . . . Appropiante tunc nocte nostrisque a longe castra metantibus, hii, quos supra memoravi, furtim, pro dolor! evasere. Omnes autem nostri, exceptis tribus, crastino gaudentes remeabant, applaudantibus cunctis, quos obviam habuere vel domi invenere. Wiederholt von dem Annalista Saxo, der nach prosternunt hinzufügt: in loco qui Belxem dicitur (SS. VI, 631). Dabei ist wohl nicht an die zwischen Milde, Elbe und Tanger gelegene regio Balsamorum, sondern an einen bestimmten Ort zu denken, entweder ein eingegangenes Belkesheim oder das am linken Tangerufer gelegene Bellingen. Die Gesta archiep. Magdeb. (SS. XIV, 389) haben gleichfalls nur Thietmar benutzt. Ann. Magdeburg. (SS. XVI, 156): Hoc ipso anno Sclavi Saxonibus rebelles facti sunt (= Ann. Hildesheim.), quos Saxonici principes, postmodum collectis viribus, sine rege, sine homine duce divinitus adiuti gloriosissime vicerunt, XXX milia una die perimentes paucissima parte in latibula quedam paludium silvarumque turpi fuga transacta. Die XXX milia sind wohl nur eine mißverständliche Wiedergabe der von dem vorsichtigeren Thietmar gebrachten XXX legiones. Von 30000 an einem Tage getödteten Slaven kann nicht die Rede sein, immerhin mag aber das Wendenheer in 30 Heerhaufen aufgestellt gewesen sein.

gang des zum Heile der Christenheit geplanten Unternehmens als möglich vor seiner Seele stehen durfte, der Tod alle Hoffnung entzwei. Eine Verdauungsstörung, die der Kaiser, der mitten in seinen Plänen die Gesundung erzwingen wollte, durch allzu reichliche Gaben von Aloetrank zu beseitigen suchte, artete in eine heftige Erkrankung der Gedärme aus, welche durch nicht zu stillenden Bluterguß die Kräfte des achtundzwanzigjährigen Mannes rasch erschöpfte[54]). In würdigster Weise bereitete sich Otto auf sein Ende vor. Nach der Sitte der Zeit sorgte er für sein Seelenheil und in vornehmer Art entledigte er sich nach dem Beispiele Karls des Großen der Dankespflicht. Er bestimmte seine Baarschaft zum Todtentheil, widmete ein Viertel derselben zum Seelgeräthe, ein zweites den Armen, das dritte seiner Schwester Mathilde, die es in seinem Sinne zu frommen Gaben verwerthen sollte, das vierte den Kriegern und Dienern seines Hofhaltes[55]). Dann legte er vor dem Papste und den um sein Lager versammelten Geistlichen in lateinischer Sprache die Beichte ab und empfing die Sterbesakramente[56]). Am 7. December hauchte er in den Armen der Gemahlin, die ihm in dieser schweren Stunde treu zur Seite war, seine Seele aus[57]). Unter großem Gepränge wurde die Leiche

---

[54]) Die Krankheit wird uns sachgemäß beschrieben von Richer (III. c. 96): Post cum ex indigestione Romae laboraret et intestini squibalas ex melancolico humore pateretur, aloen ad pondus dragmarum quatuor sanitatis avidus sumpsit. Conturbatisque visceribus diarria iugis prosecuta est. Cuius continuus fluxus emorroides tumentes procreavit. Quae etiam sanguinem immoderatum effundentes mortem post dies non plures operatae sunt. Damit sind die kürzeren Angaben des Johannes Diaconus: valida ingruente febre, der Ann. Altah.: dissenteria und Bonithos: vi febrium correptus wohl zu vereinen. Vier Drachmen entsprechen 17½ Gramm, jetzt wird die Gabe auf 0,1—0,5 Gramm bemessen, schon bei Einnahme von 8 Gramm Aloe wurden die von Richer beschriebenen Wirkungen beobachtet, vgl. Bernatzik-Vogl, Handbuch der Arzneimittellehre (3. Aufl.) S. 584.

[55]) Thietmari Chron. (III, c. 25): omnem suimet pecuniam partes divisit in quatuor, unam aecclesiis, IIam pauperibus, IIIam dilectae suimet sorori Mahthildae, quae abbaciam in Quidlingeburg devota Christo famula obtinuit, quartam suis tristibus donavit ministris et militibus. Ann. Magdeburg. (SS. XVI, 157): quicquid census habere poterat, in quadrum dispertiens, unam in honorem principis apostolorum beati Petri templo et altari deferre precepit, alteram matri imperatrici ac unicae sorori pro commendatione debitae caritatis transmittere curavit, terciam militibus, qui vitam patriamque suam suo amori et obsequio postposuerant, erogare decrevit, quartam pauperibus sustentandis paterna largitate distribuit. Ich habe die Darstellung Thietmars vorgezogen, da sie dem rechtlichen Gebrauche besser entspricht. Das Wort census, die Anführung der Peterskirche und der Kaiserin-Mutter, die sentimentale Begründung bei den milites machen den Bericht der Ann. Magdeburg., welcher gerade deshalb sich besonderer Beliebtheit erfreute, sehr verdächtig.

[56]) Thietmari Chron. und Ann. Magdeburg.

[57]) Als Todestag geben an: III. non. dec. (December 3): Ann. Salisburg. (SS, I, 89). — VIII. id. dec. (December 6): Ann. Hildesheim. — VII. id. decembr. (December 7): Gerberts Grabschrift (Ep. 78), Ann. necrol. Fuld. (SS. XIII, 205), Necrol. Merseburg. et Magdeburg., Necrol. Villar. (Sackur, Cluniacenser I, 386). Notae necrol. Einsidl. (MG. Necrol. I, 361), Liber annivers. s. Galli (ebenda p. 485), Necrol. Weltenburg. (Böhmer,

in der Vorhalle der Peterskirche nahe bei der Marienkapelle beigesetzt. In einem antiken Sarkophage, der mit einem Porphyrdeckel geschlossen wurde, ruhte sie hier unter einem vielleicht von der Kaiserin gestifteten Gemälde, welches den Erlöser zwischen den Apostelfürsten sitzend darstellt, bis zum Neubau der Stirnseite. Bei diesem Anlaß wurde sie im Jahre 1609 in einen einfachen, mit Stuck verschlossenen Marmorsarg gelegt und dieser am 23. April 1618 in den vatikanischen Grüften unter den Papstsärgen nahe bei dem des deutschen Papstes Gregor V. aufgestellt. Der alte Sarkophag dient als Wasserbecken im Quirinal, der Porphyrdeckel wurde zu dem Taufsteine der Peterskirche umgearbeitet [56]).

Fontes IV, 572), Necrol. Montis Cassini (Muratori SS. V, 76), Thietmar, Gesta ep. Halberstad. (SS. XXIII, 86), Gesta archiep. Magdeb. (SS. XIV, 392), Mariani Scotti Chron. (SS. V, 555). — VI. id. decembr. (December 8): Ann. necrol. Prum. (SS. XIII, 219), Ann. Altah., Ann. Wirciburg. (SS. II, 242), Chron. Suev. (SS. XIII, 69), Herim. Aug. Chron. (SS. V, 117). — Zum Jahre 983 setzen den Tod: Ann. necrol. Fuld., Ann. Hildesheim., Thietmar, Ann. Lamperti, Ann. Magdeb., Gesta archiep. Magdeburg., Ann. Colbaz. (SS. XIX, 714), Ann. Salisburg., Ann. Augustani (SS. III, 124), Ann. Altah., Chron. Suev., Ann. Ottenburani (SS. V, 2), Ann. Colon. (SS. I, 99), Ann. Stabul. (SS. XIII, 43), Ann. Besuenses (SS. II, 249), Ann. Laub. et Leod. (SS. IV, 17), Ann. Blandin. (SS. V, 25), Ann. s. Bavonis Gand. (SS. II, 188), Ann. Mett. breves (SS. III, 155), Ann. Mosomag. (SS. III, 161), Ann. s. Benigni Divion. (SS. V, 41), Ann. Rotomag. (SS. XXVI, 498), Ann. Lindisfarn. (SS. XIX, 507), Ann. Beneventani (SS. III, 176), Chron. Pisanum (Muratori SS. VI, 607). Zu 984: Ann. Heremi (SS. III, 143), Ann. Einsidl. (SS. III, 145), Ann. Ratispon. (SS. XVII, 584), Ann. Pragenses (SS. III, 119), Ann. Wirciburg. (SS. II, 242), Ann. s. Maximini (SS. IV, 7), Gesta ep. Halberstad. (SS. XXIII, 86), Cosmae Chron. Boem. I, c. 28 (SS. IX, 52), Mariani Scotti Chron. (SS. V, 555). — Bezeichnet wird der Kaiser als secundus in den Ann. necrol. Prum., Wirzib., s. Bavonis Gand., Blandin., Stabul., s. Maximini, Mosomag., Einsidl., Laub. et Leod., s. Bonifacii, im Chron. Lauresh. und Pisanum, als iunior in den Ann. Besuenses, s. Benigni Divion., Rotomag., Colbaz., Heremi, im Lib. anniv. s. Galli, im Chronicon Mariani Scotti, als medius in den Ann. Mett. breves, als rufus in den Gesta archiep. Magdeb. und den Ann. Spir. (SS. XVII, 81). — Die Ann. s. Bavonis Gand. (SS. II, 188) heben die besonderen Verdienste des Verstorbenen um das Kloster hervor: secundus Otto, imperator Romanorum, qui societatem fraternitatis fratrum Gandensis cenobii desideranter olim adeptus fuerat, et ob hoc plurima bona dicto monasterio a malignis iniuste direpta gratanti animo restituerat et super hiis privilegia et confirmationes privilegiorum dicto cenobio concesserat, Rome moritur.

[56]) Ueber das Grabmal und Gemälde Dionysius, Sacrarum Vaticanae basilicae cryptarum monumenta (Romae 1773) p. 22 und 114, tab. X no. 1 und XLV no. 2. Platner-Bunsen, Beschreibung der Stadt Rom II, 1, 198, 213 no. 14, 220 no. 54, 417; Giesebrecht, Jahrb. S. 106 Anm 3; Gregorovius, Gesch. der Stadt Rom⁴ III, 379; H. Graf zu Dohna in Velhagen und Klasings Monatsheften XV (1901), 2, 210. Daß der Porphyrdeckel von dem Grabmal Hadrians genommen war, erklärt Dionysius a. a. O. als einen Irrthum. — Thietmari Chron. (III, c. 25): terreque commendatur, ubi introitus orientalis paradisi domus sancti Petri cunctis patet fidelibus et imago dominica honorabiliter formata venientes quosque stans benedicit. Ann. Magdeb. (SS. XVI, 157): Publico deinde elatus funere in paradyso iuxta basilicam dei genitricis Mariae ad pedes domini Salvatoris, ubi sanctum Petrum iussu suo super mare inusitate gradientem pro periculo tempestatum aliquid fide gressibusque titubantem pia manu porrecta, ne mergeretur, erexit, non sine

Otto II. blieb der einzige deutsche Kaiser, der seine Grabstätte auf römischem Boden fand, so galt sein Sarg allen Deutschen, welche an den Schwellen der Apostelfürsten ihre Andacht verrichteten, als ein Ort der Verehrung und treuen Gedenkens. Bald nach dem Tode des Kaisers richtete Bischof Gerhard von Toul hier fromme Gebete für das Seelenheil des Verstorbenen an Gott[59]) und im Jahre 1027 ließ Kaiser Konrad II. die Leiche des ihm besonders werthen und vertrauten Berengar, eines Sohnes des schwäbischen Grafen Liutold, der im Straßenkampfe gefallen war, neben dem Grabmal seines Vorgängers zur Erde bestatten[60]).

Keiner der Zeitgenossen hat es der Mühe werth gefunden, Gestalt, Aussehen und Gehaben des Kaisers zu beschreiben; nur

---

lugubri suorum conclamatione honorifice tumulatur ...., cuius postea sepulchrum fidelium suorum veneratione insignibus marmoreae structurae columnis studiosissime adornatur. Die Angabe über die Lage des Grabmals in der Nähe der Marienkapelle wird durch Joh. Diaconus und Alpert bestätigt, aber in der Beschreibung des Bildes hat der Verfasser der Annales entschieden fehlgegriffen, ein Beweis seiner geringen Zuverlässigkeit an den Stellen, an denen er sich von Thietmar entfernt. Joannes Diaconus (SS. VII, 28): in sancti Petri curte non procul a sanctae Mariae ecclesia. Alpertus, De ep. Mett. (p. 66): apud sanctum Petrum in paradiso iuxta oratorium sanctae Mariae honorifice cum maximo fletu totius urbis sepelitur. Ann. Heremi (SS. III, 143): in introitu paradysi ante portas s. Petri. Leonis Chron. mon. Cas. II, c. 9 (SS. VII, 635): in atrio ecclesie beati Petri apostoli labro porphiretico sepultus (introeuntibus in paradisum eiusdem ecclesie ad levam). Ann. Spirenses (SS. XVII, 80): Romae moritur et in ecclesia beati Petri in conca marmorea humatur. Chron. Lauresham. (SS. XXI, 396): in paradiso s. Petri. Ann. Altah.: in templo s. Petri. Gesta pontif. Camerac. I, c. 104 (SS. VII, 444): in porticu s. Petri. Actus fund. Brunwil. mon. c. 5 (SS. XIV, 128): in porticu s. Petri est honorifice sepultus, super cuius sepulchrum iugiter ardere cernitur lucidum in ampulla suspensa oleum. Bonithonis ad amicum lib. IV. (Jaffé, Bibl. II, 621): ad limina apostolorum occubuit; ibique in pace sepultus quiescit vere beatus terque quaterque beatus, qui ex tanto numero imperatorum et regum solus meruit inter pontifices cum apostolorum principe consortium habere sepulturae. Ohne nähere Angabe wird die Bestattung in Rom erwähnt: Ann. Lamperti, Ann. Einsidl., Ann. Wirciburg., Chron. Suev.; Gesta ep. Halberstad., Catalogus regum Cavensis (SS. III, 216 und SS. rer. Langob. p. 493), Chron. s. Mich. Luneburg. (SS. XXIII, 394). Ueber die Umlegung und Uebertragung der Gebeine theilt Dionysius nach Turrigius, Cryptae Vaticanae p. 365 folgende Aufzeichnung eines Augenzeugen mit: Anno MDCIX in demolitione atrii veteris basilicae s. Petri in Vaticano .... Othonis II. imperatoris sepulchrum et corpus integrum fuit repertum fuit in quadam marmorea arca humi sepulta, quae tegebatur et sub labro porphyrato. Arca marmorea, ubi erat corpus, servit hodie ad usum fontis in primo atrio sub coquinas Palatii Quirinalis, duabus imaginibus unius consulis Romani et eius uxoris sculpta. Corpus Othonis in ossa redactum erat, parvae staturae, dentes firmos et caput parvum. Fuit sepultum cum dicto labro sub fornice novi pavimenti Basilicae ibique hodie 1618, 23. aprilis ita notavi ego Jacobus Grimaldi, qui omnia vidi et ossa sepulturae tradidi. Die Umarbeitung des Porphyrbeckels erfolgte erst im Jahre 1694. Bei Dionysius ist nur der neue Sarg abgebildet.

[59]) Widrici Vita s. Gerardi, c. 6 (SS. IV, 495): Inde ducitur ad gradus, sub quibus erat Ottonis augusti tumba, ibique diutius immoratur, pro eius absolutione officiorum explendo sollempnia.

[60]) Wiponis Gesta Chuonradi imp. c. 16.

ein paar gelegentlich eingestreute Bemerkungen, eine zufällig erhaltene Elfenbeintafel, die sein und der Gemahlin Bild trägt[61]), unterrichten in dürftiger Weise über sein Aeußeres. Daß er von kleiner Gestalt war, wie Joannes Canaparius erwähnt, wird durch den Befund bei der Aufdeckung seiner Gebeine bestätigt[62]), doch verfügte er nach Thietmars Angabe über eine bedeutende Körperkraft. Von seiner guten Gesundheit und leichten Erregbarkeit zeugte die lebhafte Färbung des von krausem Vollbarte umrahmten Gesichtes, die ihm den Beinamen des Roten verschafft hat[63]).

---

[61]) Jetzt im Musée Cluny zu Paris. Louandre, Les arts somptuaires (ungenaue Abbildung I, Xème siècle, Erläuterung II, 67). Darnach bei Stacke, Deutsche Gesch. I, 271. Genauere aber verkleinerte und etwas undeutliche Abbildung bei Schlumberger, Un empereur Byzantin, p. 625 und bei Knackfuß, Deutsche Kunstgeschichte I, 85 (Abb. 57), vgl. vorher S. 126 Anm. 1. Erläutert von Molinier, Les arts appliquées, p. 144 ff. Dargestellt ist Christus, der zwischen Otto und Theophanu stehend, ihnen die Hand segnend auf's Haupt legt. In dem Schemel, auf dem der Kaiser steht, lauert sich ein bärtiger, mit einem gesternten Mantel bekleideter Mann zusammen, der mit der rechten Hand den Fuß des Schemels, auf dem der Heiland steht, umklammert. Es ist der δοῦλος Ἰωάννης, welcher in einer auf dem freien Raume zwischen dem Kaiser und dem Heilande angebrachten griechischen Inschrift den Segen Gottes für sich erfleht. Man könnte ihn für den Künstler halten, doch ist dies wenig wahrscheinlich, da ein Elfenbeinschnitzer kaum eine auf ihn selbst bezügliche Inschrift an so hervorragender Stelle angebracht hätte. Viel eher dürfte man in dem Knechte Johannes denjenigen vermuthen, der die Tafel als Geschenk für den Kaiser oder zur Erinnerung an ihn hat anfertigen lassen; mit Rücksicht auf Schrift und Sprache der Aufschriften könnte man an den Griechen Johannes, des Kaisers italienischen Kanzler, denken. Louandres Annahme, daß die Tafel zum Jahre 973 gehöre, beruht auf ganz irrigen Voraussetzungen. Als Kind ist Otto auf einer jetzt in Mailand befindlichen Tafel abgebildet, welche von Otto dem Großen für Magdeburg bestimmt war. Bode, Gesch. der deutschen Plastik, S. 12; Schlumberger, Un empereur Byzantin, p. 589.

[62]) Vgl. vorher S. 207 Anm. 58.

[63]) Die Benennung wird zuerst um die Mitte des 11. Jahrhunderts von Ekkehard IV. (Casus s. Galli c. 89, ed. Meyer v. Knonau Anm. 1061) verwendet. Dann findet sie sich in Leos Chron. mon. Cas. II, c. 9 (SS. VII, 635), in den Gesta archiep. Magdeb. (SS. XIV, 392), bei Theodorich von Niederholm, in den Ann. Magdeb. (SS. XVI, 159 ab nimia facie agnomine Rufus), Gesta ep. Halberstad. (SS. XXIII, 85), im Chron. S. Mich. Luneburg. (SS. XXIII, 394), in den Ann. Spir. (SS. XVII, 80) u. s. w. Die polnischen Annalen sowie die Chronica minor auctore Minorita Erphord. (SS. XXIV, 187) übertragen sie auf Otto III. Ein Jahrhundert später taucht die Bezeichnung Sanguinarius, die allerdings schon Ende des 11. Jahrhunderts im Vaticinium Sibyllae (SS. XXII, 375) von Otto III. gebraucht worden war, bei Otto von Freising auf (Chron. VI, c. 26). Sie kommt dann in Nachträgen zu der Series Petri Damiani (SS. III, 219) und zu dem Catal. regum et imp. (SS. X, 136), sowie in den Gesta abb. Trud. cont. III. auct. (SS. X, 381) vor. Ueber die Sage, zu der sie Anlaß gegeben hat, soll im Zusammenhange mit den Sagen über Otto III. gehandelt werden. Gleichzeitig mit ihr wird ebenfalls zum ersten Male von Otto von Freising die Bezeichnung Pallida mors Sarracenorum verwendet. Vgl. Giesebrecht, Jahrb. S. 171; Wattenbach, Geschichtsquellen⁶ II, 256; Waitz, Vgg. I³, 158. Es ist der im Anschluß an Horatii Carm. I, 4 erfundene Ehrentitel des Basileus. Die Bezeichnung, welche der im Laufe der Zeit entstandenen Ansicht, Otto habe einen großen Sieg über die Araber er-

Allem nach haben wir uns den Kaiser als einen jener etwas klein gerathenen, zur Fülle neigenden, gut gefärbten Norddeutschen vorzustellen, denen man auch heute noch häufig und gern begegnet.

Diesem Bilde entsprechen Art und Verlauf seiner von lebhaftem Antrieb erfüllten Herrscherthätigkeit, die Zeugniß von körperlicher Ausdauer und geistiger Regsamkeit ablegt. Hohes Gefühl seiner Würde beseelte den in glanzvoller Zeit und Umgebung aufgewachsenen Fürsten. Hielt er darauf, sich mit Männern von vornehmer Herkunft und Lebensführung zu umgeben, so erschloß sich der engere Kreis doch auch Personen, welche durch den Reichthum ihres Wissens, den Glanz ihres Geistes den Neigungen des Herrschers entsprachen[64]). Fehlte aber dem Selbstgefühle des Kaisers, der aus strotzender Jugendkraft strömenden Raschheit des Entschlusses, das Gegengewicht reiferer Lebenserfahrung und schärferer Menschenkenntniß, so mochte auch manch unwerther Geselle am Hofe Eingang finden und konnte leicht die hohe Gesinnung Ottos sich in Willkür und Eigensinn verwandeln[65]). Doch waren das

---

sochten, ihre Entstehung verdankt, ging in die Lorscher Chronik (SS. XXI, 395) und in das Pantheon des Gottfried von Viterbo über, spätere Stellen bei Giesebrecht a. a. O.

[64]) In einem Briefe an Erzbischof Egbert von Trier (Lettres ed. Havet 10 no. 13) schreibt Gerbert: Domini nostri Caesaris magnanimitatem, intentionem, appetitum bonorum virorum supereminentem cognovistis.

[65]) Gerbert schreibt an den Kaiser (Lettres 8 no. 11): Quid ora caudaeque vulpium blandiantur hic domino meo? Daß Otto sich zu tadelnswerthem Entschlusse verleiten ließ und dann einwillig dabei beharrte, kann man in dem Verfahren gegen Gero und bei der Aufhebung Merseburgs beobachten. Man wird sich aber vor Augen halten müssen, daß in der ersten Sache Erzbischof Adalbert von Magdeburg den Antrieb gab, in der zweiten doch der Papst und die Synode den größeren Theil der Verantwortung zu tragen haben. Wenn Hauck (KG. III, 243), H. Böhmer (Willigis S. 10) und W. Schultze (Gebhardt, Handbuch der deutschen Gesch.² I, 281) tadeln, daß er von „fremdem Urtheil abhängig", „fremden Einflüssen sehr zugänglich" war und dafür diese Thatsache sowie obige Aeußerung Gerberts und eine andere (a. a. O. 4 no. 5) anführen, so wäre doch zu fragen, von welchem Fürsten und welchem Menschen überhaupt das nicht gesagt werden könnte? Daß Gerbert so offen seine Beschwerde erheben konnte, spricht doch sehr zu Gunsten Ottos. Gerdes (Gesch. des deutschen Volkes I, 244) weist namentlich auf den großen Einfluß hin, den Bischof Dietrich v. Metz, der offen der Bestechlichkeit geziehen wird, ausgeübt hat. Aber gerade er ist von Otto dem Großen emporgebracht worden, von dem Vater auf den Sohn übergegangen. Gewiß lassen sich der Metzer, Gisiler und Hildibald nicht mit jenen Männern vergleichen, die als erste, kraftvolle Triebe einer neuen Zeit unter Heinrich I. und Otto dem Großen emporkamen, an persönlicher und sittlicher Kraft, an ursprünglicher Begabung waren ihnen Ulrich v. Augsburg, Konrad von Konstanz, Friedrich von Mainz, Adalbert von Magdeburg und Adaldag von Hamburg sicher weit überlegen; doch ist der Unterschied nicht so sehr in den Personen noch in dem Kaiser, als vielmehr in der Zeitlage und dem Fortschritte der Entwickelung begründet, welcher eine stärkere Abglättung und Ausgleichung individueller Art zur Folge hatte, ein Vorgang, wie wir in den letzten Jahrzehnten der Gegenwart gleichfalls beobachten konnten. So liegt in den Zeiten Ottos II. das Hauptgewicht auf der vortrefflichen Schulbildung und der ausgezeichneten Geschäftsgewandtheit jener

vorüberziehende Flecken, die den Gesammteindruck einer liebens-
würdigen, jugendfrischen, hochgemuthen Persönlichkeit nicht auf die
Dauer verdunkeln konnten. Diesen günstigen Eindruck verbürgen
aber nicht allein die Lobsprüche des Hofgenossen Gerbert[66]) und
die üblichen, inhaltsleeren Wendungen einzelner Schriftsteller[67]),
sondern vor allem die treue Anhänglichkeit, welche die deutschen
Fürsten auch in schwerer Zeit dem Kaiser bewahrten, und der Umstand, daß selbst Gegner ihm die Anerkennung vortrefflicher Eigenschaften nicht zu weigern vermochten[68]).

Zwiespältig allerdings wie über seine Person lautet auch das
Urtheil über seine Regierung schon bald nach seinem Tode. Nach
zwei Seiten hatte sich der Kaiser gegen die öffentliche Meinung
seiner Zeit vergangen. Die durch politische Nothwendigkeit bewirkte
Entfremdung der Mutter fand ihren Niederschlag in der viel-
verbreiteten Lebensbeschreibung derselben aus der Feder Odilos
von Cluny, die Aufhebung des Bisthums Merseburg aber wurde
der leitende Gesichtspunkt, von dem aus der Chronist Thietmar
und Bruno von Querfurt Person und Regierung Ottos beurtheilten.
Bemühte sich der Merseburger Bischof, die geziemende Rücksicht
gegen den Herrscher zu beobachten, so ließ Bruno mit leidenschaftlicher Gehässigkeit dem Strome seiner übelwollenden Rede freien

---

Männer, welche als ständige Berather dem Kaiser zur Seite standen. — Die
Interventionen endlich, auf die sich H. Böhmer noch beruft, verrathen keinen
übermäßigen Einfluß unberechtigter Personen und tragen einen durchaus ord-
nungs- und geschäftsmäßigen Charakter.

[66]) Lettres 1 no. 1: Caesaris nostri gravitatem, sepe nobis compertam
ac gentibus cognitam. 10 no. 12: omnium hominum excellentissimum (vgl.
auch 77 no. 85). Epitaph (ib. 72 no. 78).

[67]) Joannis Canaparii Vita Adalberti, c. 8 (SS. IV, 584): cui fuit manus
in proelio fortis, in parvo corpore maxima virtus, augustus melior bono
patre, et ut fama meminit, per omnia caesar Christianissimus. Ann. Lob.
(SS. XIII, 234): Otto I. hinterläßt nomine et opere, sanctitate et potestate
aequivocum suum sui imperii superstitem. Vita Mathildis antiquior, c. 16
(SS. X, 582): Otto iunior, filius eius excellentissimus, regnum Latinorum
possedit et Saxonum, quem paternae avitaeque non imparem credimus
virtutis, praestante domino nostro Jesu Christo, qui vivit et regnat in omnia
saecule amen. Gesta ep. Camerac. I, c. 94 (SS. VII, 439): Post cuius ex-
cessum Otto, filius suus gloriosissimus, licet primaevo flore tirunculus, tamen
consilio bonus, bello strenuus et, ut paucis concludam, patris tam et moribus
quam nomine imitator simillimus, habenas imperii moderandas suscepit.
Hugonis Chron. (SS. VIII, 367): Succesit ... secundus Otho, ... de quo
dictum est proverbium, quia successit Otto secundus ad imperium, ut floreret
saeculum. — Modus Ottine (Müllenhoff-Scherer, Denkmäler³ 34 no. 22):
caesar iustus, clemens, fortis.

[68]) Richer III, c. 67: Vir magni ingenii totiusque virtutis, liberalium
litterarum scientia clarus. Bischof Arnulf von Orleans (auf der Synode von
St. Bâle 991, SS. III, 677): Succedit Ottoni caesari caesar Otto, nostra
aetate cunctos principes armis, consilio ac scientia superans. Thietmari
Chron. III., Prolog und c. 1. Brunonis Vita Adalb. c. 10 (SS. IV, 599):
Erat, ut accepimus, vivida virtus in eo ... Multa bona fecit ... Ann.
Magdeburg. (SS. XVI, 153): Erant tamen in eo multarum insignia virtutum,
quarum erat precipuum cum hilaritate laudabilis munificentia.

Lauf⁶⁹). Den Schaden aber, den diese Schriftsteller, welche das Urtheil der Nachwelt bis zur Gegenwart auf's stärkste beeinflußten, gestiftet haben, war des Kaisers oft bethätigte Freigebigkeit gegen Klöster und Bisthümer auszugleichen nicht im Stande⁷⁰).

---

⁶⁹) A. a. O. p. 598, 599: c. 9. Otto secundus, qui tum loco patris rapidis cruribus montem imperii scandit, set non dextro omine nec vivo matureve sapientie signo rem publicam rexit; et dum omne quod vult regem oportere sequi, non bene putat, collectum orbem amisit et quam terror patris peperit, pacem interfecit. Sensit Theutonum tellus patrem scilicet mortuum, nautam maris, sensit dormientem aurigam orbis, cum quo prospera Dei cucurrerunt, multa bona Christiane religioni accreverunt. Migrans migravit Otto pius, Otto rigidus, fluxa gubernare doctus, cuius aurea tempora nunc cum gemitu memorat, cum pressa malis sancta ecclesia absque ulla requie hostes insurgere dolet. Duorumque oblita antiquum Ottonem nominat: Vere, inquiens, meus mundus felix erat, Otto dum sceptra gerebat. Es folgt die Weihe Adalberts durch Willigis, c. 10, die Erhebung der Liutizen. Tunc peccato Ottonis multa mala surrexere: Besiegung Hodos durch die Polen, Kampf des Kaisers gegen Lothar und die Sarazenen. Erat ut accepimus vivida virtus in eo, fervida et effrena iuventus, manus prompta bello, set raro unquam cum consilio. Multa bona fecit, sed etas lubrica errare fecit et plura precipitatione peccavit. Prope semper perdidit diebus suis, ubi prelium cepit; extra Theutonum consuetudinem, pugnantibus eis, secutum est omne infortunium. Est cuius efficiens causa contra Deum regis tacita offensa. c 12. Ursache alles Uebels ist die Versündigung gegen den heiligen Laurentius durch die Aufhebung des Bisthums Merseburg. Man beachte vor Allem die Willkür, mit der Bruno die zeitliche Folge der Ereignisse nach seinem Bedarf verändert. — In der Hauptsache stimmt mit Bruno Thietmar überein:
Ultrici gladio perierunt plurima regno.
Nulla patet nobis certissima causa, peritis
Cunctis est visum, Mersburgi flebile damnum,
Ex quo sustinuit, quod pax pia longe recessit
Finibus e nostris, late regnabat et hostis.
Ein kurzer Auszug aus Brunos Schilderung ist in die Ann. Magdeburg. übergegangen. — Daß Otto im Kriege Unglück oder zum Mindesten keinen Erfolg gehabt hat, findet sich auch im Modus Ottinc:
unum modo defuit
nam inclitis raro proeliis triumphabat,
und wurde neuestens noch von Hauck und Böhmer behauptet. Der Letztere führt zum Belege die Niedermetzelung der Bayern durch die Böhmen, den Ueberfall an der Aisne und die Niederlage bei Colonne an. Die beiden ersten Thatsachen berührten aber, wie wir sahen, nicht den Kaiser und können ausschlaggebende Bedeutung nicht beanspruchen.

⁷⁰) Giesebrecht (Jahrb. S. 3 und 107, K.G. I, 569) sucht die guten Seiten hervorzuheben, die Fehler durch des Kaisers Jugend zu erklären. Manitius (Deutsche Gesch. unter den sächs. und sal. Kaisern S. 176) und Lamprecht (Deutsche Gesch. II, 157) sind darin einig, daß Otto die großen Eigenschaften des Vaters in vollem Maße, dazu die höhere Bildung besessen habe. Dagegen behauptet Gerdes, daß ihm die Hauptvorzüge des Vaters nicht zu eigen waren, rühmt aber, daß er an Eifer und gutem Willen für die Wohlfahrt des Reiches von Keinem übertroffen wurde. Leibniz (Ann. imp. III, 458) und Ranke (Weltgesch. VII, 10) halten mit der Anerkennung, daß der Kaiser seiner Aufgabe im ganzen gerecht geworden sei, nicht zurück. Gegenüber diesen ziemlich auf einer Linie sich bewegenden Urtheilen hat Hauck (K.G. III, 242), indem er die Angaben der Verehrer Adelheids mit denen Thietmars und Brunos verband und alle entgegenstehenden günstigen Berichte als den Thatsachen wider-

Wir haben uns von solcher Einseitigkeit und Voreingenommenheit frei zu halten, den Fürsten nach seiner Gesammtleistung, nach unserer besseren Kenntniß und mit unbefangener Würdigung der geschichtlichen Vorgänge zu beurtheilen. Da aber neigt sich die Wagschale gar sehr zu seinen Gunsten. Wenn auch Erbe einer großen Macht, war der junge Kaiser vor eine schwere Aufgabe gestellt, da ihm das persönliche Ansehen, dessen der Vater genossen hatte, fehlen mußte. In kurzer Zeit hat er den Mangel wett gemacht. Mit rastlosem Eifer behauptete er seine und des Reiches vorwaltende Stellung nach allen Seiten. Gegen Dänemark und gegen Frankreich wurde die Reichsgrenze gesichert, die Aufstandsversuche in Bayern und Lothringen wurden niedergeschlagen, bevor sie verderbliche Wirkung nach Außen üben konnten, des Reiches Macht über Böhmen und Rom wurde wieder hergestellt[71]. So bleibt als einziger Mißerfolg der Kampf gegen die Sarazenen. Hier hat aber der plötzliche Tod den Kaiser verhindert, die von ihm Anfangs mit gutem Erfolge begonnene Unterwerfung Süditaliens neuerdings in Angriff zu nehmen und gegebenen Falles zur Vertreibung der Ungläubigen aus Sicilien fortzuschreiten. Mit Fug und Recht ist in diesem Zusammenhange auf die Aehnlichkeit mit Heinrich VI. hingewiesen worden, der wie Otto mitten in dem Betriebe der sicilianischen Angelegenheit aus dem Leben schied. Und darf der Historiker sich in solchen Ausnahmsfällen gestatten, auch über nicht Geschehenes Erwägungen anzustellen, so kann man sagen, daß der Kaiser aus dem Sachsenhause eher Aussicht hatte, ohne schädliche Vernachlässigung Deutschlands und ohne die Gefahr Vernichtung drohender Verwicklungen zum Ziele zu gelangen als der Hohenstaufe. Denn damals waren erst die Anfänge jener Mächte

---

sprechend erklärte, ein Bild der Persönlichkeit Ottos entworfen, das in erregtem Tadel die abgünstige Schilderung Brunos weit hinter sich läßt. Gegen Einzelnes hat schon H. Böhmer (Willigis S. 11) berechtigte Einsprache erhoben, daß Anderes durchaus nicht mit dem geschichtlichen Vorgange in Einklang steht oder zum mindesten auch eine günstigere Auffassung zuläßt, dürfte sich aus der vorstehenden Darstellung ergeben haben. Deshalb weil Otto nicht auf Piligrims Absichten einging, ihn einen kurzsichtigen, vorschnellen Jüngling oder mit dem Papste zusammen einen Thoren zu schelten (S. 181, 182), ist gewiß ungerecht. Die Pläne des Passauers wurden, wie großartig sie auch waren, in einer Form an Kaiser und Papst gebracht, welche ihre Billigung ebenso erschwerte wie die Rücksichtnahme auf den „für die Lage in Bayern so wichtigen Salzburger Erzbischof.

[71]) Von einer „über die Maßen centralistischen" inneren Politik Ottos, welche W. Schultze und Lamprecht annehmen, kann nicht die Rede sein, vgl. H. Böhmer a. a. D. und vorher S. 80, 87, 103, 186. Ebenso wenig gerechtfertigt ist aber die gegentheilige Ansicht, welche Bayet (Lavisse-Rambaud, Hist. générale I, 548 ff.) vertritt: Dès Othon II la décadence est manifeste et profonde... Dans cette Allemagne, où le rôle de la royauté est si restreint. Man könnte billig fragen, wo damals und lange Zeit nachher in Frankreich ein starkes Königthum zu finden war. Es ist bezeichnend, daß Bayet auch nicht mit einem Worte des Verhältnisses, in dem Hugo Kapet zu dem Kaiser stand, gedenkt, sondern nur bemerkt: Contre le faible Carolingien la revanche est à la vérité facile.

und Bewegungen zu erkennen, welche Heinrich VI. nicht zu über=
winden vermochte; Araber und Griechen aber hätten einem mit
ausreichenden Mitteln unternommenen Vorstoße der Deutschen und
Italiener kaum erfolgreichen Widerstand leisten können. Ihnen
fehlte, was dem Kaiser zu Gebote stand, die ununterbrochene, sichere
und rasche Verbindung ihrer Heere mit der Heimath.

 Als der fieberdurchschüttelten Hand des Kaisers auf römischer
Erde das kraftvoll geführte Scepter entsank, war dem deutschen
Volke für alle Zeit die Möglichkeit genommen, in die Reihe der
das Mittelmeer beherrschenden Mächte einzutreten. Darin liegt die
weltgeschichtliche Folge jener unerforschlichen Fügung, die den edel
veranlagten, hochstrebenden Fürsten an der Schwelle des reiferen
Mannesalters hinwegriß.

Excurse.

Excurs I.

Zur Kritik der Diplome für das Bisthum Worms.

Daß die Wormser Bischöfe in ihren Streitigkeiten mit den Fiskalbeamten, den Grafen und dem Kloster Lorsch über die Nutzungen im Lobdengau, die Forstrechte im Odenwald, mit den rheinfränkischen Herzögen über die stadt- und landesherrlichen Rechte sich mehrerer gefälschten Merowinger- und Karolingerdiplome bedient haben, war seit langem bekannt. Doch fehlte es an einer genaueren Untersuchung über Umfang und Art der Fälschung, über den Zusammenhang, in dem die einzelnen Stücke unter einander stehen. Diese Lücke hat J. Lechner in einer Abhandlung über die „älteren Königsurkunden für das Bisthum Worms und die Begründung der bischöflichen Fürstenmacht" auszufüllen versucht, welche in den Mitth. des Instituts für öst. Geschichtsf. XXII (1901), 361—419 und 529—574 erschienen ist. Er hat nicht allein in sorgfältiger und scharfsinniger Weise die in Frage kommenden Urkunden Dagoberts und der Karolinger untersucht, sondern auch die von den Ottonen und Heinrich II. für das Hochstift ausgestellten Diplome erneuter Prüfung unterzogen und ist dabei zu einem überraschenden Ergebnisse gekommen, nämlich zu der Behauptung, daß Bischof Hildibald (Februar 979 — 4. August 998), der Kanzler Ottos II. und III., seine amtliche Stellung dazu benützt habe, während der Minderjährigkeit Ottos III., etwa in den Jahren 985—996, durch einen Kanzleibeamten, den vielbeschäftigten und für das Urkundenwesen der deutschen Kanzlei in mehr als einer Beziehung wichtigen Notar Hildibald B.[1]), nicht allein die älteren Diplome in einer seinen Ansprüchen günstigen Weise überarbeiten, sondern auch auf den Namen Ottos des Großen und seines Sohnes lautende Präcepte anfertigen zu lassen. Wäre all das als geschehen anzunehmen, dann fiele nicht allein auf die Persönlichkeit Hildibalds, der in ungewöhnlichem Maße die Gunst zweier Kaiser genossen hat, auf die vormundschaftliche Regierung der Kaiserinnen Theophanu und Adelheid, auf die Geschäftsführung der kaiserlichen Kanzlei das schlechteste Licht, sondern es würde auch das Vertrauen in die rechtliche und in gewissem Sinne auch in die historische Glaubwürdigkeit der aus dieser hervorgegangenen Urkunden erschüttert, denn es macht viel aus, ob man ein Diplom als eine in aller Form verbriefte Willensäußerung des Herrschers oder als eine im eigenen Interesse

---

1) Ueber ihn Kehr, Urkunden Ottos III. S. 42 ff. Lechner S. 402 ff., 530 ff. Daß H.B. aus der Wormser bischöflichen in die kaiserliche Kanzlei übergetreten und erst in dieser Schüler des Liutolf J. geworden sei, ist nicht zu bestreiten, doch läßt sich daraus nicht schließen, daß er schon vor seinem Eintritte in die kaiserliche Kanzlei Beziehungen zu Hildibald gehabt habe, da wir vor Allem nicht wissen, ob dieser zum Wormser Klerus gehört habe, H.B. auch über Verwendung des Bischofs Anno eine Stelle im kaiserlichen Dienste erlangt haben konnte.

218 Excurs I.

zu Stande gebrachte Schöpfung des Kanzlers zu betrachten hat²). Der Ausspruch Lechners ist nun unter Umständen erfolgt, welche von vornherein für ihn einnehmen müssen. Seine Abhandlung ist aus den Vorarbeiten für die Ausgabe der Karolinger-Diplome in den Mon. Germ. hervorgegangen, ein gelehrtes Unternehmen, welches gewiß die sorgsamste Erwägung vorausseten läßt und das größte Vertrauen beanspruchen darf, und daraus muß man folgern, daß der Verfasser, zumal ihm die Tragweite des vermeintlichen Ergebnisses seiner Untersuchung klar vor Augen stand, sich der mit seiner Arbeit verbundenen Verantwortung bewußt gewesen sei und der wohl begründeten, unabweislichen Forderung, sich der größten Vorsicht, Gewissenhaftigkeit und Unbefangenheit in der Erforschung des Sachverhaltes zu befleißen, Genüge geleistet habe. Trotz solcher Voraussetzung wird doch Angesichts des seltsamen und so bedeutungsvollen Ergebnisses jeder Fachgenosse in sich den Drang verspüren, in dieser Frage ein selbständiges Urtheil zu gewinnen, und vollends der Bearbeiter der Jahrbücher Ottos II. konnte sich im Hinblick auf die hervorragende Stellung, welche Bischof Hildibald unter diesem Kaiser und seinem Sohne einnimmt, erneuter Untersuchung des wichtigen Falles nicht entschlagen. Allerdings muß ich mich in diesem Augenblicke auf die Feststellung der Sachlage hinsichtlich der Ottonischen Diplome beschränken. Die Ueberprüfung der Ausführungen über die Karolinger Diplome ist in erster Linie dem Leiter der mit ihrer Ausgabe betrauten Diplomata-Abtheilung, Herrn Professor Mühlbacher, vorzubehalten, und dessen Ausspruch ist vorerst abzuwarten³).

An erster Stelle kommt die Urkunde Kaisers Otto I. vom 10. April 970 (DO. I. 392) in Betracht. Der Kaiser entscheidet darin einen Streit zwischen Worms und Lorsch über Nutzungsrechte im Lobdengau, insbesondere über das Forstrecht im Odenwald, zu Gunsten des Bisthums und bestätigt ihm die von Bischof Anno vorgelegten Präcepte der ersten Karolinger. Wie schon in der Diplomata-Ausgabe festgestellt wurde, sind in DO. I. 392 gefälschte Karolinger-Diplome verwerthet, welche, unter sich in engstem Zusammenhange stehend, den Anspruch des Wormser Hochstifts auf jene Rechte erhärten sollten. War die Urkunde, wie in der Diplomata-Ausgabe angenommen ist, im Jahre 970 ausgefertigt worden, so ist das Vorhandensein der Fälschungen zur Zeit des Bischofs Anno und die Thätigkeit des HB. in dessen Dienst nachgewiesen. Dieser Auffassung haben sich auch v. Ottenthal (Reg. Ottos I. Nr. 517) und Boos (Gesch. der rhein. Städtekultur I, 223) angeschlossen. Anders Lechner. Nach ihm ist DO. I. 392 Palimpsest, die ganze Schriftseite eines mit einem echten Siegel Ottos des Großen versehenen Diploms ist innerhalb der Jahre 985—996 rabirt worden, „auf die so gewonnene tabula rasa konnten mit den Kanzleigebräuchen vertraute Schreiber schreiben, was ihnen oder dem Bischofe (Hildibald) frommte. Der Wortlaut des übrigens in gleicher Weise auf Rasur geschriebenen Protokolls wäre der getilgten Urkunde entnommen" (S. 375).

Ueberraschte es, daß gewiegten und umsichtigen Kennern, wie Foltz und v. Sickel, welche die Urkunde für die Ausgabe bearbeitet hatten, ein so wichtiger Umstand, wie die Rasur der ganzen Schriftseite, entgangen sein sollte, so wurden die Bedenken durch die Erwägung verstärkt, daß die Annahme eines Palimpsestes zur Annahme eines unerklärlichen Vorganges führen würde. Die verlängerte Schrift der ersten Zeile und der beiden Unterschriftszeilen sowie die Datirung rühren nämlich von einem Schreiber (X) her, den wir in den erhaltenen Originaldiplomen Ottos des Großen nur noch ein Mal und zwar in der zweiten Ausfertigung einer am 25. Jänner 970 zu Pavia für das Erzbisthum Magdeburg ausgestellten Urkunde (DO. I. 388 B.) finden. In diesem Stücke ist nur die verlängerte Schrift sein Werk, während Text und Datirung von dem Kanzleinotar Liutolf b. eingetragen wurden, der die erste Ausfertigung vollständig geschrieben hatte. Dieser Befund ist wenigstens Anfangs

---

²) Vgl. die Bemerkung Meineckes (Hist. Zeitschr. LXXXVIII, 163).
³) Ich bin ihm für die freundliche Ueberlassung der nach den Wormser Diplomen angelertigten Pausen und der von Foltz und mir angelegten, von Kehr und Erben ergänzten Zusammenstellungen über des HB. Schreibthätigkeit zu verbindlichstem Danke verpflichtet.

Zur Kritik der Diplome für das Bisthum Worms.

auch von Lechner anerkannt worden und besteht, wie ich durch neuerliche Vergleichung der Originale festgestellt habe, zu Recht[4]. Während die Herausgeber der Diplomata und v. Ottenthal aus diesem Zusammenhange zwischen DO. I. 388 B. und 392 die Ausfertigung beider im Jänner und April 970 auf italienischem Boden folgerten, hat Lechner seine Zustimmung an den Vorbehalt geknüpft, daß X als „Kanzleischreiber" nachgewiesen werden müsse. Daß er das nicht war, geben wir zu, aber nicht, daß dieser Umstand im Sinne Lechners als Ausschließungsgrund verwerthet werden könne.

Wollen wir die Stellung dieses Schreibers näher bestimmen, so haben wir drei Möglichkeiten vor uns. Entweder war er ein beliebiger, zufällig am Hofe anwesender Kleriker, oder er gehörte zum Gefolge des Bischofs Anno von Worms oder zu den Magdeburger Geistlichen, welche damals mit Vorliebe zur Kanzleiarbeit herangezogen wurden. Für seine Wormser Herkunft könnte sprechen, daß er an DO. I. 392 betheiligt ist, in DO. I. 388 Bischof Anno als Intervenient erscheint, dieser als erster Abt des Moritzklosters fortwährend nahe Beziehungen zu Magdeburg unterhalten hat. Den Kanzleiverhältnissen und dem Umstande, daß X zuerst von Ph. zur Mitarbeit an einem für Magdeburg bestimmten Stücke, und zwar einer zweiten Ausfertigung, berufen worden ist, würde die dritte Annahme am besten entsprechen. Ein sicherer, zwingender Nachweis läßt sich jedoch weder für diese noch eine andere erbringen. Lechner will ihn natürlich für den Dienst des Wormser Bischofs in Anspruch nehmen, da er nur in diesem Falle zu erklären vermöchte, wieso X dazu kam, sich nach etwa 15 Jahren im Auftrage Hildibalds an der Beschreibung zu betheiligen. Wir müssen nun fragen, wie man sich nach dieser Annahme den Verlauf vorzustellen hätte? Bischof Hildibald braucht nach dem Jahre 985 aus einem uns allerdings nicht bekannten Grunde ein zur Bekräftigung seiner Ansprüche auf Lobbengau und Odenwald geeignetes Diplom Ottos des Großen, denn als vorsichtiger Mann fälscht er nur Urkunden, die vor seine bischöfliche Regierung fallen (S. 546, 550); in dem Archive des Hochstifts findet er ein passendes Stück vom 10. April 970, das ihm eine freudige Ueberraschung bietet. Denn der Kanzlerbischof, der nach Lechners Annahme es in der Schriftvergleichung mit jedem Zöglinge unserer heutigen Urkundenschulen hätte aufnehmen können, bemerkt, daß an diesem Diplome der Schreiber X, welcher noch in seinen Diensten steht, mitgearbeitet hat. Nun ist ihm geholfen. Er braucht nicht den Text allein auszuradiren zu lassen, wobei ja die Unterlängen der ersten Zeile Schaden leiden mußten, sondern kann auch diese in die Rasur einbeziehen; wäre aber dabei immerhin der Unterschied zwischen der nicht rabirten unteren Hälfte und der oberen Verdacht erregend gewesen, so kann er, um eine gleichmäßige Fläche herzustellen, auch das Eschatokoll tilgen. Gedacht, gethan. Er läßt vor Allem die erste Zeile und das Eschatokoll abschreiben, dann wird die ganze Schrift so sorgfältig wegradirt, daß man kein Spur mehr zu entdecken vermag, das Pergament mit Schabeisen, Bimsstein und Glättbein (Anweisung bei Wattenbach, Schriftwesen[3] S. 211—214) behandelt, daß es wie neuer Stoff beschrieben werden kann. Da das Siegel bei dieser Arbeit zerbrochen wurde, so gebraucht man noch die weitere Vorsicht, den durch den Bruch frei gewordenen „Raum mit Bimsstein der andern Fläche zu assimiliren" (S. 375). Auf das in dieser Weise bearbeitete Blatt, dem der Siegelrest Authenticität wahrt[5]), schreibt X die erste Zeile, Eschatokoll und Datirung, der in die geheimen Absichten seines Herrn eingeweihte HB. den Text. Läßt sich ein solcher Vorgang mit dem, was wir von den Fähigkeiten, dem Verfahren mittelalterlicher Fälscher wissen, vereinen? Ist es denkbar, daß ein Schreiber, der nur zufällig an der Kanzleiarbeit Theil nahm, also keine besondere Uebung darin hatte, nicht allein Form und Zug der Buchstaben in voller Sicherheit, sondern, was noch wichtiger ist, die räumliche Vertheilung der verlängerten Schrift, wie sie sich vor mehr als 15 Jahren von ungefähr ergeben hatte, auf's

---

4) Für die Zusendung der Originale von DO. I. 388 und 392 habe ich der Direction des k. geh. Staatsarchives in Berlin, sowie dem Herrn Director des Großh. hess. Haus- und Staatsarchives in Darmstadt, Dr. Freih. S. Schenk zu Schweinsberg auf's Wärmste zu danken.
5) Daß das Siegel nicht bloß „vorderhand" (S. 375), sondern ganz sicher echt ist (S. I, 5), hat die Vergleichung mit dem an D. 388 B. angebrachten bestimmt ergeben.

Excurs I.

Genaueste treffen werde? Lechner selbst scheint das Bedenkliche seiner Annahme gefühlt zu haben, denn er sucht nach einer Ausflucht. Er fragt (S. 374 Anm. 1): „Ist übrigens DO. I. 388 B. sicher gleichzeitige Ausfertigung?" Wenn nicht, was wäre damit für ihn gewonnen? Dann kann X nur ein Magdeburger gewesen sein und es ließe sich erst recht nicht absehen, wieso Hildibald ihn nach dem Jahre 985 für seine Zwecke verwenden konnte. Im weiteren Verlaufe ist Lechner daher auf die Vermuthung gekommen, daß HB. ganz gut die in der echten Urkunde von 970 vorhanden gewesene Schrift des X nachgezeichnet haben kann (S. 531). Das ist unbedingt abzulehnen, denn bei der größten Anpassungsfähigkeit konnte HB. die bis in die Kleinsten, nur unserem geschulten Blicke auffallenden Einzelheiten gehende Uebereinstimmung zwischen DO. I. 388 B. und 392 niemals erzielen. Woran soll sich übrigens HB. gehalten haben? Auch die von X eingetragenen Zeilen waren ja nach Lechners Annahme getilgt worden, es fehlte also an einer Vorlage für HB.

Daß die im Vorstehenden entwickelten Bedenken begründet sind, wurde durch die neuerliche Untersuchung des Originals von DO. I. 392 vollauf bestätigt[6]). Es ergab sich mit aller Sicherheit, daß wir kein Palimpsest vor uns haben, daß weder von einer vollständigen noch von einer theilweisen Rasur der Schriftseite die Rede sein kann. Allerdings wurde für DO. I. 392 ein rauhes Pergamentstück verwendet, welches vollkommene Glättung nicht gestattete. Daß diese Rauheit aber dem Pergamente von Anfang an zu eigen war und nicht erst Folge einer Rasur ist, ergibt sich aus der gleichmäßigen Vertheilung der rauhen Stellen. Die Seitenränder und die untere Hälfte sind rauher als die Mitte und der obere Rand, die Rauheit nimmt also von dem Ende des Felles gegen das Innere zu ab, neben den rauheren sind auch glatte Stellen zu bemerken und endlich entspricht die Rückseite in dieser Hinsicht durchaus der Schriftseite. Rauheit des Pergamentes genügt aber für sich allein nicht, um den Schluß auf Rasur zu gestatten. Palimpseste weisen stets mehr oder minder deutliche Spuren der früheren Schrift auf[7]), die Rasur größerer Stellen verändert den Körper des Pergaments, der um eine ganze Schicht dünner werden muß[8]), es war kaum möglich, radirtes Pergament so zu glätten, daß die Beschreibung erfolgen konnte, ohne dem Schreibrohre Hindernisse zu bereiten, die Tinte fließen zu lassen[9]). Von diesen unvermeidlichen Mängeln weist unser Stück keinen auf. Trotz wiederholter eingehender Untersuchung war es mir nicht möglich, auch nur die geringste Spur früherer Beschreibung zu entdecken[10]). Ebenso wenig verräth das Pergament in anderer Weise Behandlung mit dem Radirmesser, nochmalige Abschabung und Glättung. Die durchwegs gleichmäßige, sorgfältige Schrift macht den besten Eindruck. Fehlen somit die wesentlichen Merkmale eines Palimpsestes, so muß man im Zusammenhange mit den früher dargelegten Bedenken die Annahme einer Rasur der Schriftseite von DO. I. 392 als eine ganz unbegründete Behauptung ablehnen[11]).

---

6) Auf mein Ersuchen hat Herr Dr. W. Erben die Güte gehabt, DO. I. 392 selbständig und genau zu überprüfen. Seine Wahrnehmungen stimmten mit den meinen durchwegs überein.

7) Das fordern auch Brandi (Kelchenauer Urkundenfälschungen S. 52, Westdeutsche Zeitschr. XIX, 131 u. 138) und Breßlau (All. in Abbild., Text S. 86). Ein gutes Beispiel eines ganzseitigen Urkundenpalimpsestes bietet der Letztere a. a. O. II, Tafel 21, Text S. 32. Trotz der sorgfältigen Behandlung sind aber die Spuren der ersten Schrift selbst im Facsimile deutlich zu erkennen und allem Anscheine nach ist durch die Rasur auch die Schrift des Fälschers ungünstig beeinflußt worden.

8) Brandi a. a. O. S. 58.

9) Brandi S. 53.

10) Nur links von dem Anfange der dritten Schriftzeile ist vor que ein Strichelchen zu sehen, welches Rest eines ausradirten Wortes oder Buchstabens sein könnte, wahrscheinlicher aber durch das Ausfahren der Schreiberhand bei dem Ziehen des Chrismonschweifes zu erklären ist.

11) An dem rechten Rande der Rückseite in dem zweiten und dritten Felde der Faltung zeigt das Pergament eine bläuliche Färbung, welche offenbar auf Nässe oder auf einen Fleck neuerer Tinte, der verwischt wurde, zurückzuführen ist. Im zweiten Felde zeigen sich nach meiner und Lechners Ansicht, der aber Erben nicht beigetreten ist, Spuren einer Rasur. Lechner fragt: „Stand dort vielleicht ein unbequemes Dorsualregest?" (S. 375). Man darf antworten: Kaum, denn dies äußerste Randfeld, das nach Innen zu liegen kam, ist nicht der

Zur Kritik der Diplome für das Bisthum Worms.

Damit fällt aber nicht allein ein schwerwiegender Verdachtgrund hinweg, sondern es wird dadurch auch die Möglichkeit beseitigt, die Ausfertigung von DO. I. 392 in ein späteres Jahr zu verlegen. Käme Schreiber X nur in diesem Stücke oder sonst nur in Wormser Diplomen vor, so wäre allerdings denkbar, daß er im Vereine mit HB. nach 970 eine auf den Namen Ottos des Großen lautende Urkunde angefertigt hat. Da er aber auch an einem Diplome für das Erzstift Magdeburg betheiligt ist, welches in dasselbe Vierteljahr fällt, in das seiner Datirung nach DO. I. 392 gehört, und wie dieses in Italien ausgestellt ist, so müssen beide Urkunden, ob wir X für einen Magdeburger oder einen Wormser halten, zu dem Zeitpunkte, den ihre Datirung angibt, ausgefertigt worden sein, es könnte besten Falls nur für D. 388 B. etwas spätere, etwa mit DO. I. 392 gleichzeitige Ausfertigung angenommen werden. Denn war X ein Magdeburger, dann gilt das früher Gesagte, war er aber ein Wormser, dann muß er Anfangs 970 in Italien gewesen sein und es wäre ein zu merkwürdiger Zufall, daß Bischof Hildibald nach 985 gerade ihn für seinen Zweck ausgewählt und sich für das in seinem Auftrage angefertigte Stück jenes Siegels bedient hätte, das auch an DO. I. 388 B. angebracht ist.

Wird die Ausfertigung von DO. I. 392 zum Datum seiner Ausstellung festgelegt, so ist das Stück im Hinblick auf seine gute Besiegelung als ein durchaus unverdächtiges Originaldiplom erwiesen, denn man kann doch nicht annehmen, daß der Bischof ein mit einem echten Siegel versehenes Pergamentblatt aus der Kanzlei entwendet habe. Es könnte sich höchstens darum handeln, festzustellen, inwieweit die Kanzlei über das Siegel hinaus Antheil an der Ausfertigung genommen, ob sie die Niederschrift vollständig dem Bischofe und seinen Leuten überlassen oder einem ihrer Hilfsarbeiter (X) die Eintragung der ersten Zeile und des Eschatokolls aufgetragen hat. Da aber der Text von HB. herrührt, so ist diese Frage für unsern Zweck ebenso wenig von Bedeutung wie die andere, ob Otto der Große die überarbeiteten Karolinger-Urkunden vor sich gehabt und thatsächlich anerkannt oder ob die Kanzlei dem Bischofe mit Genehmigung des Kaisers ein Blankett ausgefolgt hat. Uns kommt es nur darauf an, in DO. I. 392 einen sicheren Beleg dafür zu besitzen, daß mindestens die Fälschungen der einen auf den Lobdengau und Odenwald bezüglichen Gruppe im Jahre 970 vorhanden waren, HB. schon damals im Dienste des Bischofs von Worms gestanden und wesentliche Eigenthümlichkeiten seiner Schrift und seines Diktats ausgebildet hatte.

Dadurch gewinnen wir aber ein ganz anderes Bild von der Entwickelung dieses Notars, als wenn wir DO. I. 392 in die Zeit seiner vollen Kanzleithätigkeit verlegen, und das muß bei der Beurtheilung der andern auf den Namen Ottos I. und II. lautenden Wormser Diplome wohl beachtet werden. Von diesen bietet DO. I. 84 keinen besonderen Anlaß zu kritischen Bemerkungen. Wie schon in der Diplomata-Ausgabe festgestellt wurde, ist es ebenfalls von HB. geschrieben und zwar, wie Lechner annimmt (S. 532), gleichzeitig mit DO. I. 392. Inhaltlich die Wiederholung einer echten Urkunde Ludwigs des Frommen stellt es sich als die noch heute des Siegels entbehrende „Abschrift in Diplomform" dar, bei deren Anfertigung HB. Einzelheiten seiner wahrscheinlich von dem Notar Brun A. geschriebenen Vorlage nachzuahmen bemüht war. Wir kommen auf den Zusammenhang, in dem das Stück mit DO. II. 46 und DO. I. 392 steht, noch zurück.

DO. I. 330 vom 24. August 966 für den Getreuen Gumbert wurde in der Diplomata-Ausgabe und auch von Lechner (S. 532 ff.) ebenfalls dem HB. zugewiesen. Während in der alle Möglichkeiten wohl berücksichtigenden Vorbemerkung der Diplomata Ausfertigung im Jahre 966 oder wenig später angenommen ist, will Lechner diese ebenfalls in die Zeiten Ottos III. verlegen, da in der Unterschriftszeile das unter Otto dem Großen nicht übliche Beiwort gloriosissimus gebraucht wird, welches HB. unter Otto III. wieder in Geltung

---

regelrechte Platz für die ältesten Indorsate. Die bläuliche Farbe läßt denn auch vermuthen, daß, wenn überhaupt, so ein Vermerk aus neuerer Zeit getilgt worden ist.

gebracht hat¹²). Dem gegenüber habe ich vor Allem zu bemerken, daß ich nach der mir vorliegenden Bause DO. I. 330 überhaupt nicht als von HB. geschrieben anzuerkennen vermag¹³). Die Schrift weist einen andern Zug auf, die Buchstabenformen sind in den meisten Fällen verschieden von denen des HB., die für ihn so bezeichnende Verbindung rt ist hier viel unbeholfener gemacht als selbst in DO. II. 46, wo sie sich in ähnlicher Form findet. Das aber durch die Nachahmung einer ältern Schreibvorlage zu erklären, geht nicht an, denn das konnte nur jene Buchstaben, Zeichen und Verbindungen beeinflussen, bei welchen der Schreiber sich an sie hielt, nicht aber jene, die ihm eigenthümlich und geläufig sind. Ganz ausgeschlossen ist es daher nach meinem Dafürhalten, daß HB. nach dem Jahre 985 eine so ungelenke stümperhafte Arbeit geliefert habe, wie sie in DO. I. 330 vorliegt. Hält man an ihm als Schreiber fest, dann muß die Urkunde vor DO. I. 392, in dem er schon alle Eigenthümlichkeiten seiner Schrift in freiem schönem Zuge beherrscht, entstanden sein, und darin läge ein neuer Beweisgrund für Ausfertigung von DO. I. 330 im Jahre 966.

Wichtiger als diese Diplome ist eine Urkunde Kaisers Otto II., welche der Datirung nach in den Wormser Tag des Jahres 973 gehören würde (DO. II. 46). Der Kaiser bestätigt in ihr auf Bitte des Bischofs Anno dem Bisthum Worms den Bezug des von den Kaufleuten, Handwerkern und Friesen zu entrichtenden Marktzolles sowie aller andern Fiskalhebungen. Als Vorurkunden sind DO. I. 84, ferner nach Lechners Ausführung gefälschte Diplome Ludwigs des Deutschen und Arnulfs benützt. Die Urkunde, welche die Zusammenfassung und Anerkennung der für die Geltendmachung der stadtherrlichen Rechte des Bischofs angefertigten Fälschungen bezweckt, nimmt also in dieser Gruppe dieselbe Stellung ein wie DO. I. 392 in der ersten. Da DO. II. 46 von HB. geschrieben ist, aber das Siegel fehlt, so wurde es in der Diplomata-Ausgabe in gleicher Weise wie DO. I. 84 beurtheilt und als „Abschrift in Diplomform" bezeichnet, deren Anfertigung, da sie ein erst unter Otto III. wieder üblich gewordenes Monogramm aufweist, in die ersten Jahre dieses Kaisers verlegt wurde. Dem hat auch Lechner (S. 400) beigestimmt, der den zeitlichen Ansatz durch den Hinweis auf DO. II. 199, DO. III. 12 und DH. II. 319 auf die Jahre 985—1014, beziehungsweise 985—996 einschränkte. In D. 199, einer Urkunde von unbezweifelter Echtheit, verleiht nämlich Otto II. dem Bisthum Worms das bis dahin dem Fiskus vorbehaltene letzte Drittel der Hebungen, welches Herzog Otto inne gehabt hatte, und hebt ausdrücklich hervor, daß das Bisthum nur im Besitze zweier Drittel gewesen sei. Diese Urkunde wurde am 29. April 985 von König Otto III. über Verwendung eben jenes Herzogs Otto bestätigt (DO. III. 12). Lechner schließt daraus, daß dieser Verleihung eine in allgemeinen Ausdrücken gehaltene Bestätigung des Bezuges aller Fiskalnutzungen nicht vorangegangen, DO. II. 46 nur nach DO. III. 12 entstanden sein kann. Dieser Schluß scheint mir an und für sich nicht zwingend zu sein. Ich vermag nämlich nicht einzusehen, wozu Hildibald, nachdem ihm von dem Könige unter Zustimmung des nächstbetheiligten Herzogs der Bezug aller Hebungen in ganz bestimmter Form bestätigt worden war, eine wenige Jahre zurückgreifende Fälschung benöthigt hätte. Dagegen ist es recht wohl denkbar, daß die Geltendmachung eines Anspruches auch an das letzte Drittel auf Grund einer allgemeinen, mit den thatsächlichen Verhältnissen nicht im Einklang stehenden Bestätigung angefochten wurde¹⁴). Gab dann der Herzog seinen Widerstand auf, erfolgte die ausdrück-

---

12) Zuerst findet es sich in dem von HB. geschriebenen DO. III. 3 für S. Paul zu Verdun vom 20. October 984.
13) Diese Ansicht hat Dr. Erben zufolge einer im Apparat der Diplomata vorhandenen Aufzeichnung schon im Jahre 1889 geäußert und er hält auch heute nach nochmaliger Vergleichung der Bausen an ihr fest.
14) Nam traditione ac permissu nostrorum decessorum usque nostra tempora eadem ecclesia tam in toletis quam in bannis duas *tantum* totius utilitatis partes tenuit, tercia, *ut omnibus illius provintie optimatibus notum est*, nostro fisco reservata. Aus dieser Stelle hat schon Arnold (Vfssg. der deutschen Freistädte I, 31) auf einen voran-

liche Verleihung des letzten Drittels durch den Kaiser, so hatte die vorangehende allgemeine Bestätigung an Werth verloren und wurde weiterhin nicht mehr verwendet.

Ließe sich also dem Inhalte nach Ausfertigung von D. 46 vor D. 199 erklären, so fragt es sich, ob die äußeren Merkmale dieser Annahme in der That völlig ausschließend im Wege stehen? Da wir die Thätigkeit des HB. schon für das Jahr 970 nachgewiesen haben, könnte als ausschlaggebend nur das Monogramm gelten. Es ist ein Namensmonogramm mit rundem kleinen o, welches, wie bemerkt, nicht unter Otto II., wohl aber in den ersten Jahren Ottos III. gebraucht wurde (v. Sickel in KU. in Abbild., Text S. 291). Daß nun HB. dieses Monogramm im Jahre 973 nicht einsetzen konnte, würde man nur dann schließen dürfen, wenn es ihm vor 984 nicht bekannt sein konnte. Das ist aber nicht der Fall. Denn Namensmonogramme mit rundem o finden sich auch unter Otto dem Großen und zwar gerade zu der Zeit, in der HB. sich zum ersten Male an der Ausfertigung einer Urkunde betheiligte [15]). Es wäre also ganz gut möglich, daß er bei der Anfertigung von DO. II. 46, des im Jahre 973 herrschenden Kanzleibrauches nicht völlig kundig, sich an eine ihm von früher her bekannte Form hielt, sie in seiner Weise zeichnete, und damit ein Monogramm schuf, welches, als es galt, für Otto III. ein solches zu wählen, Kanzleinorm wurde, während er sich nach seinem Eintritte in die Kanzlei Ottos II. dem in dieser geltenden Gebrauche anschloß. Diese Annahme scheint mir dadurch bekräftigt zu werden, daß die Schrift von DO. II. 46 der von DO. I. 392 sehr nahe steht, daß HB. in beiden Urkunden, und nur in ihnen, ein Abkürzungszeichen verwendet, welches von demjenigen, dessen er sich als Kanzleischreiber bedient, ganz verschieden ist, daß ebenso das Christmon von D. 46 eine ganz andere Form zeigt, als das ihm eigenthümliche, dagegen mit dem von DO. I. 84, welches als Vorurkunde diente, übereinstimmt, daß endlich in D. 46 eine Besonderheit wie die Verzierung des n in amen fehlt. Es ist höchst unwahrscheinlich, daß HB. nach dem Jahre 985 auf ein Abkürzungszeichen zurückgegriffen habe, dessen er sich im Jahre 970 ein Mal und dann nicht wieder bedient hatte, und daß er überhaupt die Schrift von D. 46 einfacher, unvollkommener gestaltet, gewissermaßen auf einen früheren Stand seiner Entwickelung zurückgebracht habe.

Aus diesen Gründen glaube ich annehmen zu dürfen, daß auch DO. II. 46 nicht erst nachträglich, sondern thatsächlich im Jahre 973 von HB. ausgefertigt wurde, und damit wäre auch das Vorhandensein der zweiten und dritten Gruppe falscher Karolingerurkunden zur Zeit des Bischofs Anno erwiesen [14]).

---

gegangenen Streit zwischen Herzog und Bischof geschlossen und auch Lechner (S. 396) spricht von „Meinungsverschiedenheiten", sowie davon, daß „der König gegenüber den Ansprüchen seines Kanzlers Gründe zu dieser charakteristischen Feststellung gehabt haben wird". Bischof Hilibald „berief sich auf Verleihungen früherer Könige, drang aber mit seinem Rechtsanspruche nicht durch. Das Zeugniß aller Ottonen des Causa spreche dagegen" (S. 563). Erst durch beharrliche Bitte habe Hilibald seinen Zweck erreicht. Von alledem steht in der Urkunde nichts. Wir müssen doch beachten, daß sie zu Gunsten des Bisthums gedacht ist. Die Feststellung geht nur dahin, daß die Wormser Kirche sich noch nicht in vollem Genusse aller Hebungen befinde und daß das letzte Drittel dem Fiskus gehöre, der Herzog es nur von dem Kaiser inne habe: quicquid ... Otto .... in bannis quam toletis visus est nostra ex parte tenuisse. Damit soll also vor Allem das freie Verfügungsrecht des Herrschers betont werden.

15) Leider habe ich die nach Berlin abgegebenen paläographischen Abschriften der ältern Diplomata-Abtheilung nicht zur Hand, so daß ich eine ganz genaue Feststellung nicht vornehmen vermag. Ich verweise daher nur auf DDO. I. 293, 365, 366 (KU. in Abbild. III, Tafel 26, 28, 29), DO. I. 302 (Jaffés, Kaiser- und Königsurkunden des Landes Osnabrück, Tafel XII), sowie auf die zum Wormser Bestande gehörigen DDO. I. 310, 330.

16) Noch wäre DO. II. 143 vom 15. November 976 zu besprechen, das wahrscheinlich von HB., also ebenfalls vor seinem Eintritte in die Kanzlei geschrieben ist, gegen dessen Inhalt Lechner einige Bedenken geäußert hat (S. 544, 555, 558). Er hat aber übersehen, daß das Original im Jahre 1896 wieder an den Tag gekommen ist. Nach längerer Wanderung durch mehrere Antiquariate ist es in den Besitz des Professors Dr. Marc Rosenberg in Karlsruhe gelangt. Die Uebersendung des Stückes, dem wahrscheinlich die größte Bedeutung für die hier behandelte Frage zukommt, war leider jetzt nicht möglich, ist mir aber vom Besitzer für eine spätere Zeit freundlichst zugesichert worden.

Erscheint Bischof Hildibald von dem mit so viel Eifer und Scharfsinn auf ihn gehäuften Verdachte befreit, so entspricht dies Ergebniß durchaus dem uns bekannten geschichtlichen Verlaufe. Lechner selbst vermag nicht nachzuweisen, daß Hildibald Anlaß zu Fälschungen gehabt oder von ihnen Gebrauch gemacht habe. Er hilft sich damit, daß er den Kanzlerbischof für einen „Realpolitiker" erklärt, der „nichts Unmögliches beanspruchte" (S. 418), der Ansprüche „nur gestellt, nicht aber durchgesetzt" hat, daß die Früchte seiner geheimnißvollen Thätigkeit von seinem Nachfolger Burkhard geerntet wurden (S. 568, 569). Dem gegenüber muß man sich vor Augen halten, daß Hildibald in der Lage war, für sein Bisthum auch ohne Fälschungen durch Geltendmachung seines großen Einflusses zu sorgen und daß er dies auch mit bestem Erfolge gethan hat. Bloß auf Vorrath, ohne äußeren Anlaß, nur in der Voraussicht zu fälschen, daß sein Nachfolger einen schwereren Stand haben, dieser Nachfolger der Rechtsgelehrte Burkhard sein werde, der von den vorbereiteten Mitteln den richtigen Gebrauch machen könne, das darf man ihm ohne stichhaltigste Gründe nicht zumuthen.

Erscheint somit Hildibald in anderem, besserem Lichte, so bliebe nur die Frage offen, inwieweit HB. an der Fälschung, Ueberarbeitung der Karolingerdiplome betheiligt war. Sie kann endgiltig wohl erst nach dem Erscheinen der Diplomata-Ausgabe beantwortet werden, erst dann wird sich feststellen lassen, ob in der That so deutliche Spuren seiner Thätigkeit vorhanden sind, daß durch sie die von Lechner erhobene Beschuldigung als gerechtfertigt erwiesen wird. Die von diesem gebotenen Zusammenstellungen reichen vorläufig zu einer Entscheidung nicht aus. Nach der vorstehenden Ausführung darf man DO. I. 392 und DO. II. 46 nicht mit den Fälschungen zusammenwerfen und den Kanzleiarbeiten des HB. gegenüberstellen. Wir haben ferner die von Lechner selbst (S. 586) angedeutete Möglichkeit in's Auge zu fassen, daß HB. sich an älteren Urkunden geschult, für diesen Zweck vielleicht gerade die im Auftrage Annos überarbeiteten Karolinger-Diplome benützt hat. Und mag auch das Endurtheil zu seinen Ungunsten ausfallen, so ist doch nach dem früher Gesagten sicher, daß die Fälscherarbeit vor seinen Eintritt in die kaiserliche Kanzlei fällt.

Zum Schlusse mögen mir ein paar Bemerkungen allgemeinen Inhalts nicht verargt werden. Delbrück hat ein Mal die Thätigkeit des Historikers mit der des Detektives verglichen und man wird dem für den ersten Anblick wenig schmeichelhaften Ausspruche die Berechtigung nicht absprechen können. Doch Vergleiche hinken. Ist namentlich bei der Urkundenkritik die Scheidung des Echten von dem Falschen eine der hauptsächlichsten und leider die am häufigsten an den Forscher herantretende Aufgabe, deckt sich diese Art kritischer Untersuchung gewiß zum Theile mit der polizeilichen und strafgerichtlichen, so liegt dem Historiker doch eine höhere Pflicht ob. Seines Amtes ist es in vielen Fällen, einem Vergehen gegen die Wahrheit auf die Spur zu kommen, eine Anklage zu erheben, und in vollem Maße gilt auch hier die Mahnung, ne quid veri non audeat (dicere); doch ist damit seine Aufgabe nicht wie die des Detektives, Untersuchungsrichters oder Staatsanwaltes erschöpft. Der mit schwerem Vorwurfe Behaftete vermag nicht heute mit jenen Aufklärungen zu geben, welche vielleicht den gehegten Verdacht sofort zerstreuen, die Einstellung der Untersuchung veranlassen könnten; so muß der Forscher für den Todten, dessen guter Ruf in seinen Händen liegt, als Vertheidiger eintreten, bevor er zu dem letzten, ihm ebenfalls obliegenden Akte, der gewissenhaften alle für oder wider den Angeklagten sprechenden Umstände abwägenden Entscheidung des Richters schreitet.

Diese sittliche Verpflichtung, welche in der modernen Strafrechtslehre zur vollen Anerkennung gelangt ist, erfährt auf dem Gebiete der Urkundenforschung besondere Verstärkung dadurch, daß die Vervollkommnung und Verfeinerung der kritischen Mittel das Maß der Verantwortlichkeit und Vorsicht bei ihrer Handhabung erheblich gesteigert hat. Man muß sich hüten, auf Grund anderweitig erwiesener Thatsachen, in unserem Falle haben augenscheinlich die Verwendung von Palimpsesten bei den Osnabrücker und

Reichenauer Fälschungen, die Urkundenfälschung durch den Kanzler Kaisers Sigismund die erste Anregung gegeben, eine Verdachtsmöglichkeit zu erdenken, die dann mit allen Mitteln zu beweisen ist. Es gilt ferner die Mahnung zu beherzigen, welche aus reicher Erfahrung und trefflicher Erkenntniß Giry an die Urkundenforscher im Allgemeinen, die Deutschen insbesondere gerichtet hat (Manuel de diplomatique p. 75): L'extrême délicatesse des observations et des comparaisons qui, sous la main des maîtres, a parfois abouti à des résultats décisifs, paraît avoir développé le goût de la minutie et de la subtilité pour elles mêmes et de nombreux mémoires semblent n'avoir d'autre objet que d'exposer des séries de recherches aussi patientes que stériles.

Excurs II.
Die Gründung des Bisthums Prag.

Die im Texte gegebene Darstellung (S. 71) habe ich ausführlicher begründet in den Mitth. des Vereins für Geschichte der Deutschen in Böhmen XXXIX (1901), 1—10. Ohne Kenntniß dieser Abhandlung und der Einleitung Delehayes (Acta SS. Nov. tomi II. pars prior p. 541 ff.) hat H. Spangenberg sich neuerdings mit der Frage beschäftigt (Die Gründung des Bisthums Prag, in dem Hist. Jahrbuche der Görres-Gesellschaft XXI. [1900], 758—775). Er will die böhmische und die Regensburger Ueberlieferung vereinigen, nach seiner Ansicht hat Papst Johann XIII. dem Herzoge Boleslaw I. die Erlaubniß zur Errichtung des Bisthums ertheilt, die förmliche Bestätigung ist aber erst von Benedikt VI. und Otto dem Großen ausgegangen, worauf dann Otto II. über Andrängen Herzogs Heinrich II. von Bayern das Begonnene vollendete. Ich kann dem gegenüber nur neuerdings auf meine Abhandlung verweisen, von deren Ergebnissen abzugehen ich auch nach Spangenbergs Untersuchung keinen Anlaß finde.

Spangenbergs Aufstellungen hat W. Schulte, gleichfalls an meiner Abhandlung vorübergehend, angenommen (am gleichen Orte XXII, 285 ff.). Indem er die Gründung des Bisthums zu Zeiten Ottos des Großen als sicher hinstellt, bemüht er sich vor Allem, das Verhalten des Bischofs Gebhard in den Jahren 1085, 1086 und die entscheidende Stelle des Cosmas über das von dem Bischofe vorgelegte Privileg (Chron. II, c. 37) zu erklären. In dem am 29. April 1086 ausgestellten Privileg Heinrichs IV. (Stumpf Reg. 2882, Acta ined. 80 no. 76) heißt es: ... Bragensis episcopus Gebehardus ..... conquestus est, quod Bragensis episcopatus, qui ab inicio per totum Boemie et Moravie ducatum unus et integer constitutus et tam a papa Benedicto quam a primo Ottone, imperatore, sic confirmatus est, postea sine antecessorum suoque consensu, sola dominantium potestate subinthronizato intra terminos eius novo episcopo, divisus est et imminutus. Nunmehr primitiva illa parochia cum omni terminorum suorum ambitu Bragensi sedi est adiudicata. Termini autem .... hii sunt. Dazu bemerkt Cosmas, daß Gebhard privilegium olim a s. Adalberto, suo antecessore, confirmatum tam a papa Benedicto quam a primo Ottone imperatore vorgelegt habe.

Schulte nimmt nun an, daß Gebhard zwei Privilegien zur Verfügung hatte, eine Anfangs 973 unter Zustimmung des Papstes Benedikt VI. von Otto dem Gr. ausgestellte Errichtungsurkunde, aus welcher die Grenzbeschreibung des Heinricianums, die übrigens interpolirt und verunstaltet wurde, stammen soll, dann ein unter Zustimmung Benedikts VII. von Otto II. im Sommer 983 dem Bischofe Adalbert ertheiltes Privileg, in dem die Vereinigung Böhmens und Mährens ausgesprochen war. Diese Annahme gestattet ihm ein anmuthiges Fangballspiel mit zwei Benedikten und zwei Ottonen, das aber die Schwierigkeiten nur scheinbar beseitigt. Wir haben vor Allem zu bedenken, daß weder Cosmas noch das Heinricianum von zwei Privilegien etwas wissen. In dem Heinricianum ist mit Bestimmtheit überhaupt von einer Vorurkunde nicht die Rede, es wird nur eine geschichtliche Thatsache berichtet, die wir annehmen können, soferne wir die Nennung des ersten Otto als einen leicht begreiflichen Irrthum und die angebliche Vereinigung des Bisthums Mähren mit Prag als einen geflissentlichen beseitigen. Cosmas aber hat den Irrthum noch erweitert, indem er das nach seiner Aussage zur Vorlage gebrachte Privileg von dem heiligen Adalbert ausgestellt sein läßt. Ob es zulässig ist, so verworrene Angaben zu benützen und nach eigenem Ermessen zurecht zu stutzen, wird man billig bezweifeln können. Die schon von Delehaye herangezogene Stelle des Granum catalogi praesulum Moraviae aus dem 15. Jahrhundert, auf die sich Schulte beruft (S. 295), kann als Beweis für die zur Zeit Adalberts vorgenommene Vereinigung Böhmens und Mährens zu einem Sprengel nicht verwerthet werden. Sie lautet: 971. Tempore s. Adalberti, Pragensis episcopi secundi, anno episcopatus sui tertio, Moraviensis episcopatus Pragensi episcopo Benedicti pape VII. Ottonisque imperatoris II. confirmatione et pii Boleslai, ducis Boemie, consensu accedente ... fuit unitus. Schulte leugnet, daß das Granum seine Angaben, wie schon Loserth (Archiv für öst. Geschichte LXXVIII, 55) festgestellt hatte, aus Cosmas genommen habe, da weder in dem Heinricianum noch in dem Texte des Cosmas davon die Rede sei, „daß die Vereinigung von Mähren mit Prag zur Zeit des Episkopates des heiligen Adalbert und durch Papst Benedikt VII. und Kaiser Otto II. herbeigeführt sei". Merkwürdig, daß doch Schulte selbst dies aus dem Heinricianum und dem Texte des Cosmas herausgebracht hat, noch merkwürdiger, daß das Jahr 971 nach dem Ansatze des Cosmas (I, c. 24) dem dritten Jahre der Regierung Adalberts entspricht. Die gleiche Sorgfalt in der chronologischen Berechnung zeigt sich auch darin, daß der Verfasser des Granum richtig Benedikt VII. und Otto II. als Zeitgenossen Adalberts setzt, darin Cosmas ergänzend und berichtigend. Freilich bemerkte er nun nicht mehr, daß er doch in schwerste Irrthümer gerathen ist, denn weder war im Jahre 971 Adalbert Bischof, noch Benedikt VII. Papst und im richtigen dritten Jahre Adalberts (985—986) lebten Otto II. und Benedikt VII. nicht mehr. Da die Vereinigung Böhmens und Mährens in dem von Cosmas im Wortlaute aufgenommenen Heinricianum erwähnt wird, Cosmas selbst den heiligen Adalbert anführt, so konnte der Verfasser des Granum alle Bestandtheile seiner Notiz dem Cosmas entnehmen und bedurfte keiner anderen Quelle.

15*

Excurs III.

Zur Frage nach der Herkunft der Markgrafen Berthold vom Nordgau und Liutpald von der Ostmark.

In meiner früheren Ausführung über diese Sache[1]) habe ich übersehen, daß Dr. Bernhard Sepp die von Schmitz vertretene Ansicht von der Zugehörigkeit der beiden Brüder zu dem bayrischen Herzogshause der Liutpoldinger (Arnulfinger, Scheyern) neuerdings zu begründen versucht hat[2]). Leider hat er die von Huber an Schmitz' Aufstellungen geübte Kritik[3]) nicht beachtet und in Folge dessen Behauptungen wiederholt, welche mit Fug und Recht als abgethan gelten konnten. Da er aber seinen Beweisgang geschickter als sein Vorgänger geordnet hat, so bin ich genöthigt, zur Ergänzung meiner ersten Abhandlung nochmals auf diese Frage einzugehen.

Sepp sucht vor Allem zu beweisen, daß die Brüder nicht fränkischen sondern bayrischen Stammes waren. Als ersten Grund führt er die schon von Riezler ins Treffen geführte Thatsache an, daß einzelne Mitglieder des österreichisch markgräflichen Hauses nach bayrischem Gebrauche als Zeugen beim Ohre gezupft werden. Konnte Riezler sich nur auf einen Fall vom Jahre 1132 berufen, dessen Verwendbarkeit im obigen Sinne Huber (S. 382) mit triftigem Grunde bestritten hat, so könnte man auch auf eine Salzburger Urkunde aus der Zeit Erzbischofs Friedrich hinweisen, in welcher ein Liutpold comes unter den testes per aurem attracti erscheint[4]). Ist dies aber der Graf der Ostmark? Wie kommt dieser in eine Salzburger Urkunde? Viel angemessener kann man jenen Liutpold für den Grafen im Sundergau halten, in dessen Grafschaft Tegernsee gelegen war und der in D. 194 vom Jahre 979 erwähnt wird: Tegarinseo in pago Sundergouue et in comitatu Liutpoldi comitis situm. Daß dieser aber der Markgraf gewesen sei, kann man aus der bloßen Namensgleichheit nicht ohne weiteres folgen, dafür bedürfte es bei der Häufigkeit des Namens eines sicheren Beweises, der aber nicht zu erbringen ist[5]).

Etwas mehr Gewicht könnte man darauf legen, daß die Namen Berthold und Liutpald sich besonders häufig in bayrischen Urkunden finden und insbesondere in der Familie der Liutpoldinger beliebt waren. Dem ist aber entgegenzuhalten, daß der Erstere später weder im Hause der Schweinfurter, noch in

---

1) Mitth. des Instituts f. öst. Geschichtsf. Ergbd. VI, 57 ff.
2) Augsburger Postzeitung 1894, Beilage 22.
3) Mitth. des Inst. II, 374 ff.
4) Hauthaler, Salzburger UB. I, 170 no. 2.
5) Ich will mich nicht darauf steifen, daß Liutpolt in D. 192 nur comes genannt wird, während der Schweinfurter damals schon marchio war, da der Wechsel beider Titel häufig ist, vgl. Hasenöhrl im Archiv für öst. Gesch. LXXXII, 481. Zu beachten ist aber immerhin, daß Liutpald von 976 an in Urkunden Ottos II. stets als marchio auftritt, in DD. 295, 296 als Graf im Donaugau ohne Titel angeführt wird.

Die Abstammung der Babenberger. 229

dem der österreichischen Markgrafen vorkommt, daß in beiden Familien der liut-
poldingische Arnulf fehlt, dagegen die in Franken üblichen Namen Heinrich,
Poppo, Adalbert gebraucht wurden. Wollte man diese auf weiblichen Einfluß,
auf Verschwägerung zurückführen, so könnte Gleiches auch für Berthold und
Liutpald vermuthet werden.

Recht schwach ist es mit jenen Belegen bestellt, aus denen Sepp schließen
will, daß die Stifter der markgräflichen Linien im Besitze scheyrischen Hausgutes waren. An erster Stelle führt er Ininga (Ober- und Unter-Jsling,
s. v. Regensburg) an, welches Berthold an St. Emmeram schenkte[6]. Nehmen
wir an, es sei ererbter Besitz gewesen, obwohl davon in der Urkunde nichts
steht, so ist es jedenfalls vor seinem Tode im Jahre 980 an das Regensburger
Kloster gekommen, es müßte daher ein Beweis dafür erbracht werden, daß es
vor dieser Zeit im Besitze der Liutpoldinger war. Sepp beruft sich aber nur
darauf, daß diese zahlreiche Güter im Donaugau hatten, zu dem Jsling gehörte. Man kann aber doch nicht alle Grundherren dieses Gaues zu den
Scheyern rechnen. Eine Urkunde aus dem Jahre 1036, die er ebenfalls heran-
zieht, besagt nichts, als daß Jsling im Donaugau, in der Grafschaft des
Scheyern Otto I. lag[7].

Daß Mathilde, die Gemahlin des Regensburger Burggrafen Pabo, eine
Schwester Bertholds und Liutpalds gewesen sei, ist ebenfalls eine haltlose An-
nahme. In der Urkunde, auf die sich Sepp beruft, schenkt das Ehepaar den
h. Emmeram den der Frau von ihrer Mutter Chunigunde angefallenen Besitz in
Gundelshausen und es wird bei diesem Anlasse auch ein Berthold als Mathildens
Bruder erwähnt[8]. Da er ohne jeden Titel genannt ist und auch keine andere
Nachricht bezeugt, daß Graf Berthold eine Schwester Mathilde gehabt habe, so
fehlt es an jeder Berechtigung dafür, in ihm den Nordgaugrafen zu erblicken.
Huschberg hat ihn denn auch in ganz anderer Weise unterzubringen gesucht.
Für ihn sind Berthold und Mathilde Enkel des Pfalzgrafen Arnulf, Brüder
Bertholds (II. von Scheyern), des Verräthers von 955, den Otto von Freising
als Ahnherrn der Scheyern-Wittelsbacher nennt. Diesen Berthold II. scheidet
aber Huschberg ganz bestimmt von dem Nordgaugrafen[9]. Wenn er des Weiteren
seinem Scheyern Berthold II. auf Grund von D. 163 eine Grafschaft in Kärnthen
und einen zweiten Sohn Astuin zuweist, so beruht dies auf einem argen Miß-
verstehen dieses Diploms[10]. Läßt sich schon nicht beweisen, daß der in Freisinger Urkunden vorkommende Berthold eine Person mit dem Sohne des Pfalzgrafen Arnulf war[11], so noch weniger, daß in dem Berthold wiederkehre,
in dessen tegneia nach D. 163 das dem Astuin abgesprochene Gut Reifnitz lag.
Gehörte jener Berthold zu den Edelleuten des Bisthums Freising, so dieser

---

6) Pez, Thesaurus I c, 92 no. 20 und 99 no. 33. Necrol. s. Emmerammi, Mon.
Boica XIV, 968. Da Ininga ohne nähere Bezeichnung angeführt wird und in derselben
Urkunde auch Hörige in Ammerthal geschenkt werden, könnte man auch an Jsling zwischen
Zeulu und Weismain denken, doch wird dies dadurch ausgeschlossen, daß Arnold v. S. Em-
meram (De s. Emmerammo I, c. 13: SS. IV, 553) ausdrücklich das praedium suburbanum,
quod dicitur Isininga, nennt.

7) Stumpf, Reg. 2072 (Mon. Boica XV, 160 no. 4): (via que) de Ratisbona ducit
ad austrum contra vineas in Ianing ... in pago Tunokau, in comitatu Ottonis. Vgl.
Heigel-Riezler, Das Herzogthum Bayern S. 294.

8) Pez, Thesaurus I c, 106 no. 48 = Ried, CD. Ratisbon. I, 118 no. 120: Papo,
urbis praefectus, unacum coniuge sua Mahthilda nitdmet den heiligen Emmeram mit
Hufen und einem Eichenwald in Gundeneshusa, quod fuit eidem Mahthildae ex largitione matris eius Chunigundae contraditum ac testibus firmiter roboratum, . . .
pro remedio animarum videlicet Pabonis et Mahthildae ac fratris eius Perahtoldi.

9) Aelteste Gesch. des Hauses Scheyern-Wittelsbach S. 179 ff., 182, 189.

10) D. 163 vom 8. September 977: curtem que dicitur Ribniza, quae est in provincia Karentana sita in regimine Hartwici waltpotonis et tegneia Perahtoldi, quam
quondam pater predicti infidelis Ascuini, dum viveret, tenuit et nunc mater sua,
quae vocatur Chunigund, possidet. Diese behält den Hof auf Lebenszeit zur Nutznießung;
nach ihrem Tode soll er an das Bisthum Brizen fallen.

11) Meichelbeck, Hist. Frising Ib, unter Bischof Abraham, no. 1090 Perahtolt; no. 1097
Perahtolt; no. 1097a, 1101 Liutpolt; unter Gottschalk no. 1123 Perahtolt itemque
Perahtolt; unter Egilbert no. 1164 Perahtolt. — Sepp überträgt ohne Weiteres Huschbergs
willkürliche Annahme auf die Schweinfurter Brüder und behauptet, obwohl keiner dieser Freisinger Bertholde und Liutpold Graf genannt ist, daß „Beide als Zeugen bei Beurkundungen
des Bischofs Abraham von Freising, des Beraters ihrer Tante Judith" vorkommen.

230   Excurs III.

eher zu den Salzburgern. Endlich war er nicht Graf und schon gar nicht Askuins Vater. Auch dieser wird nicht Graf genannt, der Name seines Vaters wird in der Urkunde nicht, sondern nur der seiner Mutter Chunigunde angeführt. Da wir also deren Gemahl gar nicht kennen, auch nicht wissen, ob sie außer Askuin andere Kinder gehabt hat, so fällt das von Huschberg aufgestellte genealogische Gebäude in sich zusammen und man kann D. 163 keineswegs, wie das auch Sepp thut, als Beweis dafür, daß Askuin ein Liutpoldinger war, ansehen. Diese unbegründete Annahme benutzt Sepp aber als Stütze für die andere, daß Mathilde, Babos Gemahlin, in Kärnthen Güter besessen habe, sie eine Person mit jener edlen Frau Mahthilt sei, welche mit dem Erzbischof Friedrich von Salzburg einen Tausch über Kärnthnerische Ortschaften abschloß. Auch das ist abzulehnen, da aus der betreffenden Aufzeichnung sich kein Aufschluß über die Familie dieser Frau gewinnen läßt [12].

Müssen wir Gundelshausen und die Kärnthner Güter aus dem Besitze der Familie des Nordgaugrafen ausscheiden, so bleiben in Bayern außerhalb des Nordgaus nur Isling und ein Hof in Regensburg übrig. Daß der Graf des Nordgaus in der Hauptstadt Bayerns, der gegenüber seine Grafschaft endete, einen Hof besaß, ist eigentlich selbstverständlich und läßt keinen Schluß auf seine Abstammung zu, abgesehen davon, daß wir ebensowenig wie bei Isling wissen, auf welche Weise er jenen nach ihm benannten Hof erworben hat, ob durch Erbgang, durch Kauf, Tausch oder durch Schenkung des Kaisers.

Haben diese Beweise für Bertholds Bayernthum versagt, so kann es auch nicht daraus abgeleitet werden, daß der Nordgau zu Bayern gehörte, denn die Verwaltung desselben konnte, wenn der König sie dem Herzoge entzog, auch einem Grafen fränkischen Geschlechtes anvertraut werden. Mit Recht hat Döberl darauf hingewiesen, daß die Verleihung des Nordgaus an Berthold eine Lockerung der bis dahin engen Verbindung mit Bayern bedeutete [13], und es ist wohl zu beachten, daß gerade die fränkischen Grafschaften im Volkfeld und Redniggau für ihn und seine Familie das Wichtigste waren, da in ihnen Schweinfurt, der Sitz des Geschlechtes, und die Hauptmasse des Hausguts lag, welches von da aus in die angrenzenden Teile des Nordgaus hinübergriff [14]. Daß dies richtig ist, wird auch durch die Bezeichnung de Orientali Francia bewiesen, die der Graf gerade in einer Regensburger Aufzeichnung erhält [15].

Konnte Sepp, wie man sieht, den von Schmitz angeführten, von Huber widerlegten Gründen für die bayrische Herkunft der Brüder Berthold und Liutpald keinen neuen unanwandfreien hinzufügen, so überrascht es nicht zu erfahren, daß auch er die beiden Brüder nicht anders unterzubringen weiß, als daß er sie zu Söhnen des Grafen Arnulf macht. Das ist aber, wie ebenfalls Huber ausgeführt hat, nach der von Schmitz gebotenen Darstellung unzulässig und es ist auch durch die für den ersten Blick überraschende Art, wie Sepp die Nachrichten über die verschiedenen Bertholde vereinigt, nicht annehmbarer geworden. Denn Sepp kann seinen Zweck nur dadurch erreichen, daß er seiner Annahme im Wege stehende Urkundenstellen bei Seite läßt oder in willkürlicher Weise ausbeutet. Das wird klar, wenn wir uns die betreffenden Angaben vergegenwärtigen.

Schon für das Jahr 941 erhalten wir einen wenigstens mittelbaren Nachweis dafür, daß Berthold die Grafschaft im Nordgau verwaltete. Wie Thietmar von Merseburg erzählt, hat Otto der Große in diesem Jahre den Grafen Liuthar von Walbeck als einen der Theilhaber an dem von Heinrich, dem Bruder des Königs, angezettelten Anschlage, nach Bayern in den Gewahrsam des Grafen Berthold verwiesen [16]. Daß wir darunter nur unseren Grafen, nicht den gleichnamigen Herzog von Bayern zu verstehen haben, ist von Huber

---

12) Hauthaler, Salzburger UB. I, 175 no. 10. Mathilde gibt Besitz in Zinsdorf und Förtendorf (nordöstlich Klagenfurt), nicht wie Sepp meint, Besitzungen bei Feuchtwangen und Hersbruck, erhält dagegen Kirchengut zu Gurnitz (östlich Klagenfurt) und Turine. Sie wird bezeichnet als quedam nobilis femina nomine Mahthilt und domina Mahthilt und handelt cum manu advocati sui Ferhtoldi. Das Geschäft wird zu Mariasaal abgeschlossen.
13) Die Markgrafschaft auf dem bayrischen Nordgau, S. 8.
14) Mitth. des Inst. für öst. Geschichtsf., Ergbb. VI, 66; Döberl a. a. O. S. 8, Anm. 6.
15) Pez, Thesaurus I c. 92 no. 20.
16) Chron. II, c. 21.

Die Abstammung der Babenberger.

überzeugend nachgewiesen worden und mit Recht hat Döberl aus der Angabe in Bawariam geschlossen, daß Berthold damals dem Nordgau vorstand, in dem er jetzt zum ersten Male durch eine Urkunde des Jahres 945 nachgewiesen ist. Im Jahre 961 wird Berthold als Graf des Rebnitzgaues, im Jahre 974 als Graf im Volkfeld genannt. Drei Jahre später betheiligte er sich als eifrigster Anhänger des Kaisers an dem Kampfe gegen Herzog Heinrich II. und im August 979 erscheint er in Thietmars Chronik als einer der angesehensten Berather Ottos II., der sich ein Wort gerechten Tadels über eine vorschnelle Handlung des Herrschers gestatten darf[17]). Bald darauf am 15. Jänner 980 ist er gestorben. Seine Laufbahn bietet das Bild ununterbrochen wachsenden Machtgewinnes, als hervorstechendstes Merkmal seiner Thätigkeit weiß Thietmar die stets bewahrte Treue gegen den Kaiser zu rühmen[18]).

Von Berthold, dem Sohne des Pfalzgrafen Arnulf, erfahren wir als erste That den abscheulichen Verrath, den er im Jahre 955 geübt hat, indem er vor der Lechfeldschlacht den Ungarn die Kunde von der Ankunft des Königs zutrug. Diese Unthat berichtet uns ein so wohlunterrichteter und zuverlässiger Mann, wie der Dompropst Gerhard von Augsburg, er nennt den Verräther nicht comes, sondern einfach Perehtoldus, filius Arnolfi, de castello Risinesburc vocitato[19]). Mag auch, was Otto von Freising über die Strafe, die den Verräther ereilte, zu erzählen weiß[20]), unrichtig sein, und Berthold wieder die Gnade des Königs erlangt haben, so ist es doch ganz unwahrscheinlich, daß dieser ihn im vollen Genusse seiner Ämter belassen habe. Wie ich ferner an anderer Stelle ausgeführt habe, hat man Grund anzunehmen, daß dieser Berthold sich auch an dem Anschlage des Jahres 974 betheiligt hat[21]), was ebenfalls nicht zu der an dem Nordgaugrafen gerühmten Kaisertreue passen möchte. Die entscheidende Stelle findet sich aber in D. 133: Perehtoldus, Arnoulfi filius, adhuc in gratia manens imperatoris hat dem Kloster Metten das Gut Wischelburg geschenkt, welches der Kaiser nunmehr dem Kloster bestätigt. Das kann natürlich nicht heißen, daß Berthold sich zur Zeit der Ausstellung des Diploms „noch in des Kaisers Gnade" befand, sondern nur, daß er diese am 21. Juli 976 verloren hatte. Kurz vorher aber hatte der Kaiser eben mit Hülfe des Nordgaugrafen Berthold Regensburg erobert, den aufständischen Herzog Heinrich II. verjagt. Sepp weiß nun allerdings, daß sein Bertholderzürnt war, weil der Kaiser das erledigte Herzogthum nicht ihm als dem nächsten Anwärter verliehen hatte, daß er sich in seinem Unmuthe gegen den Kaiser aufgelehnt, dieser zur Strafe nicht allein das Gut Wischelburg, sondern auch einen Hof in Regensburg, welchen Berthold dem Diakon Berthold zu Lehen gegeben hatte, eingezogen habe. Wie schade, daß in den DD. 133, 134 von alledem nichts steht. Könnte man wirklich alles Ernstes glauben, daß der Kaiser in dem Augenblick, da Berthold sich zum dritten Male einer Unbotmäßigkeit schuldig gemacht haben soll, seinem Bruder Liutpold die Ostmark verlieh, Berthold selbst ohne Strafe davon kam, nach drei Jahren wieder als einflußreiche Persönlichkeit am Hofe erscheinen konnte.

Man wird dem Gesagten zugeben, daß auch dieser neue und vorläufig letzte Versuch, die bayrische Abstammung der Schweinfurter Grafen als geschichtliche Thatsache zu erweisen, nicht besser gelungen ist als die früheren. Damit soll die Annahme aber nicht vollständig aus dem Bereiche der Möglichkeit gewiesen werden, man wird sich nur um die Beibringung besserer Gründe und zuverlässiger Zeugnisse bemühen müssen. So lange diese Forderung nicht erfüllt ist, wird man an der vorläufig doch am besten beglaubigten fränkischen Abstammung festhalten dürfen. Erst wenn sichere Beweise für die Herkunft aus Bayern erbracht sind, könnte man Otto von Freising mit Recht absichtlicher Erfindung zu Gunsten seines Geschlechtes, zum Schaden der Wittelsbacher beschuldigen.

---

17) Chron. III, c. 9.
18) Chron. V, c. 39.
19) Gerhardi Vita s. Oudalrici c. 12, SS. IV, 402.
20) Chron. VI, c. 20.
21) a. a. O. S. 57.

Excurs IV.
Die zur Ostmark gehörigen tres comitatus.

In seinem Berichte über die Verleihung des neuen Herzogthums Oesterreich an den Babenberger Heinrich erzählt dessen Bruder Otto von Freising (Gesta Frid. imp. II, c. 55): Heinricus maior natu ducatum Baivariae septem per vexilla imperatori resignavit. Quibus minori traditis ille duobus cum vexillis Marchiam orientalem cum comitatibus ad eam ex antiquo pertinentibus reddidit. Exinde de eadem Marchia cum predictis comitatibus, quos tres dicunt, iudicio principum ducatum fecit eumque non solum sibi sed et uxori cum duobus vexillis tradidit.

Privilegium minus vom 17. September 1156 (Schwind und Dopsch, Ausgewählte Urkunden 9 Nr. 6): dux Austrie resignavit nobis ducatum Bawarie, quem statim in beneficium concessimus duci Saxonie. Dux autem Bawarie resignavit nobis marchiam Austrie cum omni iure suo et cum omnibus beneficiis, que quondam marchio Liupoldus habebat a ducatu Bawarie . . . . . marchiam Austriam in ducatum commutavimus et eundem ducatum cum omni iure prefato patruo nostro Heinrico et prenobilissime uxori sue Theodore in beneficium concessimus.

Die Erzählung Ottos als eines zuverlässigen, in diesem Falle besonders gut unterrichteten Zeugen verdient um so mehr Beachtung, als sie in einem Punkte eine wichtige Erläuterung und Ergänzung zu dem Privileg des Kaisers bietet. Eben diese Ergänzung, die Erwähnung von drei zur Ostmark gehörigen Grafschaften, hat verschiedene Auslegung gefunden. Es handelt sich um zwei Fragen: Sind die drei Grafschaften von der Mark verschieden oder in ihr begriffen? Was bedeuten sie in dem einen und dem anderen Falle?

Die erste Frage ist früher ziemlich allgemein im Sinne räumlicher Verschiedenheit von der eigentlichen Ostmark beantwortet worden. Erst durch die Forschungen Strnadts ist eine Wendung zu Gunsten einer gegensätzlichen Auffassung eingeleitet worden. Schon Merkel (Mon. Germ. Leges III, 480) hatte die von Otto erwähnten Grafschaften kurzweg für die Ostmark erklärt, aber erst Strnadt hat die Ansicht genauer zu begründen versucht (Die Geburt des Landes ob der Enns [1886], S. 79 ff.). Er geht davon aus, daß die Nachrichten über eine im Jahre 1156 erfolgte Gebietserweiterung zu Gunsten des neuen Herzogthums sich als unzuverlässig erwiesen haben, Otto von Freissing selbst nicht von einer solchen spreche, da er die tres comitatus als altes Zubehör der Mark bezeichne. Dann hebt er hervor, daß die tres comitatus außerhalb der Ostmark nicht aufzufinden seien, da das Land am linken Donauufer bis zum Haselgraben zu ihr gehörte, diesseits der Donau aber zwischen Enns und Hausruck die Otakare von Steyr sowie die Grafen von Formbach die Grafschaftsrechte übten. Da nun, worauf schon H. Brunner und Luschin hingewiesen haben, in der Ostmark drei rechte Malstätten des Landtaidings bestanden, denen drei

Gerichtssprengel (Grafschaften) entsprechen, so könne man nur in diesen die tres comitatus erkennen. Von den beiden Fahnen, mit denen der Kaiser die Leihe an den Babenberger vornimmt, ist also die eine als Symbol der neu verliehenen Herzogsgewalt, die andere als Symbol der Grafschaft, d. h. der bisherigen Ostmark! zu betrachten.

Diese Beweisführung Strnadts hat im Ganzen und Großen Hasenöhrl (Deutschlands südöstliche Marken, Archiv für öst. Gesch. LXXXII [1895], 436 ff.) angenommen, auch er ist der Ansicht, daß die tres comitatus nicht außerhalb der Ostmark zu suchen seien. Doch hat er mit Recht darauf aufmerksam gemacht, daß nach Strnadts Erklärung der Kaiser eigentlich zweimal dasselbe verliehen hätte. Einen Ausweg fand er, indem er comitatus nicht im räumlichen Sinne als Gerichtssprengel, sondern als Grafschaftsberechtigung aufzufassen vorschlug, so daß der Kaiser mit einer Fahne das Herzogthum, mit der anderen diese Berechtigung verliehen hätte.

Unabhängig von Hasenöhrl war zu derselben Auffassung Dopsch gelangt, in einer längeren Ausführung hat er sie dann ausführlicher begründet und in einzelnen Punkten schärfer gefaßt (Mitt. des Instituts für öst. Geschichtsf. XVII [1896], 296 ff.). Nach ihm hat noch Bancsa die Übereinstimmung der Grafschaften mit der Ostmark angenommen, ohne sich jedoch bestimmt für den einen oder anderen Erklärungsversuch auszusprechen (Blätter des Vereins für Landeskunde von NÖ. N. F. XXXIV [1900], 542).

Soviel Scharfsinn auch für die Begründung dieser Ansichten verbraucht worden ist und so sehr sie sich dadurch zu empfehlen scheinen, daß sie alle Schwierigkeiten umgehen, so vermögen sie doch nicht zu befriedigen. Vor Allem ist zu bedenken, daß die gräfliche Gerichtsbarkeit in der Mark zu dem eigentlichen Inhalte des markgräflichen oder markherzoglichen Amtes gehört[1]), eine Absonderung derselben zu einem eigenen Fahnlehen daher höchst unwahrscheinlich ist. Dieses Bedenken kann dadurch, daß comitatus und comitia anderweitig unter dem Zubehör eines Herzogthumes angeführt werden (Dopsch S. 305), ebenso wenig wie durch den von Strnadt (S. 80) angezogenen Lehenbrief für das Herzogthum Lothringen entkräftet werden. Denn in diesem werden nur ganz besondere Nutzungsrechte als Fahnlehen vergeben. Zweitens scheint mir, daß Hasenöhrl und Dopsch den Wortlaut von Ottos Bericht in ihre Auffassung einzwängen. Denn er spricht nicht von tres comitatus schlechthin, sondern von comitatus, quos tres dicunt. Darin kann man aber weder einen Zweifel (Hasenöhrl) noch eine unbestimmte Vorstellung (Dopsch S. 309) erkennen, sondern nur den ihm ganz geläufigen Gebrauch von dicere mit doppeltem Accusativ (Nominativ) in der Bedeutung „nennen". Wir können also nur übersetzen: die Grafschaften, welche man die drei nennt. Damit erhalten wir aber ein unverdächtiges Zeugnis für den Bestand eines von der Ostmark verschiedenen Gebietes, welches mit dem Namen der „drei Grafschaften" bezeichnet und als durch den Verzicht des Bayernherzogs frei gewordenes Reichslehen vom Kaiser mit der Fahne verliehen wurde.

Wenn gegen diese ältere Auffassung, die jedenfalls mit dem Berichte Ottos in besserem Einklange steht, eingewendet worden ist, daß die tres comitatus nicht nachzuweisen seien[2]), so könnte man die gleiche Forderung hinsichtlich der im Privilegium minus erwähnten beneficia erheben, die genauer zu bestimmen bis jetzt ebenso wenig gelungen ist, und andererseits könnte man sich damit beruhigen, daß die bevorstehende historisch-topographische Erforschung Nieder- und Oberösterreichs trotz aller verdienstlichen Vorarbeiten auch in dieser Frage eine neue, befriedigende Aufklärung bringen werde. Wenn ich trotzdem der Sache näher trete und einer Vermuthung, die sich mir aufgedrängt hat, näher zu begründen versuche, so geschieht dies nur, um zu beweisen, daß diese Hoffnung nicht ganz unbegründet ist.

Zweieinhalb Jahrhunderte vor Otto von Freising werden nämlich tres comitatus in einer Gegend erwähnt, in der wir auch seine comitatus, quos tres dicunt, suchen müssen. Schon Zarncke (Berichte der k. sächs. Gesellschaft der

---

1) Vgl. auch Bachmann, Zeitschr. für b. öst. Gymn. XXXVIII [1897], 555.
2) Namentlich Dopsch a. a. O. S. 301.

Wissenschaften VIII (1856), 179) und Merkel (a. a. O.) haben die tres comitatus, welche in der Einleitung zu der bekannten Zollordnung aus der Zeit Ludwigs IV. vorkommen³), mit denen Ottos von Freising zusammengebracht; in der späteren Erörterung sind sie aber außer Acht gelassen worden, erst Vancsa hat neuerdings wieder auf sie hingewiesen (Blätter des Vereins für Landeskunde von NOe. N. F. XXXV [1901], 93). Der Letztere ist allerdings geneigt, in ihnen die drei Grafschaften der Ostmark zu erkennen, eine Auffassung, die mit der älteren Merkels und Dümmlers übereinstimmt. Dagegen aber spricht, wie Zarncke bemerkt hat, der Wortlaut der betreffenden Stelle: König Ludwig beauftragt den marchio Aribo, quatenus cum iudicibus orientalium, quibus hoc notum fieret, investigaret ad iura thelonica modumque thelonei exploraret. Als königliche nuntii werden bestimmt Erzbischof Theotmar von Salzburg, Bischof Burkhard von Passau und Graf Otachar. Et isti sunt qui iuraverunt pro theloneo *in comitatu Arbonis*: Walto vicarius, Durinc vicarius, ... Isti et ceteri omnes, qui *in hiis tribus comitatibus* nobiles fuerunt, post peractum iuramentum interrogati ab Arbone, marchione, ... in ipso placito in loco qui dicitur Raffoltestetun, retulerunt loca thelonia et modum thelonii.... Man könnte allerdings auch den Gegensatz in dem Eidschwure finden, jene, welche geschworen haben, den andern Edlen gegenüberstellen. Aber damit wäre doch nicht erklärt, warum auf einmal neben dem comitatus Arbonis andere tres comitatus erwähnt werden. Man wird also doch am besten beide auseinander halten. Der comitatus Arbonis ist die Ostmark, ihr stehen bii tres comitatus zur Seite. Das Demonstrativpronomen erklärt sich nur vom Standpunkt des Protokollführers, also vom Orte der Versammlung, Raffelstetten, aus, das an der Donau nordwestlich von Asten, in dem von Traun und Enns begrenzten Theile des Traungaus gelegen ist. Diese Landschaft muß also mit zwei andern die tres comitatus gebildet haben. Einen unmittelbaren, bestimmten Aufschluß über diese gewährt nun die Zollordnung nicht, wohl aber einen Anhaltspunkt in der Anordnung der einzelnen Bestimmungen. Dieselben sind zunächst nach der Nationalität der Handeltreibenden geschieden: § 5. Hoc de Bawaris observandum est. § 6. Sclavi vero... § 9. Iudei et ceteri mercatores. Daneben aber läßt sich auch der Einfluß der räumlichen Folge erkennen. Die auf die Bayern bezüglichen Aussagen schließen mit Linz und der Enns, die auf die Slaven bezüglichen haben vorzugsweise für die von den Rotalarii et Reodarii bewohnten Landschaften Geltung. Von der eigentlichen Ostmark aus geht der Handelszug nach Mähren⁴). Da nun die in dieser üblichen Ab-

---

3) UB. des Landes ob der Enns II, 54 no. 39 ungenau nach älteren Drucken. — Mon. Germ. LL. III, 480 (Logos portorii). Zur Erläuterung vgl. Dümmler, Gesch. des ostfränk. Reiches² III, 531 ff. Waitz, Vfgg. IV², 70 ff.

4) Nebenher bemerke ich, daß die Deutung der in § 7 genannten Eperespurch auf Mautern mit dem Wortlaute der Stelle kaum zu vereinen ist: Item de navibus salinariis, postquam silvam [...] transierint, in nullo loco licentiam habeant emendi vel vendendi vel sedendi, antequam ad Eperaesburch perveniant. Ibi de unaquaque navi legitima, id est que tres homines navigant, exsolvant de sale scafil III nichilque amplius ex eis exigatur, sed pergant ad Mutarin, vel ubicunque tunc temporis salinarium mercatum fuerit constructum, et ibi similiter persolvant, id est III scafil de sale, nichilque plus et postea liberam et securam licentiam vendendi et emendi habeant. Zarncke (a. a. D. S. 176 ff.) hat die Eperaesburch „in die Nähe von Mautern" versetzt. Er berief sich dafür vor Allem auf das bekannte Weisthum aus der Zeit Herzogs Heinrich II. von Bayern (Mon. Boica XXVIII b, 87 no. 115 o ood. Patav. antiquissimo und 209 no. 7 e ood. Lonsdorf.), in dem als alter Passauer Besitz angegeben wird: Muotarum quae Eparespurch nominatur, womit eine Urkunde Königs Arnulf übereinstimmt, in welcher Güter ad Eporespurch, ad Cambe (Kamp) sive ad Perwiniacham (Perichling) an Kremsmünster geschenkt werden (UB. des Landes ob der Enns II, 39 no. 29). Gegen diese Annahme spricht aber, daß nach dem Wortlaute obiger Stelle zwischen Eperaesburch und Mautern ein größerer Zwischenraum gedacht werden muß. Es ist doch sehr unwahrscheinlich, daß die Schiffe an ein und demselben Orte zu zweimaligem Anlanden verhalten wurden, um zuerst, wie Zarncke meint, den „Flußzoll", dann den „Marktzoll" zu entrichten. Zudem wird in dem Weisthum ganz bestimmt Eparespurch als der andere Name von Mautern angegeben, wir dürfen also nicht von Eparespurch „in der Nähe von" oder „neben" Mautern sprechen, endlich ist kaum anzunehmen, daß von Linz bis Mautern gar keine Anlandestelle und keine Zollstätte für die Salzschiffe bestanden habe. Diesen Schwierigkeiten aus dem Wege zu gehen, scheint mir die Annahme zweier an der Donau gelegenen Burgen eines Eburnotwendig. (Vgl. über den Namen Förstemann, Personennamen ² Sp. 438.) Die eine wäre jene in Mautern gelegene, die zweite glaube ich in dem heutigen Ebersdorf zwischen Weitenegg und Klein-Pöchlarn zu erkennen. Dieser Ort kommt als Freisinger Besitz in Ur-

Die zur Ostmark gehörigen tres comitatus. 235

gaben offenbar von den Geschworenen aus der Grafschaft Aribos gewiesen wurden, bleiben für die ceteri nobiles in hiis tribus comitatibus die an zweiter Stelle genannten Gebiete übrig. Rotalarii und Reodarii sind aber nichts anderes als die Anwohner der Rodel und die Bewohner des Riedlandes[5]). So werden wir auf die zwischen der Rodel und dem Sarmingbach gelegene Waldlandschaft geführt, welche von einem der aus Böhmen zur Donau führenden Hauptverkehrswege durchzogen wird, von Bayern und Slaven bewohnt war. Wir haben also aus der Zollordnung von 904—906 zweierlei gewonnen, erstens daß es schon damals ein neben der Ostmark gelegenes, mit ihr verbundenes Gebiet gab, welches als tres comitatus bezeichnet wird, zweitens daß diese tres comitatus aus dem östlichen Theile des Traungaus und der am andern Ufer der Donau gelegenen Landschaft bestanden.

Wenn nun Otto von Freising im Jahre 1156 von Grafschaften spricht, welche seit Alters her zu der Ostmark gehörten und uns berichtet, daß man sie „die Drei" genannt habe, wenn auch diese nach dem Wortlaute seines Berichtes außerhalb der Ostmark gelegen waren, wir sie aber nur im Westen derselben suchen können, wenn es nach Strnadts Untersuchung ausgeschlossen ist, sie in dem Gebiete zwischen Traun und Hausruck zu finden[6]), so ist es gewiß gerechtfertigt, sie mit den tres comitatus der Zollordnung zusammen zu bringen. Eine Stütze erhält diese Annahme durch die unzweifelhafte Thatsache, daß Markgraf Liutpald I. die Grafschaft im Traungau, in der die Ennsburg lag, inne hatte[7]). Da nun die Amtswaltung der Babenberger in Riedmark und Machland außer Frage steht, so scheint es mir sicher, daß Markgraf Liutpald I. im Jahre 976 diese beiden Landschaften mit dem Traungau in engerm Sinne gleich seinen Vorgängern zu seiner Mark erhielt. Dagegen könnte sprechen, daß Riedmark und Machland als integrirender Theil der Mark gelten sollen. Aber ein zwingender Beweis in dieser Richtung kann nicht erbracht werden. Allerdings ist das Verhältniß von Anfang an unklar, da ein Fürst über diese

---

fanden allerdings erst seit dem Jahre 1115 vor (Topographie von NOe. Alphab. Reihenfolge I, 434), muß aber, wie der Name seines Gründers vermuthen läßt, in viel früherer Zeit entstanden sein. Der Wechsel von Burg in Dorf ist ebenso wenig auszuschließen wie das Gegentheil und kann um so weniger Bedenken erregen, als noch im Jahre 1310 in Eberdorf eine area castri (Burgstall) vorhanden war (Fontes rer. Austr. II, 36, S. 39). Der Lage nach würde dieser Ort vortrefflich in die Zollordnung passen, er liegt nicht allzuweit nach dem Ende der Thalenge Grein-Persenburg, die man wohl eher unter der silva (Bohemica?) verstehen kann, als die Wachau, und eignete sich für den Betrieb des Salzes in das Erlafthal, nach Pöchlarn und Melk. Später kam die Zollstätte für Schiffe nach dem etwa zwei Stunden stromabwärts gelegenen Emmersdorf (vgl. Topographie I, 564), während die Landmaut sich in Melk befand.

5) Pritz, Gesch. des Landes ob der Enns I, 360. Kämmel, Anfänge des Deutschthums in Oesterreich, S. 248.

6) Auch von dem Schweinachgau, den Bachmann a. a. O. S. 557 neben Traungau und Riedmark in Vorschlag bringt, wird man absehen müssen. Allerdings besaß Adalbert, der Sohn Liutpalds I., in diesem Gaue eine Grafschaft, die er auch als Markgraf beibehielt: DH. II. 215: villa Vvinidorf in comitatu Adalberti comitis in pago vero Sweinigowa dicto und Stumpf Reg. 2161 (Mon. Boica XXIXa, 63 nr. 350): Güter um Ringnach in Sveiningowa in comitatibus Adalberonis, marchionis, et der silva (Bohemica?), praecidis. Aber diese Grafschaft, in welcher Windorf (am linken Donauufer unterhalb Bilshofen, nicht Windorf zwischen Großer Mühl und Rodel) und ein Theil des Ringnacher Bezirkes lagen, ist, wie Strnadt (Ztschr. für d. öst. Gymn. XXXIX, 184) bemerkt, genau so zu beurtheilen, wie Liutpalds Grafschaft im Donaugau. Beide gehörten unmittelbar zu Bayern und sind um die Mitte des 11. Jahrhunderts von den Babenbergern aufgegeben worden. Für eine Herrschaft Adalberts über das Gebiet zwischen Ilz und Rodel, das später das Marienkloster Niedernburg in Passau geschenkte sog. Abteiland, fehlt es an einem sichern Belege, denn in DH. II. 217 wird dasselbe zur Grafschaft des comes Adalbero gerechnet und als Theil des Nortwalt bezeichnet. Adalbero und Adalbert sind aber verschiedene Namen (Förstemann a. a. O. Sp. 161, 163, 258, 277) und Bachmann hat mit Unrecht in den beiden vorhin angeführten Stellen einfach den Letzteren durch den Ersteren ersetzt, ebenso berechtigt nichts, den Schweinachgau bis zur Rodel auszudehnen.

7) D. 167 in beiden Ausfertigungen: praedium Anesapurhc nuncupatum in pago Trungowe in ripa Anesi fluminis in comitatu Liupaldi. Illustris (spectabilis) Liupald, marchio, wird vorher neben dem Bayernherzog Otto als Fürbitter genannt. Selbst wenn beide Stücke nicht Kanzleiausfertigungen wären, würde ihre Glaubwürdigkeit in diesem Punkte nicht geschmälert werden; Strnadt selbst (a. a. O. S. 35 ff.), der Anfangs den Werth dieses Zeugnisses zu verringern suchte, giebt zu, daß die Ennsburg und damit auch der Traungau, wenn auch nur für kurze Zeit, dem Markgrafen Liutpald unterstellt war (S. 40). Auch berechtigt der Wortlaut nicht dazu, von einem „Gute (bei) Ennsburg" zu sprechen, es ist die Ennsburg selbst, welche an Passau geschenkt wird.

mit einander räumlich verbundenen Landschaften gebot, und diese Unklarheit kommt auch in den Urkunden um so mehr zur Geltung, als die praktischen Bedürfnisse in ihnen zum Ausdruck gelangen und diese sich nicht an staatsrechtlichhistorische Erwägungen binden lassen. Trotzdem haben Riedmark und Machland ihre selbständigen Bezeichnungen beibehalten und sich auch selbständig neben dem Lande unter der Enns und Ysper weiter entwickelt, noch Albrecht I. hat das Machland als besondere Grafschaft bezeichnet[8]). Endlich wäre noch einem Einwande zu begegnen. Im Jahre 1156 haben die Babenberger sicher nicht mehr die Grafschaft im Traungau, welche ihr Ahnherr besessen hatte, inne, es fehlte also eine von den drei Grafschaften des Zollweisthums. Man müßte demnach annehmen, daß die aus karolingischer Zeit stammende Benennung der tres comitatus auf Riedmark und Machland eingeschränkt worden war und hier sich erhalten hat. Otto von Freising hätte alsdann dem thatsächlichen Verhältnisse Rechnung getragen, indem er nicht mehr von tres comitatus schlechthin, wie die Zollrolle, sondern von comitatus, quos tres dicunt, sprach.

Darf vorstehender Erklärungsversuch auf Zustimmung rechnen, so dürfte man ohne Bedenken unter den im Privilegium minus erwähnten von Bayern rührenden Lehen des Markgrafen Riedmark und Machland begreifen, da man darunter kaum im Herzogthume Bayern selbst gelegene Güter verstehen darf. Von einer Gebietsvergrößerung der Ostmark kann also weder im Jahre 976 noch 180 Jahre später die Rede sein, wohl aber hat schon der erste Babenberger die Herrschaft über ein ansehnliches Stück Oberösterreichs besessen.

---

8) Wenn Strnadt (Linzer Zeitung 1895, no. 282—284) gegen Hasenöhrl (a. a. O. S. 443 ff.) einwendet, daß die Riedmark keine Grenzmark war, so ist dies für obige Auffassung belanglos. Wichtiger ist, daß er das Machland als einen Theil der Riedmark auffaßt, während Hasenöhrl (a. a. O. S. 467) es zur Ostmark rechnet. Belege für die Bezeichnung des Machlandes als Grafschaft (provincia) bei Hasenöhrl (a. a. O. S. 468). Daß eine das Machland betreffende Angelegenheit auf dem Landtaiding zu Mautern verhandelt wurde, worauf Hasenöhrl sich beruft, geht wohl auf eine Verfügung des Herzogs zurück.

Excurs V.

Die Sage von der Eroberung Melks durch den Markgrafen Liutpald I.

An der Spitze einer für Herzog Leopold V., den Sohn Heinrichs II., bestimmten Zusammenstellung seiner Vorfahren und ihrer hervorragendsten Thaten steht die bekannte Erzählung, wie der junge Liutpald auf der Jagd dem in Lebensgefahr gerathenen Kaiser durch Darreichen seines Bogens einen großen Dienst erwies und dafür zur Belohnung die durch ihres Grafen Tod erledigte Ostmark erhielt. Der neue Markgraf soll dann die Burg Melk aus der Gewalt eines Gizo befreit und, damit nicht wieder eine Festung erbaut werde, daselbst ein Stift für zwölf Kanoniker errichtet haben. Zunächst nicht beachtet, wurde diese Geschichte in den Zeiten Herzogs Rudolf IV. in eine Historia fundationis coenobii Mellicensis aufgenommen und etwa 90 Jahre später von Ebendorfer benützt. Aus diesen schöpften Suntheim, Bonfin, Cuspinian und Laz. In der Ausbildung, welche namentlich der Letztere ihr gegeben hatte, erhielt sich die Sage als werthvolles Inventarstück der späteren Darstellungen. Veröffentlicht wurde sie aus der einzigen Melker Handschrift bruchstückweise im Jahre 1702 von Anselm Schramb, vollständig im Jahre 1721 von H. Pez (Script. I, 290—294), welcher ihre Abfassung dem Abte Konrad von Weißenberg (1177—1203) zuwies. Diese Ausgabe wiederholte Meiller in den Denkschriften der Wiener Akademie XVIII (1869), 9 ff. Eine neue Ausgabe hat dann Wattenbach (Mon. Germ. SS. XXIV, 69—71) besorgt.

Was die Frage nach dem Verfasser und der Zeit der Abfassung anbelangt, ist vor Allem zu beachten, daß für die von Pez vorgeschlagene Annahme, den Abt Konrad von Weißenberg[1]) zum Verfasser der dürftigen Auszüge aus den Melker Annalen zu machen, gar kein Anhaltspunkt vorhanden ist. Damit aber ist für die Bestimmung der Zeitgrenzen, innerhalb deren die Zusammenstellung erfolgt sein kann, größere Freiheit gegeben. Meiller hat hervorgehoben, daß das Stück für den Unterricht eines jungen Mannes oder Knaben bestimmt war und man es daher vor den Regierungsantritt Leopolds V., also vor das Jahr 1177 setzen müsse. Mag seine Beweisführung auch im Einzelnen anfechtbar sein, in der Hauptsache hat er wohl das Rechte getroffen und wir dürfen das Breve chronicon als eines der ältesten Lehrmittel für Prinzenerziehung, den Unterricht in der vaterländischen Geschichte schätzen. Des Näheren hat dann Meiller angenommen, daß es frühestens im Jahre 1172 abgefaßt worden sei, in dem Leopold V. 15 Jahre alt geworden war. Wenn Lorenz[2]) meint, daß durch die Stelle von der Kreuzpartikel „aus dem Werkchen selbst der bündige

---

1) Ueber ihn Keiblinger, Gesch. des Benediktinerstiftes Melk I, 289 ff.
2) Desf. Sagengeschichte vom 12.—14. Jahrhundert in Drei Bücher Geschichte und Politik, S. 615.

Beweis" hergestellt werden könne, „wonach dasselbe vor 1170 geschrieben sein muß", so steht dem entgegen, daß diese Stelle in späterer Zeit nachgetragen worden ist. Der Chronist fand in den Melker Annalen vor dem Jahre 1170 keine Nachricht von der Kreuzpartikel, demgemäß mußte er selbst auch nichts von ihr zu sagen, da seine Auszüge aber mit dem Jahre 1157 abbrechen, wissen wir nicht, wie er sich zum Annaleneintrag des Jahres 1170 verhalten hätte. Ob er seine Arbeit mit dem Jahre 1157, in dem Leopold V. geboren ist, abgeschlossen hat oder uns eine unvollständige Abschrift vorliegt, könnte nur durch neuerliche Untersuchung der Annalenhandschrift festgestellt werden. Vorzeitiger Abschluß wegen Mangels ausreichenden Stoffes wäre recht gut denkbar, da die Annalen in den nächsten Jahren nur sehr wenige für seine Zwecke brauchbare Nachrichten bieten.

Die Geschichte von der Verleihung der Ostmark an den ersten Babenberger ist nun Gegenstand eingehender Erörterung geworden, zu der auch an diesem Platze Stellung genommen werden muß. Meiller hat in seiner vorerwähnten Abhandlung ihren geschichtlichen Gehalt einer weitwendigen Prüfung unterzogen, die mit vollständiger Ablehnung endete[3]. Dagegen wollte Lorenz die Bedeutung der Erzählung als Sage besser gewürdigt wissen und glaubte, wenigstens in der Erwähnung Gizos und des Kanonikats Reste einer verwerthbaren Ueberlieferung zu erkennen, während der Melker Benediktiner Ambros Heller die ganze Erzählung als wahr, das Breve chronicon als ein Werk des Abtes Konrad annahm[4]. Dieser von meinem der landesgeschichtlichen Forschung viel zu früh entrissenen Lehrer eingenommene Standpunkt läßt sich durch die treue Anhänglichkeit an sein Stift, die Begeisterung für dessen ruhmreiche Geschichte wohl erklären, kann aber selbstverständlich in keiner Weise gebilligt werden. Die Jagdgeschichte steht in so grellem Widerspruche mit den uns bekannten Verhältnissen, daß sie durchaus nicht als geschichtliches Zeugniß verwendet werden darf. Liutpald erhielt die Ostmark als älterer Mann, nicht in Folge eines augenblicklichen Entschlusses, eines romantischen Einfalles, sondern in Folge ganz besonderer politischer Vorgänge und der Stellung, welche sein Geschlecht in den bayrischen Wirren einnahm. Hätte jenes Jagdabenteuer sich thatsächlich ereignet, dann könnte man mit Rücksicht auf Liutpalds angebliche Jugend unter dem Kaiser nur Otto den Großen verstehen, aber nicht dieser, sondern erst sein Sohn hätte dann dem inzwischen zum alten Manne gewordenen Liutpald den verheißenen Lohn ertheilt.

Etwas anders verhält es sich mit der Nachricht, daß Liutpald die Burg Melk dem höchst gewaltigen Gizo entrissen und daselbst ein Stift für zwölf Kanoniker errichtet habe. Daß Meillers Versuch, an ersterer Stelle eine Beziehung auf die Ungarn auszuschließen, ganz mißglückt ist, hat Lorenz überzeugend nachgewiesen. Wir können annehmen, daß der Chronist in der That der Meinung war, das Kastell sei vor Begründung der Babenbergischen Herrschaft im Besitze der Ungarn gewesen, und läßt sich nichts dagegen einwenden, daß unter dem homo potentissimus Gizo der Ungarnfürst Geisa, des h. Stephan Vater, zu verstehen sei. Aber wie Büdinger (Oest. Gesch. S. 466) und Hirsch (Jahrb. H. II. I, 137) hervorgehoben haben, erstreckte sich schon Burkhards Herrschaft im Jahre 972 über die Wachau und konnte im Jahre 976 dem Passauer Bisthume der Besitz von St. Pölten bestätigt werden, dadurch wird aber eine von dem ungarischen Großherrn selbst befestigte ungarische Besatzung in Melk ausgeschlossen[5]. Ist in dem Breve chronicon eine Erinnerung an die Eroberung des von Ungarn besetzten Melker Kastells durch die Deutschen erhalten, dann muß dieses Ereigniß vor dem Jahre 972, also längere Zeit vor dem Amtsantritte des ersten Babenbergischen Markgrafen stattgefunden haben. Ganz unzulässig wäre es auch, die Eroberung, wie dies Ambros Heller und ähnlich Juritsch (Gesch. der Babenberger S. 17) gethan haben, mit den Ungarneinfällen,

---

3) Meillers Ergebnisse sind wiederholt von J. Mayr im Programme des Salzburger Staatsgymn. 1870.
4) Melk und die Mark der Babenberger in ihrer Gründung und ursprünglichen Abgrenzung, Jahresbericht des Melker Gymnasiums 1870, 15 ff.
5) Vgl. auch Hasenöhrl im Archiv für öst. Gesch. LXXXII. 455.

auf welche in DO. III. 21 vom 30. September 985 angespielt wird, in Verbindung zu bringen und anzunehmen, daß damals die Ungarn endgiltig über den Wiener-Wald zurückgedrängt worden seien, worauf Bischof Piligrim von Passau dem Hofe den Plan einer neuen Kolonisation zur Genehmigung vorgelegt habe. Heller möchte Liutpald I. überhaupt nicht vor 984 in der Mark erscheinen lassen (S. 17), was man begreifen kann, da es bei seiner Voraussetzung an einem Sitz für denselben fehlen muß. Die Ennsburg war 976 an Passau übergegangen, die Wieselburg war im Besitze Regensburgs, das etwa übrig bleibende Pechlarn wäre aber, wenn in dem zwei Stunden entfernten Melk Geisa mit seinen Reitern hauste, ein recht ungemüthlicher Aufenthalt gewesen. Soll aber die Ostmark in gefahrvollster Zeit durch acht Jahre ihres Führers an Ort und Stelle entbehrt haben? Gerade mit Rücksicht auf die bayrisch-böhmischen Wirren mußte sie besonders sorgfältig behütet werden, denn sonst stand den Ungarn ein Einfallsthor offen, das zu benützen sie sich gewiß nicht lange bedacht hätten. Unsicher genug war ja die Lage. Nach Ottos II. Tod konnte sich Piligrim über den großen Schaden beklagen, den die der Grenze nahe gelegenen Güter seines Hochstifts durch die wiederholten Einfälle der Barbaren zu erleiden hatten (DO. III. 21), noch um das Jahr 1012 waren die Bewohner Stockeraus auf ihrer Hut vor plötzlichen Ueberfällen, die eigentlich bis in das 18. Jahrhundert hinein niemals ganz aufgehört haben. Aber von größeren Unternehmungen Geisas gegen die Deutschen und umgekehrt erfahren wir nichts, im Gegensatz zu dem Böhmenherzog hat er sich an den bayrischen Aufstandsversuchen nicht betheiligt. Aus alledem ergibt sich, daß die in der Melker Ueberlieferung erhaltene Erzählung von der Eroberung der Burg nicht mit Liutpald I. verbunden werden darf, der Melker Konventuale des ausgehenden 12. Jahrhunderts entweder einem Irrthume zum Opfer gefallen ist oder sich eine willkürliche Verknüpfung gestattet hat.

Wie verhält es sich nun mit dem Kanonikate? Daß es vor der im Jahre 1089 erfolgten Einführung der Benediktiner-Mönche bestanden hat, darf als sicher gelten, man hat es, wie aus der Aufzeichnung über die am 13. October 1113 von dem Passauer Bischofe Ulrich vorgenommenen Klosterweihe[6]) hervorgeht, als unmittelbaren Vorgänger des Benediktinerklosters betrachtet, von diesem monasterium als coenobium unterschieden. Ob es aber schon von Liutpald I. errichtet worden ist, bleibt berechtigtem Zweifel unterworfen. Zwar daß der Markgraf in Schweinfurt begraben wurde, möchte ich nicht als so ausschlaggebend ansehen, wie Hirsch (a. a. O. S. 138). Da er dort durch einen Zufall sein Leben eingebüßt und auch während seines achtzehnjährigen Aufenthaltes in der Ostmark gewiß die Beziehungen zu Heimath und Familie aufrecht erhalten hat, so ist es ganz natürlich, daß die Verwandten den Leichnam des verehrten Mannes zurückbehielten und ihm eine sicherere Ruhestätte bereiteten, als sie das vom Feinde bedrohte Grenzland zu gewähren versprach. Anders wäre es ja zu beurtheilen, wenn Liutpald in Melk gestorben, seine Leiche nach Schweinfurt gebracht worden wäre. Wichtiger ist, daß man in Melk selbst im Jahre 1113 als ersten Gönner des Kanonikats nicht ihn, sondern seinen Sohn Adalbert anzuführen mußte. Wäre um diese Zeit eine bestimmt auf den ersten Markgrafen Babenbergischen Geschlechtes als Stifter weisende Ueberlieferung im Schwange gewesen, man hätte kaum versäumt, ihn zu nennen. Da ferner, worauf Hirsch aufmerksam gemacht hat, Markgraf Ernst, der Sohn Adalberts, nicht seinen Vater allein, sondern antecessores überhaupt als Gründer nennt[7]), so wird nicht Adalbert, sondern sein älterer Bruder Heinrich I. das Kanonikat errichtet haben. Adalbert wurde in der Weihenotiz wahrscheinlich deshalb allein genannt, weil er sich durch die Widmung der Kreuzpartikel das größte Verdienst erworben hatte, wie überhaupt mit ihm die ersten Nachrichten über die Babenbergischen Fürsten in den Annalen beginnen. Allerdings haben gegen die Annahme Heinrichs I. als Gründers Meiller und Wattenbach[8]) angeführt, daß in der Passio s. Cholomanni von Kanonikern nicht die Rede sei, obwohl

---

6) Hueber, Austria S. 308.
7) Sickel, Mon. graph. Fasc. V, tab. III; Texte p. 74.
8) SS. XXIV, 70.

sie dort erwähnt werden mußten. Doch dürfte es sich da um einen Wortstreit handeln. Denn in der Passio wird zum Jahre 1014 eine ecelesia s. Petri in civitate Medelikch erwähnt und Markgraf Heinrich kann von da clerici zur Abholung des heiligen Leichnams entsenden⁹). Nichts hindert, unter ihnen Kanoniker eines Burgstifts zu verstehen und anzunehmen, daß ein solches schon im Jahre 1014 auf dem Melker Burgberge bestanden habe. Für die angebliche Gründung desselben durch Liutpald I. ist aber keinerlei Beleg aufzufinden¹⁰).

Wenn der Chronist endlich bemerkt, daß die Gründung des Kanonikats erfolgt sei, damit „nicht wieder auf dem Berge eine Befestigung errichtet werden könne", so steht das eigentlich im Widerspruch mit der Thatsache, daß neben dem Stifte sich die Burg (castrum, civitas) der Markgrafen erhob und mindestens bis zum Jahre 1106 fortbestand¹¹). Da man aber unter der munitio, welche durch das coenobium ersetzt und verdrängt werden sollte, eine feindliche Burg zu verstehen hat, so ließe sich die Stelle entweder dahin auslegen, daß der Chronist auch den kriegerischen Schutz Melks von Anfang an dem Stifte zuschreiben wollte oder man müßte annehmen, daß die sechs Jahrzehnte von der Weihe des Benediktinerklosters bis zur Zeit, um welche der Chronist schrieb, hingereicht haben, um jede Erinnerung an die Markgrafen-Burg zu verwischen.

Jedenfalls erweist sich der Verfasser des Breve chronicon auch an jenen Stellen, an denen man etwa Reste geschichtlicher Ueberlieferung vermuthen könnte, als schlecht unterrichtet und durchaus unzuverlässig. Müssen wir seinen Bericht aus der Reihe der für Forschung und Darstellung verwendbaren Zeugnisse streichen und können wir ihn höchstens vom erziehungs-geschichtlichen Standpunkte aus würdigen, so bliebe noch zu untersuchen, inwiefern ihm eine Stelle in der österreichischen Sagengeschichte zukommt. Vor Allem Lorenz war, wie bemerkt, der Ansicht, daß dem Breve chronicon in dieser Hinsicht eine gewisse Bedeutung nicht abzusprechen sei, und hat darin „eine Verbindung der eigentlich klösterlichen Lokalsage mit der erweiterten Landessage von der Ankunft der Babenberger" zu erkennen geglaubt (S. 627). Gleichzeitig wies er auf Berührungen mit der Sage von Robin Hood hin und nahm an, daß die Sagenbildung damals in Melk schon abgeschlossen war (S. 629). Einer anderen von ihm gegebenen Anregung folgend hat dann K. v. Muth zu erweisen versucht, daß die altbayerische Sage „vom Helfer Ruprecht", den er mit Robin Hood und Rüdiger zusammenbringt, am Ende des 10. Jahrhunderts auf den ersten Babenbergischen Markgrafen übertragen worden sei¹²). Es ist nicht meine Sache, mich in diese verwickelten sagengeschichtlichen Untersuchungen einzulassen und mir eine Entscheidung in diesen Fragen anzumaßen. Hier kommt es nur darauf an, festzustellen, ob sich irgend ein stichhaltiger Grund für die angenommene Uebertragung finden läßt. Was zunächst den Markgrafen Rüdiger betrifft, so wird man mit ihm, seitdem nachgewiesen ist, daß wir in ihm den Herulerkönig Rudolf, den Bundesgenossen Theodorichs des Großen, zu erkennen haben¹³), nicht mehr so frei und willkürlich schalten können, als dies früher der Fall war, wo man ihn für ein rein mythisches Gebilde halten durfte. Ruprechtshofen aber, das v. Muth auf „den treuen Helfer" zurückführt, hat seinen Namen doch eher von dem ersten Besiedler und Besitzer Hruodpreht. Fallen somit die beiden wichtigsten Beweisgründe für v. Muths Annahme hinweg, so muß man doch sagen, daß es an einem rechten Anlasse zur Sagenbildung, beziehungsweise zur Uebertragung älterer Sagen durchaus fehlt. Für die bayrischen Kolonisten des 10. Jahrhunderts war Liutpald, dem doch schon Burkhard als Markgraf vorangegangen war, keine so bedeutende Persönlichkeit,

---

9) c. 9, 11; SS. IV, 676, 677.
10) Im Nibelungenliede wird weder dieses Stift noch das spätere Kloster berücksichtigt, vgl. John, Das lateinische Nibelungenlied, S. 17.
11) Keiblinger a. a. O. S. 218, 224.
12) Der Mythus vom Markgrafen Rüdiger, SB. der Wiener Akademie, LXXXV, 265 ff. Auch John, Das lateinische Nibelungenlied S. 11 geht noch von der Annahme, daß Rüdiger eine rein mythische Figur sei, aus.
13) Matthaei, Rüdiger von Bechlaren und die Harlungensage, Zeitschr. für Deutsches Alterthum XLIII (1899), 305 ff. Dazu K. Müller in den Blättern des Vereins für Landeskunde von Niederösterreich. N. F. XXXV (1901), 403.

daß sie seine Ankunft zum Gegenstande besonderer Betrachtung gemacht hätten, sie kamen als Unterthanen geistlicher Herrschaften mit ihm in keine unmittelbare Berührung, wir wissen auch nichts von hervorragenden Thaten, welche als Stoff für ihre Gespräche hätten dienen und ihre Einbildungskraft hätten erregen können. Daß er Begründer einer durch fast drei Jahrhunderte sich der Herrschaft erfreuenden Dynastie sein werde, was ihn der Nachwelt merkwürdig macht, konnten sie nicht wissen. Wie geringe Theilnahme er erweckte, zeigt sich ja auch darin, daß man selbst in Melk sich mit ihm und seinem ältesten Sohne wenig beschäftigte, die Reihe der Markgrafen ganz allgemein erst mit Adalbert eröffnet wird.

Das hat gewiß auch der Melker Mönch, der einen erlauchten Prinzen über die Ankunft und Thätigkeit seiner Ahnen belehren sollte, mit Mißbehagen empfunden. Fand er über den ersten Markgrafen nichts in den Hausannalen, lagen ihm historische Studien, wie sie Meiller von ihm verlangt hat, ferne, mußte er aber wohl oder übel die Lücken der Ueberlieferung ausfüllen, so blieb ihm nichts übrig, als in den reichen Vorrath von Sagen und Erzählungen, welche zu seiner Zeit bekannt waren und mit denen sich gewiß auch die Melker Klosterbrüder unterhielten, zu greifen, hier fand er leicht, was ihm als passende Einleitung zu seinem trockenen Berichte dienen, seinem Schüler Freude machen konnte.

Haben wir es demnach kaum mit der Frucht volksmäßiger Sagenbildung sondern viel eher mit der Verlegenheitserfindung eines Mönches zu thun, so wird man aus seiner Erzählung nicht mehr entnehmen können, als daß sich in Melk nur sehr unsichere, verwirrte Erinnerungen an die einstige Herrschaft der Ungarn, die Uebertragung der Ostmark an Liutpald und die Errichtung des Kanonikats durch einen der ersten Babenberger erhalten haben.

Excurs VI.

Die Vorgänge in dem Sprengel von Cambrai während der Jahre 978 und 979.

Ausführlich schildert jener Domherr von Cambrai, der während der vierziger Jahre des XI. Jahrhunderts im Auftrage des Bischofs Gerhard die Chronik seines Bisthums verfaßt hat, das Ende des gutmüthigen, frommen, von Gott besonders ausgezeichneten, den schwierigen Verhältnissen, der List und Gewaltthat seiner Lehensleute aber keineswegs gewachsenen Bischofs Tetbo, der seit dem Jahre 972 das gefahrvolle Amt, zu dem ihn Otto der Gr. aus dem Kölner Kloster St. Severin berufen hatte, verwaltete[1]. Sein Bericht ist nicht allein von lokalem und kirchengeschichtlichem Interesse, er liefert auch für die Reichsgeschichte wichtige Angaben und ist wegen dieser Gegenstand eingehender Untersuchung geworden, die aber zu keinem befriedigenden Ergebnisse geführt hat.

Anknüpfend an die Wechselrede zwischen Gottfried Grisagonella von Anjou und Gottfried von Eenham, welche in den Anfang December 978 zu setzen wäre (vergl. vorher S. 117), erzählt der Chronist, daß zur Zeit des deutschfranzösischen Krieges (regibus inter se discordantibus) Tetbo von seinen Vasallen, welche ben Kaiser durch den Kriegszug abgehalten wußten, aufs Härteste bedrängt wurde, diese mit dem einfachen, der Landessprache unkundigen Manne ihren Muthwillen trieben. Insbesondere Walther von Lens that sich dabei hervor, indem er den Bischof mit dem Gerüchte ängstigte, König Lothar sei gerüstet, um Cambrai zu brandschatzen. Tetbo gab seinem Bedränger reichliche Geschenke, damit er die Gefahr abwende, und dieser erklärte sich bereit, durch seine am Hofe weilenden Freunde und Verwandten den König zu besänftigen. Nach etlichen Tagen konnte er von dem guten Erfolge seiner Bemühungen berichten und den erschlichenen Lohn seiner Lügen einheimsen.

Dieser Vorgang wird von dem Chronisten in einem zeitlichen Zusammenhange erzählt, in den er sich vortrefflich einfügt und an dem wir nicht rütteln dürfen. Wir müssen also Walthers Unthat in den December 978 setzen, zu welcher Zeit Lothar an der Aisne stand, von wo aus er nach dem Rückzuge der Deutschen auch Cambrai leicht bedrohen konnte.

In eine frühere Zeit aber dürfte gehören, was der Chronist im Anschlusse an das Vorerwähnte von Heriward berichtet, der einst mit Reginar und Lantbert verbündet, dann sich von ihnen abgewendet und wieder die Gunst des Bischofs gewonnen hatte, den er mit der Vorspiegelung eines von den Brüdern geplanten Einfalles seinen Wünschen gefügig machte.

Nunmehr fährt der Chronist fort (c. 100): Sub huius autem tempore,

---
1) Gesta I, c. 99—101 (SS. VII, 441); Hirsch, Jahrb. H. II, I, 356 ff.; Reinhard, Gesch. der Stadt Cambrai, S. 88.

Arnulfo *sene* Flandrensium comite *mortuo*, mox irruens Lotharius rex possessiones illius, abbatiam videlicet s. Amandi sanctique Vedasti cum castello, Duvaicum quoque, sed et omnia usque ad fluvium Lis cum omni occupatione invasit. Das habe dem Bischof neuerdings den größten Schrecken eingejagt, da er einen Überfall Cambrais fürchtete. Jetzt vermochte ihn nichts mehr zu halten, er floh nach Köln, wo er bald darauf starb und in der Severinskirche bestattet wurde. Zur Zeit seines Ablebens war der Kaiser auf einem Kriegszuge gegen Slaven, die niederlothringischen Großen mußten also auf eigene Verantwortung das Nöthige anordnen. Da sie vernahmen, daß König Lothar sich nach Tetbos Tod sofort der Besitzungen des Bisthums Arras bemächtigt habe, und zu befürchten war, daß er auch einen Streich gegen Cambrai plane, riefen die Grafen Gottfried und Arnulf den Herzog Karl herbei, der alsbald kam, sich aber so ungebührlich benahm, daß die Grafen aufs Aeußerste erbittert sich zurückzogen. Als der Kaiser endlich zurückkehrte, wurde ihm der Tod des Bischofs gemeldet. Zur Weihnachtszeit (979) wurde in Pöhlde auf Fürsprache des Bischofs Rotker Rothard zum Nachfolger bestellt, der Anfangs der Fastenzeit (980 Februar 25) von dem Rheimser Erzbischofe Adalbero in Cambrai geweiht wurde.

Auch dieser Bericht ist mit anderweitig beglaubigten Nachrichten über das Itinerar des Kaisers im Einklange, so daß kein Grund zu irgendwelchem Zweifel besteht. Nach den Ann. Lob. (SS. XIII, 235) feierte Otto Weihnachten 979 in Pöhlde, hier ist auch durch D. 210 vom 6. Jänner 980 Bischof Rotker nachgewiesen. Da der Kaiser am 5. November 979 zu Allstedt urkundete, ist der von den Gesta erwähnte Zug gegen Slaven in den November und December 979 zu verlegen (v. Sickel, Erläut. S. 175; vorher S. 127). Tetbo muß also um diese Zeit oder kurz vorher, etwa Ende October oder Anfang November 979 gestorben sein.

Schwierigkeiten bereitet jedoch die angeführte Notiz über den Zug Lothars zur Lys, nach dem Chronisten des Bischofs Flucht veranlaßt haben soll. Schon Bethmann hat bemerkt, daß sie durchaus nicht zu 978 oder 979 passe, da Arnulfus senex, Flandriae comes, schon am 27. März 965 gestorben war[2]. Da nun nach dessen Tod Lothar in der That bis zur Lys vordrang und darüber die Ann. Elnonenses minores fast mit den gleichen Worten wie die Gesta berichten, so ist klar, daß dem Domherrn von Cambrai das Versehen unterlaufen ist, ein Excerpt aus vlämischen Annalen an falscher Stelle zu verwerthen. Es ist also Lot durchaus beizustimmen, wenn er sich gegen den Versuch von Lair und Matthäi, jene Notiz und eine andere bei Dudo von St. Quentin doch auf die Jahre 978 und 979 zu beziehen, ausgesprochen hat[3]. Doch hat er selbst den Bericht der Gesta dadurch verwirrt, daß er die Erzählung von Walthers Hinterlist nicht beachtete, Flucht und Tod des Bischofs in das Jahr 978 versetzte. Seiner Ansicht nach soll Tetbo schon durch den Zug Lothars nach Aachen alarmirt worden sein und sich schon im Juni 978 geflüchtet haben. Das wird aber durch den Nachweis, daß er sich noch im December 978 zu Cambrai aufhielt, ausgeschlossen.

Immerhin muß man fragen, was denn eigentlich der Tropfen war, der des Bischofs Schmerzensbecher zum Ueberfließen brachte. Mit Recht hat Matthäi (Händel Ottos II., S. 31) hervorgehoben, daß, wenn man die Notiz von Lothars Einfall streicht, es an jeder Erklärung für Tetbos plötzlichen Entschluß fehle, und diese Erwägung hat ihn hauptsächlich veranlaßt, einen Kriegszug Lothars nach Flandern im Winter 978 auf 979 anzunehmen, dessen „Einzelheiten allerdings der Verfasser der Gesta irrthümlich von dem des Jahres 965 entlehnt" haben müsse (S. 32). Auf diesen Einfall will er in Uebereinstimmung mit Lair eine Stelle Dudos von St. Quentin beziehen, in der dieser berichtet, daß Lothar mit einem Heere von Franken und Burgundern in Flandern eingefallen sei, Arras genommen habe, aber durch Vermittelung Herzogs Richard von der Normandie zum Frieden und zur Herausgabe von Arras an Arnulf

---

2) Dümmler, Jahrb. O. I. S. 395; Pirenne, Gesch. Belgiens I, 107.
3) Les derniers Carolingiens, p. 46, 47, 94.

Excurs VI.

von Flandern bewogen worden sei (Lot p. 47). Er begründet seine Vermuthung damit, daß Dudos Bericht nicht zu 965 passe, denn damals wäre nach seiner und Lairs Ansicht die Vermittelung Richards nicht gut zu erklären und könnte Lothar auch nicht über Burgundische Hülfstruppen verfügen (S. 34, 36). Diese Beweisführung ruht mit Rücksicht auf die Unzuverlässigkeit Dudos, der ja ersichtlich gleichfalls die Notiz der Ann. Elnon. min. verwerthet hat, an und für sich auf schwanker Stütze, sie wird außerdem nur noch durch die ganz subjektive Beurtheilung von Richards Verhalten begründet und könnte daher nur zugelassen werden, wenn der Einfall Lothars im Jahre 978/79 nicht schweren Bedenken unterläge. Lair und Matthäi verbinden ihn mit der Heimkehr des Karolingers von der Verfolgung der Deutschen im December 978. Das verträgt sich aber vor Allem nicht mit der Erzählung der Gesta, der zu Folge damals eine Bedrohung Cambrais, welche unvermeidlich gewesen wäre, wenn Lothar sein Heer von der Aisne nach Arras und dann nach Flandern geführt hätte, nicht stattgefunden hat, sondern nur von Walther erfunden worden ist. Ferner spricht dagegen, daß Graf Gottfried am 21. Jänner 979 in Gent mit seiner Gemahlin Mathilde dem Kloster Blandigny eine Schenkung verbriefen ließ, welche nach den Regierungsjahren inclyti regis Hlotharii datiert ist[4]. Endlich ist es doch unwahrscheinlich, daß Lothar im December 978 Arras erobert, dann auf Verwendung Herzogs Richard herausgegeben und im folgenden Winter neuerdings bedroht haben soll. Ein Zug Lothars nach Flandern im Jahre 979 läßt sich aber gleichfalls nicht unterbringen. Bis gegen Ende April weilte der Kaiser am Rhein und würde jedenfalls eine Bedrohung des Reichsgebietes verhindert haben, später war Lothar durch die Verhandlungen über die am 8. Juni erfolgte Krönung seines Sohnes in Anspruch genommen, nach derselben ist er aber, dem Berichte der Gesta zu Folge, über Arras nicht hinausgekommen.

Scheitert somit jeder Erklärungsversuch an gewichtigen Bedenken und vor Allem an dem Umstande, daß wir über das Itinerar des westfränkischen Herrschers nur sehr mangelhaft unterrichtet sind, so wird man sich dazu verstehen müssen, die durch das unliebsame Versehen des Chronisten von Cambrai verschuldete Lücke hinzunehmen und auf ihre Ausfüllung zu verzichten.

---

4) van Lokeren, Chartes I, 48 no. 51.

Excurs VII.

Das Todesjahr des Markgrafen Thietmar.

D. 186 für den von Italien zurückgekehrten Gisiler: interventu .... Thiatmari marchionis.... Data XIIII. kal. april. anno d. inc. DCCCCLXXVIIII, ind. X., anno vero regni secundi Ottonis XXI, imp. autem XI; actum Trebuni.

D. 188 für Aschaffenburg .... in comitatu Tiemonis comitis .... Anno dominice incarnacionis DCCCCLXXX, ind. X., data est —, anno vero regni secundi Ottonis XXV, imperii vero XV; actum Drutmanni.

D. 200 für Merseburg .... Thiatmarum marchionem .... Data XVI kal. septembris, anno d. inc. DCCCCLXXVI, ind. V., anno autem regni domini Ottonis XXII, imp. vero XII; actum Salefeldun.

Diese Datierungen haben durch ihre völlig verwirrten Angaben große Schwierigkeiten bereitet, welche Ficker, Posse und v. Sickel zu beseitigen versucht haben. Der Erstere nahm an, daß in D. 186 der Ort Treben und die dem Jahre 979 entsprechenden Merkmale auf die Handlung, Indiktion und Königsjahr auf die im Jahre 981 oder 982 erfolgte Beurkundung zu beziehen seien; ebenso nahm er in D. 188 Beziehung des Ortes auf die Handlung, der Jahresmerkmale auf die Beurkundung an¹). D. 200 hat er in seine Untersuchung nicht einbezogen. Seinen Ausführungen hat sich im Wesentlichen Posse angeschlossen²). Doch verlegte er die Handlung, da er den Tod des Markgrafen Thietmar vor den 14. Juli 978 setzt, in dieses Jahr zwischen DD. 171, 172, beziehungsweise D. 173. D. 200 reihte er, ohne den Zusammenhang, in dem es mit D. 186 steht, und die Nennung des Kanzler-Bischofs Hildibald zu beachten, nach Stumpf zum 17. August 976 ein. Gegen Ficker hat v. Sickel (Erläut. S. 166 ff.) hervorgehoben, daß seine Ansätze unserer Rechnungsweise, nicht aber der damals in der Kanzlei üblichen entsprechen. Könnte man allerdings annehmen, daß a. r. XXII, a. imp. XII in D. 200 unter Voraussetzung der Beurkundung im Jahre 982 durch Rückzählung von dem kanzleiüblichen XXV und XV entstanden seien, so hat man doch zu beachten, daß in D. 186 sich a. r. XXI, a. imp. XI finden und auf diesem Wege a. inc. DCCCCLXXVI und ind. V in D. 200 nicht erklärt wären. So bleibt v. Sickels Annahme, daß der Notar Liutulf J durch seine Sorglosigkeit die Verwirrung in den Datierungen von D. 186 und 200 verschuldet habe, als die wahrscheinlichste bestehen. D. 188 könnte allenfalls an D. 180 vom 14. Juli 978 angeschlossen werden, doch müßte man zu der Vermutung greifen, daß bei der Beurkundung im Jahre 982 die Kanzleizeile ihre nicht zum Jahre 979 passende Fassung erhalten habe.

Setzt man aber die Urkunden, beziehungsweise die ihnen zu Grunde liegende Handlung in dieses Jahr, so kommt man, wie Posse hervorgehoben

---

1) Beiträge zur Urkundenlehre I, 212.
2) Markgrafen von Meißen, S. 19 Anm. 1.

hat, in Widerspruch gegen die Nachricht des Annalista Saxo, daß der in ihnen und außerdem in D. 184 ([979] Februar 27, beurkundet 983) und D. 195 ([979] Juli 21, beurkundet 981) genannte Markgraf Thietmar im Jahre 978 gestorben sei.

Dümmler (Jahrb. Ottos I., S. 388), Heinemann (CD. Anhalt. I, 50 u. 64), Posse (a. a. O. S. 15, 21), Siebert (Nienburger Annalistik S. 14) haben ohne Weiteres die Angabe des Annalisten, nach des Letzteren Annahme des Abtes Arnold von Nienburg, als richtig angenommen. Wenn die Erstgenannten aus D. 180 schlossen, daß Thietmar schon vor dem 14. Juli gestorben sein muß, so irrten sie insofern, als der in dieser Urkunde als verstorben bezeichnete vir Thiatmarus nicht der Markgraf sein kann, der in demselben Diplome als Intervenient und Inhaber der Grafschaft genannt wird. Siebert hat davon auch abgesehen und als Todestag den 3. August angenommen, zu dem das Necrol. Magdeb. einen Thietmar ohne nähere Standesangabe verzeichnet. Alle aber, mit Ausnahme Posses, haben die vorangeführten Urkunden des Jahres 979 nicht berücksichtigt. Bevor wir sie in diesem Zusammenhange verwerthen, muß noch auf ein Bedenken aufmerksam gemacht werden. In D. 195 wird Thietmar als Graf des Gaues Nizizi, in D. 196 vom selben Tage sein Sohn Gero als Graf im Untergau Scitici genannt. Dieser Widerspruch ließe sich aber dadurch erklären, daß man bei der Beurkundung im Jahre 981 in der einen Urkunde den Namen des Vaters beließ, in der andern den des ihm nachgefolgten Sohnes einsetzte, eine Ungleichmäßigkeit, die um so leichter möglich war, als es sich in D. 195 um den Hauptgau, in D. 196 um den Untergau handelte. Man braucht also keineswegs mit Winter³) zwei Grafschaften und Grafen im Nizizi anzunehmen.

Gehört nun die Handlung von D. 200 zum 19. März 979, so wäre es ganz gut möglich, daß Thietmar zur Zeit der am 17. August erfolgten Beurkundung schon verstorben war, und es ließe sich vermuthen, daß sein Widerstand die Verbriefung bei ihm ungünstigen Entscheidung verzögert habe, diese erst nach seinem Tode erfolgen konnte. Wir erhalten also den 21. Juli dieses Jahres (D. 195) als das letzte sichere Datum für die Erwähnung des Markgrafen als Lebenden und es wäre dadurch nicht ausgeschlossen, daß er am 3. August gestorben, sein Todestag thatsächlich im Necrol. Magdeburg. überliefert ist⁴). Dazu würde stimmen, daß, wenn wir von D. 196 absehen, sein Sohn Gero zuerst in D. 213a (980, März 3.) als Nachfolger des Vaters im Serimunt genannt wird.

Mußten wir an der Einreihung der besprochenen Urkunden zum Jahre 979 festhalten, lieferten sie unter dieser Voraussetzung Beweise dafür, daß Markgraf Thietmar noch am 21. Juli dieses Jahres unter den Lebenden weilte, so bleibt nichts übrig, als anzunehmen, daß Abt Arnold sich irrte, indem er den Tod des Stifters von Nienburg zum Jahre 978 ansetzte, ein Versehen, das leicht möglich war, da der Abt sein Werk erst um die Mitte des XII. Jahrhunderts abgeschlossen hat.

---

3) Magdeburger Geschichtsblätter X, 23.
4) Im Necrol. Merseburg. sind Thietmare zum 3. Juni, 2. und 4. September genannt, die aber nach dem Gesagten nicht in Betracht kommen dürften.

Excurs VIII.
Das Aufgebot des Kaisers vom Jahre 981.

Der zuerst von Jaffé (Bibliotheca rerum Germ. V (1869), 471 no. 1), dann von Weiland (Mon. Germ., Constit. I (1893), 633 no. 436) veröffentlichte Anschlag für ein Reichsaufgebot ist wiederholt Gegenstand der Erörterung gewesen, ohne daß aber über alle Fragen volle Klarheit geschaffen und Uebereinstimmung erzielt worden wäre. Eine neue Untersuchung des in seiner Art einzigen Schriftstückes erschien daher nicht überflüssig. Durch das gütige Entgegenkommen des Bamberger k. Bibliothekars, Herrn J. Fischer, war es mir mit Genehmigung der k. Regierung möglich, die Handschrift, in der es erhalten ist, in Wien zu benutzen. Die Vergleichung ergab, daß Jaffé bei der ersten Lesung des schwierigen Stückes zumeist das Rechte getroffen, Weiland nach W. Meyers Lesung etliche Verbesserungen beigebracht hat. Da aber an einzelnen Stellen doch noch Bedenken obwalten und manchem Benützer der Jahrbücher jene beiden Werke nicht immer zur Hand sein dürften, biete ich einen neuen Abdruck:

Herke(m)baldus ep(iscopu)s C loricatos m(ittat). Abbas de Morebach secu(m) ducat XX. Ep(iscopu)s Balzzo m(ittat) XX. Ildebaldus ep(iscopu)s d(ucat) XL. Abbas de Uuize(n)burg m(ittat) L. Abbas de Lauresam d(ucat) L. Archiep(iscopu)s Maguntinus m(ittat) C. Coloniensis archiep(iscopu)s m(ittat) C. Uuirzeburgensis ep(iscopu)s m(ittat) LX. Abbas Erolsfeldensis XL m(ittat). Heribertus com(es) d(ucat) XX[1]) et f(rat)ris filius aut[2]) veniat cum XXX aut m(ittat) XL. Megingaus iuvante Burchard d(ucat) XXX. Cono, filius Cononis, d(ucat) XL. De ducatu Alsaciense mittantur LXX. Bezolinus[3]) filius Arnusti, duodeci(m) d(ucat). Azolinus, Rodulfi filius, m(ittat) XXX. Oddo, f(rate)r Gebizonis, XX m(ittat). Hezil[4]) c(omes) d(ucat) XXXX. Abbas Uultensis m(ittat) LX. Guntramus c(omes) d(ucat) XII. Ungerus[5]) d(ucat) XX. Domnus Sicco, imperatorius f(rate)r, d(ucat) XX. Otto XL d(ucat)[6]). † Carolus dux, custos patrie domi dimissus, Bosone(m) cu(m) XX m(ittat). Leodicensis ep(iscopu)s LX m(ittat) cu(m) Hermanno aut Ammone[7]):

---

1) Vor XX kleine Lücke, unter der die Reste eines Schriftzeichens sichtbar sind, welche allerdings kaum einer L, wie Jaffé, aber auch nicht einer X, wie Weiland vermuthete, entsprechen.
2) Von gleicher Hand über der Zeile nachgetragen.
3) Ich lese eher Bozo- als Mozo-, vgl. auch Azolinus, Hezol.
4) Hezol verbessert in Hezil, sicher nicht Hezol, wie Jaffé und Weiland lesen.
5) So eher als Viogerus, wie Jaffé liest.
6) Am rechten beschnittenen Rande von gleicher Hand nachgetragen: Adelbertus . . . . | XXX d(ucat). Es gehört aber eher zum ersten als zum zweiten Absatze, zu dem es Weiland zieht.
7) Weiland liest §Immone, was auch Herr Bibliothekar J. Fischer für ausgeschlossen hält.

Ep(iscopu)s Camaracensis XII m(ittat). Geldulfus cu(m) adiutorio abbatu(m)[8] XII d(ucat). Deodericus comes filiu(m) suu(m) cu(m) XII m(ittat). Ansfredus c(o)m(es) X m(ittat). Gottefredus et Arnulfus marchiones XL m(ittant). Filius Sicconia com(itis) XXX secu(m) d(ucat)[9]. Abbas Brumiensis XL d(ucat). Archiep(iscopu)s Treuerensis LXX d(ucat). Uerdunensis ep(iscopus) LX d(ucat). Tullensis XX m(ittat). † Archiep(iscopu)s Salceburgensis LXX m(ittat). Ratebonensis ep(iscopu)s totide(m) m(ittat). Abraha(m) XL m(ittat). Reginaldus ep(iscopu)s XL[10] d(ucat). Albuinus[11] ep(iscopus) XX d(ucat). Ep(iscopu)s Aug(ustae) civitatis C d(ucat). Constanciensis ep(iscopu)s XL m(ittat). Curiensis ep(iscopu)s XL d(ucat). Augensis abbas LX[12] d(ucat). Abbas s(an)c(t)i Galli XL[13] d(ucat). Abbas de Eloganga XL d(ucat). Abbas de Ke(m)beduno XXX d(ucat).

Der Anschlag ist von einer Hand des ausgehenden zehnten Jahrhunderts auf der ersten Seite der Handschrift B. III 11 der k. Bibliothek zu Bamberg eingetragen. Da das Blatt später an den alten Einbanddeckel angeklebt, bei dem Ersatze desselben durch einen neuen Einband im Jahre 1611 wieder abgelöst worden ist, hat die Schrift an manchen Stellen sehr gelitten. Eine ausführliche Beschreibung der Handschrift wird das nächste Heft des Bamberger Katalogs bringen, ich begnüge mich daher hier das Wichtigste hervorzuheben, wobei ich mich auch freundlicher Mittheilungen des Herrn Bibliothekars J. Fischer bedienen kann.

Die Handschrift besteht aus 129 Pergamentblättern (286:200 mm), welche der Mehrzahl nach in Quaternionen gelegt sind. Diese führen ihre Bezeichnung am untern Rande der letzten Seite in römischen Zahlzeichen, der 8. Quaternio fehlt, nach dem 9. hört die Bezeichnung auf. Die 13. Lage (F. 97—105) war ursprünglich ein Quinternio, zwischen F. 101 und 102 ist ein Blatt und ebenso in dem 16. Quaternio (F. 122—127) nach F. 122 und 125 je ein Blatt ausgeschnitten. Nach dieser Lage ist noch ein Doppelblatt (F. 128, 129) beigeheftet.

Auf den ersten drei Zeilen der ersten Seite ist der Anfang eines Gebetes geschrieben, das in der dritten abbricht, mit der fünften beginnt, von anderer Hand eingetragen, das Aufgebot, welches die ganze Seite füllt. Auf der Rückseite nimmt der eigentliche Text der Handschrift seinen Anfang. Er setzt sich aus verschiedenen theologischen Schriften zusammen: F. 1'—6' Excerptum ex libro sancti Augustini Encheridion (Migne Patrol. Lat. XL, 231 ff.), mit Randnoten, Interlinear- und Schlußbemerkungen; F. 7—63 Iuliani, ep. Toletani, Ἀντικείμενον libri (Migne XCVI, 595 ff.), wie bemerkt, ein Quaternio, der Text springt (F. 56', 57) von der Antwort auf die 53. (bei Migne p. 637 interrog. LI) auf die 74. Frage (bei Migne p. 702 interrog. LXXX) über; F. 63 Incipit de decem nominibus omnipotentis Dei Hebreorum; F. 63' Sententia sancti Gregorii excerpta ex Moralia; F. 64—85 Iusti Urgellensis Explicatio in Canticum Canticorum (ebenda LXVII, 961 ff.); F. 85—110' Alcuini Libri tres de s. Trinitate (ebenda CI, 11 ff.); F. 110—124' Alcuini Liber de vitiis et virtutibus (ebenda 613 ff.); F. 124 Excerpte aus Augustinus. Damit endet die Thätigkeit des ersten Schreibers in der Mitte des 16. (17.) Quaternio. Die leeren Blätter des Quaternio wurden von mehreren Schreibern zu verschiedenen Einträgen benutzt. Auf F. 124' schrieb einer (B.) die Theile eines Königspalastes, ein anderer (G.) das bekannte Gedicht auf Rom ab (Jaffé

---

8) Von gleicher Hand übergeschrieben I. S., was Lehmann richtig als Indensis, Stabulensis erklärt hat.

9) Am linken Rande von gleicher Hand nachgetragen . . . . . | . . . filiu(m) oder f(rat)rem | sau(m) ou(m) | LX m(ittat). Die erste Zeile ist ganz unleserlich, das von Jaffé vorgeschlagene D am Anfange wäre allenfalls zu erkennen; in den drei folgenden Zeilen sind nur f, u und X M Reste zu sehen. Die von Parisot (De prima domo S. 87) vorgeschlagene Ergänzung: Deodericus, Frederici filius, LX mittat, ist mit den Schriftresten nicht vereinbar.

10) X nachträglich eingeschoben, von Jaffé und Weiland übersehen.

11) Ober Alboinus.

12) Vorher X verwischt, also ursprünglich XL.

13) Von den beiden Zahlzeichen ist die erste X sicher, das zweite sehr undeutlich; ich sehe jedoch Reste einer Oberlänge, so daß L eher und zwar auch mit Rücksicht auf den Ansatz für Ellwangen, anzunehmen ist. So liest auch Weiland, während Jaffé XX annahm.

Das Aufgebot des Jahres 981.

457 no. 269). Derselbe trug auf F. 125 folgenden Spruch ein: Est spiritus spiritui et spiritui spiritus est et spiritus est spirituum, sed ipsi non eiusdem spiritus sunt spiritus, wozu ein Dritter die Worte fügte: de bacnut cuthani. Darauf begann ein Vierter (D.) die Abschrift einer Predigt, welche er bis zum Schlusse der letzten Seite (F. 129) fortführte, wo er mitten im Texte aufhörte.

Unter diesen Miscellen verdient neben dem bereits veröffentlichten Gedichte die Aufzählung der Theile eines Königspalastes Beachtung. Sie gehört zu dem eisernen Vorrathe frühmittelalterlichen encyclopädischen Wissens und ist recht lehrreich für die Fortdauer und Verwerthung antiker Bildungselemente [14]). Schon zu Anfang des neunten Jahrhunderts tritt sie uns als Beschreibung des Herzogspalastes von Spoleto entgegen [15]), etwas später findet sie sich in einer römischen Klosterhandschrift [16]), am Ende des zehnten Jahrhunderts hat sie Froumund benützt [17]) und nach Ordericus Vitalis hat der Apostel Thomas durch sie das Entzücken des indischen Fürsten Gundofar erregt [18]). Da die in unserer Handschrift erhaltene Fassung, die sich am nächsten mit jener römischen berührt, bisher nicht beachtet worden ist, aber doch manche Besonderheit bietet, theile ich sie im Wortlaute mit:

Primo proaulum, id est preporticus.

Secundo salutatorium, id est locus, in quo consistunt homines expectantes iussionem regis.

In tercio consistorium — rupis alta.

In quarto trichorum, id est locus triclinus iuxta ignem.

In V. zetas hyemales, id est domus hyemalis, que calida facta subducta flamma.

In VI. zetas estivales, id est domus estivalis, que frigida e contrario facta subducta aqua.

In VII. epicastrarium [19]), id est locus unguentorum et triclinia accubitalia, id est locus nuptiarum.

---

14) Vgl. Scheffs im Neuen Archiv IX, 186 ff.
15) Mabillon Ann. II, 410 = Muratori, Annali d'Italia IV, 490: In primo proaulium, id est locus ante aulam. In secundo salutatorium, id est locus salutandi officio deputatus, iuxta majorem domum constitutus. In tertio consistorium, id est domus in palatio magna et ampla, ubi lites et causae audiebantur et discutiebantur; dictum consistorium a consistendo, quia ibi, ut qualibet audirent et terminarent negotia, judices vel officiales consistere debent. In quarto trichorum, id est domus conviviis deputata, in qua sunt tres ordines mensarum; et dictum est trichorum a tribus choris, id est tribus ordinibus comessantium. In quinto zetae hiemales, id est camerae estivo tempori competentes. In sexto zetas aestivales, id est camerae estivo tempori competentes. In septimo epicaustorium et triclinia accubitanea, id est domus, in qua incensum et aromata in igne ponebantur, ut magnates odore vario roscerentur in eadem domo tripertito ordine considentes. In octavo thermae, id est balnearum locus calidarum. In nono gymnasium, id est locus disputationibus et diversis exercitationum generibus deputatus. In decimo coquina, id est domus, ubi pulmenta et cibaria coquuntur. In undecimo columbum, id est ubi aquae influunt. In duodecimo hippodromum, id est locus curaui equorum in palatio deputatus.
16) Scheffs a. a. O. X, 378: Proaulum porta prima est ab oriente. Salutatorium locus ubi aliqua potestas a subditis vel extraneis salutatur. Consistorium ubi ante prandium puplice consistitur et ubi pedes lavantur. Trichorum sive trichorium locus prandii est, qui et syma dicitur. Zeta hiemalis id est sedes hivernalis, que calida fit obductae igne. Zeta estivalis, que in estate fit frigida per obductam aquam. Epicaustarium locus est judiciorum et causas discernendi. Triclinia accubitalia domicilia, ubi privatim accubitu vescitur vel sedetur. Thermon greco, latine calor dicitur, unde therme locus est calidus balnearum vel ... site aque currentes piscinas faciunt tepentes ad la[v]andum plost locum. Gymnasium locus, ubi varie artes exercentur .... philosophia [id est] ubi iuvenes coram potentibus locabantur .... tur oleo unoti. Colina, coquina .... Colimbus aqueductus.
17) Scheffs a. a. O. IX, 176.
18) Orderici Vitalis Hist. eccles. II, c. 14 (Duchesne, Hist. Normann. Script. p. 412): Ecce januas hic disponam et ad ortum solis ingressum: Primo proaulum, secundo salutatorium, in tertio consistorium, in quarto tricorium, in quinto zetas hiemales, in sexto zetas aestivales, in septimo epicaustorium et triclinia accubitalia, in octavo thermas, in nono gymnasia, in decimo coquinam, in undecimo columbos et aquarum lacus influentes, in duodecimo hippodromum et per gyrum arcus deambulatorios. — Als Beispiel der thatsächlichen Anlage eines Herrscherpalastes kann der von Byzanz dienen, vgl. Jules Labarte, Le palais impérial de Constantinople (Paris 1861), p. 56 (Benennung der einzelnen Theile), 124 (Consistorium), 130 (Hippodromos), 139 (Peripatos).
19) Statt epicaustorium.

In VIII. thermas, id est locus, ubi excutiuntur vestimenta, quando lavant se homines, vel domus unctionis.
In VIIII. gymnasia, id est loca lavationis.
In X. coquina, id est domus, in qua quoquinatur cibus.
In XI. colymbus, ubi mundantur vestimenta vel aquarum locus influens.
In XII. ypodromum, id est domus declinationis ad necessitatem.
† Et per gyrum arcus deambulatorius, super quos ambulant homines.

Wo nun die merkwürdige Handschrift entstanden ist, läßt sich vorläufig nicht feststellen. War sie allem Anschein nach von Kaiser Heinrich II. der Bamberger Dombibliothek geschenkt, so kann sie aus dem Nachlasse Ottos III. stammen, aber auch von Heinrich selbst erworben sein. Für Ersteres würde sprechen, daß die Schrift auf Frankreich oder Italien weist; irgend eine bestimmte Vermuthung auszusprechen muß ich mir versagen, da hiefür vor Allem eine Vergleichung mit anderen Handschriften gleicher Herkunft nöthig wäre. Das Aufgebot selbst zeigt aber die gewöhnlichen Züge bayrischer Schreibschulen.

Jedenfalls liegt uns nicht die Originalaufzeichnung vor, sondern eine Abschrift vor, welche aber der Copist selbst mit seiner Vorlage und zwar wie wir sehen, mit großer Genauigkeit verglichen hat[20]). Es ist also kaum zulässig, mit Usinger (S. 140) aus der Nachtragung zweier Namen die Möglichkeit, daß auch noch Andere fehlen, zu folgern.

Wenden wir uns nunmehr dem Anschlage selbst zu, so besteht darüber, daß er nur von Kaiser Otto II. ausgegangen sein kann, kein Zweifel, dagegen aber gehen die Meinungen über den Zeitpunkt, in dem die Einberufung erfolgt ist, auseinander. Jaffé hat sie zum Jahre 980 gesetzt, vor Allem, weil der Kanzler Hildibald beauftragt wird, seine Panzerreiter zu „führen", vom Anfange der Romfahrt an sich aber im Gefolge des Kaisers befand. Max Lehmann (Forschungen IX, 438) hat diesen Beweisgrund nicht gelten lassen, da Hildibald angeblich nur als Recognoszent vorkomme, daraus aber seine Anwesenheit am Orte der recognoscirten Urkunde nicht mit Nothwendigkeit zu folgern sei. Deßhalb sei eine neue Beweisaufnahme nöthig und da sei die Erwähnung des Herzogs Otto von Bayern als Führer entscheidend, weil dieser sicher die Romfahrt mitgemacht habe. Daß nun der im Aufgebot ohne Titel erwähnte Otto nicht der Herzog von Bayern und Schwaben sein kann, hat Usinger (Gött. Gel. Anz. 1870, 139) nachgewiesen, der aber trotzdem an dem Jahre 980 festhält. Für dieses Jahr haben sich dann auch H. Böhmer (Erzb. Willigis S. 22) und Müller-Mann (S. 41) ohne nähere Begründung ausgesprochen.

Dem gegenüber hat sich Giesebrecht (K.G. I, 848) für das Jahr 981 erklärt und ihm haben sich Matthäi (Klosterpolitik Heinrichs II. S. 91), Balzer (Zur Gesch. des deutschen Kriegswesens S. 83), Waitz (Vfgg. VIII, 133, 177), Richter (Annalen III, 135) und Weiland angeschlossen. Giesebrecht und Matthäi haben ganz richtig das Fehlen des Herzogs Otto von Bayern, der Sachsen, des Bischofs Dietrich von Metz und der weltlichen Großen aus Bayern und Schwaben hervorgehoben und erkannt, daß es sich nicht um ein erstes Aufgebot zur Romfahrt, sondern um eine Einberufung der Ergänzungsmannschaft handelt, was zur Voraussetzung hat, daß das Aufgebot von Rom ergangen ist. Dem kann man noch Einiges hinzufügen. In dem Verzeichnisse werden von dem Augsburger Bischofe 100 Panzerreiter unter seiner Führung verlangt. Fehlt auch der Name, so kann doch nur Bischof Heinrich gemeint sein. Denn dieser ist als Führer seiner Mannschaft in der Sarazenenschlacht gefallen und man kann vor Allem annehmen, daß man nach seinem Tode von seinem Nachfolger neuen Zuschub verlangt habe, wodurch zugleich auch das Jahr 983 ausgeschlossen wird. Bischof Heinrich ist aber schon nach dem 4. October 980 als frommer Pilger nach Rom gezogen, um hier seine Andacht zu verrichten, nach

---

[20]) Giesebrecht (K.G. I, 848) hat mit Recht in der Aufzeichnung einen Behelf erkannt, ob er aber der Kanzlei dienen sollte, um die Ausschreiben zu erlassen, wie er und Weiland annehmen, scheint mir sehr fraglich. Eher läßt sich denken, daß die Aufzeichnung einem hierzu besonders beauftragten mitgegeben wurde, um die Kundmachung in Deutschland zu veranlassen. Von diesem kann sie dann ein bayrisches Kloster oder einen Domstift gelangt sein, wo man sie abschreiben ließ. Matthäi (S. 96) hat diesen Charakter des Schriftstückes verkannt und gemeint, daß der Verfasser der Liste mit seinen Nachträgen einem Berechnungsfehler abzuhelfen suchte.

Das Aufgebot des Jahres 981.

dem unverdächtigen Zeugnisse des Propstes Gerhard wohlbehalten wieder nach Augsburg zurückgekehrt, wo er also frühestens im Februar oder März 981 eingetroffen sein kann. Dann erst ist er, dem Aufgebote folgend, mit seiner Schaar zum zweiten Male nach Italien gezogen. Des Weiteren finden wir am 8. Jänner 982 den Bischof Erkenbald von Strassburg, am 18. Mai den Erzbischof Friedrich von Salzburg sowie den Abt Werinhar von Fulda beim Kaiser und können annehmen, dass zur selben Zeit sich auch Bischof Balderich von Speyer eingefunden hat (DD. 267, 274, 275, 279). Erzbischof, Bischöfe und und Abt werden aber in dem Anschlage aufgeführt. Daraus folgt, dass das Aufgebot nach dem März, aber noch vor dem October 981 ergangen sein muss. Man könnte es schon sehr früh ansetzen, da der gleichfalls einberufene Abt Hilderich von Prüm in einer Urkunde vom 12. Juli 981 erwähnt wird (D. 252), doch ist es fraglich, ob er am kaiserlichen Hofe anwesend war, und wäre es immerhin möglich, dass auch er sich zunächst aus freien Stücken nach Italien begeben hat[21]). Es ist doch in diesem Zusammenhange die Bemerkung Thietmars, dass der Kaiser den Nachschub vor seinem Auszuge aus Rom, also Anfangs September, einberufen habe, sehr zu beachten. Darauf, dass der Abt von Weissenburg erwähnt wird, woraus Matthäi und Weiland gefolgert haben, Erzbischof Adalbert von Magdeburg müsse schon todt gewesen sein, möchte ich allerdings nicht besonderes Gewicht legen, da in einer derartigen Liste doch nur der Abt angeführt werden konnte, mochte er auch zufällig eine Person mit dem Magdeburger Erzbischof sein.

Wird somit, wie ich meine, ein durchaus befriedigender Beweis für den Ansatz zum Frühherbst 981 erbracht, so wäre nur noch das ducat des Bischofs Hildibald von Worms zu erklären. Denn ohne Frage hat er den Kaiser schon von Anfang an begleitet, da er in D. 237 als Intervenient erscheint[22]). Schon Giesebrecht hat darauf hingewiesen, dass das mittat und ducat der Aufzeichnung nicht allzu strenge genommen werden darf. Allerdings wird in einem Falle dem Beauftragten die Wahl gelassen unter Ansatz einer höheren Truppenzahl bei nicht persönlicher Führung. Aber in der Praxis wird man so genau nicht gewesen sein[23]). Sicher sind einzelne Heerbannführer, denen blos die Absendung ihrer Schaaren anbefohlen war, persönlich erschienen, so der Erzbischof von Salzburg, die Bischöfe von Speyer und Strassburg, der Abt von Fulda, andrerseits ist der Abt von St. Gallen, der zur Führung verpflichtet war, zu Hause geblieben (Liber confrat. ed. Piper p. 139). Aber davon abgesehen, bedeutet ja ducat keineswegs, dass die Führung schon am Sammelorte des heimischen Ergänzungsbezirkes beginnen müsse, war der Bischof schon in Italien, so konnte er von hier aus die Einberufung der ihm vorgeschriebenen Mannschaften veranlassen, nach ihrem Einlangen die Führung übernehmen.

Die Bedeutung, welche dem durch vorstehende Beweisführung gesicherten Ansatze für die Kritik Thietmars zukommt, werden wir später zu würdigen haben.

Ueber die Heerführer weltlichen Standes, welche in der Liste genannt werden, lassen sich noch etliche Nachweise beibringen. Adalbert ist wohl der fränkische Graf im Ringouwe und Salogouwe (D. 236, 811). Ansfred ist der Graf von Teisterbant und spätere Bischof von Utrecht. Azolin ist möglicher Weise

---

21) Weiland nimmt an, dass Abt Hilderich überhaupt nicht in Italien war, D. 252 nicht ihm, sondern dem Ritthard, mit dem er das Tauschgeschäft abgeschlossen hatte, ausgefolgt worden sei, dafür spräche, dass das im Jahre 1874 von dem Ibsteiner Archive dem k. Staatsarchiv zu Koblenz ausgefolgte Original nach gütiger Auskunft des Herrn Archivraths Dr. Becker weder in die Coptare der Abtei Prüm eingetragen ist, noch auch die Indorsatvermerke des Klosterarchivs aufweist. Leider ist bei der Uebergabe eine Feststellung der älteren Herkunft des Stückes unterblieben.

22) Das von Weiland vorgeschlagene Auskunftsmittel, Hildibald habe schon früher intervenirt, möchte ich mit Rücksicht auf die Person des Empfängers nicht annehmen. Der Bischof von Chur wird seine Bitte jedenfalls bei der Anwesenheit des Kaisers gestellt, die Verbriefung als Belohnung für die gewährte Gastfreundschaft erhalten haben. Da ferner der Erzkanzler Willigis in Deutschland verblieben ist, so musste wenigstens der Kanzler den Hof begleiten.

23) Für verfehlt halte ich es, wenn Matthäi S. 11 aus dem mittat und ducat auf ein Rangverhältnis schliessen will, man darf doch nicht einfach abzählen, sondern muss sich auch die einzelnen Beauftragten ansehen.

ein Sohn des Welfen Rudolf III.[24]). Becelin, der Sohn Ernsts, ist kaum einer der von Thietmar als Gefallene erwähnten Grafen gleiches Namens, sondern eher der Graf im Meinefeld und Roselgau, obwohl diese strenge genommen zu Lothringen gehörten, er also in der zweiten Gruppe eingereiht sein sollte. Deodericus ist der Graf von Holland, Gottefredus der von Verdun, den Lehmann (S. 440) mit seinem Sohne, dem späteren Herzoge von Niederlothringen zusammenwirft, und der mit ihm genannte Arnulfus, marchio, nicht der junge Arnulf von Flandern, sondern Gottfrieds Amts- und Waffengenosse, der Graf von Valenciennes. Heribert dürfte der Graf im Kinzichgau (D. 128), Hezil vielleicht Graf Heinrich im Bietgau, Cono, filius Cononis, der Graf im Ufgau und der Mortenau (DD. 39, 51, 143, 158; DO. III, 162), Megingaus der Stifter von Vilich sein. Ob Otto mit dem Herzog von Kärnthen eine Person ist, scheint mir fraglich, da er jedes Titels entbehrt, als Graf des Wormsgaues wäre er allerdings in der ersten Gruppe am rechten Platze. Welche Bewandtniß es mit dem Sicco, imperatorius frater, hat, vermochte ich nicht aufzuklären. Der unter den Lothringern genannte Sicco, comes, ist wohl der Lützelburger Sigfried. Für Unger fehlt es an jedem andern Belege.

Die statistischen Angaben des Anschlages sind schon von Lehmann, dann nach verschiedenen Gesichtspunkten von Matthäi und Waitz zusammengestellt worden, ich kann mich daher mit einer kurzen Uebersicht unter Richtigstellung einiger Angaben begnügen. Vor Allem ist Matthäis Versuch, eine besondere Berücksichtigung der Zwölfzahl herauszubringen, durch die richtige Lesung einzelner Ansätze unhaltbar geworden. Es ist ferner zu beachten, daß in den beiden ersten territorialen Gruppen eine Scheidung zwischen geistlichen und weltlichen Führern eingehalten ist, am strengsten in der ersten fränkischen, in der zehn Geistliche vorangehen, denen vierzehn Laien folgen, unter die aber auch der Abt von Fulda, den man zunächst übersehen hatte, gerathen ist. Nicht ganz so folgerichtig ist in der zweiten Gruppe vorgegangen. An der Spitze steht Herzog Karl, ihm folgen die Bischöfe von Lüttich und Cambrai sowie das unter Beihilfe der Klöster Kornelimünster und Stablo zusammengebrachte Contingent, ihnen sind fünf Adelige angereiht, an den Schluß sind wiederum vier Geistliche gestellt. Die dritte bayrisch-schwäbische Gruppe wird nur von Geistlichen gebildet, da die weltlichen Großen schon früher mit dem Herzoge nach Italien gezogen waren.

Im Ganzen wurden 2090 (2100) Panzerreiter einberufen, von denen die Geistlichen 1504, die Laien 586 beizustellen hatten[25]), in der rheinisch-fränkischen Gruppe entfielen 640 Mann auf die Geistlichen, 414 (424) auf die Laien, in der lothringischen 414 auf die Geistlichkeit, 172 auf die Laien, während die schwäbisch-bayrische Geistlichkeit 590 Mann ausbringen sollte. Irgend ein Schluß auf das Ausmaß, in dem der eine oder andere Stand zur Heeresfolge herangezogen wurde, läßt sich aus dieser Zusammenstellung, da es sich um ein Ergänzungsaufgebot handelt, nicht ziehen. Die weltlichen Heerbannführer waren offenbar in viel größerer Zahl schon bei dem Aufgebote zur Romfahrt einberufen worden. Daß uns ein für alle Mal feste Ansätze vorlagen, wie Usinger, Matthäi und Waitz annahmen, hat Balzer mit triftigen Gründen bestritten.

Folgende Tafel veranschaulicht die Vertheilung der Contingente nach der Zahl der Panzerreiter und dem Stande der Heerbannführer. Die beigesetzte römische Zahl bezeichnet die territoriale Gruppe, m. und d. entsprechen dem mittat und ducat der Vorlage:

---

[24] Krüger, Ursprung des Welfenhauses S. 148, der ihn für eine Person mit dem von Thietmar unter den Gefallenen erwähnten Ecelinus, frater Becelini, hält.
[25] Dabei nehme ich die eine ganz unsichere Zahl mit XX an.

Das Aufgebot des Jahres 981.

Panzer-reiter.	Bisthümer.	Abteien.	Weltliche.
100	Köln I m. Mainz I m. Straßburg I m. Augsburg III d.		
70	Trier II m. Salzburg III m. Regensburg III m.		Elsaß I m. (vielleicht auch Heribert I d.)
60	Würzburg I d. Lüttich II m. Verdun II d.	Fulda I m. Reichenau III d.	D..... II m.
50		Lorsch I d. Weißenburg I m.	
40	Worms I d. Chur III d. Eichstätt III d. Freising III m. Konstanz III m.	Hersfeld I m. Prüm II d. Ellwangen III d. St. Gallen III d.	Hezil I d. Cono I d. Otto I d.
30		Kempten III d.	Adalbert I d. Azolin I m. Heriberts Neffe I d. Megingaus I d. Siccos Sohn II d.
20	Speyer I m. Toul II m. Brixen III m.	Murbach I d.	(Heribert I d.) Oddo I m. Sicco I d. Unger I d. Gottfried II m. Arnulf II m.
12	Cambrai II m.	Stablo-Inden-Gelbulf II d.	Becelin I d.
10			Guntram I d. Dietrichs Sohn II d. Ansfred II m.

Aus dieser Liste geht hervor, daß die der Zahl nach höchsten Aufgebote von den Erzbisthümern und Bisthümern beizustellen waren, die Abteien beginnen mit 60 Mann, die Laien, von einer Ausnahme abgesehen, mit 40 Mann. Daß die thatsächliche Leistungsfähigkeit berücksichtigt wurde, ergibt sich aus dem geringen Ansatz von 12 Mann für das schwer geschädigte Cambrai.

Excurs IX.

Die Schlacht gegen die Sarazenen.

Thietmari Chron. III, c. 20. Ipse (sc. imperator) autem cum Ottone duce, fratris filio Liudulfi, ad urbem Tarentum, quam Danai iam presidio munitam optinuerant, festinavit eamque viriliterain parvo tempore obpugnatam devicit.
Saracenos quoque valido exercitu sua populantes superare contendens, cautos illo speculatores misit, qui certa de hostibus referrent.
Quos primo infra urbe quadam clausos effugavit devictos,
postque eosdem in campo ordinatos fortiter adiens innumeram ex his multitudinem stravit prorsusque hos speravit esse superatos. Sed hii ex improviso collecti ad nostros unanimiter pergunt et paululum resistentes prosternunt, pro dolor! III. id. iulii ..... ceteris ineffabilibus, quorum nomina Deus sciat.

Ibn al Atîr (Amari, Biblioteca I, 433):

Quest' anno nel mese di dû al qadah (28. April — 27. Mai) Abû al Qâsim, emir di Sicilia, mosse dalla capitale per combattere la guerra sacra. L'occasione fu la seguente. Uno dei re Franchi, per nome Bardwîl marciava con grandissimo numero di Franchi alla volta della Sicilia. Assediata la rocca di M.. l.. tiah e presala ei colse due gualdane di Musulmani [che s'erano spinte fino a quel paese]. L'emiro Abû al Qâsim s'era avvanzato coll' esercito per far levare il nemico dall' assedio di M.. l.. tiah; ma avvicinatosi [e saputo, che la città era stata presa] temette [di capitar male] e sgomentossi. Ragunati i principali dell' esercito, lor disse: „Jo torno addietro; non vi opponete a questo partito." E [di fatto ci cominciò] a ritrarsi con l'esercito. L'armata degli Infedeli che inseguiva in [quel] mare l'armata dei Musulmani, vedendo ritirare l'esercito musulmano, mandò

Ibn Haldûn (ib. II, 196):

L'anno settantuno (7. Juli 981 bis 25. Juni 982) mosse contro costui con grandissimo esercito il re dei Franchi, il quale assediò la rocca di Rametta, insignorissene e prese le gualdane dei Musulmani. L'emiro Abû al Qâsim mosse di Palermo con l'esercito contro il nemico, ma arrivatogli da presso, temette di venire allo scontro e si ritrasse.

I Franchi, che stavano alle vedette con l'armata, dettero avviso della [ritirata dei] Musulmani al loro re Bardûwil;

a ragguagliarne Bardwîl, re dei Franchi, e a dirgli: „Ecco che i Musulmani han paura di te: fa di raggiugnerli e ne avrai vittoria." Il Franco lascia addietro le salmerie dell' esercito, marcia leggiero in gran fretta, sì che raggiugne i Musulmani a di venti di al muharram dell' anno settanta-due (15. Juli 982).

il quale mosse coi suoi seguaci;

raggiunse Abû al Qâsim e venuti alle mani, questo fu ucciso,

Schieraronsi in battaglia i Musulmani; s'appicco la zuffa e fervea, quando uno squadrone di Franchi caricò il centro e le bandiere dei Musulmani; ruppe la fila; arrivò alle bandiere, e già molti Musulmani aveano abbandonato l'emiro et disciolta l'ordinanza. I Franchi furono addosso ad Abû al Qâsim, il quale fu morto d'un colpo al sommo della testa, e caddero con esso parecchi degli ottimati e de' più valorosi dell' oste.

Ma i Musulmani sbaragliati si rattestarono; risoluti si gittarono di nuovo contro il nemico per vincere o morire. Inferoci allora la pugna con sangue d'ambo le parti; [alfine] i Franchi furono sconciamente sconfitti; ne rimasero sul terreno quatromila e un dì presso; furon presi molti patrizii.

onde i Musulmani, visto l'estremo pericolo, cercarono la morte; e [ritornati] a combattere i Franchi, li ruppero; sì che si dettero a vergognosa fuga.

I Musulmani li inseguirono finchè non cadde loro addosso la notte, e riportarono molta preda[1]).

Joannis Diaconi Chronicon Venetum (SS. VII, 27; Monticolo p. 145).

Verum dum proxima loca, quibus Sarracenorum multitudo manebat, incautus peteret, tetra cohors repente Christianorum exercitum ad certamen lacessere temptavit. Imperator quidem ignarus quod montium per anfractus omnes Sarracenorum maiores latitarent, illos quos cernere valebat, facili certamine debellare autumans, pugnam audacter inchoavit, eosque audacissime, Christo favente devicit.

Cumque Cristianorum milicia cum triumphali gloria tentoria applicare propria vellent, paganorum multitudo e montibus exiliens super eosque inopinate irruens, illos caedere acriter cepit, in tantum ut illi quibus fugiendi aditus negabantur, crudeliter vulnerati caderent.

Ann. Sangallenses (SS. I, 80): Cum quibus (sc. Sarracenis) ille infeliciter dimicavit. Nam ad praedandum eos venire agressus est, eos opprimere et circumfusus infinita multitudine, quae se noctu in montibus

---

1) Ich füge die kürzeren arabischen Berichte an: Al Bayân (ib. II, 30) Quest' anno (372) l'emir di Sicilia Abû al Qâsim Alì ibn Hassan al Hussayni fu ucciso in una battaglia, combattuta contro i Franchi. — Abulfeda (ib. II, 92): Abû al Qâsim continuò a guerreggiare fino all' anno 372, quando combattè contro i Franchi la battaglia, nella quale egli incontrò il martirio, e però lo si ricorda col nome di martire. Egli fu ucciso nel mese di muharram dell' anno suddetto. — An Nuwayri (ib. II, 136): Non intermesse Abû al Qâsim le correrie [sopra i nemici], finchè egli non conseguì il martirio, nella sua quinta impresa, e fu nel muharram dell' anno 372. — Ibn al Dinâr (ib. II, 286): Quest' Alì rimase in Sicilia per dodici anni e fu morto guerreggiando nella Terraferma d'Italia in un luogo, che si chiama As Sahûd (Il Martire), avendo preso il nome da lui.

Excurs IX.

occuluit, omnibus in exercitu suo fugatis vel occisis vel captis, ipse navigio vix ad castellum quoddam suorum evasit. E captivis autem multos postea reversos vidimus, tam clericos quam laicos, quorum unus erat Vercellensis episcopus, carcere diu maceratus apud Alexandriam²).

---

²) Daran schließen sich folgende kürzeren oder späteren Berichte.' — A. Aus dem Deutschen Reiche, Frankreich und England: Richer III, c. 96: Hac tempestate Otto cum barbaria congressus miserabili fortunae succubuit. Nam et exercitum fusum amisit. — Ann. Hildesheim.: Otto imperator pugnavit periculosissime contra Sarracenos in Calabrorum partibus, ibique non pauci de optimatibus occubuerunt. — Ann. Corbeienses (SS. III, 5; Jaffé Bibl. I, 7): Hoc anno pugnavit Oddo imperator contra Saracenos inter Apuleiam et Siciliam provinciis et deletus est exercitus suus; et multi de populo occisi sunt invicem se demolientes de Saxonibus. — Ann. Colon. (SS. I, 99): Prelium commisit imperator cum Saracenis. — Ann. Ottenburani (SS. V, 2): Imperator bellum gessit cum Sarracenis, in quo multi episcopi ceciderunt. — Ann. Anglosaxonici (SS. XIII, 109): And by þican geare for Oddo Romana casere to Greclande and þa gemette he þara Sarcena mycele fyrde cuman up of sae. And woldon þa faran on bergod on þaet cristene folc. And þa gefeaht se casere wid hi. And þaer waes micel wael geslaegen on gehwaeþere hand and se casere ahte wealstowa geweald. And hwaeðere he þaer waes micelum geswenced, aer he þanon hwurfe. — Vita Meinwerci c 4 (SS. XI, 106): Qui postquam idus julii contra Sarracenos in Calabria periculosissime dimicans multis suorum amisis, ipse vivus vix evasit. — Lamperti Ann.: Eodem anno Otto imperator valde periculosum habuit proelium cum Sarracenis in Calabria. In quo prelio occisus est Heinricus, Augustensis ecclesiae episcopus, cum aliis plurimis episcopis. In quo etiam prelio idus julii occisi sunt .... Gesta archiep. Magdeb. (SS. XIV, 389): apud Calabriam contra Sarracenos periculosissime dimicans, occiso exercitu, ... vix aufugit. — Ann. Altah.: Hoc anno pugnavit imperator iuxta mare Siculum cum Sarracenis et Mauris, in quo proelio scrinia cum reliquiis sanctorum, pro dolor! amisit, episcopis, capellanis, tribunis et paene omnibus qui interfuere, comitibus interfectis ...... Milites autem, qui belli periculum evaserunt, alii fame, alii nimio aetatis fervore perierunt. — Ann. Ratispon. (SS. XVII, 584): Otto, victus a Sarracenis, plurimis suorum occisis. — Ann. Wirzib. (SS. II, 242): 983 Ottho imperator apud Calabriam, occiso a Graecis exercitu, aufugit. — Chron. Suev. (SS. XIII, 69): Otto imperator apud Calabriam, occiso a Graecis et Sarracenis exercitu, ... aufugit. — Ann. Heremi (SS. III, 143): 983 Otto imperator iunior Romaniae, Siciliaeque confinia cum exercitu transcendens Sarracenos expugnavit; illisque maxima parte caesis, plurimi quoque suae partis corruerunt. — Ann. Einsidl. (SS. III, 145): Otto imperator secundus Sarracenos expugnans illisque maxima ex parte caesis, sui exercitus plurimos amisit. — Ann. Tielenses (SS. XXIV, 23): Otto secundus Calabriam ingressus et omnis nobilitas nostri exercitus interiit. — Alpertus (ed. Dederich p. 68): imperator in Calabriam contra Graecos duxit exercitum. Ubi dum inconsulte et nimia celeritate, neque ut res proelii exposcit, pugnam commisit, omnis nobilitas nostri exercitus gladio et aestu nimii caloris et siti periit, nec unus quidem ex eis superfuit, qui facta posteris nuntiaret. — Ann. Laubienses (SS. IV, 17): Bellum grande in Calabria actum ab Ottone imperatore contra Saracenos, in quo multi perierunt. — Ann. Leodienses (SS. IV, 17): Bellum in Calabria. — Ann. s. Vincentii Mett. (SS. III, 157): Bellum in Calabria contra Sarracenos ab Ottone imperatore. — Ann. Virdun. (SS. IV, 6): Otto imperator debellat Sarracenos in Calabria. — Ann. Stabul. (SS. XIII, 43): Bellum in Calabria. — Gesta pontif. Camerac. (SS. VII, 444): Qui nec mora nec multis quos presentes habebat fultus, facto itinere illuc pertransivit, nec passus se expectare suos per intervalla itinerum sequuturos, mox contra hostem prelium inconsulte commisit. Armabat enim consuetudo vincendi et ignorantia cedendi. Siquidem congressu habito, licet numero longe inferior, multam cladem hostium edidit, sed tamen gloriam victoriae superatus amisit. Nam sine consilio fortitudo in temeritate convertitur. — Adami Gesta II, c. 20: cum in Calabriam bellum transferret, a Sarracenis et Graecis victor et victus. — Ottonis Frising. Chron. VI, c. 25 (SS. XX, 241): Hic dum Graecos in Calabria prosequeretur, amisso milite ...

Brunonis Vita s. Adalb. c. 10 (SS. IV, 596): Ultimum et lacrimabile bellum confecit eum nudis Sarracenis, quorum dum ultra incredibilem modum numerus excrevit, caede cadaverum lassa dextera defecit et bellantium heroum virtus fracta succubuit. Stratus terra cecidit flos patriae purpureus, decor flavae Germaniae, plurimum dilectus augusto caesari. — Miracula Adalb. c. 2 (SS. IV, 646): Igitur exercitu ex omni copia collecte fines Italiae excessit atque ita regi Graecorum patrandi belli occasionem dedit, sibi vero suisque famae ac vitae contulit commissionem.

Actus fund. Brunwilar. mon. c. 5 (SS. XIV, 123): (Sarraceni) conscribentes legiones, centurias, manipulos, cohortes, turmas et omnia quae belli postulat usus, procurantes imperatorisque exercitum explorantes pauci contra ipsum ad prelium proficiscuntur, reliqui omnes per loca insidiis oportuna circumquaque disponuntur. Pugna conseritur; omnes pariter Sarraceni prosternantur, similis acies quae a tergo occisorum iam ordinata extiterat, fortius aliquid ut putabat, actura cum eis conflictatur, impulsu primo plurimi trucidantur, reliqui omnes fugantur. Quibus visis qui constiterant in insidiis, a silvarum secretis atque virgultorum abditis erumpentes rati quod evenire solet, scilicet si non fortitudine, saltem multitudine praevalerent, eminus eos sagittis impetunt, dehinc armis undique circumfundunt. Belli

Die Schlacht gegen die Sarazenen 982 Juli 15.

Diese Zusammenstellung der wichtigsten und ausführlichsten Berichte über die Schlacht Kaisers Otto II. gegen die Sarazenen spricht so deutlich, daß sie eigentlich einer eingehenden Untersuchung nicht bedürfte. Aber der von Müller-Mann (Die auswärtige Politik Kaiser Ottos II. S. 33 ff.) ausführlich begründete Versuch, der in den Ann. Sangall. erhaltenen Erzählung den Vorzug vor dem Berichte Thietmars zu sichern, macht eine neuerliche kritische Vergleichung und Prüfung nothwendig, nicht so sehr im Hinblicke auf die Frage nach der Glaubwürdigkeit des Merseburger Bischofs, als vielmehr wegen des davon abhängigen Urtheiles über die Haltung des Kaisers.

Thietmar übergeht die gesammte Thätigkeit Ottos während des Herbstes und Winters 981, läßt den Kaiser sofort mit dem Herzoge Otto von Bayern zur Belagerung von Tarent eilen. Die Besetzung dieser politisch und strategisch so wichtigen Hafenstadt durch die Deutschen steht außer Frage. Aus den Urkunden ergibt sich ein Aufenthalt des Hofes vor Tarent vom 16. März bis zum 18. Mai 982 (DD. 272—275). Während dessen war Abu-al-Qâsim von Palermo aufgebrochen und hatte seine Truppen auf das Festland geführt. Bald nach dem 18. Mai hatte der Kaiser Tarent verlassen und zog

---

negotio acriter insistunt, isti haud timidi resistunt. Tandem multis occisis iam iamque diutissime prelio protracto, Romani imperii strenuissimi defensores, Bucco, Ekehart, Udo ceterique pariter omnes lassi viribus destituuntur et sic interficiuntur.

Gefallen sind nach Thietmar: III. id. jul. Richarius, lancifer, Udo, dux, comites: Thietmarus, Becelinus, Gevehardus, Guntherius, Ecelinus eiusque frater Becelinus, Burchardus, Dedi, Conradus. — Ann. necrol. Fuldensea (SS. XIII, 205): II. id. jul. Cunimunt, laicus, occisus est. II. id. jul. occisus est a Sarracenis Heinrichus episcopus, Uto dux, Bencelin comes, Gebehart comes, Gunheri comes, Deti comes, Lymfrid comes, Cunimunt (2. lati occisi sunt: Heinrichus episcopus, Uto dux, Berehtold, Lrmfrid, Gebehart, Gundheri, Arnolt, Wernheri comites, Cunimunt). II. id. jul. Heinrichus episcopus (Lib. anniv. s. Galli Mon. Germ. Necrol. I, 477). — Necrol. Merseburg. III. id. jul. Heinricus episcopus (Mon. Germ. Necrol. I. 83: Necrol. mon. s. Udalrici Augustensis ib. 124); XVII. kal. aug. Heinricus episcopus a Sarracenis cum aliis multis occisus est. — IV. id. jul. Memoria cum anniversario Heinrici episcopi, successoris s. Uoldalrici (Lib. anniv. maioris eccl. Aug. ib. 65). Gerhardi Vita Udalrici c. 22 (SS. IV, 418): 983 imperator cum exercitu Calabriam provinciam adiit, illuc etiam episcopus Heinricus cum eo pervenit. Cumque ibi pugna cum Sarracenis ageretur, plurimis ibi ex utraque parte occisis, heu prob dolor! sive captus, sive occisus, etiam ibi remansit. Supra modum est lamentandum perditio eius; quis locus eius a clericis suis et propinquis et cognatis et amicis inveniri et visitari non potest. — Ann. Augustani (SS. III, 124): In publico bello Calabriae Heinricus episcopus heu occisus est. — Ann. Heremi (SS. III, 149): In quibus Uto et Guntharius, duces, occubuerunt, Heinricus quoque Augustae civitatis episcopus et Berehtaldus comes occisi sunt. — Ann. Saxo (SS. VI, 650): Erat hic Herimannus (dux) filius Udonis ducis, qui aput Calabriam cum multis occubuit, quando imperator Otto secundus contra Sarracenos pugnavit. — Leonis Chron. mon. Cas. II, c. 9 (SS. VII, 635). Landenulfus et Atenulfus, eiusdem Aloarae filii, in praedicto bello perierant.

B. Aus Italien: Lupus protospat. (SS. V, 55) qui pugnavit cum Bulchassino, rege Sarracenorum, et interfecit eum, und zu 981: fecit proelium Otto rex cum Sarracenis in Calabria in civitate Columnae et mortui sunt ibi XL milia paganorum cum rege eorum, nomine Bullicassinus. — Romoaldi Ann. (SS. XIX, 400): Dehinc per Briccium et Lucaniam in Calabriam perrexit et apud Stilum, Calabriae oppidum, cum Sarracenis pugnavit eosque devicit, Regium quoque cepit. — Cod. Paris. graec. 920 (Cozza-Luzzi, La cronaca Siculo-Saracena, p. 10υ): ἐσφάγη ὁ Βουλκάσιμος ἀμιρᾶς Σικελίας ὑπὸ τοῦ βασιλ.... τῶν Φράγκων καὶ ἐγένετο καταστροφὴ τῶν Σαρακινῶν πολλὴ ἐν τῇ τῶν Καλαβρῶν χώρᾳ. — Ann. Beneventani (SS. III, 176) ood. 2. Otto a Sarracenis victus fugit Salernum et Capuam. Illi Calabriam omnem depraedantur. cod. 3. Otto, rex secundus, fecit pugnam cum Sarracenis in Calabria anno I. domni Pandolfi. Catalogus regum (cod. Cavensis, SS. III, 846 und SS. rer. Langobard. p. 493): Iste Otto fecit battalia cum Agarenis in Apulis et perdidit ea. — Bonithonis Ad amicum lib. IV (Jaffé, Bibl. II, 621): Dehinc Apuliam tendens cum Constantinopolitano bellum commisit et uno eodemque die bis victus, victor apparuit tercio. — Leonis Chron. mon. Cas. II, c. 9 (SS. VII, 635): Otto secundus imperator, filius eius, cognomento Rufus, venit Capuam et abiit Tarentum ac Metapontum et deinde Calabriam. Unde prospere ad sua reversus anno domini DCCCLXXXIII. iterum magno exercitu congregato cum Saracenis in Calabriam dimicaturus descendit, sed divina permissione superatus ab illis, vix ipse cum non multis evadere potuit. — Arnulfi Gesta archiep. Mediol. I, c. 9 (SS. VIII, 9): Huius tempore transfretantes Sarraceni mare conati sunt Calabres fines invadere, quibus ex adverso congressus est imperator et ipse parvo licet suorum suffultus collegio. Quoniam vero paucorum ad plures impar solet esse congressus, cum pugnasset multum, deficit ad ultimum.

Jahrb. d. deutschen Gesch. — Uhlirz, Otto II.   17

mit seinem Heere entlang des Meeres gegen Süden. Wenn Thietmar erzählt, Otto habe für entsprechenden Aufklärungsdienst gesorgt, so will Müller-Mann darin den Versuch der Beschönigung erblicken (S. 36) und bemerkt, daß die angebliche Vorsicht den Kaiser nicht vor der Niederlage geschützt habe. Er übersieht jedoch, daß es vom Tarent nicht sofort zur Hauptschlacht ging, sondern daß vorher ein Trupp Sarazenen angegriffen wurde, der sich schon vor des Emirs Landung auf dem Festlande befunden hatte. Der Vorgang ist klar. Die in verschiedenen Orten von dem Emir zurück- gelassenen Besatzungen hatten sich bei dem Anzuge der Deutschen in einem an der Marschlinie gelegenen befestigten Orte vereinigt. Die Belagerung und Einnahme dieses Ortes wird uns nicht allein von Thietmar, sondern auch von den arabischen Quellen berichtet, kann demnach als sicher gelten. Thietmar zeigt sich also an dieser Stelle gut unterrichtet und zuverlässig. Wenn Ibn al Atir den Ort M. l. tiah, Ibn Haldūn Rametta nennt, so ist darauf nicht viel zu geben, jedenfalls kann, wie schon Amari bemerkt hat, von Mileto keine Rede sein, es bleibt uns nur die Wahl zwischen Roseto oder Rossano. Jedenfalls nahm an letzterem der Kaiser Aufenthalt und ließ hier seine Ge- mahlin mit dem Bischofe Dietrich von Metz zurück, als er weiter vorrückte. Denn schon war die Hauptmacht des Feindes in nächster Nähe. Abu-al-Qāsim war zum Entsatze der eingeschlossenen Abtheilung herbeigeeilt, hatte sich aber, als er die Einnahme des Ortes durch die Deutschen erfuhr, zurückgezogen, um an geeigneter Stelle den Gegner zu erwarten. Nach Ibn al Atir hätte der Emir überhaupt an vollständigen Rückzug gedacht, und sei durch den Kaiser, der von seiner Flotte verständigt ihm nacheilte, festgehalten worden. Das ist wenig wahrscheinlich und stimmt auch nicht zu dem Verlaufe der Schlacht. Das Wahrscheinlichste ist doch, daß der kriegstüchtige Emir es vermied, unter den Mauern der eingenommenen Festung, welche dem Kaiser als Stützpunkt dienen konnte, sich in einen Kampf einzulassen, und sich auf einen passenderen Ort zurückzog, der ihm den Vorteil bot, eine geeignete Stellung zu wählen und wohl vorbereitet den Feind zu empfangen. Auch hier würde also Thietmars Nachricht, daß die Sarazenen ordnungsgemäß auf dem Schlachtfelde aufgestellt waren, Glauben verdienen, während die Ansicht des Johannes Diaconus, daß der Kaiser unvorsichtig sich von den Muselmannen zur Schlacht verleiten ließ, doch nur ein Versuch sein soll, das Unglück zu erklären. Die Ann. Sangallenses wissen von diesen Vorgängen überhaupt nichts.

Der Kaiser soll ferner nach Müller-Mann (S. 34 ff.) Mangel an Voraus- sicht dadurch bewiesen haben daß er mit zu geringer Heeresmacht zum Kampfe auszog. Beweis hierfür vor Allem die Stelle der Ann. Sangall.: parva manu aggressus. Aber wenn wir diese Worte im Sinne Müller-Manns auffassen oder ihnen einzige Richtigkeit beimessen, geraten wir in Widerspruch mit allen andern Nachrichten. Schon die große Zahl der Gefallenen, unter denen sich ein Bischof, ein Herzog und mindestens siebzehn Grafen befanden, läßt uns auf ein Heer von ganz bedeutender Stärke schließen, denn diese Herren sind nicht als Gefolge des Kaisers, sondern als Führer ihrer Schaaren in den Kampf ge- gangen. Außerdem wissen wir, daß auch andere italienische und deutsche Bischöfe, der Herzog von Bayern und Schwaben an der Schlacht Theil genom- men hatten, auch sie selbstverständlich mit ihren Truppen. Endlich besitzen wir in dem vorher besprochenen Aufgebote ein Dokument, das uns wenigstens über die Nachschübe ziffermäßigen Aufschluß gibt. Aus alle dem gewinnen wir volle Sicherheit darüber, daß der Kaiser mit der gesammten Heeresmacht, die er in seinen beiden Reichen aufbringen konnte, gegen den Feind gezogen ist, und damit stimmt ja auch die Auffassung des arabischen Berichtes, daß der Emir sich zuerst in keinen Kampf einlassen wollte, überein. Man wird also die parva manus der Ann. Sangall. billig bei Seite lassen dürfen und könnte höchstens daran denken, daß etwa der Kaiser mit einer kleinen auserlesenen Schaar den Kampf begonnen habe. Diese kleine Schaar war aber siegreich und führte als größten Erfolg des Tages den Tod des Emirs herbei. Die andern Nachrichten über die zu geringe Macht des Kaisers stammen durchweg aus späteren, keineswegs zuverlässigen Quellen. Wenn die Gesta pontif. Camerac. erzählen, daß der Kaiser das Eintreffen der in Staffeln herbeiziehenden Hülfstruppen nicht abgewartet habe, so wissen wir dagegen bestimmt, daß sehr bedeutende Contingente aus Bayern, Schwaben und Franken sich in Tarent eingefunden hatten. Daß auch Mannschaft aus Lothringen rechtzeitig angekommen war, geht aus dem feierlichen Vermächtnisse des Grafen Konrad hervor (D. 280).

Erweist sich also auch an dieser Stelle der St. Galler Annalist als unzuverlässig, so wird das Vertrauen in ihn nicht vermehrt, wenn wir wahrnehmen, daß er auch über den Verlauf der Schlacht selbst nicht zum Besten unterrichtet ist. Denn er sagt uns gar nichts davon, daß diese in zwei Gefechtsabschnitte zerfiel, einen siegreichen Vorstoß der Deutschen gegen das feindliche Centrum, dem der Emir selbst zum Opfer fiel, und einen Rückstoß der Sarazenen, der mit der Flucht und Vernichtung des deutschen Heeres endete. Darüber aber kann kein Zweifel bestehen, Thietmar, Johannes Diaconus und die arabischen Berichte stimmen überein, und eine Erinnerung daran hat sich auch in späteren Berichten, in den Gesta pontif. Camerac., den Actus fund. Brunwilar. mon. und bei Adam Brem. erhalten[3]. Es liegt durchaus in der Sache begründet, daß kürzere Berichte nur den unglücklichen Ausgang im Auge behalten, der ja namentlich in Deutschland aufs Schwerste empfunden wurde. Das hat auch der St. Galler Mönch gethan und einerseits die Erklärung in der vermeintlich zu geringen Macht des Kaisers gesehen, anderseits eine gute Nachricht über diesen zweiten Gefechtsabschnitt überliefert. Wenn er erzählt, daß die Sarazenen sich während der Nacht vor der Schlacht in den das Feld begrenzenden Bergen verborgen haben, so steht er in Uebereinstimmung mit Johannes Diaconus und es hindert uns nichts, diese Nachricht anzunehmen. Allerdings kann es sich da nur um Reserven handeln, während aus dem arabischen Berichte, dem auch darin Thietmar näher steht, der unmittelbare Angriff von den in der Schlachtlinie befindlichen Sarazenen ausging.

Aus dieser Vergleichung aller zur Verfügung stehenden Nachrichten ergibt sich also, daß die Bevorzugung der Ann. Sangall. nicht begründet ist, daß Thietmar keineswegs den Versuch gemacht hat, irgend welche Thatsache zur Beschönigung des Kaisers zu erfinden. Leider geht er über die Schlacht selbst mit wenigen Worten hinweg, aus denen aber eine richtige Anschauung des Vorganges spricht, er kann an dieser Stelle durch die arabischen Berichte ergänzt werden. Damit aber wird das Verhalten des Kaisers in besseres Licht gesetzt. Er hat es keineswegs an der notwendigen Vorsicht fehlen lassen, nicht aus Mangel daran oder in Folge zu geringer Macht ist die Schlacht gegen die Sarazenen so unglücklich ausgegangen. Das Heer deutscher schwergerüsteter Panzerreiter ist der überlegenen Taktik der leichter bewaffneten, gut berittenen, an die Hitze gewöhnten Sarazenen unterlegen, es wurde vernichtet durch den Fatalismus der Mohammedaner, den die Erzählung Ibn al Atîrs mit aller Deutlichkeit hervorhebt. Die Schlacht am Säulencap steht auf einer Linie mit der Sporenschlacht von Courtray, den Schlachten von Sempach und Murten. Das konnte natürlich weder den Zeitgenossen noch den Chronisten der nächsten Jahrhunderte klar werden und so bemühten sie sich, andere Ursachen für die erschwerende Niederlage beizubringen.

Während die deutschen, ober- und mittelitalienischen Chronisten nur an dem unglücklichen Ausgange haften, den Fall des Emirs gar nicht erwähnen, legen die süditalienischen und griechischen gerade diesem die größte Bedeutung bei und wissen nur von einem Siege des Kaisers zu erzählen[4], erklärlich dadurch, daß Calabrien und Apulien in Abu-al-Qâsim den gefürchtetsten Feind verloren, für die höchste Zeit vor dem heiligen Kriege gesichert waren und die Verluste der Deutschen über diesem Gewinne nicht beachteten.

Irrige Angaben, welche sich in einzelnen Quellen finden, berichtigen sich von selbst, so der Ansatz zu den Jahren 981 oder 983 oder die, daß der Kampf gegen Griechen (Alpertus, Ann. Wirziburg., Otto Frising.), gegen Griechen und

---

3) Doch schließen sich beide Abschnitte unmittelbar an einander an und ist es verfehlt, den Kaiser noch weiter ziehen zu lassen, wie das Giesebrecht KZ. I, 596 und Richter, Annalen III, 135 thun.
4) Vgl. auch Giesebrecht, Jahrb. S. 170.

Sarazenen (Chron. Suev., Adami Gesta) geführt wurde. Eher könnte eine gewisse Bedeutung der von den Ann. Sangall. gebrachten, in den Actus fund. Brunwil. wiederkehrenden Nachricht zugesprochen werden, daß die Sarazenen von Byzanz aus zum Kampfe gegen die Franken angestiftet worden seien. Sie widerspricht aber dem, was wir von dem damaligen Verhältnisse zwischen Byzanz und dem Kalifen wissen, und leidet auch an einer gewissen Ueberflüssigkeit. Abu-al-Câsim, der von dem Kalifen den Auftrag erhalten hatte, den heiligen Krieg auf das Festland zu übertragen, bedurfte solcher Anregung nicht, er mußte Kunde von dem Vorrücken der Deutschen in einem Gebiete haben, das er seinem Machtbereiche eingeordnet hatte, und war nicht der Mann, zuzusehen, wie sich die Deutschen in Apulien und der Basilicata festsetzten, um von hier aus Calabrien zu erobern. Auch hier wird man also der bei Ibn al Atir überlieferten Darstellung den Vorzug geben dürfen.

Daß der Kaiser eine Flotte zur Verfügung gehabt habe, berichtet Ibn al Atir und in gewissem Sinne auch Thietmar, der uns erzählt (c. 23), daß Otto zwei Salandrien, welche zur Einhebung des Tributs von dem Kaiser Nikephorus nach Calabrien geschickt waren, gemiethet habe, um mit dem griechischen Feuer, das zu ihrer Ausrüstung gehörte, gegen die arabischen Schiffe vorzugehen. Aber diese Erzählung bekundet des Merseburger Bischofs gänzliche Unvertrautheit mit griechischer Geschichte aufs Neue, denn Kaiser Nikephorus war schon lange gestorben und wie wir später sehen werden, konnte das Schiff, auf das sich Otto rettete, kein Kriegsschiff gewesen sein. Es dürfte sich also um einen Versuch handeln, die Anwesenheit der beiden Schiffe, die bei der Flucht des Kaisers eine große Rolle spielten, zu erklären, wobei Thietmar an die im Abendlande verbreitete Kunde von der Verbindung der chelandia mit dem griechischen Feuer (vergl. Liudprand, Antapodosis V, c. 9, 14) anknüpfte. Unmöglich ist es ja nicht, daß der Kaiser von Tarent aus Schiffe abordnete, welche dem Marsche des Heeres an der Küste folgten, irgend einen Einfluß auf die militärischen Operationen haben sie aber nicht geübt. Daran, daß ihm Schiffe aus den westitalienischen Seestädten zu Hülfe gekommen seien, ist kaum zu denken, da die Sarazenen wohl auf ihrer Hut gewesen sein werden.

Als Ort der Schlacht wird von Lupus protospat. die civitas Columnae in Calabria, von Romoald Stilom, oppidam Calabriae, genannt; denkbar aber der Letztere an das alte Stylis oder auch an Columna, nördlich von Reggio, dachte, die Eroberung letzterer Stadt durch den siegreichen Kaiser ersann. Aber beide Orte können ebensowenig wie Stilus am Golf von Squillace, an das auch Köpke (Archiv IX, 122) gedacht hat, ernstlich in Betracht kommen. Wir haben offenbar ein Mißverständniß Romoalds vor uns, der Columnae mit dem gleichbedeutenden Stilus verwechselte⁵), und dürfen also an der Angabe des Lupus festhalten. Demnach war der Schauplatz der verhängnisvollen Schlacht am heutigen Capo di Colonne, südlich von Cotrone. Eine Erfindung Pratillis ist Squillace.

Ueber den Tag der Schlacht stehen uns Angaben zu Gebote, welche sich auf das Ereigniß selbst beziehen, andere, in denen der Tod des in ihr gefallenen Bischofs Heinrich von Augsburg zu einem bestimmten Tage angesetzt wird. Fassen wir Letztern zuerst in's Auge, so erhalten wir den 12., 13., 14. und 16. Juli. Der Erste ist ohne Weiteres auszuscheiden, da er allein in dem Liber anniv. maioris eccl. Augiensis des XVI. Jahrhunderts überliefert ist, also nur besagt, daß zu dieser Zeit in Reichenau ein Jahrtag zum Gedächtnisse des Bischofs begangen wurde. Der 13. Juli wird im Necrol. Merseb., Necrol. Faucense und im Necrol. mon. s. Udalrici Augustensis genannt, kann also auf allgemeine Geltung Anspruch erheben, schlösse aber den gleichfalls im Necrol. Merseb. erhaltenen 16. Juli aus. Den 14. Juli bieten die Ann. necrol. Fuld. und der Liber anniv. s. Galli. Es bleibt uns also die Wahl zwischen dem 13. und 14. Juli. Ziehen wir Annalen und Chroniken heran, so erhalten wir bei Thietmar den 13. Juli in Uebereinstimmung mit der einen,

---

5) Darauf hat schon Schlumberger, L'Epopée Byzantine I, 511 aufmerksam gemacht.

Die Schlacht gegen die Sarazenen 982 Juli 15.

in den Gesta ep. Mett. den 16. Juli in Uebereinstimmung mit der anderen Angabe des Necrol. Merseb. Scheint durch das Hinzutreten von Thietmars Zeugniß der 13. Juli als bestbeglaubigt und wurde derselbe auch allgemein angenommen, so halte ich ihn doch für unrichtig. Ibn al Atir setzt mit aller Bestimmtheit den Tod des Abu-al-Qâsim zum 15. Juli und diese Angabe, welche besondere Beachtung mit Rücksicht darauf verdient, daß man den Märtyrertod des Emirs unter den Sarazenen mit besonderer Verehrung festgehalten haben wird, erfährt erwünschte Bestätigung dadurch, daß auch die Vita Meinwerci und Lampert, welche auf die verlorenen Hersfelder Annalen zurückgehen, die Schlacht zum gleichen Tage ansetzen.

Excurs X.

Die Flucht und Rettung des Kaisers.

Viel ausführlicher als über die Vorgänge während der Schlacht werden wir über die Flucht und Rettung des Kaisers unterrichtet. Das Außerordentliche dieses Ereignisses, das auch uns nicht theilnahmslos läßt, hatte Augenzeugen und Zeitgenossen aufs Stärkste erregt, und seine Wirkung noch in den nächsten Jahrhunderten geübt. Es ist daher nicht zu verwundern, daß wir Berichte aus den verschiedensten Gegenden und Zeiten besitzen. Damit ist aber, wie das auch heute nicht anders der Fall ist, keineswegs volle Uebereinstimmung und Klarheit geschaffen, vielmehr widersprechen sich die Berichte nicht nur in Einzelheiten, sondern auch in der Darstellung des Hauptvorganges, es wird uns daher die richtige Auffassung sehr erschwert.

Die dem Ereignisse zeitlich am nächsten stehenden Erwähnungen in den Ann. Sangallenses, bei Richer und in den verlorenen Hersfelder Jahrzeitbüchern befleißen sich größter Kürze[1]). Viel ausführlicher sind die Erzählungen des Johannes Diaconus (SS. VII, 27; ed. Monticolo p. 145), Alperts (Hrsgg. von Deberich S. 64—66) und Thietmars (III. c. 21, 22), welche im Folgenden neben einander gestellt sind:

Joannes Diaconus.	Alpert.	Thietmar.
Imperator siquidem, licet ingenti difficultate per medias barbarorum acies vix ad litus usque pervenit, inimicorumque importunitate territus	Ipse vero Otto caesar temerario cursu ad naves Graecorum pugnaturus advolavit, a quibus circumseptus, et nullus ei locus evadendi patuit,	Inperator autem cum Ottone praefato caeterisque effugiens ad mare venit vidensque a longe navim, salandriam nomine, Calonimi equo Judei ad eam properavit. Sed ea preteriens suscipere hunc recusavit. Ille autem littoris presidia petens invenit adhuc Judeum stantem senio-

---

1) Ann. Sangall. (SS. I, 80): ipse navigio vix ad castellum quoddam suorum evasit. — Richer (III, c. 96): ipse captus ab hostibus divina vero gratia reversus fuit. — Lamperti Ann.: Ipse imperator vita comite vix evasit (Vita Meinwerci, c. 4. SS. XI, 108: ipse vivus vix evasit). — Ebenso kurz spricht sich auch die arabische Ueberlieferung aus. Ibn al Atîr: Il re dei Franchi si diè alla fuga insieme con un giudeo suo fidato. Arrestatosi [nella corsa] il cavallo del re, il giudeo gli grida: „Monta questo mio, e se mi uccidono, [pensa] tu a miei figliuoli." Rimontò su quel cavallo il re, il giudeo fu ucciso; quegli arrivò a salvarsi nelle sue tende, ov'era la moglie e la corte, e presili seco lui tornossi a Roma. — Ibn Haldûn: Bardûwîl campò la vita a mala pena [rifuggendosi] nella sua tenda ed imbarcossi alla volta di Roma.

Joannes Diaconus.	Alpert.	Thietmar.
		risque dilecti eventum sollicite exspectantem. Cumque hostes adventare conspiceret, quid umquam fieret de se, tristis hunc interrogans, et habere se amicum apud eos, cuius auxilium speraret, animadvertens, iterum equo comite in mare proailiens
fluctivagum mare intravit, ubi duae Grecorum naves, quae lingua illorum zalandriae nuncupantur, non procul a terra anchoris herebant;	in mare cum equo insilivit, super quem tamdiu sedit, donec indumenta omnia, quibus indutus erat, gladio discinderet, ut se ad natandum expeditiorem aptaret. A longe vero aspiciens navim, ad quam summo conatu, erat enim peritissimus natatu, tendere cupiebat.	ad alteram, que sequebatur, tendit salandriam et
a quibus ipse cum duobus suis vernaculis susceptus, minime agnitus est.	Quem nautae natantem cernentes captum traxerunt in navim. Erat enim quidam in navi cum eis ex natione Slavorum, notus imperatori, qui mox paludamentum, quo erat indutus, exuens, ut eo indueretur et nuda membra obtegeret, tradidit	ab Heinrico solum milite eius, qui Szlavonice Zolunta vocatur, agnitus intromittitur et in lecto senioris eiusdem navis positus,
Fertur namque, quod per triduum illum vinctum custodirent, et quamquam ipse imperatorem se fore, omnino denegaret, tamen Greci, ingenio peritissimi, nescio quibus inditiis, eum agnoscere potuerunt; agnito vero, Constantinopolim illum deferre decreverant. Quod ipse expertus ait:	et nutu, quo poterat, innuit, suspicionem nautis adimeret, ne animadverterent, ipsum, qui esset, esse. Is etiam, adprime persuasionis eloquio idoneus, ait, si monitis suis aurem praeberent et consiliis obsecundarent, fortunatissimos in brevi futuros,	tandem ab ipso etiam cognitus, si inperator esset, interrogatur. Qui cum hoc diu dissimulare studuisset, tandem professus: „Ego sum" inquit „qui peccatis meis id promerentibus ad hanc veni miseriam. Sed quid nobis sit modo communiter faciendum, diligenter accipite. Optimos ex meo nunc perdidi miser imperio et propter hunc doloris stimulum neque terras has intrare nec horum amicos umquam possum vel cupio videre.
„Et ego hoc toto mentis affectu opto, quoniam potius ad sanctorum augustorum vestigia exul degere gestio, quam omnibus bonis privatus mei infortunii ignominiam hic sustinere; tantum permittite, quatenus meam coniugem, meaeque fortunae reliquias me, priusquam recedatis, accipere liceat."	non longe hinc abesse Rohsan civitatem, „in quam omnes thesauri Ottonis cesaris sub istius, qui cubicularius eius est, custodia retinentur; quorum maximam partem vobis dandam profecto noveritis, hunc si illuc duxeritis et libertate frui permiseritis". His auditis et invicem se circumspicientibus et multa ad haec inter se conferen-	Eamus tantum ad urbem Rossan, ubi mea coniunx meum prestolatur adventum omnemque pecuniam, quam teneo ineffabilem, eadem sumentes visitemus imperatorem vestrum, fratrem scilicet meum, certum, ut spero, meis necessitatibus amicum."

Joannes Diaconus.	Alpert.	Thietmar.
	tibus, tandem ut est mos humanae cupiditatis, spe pecuniae illecti: „Si quae pollicitaveris", aiunt, „re perpetraveris, hortationem consilii tui sine dilatione aggredimur." „Huic pollicitationi", inquit, „me ipsum et fidem interpono." Nautae videntes constantiam promissoris, de cuius ore pendebant, semet ipsos cohortabantur, dicentes, extremae dementiae esse, ea, quae iure ab eis pro redemptione captivi accipienda essent, e manibus amittere.	His dulcibus colloquiis provisor navis delectatus consensit
	Mox inpulsa navi venerunt ad praedictum locum, Rohsan civitatem, et applicuerunt.	et perdius et pernox ad condictum pertingere locum properavit.
	Ductor vero eorum cernens omnia sub animi sui voluntate esse convoluta, laetus surgit, paucis cohortatur nautas; ut securi eius reditum expectarent, praecepit; se iturum et celeriter subsecuturos captivi cum pecunia, quam promiserat, adducturum.	
	Qui festinus ingressus civitatem, Deodericum pontificem repperit, qui, imperatore proficiscente ad proelium ibi cum regina Theophanu relictus erat, illique omnem rei ordinem expromit, et ut cum summo silentio supprimat, monet, et ad eum mox veniat; nullum secum, si imperatorem salvum recipere cupiat, praeter duos virtute probatos milites sumat.	Quo cum propiarent, binomius ille iussu inperatoris premissus inperatricem et, qui cum ea erat, Thiedricum, presulem supramemoratum, cum somariis plurimis quasi pecunia sarcinatis vocavit.
	Episcopus, gavisus de incolumitate regis, domini sui, Liuponi et Richizoni, militibus suis, secum pergant, iussit: se foras muros civitatis, situs locorum et aedificia domorum visendi gratia procedere velle.	
Tunc duodecim scrinea plena thesauris copia ad littoris marginem delata sunt. Greci hoc cernentes,	Et exiens altitudinem navis conspexerat, erat enim miro opere secundum Graecorum morem	Greci autem primo ut inperatricem cum tantis de urbe prefata muneribus exire viderunt, anchoram

Flucht und Rettung des Kaisers 982 Juli 15.

Joannes Diaconus.	Alpert.	Thietmar.
omni titubatione remota, eundem secum velle firmiter ire credebant;	constructa, et subtili intuitu introitum eius exploravit et tandem nisu quo potuit, difficilem eius ascensum superavit.	ponentes, Thiedricum antistitem cum paucis intromittunt.
et dum haec agerentur, Cessone, Metense episcopo, cum nonnullis aliis littori astantibus,	Conspicatus ergo dominum longe ab honore regio sedentem et manibus applosis elevata voce clamavit,	Sed inperator, rogatu presulis vilia deponens vestimenta et induens meliora,
ipse adepto gladio in mare prosiluit et viriliter natando desideratum littoris marginem inlesus petiit.	rexque illico haud segniter foras exiluit.	viribus suis et arte natandi confisus, ut stetit in prora, mare velociter insiluit. Quem cum quidam ex circumstantibus Grecis apprehensa veste detinere presumeret, perfossus gladio Liupponis, egregii militis, retrorsum cecidit.
	Nautae vero primum familiares captivi pecuniam portantes arbitrati sunt: set cum aliter, ac rati erant, accidisset, arma capere hostibusque resistere temptabant.	Fugierunt hii in alteram partem navis
	Milites vero predicti, Liupo et Richizo, episcopum, ut celerrime exiret, admonebant; cunctantem ob timorem submersionis, vi etiam veste scissa, de navi eiecerunt, magnoque impetu strictis gladiis in nautas facto, alios interficiunt, alios sauciant; alii sub transtra delituunt, alii certatim se de navi eiciunt et cum periculo vitae pelago se crediderunt.	nostri autem, quibus huc veniebant, puppibus incolumes cesarem sequebantur,
	Rex vero, innectens nudis pedibus calcaria et ascenso equo, omnes traxit ad terram;	eos littoris securitate prestolantem,
	quibus necessariis liberalitate regia sufficienter attributis et copiosissima pecunia ditatos abire cum pace permisit.	premiaque promissa magnis muneribus Danais implere cupientem.
		Hii vero multum perterriti promissionibusque diffidentes abierunt, patrios repetentes fines.

Daran schließen sich folgende Berichte aus späteren Jahrzehnten des elften Jahrhunderts:

Gesta pontif. Camerac. I, c. 104 (SS. VII, 444): Qui transfugio sibi consulere aestimans, quia terra evadere non posset, velociter se misit in mari visamque naviculam inimicorum, quam preter ullam suspitionem forte non procul a litore conspexerat, alacri sed et difficillimo natatu ascendit. Hunc enim iam paene lapsabundum miserati remiges, admoto navigio, susceperunt, longeque dissimilem et ignotum arbitrantes, causas infortunii rogaverunt. Ille vero tandem eorum barbara collocutione advertens se hostibus incaute oblatum, mox prae formidine fallere doctus, utpote inter hostes vitae naufragus, quoquo modo potuit, evasionis opem quaesivit. Finxit enim se quendam fore hominem ex ipsa Bar, maritima urbe, multis opibus affluentem, verum errore viae incidisse naufragium. Illos tamen ditatum iri pro compendio, si illaesum perducerent. Quo remiges empti, cum ad votum caesaris predictae civitati admovissent naviculam, statim laetus imperator Teoderico, Mettensium episcopo, caeterisque suis principibus, qui in ipsius urbis tuitione recepti, regis periculum condolentes, ipsum quidem captum putabant, totius rei seriem per internuntios tacite inculcavit, et ut quasi ad remunerandos nautas sibi praemia afferrent, callide ammonuit. Qui mox inopina mandata gaudenter amplexi scrinia caeteramque suppellectilem regiam ad navim imperatori tulerunt, unaque etiam velocissimum caballum adduxerunt; nautis vero ad convecta munera intendentibus, imperator extra naviculam vivaciter exilit, equoque ascenso, ita delusis hostibus, preter spem, credo adiuvante Domino, illesus evasit. Unde cum probro abscendens, pudore succensus, meliori consilio militarem copiam sibi ad reparandum prelium quaerere estimavit.

Ann. Altahenses: Cum vero imperator suorum fugam Sarracenorumque conspiceret audaciam, arma proiecit, vestimenta exuit seque in vicinum mare praecipitem dedit, in quo dum incertus sui diu circumnatando laboraret, Dei ordinatione adversariorum quidam navigantes advenerunt eumque iam mergentem in navim levaverunt. Ibi, ut aiunt, simulavit se non esse qui erat, dicens se unum esse de militibus imperatoris. Cumque in hunc modum mutuos cum adversariis sermones conferret, subito mari insiliens ad proximum transnatavit littus, mirabili Dei adiutorio liberatus.

Actus fund. Brunvilar. mon. c. 5 (SS. XIV, 128): Imperator vero consertissimas hostium acies impetu interrumpens et utrimque gladio viam secans, lancea, lorica ceterisque omnibus quae oneri essent, iactis, in mare, equo etiam cui insederat, deficiente, fluctibus maris tota innatat nocte. Mane vero a piscatoribus captus et quis esset, sciscitatus, occisi imperatoris armigerum se esse respondit, sique sese redderent Romanis, sibimet valde placiturum fore confirmavit. Romani assunt, pro servo dominum precio redimunt, Romam moesti laetique redeunt, quia etsi imperatori non provenerat victoria, vivus tamen ipse rediit, eorum laeticia et gloria.

Arnulfi Gesta archiep. Mediol. I, c. 9 (SS. VIII, 9): Quid plura? pugnando captus ad classes usque pretrahitur; occupaverunt enim hostes vicina maris litora. Sentiens vero se vellet nollet transvehendum, simulatis precibus postulabat, ut saltem unicam sibi coniugem cum exiguo famularum obsequio simul cum eo exulare permitterent, delaturam secum immensa auri et argenti pondera promittens. Cumque foret permissum, viros adolescentes muliebriter superindutos subtus autem accinctos mucronibus, cautissime venire mandavit. Ubi vero ingressi sunt navem illico irruentes in hostes evaginatis ensibus indifferenter quosque trucidant. Interim saltu percito prosiliens imperator in pelagus natando evasit ad littus liber et laetus. Unde terrefacti transierunt hostes ad propria.

Die aus Alpert abgeleitete Erzählung Sigeberts von Gemblour (Chron. SS. VI, 352) führe ich nur an, weil sie in andere Chroniken übergegangen ist: Imperator natando evadere nitens a nautis ignorantibus cum capitur, et a quodam eorum, qui negotiator Sclavorum erat, agnitus nec proditus, per illum re delata ad imperatricem et Deodericum, Mettensem episcopum, qui in civitate Rohsan rei eventum prestolabantur, difficulter per Sclavum et

Flucht und Rettung des Kaisers 982 Juli 15.

episcopum liberatur. Nautis quippe ad pecunias pro eo redimendo allatas inhiantibus, imperator ascenso equo vix evasit²).

Wie schon eine oberflächliche Vergleichung ergibt, kommen neben jenen drei Berichten die späteren nur insofern in Betracht, als sie zur Kritik der älteren und zur Feststellung der geographischen Verbreitung der einen oder andern Version dienen können. Was sie anders bringen, hat keine selbständige Bedeutung, zumeist handelt es sich um Kürzung, Zusammenziehung, willkürliche Abweichung oder um das Eindringen sagenhafter Momente, die wir später im Zusammenhange würdigen wollen.

Wie verhalten sich nun jene drei ältesten ausführlichen Berichte zu einander? Welcher kann die meiste Glaubwürdigkeit beanspruchen? Diese Fragen sind recht verschieden beantwortet worden. Leibniz (Ann. imp. III, 430) hält sich an Thietmar, neben dem er allerdings nur spätere Schriftsteller von Sigebert an berücksichtigte, ohne Alpert oder Johannes Diaconus zu kennen. Giesebrecht (Jahrb. S. 166 ff.) nahm Alperts Bericht als den besten an, erklärte den des Venetianers für unzuverlässig und erkannte bei Thietmar die ausgebildete Sage, in der sich Beziehungen zu Johannes und Alpert finden. Später (KZ. I, 879) ist er geneigt, dem Berichte des Thietmar auch in Einzelheiten mehr Glauben zu schenken, da sich der Jude Kalonymos als historisch beglaubigte Persönlichkeit erwiesen hat. Ranke (Weltgesch. VII, 24) hat die Uebereinstimmung zwischen Thietmar und Ibn al Atir erkannt, zieht aber doch die kürzere Erzählung des Venetianers vor. Müller-Mann (S. 38) findet, daß die drei Berichte „vortrefflich zu einander passen", ohne sich aber in Einzelheiten einzulassen.

Eben darauf aber hat sich die Untersuchung zu richten; sie hat die Nachrichten über die Einzelvorgänge zu vergleichen und auf diesem Wege etwas tiefer in Art und Wesen der geschichtlichen Ueberlieferung jener Zeit einzudringen. Dabei wird es sich vor Allem zeigen, daß es mit der Uebereinstimmung der drei Hauptberichte doch nicht so gut steht.

Schon an erster Stelle beginnen Unsicherheit und Verschiedenheit. Nach Thietmar flieht der Kaiser mit Herzog Otto von Bayern und anderen Gefolgsleuten, unter denen sich der Jude Kalonymos befindet. Alpert erwähnt davon gar nichts. Und doch hat des Merseburger Bischofs Bericht wenigstens hinsichtlich des Juden überraschende Bestätigung durch die Erzählung des Ibn al Atir erfahren und man wird annehmen dürfen, daß er auch mit dem Herzoge Recht hat. Nun ergibt sich eine andere Schwierigkeit. Wir hören von dem Herzoge weiter nichts, da er aber sicher den Sarazenen entkommen ist, so muß er zu Lande nach Rossano gelangt sein³). Was aber hat den Kaiser an Gleichem gehindert? Es läßt sich nicht annehmen, daß der Herzog den Kaiser, dem er in treuester Anhänglichkeit ergeben war, im Stiche gelassen habe. Hier muß sich also etwas ereignet haben, was Thietmar übergeht. Nach der Auffassung fast aller Berichte war dem Kaiser die Flucht zu Lande abgeschnitten, nur bei Thietmar ist das nicht der Fall. Da ist noch Zeit zu einem Gespräche mit dem Juden, auf dessen Pferd reitet der Kaiser ins Meer, um zur ersten Salandria zu gelangen, die ihn nicht aufnimmt, und eilt wiederum an's Land und erst jetzt kommen die Feinde. Bei der Raschheit, mit der sich der ganze Vorgang abgespielt haben muß, wäre ein Versehen in der Vorlage Thietmars leicht möglich, wir werden am ehesten annehmen dürfen, daß der Kaiser auf die immerhin bei der Menge und Schnelligkeit der Verfolger sehr gefährliche Flucht zu Lande verzichtete und sich rasch entschloß, zu dem vorüberfegelnden Schiffe zu gelangen und zwar allein, um leichter Aufnahme zu finden, während die Andern den Ritt fortsetzten, der sie auch in Freiheit brachte. Dadurch wird aber ausgeschlossen, daß wie Alpert, Johannes und die Actus fund.

---

2) Leonis Chron. mon Cas. II, c. 9 (SS. VII, 635): vix ipse cum non multis evadere potuit. Ottonis Frising. Chron. VI, c. 25: de navi exiliens natatibus evasit. Ann. Wirziburg. (SS. II, 242), Chron. Suev. (SS. XIII, 69): de navi exiliens natando aufugit. Gesta archiep. Magdeburg. (SS. XIV, 389): ipse natando per mare vix aufugit.

3) Es wäre nicht unmöglich, daß die Vorlage des Ibn al Atir den Kaiser mit dem gleichnamigen Herzoge verwechselt hat, indem sie den Ersteren zu Lande entfliehen läßt.

Brunwil. berichten, der Kaiser sich kämpfend den Weg durch die Feinde bahnte, und vollends, daß er von ihnen gefangen wurde, wie Richer und Arnulf glauben. Ist der Jude Kalonymos verbürgt, so wird man auch darin dem Merseburger folgen dürfen, daß der Kaiser von dem ersten Schiffe abgewiesen wurde. Zwei Schiffe erwähnt auch der Venetianer, der sie aber vor Anker liegen läßt, während sie nach Thietmar auf der Fahrt begriffen waren. Uebereinstimmend heben die besseren Berichte hervor, daß es Schiffe mit griechischer Bemannung waren, während die Gesta pont. Camerac., Ann. Altah. und Arnulf von Sarazenenschiffen sprechen⁴). Uebereinstimmend geben Thietmar und Alpert an, daß Otto das Schiff a longe erblickte, da er aber auf den zweiten den Heinrich Zolunta erkannte, so muß es doch in Sehweite gewesen sein, weshalb auch das non procul des Johannes Diaconus und der Gesta pontif. Camerac. zu Recht bestehen kann.

Ueber die Art, wie der Kaiser zu dem Schiffe gelangte, theilen sich die Quellen in zwei Gruppen. Nach der einen (Thietmar, Alpert, Bruno, Actus fund. Brunwil.) ritt er zuerst in das Meer, erst als das Pferd den Boden verlor, begann er zu schwimmen; nach der andern (Johannes Diaconus, Gesta pontif. Camerac., Ann. Altah.) ging er unmittelbar in das Wasser. Jedenfalls kann nach dem bisher Gesagten die erste Gruppe den Anspruch auf höhere Glaubwürdigkeit erheben. Daß er sich vor dem Schwimmen der Rüstung und Kleider entledigte, ist natürlich, und bei Thietmar vorausgesetzt, von Alpert und Ann. Altah. ausdrücklich erwähnt. Der Erstere läßt dies den Kaiser auf dem Pferde, die Ann. Altah., bevor er ins Meer eilt, thun. Daß ihm das Schwimmen nach der Anstrengung und Aufregung des Tages Mühe machte, läßt sich wohl denken, aber Uebertreibung ist es, wenn er nach dem Actus fund. Brunwilar. die ganze Nacht schwamm, Bruno, Gesta pontif. Camerac. und Ann. Altah. ihn nahe dem Ertrinken schildern. An das Schiff gelangt, wurde der Kaiser von der Bemannung aufgenommen. Daß er hier den schon vom Ufer aus erkannten Slaven Heinrich Zolunta fand, wird von Alpert, der dessen Namen nicht nennt, und von Thietmar berichtet, darf demnach als sicher gelten. Nach der übereinstimmenden Auffassung aller Quellen mit einziger Ausnahme Arnulfs wurde der Kaiser von den Schiffern nicht erkannt und suchte sich ihnen auch weiterhin zu verhehlen. Im Einzelnen aber gehen die Berichte auseinander. Alpert zweit von Thietmar, indem er dem Slaven die führende Rolle zuweist, während nach Thietmar Zolunta den Kaiser nur zum Bette des Kapitäns geleitet und dann als Bote zur Kaiserin geht. Ist also bei Thietmar ein eigener Schiffsführer vorhanden, so wird bei Alpert der Slave allmählich selbst zum Kapitän. Er leitet die Aktion zur Verheimlichung und Befreiung Ottos, ausführlich schildert Alpert, wie er die Schiffer durch Versprechungen gewinnt. Während Thietmar mit sichtlicher Hast über die Verstellungsgeschichte, die offenbar seinem Empfinden nicht entsprach, hinweggeht, berichtet Alpert, daß der Kaiser von dem Slaven für einen Kämmerer, dem der kaiserliche Schatz anvertraut sei, ausgegeben wurde, erzählen die Ann. Altah., daß er sich für einen Kriegsmann ausgab. Völlig freie Erfindung ist es, wenn er nach den Gesta pont. Camerac. sich den Schiffern gegenüber als einen schiffbrüchigen Kaufmann aus Bari bezeichnete. Bedeutender ist der folgende Widerspruch zwischen den einzelnen Berichten. Nach Thietmar enthüllt sich der Kaiser selbst in mannhafter Hoheit, nach Johannes Diaconus erkennen ihn die Griechen aus angeborener Schlauheit, nach Alpert aber bleibt die Täuschung bis zum Schlusse aufrecht, ihm folgen die Gesta pontif. Camerac. und Actus fund. Brunwilar. Wir nehmen hier also einen grundlegenden Widerspruch zwischen der sächsischen und der lothringischen Ueberlieferung wahr und dies

---

4) Thietmar und Johannes nennen die Schiffe mit der griechischen Bezeichnung der salandriae und der Ersterer hat auch ein ganzes Capitel ihrer Beschreibung gewidmet. Aus dem Verhalten der Bemannung aber folgt, daß es keinesfalls Kriegsschiffe sein konnten. 150 Kriegsmatrosen ließen sich nicht durch zwei Leute (im Zaume halten und unter die Bänke jagen. Müller-Mann ist daher im Unrecht, wenn er (S. 34, 38, 41) von einer zur Beobachtung der strategischen Operationen abgeschickten „griechischen Escadre" spricht und daraus Folgerungen auf die politische Haltung der Byzantiner zieht. Uebrigens wären nach Thietmar beide Schiffe im Solde des Kaisers gestanden.

ist auch der Punkt, an dem sich beide Gruppen von einander trennen. Da der sächsischen die italienische Ueberlieferung zur Seite tritt, so wird man sich zu ihren Gunsten entscheiden müssen. In gleicher Weise wird aber die Absicht, mit dem Kaiser nach Konstantinopel zu fahren, von der Alpert nichts weiß, verbürgt. Bezeugen sie Thietmar, Johannes Diaconus und in gewissem Sinne auch Arnulf, wenn er auch nach seiner Ansicht, daß der Kaiser sich in Gefangenschaft der Sarazenen befindet, eher an Sicilien oder Aegypten gedacht hat, so unterscheiden sich die Ersteren doch in einem wichtigen Punkte. Nach dem Venetianer wurde die Fahrt nach Byzanz von den Schiffern beschlossen, welche ihren Herrschern die kostbarste Beute bringen wollten, nach dem Merseburger aber von dem Kaiser selbst vorgeschlagen, der das Elend in seinem Reiche nicht schauen mochte und bei dem befreundeten Basileus Schutz zu finden hoffte. Ohne Frage tritt da ein Versuch höfischer Beschönigung zu Tage. Der Sachsenfürst, der stolz weiterer Täuschung entsagt hatte, sollte nicht unter einem Zwange, sondern aus freiem Entschlusse, allerdings in verzweiflungsvoller Stimmung handelnd erscheinen. Man wird der einfacheren, in der Sachlage besser begründeten Auffassung des Venetianers den Vorzug einräumen und alsdann annehmen dürfen, daß Thietmar, um seinen Zweck zu erreichen, eine kleine Umstellung vorgenommen hat, indem er den Kaiser zuerst die Fahrt nach Rossano zur Gemahlin, dann die nach Byzanz vorschlagen läßt. Richtig war wohl das Umgekehrte. In der Rede, die er dem Kaiser in den Mund legt, verräth der Merseburger Bischof neuerdings seine völlige Unvertrautheit mit der byzantinischen Geschichte, er ist nur von einem Kaiser spricht, während bei Johannes Diaconus sanctorum augustorum vestigia erwähnt werden.

Der Vorschlag, nach Rossano zu fahren, wird von allen in Betracht kommenden Quellen berichtet, nur spricht Arnulf schlechthin von Romani und in den Gesta pontif. Camerac. wird statt Rossano Bari gesetzt. Uebereinstimmung herrscht auch darin, daß als Zweck der Fahrt angegeben wird, Schätze zu holen, wodurch die Habgier der Schiffer geweckt werden sollte, was die Actus fund. Brunwilar. in das ausdrückliche Versprechen eines Lösegeldes umgewandelt haben, sowie darin, daß die Schiffer darauf eingehen.

Vor Rossano angelangt, wird nach Thietmar und Alpert Heinrich Zolunta als Bote an das Land geschickt. Wenn nach Ersterem der Bote an die Kaiserin, in deren Gefolge sich Bischof Dietrich von Metz befindet, nach Alpert und den Gesta pontif. Camerac. aber an Dietrich entsandt wird, so äußert sich auch hier der früher hervorgehobene grundsätzliche Unterschied, der dann von Alpert festgehalten wird, da bei ihm durchaus der Metzer Bischof als Hauptperson in den Vordergrund tritt. Ganz besonders ausführlich stellt Alpert die Vorgänge vor Rossano dar, aber seine Erzählung ermangelt durchaus der inneren Folgerichtigkeit. Daß die Griechen Anker warfen, berichtet Thietmar und auch Alpert setzt dies voraus. Aber während der Kaiser schwimmend ans Land gelangt, erreicht Dietrich das Schiff mit einem Sprunge und doch muß angenommen werden, daß die Griechen sich in angemessener Entfernung vom Ufer hielten, um vor einem Handstreiche gesichert zu sein. Werden nach Thietmar anscheinend mit Geldsäcken beladene Saumtiere an's Ufer bestellt, nach Johannes Diaconus Schränke mit Kostbarkeiten auf dem Lande zur Schau gestellt, nach den Gesta pontif. Camerac. auf das Schiff gebracht, so weiß Alpert davon nichts, er läßt nur den Bischof Dietrich mit zwei Begleitern einen harmlosen Spaziergang zum Meere machen. Wir erhalten an dieser Stelle eine Berührung zwischen den Gesta pontif. Camerac. und dem Venetianer, welche uns darauf schließen läßt, daß neben der bei Alpert erhaltenen eine andere Version in Lothringen erzählt wurde, in der Bischof Dietrich mehr zurücktrat, wie auch bei Johannes der Bischof auf dem Lande bleibt. Daß dies nicht richtig ist, ergibt sich aber aus Thietmar, demzufolge Dietrich mit zwei Begleitern auf das Schiff gelassen wurde. Wenn Alpert ausführlich schildert, wie schlau der Bischof zu Werke ging, mit kühnem Sprunge auf Deck kam, hier im Jammer über das Aussehen des Kaisers die Hände zusammenschlug und laut aufschrie, so haben wir offenbar eine lebhafte Erweiterung des eigentlichen Vorganges vor uns, den uns einfacher und folgerichtiger Thietmar darstellt. Dessen Erzählung wird dadurch gestützt, daß er den egregius miles Liupo erwähnt, der auch bei Alpert genannt und, wie wir sehen werden, eine gut beglaubigte Persönlichkeit ist. Die scrinea werden auch in den Ann. Altah. allerdings aber als Beute der Saragenen erwähnt. Anderseits wird man in dem von Alpert genannten Richizo den zweiten der auch von Thietmar und Johannes Diaconus erwähnten Begleiter des Bischofs sehen dürfen, dessen Name dem Merseburger entweder nicht bekannt oder von ihm als belanglos weggelassen worden war. Ganz sagenhaft ist die von Arnulf berichtete Verkleidung waffenfähiger Männer als Frauen.

Während Johannes Diaconus mit dem Sprunge des Kaisers aus dem Schiffe in kurzen Worten endigt, berichten Alpert und Thietmar noch über die Vorgänge auf dem Schiffe. Beide unterscheiden sich wiederum wesentlich von einander. Der Letztere hebt die That des Liupo hervor, der einen Griechen, welcher den Kaiser an seinem Rock zurückhalten wollte, mit dem Schwerte durchbohrte, und bemerkt dann nur, daß die Bemannung sich in das Hintertheil des Schiffes flüchtete, während Dietrich und seine Leute ohne Hinderniß dem Kaiser folgten. Ganz anders Alpert, der zunächst in spaßhafter Weise den Abgang des Bischofs, dann mit starken Worten einen heftigen Kampf zwischen den Deutschen und der Bemannung schildert, von dem sich merkwürdiger Weise auch eine Nachricht bei Arnulf erhalten hat. In gleicher Weise zweien Alpert und Thietmar über das Verhalten des Kaisers. Der Merseburger läßt den Kaiser die Seinen am Ufer erwarten, nach Alpert aber band er sich sofort Sporen an die nackten Füße, bestieg ein Pferd und zog die ins Meer gesprungenen an's Land. Auch diese Einschaltung wird man billig bei Seite lassen dürfen. Somit glaube ich, daß die ganze Erzählung Alperts über die unmittelbare Rettung des Kaisers zu verwerfen, ihm nur die Nennung des Richizo und der Umstand, daß Bischof Dietrich mit diesem und Liupo auf das Schiff gekommen war, zu entnehmen ist.

Nach Thietmar wollte der Kaiser den Griechen reiche Geschenke geben, sie aber wandten sich, erschreckt und dem Versprechen mißtrauend, zur Heimfahrt, wie auch Arnulf berichtet, nach Alpert aber hätte sie Otto in der That beschenkt und in Frieden entlassen. Thietmar hebt sich ferner dadurch von den Andern ab, daß er einen ordentlichen Schluß hat, zwei Verse einer Nutzanwendung und den Ausdruck großer Freude, welche die Rettung des Herrschers den Seinen bereitete. Alle Andern gehen unmittelbar zur Rückkehr des Kaisers nach Rom über.

Aus dieser Vergleichung der verschiedenen Nachrichten ergibt sich vor Allem, daß die Berichte in den Einzelheiten nicht übereinstimmen und auch in der Darstellung der Hauptvorgänge mehrfach von einander abweichen. Wir können drei Ueberlieferungsgruppen unterscheiden, eine sächsische, eine italienische und eine lothringische. Die Letzteren zerfallen wiederum in zwei Unterabtheilungen, so daß wir folgendes Schema erhalten:

    A. Sächsische Version (Thietmar).
    B. Italienische: a) Johannes Diaconus.
                   b) Arnulf.
    C. Lothringische: a) Alpert.
                     b) Gesta pontif. Camerac.

In der Hauptsache stimmen A und B überein, während C sich von ihnen scheidet, nur in Einzelheiten sich eine Berührung zwischen Ba und Cb, Bb und Ca herausgestellt hat. A hat sich in den meisten Punkten als glaubwürdig erwiesen, an einer wichtigen Stelle entscheidende Bestätigung durch einen arabischen Bericht erfahren, aber unbedingt ist auch sie nicht hinzunehmen. Die Sache liegt überhaupt nicht so, daß man sich, wie dies bisher geschehen ist, an eine Vorlage halten, die andern schlankweg ausschließen kann. Thietmar ist ebensowenig wie Alpert oder der Venetianer für sich allein zuverlässig und vollständig; jede der drei Versionen enthält unglaubwürdige Nachrichten und daneben andere annehmbare, welche anderwärts fehlen, es mußte also für die Darstellung eine Vereinigung der drei Versionen, d. h. also eine Ergänzung und Richtigstellung Thietmars vorgenommen werden.

Flucht und Rettung des Kaisers 982 Juli 15.

Keiner der drei Schriftsteller, welche uns ausführlich von der Flucht und Rettung des Kaisers erzählen, war Augenzeuge des Ereignisses, sie müssen also aus andern, heute nicht mehr zugänglichen Quellen geschöpft haben. Am schlechtesten scheint in dieser Hinsicht der Venetianer daran gewesen zu sein, sein nescio quibus, ut aiunt beweist, daß er, wie schon Giesebrecht erkannt hat, wiedergibt, was man sich in Venedig erzählte. Anders verhält es sich mit Alpert und Thietmar, welche über Vorlagen verfügen konnten, in denen ersichtlich Theilnehmer des Ereignisses zu Worte gelangt waren. Für den Merseburger hat W. Scherer die Spur gewiesen, indem er ein lateinisches Spielmannsgedicht, den modus Liebinc[5]) mit seiner Erzählung zusammenbrachte, in dem Liebinc den egregius miles Liupo erkannte. Allerdings mit dem erhaltenen modus Liebinc konnte jener andere, den Thietmar benützt haben soll, nicht identisch sein. In jenem ist der ungenannte Held ein Schwabe aus Konstanz, als Gegenstand der grausame Scherz eines betrogenen Ehemannes gewählt, gemeinsam mit Thietmars Erzählung nur die Ueberlistung des Gegners, hier der griechischen Schiffer, dort der untreuen Frau, eine Absicht, welche auch in den Gesta pontif. Camerac. zu Tage tritt. Diese Berührung veranlaßt mich zu folgender Vermuthung. Der egregius miles Liupo ist wohl eine Person mit dem kaiserlichen Schenken Livo, dem Otto II. im Jahre 974 das Gut Biendorf im Serimunt schenkte (D. 91), das er vier Jahr später gegen Besitz im Schwabengau an Magdeburg umtauschte. (D. 177). In seinem Hofamte hatte er viel mit fahrenden Leuten zu thun und es wäre gut möglich, daß ein Spielmann seinem Gönner einen Kranz von Liedern widmete, in denen die Ueberschlauung listiger Gegner zu fröhlichem Tafelscherz besungen wurde. Eines dieser Lieder wäre in dem bekannten modus Liebinc, ein anderes, zum Theile in dem Berichte Thietmars erhalten. In Letzterem spielte der Schenk Liupo selbst die Hauptrolle und es beruhte offenbar auf seiner eigenen Erzählung. Aber dieses Spielmannsgedicht kann nicht die einzige Quelle gewesen sein, über welche der Merseburger verfügte. Von der Flucht mit Herzog Otto, von der That des Juden konnte er daraus nichts erfahren, hier muß er also höfische Ueberlieferung herangezogen haben.

Ohne Weiteres können wir Scherers Annahme auf Alpert übertragen; dessen Darstellung, deren Wesen Scherer mit wenigen Worten treffend gekennzeichnet hat, weist viel größere Einheitlichkeit als die Thietmars und eine ganz bestimmte Absicht auf, indem er die Verdienste des Bischofs von Metz möglichst hervorzuheben sucht. Die Vorlage Alperts wird also ihre erste Gestalt an dem Hofe Dietrichs erhalten haben, und es ist sicher keine allzugewagte Vermuthung, wenn man annimmt, daß wie in Sachsen Liupo, so für Lothringen Richizo den Mittelsmann gemacht, seine Erzählung den Stoff zu einem dem verlorenen modus Liebinc entsprechenden Sange geliefert hat. Allem Anscheine nach war er lebhafter und erfindungsreicher als sein sächsischer Waffengenosse, er hat am meisten erfunden und am wenigsten Sicheres erhalten. So wird man Alpert nur dort trauen dürfen, wo er mit Thietmar übereinstimmt oder ihn anstandslos ergänzt.

Die poetische Behandlung der Flucht des Kaisers in Spielmannsliedern, der romantische Zauber, mit dem das für die Reichsgeschichte so wichtige Geschehniß umgeben war, läßt es begreiflich erscheinen, daß schon früh sich die Sage seiner bemächtigt hat. Schon in den Gesta pontif. Camerac., den Actus fund. Brunwilar. und bei Arnulf haben wir Spuren ihrer Wirksamkeit bemerkt, voll ausgebildet erscheint aber die Sage im 12. Jahrhundert. Aus Italien wird sie uns durch das Chron. Novaliciense app. c. 15 (SS. VII, 127) überliefert. Daß darin vor Allem Johannes Diaconus benützt ist, hat schon Giesebrecht (Jahrb. S. 169) hervorgehoben, daneben wurden aber aus der von Arnulf erhaltenen Version die verkleideten Krieger aufgenommen und das Ganze mit Zuthaten freier Erfindung verbrämt. So verlangen die Schiffer, daß der Kaiser sich mit Gold im Gewichte seines Körpers löse, daß einer seiner

---

5) Denkmäler deutscher Poesie und Prosa, herausgeg. von K. Müllenhoff und W. Scherer[2] 82 no. 21 und S. 336–338. Vgl. auch Ebert, Allg. Gesch. der Litt. des Mittelalters III, 346.

Krieger ihm das Traurige seiner Lage durch die Erinnerung an frühere Siege vorgehalten habe, der Kaiser nach dem Sprung ins Meer von zweien verfolgt wurde, den Einen ertränkte, worauf der Andere entwich. Auf den Venetianer geht auch Martin von Troppau zurück (Chron. SS. XXII, 465), wie sich aus der Erwähnung des episcopus in armis probus, Cesus nomine, in dem wir den Bischof Cesso von Metz erkennen, und aus der Absicht der Schiffer, den Kaiser nach Byzanz zu bringen, ergibt. Daneben sind auch die Altaicher Annalen benützt (asserens se unum de militibus imperatoris) und an die Gesta pontif. Camerac. klingt der Satz an: Qui suscepto eo in navim (considerantes disposicionem et decorem ipsius) loquebantur Grece (credentes ipsum non intelligere). Daß die Flucht Ottos in der Rothersage verwendet ist, hat L. Singer nachzuweisen versucht (Jahresber. d. k. k. akadem. Gymnasiums in Wien 1889, S. 20) und es ist vielleicht kein Zufall, daß in den Actas fund. Brunwilar. Kaiserin Helena herangezogen wird, welche auch in jener Sage eine Rolle spielt, in den Gesta pontif. Camerac. der Kaiser sich für einen Kaufmann von Bari ausgibt, in welcher Stadt Rothers Gattin entführt wurde (a. a. O. S. 8). Ganz vereinzelt steht die Nachricht der Ann. Palid. (SS. XVI, 64), daß Otto in der Schlacht durch einen vergifteten Pfeil verwundet worden sei, sein Leben durch ärztliche Kunst nur mehr ein halbes Jahr gefristet habe. Die schönste Verwirrung hat der Verfasser der Gesta ep. Mett. zu Stande gebracht (SS. X, 542, c. 46), indem er die Sarazenenschlacht mit der Lechfeldschlacht gegen die Ungarn vom Jahre 955 verwechselte.

Nachträge und Berichtigungen.

S. 22 Z. 3 von oben lies Acerenza statt Acerica.
S. 34 Z. 11 von oben lies Bornhausen statt Brunshausen.
S. 41 Anm. 20: Blok, Gesch. der Niederlande. Verdeutscht durch O. G. Houtroum. I. Bd. (Gotha, 1902).
S. 43. Im Bulletin de l'Académie roy. de Belgique (Classe des lettres) 1901, 749 ff. hat Vanderkindere nachgewiesen, daß Herzog Gottfried nicht schon im Jahre 953 erwähnt werde und das Herzogthum Niederlothringen erst im Jahre 959 erhalten habe. Es wäre also nur ein Herzog dieses Namens anzunehmen und diesem, nicht dem Grafen Gottfried von Eenham, im Jahre 958 der Hennegau verliehen worden.
S. 72 Z. 18 von oben lies Wirtheim statt Werthheim.
S. 83 Z. 24 von oben, Lingen. Jostes (Kaiser- und Königsurkunden des Landes Osnabrück 45 no. 15) liest den Ausstellungsort von D. 169 bingiae und ebenso nimmt v. Ottenthal (Mittheil. des Instituts für öst. Geschichtsf. Ergbd. VI, 37 Anm. 1) auf Grund einer Mittheilung Tangls bingie an. Das würde also auf Bingen zu deuten sein und ergäbe einen Aufenthalt des Kaisers daselbst zu Anfang April des Jahres 977 (vgl. S. 85). Dem Facsimile nach scheint mir aber doch die ältere Lesung Henselers das Rechte getroffen zu haben. Der erste Buchstabe kann ebensogut l wie b sein, für die Endung aber kommt in Betracht, daß der Schreiber der Datirung e selbst im Wortinnern mit der oben angesetzten Schlinge verwendet, von der hier nichts zu sehen ist, geschwänztes e gebraucht er überhaupt nicht, sondern ae.
S. 138 Z. 1 von oben lies Leubsdorf statt Leutesdorf.
S. 139 letzte Textzeile lies Montier-en-Der statt Moutier-en-Der.
S. 156 Anm. 19. Breßlau (Neues Archiv XXV, 671) meint, unter dem genitor huius nostri Adalberti der Miracula sei der Vater eines im Jahre 960 nachweisbaren Vogtes von St. Maximin gleiches Namens zu verstehen. Es fragt sich aber, ob man einen Vogt im Kloster als hic noster Adalbertus bezeichnen konnte und wollte. War Adalbert im Jahre 962 auch nicht in Trier, so betrachtete man ihn doch als Mitglied des Klosters.
S. 157 Anm. 20. Breßlau (a. a. O. S. 664 ff.) hat die Zulässigkeit der Vermuthung v. Sickels mit neuen Gründen zu erweisen versucht.
S. 165 Z. 16 von oben lies (gegen 973) statt (975).
S. 182 Anm. 15. Herzogs Otto Tod wird auch in den Annales Anglosaxonici (SS. XIII, 109) erwähnt.
S. 197 Z. 11 von oben lies Mestre statt Mestri.
S. 199 Z. 10 von unten lies Schaippach statt Scheilbach.

Orts- und Personenverzeichniß.

(Die in den Excursen enthaltenen Namen sind nur in Auswahl berücksichtigt.)

Abkürzungen: A. = Abt; B. = Bischof; Br. = Bruder; Eb. = Erzbischof; Fl. = Fluß; Gem. = Gemahl, Gemahlin; Gr. = Graf; H. = Herzog, Herzogin; h. = heilig(er, -e); K. = Kaiser, Kaiserin; Kl. = Kloster; M. = Mutter; Mgr. = Markgraf; P. = Papst; Pf. = Pfalz; Pr. = Priester; S. = Sohn; Schw. = Schwester; St. = Stadt; T. = Tochter; V. = Vater.

Topographische Bezeichnungen: AG. = Amtsgericht; BA. = Bezirksamt; Bzh. = Bezirkshauptmannschaft; GB. = Gerichtsbezirk; Kr. = Kreis; NOe. = Niederösterreich; OOe. = Oberösterreich; Prov. = Provinz, Provincia; Rgbz. = Regierungsbezirk. — Zur topographischen Bestimmung wurden neben Ritters Geographisch-statistischem Lexikon verwendet: Lehnerdt, Alphabetisches Ortsverzeichniß des Deutschen Reiches, drei Bände; Special-Orts-Repertorien der im österr. Reichsrathe vertretenen Königreiche und Länder, hrsgg. von der k.k. statistischen Central-Commission; Nuovo Dizionario dei Comuni e Frazioni del Regno d'Italia, seconda edizione, Torino, ed. Renzo Streglio. Meyrat, Dictionnaire national des communes de France. 6e édition. Tours-Paris, 1902.

A.

Aachen, Pf. 4. 35. 61. 105—109. 135. 200.
Abballah, Emir v. Sicilien 180.
Abbila, griech. Patricius 22.
Abraham, B. v. Freising 34. 39. 49. 51—54. 119 Anm. 2.
Abu-al-Kâsim Ali-ibn-Hasan (Abulkasem), Emir v. Sicilien 18. 163. 165. 166. 169. 177. 178. 180. 254 ff.
Acerenza (Italien, Prov. Potenza), Bisthum 22.
Acqui (Italien, Prov. Alessandria), B. Benedikt.
Adalbero, Eb. v. Rheims 44. 68. 86. 89. 113. 116 Anm. 35. 128 Anm. 32. 131. 139. 143. 145. 149. 153.
— (Aszelin), franz. Kanzler, B. v. Laon 89.
—, B. v. Metz 43.
—, S. Herzogs Friedrich, B. v. Verdun 201.
Adalbert, S. Berengars, König v. Italien 4. 18. 76.
—, Mönch v. St. Maximin bei Trier,
B. der Russen, A. v. Weißenburg, Eb. v. Magdeburg 6. 28. 32. 34. 40. 47. 49. 50. 60. 62. 105. 124. 125. 156—159. 187. 273.
Adalbert, B. v. Bologna 200.
—, B. v. Passau 28. 39. 82. 99.
— (Wojtech), S. Slawniks, B. v. Prag 185. 187. 188. 199. 226. 227.
—, ital. Kanzler 182.
— I., Mgr. der Ostmark 239—241.
— (Adalbracht), Gr. im fränk. Saalegau? 203 Anm. 46. 251.
— v. Remich, B. d. Eb. Adalbert 156.
—, Neffe des B. Ulrich v. Augsburg 28.
Adaldag, Eb. v. Bremen-Hamburg 39. 73. 203.
—, Magdeburger Dompropst, A. v. Nienburg 69.
Adalleich, Magdeburger Dompropst 124.
Adam, B. v. Parenzo 186.
—, A. v. Casaurea zu Pescara, v. Farfa 156. 186. 200.
Adelgis, B. v. Como 94.
Adelheid, K., Gem. Ottos des Gr. 1. 3. 6. 8. 27. 32. 34. 38. 49. 61. 73 Anm. 6. 76. 83. 89 Anm. 8. 92. 101. 110.

122. 130. 139. 145. 152. 181. 184. 185. 192. 196. 199. 206 Anm. 55.
Adelheid, T. Ottos II. 101. 137.
Adrianus, h. 132.
Abso, A. v. Montier-en-Der 139.
Aegypten 18.
Agapet II., P. 97.
St. Agatha (bei Reggio di Calabria) 166.
Ahmed, Emir v. Sicilien 18.
Aimard, A. v. Cluny 65.
Aisne, Fl. (Frankreich) 113. 116.
Alawich, Mönch v. Reichenau, A. v. Pfäfers 40.
Al-Aziz, Kalif v. Kairo 180.
Alba (Italien, Prov. Cuneo), B. 181.
Albert, Gr. v. Vermandois, Gem. Gerberga, Schwester Königs Lothar, S. Otto, Ludwig, B. v. Royon 73. 90.
Albuin, B. v. Brixen 82. 94. 105. 127. 186.
Alexius, h., s. Rom.
Aligernus, A. v. Monte-Cassino 156.
Alina, ital. Kl. in der Grafschaft Pistoja 180.
Allstedt (Sachsen-Weimar), Pf. 40. 49. 62. 63. 72. 101. 104. 122. 127. — Kirche 125.
Al-Muizz, Kalif v. Kairo 18. 164.
Aloara, Gem. Pandulfs des Eisenkopfes 23. 174. 182.
Al-Qâsim, Br. des Emirs Abu-al-Qâsim 166.
Alsleben (Preußen, Rgbz. Merseburg), Kl. Johannes des T. 122.
Altgau (Thüringen, zwischen Wipper u. Unstrut) 121.
Amalfi, St. 22 Anm. 37. — H. Manso III., Sergius.
St. Amand (Frankreich, Dep. Nord), Kl. 66.
Amantius, h. 132.
Amatus, Eb. v. Salerno 180.
Amiens, Gr. s. Roger.
Amizo, B. v. Turin 155.
Ammar, Br. des Emirs Hasan 17.
Anamod, Augsburger Pr. 109.
Anastasius, Eb. v. Sens 89.
Andreadi, venet. Patritier, s. Petrus.
Andreas, B. v. Lodi 64. 156.
—, A. v. St. Maria in Palazzuolo 200.
Angilbert, B. Gerberts v. Aurillac 140.
Aniane (Frankreich, Dep. Hérault), Kl. A. s. Benedikt.
Anjou, Gr. s. Gottfried Grisagonella.
Anno, A. v. St. Moriz zu Magdeburg, B. v. Worms 35. 62. 75. 83. 120. 158. 217—225.

Anselm, ital. Mkgr. 200.
Ansfred, Gr. v. Teisterbant 251.
—, ital. Gr. 156.
Antilibanon 164.
Antiochia (Syrien) 18. 164.
Appennin 13. 151.
Apulien 19. 21. 23. 24.
Aquileja, Patriarchat 199. Patriarch Rodald.
Aquitanien, H. Wilhelm.
Arduin, Mkgr. v. Turin 27.
Arechis II., H. v. Benevent 13.
Arenberg (Preußen, Rgbz. Koblenz, A.-G. Ehrenbreitstein) 138.
Arezzo, St. 8 Anm. 22.
Aribo, Gr. der Ostmark 234.
—, bayr. Adeliger 127.
Arles (Frankreich, Dep. Bouches-du-Rhone), Gr. Wilhelm.
Arluc (Frankreich, Dep. Var, Diöcese Grasse), Kl. des h. Stephan 151.
Armenien, König Aschod III.
Arneburg (Preußen, Rgbz. Magdeburg, AG. Stendal), Kl. 184. — Gr. Brun.
Arnold, Gr. 178.
Arnulf, h., s. Metz; Mouzon.
—, K. 35. 42. 49.
—, B. v. Orleans 131. 153.
— der Aeltere, Mkgr. v. Flandern 243.
— der Jüngere, Mkgr. v. Flandern, S. Arnulfs 66. 132. 243.
—, Gr. v. Valenciennes 47. 74. 75. 128. 252.
—, Gr. 156.
—, bayr. Pfalzgraf, S. Berthold 53. 229.
Arras (Frankreich, Dep. Pas-de-Calais) 128. 131.
Aschaffenburg (Bayern, Unterfranken), Peterskirche 50. 61. 63. 72. 122 Anm. 11. 132. 154. 181. 182. — Schule 75.
Aschod III., König v. Armenien 164.
Ascoli Satriano (Italien, Prov. Foggia) 22.
Asluin, S. der Chunigund 94. 229.
Asti (Italien, Prov. Alessandria) B. 181.
Atenolf (Athenulf) III. v. Calinulu 56.
— I., H. v. Capua u. Benevent 13.
—, S. Pandulfs des Eisenkopfes 174. 178.
Athela, Gem. des Gr. Gero 122. 125.
—, T. derselben, Gem. Gr. Sigfried v. Stade 124 Anm. 18.
Attelin, Bizthum v. Augsburg 36.
Attigny (Frankreich, Dep. Ardennes) Pf. 113.
Aufhausen a. d. Vils (Niederbayern, AG. Landau a. d. Isar) 99.

18*

Augsburg, St. 8. 35. — Bisthum 253. —
 B. Eticho; Heinrich; Ulrich.
Aurillac (Frankreich, Dep. Cantal), Kl.
 b. h. Petrus, Clemens u. Gerald 140.
 — A. Gerald.
—, s. Gerbert.
Autun (Frankreich, Dep. Saône-et-Loire)
 Kl. des h. Martin 65.
Avico, Caplan des Abodritenfürsten
 Mistuwoi 203 Anm. 49.
Azolin, S. Rudolfs, Welfe? 251.

B.

Baalbek (Syrien) 164.
Baden (Großh. Baden) 37.
Badoarii, venet. Patricier 196; s. Ursus.
Bagdad, Kalifen Et-Tayi, Mothi.
Balderich (Balzo), B. v. Speyer 177.
 180.
—, B. v. Utrecht 61. 76.
Balgstädt (Preußen, Rgbz. Merseburg,
 AG. Naumburg a. S.) 63.
Bamberg (St., Bayern, Oberfranken)
 35. 52. 77. — Dombibliothek 250.
Bar (-le-Duc, Frankreich, Dep. Meuse)
 Gr. Friedrich.
Barby (Preußen, Rgbz. Magdeburg) 49.
Bardas Pholas, Neffe d. K. Nikephorus
 24. 163. 168.
— Sklerus, Schwager des K. Johannes
 Tzimiskes 23. 163. 167. 168.
Bari (belle Puglie, Italien) St. 17.
 21. 172 Anm. 1. 200. 268. 269.
Baribert, ital. Kaufmann 199.
Basilius I., byzant. K. 16.
— II., byzant. K. 24. 166.
— Parakimumenos, S. des K. Romanus I. 23. 165—168.
Bathildis, h., s. Chelles.
Baume (-les-Messieurs, Frankreich, Dep.
 Jura) Kl. 65.
St. Bavo s. Gent.
Bayern, H. Berthold; Heinrich I., II.,
 III.; Otilo; Otto.
Beatrix, H. v. Oberlothringen, Gem.
 Friedrichs 108. 131. 186. 201.
Becelin, Gr. 178.
— — 178.
—, S. Ernsts 252.
Beirut, St. 164.
Bellingen (Preußen, Rgbz. Magdeburg,
 AG. Stendal) 205.
Benedikt, h. 65; s. Benebig.
— VI., S. Hildebrands, P. 57. 69. 95.
 98. 226. 227.
— VII., P., vorher B. v. Sutri 58. 60.
 83. 151. 152. 155. 184. 201. 226.
 227.
—, B. v. Acqui 104.

Benedikt v. Aniane 65.
Benedikta, Aebtissin v. St. Maria zu
 Ravenna 146.
Benevent, Herzogtum 13. 20. 21. 24. 25.
 67. — H. Arechis II.; Atenolf I.;
 Grimoald; Landulf IV.; Pandulf I., II.;
 Rabelchis; Sikard; Sikenolf.
— Erzbisthum 21.
— Kl. der h. Sophia 169. 181.
Bentendorf (Preußen, Rgbz. Merseburg, AG. Lauchstedt oder AG.
 Wettin) 123.
Benno, Einsiedler 67.
Berchger, A. v. Murbach 86.
Berengar II., König v. Italien, S.
 Adalbert 2. 18. 76.
—, Gr. v. Namur 66.
—, S. des schwäb. Gr. Liutold 208.
— v. Tours 144.
Bergamo, Gr. v. — Giselbert. — Bisthum 130.
Berge, Kl. s. Magdeburg.
Bergen (Bayern, Schwaben, AG. Neuburg a. d. Donau) Nonnenkl. 83.
Bernard, Gr. v. Pavia, Gem. Rodlind 76.
Bernhard, H. v. Sachsen, S. Hermanns
 29. 56. 61. 122. 138. 174 Anm. 3.
 203.
—, B. v. Gaeta 163.
Berno, A. v. Gigny, Baume, Cluny 65.
Bertha, Königin v. Burgund 66.
Berthildis, Stifterin v. Hilwartshausen,
 6 Anm. 10.
Berthold (Berchtold), H. v. Bayern,
 Gem. Biletrud, S. Heinrich 53. 81.
— v. Reisensburg, S. des Pfalzgrafen
 Arnulf 53. 81. 229. 231.
—, Gr. im Nordgau u. Volkfeld (v.
 Schweinfurt), Gem. Heilikswinda
 (Eila), S. Heinrich, Br. Liutpald 52.
 72. 76. 80. 81. 125. 130 Anm. 1.
 228—231.
—, Gr. 178.
—, Br. der Mathilde, Gem. des
 Burggr. Pabo 229.
St. Bertin (St. Omer, Sithiu, Frankreich, Dep. Pas-de-Calais), Kl. 66.
Biendorf (Anhalt, AG. Köthen) 59.
Biletrud (Pia), Wittwe des H. Berthold
 53. 81. 83.
Bingen (Großh. Hessen, Rheinhessen)
 199. 273.
Binizo, Gr. v. Merseburg 205.
Bitonto (Italien, Prov. Bari belle
 Puglie) 165.
Blandigny s. Gent.
St. Blasien (Großh. Baden), Kl. 199.
Bobbio (Italien, Prov. Pavia), Kl. des
 h. Columban; A. Gerbert, Petroald.

Bobenrod (Oberhessen, AG. Butzbach) 136.
Böhmen 43. — H. Boleslaw I., II. Böhmerwald 51.
Boleslaw I., H. v. Böhmen 226.
— II., H. v. Böhmen 28. 53. 63. 82. 91. 93. 103. 187. 226. 227.
Bologna, B. Adalbert.
Bonifatius, h. f. Rom.
Bonifaz VII. (Franko, S. des Ferruclus), P. 57.
Bonn 61.
Bonndorf (Sachsen-Meiningen, AG. Wasungen) 199.
Boppard (Preußen, Rgbz. Koblenz), Pf. 26. — Peterskirche 61.
Borel, Gr. der spanischen Mark 141. 142.
Borghorst (Preußen, Rgbz. Münster, AG. Burg-Steinfurt), Nonnenkl. 50.
Borgo San Donnino (Italien, Prov. Parma) 182.
Boritz (Sachsen, Kr. Dresden, AG. Meißen) 120.
Bornhausen (Braunschweig, Kr. Gandersheim, AG. Seesen) 34.
Bothfeld (Ruine bei Elbingerode, Preußen, Rgbz. Hildesheim, AG. Herzberg), Pf. 37. 39. 63. 126. 136.
Bouchout (Belgien, Prov. Antwerpen) 47.
Boussu a. d. Hayne (Belgien, Prov. Hennegau) 46. 47.
Bouzières (-aux-Dames, Frankreich, Dep. Meurthe-et-Moselle), Nonnenkl. Aebt. Ermengard.
Bovino (Italien, Prov. Foggia) 21—23. 166.
Brakel (Preußen, Rgbz. Arnsberg, AG. Dortmund) 136.
Brandenburg, B. Dodilo, Wolkmar.
Brantroch, A. v. Fulda 201.
Branvirst, Wald im Gebiete der Flüsse Schwalm, Josse, Fulda, Haun und Nils 186.
Braubach (Preußen, Rgbz. Wiesbaden) 39.
Braunschweig, Gr. Dudo.
Breisgau 119.
Breme (Italien, Prov. Pavia), Kl. (früher zu Novalesa, Prov. Torino) 26.
Bremen (-Hamburg), Erzbisthum 8. 186. Eb. Adaldag.
Brenner 8.
Brescia, St. 27.
Brixen (Tirol), St. 8.; B. Albuin, Richbert.
Brockenstedt (Brockenstedter Mühle, Braunschweig, AG. Blankenburg a. H.) 48.

Bruchsal (Baden, Kr. Karlsruhe), Pf. 72. 137.
Brüheim (Sachsen-Koburg, Kr. Gotha, AG. Wangenheim) 61.
Brumpt (Brumath, Elsaß, Kr. Straßburg) 71. 72. 119.
Brun, Eb. v. Köln, Bruder Ottos des Gr. 3—6. 43. 44. 67. 201.
—, S. Ottos des Gr. 2.
—, nepos imperatoris 82.
—, B. v. Verden 32. 62. 73. 95.
—, Gr. v. Arneburg 115.
— v. Querfurt 73 Anm. 3.
Bulgaren 28. 163.
Burgund, König v. — Konrad; Königin Bertha, Mathilde.
Burkhard, H. v. Schwaben, Gem. Hadwig 27. 34—36. 39 Anm. 13. 40.
—, B. v. Worms 217—225.
—, Mgr. der Ostmark, Burggr. v. Regensburg 78.
—, Gr., Gem. eine Schwester der Herzogin Judith, S. B. Heinrich v. Augsburg 36.
—, Gr. der Vendome 134. 153.
—, Gr. 178.
—, I., A. v. St. Gallen 70.
Byzanz 7. 11. 16. 21. 22. 26. 57. Kaiser (Autokratoren, Basileis) Basilius I., II., Johannes Tzimiskes, Konstantin VII. Porphyrogenitus, Konstantin VIII., Nikephorus Phokas, Romanus I., II., Romanus Argyrus, Zoe.

C.

Cadore (Pieve di-, Italien, Prov. Belluno) 49.
Caesarea, St. (Kleinasien) 167. 168.
— (Syrien) 164.
Calabrien 16. 19. 21. 24.
Calbe a. d. Milde (Preußen, Rgbz. Magdeburg), Nonnenkl. des h. Laurentius 128 Anm. 29. 204.
— a. d. Saale (Preußen, Rgbz. Magdeburg) 49.
Calinulu (Süditalien) s. Atenolf.
Caloprini, venetian. Patritier 194; s. Stephan.
Cambrai, Gr. v. — Isaac. — Bisthum 73. 75. 253. B. Rothard, Tetdo.
Camerino (Italien, Prov. Macerata) 13. 19. Gr. Pandulf I.; Trasemund.
Candiani, venetian. Patritier s. Peter, Vitalis.
Capaccio (Italien, Prov. Salerno) 180.
Capo d'Istria (Istrien) 86. 192.
Capua, St. 20—24. 181. Gastalben (Herzöge) Atenulf, Landulf, Pandulf.
—, Eb. Johannes.

Carignan-Yvoy (Frankreich, Dep. Ardennes) 38.
Casaurea, Kl. s. Pescara.
Cassano (delle Murge, Italien, Prov. Bari delle Puglie) 21.
— (all' Jonio, Italien, Prov. Cosenza) 180.
Castelluccio (Italien, Prov. Potenza) 180.
Cedici, Rocca de (Italien, Prov. Aquila d. Abr.) 155.
Cellere (Calabrien) 166.
Ceneda (Italien, Prov. Treviso, Comm. Vittorio) 135.
Cerchio (Italien, Prov. Aquila d. Abr.) 155.
Ceso s. Dietrich, B. v. Metz.
Cham (Bayern, Oberpfalz) 83. 92.
Chelles (Frankreich, Dep. Seine-et-Marne), Nonnenkl. der h. Bathildis 114.
Chevremont (Burg bei Lüttich am rechten Maasufer) 87 Anm. 5.
Chiavenna (Italien, Prov. Sondrio) 138. 139.
Chienti, S. Croce am (Italien, Prov. Macerata), Kl. 155 Anm. 13.
Chiusi (Italien, Prov. Siena) 8, Anm. 22.
Choren (Corin) (Sachsen, Kr. Dresden, AG. Rossen) 175.
Chur (Schweiz, Kanton Graubünden), St. 7. 138. — Bisthum 253. — B. Hildibald.
Churmalchen 130.
Chutizi (Wendengau in der Mark Merseburg) 121.
Cielo d'oro, Kl. s. Pavia.
Cilicien 18.
Cingla vor Capua, Nonnenkl. 169.
Clemens, h. s. Aurillac.
Cluny (Frankreich, Dep. Saône-et-Loire), Kl. 64 ff. — A. Aimard, Berno, Majolus, Odo.
Colonne (Capo-, Calabrien, Com. Cotrone) 177—179. 260.
Columban, h. s. Bobbio.
Como (Italien), St. 199. Bisthum 101. B. Adelgis, Petrus.
Compiègne (Frankreich, Dep. Oise), Pf. 113. 130.
Cono s. Kono.
Conza (bella Campania, Italien, Prov. Avellino) 56.
Corbach (Waldeck) 136.
Cordova 141.
Corin s. Choren.
Corvey (Preußen, AG. Höxter), Kl. 28. 54. 155. 186. 199. A. Liudolf, Thietmar.

Cosenza (Calabrien) 165.
Cotrone (Italien, Prov. Catanzaro) 177.
Cremona, B. Liudprand, Odelrich (Udalrich).
Crescentius de Theodora, vornehmer Römer 57. 152 Anm. 6.
S. Croce s. Chienti.

D.

Damaskus St. 164. B. Sergius.
Dammersfeld (Thankmarsfelde), wüst, (sw. von Ballenstedt) 62; vgl. Nienburg. — A. Hagano.
Dänemark, Dänen 28. 203. — König Gorm, Harald.
Danewirk 55. 56.
Dedi 91.
—, Gr. 97. 178.
St. Denis (Frankreich, Dep. Seine), Kl. 66. 137.
Déols (Frankreich, Dep. Indre), Kl. 65.
Desiderius, Langobardenkönig 13. 146.
Dethmar, B. v. Prag 71. 75. 188.
Dettingen (Bayern, Rgbz. Unterfranken, AG. Alzenau) 63. 132.
St. Dié (Frankreich, Dep. Vosges), Kl. 61.
Diedenhofen (Elsaß-Lothringen), Pf. 86. 90.
Diele (zum Kl. Nivelles gehöriger Hof) 136.
Dietrat, edle Frau 34.
Dietrich, H. v. Oberlothringen, S. Friedrichs 108.
—, Eb. v. Trier 34. 35. 38. 68. 90. 151.
— B. v. Metz 8. 25. 34. 83. 86. 87 Anm. 5. 90. 109. 113. 129. 131. 132. 139. 151. 156. 160. 162 (Ceso) 177. 179. 181. 184. 186. 200. 210 Anm. 65. 269. 270.
— II., Gr. v. Holland, S. Eb. Egbert v. Trier 76. 252.
—, Gr. der Nordmark, T. Oba, Gem. Mesko v. Polen 62. 124. 129 Anm. 29. 137. 204. 205.
—, Befehlshaber v. Brandenburg 203.
Dillingen (Bayern, Rgbz. Schwaben) 92. Gr. Richwin.
Disentis (Schweiz, Kanton Graubünden), Kl. A. Victor.
Ditfurt (Preußen, Rgbz. Magdeburg, AG. Quedlinburg) 48.
Docibilis II., H. v. Gaeta 14.
Dobendorf (Preußen, Rgbz. Magdeburg, AG. Buckau) 101.
Dobilo, B. v. Brandenburg 203.
Dobo s. Liudolf.

Dominicus, Venetianer 20.
—, Mauroceni 194.
—, Silvo 196 Anm. 27.
Donau, Fl. 51. 76.
Donaugau (Bayern, zwischen Isar u. Donau) 80. 229.
Dornburg, Pf. 102.
— a. d. Saale (Sachsen-Weimar, AG. Jena), Pf. 6. 40. 61.
— a. d. Elbe (Anhalt, AG. Zerbst), Pf. 32. 130.
Dortmund (Preußen, Rgbz. Arnsberg), Pf. 60. 109. 122.
Trauthal (Kärnthen) 49.
Drübeck (Preußen, Rgbz. Magdeburg, AG. Wernigerode), Nonnenkl. 136.
Drusico, Gr. 156.
Dubravka, erste Gem. Miskos v. Polen 127 Anm. 29.
Duderstadt (Preußen, Rgbz. Hildesheim) 48.
Dudo, B. v. Havelberg 203.
—, Gr. v. Braunschweig 205.
Duisburg (Preußen, Rgbz. Düsseldorf), Pf. 40. 45. 89. 122.

E.

Eberhard, A. v. Einsiedeln 67.
Ebermannstadt (Bayern, Rgbz. Oberfranken) 154.
Ebersdorf (NOe., GB. Persenbeug) 234 Anm. 4.
Ebersheim (Elsaß-Lothr., AG. Schlettstadt) 49.
Echternach (Luxemburg, Kanton Grevenmachern), Kl. A. Ravenger.
Edith, erste Gem. Ottos des Gr. 2. 29. 32. 104.
Eenham (Belgien, Ostflandern), Gr. Gottfried.
Egbert (Ekbert), S. Dietrichs II. v. Holland, Kanzler, Eb. v. Trier 76. 90. 132. 138 Anm. 25. 185.
—, Gr. 103.
— der Einäugige, S. Wichmanns 76.
Egghard, A. v. Reichenau 27.
Eginolf, B. v. Lausanne 174 Anm. 3.
Eichstätt (Bayern, Rgbz. Mittelfranken), Bisthum 253.
Eila s. Heiliksuuinda.
Einar Skalaglam, norweg. Skalde 55.
Einhard 137 Anm. 21.
Einsiedeln (Schweiz, Kanton Schwyz), Kl. der h. Maria 10. 27. 64. 95. 130. A. Eberhard, Gregor.
Ekkehard, S. des Mgr. Günther, Gem. Swanehild 126.
— der Rothe, Lehrer in Magdeburg 157. 159.

Ekkehard II., Mönch v. St. Gallen 2 Anm. 4.
Ellwangen (Württemberg, Jagstkreis), Kl. 253.
Elsaß 38. 44. 61. 64. 66. 119.
Elten (Preußen, Rgbz. Düsseldorf, AG. Emmerich), Nonnenkl. Aebt. Lutgard.
Emesa (Syrien) 164.
Emma, T. der K. Adelheid, Gem. König Lothar 6. 73. 84. 88. 89 Anm. 8. 119. 139. 154 Anm. 10.
—, Aebt. v. Schildesche 48.
St. Emmeram, Kl. s. Regensburg.
Emmo de Longia, franz. Ritter 74.
Ennsburg (DOe.) 99—101. 235.
Eperaesburch (NOe.) 234 Anm. 4.
Epinal (Frankreich, Dep. Vosges) 200.
Eppo, Gesandter des B. Gerhard v. Toul 61.
Erfurt (Preußen), Pf. 39. 50. 61.
Erkanbald, B. v. Straßburg 47. 70. 71. 73. 86. 172.
Erkanbert, A. v. Weißenburg 157.
Ermengard, Aebt. v. Bouxières 90.
Ernstweiler (Bayern, Pfalz, AG. Zweibrücken) 181.
Erp, Propst v. Bremen, B. v. Verden 73.
Erstein (Elsaß-Lothr., AG. Benfeld), Pf. 6. 37. 39 Anm. 13. 64. 70. 72. 119. — Kl. 49.
Erwich, A. v. Kornelimünster 45.
Erwitte (Preußen, Rgbz. Arnsberg), Pf. 47. 83.
Eschwege (Preußen, Rgbz. Cassel) 49.
Essen (Preußen, Rgbz. Düsseldorf), Nonnenkl. 38.
Eticho, B. v. Augsburg 181.
St. Etienne d'Auxerre (Frankreich, Dep. Yonne) 89.
Etsch, Fl. 197.
Et Tayi, Kalif v. Bagdad 164.
Etterzhausen (Bayern, Oberpfalz, AG. Stadtamhof) 101.
Eugen II., P. 97.
Eugenius, griech. Patritius 22.
Eustatius, Stratege v. Calabrien 16.
St. Evre, Kl. s. Toul.
Eythra (Sachsen, Kr. Leipzig, AG. Zwenkau) 121.
Ezelin, Gr. 178.
Ezzo, Pfalzgr. 112 Anm. 21.

F.

Fano (Italien, Prov. Pesaro), B. Gerhard.
Farfa (Italien, Prov. Perugia, bei Fara in Sabina), Kl. 155. A. Adam, Johannes.

Fatimiden 16. 20. 29. Kalif Al Muizz.
Felicia, Gem. des Dogen Peter Orseolo I. 193.
Felig, h., Kirche des — in der ital. Prov. Campobasso 200.
Feroald, H. v. Spoleto 13.
Ferrara (Italien), B. Leo.
Ferrucius, S. Franko (P. Bonifaz VII.) 57.
Fiesole (Italien, Prov. Firenze), B. Petrus. — Kanoniker 180.
Flandern, Mkgf. v. — 41; Arnulf.
Florbert, h. (Gent) 68.
Florenz, Kanoniker 175.
St. Florian (ODe.), Kl. 81.
Folkern, A. v. Schuttern 64.
Folkmar, B. v. Paderborn 48. 201.
—, Kanzler, B. v. Utrecht 60. 76. 85. 103.
Folkuin (Folkwin), A. v. Lobbes 38.
—, Gr. im Haspengau 60.
Forchheim (St. Bayern, Oberfranken), Martinskirche 77.
Forlimpopoli (Italien, Prov. Forli), B. Sergius.
Formosus, P. 65.
Fosses (Belgien, Prov. Namur) 50.
Franche-Comté 66.
Frankfurt a. Main, Pf. 6. 8. 28. 38. 61. 118. 120.
—, St. Salvatorkapelle 86. 137.
Franko, S. des Ferrucius f. Bonifaz VII., P.
Frankreich, Könige v. —. Karl der Einfältige, Lothar, Ludwig IV., V.
Freckleben (Anhalt, AG. Sandersleben) 158.
Freising, Bisthum 45. 81. 253. B. Abraham.
Frieda (Preußen, Rgbz. Cassel, AG. Wanfried) 49.
Friedrich, Gr. v. Bar, H. v. Oberlothringen; Gem. Beatrix; S. Heinrich, Adalbero (B. v. Verdun), Dietrich 43. 86. 90. 105. 108.
—, Eb. v. Mainz 53. 67.
—, Eb. v. Salzburg 34. 35. 51. 81. 82 Anm. 30. 94. 98. 100. 177. 230.
—, B. v. Zeitz 129.
—, Gr. v. Luxemburg 44.
—, Gr. im Nordthüringgau 205.
Friesen 35. 55.
Fritzlar (Preußen, Rgbz. Cassel) 34.
Frohse (Preußen, Rgbz. Magdeburg, AG. Gr.-Salze), Pf. 55. 83.
Frose (Anhalt, AG. Ballenstedt), Pf. 1.
Fulbert v. Chartres 144.
Fulda, Kl. 61. 90. 253. A. Brantboch, Habamar, Werinhar.

Fundi (Fondi, Italien, Prov. Caserta). H. Leo.
Füßen (Bayern, Rgbz. Schwaben), Kl. des h. Magnus 137.

G.

Gabir, S. des Emir Abu-al-Kâsim 180.
Gaeta (Italien, Prov. Caserta), H. Docibilis, Johannes II., III., Marinus. — B. Bernhard.
Gafar, Emir v. Sicilien 180.
St. Gallen (Schweiz), Kl. 10. 27. 95. 138. 253. — A. Burkhard I., Immo, Kralob, Notker, Udalrich.
Gamenolf, B. v. Konstanz 70. 124.
Gandersheim (Braunschweig) 130. — Kl. der h. Maria 63. 137. Aebt. Gerberga.
—, NonnenKl. der h. Maria 34.
Gardasee 199.
Garde-Freinet (Frankreich, Dep. Bar) 19. 165.
Gausfred, ital. Gr. 8 Anm. 22.
Gebhard (Gebehard), B. v. Konstanz 124.
—, B. v. Prag 226. 227.
—, Gr. 54. 178.
Geisa, ungar. Großherr, S. Stephan 95. 238. 239.
Geisenhausen (Oberbayern, AG. Pfaffenhofen) 137.
Gelbersheim (Bayern, Unterfranken, AG. Werneck) 72.
Gelbulf, lothring. Adeliger 253.
Gembloux (Belgien, Prov. Namur), Kl. 121. 184.
Gemma, Gem. H. Gisulf v. Salerno 56.
Gent (Belgien), Kl. S. Bavo 47. 66. A. Wido, Womar.
—, Kl. Blandigny (St. Peter) 46. 66. 68. 136. A. Wido, Womar.
Georg, h., f. Venedig.
Gerace (Italien, Prov. Reggio di Calabria) 17.
Gerald, h., f. Aurillac.
— v. St. Céré, A. v. Aurillac 140. 141.
Gerannus, Archidiakon zu Rheims 143.
Gerberga, T. Königs Heinrich I., Wittwe H. Giselbert v. Lothringen, Gem. Königs Ludwig v. Frankreich. S. Lothar, Karl, T. Gerberga, Gem. des Gr. Albert v. Vermandois 6. 42 ff. 90.
—, T. des H. Karl v. Niederlothringen, 88 Anm. 6.
—, T. des H. Heinrich I. v. Bayern, Aebt. v. Gandersheim 28. 34. 55 Anm. 17. 126. 130.

Gerberga, Schwester des H. Gottfried v. Lothringen, Gem. Megingoz 43.
Gerbert, ital. Kanzler, B. v. Tortona 91. 94. 127. 140—144. 177. 200.
—, v. Aurillac, S. Angilberts, A. v. Bobbio 24. 145—150. 153.
Gerbirin, T. Liutgard 109.
Gerhard, B. v. Fano 200.
—, B. v. Passau 97.
—, B. v. Toul 38. 61. 185. 208.
—, A. v. Brogne 66. 68. 72.
—, Propst v. Augsburg 109.
Gero, Eb. v. Köln 24. 30. 38. 39. 61. 62. 67. 69. 77.
—, Mkgr. 6. 69.
—, Gr. im Morzanigau, Gem. Athela, Schwester Tetta, T. Athela 63. 122. 124. 125.
—, S. des Mkgr. Thietmar 126. 130.
Gerona (Catalonien), B. Miro.
Gerresheim (Preußen, Rgbz. Düsseldorf), Nonnenkl. 86.
Gerrich 61.
Geusa (Preußen, Rgbz. u. AG. Merseburg) 63.
St. Ghislain (Belgien, Prov. Hennegau), Kl. 46. 66.
Giacca (Calabrien) 166.
Giauser, Feldherr des Kalifen von Kairo 18.
Giebichenstein (Preußen, Rgbz. Merseburg, AG. Halle a. b. S.) 158.
Signy (Frankreich, Dep. Jura), Kl. 65.
Giselbert, H. v. Lothringen, S. Reginars I., Gem. Gerberga 42. 66.
—, Gr. 38.
—, Gr. v. Bergamo 77 Anm. 12.
Gisiler, B. v. Merseburg, Eb. v. Magdeburg 24. 50. 120. 139. 156. 158—162. 175. 184. 185. 193. 204. 205. 210 Anm. 85.
Gisulf I., H. v. Salerno, Gem. Gemma 14. 22. 56. 163.
Gizo, ungar. Befehlshaber v. Melk 237—241.
Gladbach (München-, Preußen, Rgbz. Düsseldorf), Kl 39. 40. — A. Sandrat.
Glanfeuil (St. Maur a. d. Loire, Frankreich, Dep. Maine-et-Loire), Kl. 65.
Glanthal (Kärnthen) 127.
Goldene Aue (Thüringen) 127.
Gorm, König der Dänen 55.
Gorze (Lothringen, Rgbz. Metz, AG. Urs a. d. Mosel), Kl. des h. Gregorius 67. 128. 178. 181. A. Johannes.
Gottfried, H. v. Lothringen 43. 44. 273.
—, B. v. Luni 155.

Gottfried v. Eenham, Gr. im Hennegau, v. Verbun 43. 44. 74. 86. 116. 117 Anm. 39. 128. 136. 242. 243. 252. 273.
—, (Gausrid, Gausfrid), Grisagonella (grisa tunica), Gr. v. Anjou 115 Anm. 31. 117 Anm. 39.
—, Kanzler der K. Adelheid 192.
Gouy (-en-Artois, Frankreich, Dep. Pas-de-Calais) 75.
Gozbert, A. v. Hersfeld 122. 129.
—, A. v. Tegernsee 182.
Gozelo, H. v. Lothringen 44.
Gozmann, Mainzer Cantor 75.
Grabs (Schweiz, Kanton St. Gallen) 119.
Grado (Görz u. Grabisca), Patriarchat 48. Patriarch Vitalis Candianus.
Gran (Ungarn) 95.
Grapfeld (Gau in Franken) 61. 76.
Graubünden 27.
Gravina (in Puglia, Italien, Prov. Bari delle Puglie) 22. 166.
Greene (Braunschweig, Kr. Gandersheim) 130.
Gregor, h., s. Liebing.
—, A. v. Einsiedeln 87. 119.
Grimoald, H. v. Benevent 13.
Grimschleben (Anhalt, AG. Bernburg) 104. 130.
Grone (Preußen, Rgbz. Hildesheim, AG. Göttingen), Pf. 34. 103. 105.
Guarin, A. v. S. Michel de Cusa 142. 193.
— s. Marin.
Guido IV., H. v. Spoleto 13.
Gumpold, B. von Mantua 200 Anm. 33.
Gundelshausen (Niederbayern, AG. Kelheim) 229.
Gundhar, Geistlicher 175.
Gunhild, Gem. Königs Harald 55.
Günther, Mkgr. v. Merseburg u. Meißen, S. Ekkehard, Gunzelin 55 Anm. 17. 126.
—, Gr. 178.
Guntram, Gr. 253.
Gunzelin, S. des Mkgr. Günther 121.
Gurkthal (Kärnthen) 62.

H.

Hadamar, A. v. Fulda 129.
Hadulf, B. v. Noyon 90.
Hadwig, T. des H. Heinrich I. v. Bayern, Gem. H. Burkhard v. Schwaben 34 ff. 40. 51.
Hagano, A. v. Dammersfelde u. Hagenrode 69.

Hagano, Abt v. Hersfeld 129.
Hagenrode (wüst, im obern Selkethale), Kl. A. Hagano.
Hakon, norweg. Jarl 55. 56.
Halberstadt (Preußen, Rgbz. Magdeburg), B. Hildiward.
Hamburg, St. 199. Eb. s. Bremen.
Harald, Blauzahn, S. Gorms, König der Dänen, Gem. Gunhild 55. 209.
Harding, A. des Kl. Berge zu Magdeburg 158.
Hartwik, Pfalzgr. 94.
—, Mönch v. St. Marimin, A. v. Tegernsee 119. 181.
Harz 34. 48.
Hasan, Emir v. Sicilien 17.
Haspengau (Belgien, Hesbaye) 60. Gr. Folkuin, Reginar I.
Hathwid', T. des H. Hugo Kapet. Gem. Reginar IV. 87. 88 Anm. 6.
Hatto, Eb. v. Mainz 97 Anm. 26.
—, B. (Eb.) v. Vich 141. 142.
Havelberg (Preußen, Rgbz. Potsdam), B. Dudo.
Heiligenstadt (Preußen, Rgbz. Erfurt) 39.
Heiliswinda (Eila), T. des Gr. Liuthar v. Walbeck, Gem. Gr. Berthold v. Nordgau 52.
Heimsheim (Württemberg) 6.
Heinrich I., König 1. 4. 29. 42. 122.
— II., K. 35. 51. 53. 250.
— III., K. 44.
— VI., K. 213.
—, S. Ottos des Gr. 2.
— I., H. v. Bayern, Gem. Judith, S. Heinrich, T. Gerberga, Hadwig 29. 39. 52. 99. 104.
— II., H. v. Bayern, S. Heinrich II. K. 1. 6. 34. 35. 49—55. 71. 72. 76—79. 82. 91—94. 100. 103—106. 226.
— III., H. v. Bayern, H. v. Kärnthen, S. des H. Berthold 53. 81. 85. 86. 92—99. 100. 109. 186.
— XII., H. v. Bayern (der Löwe) 232.
— II., H. v. Oesterreich 226. 232.
—, Eb. v. Trier 4.
—, B. v. Augsburg, Neffe der H. Judith, S. eines Gr. Burkhard 36—39. 53. 92. 103. 109. 137. 177. 178. 250. 251. 257.
—, S. des Mkgr. Berthold 130 Anm. 1.
— I., Mkgr. der Ostmark 239—241.
—, Gr. v. Stade 56.
— Zolunta, slav. Kriegsmann 179. 268. 269.
Helfta (Preußen, Rgbz. Merseburg, AG. Eisleben), Pf. 130.

Helwidis, Aebt. v. St. Peter zu Metz 90.
Hemma, Stifterin des Kl. Hilwartshausen 6 Anm. 10.
Hennuzo, sächs. Abeliger 158.
Hennegau (Belgien) 76. Gr. Gottfried, Reginar III.
Herengar, Trierer Chorb. 138 Anm. 25.
Herford (Preußen, Rgbz. Minden), Nonnenkl. 26. 137.
Heribert, Gr. 252.
— 39 Anm. 13.
Heriward, Vasall des B. v. Cambrai 242.
Hermann, H. v. Sachsen, S. Bernhard, T. Swanhild 5. 7. 8. 29. 55. 76.
—, H. v. Schwaben 40.
—, S. des H. Arnulf v. Bayern 53.
Hermenulf, A. v. Leno 146.
Herold, Eb. v. Salzburg 97.
Hersfeld (Preußen, Rgbz. Cassel) 64.
— Kl. 28. 253. A. Gozbert, Hagano.
Herward, kais. Notar, Leiter der Aschaffenburger Schule 75.
Herzebrock (Preußen, Rgbz. Minden, AG. Rheda), Nonnenkl. 83.
Hessengau 63. 122 Anm. 11.
Hetho, franz. Kriegsmann 74.
Heveller (Wendenstamm) 203—205.
Hezil, Gr. 252.
Hilarius, H., s. Venedig.
Hildebrand, S. P. Benedikt VI. 57.
Hilbelin, Gr. 61.
Hilderich, A. v. Prüm 155.
Hildibald, B. v. Thur 72. 139.
—, Kanzler, B. v. Worms 101. 102. 128 Anm. 29. 129. 130. 139. 210, Anm. 65. 217—225. 251.
Hildiward, B. v. Halberstadt 33. 47. 59. 62. 132. 158. 160. 205.
Hiltin, Kämmerer des B. Ulrich v. Augsburg 36.
Hilwartshausen(Preußen,Rgbz.Hildesheim, AG. Einbeck), Nonnenkl. 6 Anm. 10. 39.
Himmo, Sachse 103.
Höchst (Preußen, Rgbz. Cassel, AG. Orb) 72.
Hobo s. Huodo.
Holland, Gr. 42. — Dietrich.
Honestus, Eb. v. Ravenna 154. 177. 180.
Hornbach (Bayern, Pfalz, AG. Zweibrücken), Kl. 155 Anm. 13.
Hörsel, Fl. 128. 129.
Hubert, B. v. Parma 145.
Hugo, H. v. Francien, S. Hugo Kapet 44.
— Kapet, H., T. Hathwid, Schw. Beatrix 44. 73. 74. 87. 105. 106. 114. 115. 130—134. 153.

Hugo, H. v. Tuscien, Schw. Walbraba 190. 192.
—, B. v. Zeiz 62. 91. 129.
—, Kapellan, B. v. Würzburg 186.
— (Ogo), A. v. St. Maximin 202.
—, Verduner Geistlicher 201.
Hukpald, Neffe des B. Ulrich v. Augsburg 92.
Huodo (Hobo, Huoto), Gr. 2. 8. 61.
—, Gr. der Ostmark 124. 127 Anm. 29. 205.
—, Gr. 203 Anm. 46.

J.

Jakob, Apostel, s. Magdeburg, Domkirche.
—, B. v. Toul 61.
—, A. des Kl. S. Michael auf dem Monte Volture 180.
Jbn Korhob, Emir v. Sicilien 16.
Jda, T. des H. Hermann v. Schwaben, Gem. Liudolf 40.
Jerusalem 164.
Jettao, Gesandter des B. Gerhard v. Toul 61.
Jko, Magdeburger Domherr 159.
Jmma, edle Frau 62. 69.
Jmmo, A. v. St. Gallen 70. 174 Anm. 3. 202.
Jnden s. Kornelimünster.
Jndulf, S. Landulfs v. Conza 56.
Jngelheim (Rheinhessen), Pf. 5. 6. 27. 54. 72. 76. 86. 131.
Johann (Johannes), h. s. Alsleben, Magdeburg.
— XII., P., S. Alberichs 4. 13. 14.
— XIII., P. 7. 9. 19. 25. 57. 68. 69. 75. 142. 226. 227.
— XIV., P. (B. Petrus v. Pavia) 201. 206.
— Tzimiskes, byzant. K. 23. 24. 94. 163—165. 189.
— II. (III.), H. v. Gaeta 163.
— III., H. v. Neapel 14. 15.
—, Eb. v. Capua 19.
—, Eb. v. Ravenna 200.
—, B. v. Penne 200.
—, A. v. S. Arnulf zu Metz 90.
—, A. v. Cielo d'oro in Pavia 104.
—, A. v. Farfa 151. 156.
—, A. v. Gorze 38.
— Graecus, Calabritanus, ital. Kanzler, A. v. Nonantola 127 Anm. 28. 182. 209 Anm. 61.
— A. v. S. Vincenzo am Volturno 156. 171. 200.
—, Propst v. Capua 169.
— Gradenigo, venet. Geistl. 191. 193.
—, Generalcommand. v. Neapel 170.
Johann, Mauroceni, Eidam des Dogen Peter Orseolo I. 193. 194.
—, Kastellan v. Cambrai 75 Anm. 8.
St. Johann-Höchst (Vorarlberg, GB. Dornbirn) 138.
Johanna, erste Gem. des Dogen Peter Candiano IV. 190.
Jrmfrid, Gr. 178.
Jsaak, Gr. v. Cambrai 47.
Jsar, Fl. 76.
Jslam 11. 19. 26.
Jsling (Bayern, Oberpfalz, AG. Stadtamhof) 229.
Jsmael, Sarazene 165.
Jsola (Jstrien, Bzh. Capo d'Jstria) 86.
Jtalien, Könige Adalbert, Berengar II., Otto I., II.
Judith, Wittwe des H. Heinrich I. v. Bayern 29. 34. 35. 52. 53. 55 Anm. 17.
Juffuf, Emir v. Sicilien 180.
Justus, A. des Kl. St. Maria in Serra 200.
Jvo, franz. Ritter 115.
Jvoy s. Carignan.

K.

Kalbe s. Calbe.
Kalonymus, Jude 178. 267.
Kappadokien 24.
Karden (Preußen, Rgbz. Koblenz, AG. Cochem) 39.
Karl d. Gr., K. 3. 11. 12. 13. 87. 99. 122. 146. 206.
— III., K. 86.
— der Einfältige, westfränk. König 42. 88.
—, S. des westfränk. Königs Ludwigs IV., H. v. Niederlothringen, T. Gerberga 6. 73. 86. 87. 105. 113. 128. 131 Anm. 2. 138. 243. 252.
Kärnthen, H. Heinrich, Otto.
Kassel (Preußen, Rgbz. Cassel, AG. Orb) 72.
Kempten (Bayern, Rgbz. Schwaben), Kl. 199. 253. A. Rudolf.
Kennemerland (Nord-Holland) 42.
Kessel (Rgbz. Düsseldorf, AG. Goch) 135.
Kettwig (Preußen, Rgbz. Düsseldorf, AG. Werden) 135 Anm. 15.
Kirchberg (bei Jena), Pf. 50. 83.
Klein-Corbetha (Preußen, Rgbz. Merseburg, AG. Lützen) 158.
Klein-Ostheim (Bayern, Unterfranken, AG. Aschaffenburg) 63. 132.
Klobikau (Preußen, Rgbz. Merseburg, AG. Lauchstedt) 123.

Köln — Liutprand.

Köln, St. 6. 13. 107. — Erzbisthum 253. — Eb. Brun, Gero, Marin.
—, Kl. St. Martin 67.
—, Kl. St. Pantaleon 67. 83. 138 Anm. 24.
—, Kl St. Severin 28. 128.
Kono (Cono), Gr. 22. 180.
—, S. Conos 252.
Konrad I., König 4. 42. 158.
— II., K. 24 Anm. 40. 208.
—, König v. Burgund, Br. der K. Adelheid, Gem. Mathilde 8. 110. 139. 152.
—, H. v. Lothringen 43. 103.
—, H. v. Schwaben, S. Udos 186.
— I., B. v. Konstanz 27. 70. 124.
— v. Weißenberg, A. v. Melk 237.
—, Gr. 178.
—, S. des lothr. Gr. Rudolf 178. 181.
Konstantin VII., Porphyrogenitus, byzant. K. 16. 17. 24.
— VIII., byzant. K. 24. 166.
Konstanz, Bisthum 253. B. Gamenolf, Gebhard, Konrad.
Kornelimünster (Inden) (Preußen, Rgbz. u. AG. Aachen), Kl. 253. — A. Erwich.
Krain 39.
Kraisdorf a. d. Baunach (Bayern, Unterfranken, AG. Eber) 76.
Kraloh, A. v. St. Gallen 70.
Kratzenburg (Preußen, Rgbz. Koblenz, AG. Boppard) 61.
Kremsmünster (OOe.), Kl. 62. 81.
Kunigund (Chunigunt), Gem. des Pfalzgr. Wigerich 43.
—, S. Askuin 229.
—, T. Mathilde 229.
Kunimunt (Cunimunt) 178.

L.

Lahngau 61.
Landenulf, S. Pandulfs I., Fürst v. Capua und Benevent 174. 182.
Landoald, h. 132.
Landraba, h. 132.
Landulf, Gastalde v. Capua 13.
—, Br. Pandulfs 19.
—, S. Pandulfs I. 174. 178.
— IV., H. v. Benevent u. Spoleto 169.
— v. Conza, S. Indulf, Landulf 56.
—, ital. Gr. 171.
—, Italiener 180.
Lantbert, h., Kl. des, im Glanthale 199.
—, S. Reginars III. 45—47. 73. 74. 86. 87.
Lao, Fl. (Italien) 180.

Laon (Frankreich, Dep. Aisne), St. 106. 107. 113. B. Adalbero, Rorito.
Larino (Italien, Prov. Campobasso) 200.
Laurentius, h., f. Calbe, Merseburg.
— f. Lorch.
Lauria (Italien, Prov. Potenza) 180.
Lausanne (Schweiz, Kanton Waadt), B. Eginolf.
Lazife (Italien, Prov. Verona) 199.
Leichlingen a. d. Wipper (Preußen, Rgbz. Düsseldorf, AG. Opladen) 39.
Lelbach (Waldeck, AG. Corbach) 136.
Lengefeld (Preußen, Rgbz. Merseburg, AG. Sangerhausen) 130.
Leno (Italien, Prov. Brescia), Kl., A. Hermenulf.
Lens (Frankreich, Dep. Pas-de-Calais) f. Walther.
Leo VII., P. 97.
—, H. v. Fundi 163.
—, B. v. Ferrara 154.
—, griech. Bischof 173 Anm. 2.
—, byzant. Protovestiar 167.
—, kais. Brückenwächter an der Maira 139.
Leopold V., H. v. Oesterreich 237—241.
Lerins, St. Honoré de (Insel, Frankreich, Dep. Alpes-Maritimes) 151.
Lesina (Italien, Prov. Foggia) 162.
Letald, A. v. Thin-le-Moutier u. Mouzon 68.
Leubsdorf (Preußen, Rgbz. Koblenz, AG. Linz) 138.
Libitz (Böhmen, GB. Poděbrad) 187.
Libbekegau (w. von Minden) 60.
Liebing (Kärnthen, GB. Gurk), Kl. der hh. Maria, Martin, Gregor 62. 69.
Lingen (Preußen, Rgbz. Osnabrück) 83. 273.
Liri, Fl. (Italien, Garigliano) 155.
Liudolf, S. Ottos d. Gr., Gem. Ida, S. Otto 2. 4. 29. 38. 82 Anm. 29.
— (Dodo), B. v. Münster 138 Anm. 24.
—, B. v. Osnabrück 61. 118. 137.
—, A. v. Corvey 49. 125. 136. 202.
—, A. v. Werden 103.
Liupo f. Livo.
Liutgard, T. Ottos d. Gr., Gem. H. Konrad 103.
Liuthar, Gr. v. Walbeck, S. Liuthar, Sigfried, T. Heilifwinda 52. 125. 230.
Liutizen (Wendenstamm) 203—205.
Liutpald, Mkgr. der Ostmark, Gr. im Donaugau u. Traungau 52. 80. 94. 101. 228—241.
Liutpold, Gr. im Sundergau 228.
Liutprand, Langobardenkönig 12.
—, B. v. Cremona 19. 21. 22. 24.

Livo (Liupo), kaif. Schenk 59. 105. 179. 270. 271.
Lobbes (Belgien, Pr. Hennegau), Kl., A. Folkuin.
—, Kirche des h. Ursmar 48 Anm. 6. Lobdengau 217 ff.
Lodi (Italien, Prov. Milano), B. Andreas.
Lommatzschgau (zwischen Sambre u. Maas) 66.
Longuion (Frankreich, Dep. Meurthe-et-Moselle) 38.
Looz (Belgien, Prov. Limburg), Gr. 41.
Lorch (OOe., GB. Enns), Bisthum 97—100. Kirche des h. Laurentius 99, f. Passau.
Lorsch (Hessen, Kr. Starkenburg), Kl. 35. 67. 217 ff. 253.
Lothar, König v. Frankreich, Gem. Emma, S. Ludwig V. 6. 45. 68. 73. 84—88. 90. 100. 105—109. 121. 122. 128. 130—134. 139. 143. 153. 154 Anm. 9. 242—244.
Lothringen 4. 41 ff. H. Brun, Giselbert, Gottfried, Gozelo, Konrad, Reginar.
—, Nieder- 83. 134. H. Karl.
—, Ober-. H. Dietrich, Friedrich.
Löwen (Belgien, Prov. Brabant), Gr. v. 41.
Lübs (Preußen, Rgbz. Magdeburg, AG. Gommern) 63.
Lucca (Italien), St. 182. Bisthum 145. 180.
Lucera (Italien, Prov. Foggia) 162.
Ludwig d. Fromme, K. 86. 99.
— d. Deutsche, ostfränk. König 35.
— IV. (das Kind), König 42.
— IV., westfränk. König, Gem. Gerberga, S. Lothar, Karl 43.
— V., König v. Frankreich 122. 130.
—, S. des H. Arnulf v. Bayern 53.
—, S. des Gr. Albert v. Vermandois, B. v. Noyon 90.
Lünen (Preußen, Rgbz. Arnsberg, AG. Dortmund) 121 Anm. 10.
Luni (Italien, Prov. Genova, Distr. Spezia, der bischöfliche Sitz später nach Sarzana verlegt), B. Gottfried.
Lutgard, T. des Gr. Wichmann, Aebtissin v. Elten 45.
Lüttich, Bisthum 130. 199. 253. B. Notker.
Luxemburg (Lützelburg), Gr. v. — 41, Friedrich, Sigfried.
Lykandos (Kleinasien) 167.
Lys, Fl. (Belgien) 243.

M.

Maas, Fl. 107.
Maasland, Gr. Rudolf.
Maastricht (Belgien, Prov. Limburg), Pf. 105 Anm. 5.
Machland (OOe., am linken Donauufer) 235. 236.
Mackenrode (Preußen, Rgbz. Erfurt, AG. Ellrich) 121.
Macon (Frankreich, Dep. Saône-et-Loire), Bisthum 64. 65.
St. Macre (Fismes, Frankreich, Dep. Marne) 89 Anm. 8.
Magdeburg, St. 29. 33. 39. 91. 104. Erzbisthum 7. 21. 50. 61—63. 83 Anm. 32. 136. Eb. Adalbert, Gisiler.
—, Kl. des h. Moriz 67. 120.
—, Domkirche, Altar der hh. Philipp u. Jakob 158.
—, Kl. Berge (St. Johann) 63. 101. A. Harding.
Magnus, h., f. Füßen.
Mähren, Bisthum 75. 226. 227.
Mailand 27. 139.
Maingau 63. 132.
Mainwenden 51.
Mainz, St. 6. 29. 75. 85. 90. Erzbisthum 85. 199. 253. Eb. Friedrich, Hatto, Robbert, Wilhelm, Willigis.
Malmedy (Preußen, Rgbz. Aachen) f. Stablo.
Mantua 8. 199. 200. B. Gumpold.
Manuel Erotikus, Komnene 167.
Marcellinus, h. f. Seligenstadt.
Margut-sur-Chiers (Frankreich, Dep. Ardennes) 133.
Maria, h. f. Cingla, Einsiedeln, Gandersheim, Liebing, Memleben, Nienburg, Palazzuolo, Passau, Quedlinburg, Ravenna, Serra, Venedig.
Marinus, H. v. Gaeta 163.
— II., H. v. Neapel 22. 56. 163.
—, venet. Einsiedler 193 Anm. 22.
Martin, h. f. Forchheim, Köln, Liebing, Tours, Trier.
Marzhausen (Preußen, Rgbz. Cassel, AG. Witzenhausen) 34.
Massay (Frankreich, Dep. Cher), Kl. 65.
Matera (Italien, Prov. Potenza) 22. 172. 173.
Mathilde (Mahthilt), Königin, Gem. Heinrichs I. 1. 3. 6. 8. 21. 26. 28. 29. 118. 162.
—, T. Ottos des Gr., Aebtissin v. Quedlinburg 2 ff. 7. 8. 47. 103. 110. 152. 206.
—, T. Ottos II. 109 Anm. 21.

Mathilde, Gem. Königs Konrad v. Burgund 152.
—, Gem. des Burggr. Pabo v. Regensburg, T. der Churigund, Br. Berthold 229.
—, edle Frau in Kärnthen 230.
Mauritius (Moriz), h. f. Magdeburg, Niederaltaich.
Mauroceni (Morosini), venet. Patritier 194. f. Dominicus, Johannes, Petrus.
Mautern (NOe.) 234 Anm. 4.
Maximin, h. f. Trier.
Medardus, h. f. Soissons.
Medenheim (in der Gegend v. Gittelde u. Osterode) 177.
Megingaud 39 Anm. 13.
Megingoz, Stifter v. Vilich, Gem. Gerberga 43. 252.
Meginrichesdorf, Mark (wüst bei Memleben) 136.
Mehdija (Afrika) 18.
Meiningen 181.
Meinrad, h. 67.
Meißen, Mark 126. Mkgr. Günther, Rikdag, Thietmar.
—, Bisthum 120. 160. B. Volkold.
Melfi (Italien, Prov. Potenza) 180.
Melk (NOe.), Kl. 237—241. A. Konrad v. Weißenberg.
Mellingen (Sachsen-Weimar) 61.
Memleben (Preußen, Rgbz. Merseburg, AG. Heldrungen), Pf., Marienkirche, Kl. 29. 31. 92. 55. 62. 64. 122. 123. 130. 136. A. Bunnigerus.
—, wüste Mark 196.
Merseburg, St. 49. 126. 158. Mkgr. Günther, Thietmar. Gr. Binizo.
—, Bisthum, dann Abtei des h. Laurentius 29. 55. 63. 91. 130. 160. 184. 204. B. Giftler.
Meschede (Preußen, Rgbz. Arnsberg), Nonnenkl. 45. 104.
Mĕsto, H. v. Polen, Gem. Dubravka, Oda 28. 54. 127 Anm. 29.
Mesopotamien 8.
Messina (Sicilien) 165.
Mestre (Italien, Prov. Venezia) 197.
Metten (Nieder-Bayern, AG. Deggendorf), Kl. 81. 231.
Metz, B. Adalbero, Dietrich.
—, Kl. des h. Arnulf, A. Johannes.
—, Nonnenkl. des h. Petrus, Aebt. Helwidis.
—, Kl. des h. Vincenz 155. 200.
Michael, B. v. Regensburg 28.
— Burtzes, Befehlshaber v. Antiochia u. Syrien 167.
—, Katapan v. Tarent 169.
Michaelbeuern (Salzburg, GB. Oberndorf), Kl. 94.

Michaelskloster auf dem Monte Volture (Italien, Prov. Potenza), A. Jakob.
St. Michel de Cusa (Frankreich, Dep. Pyrénées Orientales), Kl. A. Guarin.
Milo, B. v. Minden 38. 62. 122.
Minden (Preußen), Bisthum 60. B. Milo.
Miro, B. v. Gerona 153 Anm. 7.
Mistuwoi (Mistui), Abodritenfürst 174 Anm. 3. 203.
Moezz, Kalif, f. Al-Muizz.
Mohammed, S. des Emirs Hasan 18.
Möllenbeck (Preußen, Rgbz. Cassel, AG. Rinteln), Nonnenkl. 122.
Mons (Belgien, Prov. Hennegau) 73. 74.
Monte Cassino (Italien, Prov. Caserta), Kl. 57. 162. 200. A. Aligernus.
Montier-en-Der (Frankreich, Dep. Haute-Marne), Kl. A. Abso.
Montmartre (Paris) 116.
Montreuil (Frankreich, Dep. Pas-de-Calais) 132.
Monza (Italien, Prov. Milano) 139.
Morosini f. Mauroceni.
Normanno (Italien, Prov. Cosenza) 180.
Mortenau (die Rheinebene gegenüber von Straßburg und Sesenheim) 119.
Morzani (Wendengau) 63. Gr. Gero.
Moßbach (Großh. Baden), Kl. 83.
Mothi, Kalif v. Bagdad 164.
Mouzon (Frankreich, Dep. Ardennes), Kl. des h. Arnulf, A. Letald.
Ruffendorf (Preußen, AG. Bonn) 123.
Mühlhausen (Thüringen) 49.
Muiden (Niederlande, Prov. Nordholland) 61.
Mulde, Fl. 32.
Müllerdorf (Preußen, Rgbz. Merseburg, AG. Wettin) 123.
Murbach (Elsaß-Lothringen, AG. Gebweiler), Kl. 253. A. Berehger.

N.

Nahegau 38. 39.
Namur (Belgien) 48. Gr. v. — 41. Berengar.
Nancisinus 170.
Nanbrab, Pr. 60.
Nazareth 164.
Neapel, St. 19. 23. 170. H. Johann III., Marinus II., Sergius III.
Neuburg a. d. Donau (Bayern, Rgbz. Schwaben) 22.
Nicaea 167.
S. Nicone (Calabrien) 166.

Niederaltaich (Niederbayern, AG. Hengersberg), Kl. des h. Moriz 64.
Nieder-Elsungen (Preußen, Rgbz. Cassel, AG. Volkmarsen) 34.
Niedermünster s. Regensburg.
Niederolm (Rheinhessen) 39 Anm. 13.
Nienburg (Anhalt, Kr. Bernburg), Kl. der h. Maria 62. 104. 130. 184. A. Adalbag.
—, (wüst? im AG. Ziesar?) 42.
Nierstein (Rheinhessen, AG. Oppenheim) 28.
Nikephorus Phokas der Aeltere, byzant. General 16.
— —, byzant. K. 17. 18. 20—22. 164. 165.
— Magistros 165.
Nilus, h. 165. 166.
Nimwegen (Niederlande, Prov. Gelderland), Pf. 45. 60. 83. 85. 136.
Nithard, Edler 155.
Nivelles (Belgien, Prov. Brabant), Nonnenkl. 26. 105 Anm. 5. 136.
Nizizi (Wendengau) 123. 126. 246.
Nonantola (Italien, Prov. Modena), Kl., A. Johannes Graecus.
Norderwyck (Belgien, Prov. Antwerpen) 47.
Nordgau 51. 52. 83. Gr. Berthold, Heinrich.
Nordhausen (Preußen, Rgbz. Erfurt) 6. 7. 26. Kl. 39 Anm. 14. 50.
Nördlingen (Bayern, Rgbz. Schwaben) 35.
Nordmark 123. Gr. Dietrich.
Nordthüringgau 49. Gr. Friedrich.
Normandie, H. Richard.
Normannen 65.
Norwegen, Jarl Hakon.
Notker, B. v. Lüttich 38. 50. 87 Anm. 5. 128. 131. 132 Anm. 8. 173 Anm. 2. 186.
—, A. v. St. Gallen 70.
—, Pfefferkorn, Mönch v. St. Gallen 70.
Noyon (Frankreich, Dep. Oise), B. Hadulf, Ludwig.

O.

Oberlahnstein (Preußen, Rgbz. Wiesbaden) 85.
Oda, T. des Mkgr. Dietrich, Gem. Mesko v. Polen 127 Anm. 29.
Odelrich (Udalrich), B. v. Cremona 104. 177.
Odenwald 217 ff.
Oderisius, ital. Gr. 200.
Odo, A. v. Cluny 65. 140.
Oelsburg (Braunschweig, AG. Bechelde) 137.

Oeren, Kl. s. Trier.
Oesterreich, H. Heinrich II., Leopold V.; s. Ostmark.
Ogo s. Hugo.
Ohtrich, Lehrer in Magdeburg 146—149. 157. 159. 162. 169. 187.
Oldenstadt (Preußen, Rgbz. Lüneburg, AG. Uelzen), Kl. 32. 73.
Olga, Großfürstin der Russen 157.
Oria (Italien, Prov. Lecce) 166. 169.
Orland, Vicomte v. Vimeu 134.
Orleans, B. Arnulf.
Orseolo (Urseolus), venet. Patritier, s. Petrus.
Osnabrück (Preußen), Bisthum 28. B. Ludolf.
Osterhausen (Preußen, Rgbz. Merseburg, AG. Querfurt), Kirche 123.
Osterwieck (Rgbz. Magdeburg) (Seligenstadt) 47.
Ostia (Italien, Rom), St. 8 Anm. 22.
Ostina (Italien, s. v. Florenz) 8 Anm. 22.
Ostmark, Mkgr. Aribo, Adalbert I., Burkhard, Heinrich I., Liutpald.
—, sächsische, Mkgr. Hwodo.
Otbrecht 61.
Otilo, H. v. Bayern 22 Anm. 33.
Otranto (Italien, Prov. Lecce) 17. 166. Erzbisthum 22.
Otto d. Große, K., Gem. Edith, Adelheid, S. Wilhelm, Ludolf, Heinrich, Brun, Otto II., T. Liutgard, Mathilde 1—32. 35. 40. 43. 44. 51. 55—57. 61. 62. 64. 67. 72. 73. 76. 77. 86. 90. 95. 104. 108 Anm. 14. 110. 118—120. 122. 126. 129. 130. 142. 157. 158. 160. 162. 169. 181. 204. 226. 227.
— III., König 3 Anm. 4. 135. 137. 139. 144. 170. 174. 177. 185. 197. 199. 250.
—, S. Ludolfs, H. v. Schwaben u. Bayern 38. 40. 50. 60. 63. 64. 72. 79. 80. 91—94. 101. 109. 119. 122 Anm. 11. 125. 132. 134. 152. 154. 177—182. 257 ff. 267. 273.
—, S. des H. Konrad, H. v. Kärnthen 103. 127. 133. 155. 186. 199. 222. 223.
—, Gr. 186.
— 253.
— v. Vermandois 73.

P.

Pabo, Burggr. v. Regensburg, Gem. Mathilde 78 Anm. 17. 80 Anm. 22. 229.
Paderborn, Bisthum 47 Anm. 3. B. Folkmar, Rethar.

Padua — Rametta.

Padua 197.
Palazzuolo (bei Ravenna), Kl. der h. Maria, A. Andreas.
Palermo 17.
Pandulf I., der Eisenkopf, H. v. Capua, Benevent, Spoleto; Gem. Aloara, S. Pandolf, Atenolf, Landulf, Landenulf 13. 19. 22. 23. 56. 57. 163. 170. 181. 182.
— II., H. v. Benevent, S. Landulfs III. 169.
— II., H. v. Salerno, S. Pandulfs I. 163.
Pankalia (Kleinasien) 168.
Pantaleon, h. 25 Anm. 42; f. Köln.
Päpste: Agapet II., Benedikt VI., VII., Bonifaz VII., Eugen II., Formosus, Johann XII., XIII., XIV., Symmachus.
Parenzo (Istrien), Bisthum 199. B. Adam.
Paris 113—116.
Parma, B. Hubert, Sigefred.
—, Kanoniker 145.
Passau, St. 92. 93. 100. Bisthum 64 Anm. 13. B. Adalbert, Gerhard, Piligrim, Pivulo.
—, Marien-Abtei 81. 82.
St. Paul f. Verdun.
Pavia St. 130. 139. 185. 199. — Gr. Bernard. — B. Petrus.
—, Kl. Cielo b'oro, A. Johannes.
—, Salvatorkl. 24. 181.
Penne (Italien, Prov. Teramo), B. Johannes.
Peronne (-lez-Binche, Belgien, Prov. Hennegau) 45—47.
Pescara (Italien, Prov. Chieti), Grafschaft 26.
—, Kl. Casaurea 155. A. Adam.
Peterlingen (Schweiz, Kanton Waadt), Kl. 66. A. Majolus.
Petroald, A. v. Bobbio 149. 150.
Petronussa, ehem. Kastell bei Sora 155.
Petrus (Peter), h., f. Aschaffenburg, Aurillac, Boppard, Gent Blandigny, Metz, Quedlinburg, Regensburg, Salzburg, Seligenstadt, Venedig.
— Candianus IV., Doge v. Venedig, Gem. Johanna, Waldrada 20. 83. 189—191. 194.
— Orseolo I., Doge v. Venedig, Gem. Felicia, S. Petrus 83. 192. 193.
— Orseolo II., Doge v. Venedig 191 Anm. 16. 193.
— Thokas, Neffe des K. Nikephorus 167. 168.
—, B. v. Como 186.
—, B. v. Fiesole 180.

—, B. v. Pavia, ital. Erzkanzler, als P. Johann XIV. 83. 135. 145. 155. 156. 177. 184. 186. 200.
—, B. v. Vercelli 177. 178.
—, A. des Kl. der h. Hilarius und Benedikt zu Venedig 145. 146.
— Andreadi, venetian. Tribun 196.
— Mauroceni, Mönch des Kl. S. Ilario 146. 196.
Pfäfers (Schweiz, Kanton St. Gallen). A. Alawich.
Pforzheim (Baden, Kr. Karlsruhe) 6.
Philipp, h., Apostel, f. Magdeburg, Domkirche.
Piacenza 192.
Piligrim, B. v. Passau 28. 34. 39. 51. 61. 62. 81. 82. 94—101.
Pilsen (Böhmen) 82.
Pippin, König 61.
Pizzo (Italien, Prov. Catanzaro) 165.
Pöhlde (Preußen, Rgbz. Hildesheim, AG. Herzberg a. Harz), Pf. 39. 50. 59. 64. 128. Hof 103. Kl. des h. Servatius 162. 199.
Polen, H. Mesko.
St. Pölten (NOe.) 81.
Polyeuktes, Patriarch v. Konstantinopel 23.
Poppo II., B. v. Würzburg 54. 64. 76. 127. 202.
— (v. Stablo) 68.
Porphyrius, byzant. Protospathar 169.
Posen, B. Unger.
Prag, Bisthum 28. 226. 227. B. Adalbert, Dethmar, Gebhard.
Prießnitz (Sachsen, Kr. Leipzig, AG. Borna) 175.
Prüm (Preußen, Rgbz. Trier), Kl. 253. A. Hilderich.
Prunwart, B. 95.
Puglia di Arezzo (Italien, n. v. Arezzo) 151.

Q.

Quedlinburg (Preußen, Rgbz. Magdeburg) 28. 29. 47. 55. 103. Nonnenkl. der hh. Maria, Petrus u. Servatius 48. Aebt. Mathilde.
—, Kanonikat in der Vorstadt 6 Anm. 10.

R.

Rabelchis, H. v. Benevent.
Rabenzgau f. Rebnitzgau.
Raffelstätten (OOe., GB. Enns) 234.
Rainbald, Gr. v. Treviso 135.
Raimund, Gr. v. Sens 89.
—, Lehrer zu Aurillac 140. 141.
Rametta (Sicilien) 166.

Ramwold, Mönch v. St. Maximin, A. v. St. Emmeram 67. 78. 154. 182. 186.
Rangau (in Franken) 51.
Rasdorf (Preußen, Rgbz. Cassel, AG. Hünfeld), Propstei 90 Anm. 11.
Rather, B. v. Verona 48.
Ratolt, Gr. 62.
Ratpod, Eb. v. Trier 42.
Ravanger (Ravenger), A. v. Echternach 135.
—, A. v. Stablo-Malmédy 132, Anm. 7.
Ravenna, St. 7. 8. 20. 24. 27. 145. 152. 197. 200.
—, Eb. Honestus.
—, Nonnenkl. der h. Maria (Ceresea), Aebt. Benedikta.
Rebarier (Wendenstamm) 8.
Rednitzgau (Radenzgau) 52. 230.
Regen, Fl. (Bayern) 51.
Regensburg, St. 39. 51. 77. 101. Burggr. Burkhard, Pabo.
—, Bisthum 253. B. Michael, Wolfgang.
—, Kl. St. Emmeram 137. 199. 229. A. Ramwold.
—, Nonnenkl. Niedermünster 29. 35. 55 Anm. 17.
—, Alte Kapelle 8.
—, Peterskirche 81.
—, Salzburgerhof 81.
—, Hof des Mgr. Berthold 81. 230. 231.
Reggio di Calabria 17.
— nell' Emilia, B. 137.
Reginald (Reginzo), Lothringer 39. 45.
Reginar I., Langhals, Gr. des Hasfengaus, H. v. Lothringen 42.
— II. 43.
— III., Gr. des Hennegaus 43.
— IV., Gem. Hathwid 45. 73. 74. 86. 87. 117 Anm. 39.
Reginboto, Geistlicher 86.
Reginbrat, Stifter des Kl. St. Blasien 199.
Reginlinda, Mutter des H. Burchard 40 Anm. 18.
Reginzo s. Reginald.
Reichenau (Baden, AG. Konstanz), Kl. 6. 253. A. Eggihard, Ruodmann; Mönch Alawich.
Reichersberg (ODe.), Kl. 97 Anm. 26.
Reisnitz (Kärnthen, GB. Klagenfurt) 94. 229.
Reisensburg (Bayern, Rgbz. Schwaben, AG. Günzburg) s. Berthold.
Reiskirchen (Preußen, Rgbz. Koblenz, AG. Wetzlar oder Oberhessen, AG. Gießen?) 61.

Remaklus, h., s. Stablo.
Remich (Luxemburg, Distr. Grevenmachern) s. Adalbert.
Remigius, h., s. Rheims.
Repsholt (Preußen, Rgbz. Aurich, AG. Wittmund) Kl. 199.
Rethar, B. v. Paderborn 201.
Rheims St. 6. Eb. Adalbero.
—, Kirche des h. Remigius 113.
—, Kl. St. Thierry 68. 84.
Rhein, Fl. 27. 39. 40. 42. 60. 76. 83. 121. 137.
Rheinau (Schweiz, Kanton Zürich), Kl. 35.
Rhena (Waldeck, AG. Corbach) 136.
Richard, H. der Normandie 243. 244.
—, Ritter 90.
Richarius, h., s. St. Riquier.
—, Lothringer 43.
—, kais. Lanzenträger 178.
Richbert, B. v. Brixen 8.
Richizo, lothring. Kriegsmann 179. 271.
Richwin, Gr. v. Dillingen, Neffe des B. Ulrich v. Augsburg 34.
Riedmark (ODe., zwischen Haselbach u. Narn, am linken Donauufer) 235. 296.
Riestedt (Preußen, Rgbz. Merseburg, AG. Sangerhausen), Kirche 123.
Rikbag, Mgr. v. Meißen 205.
St. Riquier (Frankreich, Dep. Somme), Kl. des h. Richarius 132. 134.
Risus, S. des Maraldus, zu Salerno 56.
Robert, König v. Frankreich, S. Hugos Kapet 144.
Robald, Patriarch v. Aquileja 86. 146. 185.
Robbert (Ruotbert), Eb. v. Mainz 37. 60.
Robel, Fl. (ODe.) 234. 235.
Rodlind, Gem. des Gr. Bernard v. Pavia 76.
Roger, Gr. v. Amiens 132.
Rohr (Preußen, Rgbz. Erfurt, AG. Suhl) 61.
Rom 4. 7—9. 13. 20. 23. 24. 83. 149. 151. 152. 162. 182—184. 200, s. Päpste.
—, Kl. S. Bonifacio ed Alessio 58. A. Sergius.
—, Engelsburg 57.
—, Lateran 154. 160.
—, St. Peter 16. 184. 207. 208.
Romanus I., Lekapenus, byzant. K. 17.
— II., byzant. K., Gem. Theophano, S. Basilius II., Konstantin VIII., T. Theophanu 20. 24.
— Argyrus, byzant. K. 24 Anm. 40.
Romuald, h. 193 Anm. 22.

Romuald, S. des Teuricus zu Salerno 56.
Roriko, B. v. Laon 88.
Rosenburg (Preußen, Rgbz. Magdeburg, AG. Barby) 49.
Rossano (Italien, Prov. Cosenza) 165. 177—180. 258. 267 ff.
Rothard, B. v. Cambrai 128. 243.
Rüdiger v. Pechlarn 240.
Rudolf, S. Reginars III., Gr. im Maasland 43.
—, A. v. Kempten 186.
Ruodman, A. v. Reichenau 27.
Ruprechtshofen (NÖe.) 240.
Russen 6. 23. 163. Großfürstin Olga; Großfürst Swĕtoslaw.

S.

Saale, Fl. 32.
Saalfeld (Sachsen-Meiningen) 126. 127.
Saba, h. 170 Anm. 57.
Sachsen 39. 47. 52. 161. H. Bernhard, Hermann.
Säckingen (Baden, Kr. Waldshut), Kl. 64.
Saida (Syrien) 164.
Salbke (Preußen, Rgbz. Magdeburg, AG. Buckau) 103.
Salerno 13. 19. 170. 171. H. Gisulf, Manso, Pandulf II., Sikenolf.
—, Erzbisthum 177. Eb. Amatus.
Salvator s. Frankfurt, Pavia.
Salzburg, Erzbisthum 81. 96. 253. Eb. Friedrich, Herold.
Salzmünde (Preußen, Rgbz. Merseburg, AG. Wettin) 123.
Sambre, Fl. 107.
Samuel, Regensburger Jude 155.
Sandrat (Sandrald), A. v. Gladbach 67.
—, A. v. Weißenburg 156 Anm. 17.
Sannthaler Alpen 138.
Sarazenen 15. 16 ff. 198.
Saulheim (Rheinhessen, AG. Wörrstadt) 89 Anm. 13.
St. Savin, Kl. bei Poitiers 65.
Schaippach (Bayern, Unterfranken, AG. Gemünden) 199.
Scheyern 228—236.
Schierstein (Preußen, Rgbz. u. AG. Wiesbaden) 39.
Schildesche (Preußen, Rgbz. Minden, AG. Bielefeld), Nonnenkl. Aebtissin Emma.
Schleswig 56.
Schlotheim (Schwarzburg-Rudolstadt, Kr. Frankenhausen) 49. 61.
Schmon (Preußen, Rgbz. Merseburg, AG. Querfurt) 48.
Schuttern (Baden, Kr. Offenburg, AG. Lahr), Kl. A. Folkern.
Schwaben, H. Burkhard, Hermann, Konrad, Otto.
Schwabengau 126.
Schweinfurt (Bayern, Rgbz. Unterfranken) 52. 230.
Sciristat s. Stadtamhof.
Scolastica, h., s. Subiaco.
Seeburg (Preußen, Rgbz. Hildesheim, AG. Gieboldehausen) 130.
Seesen (Braunschweig, Kr. Gandersheim) 34.
Seguin, Eb. v. Sens 89.
Sehusaburg (bei Seesen) 34.
Seligenstadt s. Osterwieck.
— (Hessen, Kr. Starkenburg), Kapelle der h. Petrus u. Marcellinus 134.
Sens (Frankreich, Dep. Yonne), Eb. Anastasius, Seguin.
—, Gr. Raimund.
Sergius, H. v. Amalfi 14.
— III., H. v. Neapel 163. 170.
—, B. v. Damaskus, A. v. S. Bonifacio ed Alessio in Rom 151.
—, B. v. Forlimpopoli 200.
Serimunt (Wendengau) 126.
Serra (Istrien, Insel bei Pola), Kl. der h. Maria, A. Justus.
Servatius, h., s. Pöhlde, Quedlinburg.
Severin, h. 97.
— s. Köln.
Sibert (Siggo), Gr. 121 Anm. 8.
Sicilien, Emire Abballah, Abu-al-Dâsim, Ahmed, Gabir, Gafar, Hasan, Ibn-Korhob, Jussuf.
Sigebert, Gr. v. Capo d'Istria 192.
Sigefred, B. v. Parma 145. 156.
Sigfried (Sicco), Gr. v. Luxemburg 44. 252.
—, Gr. v. Walbeck, S. Thietmar, B. v. Merseburg 125. 205.
Sikard, H. v. Benevent 13.
Sikenolf, H. v. Benevent u. Salerno 131.
Sikko (Sicco), imperatorius frater 252.
—, Gr. 22. 57.
Silvo, venet. Patritier s. Dominikus.
Slawnik, Gem. Strzesislawa, S. Adalbert, B. v. Prag 187.
Söhlingen (Preußen, Rgbz. Hildesheim, AG. Uslar) 6. 105 (zu beachten wäre auch Sollingen, Braunschweig, Kr. Helmstedt, AG. Schöningen).
Soissons, Kirche des h. Medardus 113.
Solenzgau (an der Sulz und Altmühl) 83.
Sollingen s. Söhlingen.

Sömmerda, Sömmern, Sömmeringen (Preußen, Rgbz. Erfurt), Pf. 63. 103. 124.
Sömmeringen (wüst, zwischen Dedeleben und Pabsdorf, Preußen, Rgbz. Magdeburg, AG. Halberstadt) 124.
Sophia, h. s. Benevent.
—, T. Ottos II. 111. 126. 130. 137.
Sora (Italien, Prov. Caserta) 155.
Speinshart (Wald in Bayern) 51.
Speyer, Bisthum 48 Anm. 5. 75. 253. B. Balderich.
Speyergau 38. 60. 180.
Spoleto, Herzogthum 12. 19. H. Feroald, Guido IV., Pandulf, Theobald, Trasemund.
Stablo - Malmédy (Belgien, Prov. Lüttich), Kl. des h. Remaklus 135. 250. A. Ravanger, Werinfried.
Stade (Preußen), Gr. Heinrich.
Stadtamhof (Scirlstat, Bayern, Oberpfalz) 77.
Siegaurach (Bayern, Oberfranken, AG. Bamberg) 35.
Stenitz (Steiermark, GB. Gonobitz) 138 Anm. 26.
Stephan, h., 132, s. Arluc.
—, König v. Ungarn 70.
— Caloprini, venet. Patrizier 196. 197.
—, röm. Priester 57.
Stilo (Calabrien) 177. 260.
Straßburg im Elsaß, St. 67. 72. Bisthum 76. 253. B. Erkanbald.
Straubing (Niederbayern) 80.
Stuttgart 6.
Styrbjörn, Jomswikinger 203.
Sualafeld (fränk. Gau an der obern Altmühl) 83.
Subiaco (Italien, Prov. Rom), Kirche der h. Scolastica 152.
Sulmetingen (Württemberg, Donaukreis, AG. Biberach) 92.
Sundergau (bayrischer Gau zwischen der obern Isar und dem Inn), Gr. Liutpold.
Sundhausen (Preußen, Rgbz. Merseburg, AG. Nordhausen) 175.
Sutri (Italien, Prov. Rom), Bisthum 58.
Swanehild, Schw. des H. Bernhard; Gem. Mgr. Thietmar, Ekkehard 126.
Swêtoslaw, Russenfürst 23.
Symmachus, P. 97.
Syrien 18.

T.

Tabor (Palästina) 164.
Tanger, Fl. (Preußen, Rgbz. Magdeburg) 205.
Tarent, St. 166. 169. 174—177. 257.

Tegernsee (Oberbayern), Kl. des h. Quirin 228. A. Gozpert, Hartwik.
Teisterbant (Niederlande, Landschaft an Lek u. Waal), Gr. Ansfred.
Tetbo (Tietbo), Propst v. St. Severin zu Köln, B. v. Cambrai 28. 47. 85. 128. 242—244.
Tetta, Schw. d. Gr. Gero 122.
Teubin, Gr. 156.
Thankmarsfelde s. Dammersfeld.
Theobald, H. v. Spoleto 13.
Theodor, h. s. Benedig.
Theodora, T. des K. Konstantin VII., Gem. Johannes Tzimiskes 24.
Theodorich (Thierry), h. s. Rheims.
— s. Dietrich.
Theophano, byzant. K. 24. 166.
Theophanu, K., Gem. Ottos II. 24—28. 48. 61. 78. 85 Anm. 2. 86. 90. 91. 101. 103. 104. 107. 111. 126. 130. 135. 136. 138. 139. 146. 152. 162. 166. 169. 170. 174. 177. 179. 181. 182. 184. 185. 206. 207. 209. 269.
Thiemo s. Thietmar.
Thietfried, A. v. St. Maximin 35. 38. 202.
Thietmar, A. v. Corvey 202.
— (Thiemo), Mgr. v. Merseburg u. Meißen, Gr. im Schwabenu. Serimuntgau, im Gau Nizizi, S. des Christian u. der Hibba, Br. des Eb. Gero v. Köln, S. Gero 32. 62. 69. 109. 121. 126. 245. 246.
—, Gr. 178.
— 109.
Thin-le-Moutier (Frankreich, Dep. Ardennes), Kl., A. Letald.
Thüringen 39. 52. 61. 74. 83.
Tiberias, See 164.
Ticchiena (Italien, zwischen Ferentino, Alatri u. Frosinone) 155.
Tiel (Niederlande, Prov. Gelderland), Pf. 26. 85.
Tietbo s. Tetbo.
Tilleda (Preußen, AG. Kelbra) 26. 49.
Tortona (Italien, Prov. Alessandria), B. Gerbert.
Toul, Bisthum 253. B. Gerhard, Jakob.
—, Kl. St. Evre 67.
Tourinne-la-Chaussée (Belgien, Prov. Lüttich) 60.
Tours (Frankreich, Dep. Indre-et-Loire), Kl. des h. Martin 187.
Traetto (Italien, Prov. Caserta, Distr. Gaeta) 16.
Trasemund, H. v. Spoleto u. Camerino 182.
Traungau (OOe.) 232—236.
Treben (wüst bei Weißenfels a. d. Unstrut) 120.

19*

Trebur (Tribur) (Hessen, AG. Groß-
gerau), Pf. 28. 35. 40. 61. 72. 132.
137.
Tres comitatus (DOe.) 232—236.
Treviso (Italien, Prov. Brescia), Gr.
Raimbald.
Tribunus Menius, venet. Doge 194.
196. 197.
Tricarico (Italien, Prov. Potenza) 22.
Trier, St. 38.
—, Erzbisthum 253. Eb. Dietrich,
Egbert, Heinrich, Ratpod.
—, Kl. des h. Martin 69 Anm. 24.
—, Kl. des h. Maximin bei, 67. 119.
156—158. A. Hugo (Ogo), Thiet-
fried, Witer. Mönche Adalbert, Ram-
wold.
—, Kl. Deren 38.
Trigno, Fl. (Italien, Prov. Chieti)
200.
Tripolis (Syrien) 164.
Tunis 16.
Turin, B. Amizo. Mkgr. Arduin.
Tursi (Italien, Prov. Potenza) 22.
Tutinsoda (wüst bei Mühlhausen) 49.

U.

Ubalrich s. Odelrich, Ulrich.
Udo I., Gr. in der Wetterau, S. H.
Konrad v. Schwaben, Udo II. 186.
— II. 178. 186.
Ulrich (Udalrich), B. v. Augsburg 24.
27. 28. 34—36. 70. 95. 181.
—, A. v. St. Gallen 202.
Ungarn 28. 43. 94 ff. Großherr Geisa.
König Stephan I.
Unger, B. v. Posen 124 Anm. 16.
—, Gr. 252.
Unstrut, Fl. 63.
Ursmar, h. s. Lobbes.
Ursus Badoarius, venet. Patritier
196 Anm. 27.
Uta, Gem. des K. Arnulf 85.
Utrecht, St. 45. 46. 105. B. Balde-
rich, Folkmar.

V.

Valenciennes (Frankreich, Dep. Nord),
Gr. v. — 41. Arnulf.
St. Valéry-sur-Somme (Frankreich,
Dep. Somme), Kl. des h. Walarich
132. 134. 153.
St. Vanne s. Verdun.
Vendome (Frankreich, Dep. Loire-et-
Cher), Gr. der —, Burkhard.
Venedig 81 Anm. 26. Dogen Petrus
Candianus IV., Petrus Orseolo I.,
II., Tribunus Menius, Vitalis Can-
dianus.
Venedig, Kl. des h. Georg 194.
—, Kl. der h. Hilarius u. Benedikt
191. 193. 194. A. Petrus.
—, Kirche der h. Maria de Jubiniaco
190.
—, K. des h. Markus 190.
—, K. des h. Petrus 199.
—, K. des h. Theodor 190.
—, Kl. des h. Zacharias 194.
Vercelli (Italien, Prov. Novara), B.
Petrus.
Verden (Preußen, Rgbz. Stade), B.
Bruno, Erp.
Verdun, Gr. Gottfried.
—, Bisthum 253. B. Adalbero, Wig-
fried.
—, Kl. St. Paul 10. 90.
—, Kl. St. Vanne 135.
Vermandois (Frankreich, Dep. Aisne),
Gr. 73. 85. 131. Albert, Otto.
Verona, St. 184—199.
—, B. Rather.
—, Kanoniker 199.
Vich (Spanien, Prov. Barcelona), B.
Hatto.
Victor, A. v. Dissentis 76.
Vilich (Preußen, Rgbz. Köln, AG. Bonn),
Nonnenkl. 43.
Villers 87 Anm. 31.
Vimeu (Vicegrafschaft am linken Ufer
der untern Somme), Vicomte v. —,
Orland.
Vincenz, h. s. Metz.
S. Vincenzo al Volturno (Italien,
Prov. Campobasso), Kl. 155. 169.
181. A. Johannes.
Vintiana, h. 132.
Visé (Belgien, Prov. Lüttich) 199.
Vitalis Candianus, venet. Patritier
86.
— —, venet. Doge 193. 199.
— —, Patriarch v. Grado, S. des
Dogen Petrus Cand. IV. 45. 192.
193.
Vivulo, P. v. Passau 99 Anm. 33.
Vogelsberg (Sachsen-Weimar, AG.
Großrudestedt) 39 Anm. 14.
Vogtareut (Bayern, AG. Rosenheim)
137.
Volkfeld (fränkischer Gau am Main)
52. 230.
Volkold, B. v. Meißen 2. 62.
Völlinghausen (Preußen, Rgbz. Arns-
berg, AG. Soest) 104.
Volturno, Fl. (Italien) s. S. Vincenzo.
Vunnigerus, B., A. v. Memleben 123
Anm. 16.

W.

Walarich, h., s. St. Valéry-sur-Somme.
Walbeck (Preußen, Rgbz. Magdeburg, AG. Weferlingen) 29. 125. Gr. Liuthar, Sigfried.
Walcheren (Insel, Niederlande, Prov. Seeland) 26.
Waldnab, Fl. (Bayern) 51.
Waldo 124. 125.
Waldrada, Schw. des H. Hugo v. Tuscien, Gem. des Dogen Peter Candiano IV. 190—192.
Walldorf (Sachsen-Meiningen) 191.
Wallersdorf (Niederbayern, BA. Landau a. d. Isar), (Wolfheresdorf, Walahunesdorf) 81.
Wallhausen (Rgbz. Merseburg, AG. Sangerhausen), Pf. 5 Anm. 6. 124. 130. 136.
Walther v. Lens, Vasall des B. v. Cambrai 242—244.
Waltherd, Domherr zu Magdeburg 159.
Warin, Eb. v. Köln 77. 83. 86. 138 Anm. 24. 151.
—, s. Guarin.
Warmunt, Freigelassener 34.
Warner (Werinzo), Lothringer 45.
Waulsort (Belgien, Prov. Namur), Kl. 83. 151.
Weimar 61.
Weißenburg (Elsaß-Lothringen), Kl. 8. 35. 60. 253. A. Adalbert, Erkanbert, Sandrad.
Wenden 55. 61. 63. 203. 205. s. Abodriten, Heveller, Liutizen, Mainwenden.
Mentilgart 61.
Werden (Preußen, Rgbz. Düsseldorf), Kl., A. Werembraht.
Werembraht, A. v. Werden 184.
Werinfried, A. v. Stablo - Malmédy 60. 132 Anm. 7.
Werinhar, A. v. Fulda 36. 40. 129. 136. 177. 181. 182.
—, Gr. 178.
Werl (Preußen, Rgbz. Arnsberg), Pf. 47.
Werla (wüst bei Burgdorf a. d. Oker, Preußen, Rgbz. Hildesheim, AG. Goslar), Pf. 33. 34. 60.
Wichelen (Belgien, Prov. Ostflandern, Arr. Termonde) 26.
Wichmann, Gr., T. Lutgard, Aebt. v. Elten 45.
—, Gr., S. Ekbert 55. 76.
Wido, A. v. Gent 138.
Widukind, Sachsenfürst 137.
Wiesbaden (Preußen) 6.

Wigerich, lothring. Pfalzgr., Gem. Eva, Kunigund 43.
Wigfried, B. v. Verdun 10 Anm. 25. 135. 201.
Wigger, Mgr. v. Zeitz 121. 137.
Wiker, A. v. St. Maximin 6 Anm. 10.
Wildeshausen a. d. Hunte, Kl. 137.
Wilhelm, Eb. v. Mainz, S. Ottos des Gr. 2—8. 21. 156. 157.
—, H. v. Aquitanien 65.
—, Gr. in der Kärnthner Mark 138.
—, Gr. von Arles 165.
—, Regensburger Kaufmann 186. 199.
Willigis, Kanzler, Eb. v. Mainz, Erzkanzler 60—62. 70. 71. 73. 75. 86. 124. 131. 138. 181. 185. 199.
Wintersheim bei Looz 132.
Winterthur (Schweiz, Kanton Zürich) 119.
Wirtheim (Preußen, Rgbz. Caffel, AG. Orb) 72.
Wischlburg (Niederbayern, AG. Deggendorf) 81. 231.
Wittislingen (Bayern, Rgbz. Schwaben, AG. Dillingen) 92.
Wolfgang, B. v. Regensburg 28. 34. 35. 51. 67. 71. 78. 82. 95. 116. 127. 154. 182. 188.
Wolkmar, B. v. Brandenburg 203.
Wolverad, Gr. 37.
Womar, A. v. S. Bavo u. Blandigny zu Gent 72. 85. 132. 138.
Worms, St. 4. 6. 7. 33—35. Bisthum 217 ff. 253. B. Anno, Hildibald.
Wormsgau 38.
Wresen (Steiermark, GB. Gonobitz) 138.
Würzburg, Bisthum 77. 199. 253. B. Hugo, Poppo II.

Z.

Zacharias, h. s. Venedig.
—, byzant. Befehlshaber 165.
Zeiselmauer (NOe.) 99.
Zeitz (Preußen, Rgbz. Merseburg), Mgr. Wigger. — Bisthum 160. B. Friedrich, Hugo I.
Zellik (Belgien, Prov. Brabant) 47.
Zitz (Preußen, Rgbz. Magdeburg, AG. Ziesar) 49.
Zoe, byzant. K. 16.
Zschau (Preußen, Rgbz. Magdeburg, AG. Calbe a. d. Saale) 124.
Zürich 27.
Zürichgau 119.
Zwentibold, S. des K. Arnulf 42.